लता

सुर-गाथा

लता

सुर-गाथा

लता मंगेशकर की सांगीतिक यात्रा

यतीन्द्र मिश्र

पेपरबैक पहला संस्करण : 2016
पेपरबैक दूसरा संस्करण : 2026

vaniprakashan.com

वाणी प्रकाशन
4695, 21-ए, दरियागंज, नयी दिल्ली-110 002
फ़ोन : + 91 11 23273167, 23275710
शाखाएँ
अशोक राजपथ, पटना-800 004, बिहार
कॉफ़ी हाउस कैम्पस, महात्मा गांधी मार्ग, प्रयागराज-211 001, उत्तर प्रदेश
महात्मा गांधी अन्तरराष्ट्रीय हिन्दी विश्वविद्यालय, वर्धा-442 001, महाराष्ट्र
sales@vaniprakashan.in
vaniprakashan@gmail.com

LATA : SUR-GATHA
by Yatindra Mishra
Musical Journey of Lata Mangeshkar
(Based on dialogues with Lata Mangeshkar)

ISBN : 978-93-5072-842-0
Cinema - Music - Arts (Non-Fiction)

मूल्य : ₹ 795

आकल्पन : मनीष पुष्कले
कम्पोजिंग : अश्वनी शुक्ल
आवरण-चित्र : गौतम राजाध्यक्ष संग्रह
सिटी प्रेस, दिल्ली-110 095 में मुद्रित

वाणी प्रकाशन का लोगो मक़बूल फ़िदा हुसैन की कूची से

लता
सुर-गाथा

मेरी दादी **राजकुमारी विमला देवी** से मिले
संगीत-संस्कार ने मुझे यहाँ तक पहुँचाया है, जिससे आज मैं
सुर-साम्राज्ञी आदरणीया लता मंगेशकर जी पर
कुछ लिखने की हिम्मत जुटा सका हूँ...

यह पुस्तक मेरी प्यारी दादी माँ को,
उनके पोते की ओर से सादर समर्पित है...

लता
सुर-गाथा

अनुक्रम

भूमिका

जीवन की वीणा का तार बोले...

शायद ही कोई भारतवासी हो, जो अपने जीवन में एक बार लता मंगेशकर के संगीत के प्रेम में न पड़ा हो। पिछली शताब्दी का उत्तरार्द्ध, जो सन् 1950 के बाद से शुरू होता है, में हिन्दी फ़िल्म संगीत का क्षेत्र लता मंगेशकर की उपस्थिति से एकाएक कुछ अधिक सुरीला और रोचक बन गया है। यह अपने में कोई बड़ी सूचना नहीं है कि लता मंगेशकर के करोड़ों प्रशंसकों में मेरे जैसा भी एक अतिरेकी प्रशंसक शामिल रहा है। यह ज़रूर है कि लता जी की आत्मीयता और आशीर्वाद की छाया जिन कुछ सौभाग्यशाली लोगों को हासिल रही है, उसमें ख़ुद को सम्मिलित पाकर गौरवान्वित महसूस करता हूँ।

आदरणीया लता जी से उनकी संगीत-यात्रा पर बातचीत की शुरुआत सन् 2010 के आस-पास आरम्भ हुई थी, जिसमें उनकी सदाशयता का बड़ा हाथ रहा है। मुझे याद है कि जब मैंने लता दीदी से लम्बी बातचीत के सिलसिले में पहला प्रश्न किया था, तो मैं इतनी बड़ी शख़्सियत को अपने सामने पाकर भीतर तक रोमांचित था और इस बात से डरा हुआ भी कि न जाने कब यह बातचीत का सिलसिला थम जाये। यह ऐसे संवाद की शुरुआत थी, जिसमें एक ओर एक कवि और संगीत के प्रति दीवानगी रखने वाला युवक था और दूसरी ओर सुर साम्राज्ञी लता मंगेशकर की विराट शख़्सियत उपस्थित थी।

अपनी खनकदार और दैवीय आवाज़ के साथ लता जी ने जो बात शुरू की, उसकी लम्बी यात्रा सन् 2014 के अन्त तक चली। इसके बाद भी लगातार पिछले वर्ष तक इस पुस्तक के बहाने न जाने कितनी बार मैंने लता जी को फ़ोन कर-कर के परेशान किया होगा। हर बार उतनी ही उदारता और आत्मीयता से भरी हुई लता जी की आवाज़ ने जैसे मुझे उनको समझने के लिए ही नहीं, बल्कि हिन्दी फ़िल्म संगीत के सुनहरे अतीत को परत दर परत गुलाब की पंखुड़ियों के मानिन्द बिखेरकर महसूस करने का दुर्लभ अवसर प्रदान किया है।

मैं नहीं जानता कि इस पूरे उपक्रम में कितना सफल रहा हूँ। मुझे यह भी नहीं मालूम है कि जिस बड़ी हस्ती के साथ घण्टों के हिसाब से बातचीत करने का मौका मिला है, उसका उनके प्रशंसकों के लिए लिखते हुए मैं कितना सार्थक उपयोग कर पाया हूँ। लता जी ने जब भी बातचीत के लिए कोई समय नियत किया, तो उस दिन का संवाद समाप्त करने के बाद यह पता चला कि हमारी बतकही तो तयशुदा समय से काफ़ी आगे जा चुकी है। कहने का आशय यह है कि जब भी दीदी किसी दिन बात के लिए आधे घण्टे का भी समय निकाल पाती थीं, तो उस दिन भी बात तय समय की अवधि से कुछ आगे निकल ही जाती थी। इस सन्दर्भ में यही कह सकता हूँ कि यह उनके भीतर मौजूद बड़े कलाकार का अनुराग था, जो आशीष की तरह मेरे ऊपर पिछले छह-सात वर्षों में बूँद-बूँद फुहार की तरह झरता रहा है।

लता मंगेशकर की सार्थक और गरिमामयी उपस्थिति ने भी इस किताब के लिए मेरे लेखन का मानस रचा है, जो फ़िल्म संगीत के बहाने हिन्दी फ़िल्मों की दुनिया में पिछले लगभग सत्तर वर्षों में आए हुए बदलावों की पड़ताल करता है। उनसे बातचीत में सिर्फ़ लता मंगेशकर का सांगीतिक जीवन ही शामिल नहीं रहा, वरन् उसमें आज़ादी, विभाजन, गाँधी जी, साहित्य व संस्कृति के प्रश्न, धर्म और अध्यात्म में उनकी रुचि, रहन-सहन, राजनीतिक शख़्सियतें, मित्र और परिवार समेत कलाओं की दुनिया के आत्मीय परिसर के लोगों पर उनके विचार समाहित हैं। यह किताब दरअसल लता मंगेशकर को समझने का एक ऐसा माध्यम है, जिसमें समाज, फ़िल्म संगीत के श्रोताओं

तथा उनके प्रशंसकों की ओर से उन्हीं से विमर्श किया गया है। ऐसे में मेरे प्रश्नों को इसी सन्दर्भ के तहत देखा जाना चाहिए, जो सिर्फ़ यतीन्द्र मिश्र के सवाल न होकर उनके करोड़ों प्रशंसकों की भावनाओं का इज़हार है। एक तरह से यह पुस्तक लता जी की लोकप्रिय छवि से अलग उनके भीतर मौजूद संगीत के गंभीर विचारक रूप को उजागर करती है।

यह सारा संवाद छह वर्षों के दौरान लता जी से समय-समय पर हुई लम्बी बातचीत पर आधारित है, जिसमें ढेरों ऐसे यादगार पल भी गुँथे हुए हैं, जो शायद मेरे रचनात्मक जीवन की सबसे सार्थक उपलब्धियों में से एक हैं। मैं इसके प्रति लता मंगेशकर जी का जितना भी आभार व्यक्त करूँ, वह कम ही होगा। उनके प्रति मेरे आभार के शब्द किताब के 640 पृष्ठों में पूरी आत्मीय संलिप्तता के साथ उजागर हुए हैं।

लता जी ने अपने सुरों की थाती से फ़िल्मी गीतों, भजनों, ग़ज़लों, अभंग पदों, नात, क़व्वाली, श्लोक व मंत्र गायन, लोक-गीतों, कविताओं तथा देशभक्ति गीतों के माध्यम से जितनी रोशनी बिखेरी हुई है, उसके अनुपात में कोई कवि, संगीत विश्लेषक या सिनेमा अध्येता अपनी बात कभी भी मुकम्मल तौर पर पूरी तरह नहीं कह सकता। उनका लिखा, सोचा-विचारा कुछ न कुछ छूट अवश्य जायेगा। उनके द्वारा बनायी गयी कला की बड़ी परिधि पर वामन के डग की तरह पृथ्वी नापने का काम शायद ही कोई करने में समर्थ हो।

इस किताब के विन्यास और उसकी वैचारिकी को लेकर मैं सिर्फ़ इतना निवेदन करना चाहता हूँ कि लता मंगेशकर जैसी महान पार्श्वगायिका के सांगीतिक योगदान को समझने के लिए उनके भीतर बैठी हुई उस सहज मानवीय स्त्री छवि को देखना भी ज़रूरी है, जिसने हमें इतनी सुरीली गायिका प्रदान की है। लता मंगेशकर के संगीत में आकंठ डूबे वजूद को रेखांकित करने का एक विनम्र प्रयास है यह किताब– **'लता : सुर-गाथा'**।

मुझे आप सभी से साझा करते हुए इस बात की अत्यन्त प्रसन्नता है कि मेरी सर्वप्रिय पार्श्वगायिका पर मैं व्यवस्थित तरीके से एक पुस्तक लेकर आप सब के समक्ष उपस्थित हूँ। मेरा हमेशा यह मानना रहा है कि कलाओं की प्रशस्त और

सम्मोहित करने वाली दुनिया का एक दूसरा सच भी होता है, जो अकसर उस कलाकार की चित्तवृत्ति और उसकी साधना में अन्तर्गुम्फित रहता है। लता जी के सन्दर्भ में भी यह बात लागू होती है कि उनके इतने बड़े सुरीले साम्राज्य में लय और सुर की जो आमद है, वह कहीं न कहीं उनके जीवन संघर्ष, अहर्निश साधना और जीवन को सकारात्मकता से देखने का प्रतिफल है। इसी बात को यदि मैं इस किताब में थोड़ा बहुत भी उजागर कर सका हूँ, तो उसे अपनी उपलब्धि मानता हूँ। आपसे इतना निवेदन अवश्य है कि लता जी के फ़िल्म-संगीत की समावेशी आलोचना के बहाने उनकी महान स्वर-यात्रा के सुनहरे पन्नों को पढ़ने का जतन करेंगे, तो उनकी स्वर-माधुरी का लालित्य कुछ और भी अधिक सलोना सुनायी देगा।

इस पुस्तक के बनने में जिन मित्रों और आत्मीय अग्रजों का योगदान रहा है, उन सब के प्रति अलग से आभार व्यक्त कर रहा हूँ। इस अवसर पर **आदरणीया लता जी** को प्रणाम करते हुए पूरे **मंगेशकर परिवार** के प्रति कृतज्ञ महसूस करता हूँ, जिनके सार्थक सहयोग ने मुझे इस किताब को लिखने में मदद की है। परिवार में माँ और पिता आदरणीया **ज्योत्स्ना मिश्र** एवं श्री **बिमलेन्द्र मोहन प्रताप मिश्र** का आशीष हमेशा ही मेरी रचनात्मकता के लिए सार्थक रहा है, उन्हें प्रणाम करता हूँ। दोनों बुआओं **ज्वलन्ती** और **अर्पणा मिश्र** का भी आभारी हूँ, जिनसे संगीत के बारे में हमेशा ही कुछ सीखने को मिलता रहा है। अपनी बहनों सुश्री **मंजरी** और **शुभांगी** का दिल से शुक्रगुज़ार हूँ, जिन दोनों ने इस किताब को पूरा कराने में न जाने कितना श्रम किया है। मेरे लेखकीय जीवन का आत्मीय परिसर बनाने वाले अश्वनी शुक्ल, रवि राय और जय प्रकाश शर्मा का हार्दिक आभारी हूँ, जिनके जुड़ने व सहयोग से ही इस सुरीले ग्रन्थ की रचना हो सकी है। **लता : सुर-गाथा** को आपको सौंपते हुए इतना ही कहना चाहूँगा कि उनकी ईश्वरीय आवाज़ में जो दिव्यता और खनक मौजूद है, उसकी हल्की सी रुनझुन को भी यदि मेरे शब्द यहाँ व्यक्त कर पाए हैं, तो यह लम्बी बातचीत और उसका गाथा-गान मेरे जैसे लता मंगेशकर के करोड़ों प्रशंसकों के लिए सार्थक और सुखद बन सकेगा।

यतीन्द्र मिश्र

28 अगस्त, 2016

आभार

जिन लोगों के परामर्श से इस पुस्तक में परिष्कार आया, उनके प्रति हृदय से आभारी हूँ। साथ ही, उन वरिष्ठ मूर्धन्यों, मित्रों और संगीत-प्रेमियों का धन्यवाद करना चाहता हूँ, जिनके जुड़ाव के बग़ैर यह किताब सम्भव नहीं थी। इनमें विशेष रूप से जिनका नामोल्लेख करना चाहता हूँ, वे हैं–
सर्वश्री **पं. हरिप्रसाद चौरसिया, सोनल मानसिंह, गिरिजा देवी, उषा मंगेशकर, आदिनाथ मंगेशकर, ख़य्याम साहब, मुज़फ़्फ़र अली, पं. सत्यशील देशपाण्डे, सुनील सेठी, शरद दत्त, प्रसून जोशी, शान्तनु मोईत्रा, सूरज बड़जात्या, अनीश प्रधान, अतुल तिवारी, बिश्वनाथ चटर्जी, प्रेरणा श्रीमाली, मालिनी अवस्थी, लीलाधर मण्डलोई, महमूद मिर्ज़ा, छाया गांगुली, इरा भास्कर, संजय दुबे, अतुल चौरसिया, उदय भवालकर, अमरनाथ शर्मा, कुशल गोपालका, सुनन्दा शर्मा, मधु बी. जोशी, पार्थ चटर्जी, हिमांशु वाजपेयी, निधीश त्यागी, राजेश प्रियदर्शी, आराधना प्रधान, संदीप भूतोड़िया, राजीव श्रीवास्तव, ओम निश्चल, प्रभात रंजन, अनन्त विजय, मनीषा कुलश्रेष्ठ, ऋचा अनिरुद्ध, वन्दना राग, दीपक मशाल, अनु सिंह चौधरी, मोहन बने, महेश राठौर** एवं **पंकज राग।**

ऐसे में **गुलज़ार साहब** का विशेष आभार है, जिन्होंने समय-समय पर 'लता मंगेशकर विमर्श' में कुछ बेहद सुन्दर बातें बतायीं और

मेरा लगातार मार्गदर्शन किया। इसी तरह आत्मीय मित्र और बड़ी बहन सरीखी **शुभा मुद्गल** जी का सहयोग इस किताब की बड़ी पूँजी के रूप में शामिल है, जिन्होंने संगीत के व्याकरण और फ़िल्म संगीत के सन्दर्भ में इसकी पाण्डुलिपि को पढ़कर सुझाव दिये हैं। इसी क्रम में पुस्तक के बनने की प्रक्रिया में कहानीकार और पत्रकार मित्र **नरेन्द्र सैनी** तथा छोटे भाई सरीखे मित्र **रोहित शर्मा** ने कई-कई बार मेरे लेखन को पढ़कर ज़रूरी सुझाव दिये हैं, उन दोनों का धन्यवाद करता हूँ। **नमिता गोखले** जी के लिए भी हमेशा आभारी महसूस करता हूँ, क्योंकि उनके जैसा दोस्त और सलाहकार मिलना मुश्किल है। मुझे कई बार यह महसूस हुआ कि पुस्तक रूप में इस कृति का साकार होना जितना मेरे लिए ज़रूरी है, उतना ही वह नमिता जी के लिए भी सुखद होगा।

इस समय वरिष्ठ आलोचक **स्व. विजय मोहन सिंह** जी को भी याद करना चाहता हूँ, जिन्होंने इस किताब के सन्दर्भ में न जाने कितनी बार वर्धा, महाराष्ट्र से फ़ोन द्वारा लता जी के दुर्लभ गीतों के सन्दर्भ में रस-भरी चर्चाएँ कीं और इस पुस्तक को लेकर अपने उत्साह को मुझसे साझा किया। मुझे गहरा अफसोस है कि जब यह पुस्तक निकल रही है, तो वे इसे देखने और मुझे आशीष देने के लिए इस दुनिया में नहीं हैं।

समय-समय पर लता जी के दुर्लभ गीतों को उपलब्ध कराने में कई मित्रों एवं वरिष्ठों ने सहायता की है, जिसके चलते फ़िल्म गीतों के निजी संग्रहकर्त्ताओं के माध्यम से मुझे ऐसे गीतों को पाने का अवसर मिला, जो आज किसी रेकॉर्ड कम्पनी के अपने संग्रह, यू-ट्यूब आदि पर भी उपलब्ध नहीं हैं। ऐसे में कथाकार, सम्पादक आदरणीय **ज्ञानरंजन** जी ने नागपुर में **हंसमुख दलवाड़ी** (अब स्वर्गीय) तथा उनके पुत्र **जिगनेश दलवाड़ी** से मिलवाया, जिन्होंने लता जी का फ़िल्मी और ग़ैर-फ़िल्मी दुर्लभ खज़ाना ही मेरे सामने खोल दिया। मैं, ज्ञानरंजन जी के साथ इन दोनों का आभारी हूँ। भाई **संजय पटेल** ने स्वयं अपने संग्रह से तथा इन्दौर के **ओम प्रकाश पंड्या** के माध्यम से कुछ गीत सुलभ करवाए। इनके अलावा 'सा रे गा मा' (एच.एम.वी.) के **प्रवीण कौशल** जी का भी शुक्रगुज़ार हूँ, जिन्होंने गीतों के अलावा दीदी के एल.पी. रेकॉर्ड्स के कवर भी उपलब्ध करवाए,

जो उनके संगीत के बड़े रंगपटल को ऐतिहासिक परिप्रेक्ष्य में महत्त्वपूर्ण बनाता है। इसी तरह हमेशा ही मदद को तत्पर मित्र **गौरी यादवडकर** (टाईम्स म्युज़िक) और भाई **यूनुस ख़ान** (विविध भारती) के सहयोग का धन्यवाद करना मेरे लिए सुखद है और प्रीतिकर भी। **अजीत सिंह बिसेन** और **आदित्य प्रताप सिंह** जैसे दोस्तो ने लता जी से सम्बन्धित तमाम महत्त्वपूर्ण जानकारियों को एकत्र करके मुझे सुलभ कराया, जो इन्टरनेट तथा अन्य संचार माध्यमों में उपलब्ध हैं। इन सबके सहयोग ने ही, इस किताब के पूरा होने में अपनी सार्थक भूमिका निभाई है। किताब में आए हुए अधिकतर छाया-चित्र आदरणीया **लता मंगेशकर** जी के व्यक्तिगत संग्रह से मुझे प्राप्त हुए हैं। इनके अलावा कुछ चित्र **मोहन बने** जी ने प्रसन्नतापूर्वक दिए हैं, जबकि कुछ सुन्दर चित्र **गौतम राजाध्यक्ष** जी के हैं, जिन्हें बड़ी आत्मीयता से **मंगेश** जी ने प्रकाशनार्थ उपलब्ध कराया। इन सबके प्रति मैं आभार व्यक्त करता हूँ। *'तेरे सुर और मेरे गीत'* खण्ड में प्रयोग में लायी गयीं सांग-बुकलेट्स और फ़िल्म पोस्टर मेरे निजी संग्रह से हैं।

विचारवान चित्रकार एवं आत्मीय मित्र **मनीष पुष्कले** को धन्यवाद देना चाहता हूँ, जिन्होंने इस किताब का शीर्षक तय किया। साथ ही अपनी वैचारिकी को हमराह बनाते हुए इस पुस्तक को इतनी सुन्दर सज्जा के साथ आप तक पहुँचा रहे हैं।

और अन्त में, आभार मित्र **अरुण माहेश्वरी** और उनकी पुत्री **अदिति माहेश्वरी गोयल** का, जिनका भरोसा मेरे लेखन में हमेशा से रहा है।

सभी के प्रति आभार और धन्यवाद...

यतीन्द्र मिश्र

Lata Mangeshkar

101, PRABHU KUNJ
PEDDER ROAD,
MUMBAI - 400 026

दिनांक : २४:०९:२०१५

सस्नेह नमस्कार,

श्री. यतिन्द्र मिश्र, मेरे संगीत सफर कई वर्षो से लिख रहें हैं, मेरे साथ टेलीफोन पे बात करके, मेरे रेकॉर्डिंग और संगीतकारों के बारे में समय समय पर जानकारी लेते रहें हैं ।

श्री यतिन्द्र जी की इस किताब को ढेर सारी सफलता मिले यही मंगलकामना करती हूँ ।

धन्यवाद

आपकी

लता मंगेशकर

(लता मंगेशकर)

लता
सुर-गाथा

आज फिर जीने की तमन्ना है....

कल्पवृक्ष कन्ये साठी लावुनीया बाबा गेला,
वैभवाने बहरुनि आला याल का हो बघायाला।

(बाबा, तुम्हारा लगाया हुआ, कल्पवृक्ष आज फला-फूला है
और उस पर बहार आयी है। वो हमारी सारी कामनाएँ
पूरी कर रहा है। उसे देखने एक बार आओगे क्या?)

मराठी भाव-गीत,
कवि पी. सावलाराम द्वारा लिखित

1

'महल' (1949) फ़िल्म के इतिहास बन चुके गीत *'आएगा आने वाला'* से लता मंगेशकर का हिन्दी फ़िल्म संगीत में कुछ-कुछ वैसा ही प्रादुर्भाव हुआ, जैसा इस फ़िल्म का सनसनीखेज़ कथानक था। इस गीत के मुखड़े की शुरुआती पंक्तियाँ हैं–

'ख़ामोश है ज़माना चुपचाप हैं सितारे
आराम से है दुनिया बेकल हैं दिल के मारे
ऐसे में कोई आहट इस तरह आ रही है
जैसे कि चल रहा हो मन में कोई हमारे
या दिल धड़क रहा है इस आस के सहारे...'

आज जब उन्हें एक किंवदन्ती बने लगभग सत्तर साल बीत चुके हैं, तो लगता है कि जैसे यह पंक्तियाँ फ़िल्म संगीत के आँगन में उनके लिए बिछाया गया लाल गलीचा हो। जैसे सबको उनके आने की आहट सुनाई दे रही थी और उनके आने से पहले सारा ज़माना ख़ामोश था।

उनके पिता पं. दीनानाथ मंगेशकर ने पहली सीख देते हुए नन्हीं लता से यह कहा था– 'जिस तरह कविता में शब्दों का अर्थ होता है, वैसे ही गीत में सुरों का अर्थ होता है। गाते समय दोनों अर्थ उभरने चाहिए', जिसे आज तक अपने सुर-संसार में जस का तस लता मंगेशकर निभाती रही हैं। कई बार ऐसा लगता है कि वे एक ऐसी जीवन्त उपस्थित हैं, जो पुराणों और मिथकीय अवधारणाओं के किसी गन्धर्व-लोक से निकलकर आई हैं। एक ऐसी जादुई दुनिया से निकलकर, जिसमें सिर्फ़ देवदूतों और गन्धर्वों को आने-जाने की आज़ादी है। उनकी अदम्य उपस्थिति के लिए उनके मित्र और बरसों

तक फ़िल्मों में एक संगीतकार के तौर पर रहगुजर बने रहे नौशाद अकसर मोमिन का एक शेर उनके एहतराम के लिए पढ़ते थे। मोमिन का वह शेर कुछ यूँ है–

उस ग़ैरत-ए-नाहिद की हर तान है दीपक
शोला सा लपक जाये है आवाज़ तो देखो।

आइए, इस शेर के पाठ के साथ लता मंगेशकर की महान संगीत-यात्रा से रूबरू होते हैं। एक ऐसी आवाज़ की दुनिया के सुनहरे पन्नों को पढ़ने की कोशिश, जहाँ हर पन्ना उजाले का प्रशस्त राग गाता हुआ दिखाई पड़ता है। ....और जहाँ से संगीत, एक जीवन को बड़े अर्थ देता हुआ मौजूद है। भाषा के भीतर से उठता हुआ संगीत का स्वप्न... संगीत के असीम कुहासे और मौन को भेदता हुआ एक जीवन-चरित...

आवाज़ के मायालोक का ऐसा सफ़रनामा, जिसे पाने का सपना हर एक कलाकार देखता है। लता जी के लिए तो तमाम सारी सूक्तियाँ और मुहावरे प्रचलित रहे हैं, जिन पर मर-मिटने को उनके लाखों करोड़ों प्रशंसक बेताब रहते हैं। उसी खजाने में से चुनकर यहाँ एक सूक्ति नुमाया है, जिसे विश्वविख़्यात वॉयलिन वादक येहुदी मेनुहिन ने उनकी शान में यह कहकर व्यक्त किया था– 'काश! मेरी वॉयलिन आपकी गायिकी की तरह बज सके।'

2

उन्होंने जो पहला राग सीखा, वह पूरिया धनाश्री था। छः साल की वय में पहली राग-दीक्षा। वह भी अपने समय के अप्रतिम नाट्यकर्मी एवं गायक संगीतकार पण्डित दीनानाथ मंगेशकर की गोद में बैठकर। पता नहीं, लता मंगेशकर को बाद में जाकर इस बात का हल्का सा भी भान हुआ या नहीं कि जीवन में उनकी स्वर-यात्रा के लिये जिस जटिल राग की पेशकश उनके बचपन में ही कर दी गयी थी, वह बाद में उनके जीवन का एक मंगल राग ही बन जायेगी– कौशिक ध्वनि, पटमंजरी, दिव्य हिंडोल या हंसध्वनि की तरह। कौन जानता था कि ऐसे सन्धि-प्रकाश राग से कभी पारम्परिक संगीत शिक्षा किसी घराने में आरम्भ नहीं होती। आमतौर पर हर घराना अपने आगन्तुक गायक के लिये सदैव भैरव, भूपाली या यमन की शरण में जाता है। कुछ शास्त्रीय गायकों ने यह बात भी बताई हुई है कि थोड़े से गुणीजन गुरु ऐसे भी रहे हैं, जिन्होंने अपने घराने में संगीतारम्भ राग रामकली से किया है। मगर लता मंगेशकर के जीवन के आरम्भिक दिनों में पूरिया धनाश्री अपने स्वरों

के साथ कुछ-कुछ प्रकाश, कुछ-कुछ अन्धेरा, ढेरों सुनहरी उर्मियाँ, अनगिनत रक्तवर्णी सन्ध्याओं के साथ अपना सुर-प्रवेश करेगा, यह दुनिया को बहुत बाद में पता चलने वाला था।

एक दुर्लभ या कम प्रचलित राग से शुरू हुई यह दीक्षा, इतनी असरकारी, इतनी अद्‌भुत और इतनी स्वरमयी आगे जाकर हो जायेगी, इसकी तो शायद उनके गुरु और पिता पं. दीनानाथ मंगेशकर को भी सुध नहीं रही होगी। कैसे एक राग, अपनी नैसर्गिक प्रतीति से ऊपर उठकर एक गायिका के सुर-आँगन में बस जाएगा, यह लता मंगेशकर भी, आज बताने से थोड़ा झिझकती हैं। वे पूरिया धनाश्री से आरम्भ करके इतनी आगे निकल जायेंगी, यह न तो वे स्वयं जानती थीं, न ही उनका पहला दीक्षित राग, जिसमें स्वर-विस्तार कभी मंगल या आनन्द रचने की जगह अकसर विरह और शान्ति रचता रहा है।

3

पिता पण्डित दीनानाथ मंगेशकर की नाटक कम्पनी 'बलवन्त संगीत मण्डली' ने एक नाटक खेला था 'सौभद्र'। अर्जुन और सुभद्रा की कथा पर आधारित इस नाटक में स्वयं पण्डित दीनानाथ मंगेशकर अर्जुन बने थे और नौ साल की छोटी सी लता नारद। लता ने जब नाटक के लिये पहली बार यह किरदार रचा, तब उस दिन माँ शुद्धमती ने अपार वत्सलता से भरकर बिटिया के सिर में फूल सजाकर मंच पर भेजा था। उनके शृंगार में माँ ने पीताम्बर पहनाया था और हाथ में एक छोटी सी तम्बूरी दी थी। नन्हीं लता ने पिता को टोका था– 'आपको जैसे 'वन्स मोर' मिलता है हर बार, वैसे ही 'वन्स मोर' मुझे आज मिलने वाला है।' नारद के रूप में लता ने गाया था *'पावना वामना या मना।'* गायन के समय पं. दीनानाथ मंगेशकर विंग में खड़े हुए अपनी बिटिया का गीत सुन रहे थे।

'पावना वामना या मना' गीत पर, वह भी पिता के सामने लता मंगेशकर को भरी महफ़िल में 'वन्स मोर' मिला था। यह एक कभी न ख़त्म होने वाली 'वन्स मोर' की यात्रा थी, जो अभी शुरू ही हुई थी। पिता के सामने गद्‌गद् भाव से नन्हीं लता ने जाने कितने लोगों से अपनी गायिकी पर आशीष और प्रोत्साहन की बौछार को पड़ते देखा था। उसी दिन पण्डित दीनानाथ मंगेशकर को इस बात का भान हुआ कि उनकी बेटी में तो वह सब गुण मौजूद हैं, जो एक बड़े नाटक मण्डली के कलाकार में होनी चाहिए। उन्होंने इस घटना के बाद अपनी बेटी के प्रोत्साहन और ईनाम के बतौर एक छोटी सी नाटिका

'गुरुकुल' लिखवायी, जिसे उस ज़माने के बड़े नाटककर कोठीवाले ने लिखा था। यह नाटिका कृष्ण और सुदामा की मैत्री और उनकी बाल-सुलभ हरकतों को आधार बनाकर लिखी गयी थी। इस नाटिका का जब मंचन हुआ, तो नन्हीं लता कृष्ण और उनसे भी छोटी मीना सुदामा बनी थीं।

आश्चर्य होता है यह जानकर, कि 'सौभद्र' और 'गुरुकुल' के चलते मिलने वाली आशीष की बौछार को लता मंगेशकर आज भी भुला नहीं पाई हैं। यह अलग बात है कि तब अपनी ही गायिकी पर मुग्ध होकर भीगने वाली वह लड़की इसलिये भी गर्व से भर आई थी कि मंच पर उसके पिता और अप्रतिम नाट्य-संगीतकर्मी पण्डित दीनानाथ मंगेशकर उपस्थित थे। ....और आज, लता जी के साथ उस भीगने में लाखों लोग चुपचाप शामिल हैं, जो 'सौभद्र' के उस गीत से भले वाकिफ नहीं हैं, पर उस आवाज़ की आर्द्रता को वे पिछले सत्तर सालों से बूँद-बूँद फुहार की तरह महसूस करते रहे हैं।

4

यह बात शायद 1940 या 41 की है। लता मंगेशकर अपने पिताजी के साथ दिल्ली में ए.आई.आर. के बुलावे पर रेडियो में रेकार्डिंग के लिए गयी थीं। उन्हें याद है कि उसके पहले वे अपने पिताजी के साथ कार्यक्रमों में गाती थीं और मास्टर दीनानाथ मंगेशकर उन्हें नाटकों आदि में छोटे-मोटे रोल इस बहाने दे देते थे कि नन्हीं लता पिता से सीखा कोई गीत पूरे मनोयोग से स्टेज पर गायेंगी। वे विह्वल ढंग से याद करती हैं कि पहली बार जब वे रेडियो के लिए पिता का हाथ पकड़कर गाने पहुँची, तो उन्होंने खम्भावती राग गाया था। उसकी बन्दिश थी– *'आली री मैं जागी सारी रैना'*। दूसरा गीत पिता के नाटकों में गाया जाने वाला नाट्य-संगीत था। राग यमन में निबद्ध जिसके बोल थे– *'राधा धर मिलिन्द जय जय, मधु मिलिन्द जय जय, रमा रमण हरि गोविन्द'*। इसके बाद तो रेडियो के लिए उनको दोबारा जाने का मौका ही नहीं मिल सका। इस रेकॉर्डिंग के लगभग साल भर बाद ही दुःखद ढंग से पण्डित दीनानाथ मंगेशकर की मृत्यु 24 अप्रैल, 1942 को हो गयी।

बची रह गयी सिर्फ़ बेटी की स्मृति में पिता का हाथ पकड़े हुए खम्भावती राग और नाट्य-संगीत की वह स्वर-संगति, जिसे ए.आई.आर. ने अपनी नियमित रेकॉर्डिंग शृंखला में संरक्षित कर लिया था। आज भी, लता मंगेशकर के यहाँ संगीत के बहाने जो घरेलू स्मृतियाँ दुखते हुए घावों की तरह उभर आती हैं, उसका लेखा भी संजो पाना पीड़ादायक ही होता है।

5

'हिज मास्टर्स वॉयस' के लेबल वाले जो रेकॉर्ड्स तीस और चालीस के दशक में लगातार जारी होने शुरू हुए, उसके कैटलॉग पर मौजूद तमाम उस ज़माने के नामचीन एवं नये गायकों-गायिकाओं की फेहरिस्त से अलग, साधारण जनता उस पर अंकित संगीत को उसके लोगों में मौजूद चित्रकार फ्रांसिस बरौद (ब्रिटिश पेंन्टर) के भाई मार्क के ग्रामोफ़ोन और उसके पालतू कुत्ते 'निप्पर' की ऐतिहासिक तस्वीर से पहचानती थी। यही वह मशहूर निशान था, जो आला दर्जे के संगीत की निशानदेही करता था। दरअसल फ्रांसिस के पास मॉर्क की आवाज़ में कुछ रेकार्डिंग उपलब्ध थी, जिसे वह उसकी मृत्यु के बाद उसके ग्रामोफ़ोन पर बजाकर सुनता था। जब भी यह रेकार्डिंग चलती थी, निप्पर बड़े गौर से ग्रामोफ़ोन के नजदीक आकर अपने मालिक की आवाज़ को सुनने लगता था। फ्रांसिस ने इसी दृश्य को अपनी चित्रकारी में कैद किया, जो इतिहास में बाद में जाकर एच.एम.वी. की पहचान बन गया। उसने जब यह ऐतिहासिक पेंन्टिग बनायी थी, तब उसका नाम 'डॉग लुकिंग एट एण्ड लिस्निंग टू अ फ़ोनोग्रॉफ़' (सन् 1899) रखा। बाद में सन् 1900 में यह चित्रकृति 'हिज़ मास्टर्स वॉयस' के नाम से विज्ञापित हुई, जिसमें फ़ोनोग्राफ़ को बर्लिनर ग्रामोफ़ोन से बदल कर इस कृति को विज्ञापित किया गया था।

इस ऐतिहासिकता में धीरे-धीरे ढेरों उन गायक-गायिकाओं का नाम भी शुमार हुआ, जो फ़िल्म इण्डस्ट्री की शुरुआती पहचान बनाने में संलग्न थे। मसलन— देविका रानी, मिस दुलारी और लीला चिटनिस के रेकॉर्ड्स, जिन पर यह लिखा रहता था— *'देविका रानी के हिज मास्टर वॉयस, रेकार्ड कुत्ता छाप वाली मशीन पर सुनिये', 'मिस दुलारी के गाने एच.एम.वी. पर : इस नामी गवैये के रेकॉर्ड हिज मास्टर वॉयस पर उपलब्ध हैं'* और *'बॉम्बे टॉकीज के कंगन फ़िल्म में लीला चिटणीस के गाये हुए गाने— सूनी पड़ी रे सितार... हिज मास्टर वॉयस रेकॉर्ड पर सुनिये।'*

भारत में फ़िल्म संगीत रेकॉर्डिंग के इन आरम्भिक विवरणों के देने के पीछे का तर्क यह है कि जब तक इस इण्डस्ट्री में कोई गायक कलाकार पूरी तरह रुपहले पर्दे पर बतौर कलाकार सक्रिय और स्थापित नहीं हो जाता था, उसके नाम का उल्लेख रेकॉर्ड कम्पनियाँ नहीं करती थीं। दूसरी जगहों से, ख़ासकर शास्त्रीय और उपशास्त्रीय संगीत समाज से उठकर आने वाली गायिकाओं, बाईयों, तवायफ़ों और डेरेदारिनों (तवायफ़ों की जमात से आने वाली ज़हीन,

श्रेष्ठ और मशहूर वे बाईयाँ, जो अपनी परम्परा को सीधे मुग़ल दरबार से जोड़कर देखती हैं) का भी नामोल्लेख कभी भी सिनेमा बनाने वालों और संगीत कम्पनियों ने जान-बूझकर प्रसारित नहीं किया। इस मामले में न्यू थिएटर्स रेकॉर्ड्स, मेगाफ़ोन, ट्विन, डॉवरकीन, कोलम्बिया, ऐरोफ़ोन रेकॉर्ड्स, ब्रॉडकॉस्ट रेकॉर्ड्स-मद्रास, बेका-ग्रैंड रेकॉर्ड, ज़ीनोफ़ोन रेकॉर्ड, ओडियन रेकॉर्ड-जर्मनी, यंग इंडिया, मैग्ज़ी टोन रेकॉर्ड, हिन्दुस्थान रेकॉर्ड, पाथे रेकॉर्ड, ग्रामोफ़ोन कन्सर्ट रेकॉर्ड, रामाग्राफ़ डिस्क रेकॉर्ड एवं हिज़ मास्टर्स वॉयस (एच.एम.वी.) सभी केवल नामचीन हस्तियों के नाम का इश्तहार करते थे, जिनका गाया हुआ बाज़ार में बिकने की गारण्टी माना जाता था। हालाँकि कुछ एक उदाहरण ऐसे भी ढूँढ़े जा सकते हैं, जहाँ सिनेमा की वजह से ही दूसरी शास्त्रीय, उपशास्त्रीय और अन्य विधाओं के गायन भी डिस्क पर बेचने के लिये विज्ञापित कर दिये जाते थे। उदाहरण के तौर पर हम अख़्तरीबाई फ़ैज़ाबादी को याद कर सकते हैं। वे ठुमरी, दादरा, कजरी और ग़ज़ल की हुनरमन्द गायिका होने के बावजूद सिनेमा में सक्रिय एक मशहूर अभिनेत्री के रूप में शुमार थीं। इसीलिए, उनके रेकॉड्र्स के लिये मेगाफ़ोन कम्पनी इस तरह विज्ञापन करती थी– 'मिस अख़्तरीबाई फ़ैज़ाबाद फ़िल्म स्टार'।

अब यह देखना दिलचस्प और सामाजिक अध्ययन का विषय बन जाता है कि लता मंगेशकर के फ़िल्मों में संघर्ष का जो शुरुआती दौर है, वह उनके नामोल्लेख से वंचित रहा है। उनकी पहली बड़ी सफलता, जो खेमचन्द प्रकाश के बहाने 'महल' (1949) के माध्यम से जनता तक पहुँची, वहाँ भी लता मंगेशकर मौजूद न रहकर रेकॉर्ड पर फ़िल्म में अभिनेत्री मधुबाला के किरदार का नाम 'कामिनी' को बतौर पार्श्वगायिका दिया गया है। *'आयेगा आनेवाला'* भले ही आज लता जी की कीर्ति का शिखर स्तम्भ माना जाता है, मगर यह भी देखना होगा कि स्वयं को एक सार्वकालिक महत्त्व की गायिका के बतर्ज़ स्थापित करने में कामिनी से लता मंगेशकर तक की यात्रा में बहुतेरी दिक्कतें रहगुज़र की तरह शामिल रही हैं। ऐसे में लता मंगेशकर के बहाने तमाम उन पूर्ववर्ती और समकालीन गायकों-गायिकाओं के संघर्ष को भी याद करना चाहिए, जो सिनेमा इण्डस्ट्री के नफे-नुकसान वाले अन्धेरे-उजालों में कहीं गुम हो चुके हैं।

6

लता जी यह सब कुछ ऐसे बताती हैं, जैसे कल ही की बात हो और उनके गायन का सफ़र बस अभी चन्द दिनों पहले ही शुरू हुआ हो। बात *'आयेगा*

आने वाला... आयेगा' के रेकॉर्डिंग की है। सन् 1948-49 में तब वैसे रेकॉर्डिंग स्टूडियो नहीं होते थे, न ही अलग से कोई ऐसी व्यवस्था थी जैसी बाद में बाकायदा स्टूडियो बनाकर होने लगी। अकसर गाने को कैद करने का काम खाली स्टूडियो में शान्त वातावरण के भीतर अथवा पेड़ों के पीछे या बड़ी गाड़ियों, ट्रक के अन्दर बैठकर किया जाता था। वे बड़े मनोयोग से बताती हैं– 'फ़िल्म *'लाहौर'* की शूटिंग चल रही थी और वहाँ बॉम्बे टाकीज़ में जद्दनबाई और नरगिस दोनों मौजूद थीं। जब मैंने वहीं स्टूडियो में यह गीत रेकॉर्ड करना शुरू किया, तो जद्दनबाई यह गाना रेकॉर्ड होता हुआ बड़े ध्यान से सुनती रहीं। बाद में मुझे बुलाया और पूछा– 'इधर आओ बेटा! क्या नाम है तुम्हारा? 'जी, लता मंगेशकर'। 'अच्छा तुम मराठन हो न?' 'जी हाँ'। इस पर जद्दनबाई ख़ुश होती हुई बोलीं– 'माशाअल्लाह क्या बग़ैर कहा है'। *'दीपक बग़ैर कैसे परवाने जल रहे हैं...'* में 'बग़ैर' सुनकर तबीयत ख़ुश हो गयी। ऐसा तलफ़्फ़ुज़ हर किसी का नहीं होता बेटा। तुम निश्चित ही एक रोज़ बड़ा नाम करोगी।'

दीदी बताती हैं कि यह शाबाशी पाकर वे बेहद ख़ुश हो गयीं, मगर उनके भीतर आनन्द के साथ थोड़ा डर भी उसी वक़्त प्रवेश कर गया। 'बाप रे! इतने बड़े-बड़े लोग मेरे काम को सुनने आ रहे हैं और इतने ध्यान से एक-एक शब्द पर सोचते-विचारते हैं।' वे आगे यह भी जोड़ती हैं कि जब जद्दनबाई उनसे मुख़ातिब थीं, तो अपने नये होने और पिता के संस्कारों से मिली हुई आत्म-सम्मान की छाया के चलते उन्होंने अपना परिचय यह कहकर नहीं दिया था कि मैं पण्डित दीनानाथ मंगेशकर की बेटी हूँ, जिन्हें आप पहले से बख़ूबी जानती हैं। वे बस उतना ही बताकर ख़ुद के संकोच में खड़ी रहीं, जो बाद तक उनका स्वभाव और ताकत दोनों ही बने रहे।

'आयेगा आने वाला' रेकॉर्ड हुआ, मगर जब उसके तवे बनकर बाज़ार में बिकने के लिए आये और बड़ी जल्दी ही मशहूर होने लगे, तब तक यह शोहरत देखने के लिए उसके संगीतकार खेमचन्द प्रकाश जीवित नहीं थे।' यह बताते हुए लता जी दुःखी नज़र आती हैं और इस बात पर उनके मन में थोड़ा पछतावा भी है, कि काश उनके कॅरियर में पहली बार सुर्खियों में आया और प्रसिद्ध हुआ गीत रचने वाला व्यक्ति उसे देखने के लिए मौजूद होता। इसी समय यह जानना भी ज़रूरी बन जाता है कि इस गीत की आरम्भिक चार पंक्तियाँ *'ख़ामोश है ज़माना'* कमाल अमरोही ने लिखी थी और बाक़ी का पूरा गीत नकशब की लेखनी से अस्तित्व में आया था। जद्दनबाई, नरगिस, खेमचन्द

प्रकाश और *'महल'* फ़िल्म से सम्बन्धित अन्य लोगों की उपस्थिति में जिस ऐतिहासिक गीत का सृजन हुआ था उसकी नींव में जद्दनबाई ने लता मंगेशकर के लिए यह सीख भी पिरो दी थी कि हर एक गाने की आत्मा तक जाने के लिए प्रत्येक शब्द पर ठहरकर उसके सही अर्थ, अन्विति, प्रभाव और वर्तनी को भी गायक को देखना और जानना चाहिए।

इस बात से कौन इनकार करेगा कि जीवन भर अपने रियाज़ के अलावा हर दिन भगवत गीता से कुछ पदों का पाठ करने वाली और बराबर ही ग़ालिब, मीर, मोमिन, ज़ौक़ और दाग़ को सही तलफ़्फ़ुज़ में पढ़ने वाली यह महान गायिका गीतों की आत्मा तक अपने संगीत के फैलाव से शताब्दियों के आर-पार जाने वाला उजाला फैला चुकी हैं।

7

उनकी आवाज़ से चेहरे बनते हैं। ढेरों चेहरे, जो अपनी पहचान को किसी रंग-रूप या नैन-नक्श से नहीं, बल्कि सुर और रागिनी के आईने में देखने से आकार पाते हैं। एक ऐसी सलोनी निर्मिति, जिसमें सुर का चेहरा दरअसल भावनाओं का चेहरा बन जाता है। कुछ-कुछ उस तरह, जैसे बचपन में परियों की कहानियों में मिलने वाली एक रानी परी का उदारता और प्रेम से भीगा हुआ व्यक्तित्व हमको सपनों में भी खुशियों और खिलौनों से भर देता था।

बचपन में रेडियो या ग्रामोफ़ोन पर सुनते हुए किसी प्रणय-गीत या नृत्य की झन्कार में हमें कभी यह महसूस ही नहीं हुआ कि इस बक्से के भीतर कुछ निराले ढंग से मधुबाला या वहीदा रहमान पियानो और सितार की धुन पर थिरक रही हैं, बल्कि वह एक सीधी-सादी महिला की आवाज़ का झीना सा पर्दा है, जिस पर फूलों का भी कोई रंग असर नहीं करता। उस महिला के परिधान की सफ़ेदी में हरसिंगार की पंखुरियों का रंग और धरती पर चन्द्रमा की टूटकर गिरी हुई किरनों का झिलमिल पसरा है।

ऐसे में, सफेद के उजाले में जो केन्द्रीय रूप उभरता है, उसकी रंगत में मनुष्य के सारे मनोभावों की आन्तरिक छवियाँ एकत्र हुई नज़र आती हैं। मानसरोवर के जल जितनी शीतलता से बना संगीत का चेहरा ही दरअसल लता मंगेशकर का चेहरा है।

8

पण्डित दीनानाथ मंगेशकर ने अपने भविष्य के लिए एक निर्णय लिया था, जो बाद में पूरे परिवार परम्परा का सबसे विशिष्ट हस्ताक्षर बन गया। वह उनके द्वारा नये ढंग से अपने कुटुम्ब के लिए गोत्र-नाम का वरण करना था। यह ख़ानदान वैसे तो पारम्परिक ब्राह्मणों का कुल रहा है, जिसके लिए विख़्यात था कि पुर्तगालियों से गोवा प्रदेश में अपने देवताओं के स्थानों की रक्षा के लिए अपने रुधिर का अभिषेक करने वाला यह घराना 'अभिषेकी' के नाम से मशहूर हुआ। बाद में उन मन्दिरों में पारम्परिक पूजन-पद्धति से अभिषेक करने वाले हर ब्राह्मण का अधिकार ही यह बन गया कि वह 'अभिषेकी' कहलाये। और अलग से यह 'भट्ट' ब्राह्मण भी माने जाते थे, जिसका अर्थ ही यह था कि कर्मकाण्ड करने वाले पुरोहितों का कुल समूह। ऐसे भट्ट लोग, जो पूजा-पाठ, अनुष्ठान, व्रत और पारम्परिक ढंग से शिव की अर्चा को प्रमुख कर्म मानते हैं।

दीनानाथ जी के पिता का नाम गणेश भट्ट अभिषेकी और माँ का नाम येसूबाई राणे था। पिता अभिषेकी ब्राह्मण और माँ मराठा। उन दिनों स्वयं उनका नाम दीनानाथ अभिषेकी था। इतने भर से ही पण्डित दीनानाथ सन्तुष्ट नहीं थे और चाहते थे कि सबसे अलग हटकर उनका कुल एक ऐसे हस्ताक्षर का सृजन करे, जो सिर्फ़ उनके साथ ही चस्पा हो। सिर्फ़ उन लोगों के लिए, जो गन्धर्वों की तरह उत्कृष्ट गायन और नाट्य कला की सेवा के लिए इस धरती पर आये हैं, क्योंकि उनका मन सिर्फ़ संगीत और अभिनय में बसता था। इसके चलते उन्होंने अपनी युवावस्था में एक ऐतिहासिक निर्णय लिया, जो उनकी जातीय पहचान को एक अनूठी संज्ञा देने वाला था। उनके पुरखों के गाँव का नाम मंगेशी था और कुल देवता का मंगेश, जो भगवान शिव का एक मनोहारी दिव्य स्वरूप हैं। इस तरह 'मंगेशकर' उप-नाम का जन्म हुआ, जिसका अर्थ था अपने आपको मंगेश का हाथ (कर) मानते हुए उन्हें समर्पित रहना। यह ऐसा कुल नाम था, जिसमें मंगेशी भगवान का हाथ सदैव इस परिवार की रक्षा और मांगल्य के लिए वरद रूप में पड़ने वाला था।

यहीं से उस ऐतिहासिक मंगेशकर घराने की नींव पड़ी, जिसमें पण्डित दीनानाथ मंगेशकर और लता मंगेशकर जैसी महान विभूतियों को उनके कुल देवता ने सिरजा है। मंगेशकर घराना, इन दो अप्रतिम विभूतियों के अलावा आज परिवार के अन्य सदस्यों– मीना मंगेशकर, आशा भोंसले, उषा मंगेशकर और पण्डित

हृदयनाथ मंगेशकर के कारण भी जाना जाता है। आज यह कुटुम्ब एक ऐसी परम्परा का वाहक बन सका है, जिसमें अगर आपको कुछ दैवीय कृपा का अंश भी समाहित नज़र आए, तो कोई बड़ी बात नहीं है।

9

1943 में चौदह वर्ष की उम्र में लता मंगेशकर कोल्हापुर से बम्बई के नाट्य महोत्सव में शिरकत करने के लिए आईं थीं। उनकी मौसी गुलाब गोडबोले उस समय साथ थीं। बम्बई में वे अपने चाचा कमलानाथ मंगेशकर के घर में ठहरीं। वहीं पर वे नाट्य-संगीत का रियाज़ कर रही थीं और पूरी तरह इस बात से आकण्ठ डूबी कि उन्हें पिता के नाम को आगे बढ़ाना है और संगीत समारोह में बेहतर प्रदर्शन करना है। इस पर उनके चाचा नाराज़ हो रहे थे कि यह लड़की उनके भाई का नाम ख़राब कर रही है। कहाँ पण्डित दीनानाथ मंगेशकर जैसा सुधी गायक और कहाँ यह लड़की? यह ठीक से गा नहीं पायेगी, जिससे उनके ख़ानदान के नाम पर बुरा असर पड़ेगा। यह बात कहीं उनकी विजया बुआ और फूफा कृष्णराव कोल्हापुरे (अभिनेत्री पद्मिनी कोल्हापुरे के दादा) को भी बुरी लग रही थी कि लता ठीक से गा नहीं पायेगी। कृष्णराव कोल्हापुरे स्वयं एक दक्ष संगीतकार थे। वे बड़ौदा राजघराने में एक राज-कलाकार के रूप में नियुक्त थे और महाराजा के दरबार में एक बीनकार के रूप में अकसर वीणा बजाते थे। वे सितार बजाना भी जानते थे और उनके पिता की ड्रामा कम्पनी में पहले काम भी कर चुके थे। यह सब सुनकर लता आहत हो गयीं और रोने लगीं। उन्होंने अपनी मौसी से जब यह बातें बताईं, तो मौसी ने यह कहकर उनका ढाँढस बँधाया कि तुम्हें किसी भी तरह से उदास होने की ज़रूरत नहीं है। बस अपने पिता का स्मरण करो, वे ही तुम्हारे संगीत को सही राह दिखायेंगे।

इस बात के बाद लता मंगेशकर ख़ुद को समझाते हुए दूसरे दिन के नाट्य समारोह में जाने की हसरत लिए थकान से बोझिल मन के साथ दोपहर में ही थोड़ी देर के लिए सो गयीं। उसी दौरान एक घटना हुई, जिसने युवा लता के मन में एक अजीब सा उत्साह भर दिया। उस दोपहर उन्होंने सपने में अपने पिता मास्टर दीनानाथ मंगेशकर को उनके नाटक 'मानापमान' के एक प्रसिद्ध गीत *'शूरा मी वन्दीले'* गाते हुए सुना और देखा।

लता जी आज याद करते हुए बताती है कि उन्होंने नाट्य संगीत गाया था, जिसके बोल अब याद नहीं हैं। फिर पिता के नाटक 'रणदुन्दुभि' का एक

गीत गाया था, जिसके बोल हैं *'दिव्य स्वातंत्र्य रवि, आत्म तेजो बले'*। उनके अनुसार इस गीत के स्वरों को राग मालकौंस पर विकसित किया गया था, जबकि उनके पिताजी इसे कुछ कमाल ढंग से गाते थे। इसकी ख़ासियत यह थी कि गीत के पूरे उठान में पण्डित दीनानाथ मंगेशकर रागदारी को मालकौंस से भैरवी में ले जाते थे और पुनः भैरवी से मालकौंस की तरफ सधे हुए स्वरों में लौट आते थे। जाहिर है, चौदह साल की होनहार बिटिया ने भी इस गीत को उसी तरह गाया था, जिस तरह वह मास्टर दीनानाथ मंगेशकर के कण्ठ से निकलकर अमर हो चुका था। इस समारोह में अपने ज़माने की मशहूर अभिनेत्री ललिता पवार मौजूद थीं, जो लता के गायन से इस कदर मुग्ध हुईं कि उन्होंने इस उभरती हुई गायिका को पास बुलाकर कहा था कि 'बेटा तुमने बहुत अच्छा गाया है। मैं तुम्हें पच्चीस रुपये ईनाम में दूँगी।' लता जी हँसते हुए वह वक्त याद करती हैं। यह पूछने पर कि ललिता पवार ने उन्हें वो रुपये दिये थे या नहीं? जवाब मिलता है कि उन्होंने लता मंगेशकर को उसी समय कानों में पहने जाने वाले जेवर, सोने की बालियाँ भेंट की थीं। कोल्हापुर तक उनके संगीत की ख्याति पहुँची और मास्टर विनायक को, जिनकी फ़िल्म कम्पनी में वे काम करती थीं, कई लोगों ने जाकर यह बात कही थी कि लता कितना कमाल का गाती है। इसी घटना के दो वर्षों के बाद, लगभग 1945-46 में मास्टर विनायक ने अपनी कम्पनी की फ़िल्मों में लता मंगेशकर को गीत गाने की इजाज़त दे दी थी। यह बात एक हद तक उचित ही थी, क्योंकि यह लड़की तो दरअसल संगीत के लिए ही बनी थी।

10

शुरुआती दौर में, जब लता मंगेशकर ने फ़िल्मों में बतौर पार्श्वगायिका गीत गाना विधिवत ढंग से शुरू भी नहीं किया था, उस दौरान वे अपने पूरे परिवार के साथ नाना चौक में रहने आयी थीं। पूरे परिवार का मतलब सिर्फ़ माई, लता, मीना, आशा, उषा और हृदयनाथ ही नहीं, बल्कि मौसेरी बहन इन्दिरा जोशी और उनके तीन बच्चों का कुनबा भी साथ में शामिल था। यह समय 1945 से 1952 तक का है। जहाँ वे रहती थीं, वह एक धर्मशाला या सराय की तरह लगती हुई जगह थी, जहाँ पर किराये पर मिलने वाले कुछ मकान बने थे। इसी जगह पर भाड़े पर लेकर दो कमरे में ही पूरा घर बना लिया गया था। इसी घर के नीचे गलियारे में ही चिक डालकर उसे बैठने के कमरे का रूप दिया गया था। लता जी बताती हैं कि वहाँ महादेव का एक मन्दिर था, जिससे यह जगह सटी हुई थी। मन्दिर के सामने एक

बड़ा सा चबूतरा बना हुआ था। यह एक सार्वजनिक चबूतरा था, जिस पर शहनाई वाले और मन्दिर के पण्डे-पुजारी बैठते थे। इसी जगह पर मौजूद लम्बे अहाते के ऊपर पहली मंजिल पर कुछ लोग रहते थे, जिनमें विनायक राव के कैमरामैन पापा बुलबुले भी शामिल थे। घर के बगल में थोड़े से मकान ऐसे भी थे, जिनमें किराए पर कुछ वक़ील रहते थे। उस वक्त हुआ यह था कि 1947 में जब मास्टर विनायक की मृत्यु हुई, तब उसके बाद पापा बुलबुले ही लता मंगेशकर को संगीतकार हरिश्चन्द्र बाली से सेण्ट्रल स्टूडियो में मिलाने ले गये थे। बाली जी ने लता का गाना सुना और तुरन्त बाँधी गयी एक तर्ज पर गीत गवाने का वादा किया। यह गीत फ़िल्म 'लव इज़ ब्लाइण्ड' के लिए रेकॉर्ड होना तय हुआ था। लता को पारिश्रमिक के तौर पर तीन सौ रुपये पेशगी मिले। इसी पेशगी से माई ने नाना चौक में किराये पर दो कमरे लिये। उस सस्ते ज़माने में भी, बम्बई में दो कमरों का भाड़ा तीन सौ रुपये जितनी भारी रकम होती थी। वे बताती हैं कि नाना चौक में आने से पहले दक्षिण बम्बई के एक इलाके गिरगाँव, खेतवाड़ी की एक संकरी गली निकतबरी लेन में वे मास्टर विनायक की कम्पनी 'प्रफुल्ल पिक्चर्स' के अन्य सदस्यों के साथ रहती थीं। वे जब उन दिनों को याद करती हैं, तो पिता की मृत्यु के बाद परिवार पर आए हुए भावनात्मक व आर्थिक संकट की खरोचों को निस्संग तटस्थता से याद करती हैं। उस समय का यह पता 'शंकर सेठ मन्दिर, नाना चौक' ही 1952 तक उनका घर बना रहा।

नाना चौक के इसी धर्मशाले में, अकसर उसके गलियारे में बने हुए बैठक घर में और कई बार दोपहर में मन्दिर के सामने चबूतरे पर बैठे हुए लता मंगेशकर घण्टों कोई भजन या गीत गुनगुनाती रहती थीं। मन्दिर के पुजारी वहीं आकर जब कोई गाथा पढ़ते रहते थे या पूजा वगैरह में संलग्न होते थे, लता अपनी ऊँची आवाज़ में गाने का रियाज़ जारी रखती थीं। मालूम नहीं कि बाद में उन्हें इस बात का भान हुआ या नहीं कि वहाँ के शिवाला में मौजूद देवता दोपहर को अपना सोना स्थगित करके अकसर लता मंगेशकर का भजन या गीत सुनना पसन्द करते थे। धीरे-धीरे वह समय भी आया, जब पूरे भारतवर्ष में न जाने कितने मन्दिरों और गर्भगृहों तक बाकायदा उनकी आवाज़ देवता की नवधा-भक्ति में संगीत अर्चा के लिए रेडियो, स्पूल टेपों, रेकॉर्ड्र्स और कैसेटों के माध्यम से पहुँचने लगी। नाना चौक में रहते हुए गाने का रियाज़ करने वाली लता मंगेशकर की आकाँक्षा को जैसे उन्हीं देवताओं का स्नेहिल वरदान हमेशा

के लिए सुलभ हो सका। अब लता मंगेशकर वहाँ से निकलकर वाल्केश्वर के नये घर में अपने संगीत के साथ आ गयीं, जहाँ वे 1960 तक रहीं। उसके बाद पैडर रोड के 'प्रभु-कुंज' वाले अपने स्थायी-निवास में आ बसीं, जिसके पड़ोस में संगीतकार मदन मोहन, सलिल चौधरी और कल्याणजी-आनन्दजी का बसेरा था। अब पहले से अधिक प्रसन्न और संगीत में लगातार प्रगति की राह बढ़ती हुई यह गायिका पैडर रोड से लेकर दुनिया के किसी भी कोने में ईश्वर को समय-असमय अपने गीतों से रिझा सकती थी।

11

भारतीय संगीत को सुनते हुए हम एक ऐसी अवस्था में लीन होते जाते हैं, जहाँ शाश्वत को छू पाने की कोई कोशिश सम्भव होती हुई मन के भीतर कहीं जन्म लेती है। मगर ऐसा नहीं है कि वह स्थिति बिल्कुल अभी-अभी घटने को हो और अभी एकाएक तिरोहित हो जाये। अनन्त और शाश्वत के खेल में लिपटा हुआ भारतीय संगीत का मुहावरा दरअसल कुछ प्रत्ययों के भीतर निवास करता है। वह मनुष्य के भीतर मौजूद उसके आन्तरिक लय से कुछ इस तरह विन्यस्त होता है कि एकाग्रता, एकनिष्ठता, स्थितप्रज्ञता, द्वन्द्व हीनता और अन्तर्विरोध सभी कुछ संगीत के नैसर्गिक संसार में अपनी मुक्ति की कामना तलाशते हैं।

यह स्थिति जितनी भारतीय शास्त्रीय संगीत पर लागू होती है, उतनी ही वह लोक संगीत के वृत्त में भी समाहित मिलती है। यह नहीं हो सकता कि कोई राग अपनी सम्पूर्ण चेतना में मनुष्य के द्वन्द्व को हल करे, मगर उसका समाधान लोक परम्परा की सांगीतिक प्रस्तुतियों में ढूँढ़ पाना कठिन हो। कोई धुन, परम्परा में बरसों से बहती चली आ रही परिचित अनुगूँज और स्मृति के घरौंदे में कैद लुभावनी स्वरावलि भी लोक संगीत की स्वायत्तता को शास्त्रीय संगीत की तरह ही मनुष्य के द्वन्द्वों, तनावों, अन्तर्विरोधों से बाहर निकलने में सहायक बना सकती है। ठीक इसी जगह पर किसी कलाकार या शास्त्रज्ञ की भूमिका अपने चरम पर देखी जा सकती है, जो अनन्त और शाश्वत के बीच में सामंजस्य बनाता दिखाई पड़ता है। इसी सामंजस्य से उपजे तमाम सारे मानवीय प्रत्ययों में हमें संगीत का वह अद्‌भुत संसार दिखाई पड़ता है, जो समयातीत को पहचानने की निशानदेही करता है।

भारतीय संगीत के अर्थ में, जब हम शास्त्रीय और लोक संगीत के अन्तरालाप पर ऐसी कोई चीज़ घटती हुई देखते हैं, तो बरबस यह ख्याल भी मन में आता

है कि इनके प्रभावों से उपजे संगीत में ऐसी कोई बात अवश्य ही लक्ष्य की जा सकती है। ख़ासकर सुगम संगीत के क्षेत्र में, जहाँ शास्त्र और घरानेदारी का कड़ा अनुशासन नहीं निभाया जाता और न ही फ़िल्म संगीत के क्षेत्र में, जो तीनों ही विधाओं से अपने जीवन के लिये पर्याप्त रसायन लेता है। फ़िल्म संगीत की दुनिया में इसीलिए हम दृढ़ता से यह बात नहीं कह सकते कि वहाँ पर मौजूद अत्यन्त सुरीली धुनों के पीछे कितनी रागदारी उपस्थित है, ध्रुपद का कैसा 'नोम-तोम' आलाप गुंजायमान है, किस घराने की कौन सी तान, हरकत और बढ़त शामिल है; साथ ही वह पूरी तरह अपने सम्पूर्ण कलेवर में शास्त्रीय या लोक संगीत की कौन सी अवधारणाओं को पूरा करता है। इसी कारण सिने-संगीत हर बार एक नये कौतुक या अचम्भे की प्रतिष्ठा में अनजाने ही शामिल पाया जाता है। फिर वह बात यदि उस क्षेत्र के गुणीजन कलावन्तों की हो, तब यह चुनौती और भी गहरी हो जाती है। हम फ़िल्म संगीत को पारिभाषित करने के उद्देश्य से यदि इन शास्त्रीय कलाओं के औजारों से अपना कोई ग्रामर विकसित करना चाहते हैं, तो वह हमारे हाथ से फिसल-फिसल जाता है। कहानीकार निर्मल वर्मा ने इस बात को बेहतर ढंग से लक्ष्य किया है– 'संगीत सुनते हुए हम तनावमुक्त नहीं होते, बल्कि उस रास्ते पर चलने लगते हैं, जो हमें द्वन्द्वहीनता की दिशा में ले जाता है– और यह रास्ता अपने में अ-पहचाना है, हर कदम पर हमें एक-एक रस्सी अपने भीतर के खूँटों से छुड़ानी पड़ती है, झटकों का उन्माद, अलग होने की सुखद पीड़ा, मुक्ति की चकराहट। यह पुरानी टेंशन की स्थिति न हो, तो भी संतुलित स्थिरता की स्थिति भी नहीं है– छुटी हुई रस्सी का हवा में देर तक थरथराते रहना।'

अब इन तर्कों पर शास्त्रीय संगीतज्ञों या लोक-संगीतकारों को छोड़कर हमें कभी फ़िल्म संगीत के कलाकारों को भी परखना चाहिए। क्या आपको नहीं लगता कि ऐसी किसी अनन्त और शाश्वत की बहुरूपिया पहेली को बड़ी आसानी से के.एल. सहगल, नूरजहाँ, अमीरबाई कर्नाटकी, पारुल घोष, पंकज मलिक, राजकुमारी, मुकेश और लता मंगेशकर भी आसानी से हल करने का हुनर रखते हैं?

12

बलवन्त पाण्डुरंग किर्लोस्कर जिन्हें लोग अन्ना साहेब किर्लोस्कर कहते थे ने 1879-80 ई. के लगभग 'किर्लोस्कर नाटक मण्डली' की स्थापना की थी। यह नाटक मण्डली ही वह ऐतिहासिक कम्पनी मानी जाती है, जिसने महाराष्ट्र

में घर-घर मराठी नाटकों और नाट्य संगीत का प्रचलन आरम्भ किया। इस कम्पनी से जुड़े हुए लोगों में लता मंगेशकर के पिता पं. दीनानाथ मंगेशकर के अलावा जो हुनरमन्द लोग शामिल थे, उनमें बालगन्धर्व, मास्टर कृष्णराव, पण्डित भास्कर बुआ बखले, बापू साहेब पेण्ढारकर, गोविन्द बल्लाल देवल, गोविन्द राव टेम्बे और गणपतराव बोडस के नाम प्रमुख हैं। अन्ना साहेब की मृत्यु के बाद इस कम्पनी को श्रीपाद कृष्ण कोल्हटकर ने अपने नाटकों से समृद्ध रखा और यह नाटक मण्डली चलती रही।

लता जी के अनुसार उनके पिता मास्टर दीनानाथ मंगेशकर चौदह वर्ष की उम्र में जब गोवा से महाराष्ट्र आए, तब उन्होंने किर्लोस्कर नाटक मण्डली में प्रवेश किया। यह वह दौर था, जब मराठी नाट्य संगीत से समृद्ध रंगमंचीय प्रस्तुतियों के लिए पुणे, सांगली, मिरज, कोल्हापुर और बम्बई जैसे नगर एक बड़े प्लेटफार्म की तरह पूरे महाराष्ट्र में उभर रहे थे। कृष्णजी प्रभाकर खाडीलकर द्वारा लिखित 'मानापमान' नाटक की पहली प्रस्तुति भी इसी कम्पनी ने रची थी, जिसे 1911 में पहली बार मंच पर बालगन्धर्व ने प्रस्तुत किया था। यह देखने वाली बात है कि 'मानापमान' जैसा अपने समय का बेहद मशहूर नाटक बाद में पं. दीनानाथ मंगेशकर ने भी अपनी 'बलवन्त संगीत मण्डली' से प्रस्तुत किया था, जो उनका सबसे महत्त्वपूर्ण नाटक माना जाता है। किर्लोस्कर कम्पनी से कुछ वर्षों तक नाता जोड़े रखने के उपरान्त जब पं. दीनानाथ मंगेशकर उससे अलग हुए, तब उन्होंने अपने मित्र चिन्तामण राव कोल्हटकर और कृष्णराव कोल्हापुरे के साथ मिलकर 'बलवन्त संगीत मण्डली' की स्थापना 1918 ई. में की थी। इससे एक अर्थ यह भी निकलता है कि उनके द्वारा 'मानापमान' नाटक को करने से आठ वर्ष पूर्व ही इसका मंचन दूसरे दिग्गज कलाकारों द्वारा भी हो चुका था।

लता जी बताती हैं कि पण्डित दीनानाथ मंगेशकर से पूर्व बाल गन्धर्व और बापूराव पेण्ढारकर ने भी किर्लोस्कर नाटक मण्डली, गन्धर्व नाटक मण्डली और अन्य मंचों से 'मानापमान' अभिनीत कर दिया था। फिर भी, यह देखना दिलचस्प होगा कि पहली बार इसे मंच पर प्रस्तुत करने के लिए दीनानाथ जी ने जब इसका चुनाव किया, तो प्रचलित अर्थों में निभाए जा रहे इस नाटक के संगीत को पूरी तरह बदल दिया। इसके लिए संगीत देने का काम, अपने ज़माने के मशहूर संगीतज्ञ और हारमोनियम के अत्यन्त कुशल वादक पं. गोविन्दराव टेम्बे को दिया गया था, जिन्होंने बाद में व्ही. शान्ताराम की फ़िल्मों ('अयोध्या का राजा'-1932, 'माया मछिन्द्र'-1932, 'जलती निशानी'-1932, 'सैरन्ध्री'-1933) के

लिए संगीत-निर्देशन किया था। गोविन्द राव टेम्बे ने इस नाटक के जितने भी गीत थे, सबकी धुनें बनाईं, मगर वे सब की सब धुनें पण्डित दीनानाथ मंगेशकर को पसन्द नहीं आई थीं, इसलिए उन्होंने नाटक की सारी धुनों को बदलकर हर एक गीत की तर्ज स्वयं बनाई। बाद में, नाटक के सर्वाधिक लोकप्रिय गीत का सेहरा *'शूरा मी वन्दीले'* के सिर पर बँधा, जो नाटक की प्रस्तुति के साथ इतिहास ही बन गया। यह जानना भी गौरतलब होगा, कि इससे पहले नाटक की पोथी में लिखे हुए इस गीत को पण्डित दीनानाथ मंगेशकर के अलावा किसी ने भी अपनी प्रस्तुति में इस्तेमाल नहीं किया था।

इस कम्पनी ने महाराष्ट्र में प्रचलित 'मानापमान' और 'सौभद्र' नाटक की प्रस्तुतियों के अलावा कुछ नये नाटकों को कम्पनी के लिए अलग से लिखवाया था। इसके साथ उन नाटकों पर यह सर्वाधिकार रखा कि इन्हें कोई दूसरी कम्पनी प्रस्तुत नहीं कर सकती थी, जो कि उन दिनों 'बलवन्त संगीत मण्डली' के लिए अपार प्रसिद्धि लेकर आया। ऐसे प्रमुख नाटक, जिन्हें कम्पनी ने स्वयं लिखवाया था, में 'रणदुन्दुभी' (लेखक : वीर वामनराव जोशी), 'संन्यस्त खड्ग' (लेखक : वीर सावरकर), 'भाव बन्धन' और 'राजसंन्यास' (लेखक : राम गणेश गडकरी) तथा 'पुण्य प्रभाव' के नाम लिए जा सकते हैं। इनमें 'भाव-बन्धन', 'रणदुन्दुभी' और 'संन्यस्त खड्ग' अत्यन्त लोकप्रिय हुए। इन नाटकों के माध्यम से यह बात महाराष्ट्र में चारों ओर फैल गयी कि पं. दीनानाथ मंगेशकर अपने समय के सबसे शिखर कलाकार के रूप में मान्य हो चुके हैं।

लता मंगेशकर जी उस समय को अत्यन्त गौरव के साथ याद करते हुए बताती हैं कि किस तरह उनके पिता के पूर्ववर्ती नाट्यकर्मी बालगन्धर्व ने इस बात का ऐलान कर रखा था कि 'यदि पं. दीनानाथ मंगेशकर मेरी नाटक कम्पनी में आना स्वीकार करें, तो मैं उन्हें यहाँ तक लाने के लिए रास्ते में गुलाब के फूल सजाता हुआ और उनके सम्मान के लिए बिछाई जाने वाली कालीन पर इत्र छिड़कते हुए लेकर आऊँगा। दीनानाथ के गले में तो कलेजा चीर डालने का सामर्थ्य है।' महाराष्ट्र में किंवदन्ती की तरह प्रचलित इस धारणा को परखते हुए यह बात समझ में आती है कि किस तरह अपने समय के दो प्रतिभा-सम्पन्न कलाकारों ने मराठी थियेटर को आकाश की ऊँचाईयों तक पहुँचा दिया था।

वे याद करती हैं कि किस तरह बालगन्धर्व और उनके पिता की मैत्री ने मराठी नाट्य संगीत को भी कुछ नयी दिशाएँ खोजने का अवकाश मुहैया

कराया था। यह देखना भी मास्टर दीनानाथ मंगेशकर के सन्दर्भ में समीचीन होगा कि उन्होंने जिन अन्य नाटकों के माध्यम से अपनी कला की पताका को पूरे गौरव के साथ मराठी-भाषी क्षेत्र में फहराया हुआ था, उनमें उपर्युक्त सन्दर्भित नाटकों के अलावा 'उग्र-मंगल', 'त्राटिका', 'देशकण्टक' और 'रामराज्य वियोग' जैसे नाटक भी शामिल हैं। यह जानना भी रोमांच से भरता है कि 'किर्लोस्कर नाटक मण्डली' से शुरू हुई पं. दीनानाथ मंगेशकर की भावमयी यात्रा 'बलवन्त संगीत मण्डली' से अपने चरम पर जा पहुँची थी। उनको मात्र बयालीस वर्षों का नितान्त छोटा-सा जीवन मिला था, पर इस बात से कौन इन्कार कर सकता है कि उन्होंने उस अल्प-प्राण जीवन में ही अपनी प्रतिभा और कण्ठ-संगीत से एक महान जीवन का स्वप्न रच दिया था। सौभाग्य से, जिसे आज तक पूरे महाराष्ट्र में नाटकों और नाट्य-संगीत के कद्रदानों द्वारा याद किया जाता है।

13

लता मंगेशकर ने अपनी आवाज़ की चिरदैवीय उपस्थिति से पिछली लगभग अर्धसदी को इतने खुशनुमा ढंग से रोशन किया है कि हम आज आसानी से इस बात का अन्दाज़ा ही नहीं लगा सकते कि यदि भारतीय फ़िल्म संगीत के परिदृश्य पर 1947 में लता मंगेशकर की आमद न होती, तो आज पिछली शताब्दी उतनी संगीतमय और सुरीली भी न होती, सौभाग्य से जो वह हो पायी है। लता मंगेशकर के आगमन का समय सिर्फ़ किसी नये सांस्कृतिक घटना का वर्ष ही नहीं, वरन् वह भारतीय राजनैतिक इतिहास के भी नवजागरण का ऐसा काल है, जिस वर्ष भारत ने स्वाधीनता का नया उजाला देखा था। ...यह संयोग ख़ासा क़ाबिलेग़ौर इसलिए भी है कि जैसे-जैसे भारतीय जनमानस अपनी नयी सोच और उत्साह के साथ जीवन में आगे बढ़ता जा रहा था, लता मंगेशकर की मौजूदगी में हिन्दी फ़िल्म संगीत भी आनन्द और स्फूर्ति के साथ उसी रास्ते जा रहा था। यह अकारण नहीं है कि 1948 में मास्टर गुलाम हैदर के संगीत-निर्देशन की फ़िल्म 'मज़बूर' का लता-मुकेश का गाया हुआ युगल-गीत *'अब डरने की बात नहीं अंग्रेजी छोरा चला गया, वह गोरा-गोरा चला गया'* जैसे हर एक भारतीय की सबसे मनचाही अभिव्यक्ति बन गया था। उन्हीं मास्टर गुलाम हैदर ने भारत में अपने संगीत कॅरियर का अन्तिम गाना लता जी से 'पद्मिनी' (1948) में गवाया– *'बेदर्द तेरे दर्द को सीने से लगा के'* और उसी दिन, जिस रात यह गीत स्टूडियो में रेकॉर्ड हुआ, वे भारत छोड़कर पाकिस्तान चले गये। लता जी के संगीत-जीवन के साथ इस तरह की न जाने कितनी

ऐतिहासिक दस्तावेज़ के रूप में बदल चुकी तिथियाँ भी जुड़ी हुई हैं, जो आज भारतीय समाज में अपना कुछ दूसरा ही मुकाम रखती हैं।

एक लता मंगेशकर का होना, इस लिहाज़ से बहुत सारी ऐसी परिस्थितियों के जन्म का कारण भी गाहे-ब-गाहे बनता रहा है, जिसमें हिन्दी फ़िल्म संगीत को अपनी एक स्वतंत्र व अलग ढंग का रूप निर्धारण करने में मदद मिली है। यह देखने की बात है कि उनके संगीत के दृश्यपटल पर आने वाला वर्ष (1947) ही वह साल रहा, जिसमें के.एल. सहगल का इन्तकाल हो चुका था और मलका-ए-तरन्नुम नूरजहाँ, विभाजन के बाद पाकिस्तान चली गयीं थीं। यह एक प्रकार से फ़िल्मेतिहास का ऐसा नाजुक दौर भी था, जिसमें इन दो मूर्धन्यों की भरपाई का अकेला जिम्मा जिन लोगों के कन्धे पर आया, उनमें से एक सबसे प्रमुख किरदार लता मंगेशकर भी हैं। ज़ाहिर है, संक्रमण के इस काल में मास्टर ग़ुलाम हैदर की खोज पर दाँव लगाते हुए लता के भीतर छिपी हुई किसी बड़ी प्रतिभा की पहचान खेमचन्द प्रकाश, अनिल विश्वास, हुस्नलाल-भगतराम, नौशाद और शंकर जयकिशन जैसे दिग्गज संगीत निर्देशकों ने की। इन्हीं लोगों के चलते 1949 के दौरान उनकी पाँच महत्त्वपूर्ण फ़िल्में हिन्दी सिनेमा के संगीत परिदृश्य को एकाएक बदलने के लिए आ गयीं। यह फ़िल्में हैं– *महल, बड़ी बहन, लाडली, अन्दाज़* और *बरसात*।

इसके बाद तो जैसे पुरानी मान्यताओं, स्थापित शीर्षस्थ गायिकाओं एवं संगीत-प्रधान फ़िल्मों के स्टीरियोटाईप में बड़ा परिवर्तन दिखने लगता है। लता, खुशनुमा आज़ादी की तरह ही एक नये ढंग की ऊर्जा, आवाज़ के नयेपन और शास्त्रीय संगीत की सूक्ष्म पकड़ के साथ हिन्दी फ़िल्म संगीत के लिए सबसे प्रभावी व असरकारी उपस्थिति बनने लगती हैं। *'हवा में उड़ता जाये मेरा लाल दुपट्टा मलमल का'* (बरसात) जैसा गीत उसी बहाव के साथ नये क्षितिज की ओर फ़िल्म संगीत को उड़ा ले जाता है, जो अभी तक भारी-भरकम आवाज़ों की घूँघट में पल रहा था।

14

लता मंगेशकर के जीवन से सम्बन्धित छोटी-छोटी सूचनाओं से एक बड़ी कहानी बनायी जा सकती है, कुछ-कुछ उस तरह, जैसा कि वे 'सीमा' (1955) फ़िल्म के लिए हसरत जयपुरी के लिखे हुए गीत *'सुनो छोटी सी गुड़िया की लम्बी कहानी'* में गाकर व्यक्त होती हैं। उनके जीवन के दिलचस्प ब्यौरों में यह बात

शामिल रही है कि उन्होंने सबसे पहले शोलापुर के 'नूतन थियेटर' में अपने बाबा के साथ गायन का पहला सार्वजनिक प्रदर्शन किया था। वह भी राग खम्भावती के गायन के बाद, 'मानापमान' नाटक का *'शूरा मी वन्दीले'* और 'ब्रह्मकुमारी' का *'सुहास्या तुझे मानसी मोहि'* नाट्य गीत गाकर। बाद में वे उसी कार्यक्रम में अपने पिता की गोद में सिर रखकर मंच पर ही सोती रहीं और पण्डित दीनानाथ मंगेशकर का शास्त्रीय गायन सारी रात चलता रहा। यह बात भी कम लोग जानते होंगे कि उनके पिता ने पहले उनका नाम 'हृदया' रखा था, जो बाद में बदलकर न जाने कब 'लता' किया गया। इस बारे में एक धारणा यह भी प्रचलित रही कि पण्डित दीनानाथ मंगेशकर द्वारा सन् 1919 में खेले गये नाटक 'भाव-बन्धन' में जिस लड़की का चरित्र, उन्होंने लतिका के नाम से निभाया था, वहीं से उनके मूल नाम की प्रेरणा पड़ी है।

लता मंगेशकर के बाबा उनको इस कदर प्रेम करते थे, कि उनको अकसर चिढ़ाते हुए बड़े दुलार से 'तता बाबा' कहते थे। वे बचपन में गिल्ली डण्डा खेलती थीं और कई बार पिता के नाटकों की नकल पर घर के भीतर ही भाई-बहनों और सगे-सम्बन्धियों के साथ नाटक का खेल खेली थीं। इन नाटकों में उनके फुफेरे भाई और अभिनेत्री पद्मिनी कोल्हापुरे के पिता पण्ढरीनाथ कोल्हापुरे अकसर दुष्ट चरित्र या विलेन का रोल करते थे। उनके जीवन की कुछ अविस्मरणीय बदमाशियों में यह भी शुमार रहा है कि किस तरह उन्होंने घर के बगल बिसाती वाले की दुकान में जाकर दुकानदार को लगभग ठगते हुए दो खोटे आने देकर एक साबुन खरीदा था। यह अलग बात है कि उनके पिता ने सबक सिखाने के लिए दोबारा से उस दुकान पर दो आने देकर अपनी तता बाबा को भेजा था और यह शर्त भी लगाई थी कि वे बिना माफ़ी माँगे हुए घर नहीं लौटेगीं। वही दिन शायद उनके जीवन से झूठ और फ़रेब के निष्कासन का दिन था।

उनके जीवन में मध्य प्रदेश का इन्दौर शहर भी इस कारण महत्त्वपूर्ण रहा है कि वह उनके जन्मस्थान होने का गौरव पाया हुआ शहर है। शनिवार, 28 सितम्बर, 1929 को उनका इन्दौर के सिख मोहल्ले में अपनी मौसी के घर में जन्म हुआ था, जो घर 'वाघ वकील का वाड़ा' कहलाता था। लता मंगेशकर को पैदा कराने में उस दिन जो लेडी डाक्टर उपस्थित थीं, उनका नाम डा. मोताबाई है। डा. मोताबाई भी उस समय यह कहाँ जानती रहीं होंगी कि अपने प्रोफेशन के अनुसार नार्मल ढंग से जिस लड़की को जन्म दिलाकर लौटी हैं, उसका नाम तो बाद में इतिहास में दर्ज़ होने वाला है। खुद उनका

नाम भी बाद में याद रह जाने वाला क्योंकि वे उस कन्या को जन्म दिलाने वाली डाक्टर के रूप में इतिहास में कहीं मौजूद थीं। इसी तरह लता मंगेशकर अपने पिता की थियेटर कम्पनी 'बलवन्त संगीत मण्डली' के साथ बचपन में पूना, कोल्हापुर, सातारा, गोवा, मिरज और सांगली घूमते हुए न जाने कितने शहरों की आबो-हवा की आर्द्रता महसूस करते हुए महाराष्ट्र को बहुत क़रीब से देख और समझ पायी हैं।

यह भी कम लोग ही जानते होंगे कि अपनी किशोरावस्था में उन्होंने समाज-सेवा का प्रण कर लिया था। इसके चलते वे राजनेता और क्रान्तिकारी वीर सावरकर से इस बात के लिए कई दिनों तक विमर्श में उलझी थीं कि उन्हें समाज-सेवा करते हुए राजनीति के पथ पर जाना है या कुछ और करना है? सावरकर जी ने ही उन्हें समझाया था कि तुम ऐसे पिता की सन्तान हो, जिनका शास्त्रीय संगीत और कला में शिखर पर नाम चमक रहा है। अगर देश की सेवा करनी ही है, तो संगीत के माफ़र्त समाज की सेवा करते हुए भी उसे किया जा सकता है। यहीं से लता मंगेशकर का मन भी बदला है, जो उन्हें संगीत की कोमल दुनिया में बड़े संघर्ष की तैयारी के लिए ले आया। एक तरह से हम भारतीयों को सावरकर का ऋणी होना चाहिए, जो उन्होंने एक बड़ी प्रतिभा को खिलकर सफल होने का जज़्बा दिया। उन्होंने अगर उस दिन लता मंगेशकर को कुछ दूसरे ढंग से समाज-सेवा करने से रोका न होता, तो आप उम्मीद कर सकते हैं कि पिछली अर्द्ध शताब्दी और यह नयी सदी सुरीलेपन से कितनी विपन्न होती?

लता मंगेशकर के जीवन की तमाम छोटी-छोटी बातें, उसी तरीके से बड़ी लगती हैं, जिस तरह किसी बड़े व्यक्ति के जीवन के पन्नों को पढ़ने पर उसका असर बड़ा दिखाई देता है। हम इस बात के लिए प्रसन्न हो सकते हैं और इस खुशफहमी में जी सकते हैं कि वे जिस हवा में साँस ले रही हैं, उनमें हम भी कहीं मौजूद हैं। चाँदी की घण्टियों जैसे खनकते कोमल स्वर के साथ यह लता मंगेशकर ही हैं, जिनसे जीवन की ख़ामोशी और अकेलापन भी कई बार भरा-भरा और गरिमामय बन जाता है। लता जी की अलंकरणमुक्त सादगी और भव्य आवाज़ का सांगीतिक इतिहास जितना रोचक है, उनकी सहजता उतनी ही मार्मिक... और भीतर तक बेध देने वाली।

15

पिता पण्डित दीनानाथ मंगेशकर से सीखी हुई अनगिनत बन्दिशों में जो आज भी लता जी को याद रह गयी हैं, उनमें राग मालकौंस, हिण्डोल, जयजयवन्ती

और पूरिया धनाश्री को विशेष लगाव से वे याद करती हैं। उन्हें आज भी स्मरण है कि जयजयवन्ती सिखाते हुए पिता ने कैसे *'तन जहाज मन सागर... रत्नाकर अपरम्पार'* को गाते हुए तान लेना बताया था। हिण्डोल का उनका सीखा हुआ पद *'कांचन बरन हिण्डोला'* को आज भी बताते हुए वे फ़ोन पर उसे गुनगुनाने लगती हैं। मालकौंस की बहुप्रचलित विलम्बित लय की बन्दिश *'पीर न जानी'* को तमाम गायकों-साधकों की तरह लता मंगेशकर ने भी सीखा हुआ है। राग खम्भावती में उन्होंने जो बन्दिश सीखी थी, उसके बोल हैं– *'आली री मैं जागी सारी रैना'*। रही बात पूरिया धनाश्री जैसे राग की, जो उनके जीवन का पहला राग है और जो अपनी सन्धि-प्रकाश छाया के बीच उगता हुआ एक दीप्त राग भी है। उसकी बन्दिश को लता मंगेशकर ने किसी पूजा में प्रयुक्त होने वाले अर्चा के छन्द की तरह ही जीवन के सितार पर उतारा हुआ है। वे छलकते हुए आत्मीय भाव से इस राग की बन्दिश *'सदारंग नित उठकर देत दुआएँ'* को याद करती हैं।

यह सब उनके लिए इतना आसान नहीं है। भले ही वे हिण्डोल, मालकौंस, जयजयवन्ती, खम्भावती और पूरिया धनाश्री की चर्चा में आपके साथ मौजूद हों, पर उनके सामने रहने वाला व्यक्ति यह आसानी से जानता है कि दरअसल लता मंगेशकर अस्सी वर्ष पूर्व अपने पिता के पास उनकी गोद में पहुँच गयी हैं, जहाँ उनके साथ पिता के नोटेशन की कॉपी और रियाज़ का तानपूरा रखा हुआ है। मेरे लिए यह हमेशा आश्चर्यमिश्रित ख़ोज रही कि मैं लता मंगेशकर से बात करते हुए क्या पण्डित दीनानाथ मंगेशकर के छूटे हुए सांगीतिक कार्यों का उनकी बेटी के रूप में एक सार्थक स्थानापन्न देख रहा हूँ या कि लता मंगेशकर की काया में उनके अपने बाबा को कण्ठ में निमजता पाता हूँ। वे जब भी गाती हैं, तो सामने मास्टर दीनानाथ मंगेशकर खड़े होते हैं। वे जब मुसीबत में हों और संगीत का कोई बड़ा मामला उन्हें चिन्तित किये हो, तो मास्टर दीनानाथ मंगेशकर उनके सपने में आते हैं। ...और आज जब लता मंगेशकर और संगीत एक-दूसरे के पर्याय या पूरक बन गये हैं, तब उनसे बात करते हुए यही लगता है कि जैसे बरसों पहले शुरू हुआ गाँव-गाँव, शहर-शहर घूमता पण्डित दीनानाथ मंगेशकर की नाटक कम्पनी का कोई खेल बस अभी शुरू होने ही वाला है।

लता मंगेशकर अपने पिता के नाटकों से, अपने पिता के गाए हुए रागों की अर्थ-छायाओं से, 'बलवन्त संगीत मण्डली' के राग आधारित ढेरों नाट्य संगीत

से और *'तन जहान मन सागर'* व *'सदारंग नित उठकर देत दुआएँ'* जैसी बन्दिशों के तिलिस्म से वैसे ही जकड़ी हुई हैं, जैसे पानी की माया से कोई सुनहली मछली अपनी सारी सुनहरी रंगत से निरपेक्ष रहते हुए अगाध जलराशि में बिछलती हुई प्रसन्न मन से जकड़ी रहती है।

16

'अगर मैं रियाज़ करती, बैठकर तसल्ली से गाया होता, तो शायद मैं बेहतर शास्त्रीय गायिका बन सकती थी।' यह बात लता मंगेशकर कुछ मलाल के साथ बताती हैं। उन्हें संगीत में रचे-बसे हुए जब अधिकतर जीवन बीत चुका है, इत्मीनान से रियाज़ न कर पाने का दुःख कहीं भीतर गहरे पैठा हुआ है। वे बताती हैं कि महाराष्ट्र में यह प्रचलित रहा है कि उनके पिता पण्डित दीनानाथ मंगेशकर ने कभी कहा था– 'लता के गले में गन्धार बोलता है।' ऐसी सुकण्ठी गायिका के सुरों को कोई भी प्रश्नांकित नहीं कर पाया है, बावजूद इसके वे एक आला दर्जे की शास्त्रीय गायिका न हो पाने का टूटा सपना दिल में कहीं संजोये हुए हैं। उनकी सबसे बड़ी आन्तरिक कामना यही रही कि वे उस्ताद बड़े ग़ुलाम अली ख़ाँ की तरह गा सकें।

पिछले लगभग पाँच-सात वर्षों के दौरान मैंने जब कभी भी उनसे उनकी सबसे बड़ी अभिलाषा के बारे में जानना चाहा, तो हर बार यही जवाब आया कि काश मैं उस्ताद बड़े ग़ुलाम अली ख़ाँ साहब की तरह गा पाती। अब देखने वाली सबसे मजेदार बात यह है कि यह एक ऐसी अप्रतिम गायिका कह रही है, जिसकी सबसे बड़ी सांगीतिक परिभाषा उसी उस्ताद ने यह कहकर स्थापित कर दी थी कि 'कमबख़्त कभी बेसुरी नहीं होती'। उस्ताद बड़े ग़ुलाम अली ख़ाँ को लेकर एक किस्सा मशहूर है कि एक बार वे अपने कन्सर्ट, जो लक्ष्मीबाग, गिरगाँव, मुम्बई में होने वाला था, शाम को राग यमन गाने वाले थे। उसी दिन सुबह वे राग का अभ्यास अपने मनोभावों में कर रहे थे, तब तक पास के फ्लैट से रेडियो पर लता मंगेशकर की आवाज़ में 'बहाना' फ़िल्म का यह गीत बजता हुआ उनके कानों तक पहुँचा– *'जा रे बदरा बैरी जा, रे जा रे'*।

ख़ाँ साहब का मन इस गाने की ओर बरबस चला गया और वे अपने नोटेशन को थोड़ी देर के लिये बिसरा कर गीत सुनने में डूब गये। लगभग तीन-चार मिनट की समाप्ति के बाद, जब यह गीत ख़त्म हुआ, तो उस्ताद थोड़े खिन्न व अन्यमनस्क हो उठे। कुछ सोचते हुए अपने शिष्यों से बोले कि 'जब से

इस लड़की का यमन मेरे कानों में पड़ा है, मैं अपना यमन भूल गया हूँ। मेरे दिल दिमाग़ पर इस कदर लता का यमन छाया हुआ है कि मैं चाहकर भी आज शाम इसे गा नहीं सकता।' ऐसा सुना जाता है कि उस दिन ख़ाँ साहब ने वाकई यमन न गाकर दूसरा राग सुनाया था।

संगीत के प्रति आस्था रखते हुए दोनों ही कलाकारों की इतनी अगाध भक्ति का दूसरा उदाहरण जल्दी से दो विधाओं में देखने को नहीं मिल सकता। यह तो हो सकता है कि एक शास्त्रीय संगीतज्ञ दूसरे शास्त्रीय घराने के गायक-गायिका को अपनी तरह सहकार में संगीत निपुण देखता हो या कि फ़िल्मी दुनिया के दो अलग-अलग पार्श्व गायक-गायिकाएँ, एक दूसरे के गानों के प्रति आसक्ति का भाव रखते आये हों। .....मगर उस्ताद बड़े ग़ुलाम अली ख़ाँ लता की तारीफ़ में यमन गाना भूल जायें अथवा लता मंगेशकर स्वयं कुछ भी गाते हुए केवल उस्ताद बड़े ग़ुलाम अली ख़ाँ की तरह का शिखर अर्जित करना चाहती हों, तब यह बात सुन्दर होने के साथ-साथ संगीत की दुनिया का एक दुर्लभ उदाहरण बन जाती है।

आज पीछे मुड़कर देखने पर यह लगता है कि लता मंगेशकर ने पटियाला घराने के इस अद्‌भुत कलाकार को जिस जतन से सुना और आत्मसात किया है, उसे फ़िल्म संगीत के समाज में अपने ढंग से व्यक्त करने की उतनी ही स्वच्छन्द कोशिश की है। आप याद करना चाहें तो कई ऐसे लता जी के गाए हुए गीत याद आयेंगे, जिनको उस्ताद बड़े ग़ुलाम अली ख़ाँ की ठुमरियों पर ही विकसित किया गया है। मिसाल के तौर पर भैरवी की ठुमरी *'जमुना के तीर'* का *'कैसे आऊँ जमुना के तीर'* (देवता), राग पहाड़ी पर आधारित *'तोरी तिरछी नजरिया के बान'* का *'न मारो नजरिया के बान रे, अकेली आई पनिया भरन'* (पहली झलक) एवं कौशिक ध्वनि की मशहूर ठुमरी *'याद पिया की आए, ये दुःख सहा न जाए'* का *'बलमा अनाड़ी मन भाए, का करूँ समझ न आए'* (बहूरानी) में रूपान्तरण अपने चरम पर है। संयोग से इन तीनों ही गीतों को लता मंगेशकर के लिए संगीतकार सी. रामचन्द्र ने रचा था।

17

लता मंगेशकर एक ऐसे समय में सम्भव हुई आवाज़ की दुनिया की घटना हैं, जिनके होने से इस धारणा को प्रतिष्ठा मिलनी शुरू हुई कि गायन का क्षेत्र सिर्फ़ मठ-मन्दिरों, हवेलियों और नाच-घरों तक ही सीमित न रहकर एक चाय

वाले की गुमटी या बाल काटने वाले की दुकान में भी अपने सबसे उज्ज्वल अर्थों में पंख फैला सकता है। उनके आने के बाद से ही, लोगों की बेपनाह प्रतिक्रियाओं से तंग आकर रेकॉर्ड कम्पनियों ने पहली बार फ़िल्मों के तवों पर पार्श्वगायकों एवं गायिकाओं के नाम देना शुरू किया।

वे भारत में फ़िल्म संगीत का उसी तरह कायाकल्प करने में तत्पर व समर्पित दिखाई देती हैं, जिस तरह पारम्परिक नृत्य-कलाओं में नवोन्मेष ढूँढ़ने का काम रुक्मिणी देवी अरुण्डेल, बालासरस्वती एवं इन्द्राणी रहमान जैसी नर्तकियों ने अपने समयों में किया है। ऐसे में लता की उपस्थिति स्त्री की प्रचलित रुढ़िवादी छवि को एकबारगी तोड़ने में अहम भूमिका निभाने की ओर अग्रसर दिखाई देती है। शायद इसी कारण, स्वाधीनता के बाद उनकी आवाज़ संघर्षशील तबके से आने वाली उस स्त्री की आवाज़ बन गयी, जिसे तब का समाज बिल्कुल नये सन्दर्भों में देख-परख रहा था।

लता जी से पहले स्थापित गायिकाओं– कानन देवी, अमीरबाई कर्नाटकी, ज़ोहराबाई अम्बालावाली, सुरैया, राजकुमारी, शमशाद बेगम के विपरीत लता मंगेशकर का स्वर एक ऐसे उन्मुक्त वातावरण को रचने में सफल होता दिखाई देने लगा, जिसकी हिन्दी फ़िल्म जगत को भी बरसों से दरकार थी। उनके गायन की विविधता में स्त्री किरदारों के बहुत से ऐसे प्रसंगों को पहली बार अभिव्यक्ति मिली, जो शायद सुरैया या ज़ोहराबाई जैसी आवाज़ में सम्भव नहीं थी। उस दौर की अनगिनत फ़िल्मों में एकाएक उभर आए औरत के प्रगतिशील चेहरे के पीछे, लता मंगेशकर की आवाज़ ही प्रमुखता से सुनाई पड़ती है।

यह अकारण नहीं है कि 1952 में आई ज़िया सरहदी की 'हम लोग' का *'चली जा चली जा छोड़ के दुनिया, आहों की दुनिया'* से लेकर बाद तक बहुत सारे गीत इन्हीं अर्थों में स्त्री की उन्मुक्त आकाँक्षा का स्वप्न रचने के चलते ऐतिहासिक ढंग से बन सके। आप याद करना चाहें, तो उस दौर के कुछ ऐसे गीतों को इन्हीं आशयों के तहत देख सकते हैं। जैसे, *'मिट्टी से खेलते हो बार-बार किसलिए'* (पतिता) *'औरत ने जनम दिया मरदों को'* (साधना), *'सुनो छोटी सी गुड़िया की लम्बी कहानी'* (सीमा), *'फैली हुई है सपनों की बाहें'* (हाऊस नं. 44), *'जागो मोहन प्यारे'* (जागते रहो), *'सैंया झूठों का बड़ा सरताज़ निकला'* (दो आँखें बारह हाथ), *'तेरे सब ग़म मिलें मुझको'* (हमदर्द), *'हमारे बाद महफ़िल में अफ़साने बयाँ होंगे'* (बागी) ऐसे ही कुछ गीत हैं।

यह स्थिति दिनोंदिन सुदृढ़ ही होती गयी। साठ के दशक तक आते-आते तो इस बात की होड़ सी मच गयी कि किस फ़िल्म का स्त्री किरदार, दूसरी फ़िल्मों की तुलना में कितना मजबूत, केन्द्रीय और भावप्रवण है। यह भी देखना दिलचस्प है कि जिन फ़िल्मों में सीधे ही औरत की कोई ऐसी भूमिका नहीं थी, वहाँ ऐसी गुंजाइश गीतों के बहाने निकाली जाने लगी। ऐसे में, लता मंगेशकर एक जरूरत या ज़रूरी तत्त्व की तरह भारतीय सिनेमा जगत पर छाती चली गयीं। शायद इसी कारण पिछली सदी के पचास और साठ का दशक अधिकांश सिने अध्येताओं और संगीत प्रेमियों को लता जी का स्वर्णिम दौर भी लगता है। कुछ फ़िल्में इसी सन्दर्भ में याद करने लायक हैं, जहाँ लता मंगेशकर की मौजूदगी ही बाक़ी का इतिहास रचने में सक्षम नज़र आती है।

ऐसे में आसानी से हम 'परख', 'बैजू बावरा', 'छाया', 'बन्दिनी', 'दिल एक मन्दिर', 'मधुमती', 'झनक-झनक पायल बाजे', 'नागिन', 'शबाब', 'बसन्त बहार', 'अनारकली', 'यास्मीन', 'आवारा', 'श्री 420', 'जेलर', 'गूँज उठी शहनाई', 'अनुराधा', 'दिल अपना और प्रीत पराई', 'माया', 'कैसे कहूँ', 'रानी रूपमती', 'चित्रलेखा', 'गाईड', 'मेरे महबूब', 'संगम', 'आरती', 'मान', 'अनुपमा', 'ममता', 'दुल्हन एक रात की', 'अदालत', 'गंगा-जमना', 'सरस्वतीचन्द्र', 'वो कौन थी', 'आज़ाद', 'संजोग', 'घूँघट', 'कठपुतली', 'पटरानी', 'तीसरी कसम', 'मदर इण्डिया' एवं 'मुग़ल-ए-आज़म' जैसी फ़िल्मों के नाम ले सकते हैं। उनकी गायिकी का सलोनापन इस कदर अनूठे ढंग से अपना असर इन फ़िल्मों के माध्यम से जगाने लगा कि इस दौर में बहुत सारे संगीतकारों के साथ बनने वाली उनकी कला की ज्यामिति ने जैसे कीर्तिमानों का एक अध्याय ही रच डाला।

आज भी उनका नाम मदन मोहन के साथ अमर ग़ज़लों, नौशाद के साथ विशुद्ध लोक एवं शास्त्रीय संगीत, एस.डी. बर्मन के साथ राग आश्रित गीतों, सी. रामचन्द्र के साथ बेहतर आर्केस्ट्रेशन पर आधुनिक ढंग की मेलोडी, सलिल चौधरी के साथ बांग्ला एवं असमिया लोक संगीत और विदेशी सिंफनीज़ पर आधारित कुछ मौलिक प्रयोगों, रोशन के साथ शास्त्रीयता एवं रागदारी, ख़य्याम के साथ प्रयोगधर्मी धुनों तथा लक्ष्मीकान्त प्यारेलाल के साथ सदाबहार लोकप्रिय एकल गीतों के लिए असाधारण ढंग से याद किया जाता है।

18

1942 में विनायक दामोदर कर्नाटकी जो 'मास्टर विनायक' के नाम से मशहूर थे, ने तेरह साल की लता को 'नवयुग चित्रपट फ़िल्म कम्पनी' के लिए पूना

में श्रीपाद जोशी के अनुरोध पर काम दिया। यह एक तरह से तीन महीने का कॉन्ट्रेक्ट था, जिसमें लता को छोटे-मोटे रोल करने थे। मेहनताना था कुल तीन सौ रुपये। जाहिर है, इसी वर्ष अप्रैल में पिता मास्टर दीनानाथ मंगेशकर की असमय मृत्यु हो गयी थी और पूरे परिवार के भरण-पोषण का जिम्मा लता के नाज़ुक कन्धों पर था। उनके पास दूसरा कोई चारा नहीं था, सिवाय इसके कि वे अभिनेत्री नन्दा के पिता मास्टर विनायक के इस प्रस्ताव को स्वीकार कर लें। इस तरह नियति ने अन्जाने ही एक खेल रच दिया था, जिसकी परिणति लता मंगेशकर की सिनेमा इण्डस्ट्री में आमद को ले आयी। उनका काम मास्टर विनायक के साथ शुरू हुआ और अपनी फ़िल्म 'पहली मंगलागौर' में उन्होंने लता को अभिनेत्री की छोटी बहन के रूप में एक अदना-सा रोल दे दिया। इस फ़िल्म में मुख्य अभिनेत्री का किरदार उस ज़माने की मशहूर स्नेहप्रभा प्रधान निभा रही थीं। फ़िल्म की शूटिंग बस शुरू होनी ही थी कि मास्टर विनायक का स्टूडियो के साथ झगड़ा हो गया और उन्होंने यह फ़िल्म छोड़ दी। बाद में इसे आर.एस. जुन्नारकर ने अपने निर्देशन में पूरा किया।

31 दिसम्बर, 1942 को लता का कॉण्ट्रेक्ट 'नवयुग' फ़िल्म कम्पनी के साथ पूरा हुआ और वे कोल्हापुर जाने के लिए तैयार हुईं, जहाँ वे अपने जीवन की एक नयी पारी की शुरुआत मास्टर विनायक की फ़िल्म कम्पनी 'प्रफुल्ल पिक्चर्स' के साथ करने जा रही थीं। इस नये काम में उन्हें साठ रुपये प्रतिमाह की दर से मेहनताना मिलना था, जो कि 1947 तक आकर दो सौ रुपये प्रतिमाह हो गया। इस तरह पूना से शुरू होकर कोल्हापुर और बाद में मुम्बई तक लगभग पाँच वर्षों के दौरान लता मंगेशकर का फ़िल्मों में अदाकारी का सफ़रनामा जारी रहा। 1945 में मास्टर विनायक कोल्हापुर में अपनी कम्पनी बन्द करके बम्बई आ गये थे। उन्होंने यहीं से फ़िल्मों को बनाने का काम भी शुरू किया, जिसके लिए लता बम्बई में भी कोल्हापुर की तरह ही 'प्रफुल्ल पिक्चर्स' के लिए काम कर रही थीं। इस दौरान उन्होंने 'माझे बाल' (1943), 'गजाभाऊ' (1944), 'बड़ी माँ' (1945), 'जीवन-यात्रा' (1946), 'सुभद्रा' (1946), 'मन्दिर' (1948) जैसी फ़िल्मों में काम किया।

इस छोटी सी फ़िल्म सूची में 'बड़ी माँ' इसलिए महत्त्वपूर्ण और ऐतिहासिक मानी जायेगी, क्योंकि इस फ़िल्म में लता मंगेशकर ने अपने ज़माने की मशहूर तारिका और गायिका नूरजहाँ के साथ काम किया था। फ़िल्म के अन्य कलाकारों में याकूब, सितारा देवी, मीनाक्षी, ईश्वरलाल और अलका थे। 'बड़ी

माँ' का एक गीत लता मंगेशकर की आवाज़ में था, जिसे परदे पर उन पर फ़िल्माया भी गया है। यह गीत *'माता तेरे चरणों में'* आज भी आपको संगीत के पुराने कद्रदानों के संग्रह में कोलम्बिया रेकॉर्ड कम्पनी के तवों पर अंकित मिल जायेगा। यह देखना भी कम दिलचस्प नहीं कि जिन फ़िल्मों से अभी लता मंगेशकर का जीवन बस शुरू हो रहा था, उनमें से एक 'बड़ी माँ' में नूरजहाँ ने अपने संगीत कॅरियर का एक अद्‌भुत गीत *'दिया जलाकर आप बुझाया'* गाया था। स्वयं लता जी इस गाने को नूरजहाँ के गाये हुए सर्वश्रेष्ठ गीतों में से एक मानती हैं।

इस ओर ध्यान जाना भी प्रासंगिक है कि लता मंगेशकर के लिए हिन्दी फ़िल्मों की सरताज़ पार्श्वगायिका बनने की आधारशिला एक तरह से मराठी फ़िल्म 'गजाभाऊ' से बनती है, जब वे इस फ़िल्म के लिए 1943 में अपने जीवन का पहला हिन्दी गीत *'हिन्दुस्तान के लोगों अब तो मुझको पहचानो'* गाती हैं। हालाँकि हिन्दी फ़िल्मों के लिए पहला हिन्दी पार्श्व-गीत गायन तो उन्होंने दत्ता डावजेकर के संगीत-निर्देशन में 'आपकी सेवा में' (1947) के लिए *'पा लागूँ कर जोरी रे, श्याम मोसे न खेलो होरी रे'* गाकर किया था। किस्सा-कोताह यह कि मास्टर विनायक, प्रफुल्ल पिक्चर्स, कोल्हापुर और बम्बई के साथ पण्डित दीनानाथ मंगेशकर के परिवार का जीवन धीरे-धीरे पटरी पर आने लगा था, जिसे बड़ी हिम्मत के साथ उनकी तेरह वर्षीय बेटी लता ने अपने मजबूत इरादों से थामना शुरू कर दिया था।

19

गुरुदेव रवीन्द्रनाथ टैगोर को लगता था कि एक सुन्दर और सार्थक कविता लिखने के लिए फूलों के अर्क की स्याही बनानी चाहिए। फूलों का रस निकालकर अगर उसकी स्याही से कोई कविता लिखता है, तो वह एक सुन्दर और सुगन्ध युक्त कविता को जन्म देगा, जिसका लालित्य पुष्प की तरह ही कागज़ पर पंखुरियों की तरह खिल सकेगा। गुरुदेव का आशय शायद यह रहा होगा कि अर्थ शब्दों में नहीं है, बल्कि उस सुगन्ध और सूक्ष्मता में निहित है, जिसके चलते मानवीय भाव कविता में अर्थ बनकर शब्दों के द्वारा व्यक्त होते हैं।

मुझे यह कविता से अधिक विचार के स्तर पर मार्मिक बात लगती है। इसे अगर रूपक के तौर पर लता मंगेशकर के संगीत के सन्दर्भ में देखा जाये, तो लगता है जैसे उनके गले से निकली हुई भावों की सुगन्ध ने एक से बढ़कर

एक सार्थक गीत रचे हैं। आप अगर उनके गाए हुए हजारों गीतों में से कुछ गीतों को पंखुरी-पंखुरी खिलता और बूँद-बूँद महकता महसूस करते हैं, तो यह समझना आसान होगा कि उन्होंने अपने गले में मौजूद सुरों से और हृदय में निमजती भावनाओं से पूरे सत्तर वर्षों तक फैली हुई अपनी सांगीतिक-यात्रा में इत्रफ़रोश का काम किया है।

20

पण्डित रविशंकर द्वारा संगीतबद्ध 'अनुराधा' (1960) का एक कर्णप्रिय गीत है– *'कैसे दिन बीते कैसे बीती रतियाँ, पिया जाने न'*। मुझे गहरा विश्वास है कि इस गीत को सुनकर कोई भी रसिक और संगीत प्रेमी, अगर सिनेमा गीतों से थोड़ा दूरी भी बरतता रहा है, तो सहज ही उसके मोहपाश में बँधकर रह जायेगा। इसको लेकर कभी-कभी ऐसा एहसास भी होता है कि जैसे इस गीत की धुन सितार पर भी बजाई जा सकती है, विशेषकर, जब लता मंगेशकर *'कैसे बीती रतियाँ'* कहती हैं। आमतौर पर ऐसी मान्यता है कि वाद्य हमेशा गायिकी का अनुसरण करता है। इस गीत में एक सुन्दर बात यह देखने को मिलती है कि किस तरह गायिकी, वाद्य के प्रभाव में अपना स्वरूप विकसित करती है। आप इस गीत को सुनें, तो इस बात को महसूस किये बग़ैर रह नहीं पायेंगे कि इसका अन्तिम रूप कहीं पण्डित जी के सितार की मनोहारी छाया लेकर परिदृश्य पर आया है। यह मेरा एक अनुमान ही था, जिसमें शास्त्रीय गायिका शुभा मुद्गल की सहमति भी मौजूद रही है। लता जी से इस गीत की संरचना को लेकर हुई बातचीत में यह बात स्पष्ट भी हुई कि धुन बनाने के लिए पण्डित रविशंकर ने इसे सितार पर बजाकर अवश्य ही देखा होगा। लता जी याद करती हैं 'मुझे ऐसा लगता है कि पण्डित जी ने इस फ़िल्म के हर गाने को सितार पर बनाया होगा, क्योंकि जिस तरह गाने के स्वर विकसित होते हैं, उनमें सितार अपने आप झलकती हुई दिखाई पड़ती है। ख़ासकर, *'जाने कैसे सपनों में खो गयी अँखियाँ'* और *'कैसे दिन बीते कैसे बीती रतियाँ'* में' (सितार की स्वर-संगति के लिहाज से गीत को गुनगुनाकर बताती हैं)।'

मेरे लिये यह खुशी और आश्चर्यमिश्रित खोज से कम नहीं, कि किसी गीत को उसके बनने की प्रक्रिया के दौरान जो आज से कई दशकों पहले सम्भव हो चुकी है, मैं कोई ऐसा सांगीतिक सूत्र भी ढूँढ पा रहा हूँ, जो फ़िल्म से अलग एक बेजोड़ संगीतकार और अप्रतिम गायिका के मध्य आपसी सहकार के कारण सम्भव हुई हो। इस गीत को लेकर शुभा जी की यह स्थापना ध्यान

से पढ़ने लायक है– *'कैसे दिन बीते कैसे बीती रतियाँ'* में 'हाए' अत्यन्त नाज़ुक व रूमान से भरे हुए अन्दाज़ में व्यक्त हुआ है, जबकि इस शब्द का प्रयोग अब तक भय, दया और गहरे विषाद की मनोदशाओं में होता रहा है। जलप्रपात की तरह अवरोहात्मक स्वरों में निबद्ध गीत की इस पंक्ति को लता मंगेशकर जिस सहजता से बिना किसी अतिरिक्त मेहनत के निभा ले जाती हैं, सुनना सुख से भर देता है। गीत के अन्तिम अन्तरे में, जहाँ यह पंक्ति *'बरखा न भाए, बदरा न सोहे'* आती है, जिस सुन्दर ढंग से अति-तार पर पहुँची है, उसे लता जी की बड़े दायरे में फैली हुई आवाज़ के सन्दर्भ में देखा जा सकता है।'

यह सर्वविदित है कि फ़िल्म संगीत का निर्माण एक सामूहिक प्रयास होता है, जिसमें गीत के बोल कोई लिखता है, धुन कोई दूसरा तैयार करता है और उसे सजाने-सँवारने का काम कोई तीसरा व्यक्ति करता है। जाहिर है, समूह में किये गये ऐसे प्रयासों के तहत अनेकों बार कई तरह के दिग्गज कलाकार भी अपनी विशिष्ट अदायगी और तैयारी के साथ उपस्थित रहते हैं। 'अनुराधा' के इस गीत के लिहाज से यह बात मन में सहज ही उठती है कि ऐसे सैकड़ों और भी गीत होंगे, जिन पर किसी फ़नकार के तबले की थाप, किसी उस्ताद की मींड़ मुरकियों का ज़िक्र और किसी गीतकार के कुछ विशिष्ट शब्दों से रुहानी प्रेम का मामला भी शाया हुआ होगा। हो सकता है सितार और तबले, सरोद और सारंगी से अलग भी संगीत के कुछ ऐसे अलग मुकाम रहे हों, जहाँ सिर्फ़ एक गायक या गायिका ही जाने का जोखिम उठा पाते हैं। एक ऐसे तिलिस्म को तोड़ पाने की चाबी ढूँढ़ सकने का मामला, जहाँ रविशंकर और सितार भी तिरोहित हो गये हों, केवल गायिका का कण्ठ और उसकी अपनी यात्रा मुखर होकर उभर आई हो। यह अकारण नहीं है कि गाहे-ब-गाहे लता जी साहिर लुधियानवी के जिस एक शेर को बार-बार कोट करती रहती हैं, वह कुछ ऐसे ही ख़ानकाहों से गुजरने के कारण उनकी अभिव्यक्ति और तसव्वुर में जगह पा गया है। शेर कुछ यूँ है–

जो तार से निकली है वो धुन सबने सुनी है,
जो साज़ पे गुज़री है वो किस दिल को पता है।

21

लता मंगेशकर और सुरैया के सन्दर्भ में सबसे मनोहारी बात यह रही है कि जब सुरैया अपने कॅरियर के शिखर पर थीं, लता जी की आमद उसी वक्त

हिन्दी सिनेमा की दुनिया में हुई। पचास का लगभग उतरता हुआ दशक इस बात की गवाही देता है कि किस तरह एक ही फ़िल्म के लिए दोनों ही गायिकाएँ अपने फ़न से मौसीक़ी का जादू बिखेर रही थीं। फिर वह चाहे हुस्नलाल भगतराम के संगीत वाली फ़िल्म हो या नौशाद के सुरीले शाहकार से निकली कोई अद्‌भुत कृति। कई फ़िल्में इस बात का लाजवाब उदाहरण हैं कि कैसे सुरैया और लता मंगेशकर गायिकी का अपना अलग-अलग शिल्प रचते हुए उन फ़िल्मों को संगीत के लिहाज़ से बेहतर बना रही थीं। जाहिर है, ऐसी ज़्यादातर फ़िल्मों में वे दोनों साथ रहीं, मगर अलग-अलग गीतों की एकल आवाज़ों के रूप में उन्होंने कुछ अभूतपूर्व सिरजा है। मिसाल के तौर पर हम 'गजरे' (अनिल विश्वास, 1948), 'नाच' (हुस्नलाल-भगतराम, 1949), 'शायर' (गुलाम मुहम्मद, 1949), 'दो सितारे' (अनिल विश्वास, 1951) जैसी फ़िल्मों को देख सकते हैं।

....मगर मैं यहाँ जिस बात को कहना चाहता हूँ, वह इतनी सी है कि यह दोनों गायिकाएँ मुश्किल से जिन चार गीतों में एक साथ आई हैं, उनकी रचनात्मकता में संगीतकारों की बड़ी भूमिका नज़र आती है। मैं इन चारों ही गीतों को लता मंगेशकर और सुरैया की जोड़ी के सुन्दर नमूनों में गिनता हूँ, जिसमें यह पता लगा पाना दिलचस्प खेल होगा कि कौन सा गीत किस गायिका के पलड़े में भारी पड़ता है। दोनों ही अनोखे ढंग से सुरीली गायिकाएँ रही हैं। दोनों ही के पास उस दौर के मेहनतकश संगीतकारों से सीखी हुई व्यावहारिक तालीम साथ में गुँथी हुई है.... और दोनों ही ने अपनी आवाज़ के पर्दे में खुद का संगीत उकेरा है। अब यह हमेशा ही बहस और विश्लेषण के खाते में जायेगा कि हम इन चारों गीतों को दो अद्‌भुत गायिकाओं के सहकार के रूप में विकसित होता हुआ किस तरह देखते हैं।

जहाँ तक व्यक्तिगत पसन्द की बात होगी, उसमें मैं एक प्रशंसक की निगाह से हुस्नलाल भगतराम द्वारा रचे गये और क़मर जलालाबादी जैसे शायर की क़लम से ज़ुबाँ पाये हुए 'सनम' (1951) फ़िल्म के गीत *'बेदर्द शिकारी, अरे बेदर्द शिकारी... सुन बात हमारी... अरे बेदर्द शिकारी'* को अलग से रेखांकित करना चाहूँगा। यह गीत इस बात का भी बेहतर उदाहरण है कि कितने सुन्दर ढंग से लता और सुरैया अपने-अपने हिस्से में आए हुए गीत के टुकड़ों को बेहद सुरीले तौर पर आपसी मैत्री के तहत गाकर अमर बनाती हैं। यदि आपने यह गीत न सुना हो, तो उसे सुनकर तसल्ली करनी चाहिए कि *'बेदर्द शिकारी'* में भावनाओं और अभिव्यक्ति की कितनी सच्ची निर्मिति बन सकी

है। गीत के बोल भी जिस तरह कथानक के साथ व्यक्त होते हुए भी अलग से अपना गहरा अर्थ भरा सन्देश रखते हैं, वह क़ाबिलेतारीफ़ है। मुझे यह देखकर आश्चर्य होता है कि अभी लता जी को फ़िल्म इण्डस्ट्री में आये हुए मुश्किल से तीन-चार साल ही हुए हैं, फिर भी वे सन् 1951 तक आकर इतनी परिपक्व और अदायगी में अपनी विशिष्ट छाप रखने वाली दिखने लगती हैं, जिसकी थाह ले पाना बाद में कठिन से दुष्कर होता जाता है।

हालाँकि इस समय यह देखना भी ज़रूरी है कि बाक़ी की अन्य समकालीन और पूर्ववर्ती गायिकाओं, विशेषकर– अमीरबाई कर्नाटकी, ज़ोहराबाई अम्बालावाली, शमशाद बेगम और राजकुमारी की तरह सुरैया भी लता मंगेशकर की गायिकी के फैलाव के चलते सिनेमा के परिदृश्य से धीरे-धीरे पीछे खिसकती जाती हैं, बावजूद इसके, सुरैया के गले का उजला दौर अभी बहुत कुछ देने के लिए फिर भी बचा रह जाता है। आप अगर सुरैया और लता मंगेशकर के दोगानों की इस छोटी सी सूची से होकर गुजरें, तो इस बात से सहमत होंगे कि सुरैया ने जो शिखर अपने पूरे कॅरियर में पचास के दशक के उत्तरार्द्ध तक पा लिया था, वहीं से लता मंगेशकर अपने कॅरियर की शुरुआत करती हैं– जब वे मास्टर गुलाम हैदर, हुस्नलाल भगतराम, अनिल विश्वास, सी. रामचन्द्र और नौशाद के सान्निध्य में गाना शुरू करती हैं।

'बेदर्द शिकारी' जैसे गीत की सुन्दर बुनावट से अलग बाक़ी के तीन गीतों– *'ओ परदेसी मुसाफिर, किसे करता है इशारे'* (बालम-1949, हुस्नलाल भगतराम, क़मर जलालाबादी), *'ओ दूर देस से आ जा रे'* (शोखियाँ-1951, जमाल सेन, केदार शर्मा) तथा *'मेरे चाँद मेरे लाल, तुम जियो हज़ारों साल'* (दीवाना-1952, नौशाद, शकील बदायूँनी) को भी हर लता मंगेशकर प्रशंसक को सुनना चाहिए। अलग से अगर वह पुराने दौर के गीतों में सुरैया को भी सुनता रहा है, तब उसके लिए इन गीतों को सुनना कहीं अधिक अर्थपूर्ण होगा। ऐसे में वह यह देख पायेगा कि कला में डूबी हुई हस्तियाँ किस तरह अपना मेयार खड़ा करती हैं। ....और शायद यह भी कि संगीत आख़िरकार संगीत ही रहता है, उसमें कुछ अर्थ और कुछ भावों की गरिमा ढेरों फ़नकार अपने-अपने कण्ठ के सुरीले जल से भरते रहते हैं।

22

लन्दन में जा बसे भारत के मशहूर सितार वादक महमूद मिर्ज़ा साहब से बात हो रही थी। चर्चा के दौरान बातचीत जब लता जी के संगीत की ओर मुड़ी,

तो उनका मानना था—'लता को सुनकर लोग पहले-पहल शास्त्रीय संगीत में आए। उनके कारण यदि कोई गाना हमीर, बहार या यमन राग में था, तो लोगों ने पूछा भई ये हमीर, बहार या यमन राग क्या होता है? ....और उसके बाद जब उस्तादों के पास पहुँचे, तो वहीं के होकर रह गये। उनके कारण ही शुरुआती दौर में लोगों की रुचि पैदा हुई शास्त्रीय संगीत में। मेरा मतलब मध्यवर्गीय परिवारों में, जहाँ सिनेमा का संगीत बहुत सिर चढ़कर बोलता था, वहाँ पर यह बात बन सकी। उनका यह बड़ा योगदान है'।

इस तर्क के उजाले में बहुत सारी बातों पर खुशनुमा ढंग से रोशनी पड़ती हुई दिखाई देती है। विशेष तौर पर शास्त्रीय संगीत का मध्य-वर्ग समाज पर प्रभाव के अर्थ में। एकबारगी मिर्ज़ा साहब का यह व्यक्तिगत मत ही माना जाये, तो भी इस बात के पक्ष में यह दलील वजनदार है कि भारतीय फ़िल्म संगीत, ख़ासकर हिन्दी फ़िल्म संगीत का शास्त्रीय संगीत से दोस्ताना रहा है। तमाम सारे गुणी कलावन्तों ने फ़िल्मों के लिए संगीत दिया है और उसी तरह उस्तादों ने गाहे-ब-गाहे गाया भी है। लता मंगेशकर से पहले भी कुन्दनलाल सहगल की आवाज़ ने जन-मानस को शास्त्रीयता का स्वाद चखा दिया था, जब वे 'तानसेन' (1943), 'देवदास' (1935) और 'भक्त सूरदास' (1942) जैसी फ़िल्मों के जरिए रागों से सजी हुई बन्दिशें गा रहे थे। इसी लीक पर आगे चलकर लता मंगेशकर की प्रभावमयी उपस्थिति ने फ़िल्म संगीतकारों को एक ऐसी आवाज़ सुलभ करा दी थी, जो तीन मिनट के आसान से लगते गीत में कोई फिरत या हरकत, लोच व लयकारी, तान लेने का काम आसानी से कर डालती थीं। यह पहली बार सम्भव हो रहा था कि किसी गायिका की गमकती हुई आवाज़ पहले की तरह तीखे लगते सुरों से अलग बिल्कुल सुरीले एवं शान्त ढंग से गाने के लिए प्रस्तुत थी। जाहिर है, ऐसे में शास्त्रीयता की जानकारी और राग का दामन थामकर फ़िल्म संगीत की दुनिया में थोड़ा अतिरिक्त रंग भरने का कौशल लता मंगेशकर ने ही आरम्भ किया।

अनिल विश्वास की तो यह स्वीकारोक्ति ही रही है कि लता के आने के बाद से उन्हें यह लगने लगा था कि अब गीतों में कुछ नया और संगीत के लिहाज से रोचक काम किया जा सकता है। उन्हीं की तरह नौशाद, सी. रामचन्द्र, सज्जाद हुसैन, एस.डी बर्मन और मदन मोहन का भी लगभग यही मानना था कि लता मंगेशकर अगर फ़िल्म इण्डस्ट्री में न आई होतीं, तो कुछ बेहद जटिल और लीक से हटकर गानों को बनाने के बारे में वे लोग सोच ही नहीं सकते

थे। यहीं से वह नींव पड़ती है, जब हम महमूद मिर्ज़ा जैसे फ़नकार के तर्क से सहमत होने लगते हैं। यह एक हद तक ठीक ही लगता है कि फ़िल्मी गीतों में मौजूद रागों पर आधारित धुनों से उपजी लोकप्रियता ही अलग से इस बात के लिए किसी सामान्य व्यक्ति को आकर्षित कर सकती है कि वह यह जानना चाहे कि अमुक राग में बाक़ी चीज़ें कैसी होंगी, यदि वह तीन मिनट की अदायगी में इतनी सुन्दर नज़र आती है। शायद इसीलिए रागदारी सीखने की सामान्य मध्यवर्गीय परिवारों के लड़के-लड़कियों की आमद की शर्त भी अपने शुरुआती दौर में इन्हीं पार्श्व-गायक-गायिकाओं की वजह से शुरू हुई होगी।

लता मंगेशकर के सन्दर्भ में तो यह बात इसलिए भी दिलचस्प ढंग से सही लगती है क्योंकि वह अकेली ऐसी गायिका रही हैं, जिन्होंने लम्बे समय तक ढेरों संगीतकारों के साथ अलग-अलग रागों पर आधारित धुनों को गाकर अमर बनाया है। याद करने के लिहाज से बहुत सारे गीतों पर ध्यान जाता है, जहाँ रागों का काम बेहद सुघर ढंग से शास्त्रीयता के आँगन में सिद्धि पा सका है। आप याद करें, तो दर्जनों गीत तो अभी ही स्मरण में कौंधने लगेंगे, जो रागों का शुद्ध चेहरा प्रदर्शित करते हैं। मैं अगर मिर्ज़ा साहब के तर्क के आलोक में ही लता मंगेशकर के संगीत-जीवन के बिल्कुल आरम्भिक वर्षों के गीतों का उल्लेख करूँ, तो ऐसे में *'चन्दा रे जा रे जा रे'* (ज़िद्दी-1948, राग-छायानट), *'गरजत बरसत भीजत अइलो'* (मल्हार-1951, राग-गौड़ मल्हार), *'बाँध प्रीती फूल डोर'* (मालती-माधव-1951, राग-जयजयवन्ती), *'मरना तेरी गली में'* (शबाब-1954, राग-पहाड़ी), *'हमारे दिल से न जाना'* (उड़नखटोला-1955, राग-बिहाग), *'सुनो छोटी सी गुड़िया की लम्बी कहानी'* (सीमा-1955, राग-भैरवी), *'पिया ते कहाँ गयो नेहरा लगाय'* (तूफान और दीया-1956, राग-आसावरी), *'जा रे बदरा बैरी जा'* (बहाना-1960, राग-यमन), *'मोहे पनघट पे नन्दलाल छेड़ गयो रे'* (मुग़ल-ए-आज़म-1960, राग-गारा) और *'जाओ-जाओ नन्द के लाला'* (रंगोली-1962, राग-बागेश्री) जैसे कर्णप्रिय गीतों को देखा जा सकता है।

यह सूची धीरे-धीरे विस्तृत ही होती है और राग आधारित धुनों के आधार पर देखने पर अचरज होता है कि लता जी ने अपनी पूरी सांगीतिक यात्रा में सैकड़ों ऐसे गीत गाये हैं, जिनमें रागों की स्वरावलियाँ अपने उच्चतम स्तरों पर जाकर आरोह-अवरोह के सुरीले उतार-चढ़ावों में आम जन में स्वीकृत ही हुई हैं।

ऐसे में, लोगों का फ़िल्म संगीत सुनकर शास्त्रीय घरानों की ओर देखना सुखद लगता है। एक ऐसे सीमान्त की ओर देखना, जहाँ से तीन-चार मिनट वाले

फ़िल्म-गीतों की स्नेहिल फुहारों के बरअक्स लम्बे अन्तरालों वाली बन्दिशों की भूमिका रचने का सुनहरा अवसर मौजूद है। विलम्बित और द्रुत का ऐसा खेल, जिसमें घरानेदार गायिकी के असंख्य झिलमिल दीप आलोकित हैं।

हम इस बात पर गर्व कर सकते हैं कि सौभाग्य से इन्हीं जगहों से प्रेरणा लेकर हमारे सुधी संगीतकारों ने भी फ़िल्म संगीत में कुछ ऐसा अवश्य सिरजा है, जिसके लिए हमीर, बहार, यमन या दूसरे रागों की ओर ताकना, लोकप्रियता से शास्त्रीयता की ओर देखने जैसा है। ऐसे में, एक रोचक पहलू यह भी उभरता है कि हम लता मंगेशकर तथा अन्य कलाकारों के उन फ़िल्म गीतों के बहाने कई बार तीन-चार मिनट के राग-दर्शन को भी सम्भव होता हुआ देख सकते हैं।

23

प्यार के जहान की निराली सरकार है
मुहब्बत के थाने में ये दिल थानेदार है
ये दिल हवलदार है... ये दिल चौकीदार है
अनोखी कचहरी है ये.... अनोखा कानून है
मुहब्बत की अरजी का नया मजमून है
आँखों का डाकखाना हाए नज़रों का तार है
मुहब्बत के थाने में...
प्यार के सकूल में इक ही कलास है
लाखों उम्मीदवार कोई-कोई पास है
मुश्किल सबक है ये पर मजेदार है
मुहब्बत के थाने में...
प्यार किया जिसने वो प्यार ही में खो गया
इतना समझ लो कि बेकार हो गया
उसके लिए तो हर दिन इतवार हैं
मुहब्बत के थाने में...

इस गाने की कचहरी में मुहब्बत का थाना दरअसल शमशाद बेगम और लता मंगेशकर ने मिलकर लगाया हुआ है। *'पतंगा'* (1949) के इस ख़ूबसूरत गीत के असली थानेदार तो सी. रामचन्द्र ही ठहरते हैं, जिनके बेहद सुरीले व लयात्मक कम्पोजीशन पर उतने ही सुन्दर बोल तराशने का काम गीतकार राजेन्द्र कृष्ण ने किया है। गीत को पढ़ते हुए इतनी सुन्दर छवियाँ भाषा के स्तर

और गीत के आन्तरिक विन्यास पर बनती हैं कि उसे सुनना और पढ़ना विभोर करता है। वैसे तो शमशाद बेगम और लता मंगेशकर के सामंजस्य से बनने वाले गीतों की संख्या कई हैं, मगर जो कुछ एक चुनिन्दा गीत गायिकी के स्तर पर लता जी और शमशाद बेगम को अप्रतिम बनाते हैं, उसमें *'पतंगा'* का यह नृत्य आधारित गीत अलग से खड़ा नज़र आता है। हम जानते ही हैं कि भारतीय फ़िल्म संगीत में सी. रामचन्द्र ने आर.सी. बोराल और पंकज मलिक के बाद सर्वाधिक लोकप्रिय स्तर पर जाकर वेस्टर्न ऑर्केस्ट्रेशन का भारतीयकरण किया है। उनके संगीत में जो रिद्म पैटर्न, विदेशी धुनों का देशी लोक-वाद्यों के साथ मिश्रण और जुबान पर बरबस चढ़ आने वाले प्री-ल्यूड (परवर्ती संगीत) और इण्टरल्यूड (मध्यवर्ती संगीत) का सहमेल मिलता है, वह दुर्लभ है। इस कारण भी सी.रामचन्द्र की धुनें अलग से अपना एक प्रभाव रखती रहीं हैं, जो पचासों बरस बीत जाने के बाद भी आज आधुनिक और युवा लगती हैं।

यह गीत जिस कुशलता से लता मंगेशकर और शमशाद बेगम गाती हैं, वह उनके सबसे सुन्दर उदाहरणों में से एक बन जाता है। यह भी उसी तरह का मामला है, जिस तरह अन्य जगहों पर लता मंगेशकर बिल्कुल नयी होने के बाद भी स्थापित और पहले से काम कर रही गायिकाओं के सामंजस्य से कोई गीत डुएट की शक्ल में अपने शुरुआती दौर में रचती हैं। शमशाद बेगम के साथ वैसे तो उनके तमाम गीत उत्कृष्ट ढंग से नौशाद की कम्पोजीशन से निकले हैं, मगर यह गाना सी. रामचन्द्र की परम्परा से आता है और उतना ही अनूठा और कर्णप्रिय बना रहता है, जितना कि नौशाद के यहाँ मिलने वाले इन दोनों गायिकाओं के सहमेल के गाने। इस गीत को सुनते हुए बरबस लता मंगेशकर के वे युगल-गीत याद आते हैं, जो उन्होंने शुरुआती दौर में अपनी समकालीन गायिकाओं के साथ गाये थे। यह एक संयोग ही है कि इनमें सुरैया को छोड़कर बाक़ी के गीत उन गायिकाओं के साथ उनके पहले और अन्तिम गीत ही रहे। हम आसानी से उन गीतों में प्रेमलता के साथ उनका गाया 'बड़ी बहन' (1949) का *'चुप-चुप खड़े हो ज़रूर कोई बात है'*, अमीरबाई कर्नाटकी के साथ 'समाधि' (1950) का *'गोरे-गोरे ओ बाँके छोरे'* और सरस्वती राणे के साथ 'सरगम' (1950) का *'जब दिल को सतावे ग़म तो छेड़ सखी सरगम'* को याद कर सकते हैं।

इसी समय यह देखना भी दीगर है कि अपनी समकालीन गायिकाओं के साथ गाये हुए युगल गीतों में शमशाद बेगम भी वैसी ही अप्रतिम रही हैं, जैसी कि लता मंगेशकर। शमशाद की कशिश-भरी, खनकती और थोड़ी तीखी होती

हुई आवाज़ उन गीतों की मकबूलियत रचने में अत्यन्त लोकप्रिय साबित हुई। 'पतंगा' से अलग हम दोनों गायिकाओं के साथ रेकॉर्ड हुए दोगानों की बात करें, तो पाते हैं कि ढेरों ऐसे गीत आज हिन्दी सिनेमा की धरोहर बन चुके हैं, जिसमें सुर से भिगोने वाली लता जी की कोमल आवाज़ के संस्पर्श में शमशाद बेगम की खनकती हुई दमदार आवाज़ का होना एक अलग ही परिवेश का सृजन करता है। ऐसे गीतों की शृंखला में 'बैजू बावरा' (1952) का *'दूर कोई गाए धुन ये सुनाए'*, 'मुग़ल-ए-आज़म' (1960) का *'तेरी महफ़िल में किस्मत आजमाकर हम भी देखेंगें'*, 'आन' (1952) का *'खेलो रंग हमारे संग'*, 'दीदार' (1951) का *'बचपन के दिन भुला न देना'*, 'अन्दाज़' (1949) का *'डर ना मुहब्बत कर ले'* और 'बारादरी' (1955) का *'छोड़ो-छोड़ो जी बहियाँ मोरी'* को रखा जा सकता है।

आज ठहरकर सोचने पर यह बात समझ में आती है कि शमशाद बेगम जैसी शोख आवाज़ की धनी गायिका ने फ़िल्मों के संसार में अपनी अलग राह बनायी थी। लोक-संगीत और अर्द्धशास्त्रीय संगीत शैली में उनकी गायिकी देखते ही बनती थी। वे जिस दौर की उपज हैं, उस दौर में एक से एक सुरीले फ़नकारों ने अपना जौहर बिखेरा हुआ था। ऐसे में शमशाद बेगम की पंजाबी बीट पर थिरकती, लीक से हटती हुई ढोलक और नाल के साथ संगत बनाती हुई जोरदार आवाज़ ने उस पूरे दौर को एकाएक बदलकर रख दिया था। चालीस से पचास के आरम्भिक दशक तक शमशाद बेगम की फ़िल्म संगीत की दुनिया में वही स्थिति रही, जो आगे पचास के दशक के उत्तरार्द्ध से होती हुई बाद में लगातार बीसवीं शताब्दी की लगभग समाप्ति तक लता मंगेशकर की बन गयी। एक गायिका ने जहाँ अपना शिखर सन् 1950-55 तक अर्जित कर लिया था, वहीं दूसरी गायिका के लिए यह वह दौर रहा, जिसमें उनकी आरम्भिक संगीत यात्रा की ऐसी बेहतरीन आधारशिला रची जा सकी, जो आगे आने वाले एक लम्बे सुनहरे दौर का संकेत दे रही थी। गौर से देखने पर हम इस बात का आसानी से अन्दाजा लगा सकते हैं कि लता मंगेशकर के लिए यह समय इतना मुफ़ीद और संगीत के स्तर पर महत्त्वपूर्ण रहा, जिसके चलते उन्होंने शीर्ष पर बैठी हुई शमशाद बेगम को एकबारगी अप्रासंगिक बना डाला।

एक लम्बी फेहरिस्त है ऐसी फ़िल्मों की जिनके कारण लता मंगेशकर घर-घर सुना और सराहा जाने वाला एक प्रचलित नाम बन गया। 'अलबेला', 'जादू', 'आवारा', 'तराना', 'काली घटा', 'बैजू बावरा', 'नौबहार', 'अनारकली', 'हमदर्द',

'बागी', 'नागिन', 'झाँझर', 'अमर', 'मयूरपंख', 'शबाब', 'नास्तिक', 'आज़ाद', 'उड़न खटोला', 'झनक-झनक पायल बाजे', 'मदभरे नैन', 'अदल-ए-ज़हाँगीर', 'यास्मीन', 'मुनीम जी', 'श्री 420' और 'बारादरी' इसी दौर की वे अमर संगीतमय फ़िल्में हैं, जो सही अर्थों में लता मंगेशकर की आमद का प्रतिनिधि उदाहरण बनती हैं। फिर भी, शमशाद बेगम और लता के आपसी दोगानों की लगभग बीस-पच्चीस गीतों की संख्या अद्भुत ढंग से सुरीली और याद रखने लायक बनी हुई है, जो कहीं न कहीं इन दो पार्श्व-गायिकाओं का सांगीतिक कद एक-दूसरे के साथ बड़ा ही बनाती हैं।

अलग से शमशाद बेगम और लता मंगेशकर के सांगीतिक जीवन के विरोधाभास को इन्हीं वर्षों के दौरान (1950-55) पढ़ने पर जो संकेत मिलते हैं, उनमें यह देखना भी आवश्यक है कि कैसे उपर्युक्त फ़िल्मों में अपनी उत्कृष्ट अदायगी से लता मंगेशकर सहज ही हर बड़े संगीतकार की पहली पसन्द बन बैठी थीं। सिर्फ़ नौशाद के उदाहरण से यह देखा जा सकता है कि उनके द्वारा निर्देशित तमाम महत्त्वपूर्ण फ़िल्मों में चाहे नूरजहाँ रहीं हों या फिर लता मंगेशकर; मगर वहाँ शमशाद बेगम अवश्य ही हुआ करती थीं। 'बैजू बावरा' (1952) का संगीत, इस लिहाज से जैसे नौशाद की दुनिया से शमशाद बेगम की विदाई लेकर आया। इस फ़िल्म के गीत *'दूर कोई गाए धुन ये सुनाए'* में शमशाद बेगम के मुखड़े और अन्तरे के बाद जब मीनाकुमारी की आवाज़ के लिए लता मंगेशकर का आगमन हुआ, तब यह बात लगभग तय हो गई कि आने वाले समय में नायिकाओं के मुख्य स्वर के लिए तो लता मंगेशकर ही बनी हैं। स्वयं शमशाद बेगम भी यह गीत गाते वक्त जान गई होंगी कि अब लता मंगेशकर को प्रतिस्पर्धा में पीछे छोड़ पाना आसान नहीं रहा। लता की दमदार उपस्थिति ने शमशाद बेगम को मुख्य स्वरों के लिए लगभग ग़ैरज़रूरी बना दिया था। इस पूरे प्रकरण में 'बैजू बावरा' की अपार सांगीतिक सफलता भी जैसे जनता की भाषा में उसका स्वीकार बन गया। इसके बाद वही हुआ, जो नौशाद और लता मंगेशकर के मेल से होना था। फ़िल्म संगीत की दुनिया को दोनों की जुगलबंदी ने ढेरों शाहकार गीत उपलब्ध कराए। लता भी 'बैजू बावरा' से आगे निकलकर नौशाद की फ़िल्मों में अपनी गायिकी का सर्वोत्तम देने में अग्रणी रहीं। यही बात कमोबेश अन्य संगीतकारों के सामने भी आई होगी, जिसके चलते लता हर एक मुकाम पर पहली और ज़रूरी पसन्द बनकर पूरे परिदृश्य पर छाती चली गयीं।

24

लता मंगेशकर के बारे में, विशेषकर संगीत को लेकर एक ख़ास बात मुझे यह नज़र आती है कि उनका जो संगीत है, वह दूसरों के लिए है। मेरा मतलब है कि उन्होंने जो भी गाया है– वह दूसरों के लिए गाया है, दूसरों की आवाज़ों के लिए गाया है, दूसरा बनकर गाया है। आप जब शास्त्रीय संगीत की ओर देखते हैं, तो वह स्वयं के लिए ख़ुद को सम्बोधित और ख़ुद की आवाज़ का गायन है। मसलन चाहे एम.एस. सुब्बुलक्ष्मी हों या उस्ताद फ़ैयाज ख़ाँ, चाहे उस्ताद अमीर ख़ाँ साहब हों या कि पण्डित भीमसेन जोशी... सबका गायन स्वयं के लिए है। इसी स्तर पर लता मंगेशकर का गायन मधुबाला, मीनाकुमारी, नरगिस, नूतन, वहीदा रहमान, शर्मिला टैगोर और दूसरी अभिनेत्रियों के लिए है, जहाँ स्वयं का सम्बोधन एक हद तक उस अभिनेत्री के किरदार और भावनाओं के प्रदर्शन का सम्बोधन बन जाता है। फ़िल्म संगीत के सीमित क्षेत्र और दूसरे अदाकारों की प्रतिच्छाया बनकर संगीत रचने का काम इसी अर्थ में शास्त्रीयता से भिन्न है। बावजूद इसके हिन्दी फ़िल्म संगीत की दुनिया में के.एल. सहगल, नूरजहाँ, सुरैया और किशोर कुमार ने स्वयं के लिए भी गीत गाये क्योंकि इन सभी ने सिनेमा के रूपहले पर्दे पर अभिनय भी किया है।

इस लिहाज़ से दूसरों को सम्बोधित और दूसरे की आवाज़ बनकर भी लता मंगेशकर अलग से अपनी सांगीतिक छवि उकेरने में सफल गायिका रही हैं। उनकी आवाज़ को सिनेमा से अलग करते हुए ग्रामोफ़ोन या रेडियो पर सुनकर भी यह अन्दाज़ा लगाया जा सकता है कि प्रसारित हो रहा गीत किस अभिनेत्री के किरदार के लिए रचा गया है। आप भले ही वह फ़िल्म न देखे हों, मगर लता मंगेशकर की आवाज़ को उन गानों के भीतर अन्तरधारा की तरह बहते हुए पाकर भी यह देख लेंगे कि यह गीत नरगिस को सम्बोधित है या फिर वह मीनाकुमारी के लिए अस्तित्व में आया है।

लता मंगेशकर के लिए सबसे बड़ी चुनौती भी यही रही होगी कि वे गाते हुए अपने स्वयं को तिरोहित करके उस ऊँचाई पर पहुँच जाएँ, जहाँ पर उस धुन की स्वर-संगति से बनने वाला चेहरा, उस गीत में अन्तःसलिल होकर स्वयं अभिनेत्री का चेहरा बन जाता है। ....और लता मंगेशकर का चेहरा मधुबाला, नरगिस, मीनाकुमारी से होता हुआ हर दूसरी अभिनेत्री के चेहरे में दीप्त हो उठता है।

25

तीन गीत, अनिल विश्वास के संगीत निर्देशन में कुछ इस तरह बने हैं, जिनके विश्लेषण से हम हिन्दी फ़िल्म गीतों में पचास के दशक में आए हुए सार्थक बदलावों को पढ़ और समझ सकते हैं। ये तीनों ही गीत लता मंगेशकर को लेकर बनाये गये हैं। जाहिर है, एक समान सी अवधारणा इनके सन्दर्भ में यह भी बनती है कि अनिल विश्वास को कहीं इस बात का एहसास था कि उनके संगीत में हर कदम पर आने वाली प्रयोगशीलता को सही आवाज़ सिर्फ़ लता मंगेशकर ही दे सकती थीं। वे लता जी के आने के पहले से ही अमीरबाई कर्नाटकी, सुरैया, पारुल घोष, ज़ोहराबाई अम्बालावाली, नलिनी जयवन्त, चाँदबाला, सुरिन्दर कौर, लीला चिटनिस, राजकुमारी, शमशाद बेगम और तमाम दूसरी आवाज़ों के साथ सिनेमा की दुनिया में सक्रिय थे। यह लता मंगेशकर ही थीं, जिनकी आवाज़ मिलने के बाद से अनिल विश्वास के संगीत को जो उड़ान और गहराई एक साथ मिली, वह दुर्लभ ढंग से उस दौर का आरम्भिक संगीत परिदृश्य रचने में असरदार रही है। यह जानना संगीत इतिहास के लिए एक महत्त्वपूर्ण सूचना उपलब्ध कराता है कि पहली बार वे 1948 में लता मंगेशकर को लेकर तीन फ़िल्मों के गीतों के लिए आए, जिनमें 'गजरे', 'अनोखा प्यार' और 'लाडली' जैसी फ़िल्में शामिल हैं। इन तीनों ही फ़िल्मों में लता मंगेशकर की आमद को बड़े सुन्दर ढंग से देखा जा सकता है। अनिल विश्वास ने शायद इसी आवाज़ के भरोसे अपने हुनर को और बेहतर ढंग से अंजाम देने के लिए कुछ जटिल धुनें बनाना शुरू कीं। इसका बाद में सुफल यह रहा कि लता मंगेशकर के कॅरियर की कुछ कालजयी गीतों का निर्माण इसी संगीतकार की धुनों से उपजा है।

मैंने जिन तीन गीतों का अभी ज़िक्र किया था, जो अनिल विश्वास के संगीत-स्वप्न की सबसे सुनहरी कल्पनाएँ हैं, उनमें– *'कब आओगे बालमा, बरस-बरस बदली भी बिखर गयी'* (गजरे, 1948, गीतकार : गोपाल सिंह नेपाली), *'बेईमान तोरे नैनवा निन्दिया न आए'* (तराना, 1951, गीतकार : डी.एन. मधोक), और *'मिल-मिल के बिछड़ गए नैन, गया सुख चैन'* (आराम, 1951, गीतकार : राजेन्द्र कृष्ण) शामिल हैं। इन गानों में कुछ ऐसा करिश्मा हो गया है कि आप थोड़ी देर तक इनको सुनने के बाद, गीतों के सन्दर्भ में उसके धुन निर्माण की प्रक्रिया और संगीतकार की वैचारिकी के बारे में सोचने लगते हैं। अनिल विश्वास का काम भी कुछ इसी तरह का रहा है, कि वह एक ही समय में कई दूसरे समयों से मुठभेड़ करता है। अगर किसी रूपक के तौर पर कहना हो,

तो उनकी धुनें और गीतों की असरदार व्याप्ति ज़मीन पर गिरती हुए बारिश की बूँदों सरीखी हैं। उन बूदों में से कहीं एक बुदबुदा उठा और दूसरे ही क्षण वह तिरोहित भी हो गया। इसी तरह दूसरा बुदबुदा कुछ अधिक सुडौल नज़र आया, लेकिन अभी ही विसर्जित होने को आतुर। इसी तरह तीसरा भी पहले और दूसरे की तरह ही चरणबद्ध तरीके से विलोप होने की सीमा तक जाकर ख़ुद को मिटा डालने का इच्छुक, जैसे वह बनने वाली बूँदों की लड़ी से अलग हटकर ख़ुद का एक नया आसमान रचना चाहता हो। एक ऐसी भावमयी निर्मिति की अभिव्यक्ति, जो सामान्य जीवन में भंगुर कला का उदाहरण बनती है। इन तीनों गीतों के माध्यम से यह बात चरितार्थ होती नज़र आती है कि लता मंगेशकर और अनिल विश्वास ने मिलकर तीन मिनट के अन्दर समाप्त हो रही कला को बिल्कुल दूसरे ही क्षण एक नया जन्म दे दिया हो।

लता जी इन तीनों ही गानों में कुछ ऐसा ही स्वप्न रचती दिखाई पड़ती हैं, जिसका अन्त भी ख़ुद उनके किए से ही सम्भव जान पड़ता है। 'गजरे', 'तराना' और 'आराम' के दूसरे गानों में भी अनिल विश्वास स्टाईल का वह पूरा स्वरूप खुलता है, जो बाद में उनकी एक मुखर पहचान बन गया। यह अकारण नहीं है कि पुराने दौर के संगीतप्रेमियों को आप अकसर यह कहते हुए पायेंगे कि 'हमें तो अनिल विश्वास, सज्जाद हुसैन या मास्टर ग़ुलाम हैदर जैसे कम्पोजर के गीतों की तरह के गाने अब सुनने को नहीं मिलते।' संगीत को लेकर जिस बारीकी की बात अनिल विश्वास स्वयं एक संगीतकार की हैसियत से लता मंगेशकर को सिखाते रहे हैं, आप फर्ज़ कीजिए कि ख़ुद की धुनों के लिए वे उस परफेक्शन को पाने की ख़ातिर आखिर कितना और जोड़ते व घटाते होंगे?

'गजरे' के जिस गीत की चर्चा हमने यहाँ की है, वह गाना अपने आप में इतिहास से कम नहीं है। जिस जटिलता को अनिल विश्वास आसानी से धुन की पृष्ठभूमि पर रचकर लता मंगेशकर जैसी ज़हीन अदाकारा को सौंपते हैं, वहीं से सिनेमा संगीत के लिए एक नयी ज़मीन की तलाश का सफ़र शुरू हो जाता है। इस गीत में *'कब आओगे बालमा'* जैसा बोल कहने के बाद पार्श्वगायिका जिस तरह वेदना की पराकाष्ठा पर जाकर *'बरस-बरस बदली भी बिखर गयी'* को विलम्बित आवर्तन की तरह गाती हैं, वो अचम्भित करता है। कम से कम 1947-48 के दौरान वाले समय में, जहाँ कुछ भी सार्थक रचने के लिए आपको नाटकीयता की ओर जाना पड़ता है। ऐसे में, सहज ढंग से विकसित इस गीत में पार्श्वगायिका की आवाज़ की रवानगी कुछ भी अतिरंजित करने

से रोकती है। यह संगीतकार की बड़ी उपलब्धि है कि *'बरस-बरस बदली भी बिखर गयी'* में वे ऐसा सोज़ रचते हुए कोमलता के महीन सुरों को जैसे धुन के सापेक्ष ही बना डालते हैं।

इसी हुनर के साथ उन्होंने 'तराना' और 'आराम' के उन गीतों में अपना हस्ताक्षर रचा है, जिसकी चर्चा अभी हमने की है। *मिल-मिल के बिछड़ गये नैन'* की इन पंक्तियों में लता मंगेशकर की आवाज़ का उतार-चढ़ाव देखना चाहिए, जो उन जैसी बड़ी अदाकार के माध्यम से ही श्रोताओं को नसीब हो पाती है। गीत के पहले अन्तरे में पंक्तियाँ इस तरह आती हैं *'सजन से मधुर मिलन की रात/हुई एक सपने जैसी बात/गया सुख चैन जुदाई आ गई'* में पहली ही पंक्ति का दोबारा से आवर्तन लेने का ढंग लता जी कमाल का रचती हैं। आप गाना सुनें, तो *'सजन से मधुर मिलन की रात'* का दोहराव और बाद में *'जुदाई आ गयी'* को दोहराने की स्थिति में *'हाए जुदाई आ गई'* जैसी टेर, अविस्मरणीय ढंग से अनिल विश्वास की सांगीतिक क्षमता को उजागर करने में समर्थ है। यह गीत अपने छोटे-छोटे अन्तरों के साथ लगभग ढाई मिनट में समाप्त हो जाता है, मगर गीत का वितान इतना सुन्दर है कि उस पर देर तक बात की जा सकती है। यह बात भी इस तरह के गानों को सुनते हुए समझ में आती है कि अपने गायन के आरम्भिक दौर में लता मंगेशकर को जो दिग्गज उस्तादों की सोहबत नसीब हुई है, उसने पार्श्वगायन का ग्रामर उन्हें बहुत अच्छे ढंग से सिखा दिया था। यह बात अनिल विश्वास के साथ-साथ मास्टर ग़ुलाम हैदर और सज्जाद हुसैन के अलावा, नौशाद और सी. रामचन्द्र पर भी लागू होती है।

'गजरे', 'आराम' और 'तराना' के इन मधुर गीतों की श्रेणी में वे अनिल विश्वास के लिए कुछ दूसरे अद्‌भुत गीतों की भी रचना करती हैं, जहाँ तकनीकी और कला एक साथ हाथ मिलाते हुए नज़र आते हैं। वहाँ अनिल विश्वास की संगीत पर पकड़ और धुनों में इण्टरल्यूड्स पर महीन कारीगरी का काम देखते ही बनता है। ऐसे कुछ गीतों में, जो उपर्युक्त विवेचित गीतों की तरह ही अपनी रोशनी रखते हैं, में 'आरजू' (1950) का *'मेरा नरम करेजवा डोल गया'* (गीतकार : प्रेमधवन), 'बेक़सूर' (1950) का *'मतवाले नैनों वाले के मैं वारी-वारी जाऊँ'* (गीतकार : आरजू लखनवी), 'आराम' (1951) का *'मन में किसी की प्रीत बसा ले'* (गीतकार : राजेन्द्र कृष्ण), 'हमदर्द' (1953) का *'तेरे सब ग़म मिले मुझको, तुझे ख़ुशियाँ ज़माने की'* (गीतकार : प्रेम धवन), 'मान' (1954) का *'अल्लाह भी है मल्लाह भी है कश्ती है कि डूबी जाती है'*

(गीतकार : क़ैफ़ भोपाली), 'परदेसी' (1957) का *'सजन सकारे जायेंगे.... न जा, ना जा, बलम'* (गीतकार : प्रेम धवन, अली सरदार जाफ़री) और 'सौतेला भाई' (1962) का *'जा मैं तोसे नाहीं बोलूँ'* (गीतकार : शैलेन्द्र) जैसे गीतों को सुनकर समझा जा सकता है।

कुल मिलाकर यह कहा जा सकता है कि लता मंगेशकर की विराट सांगीतिक छवि का पूर्वार्द्ध रचने में जिन लोगों ने सर्वाधिक महत्त्वपूर्ण योगदान किया था, उनमें अनिल विश्वास जैसे पारखी संगीतकार प्रमुखता से मौजूद रहे हैं। यह देखना भी लता मंगेशकर की संगीत-यात्रा में दुर्लभ क्षणों को संजोने जैसा है कि उनकी संगीत के प्रति सच्ची लगन को देखते हुए अनिल विश्वास ने उनसे पार्श्वगायन के शुरुआती दौर में कुछ बहुत मेहनत से रियाज़ भी करवाया था। लता जी स्वयं इस बारे में बताती हैं 'दादा, एक-एक बोल पर गाकर बताते थे कि कैसे गाना है। मैं फिर कोशिश करती थी कि वैसा ही गाऊँ। उनके हर गाने के बोलों पर इसी तरह मेहनत हुई है। मुझे याद है कि 'गर्ल्स स्कूल' फ़िल्म के लिए मेरा एक डुएट शंकर दासगुप्ता के साथ था, जिसके बोल थे— *'बार-बार तुम सोच रही हो मन में कौन सी बात'*। इस पर काफ़ी मेहनत हुई थी और आप आज भी वह गीत सुनें, तो जान सकेंगे कि कैसे एक-एक गीत में अनिल विश्वास अपनी स्टाईल के साथ उभरते हैं।'

इस तरह अनिल विश्वास के सान्निध्य में लता मंगेशकर की शुरुआती पार्श्वगायन की तालीम भी थोड़ी-बहुत चली है, जिसका ज़िक्र वे स्वयं भी यह कहते हुए करती हैं कि 'मैंने अनिल विश्वास जी से कई बातें सीखी हैं। ....और यह मैंने उनकी देख-रेख में ही अपने लिए एक महत्त्वपूर्ण बात सीखी कि गाते समय ताल और लय को भंग किये बिना साँस कैसे ली जाये। मैंने इसका बख़ूबी अभ्यास किया है और अब तो मुझे पता भी नहीं चलता कि गाते समय मैंने कब और कहाँ साँस ले लिया है।' यह सच है और इसके लिए मेरे जैसे लता मंगेशकर के करोड़ों प्रशंसक अनिल विश्वास को दिल से दुआएँ देते हैं।

26

बम्बई में 1948 के एक आम दिन बम्बई में संगीतकार अनिल विश्वास के यहाँ एक गाना रेकॉर्ड हो रहा था। लता मंगेशकर गोपाल सिंह नेपाली का लिखा हुआ एक गीत गा रही थीं— *'कब आओगे बालमा, बरस-बरस बदली भी बिखर गयी'*। यह गीत फ़िल्म 'गजरे' के लिए था। अनिल विश्वास अपनी

धुन और लता जी की गायिकी पर इस कदर रीझे हुए थे कि उन्होंने रेकॉर्डिंग की समाप्ति पर अपनी गायिका से कहा 'मैं चाहता हूँ कि राजकपूर साहब मेरे रेकॉर्डिंग स्टूडियो आकर तुम्हारा यह गाना सुनें।' उन दिनों आर.के. फ़िल्म्स का ऑफिस महालक्ष्मी के पास फेमस बिल्डिंग में ऊपर किराये के दफ़्तर में था। इस बात को कुछ दिन बीत गये। लता मंगेशकर नाना चौक के अपने घर में मौजूद थीं, जब एक ख़ूबसूरत-सा नौजवान उनके घर पर मिलने आया। उसने लता जी से कहा 'आपको राजकपूर साहब के लिए कुछ गीत गाने हैं, इसलिए आप आर.के. फ़िल्म्स में समय निकालकर थोड़ी देर के लिए मिलने आ जाइएगा।' लता मंगेशकर ने इससे पहले कोल्हापुर में कभी पृथ्वीराज कपूर को देख रखा था। उनके व्यक्तित्व और ग्रीक देवताओं जैसी सुन्दरता की कायल वे उस नौजवान से मिलकर प्रसन्न हुईं। तब तक उन्हें उस लड़के के बारे में कोई भी जानकरी नहीं थी, सिवाय इसके कि वह राजकपूर का सन्देश लेकर आया था।

लता मंगेशकर ने अपनी बहन मीना से कहा 'राजकपूर ने किसी को मेरे पास मिलने भेजा था। हो सकता है वह उनके ऑफिस में काम करने वाला कोई लड़का हो। ....मगर वह देखने में शालीन और सुन्दर था। मुझे लगता है कि आर.के. बैनर में काम करने वाले सभी लोग देखने में उतने ही बेहतर होते हैं, जितने कि खुद कपूर ख़ानदान के लोग।' मीना मंगेशकर को यह बताने के एक-दो दिनों बाद जब वे महालक्ष्मी में आर.के. ऑफिस गयीं, तब वहाँ पर वो आदमी मौजूद था, जिसका परिचय यह कहकर कराया गया कि 'लता जी! ये हमारी टीम की संगीतकार जोड़ी शंकर-जयकिशन के जयकिशन जी हैं।' इतना सुनते ही उनको बड़ी शर्मिन्दगी महसूस हुई कि वे जिस काबिल म्युजिक डायरेक्टर से मुख़ातिब थीं, उसको उन्होंने आर.के. बैनर के आफिस का कोई लड़का समझ रखा था। बाद में उनको शंकर से भी मिलवाया गया।

इस तरह जयकिशन के साथ उनकी मैत्री की शुरुआत हुई। ....और सिर्फ़ जयकिशन से ही नहीं, बल्कि राजकपूर की पूरी कोर टीम से, जिसमें शंकर और जयकिशन जैसे संगीतकार थे। हसरत जयपुरी और शैलेन्द्र जैसे गीतकारों के अलावा मुख्य पुरुष आवाज़ के लिए मुकेश मौजूद थे। खुद राजकपूर जैसा संवेदनशील अभिनेता व नरगिस जैसी भाव-प्रवण अभिनेत्री का साथ भी वहाँ रोशनी की झालर की मानिन्द झिलमिला रहा था। इन सबके साथ आर.के. फ़िल्म्स के लिए स्त्री स्वर की केन्द्रीय उपस्थिति के रूप में लता मंगेशकर की आमद भी हो चुकी थी। यह एक ऐसा ग्रुप बनने जा रहा था, जो भविष्य में

मैरीन ड्राइव पर लड़ियों से लगे लैम्प-पोस्ट की कतारों को भी फीका करने की सामर्थ्य रखने वाला था। यही टीम बाद में ऐसे सैकड़ों सुनहरे गीतों का नजराना पेश कर पायी, जिनमें जयकिशन की सदाबहार धुनों का अपना एक अलग ही संसार बन सका। उसी के कुछ दिनों बाद 1949 में ऐतिहासिक रूप से सफल होने जा रही 'बरसात' फ़िल्म का पहला गीत ताड़देव के फेमस स्टूडियो में रेकॉर्ड हुआ। लता मंगेशकर आज से सड़सठ साल पहले वहाँ पहली बार यह गाना गा रही थीं...

'जिया बेकरार है, छायी बहार है
आजा मोरे बालमा तेरा इन्तज़ार है....

27

एक दिन अचानक उन्हें आरज़ू लखनवी का लिखा गीत *'हँसीं-हँसीं न रही और ख़ुशी-ख़ुशी न रही'* याद आता है। वे अपने प्रचलित गीतों की चर्चा में अकसर कुछ ऐसे दुर्लभ और विस्मृति का हिस्सा बन चुके गीतों को याद कर डालती हैं कि अचरज होता है। अब जैसे इसी गीत की हम बात करें, जिसे 'सिपहिया' (1949) फ़िल्म के लिए सी.रामचन्द्र ने बनाया था। इस गीत को याद करते-करते वे गीत को ही भूलकर फिर आरज़ू लखनवी पर बात करने लगती हैं। वह भी इस तरह कि जैसे अभी कल ही उस शायर से उनकी मुलाकात हुई हो।

यह लता जी की ख़ास आदत है, जिसे मैं पिछले पाँच-सात वर्षों के दौरान गहराई से महसूस करता रहा हूँ। आप साहिर को याद कर रहे हों, तो उन्हें मजरूह के बारे में बात करने की तलब लगेगी। आप एस.डी. बर्मन और शंकर-जयकिशन पर बात कर रहे हों, तो पता नहीं कैसे उनका मन अचानक चित्रगुप्त और वसन्त देसाई की बनाई हुई धुनों पर कुछ बोलने के लिए उत्सुक होगा। वे एक ही बार में तमाम ऐसे सीमान्तों तक जाकर लौट आती हैं, लगता है जैसे वामन की तरह अपने एक डग से ही पूरी पृथ्वी को नाप देना चाहती हों। यह सारी स्थितियाँ मेरे लिए इतनी दिलचस्प होती हैं कि यह सोचने के लिए मन विवश हो जाता है कि लता मंगेशकर जैसी शख़्सियत ने अपने जीवन में कितनी परतों वाली स्मृति संजोयी हुई है। बात सिर्फ़ आरज़ू लखनवी या उनके इस सुरीले गीत की नहीं है, बल्कि वह एक कलाकार के भीतर पलने वाली कुछ सुखद स्मृतियों की भी है, जो कई दफ़ा समय के लम्बे फासले को चीरती हुई उन्हीं सुरीले गलियारों से निकलकर बाहर आ जाती है। इस प्रक्रिया में कई बार मुझे

कुछ ऐसे अनूठे गीतों को सुनने और उनके प्रति इस गायिका के प्रेम में पड़ने की कहानी उजागर होती दिखाई पड़ती है, जो व्याख्यातीत है।

लता मंगेशकर दरअसल ऐसी ही हैं। अपने सुरीले संसार में एक साथ कई ध्रुवान्तों पर सक्रिय और समय के पार चली जाने वाली जिजीविषा के साथ जगमगाती हुई। उनके लिए 'महल' और उसके प्रदर्शन का साल वैसे ही आज वर्तमान है, जैसे कि अभी हाल ही में आई 'रंग दे बसन्ती' और उसका समय दूर अतीत की बात। उसी के साथ उस दौर के संगी-साथी, गायक-कलाकार, म्युजिक डायरेक्टर और गीतकार सभी लोग उनकी स्मृति एवं आत्मीय बातचीत के बहाने पुनर्नवा होते रहते हैं। ऐसे में आरज़ू लखनवी जैसे बेहतरीन शाइर को याद करना भी उनकी ज़िन्दगीनामे का अहम हिस्सा बन जाया करता है।

28

एक समय लता मंगेशकर ने 'आनन्दघन' के उपनाम से मराठी फ़िल्मों के लिए संगीत निर्देशन भी किया है। इसकी भी एक बड़ी रोचक कहानी है कि कैसे उन्हें एक छद्म नाम के सहारे फ़िल्मों के लिए संगीत रचना पड़ा। यह शायद साठ के दशक के अन्त की बात है, जब मराठी फ़िल्मों के बड़े निर्माता-निर्देशक भालजी पेंढारकर शिवाजी महाराज की ऐतिहासिक कथा पर 'मोहित्यांची मंजुला' नाम की फ़िल्म बना रहे थे। उन्होंने अपनी पसन्द के संगीत निर्देशकों से सम्पर्क किया, मगर उस वक़्त सभी कहीं न कहीं व्यस्त थे। भालजी पेंढारकर को जल्दी थी और वे इस फ़िल्म का प्रोडक्शन संगीत निर्देशकों के खाली होने तक रोक नहीं सकते थे।

ऐसे में उनके पारिवारिक मित्र और बेटी सरीखी लता मंगेशकर ने यह सुझाव दिया कि अगर भालजी बाबा चाहें, तो वे संगीत बनाने में सहयोग कर सकती हैं। अनुभवी निर्देशक ने यह बात सिरे से इसलिए ख़ारिज कर दी थी कि उस ज़माने में उनका पार्श्वगायन में बड़ा नाम हो चुका था। उन्हें डर था कि कहीं फ़िल्म के संगीत ने अच्छा प्रदर्शन नहीं किया, तो नाहक ही लता मंगेशकर का नाम ख़राब होगा। ऐसे में आलोचक बुरी तरह फ़िल्म पर वार तो करेंगे ही, लता जी पर भी उसकी छीटें आयेंगी, जो उन्हें कतई गवारा ना था। एक बार फिर से लता मंगेशकर ने उन्हें सुझाव दिया कि यदि भालजी बाबा चाहें, तो वे छद्म नाम से संगीत दे सकती हैं। यह बात उनको कुछ जम सी गयी। इस तरह एक नाम तय हुआ 'जटाशंकर'।

लता जी बताती हैं कि उन्हें यह नाम पसन्द नहीं आया था और मराठी के ही एक सन्त कवि रामदास स्वामी की कविता से निकालकर एक शब्द चुना गया 'आनन्दघन'। इसका अर्थ उनको भा गया था– 'आनन्द के बादल'। इस तरह लता मंगेशकर ने अपने निर्देशक को यह बताया था कि वे 'आनन्दघन' के नाम से संगीत देंगी, जिसके लिए उनको सहर्ष अनुमति भी मिल गयी। इस तरह एक और नाम, भले ही वह छद्म रूप से गढ़ा गया हो, मंगेशकर घराने से निकलकर संगीत देने के लिए मराठी-सिनेमा में आया। लता जी के संगीत निर्देशन में बनी फ़िल्में हैं– 'राम-राम पाव्हणं' (1950), 'मोहित्यांची मंजुला' (1962), 'मराठा तितुका मेलवावा' (1964), 'साधी माणसं' (1965) और 'तांबड़ी माती' (1969)। इनमें से 'राम-राम पाव्हणं' का संगीत उनके मूल नाम से दिया गया है, बाक़ी के सभी उपनाम से स्वरबद्ध हुए हैं।

जब वे 'मोहित्यांची मंजुला' के लिए संगीत बना रही थीं, तब हर दिन भालजी पेंढारकर टेलीफ़ोन पर उन्हें फ़िल्म के गीत की कुछ पंक्तियाँ अपने ढंग से गुनगुनाकर या पढ़कर बताते थे, ठीक उसी समय लता जी कोई न कोई धुन गुनगुनाती हुई उन शब्दों में पिरोकर उन्हें सुना देती थीं। इस फ़िल्म में आशा भोंसले, उषा मंगेशकर और हृदयनाथ मंगेशकर ने गाया था। एक तरह से यह फ़िल्म संगीत के लिहाज से पारिवारिक फ़िल्म ही बन गयी थी। लता जी इस फ़िल्म में हृदयनाथ को अपने सहायक के तौर पर लेना चाहती थीं, मगर अपनी व्यस्तता के चलते वे इस फ़िल्म से बतौर सहायक जुड़ न सके। इसके बाद उन्होंने मराठी के पुराने संगीतकार दत्ता डावजेकर से फ़िल्म में सहायक बनने के लिए आग्रह किया। इस शर्त के साथ कि बाहर यह बात कहीं जानी नहीं चाहिए कि दरअसल लता मंगेशकर ही 'आनन्दघन' बनकर संगीत देने जा रही हैं। डावजेकर से उनके पुराने रिश्ते थे और अपने पार्श्वगायन की पहली हिन्दी फ़िल्म 'आपकी सेवा में' के लिए वे एक ठुमरीनुमा बन्दिश *'पा लागूँ कर जोरी रे'* उन्हीं के संगीत-निर्देशन में गा चुकी थीं। इस तरह 'मोहित्यांची मंजुला' का संगीत बना और बाद में 'मराठा तितुका मेलवावा' और 'साधी माणसं' के संगीत रेकॉर्ड हुए।

यह भी अपने में एक दिलचस्प मगर ऐतिहासिक तथ्य है कि लता जी का यह लुकाछिपी का खेल ज़्यादा दिनों तक चल नहीं सका। हुआ यह कि 1966 में जब महाराष्ट्र राज्य के पुरस्कार घोषित हुए, तब उसमें 'साधी माणसं' को आठ श्रेणियों में पुरस्कृत किया गया था। इसमें दो श्रेणियाँ सर्वश्रेष्ठ संगीतकार और

पार्श्वगायक की भी थीं। लता जी अपने ही बनाए हुए खेल में फँस गयी थीं। क्योंकि दोनों ही श्रेणियों में उन्हें पुरस्कार मिला था। अब इसमें एक श्रेणी सर्वश्रेष्ठ संगीतकार वाले ईनाम की 'आनन्दघन' को दी जानी थी। जाहिर सी बात है कि इस नाम का कोई व्यक्ति या स्त्री वास्तविकता में कहीं मौजूद न थे, इसलिए उन्हें ही सबके सामने पुरस्कार समारोह में आकर यह स्वीकारना पड़ा कि 'आनन्दघन' तो लता मंगेशकर ही हैं। लता जी उन दिनों को याद करते हुए हँसते हुए बताती हैं कि जब सम्मान समारोह शुरू हुआ, तब यह बात भी पब्लिक में घोषित की गयी कि लता ही दरअसल 'आनन्दघन' के नाम से संगीत देती हैं। इस तरह 'आनन्द के बादल' की पहेली ख़त्म हुई, परन्तु उन्होंने अपने उसी नाम से मराठी फ़िल्मों में संगीत देना जारी रखा। हालाँकि इसके बाद सिर्फ़ एक फ़िल्म 'तांबड़ी माती' आयी। इस फ़िल्म में संगीत देने के उपरान्त उन्होंने हमेशा के लिए संगीत-निर्देशन को अलविदा कह दिया।

एक छोटी सी मगर सार्थक यात्रा, वह भी संगीत के हवाले से मराठी फ़िल्मों में कम्पोजर के तौर पर लता मंगेशकर की रही है। वह जितनी गरिमा से भरी है, उतनी ही किसी जासूसी फ़िल्म की पटकथा सरीखी भी लगती है। एक ऐसी कहानी, जिसमें रहस्य की डोर लता मंगेशकर से होती हुई भालजी पेंढारकर, दत्ता डावजेकर और इन फ़िल्मों में पार्श्वगायन करने वाले गायक-गायिकाओं के हाथों तक जाती है।

29

लता मंगेशकर की संगीत-यात्रा को देखने पर यह महसूस होता है कि उनके गायन की खूबियों के साथ चहलकदमी करने में सितार प्रमुखता से उनके साथ मौजूद रहा है। सितार की हरकतों, ज़मज़मों और मींड़ों का काम देखने के लिए लता जी के गाये ढेरों सुन्दर गीत याद किये जा सकते हैं। *'ओ सजना बरखा बहार आयी'* (परख, 1960), *'हाय रे वो दिन क्यूँ न आये'* (अनुराधा, 1960), *'मेरी आँखों से कोई नींद लिये जाता है'* (पूजा के फूल, 1964), *'हम तेरे प्यार में सारा आलम खो बैठे'* (दिल एक मन्दिर, 1963), *'मैं तो पी की नगरिया जाने लगी'* (एक कली मुस्काई, 1968), *'आज सोचा तो आँसू भर आये'* (हँसते ज़ख़्म, 1973) जैसे तमाम गीतों में सितार की हरकतों के साथ उनकी आवाज़ को पकड़ना एक बेहद सलोना खेल बन जाता है। लता मंगेशकर की गायन-शैली का अध्ययन करने पर यह बात खुलती है कि किस तरह शास्त्रीय-संगीत की रागदारी, तालों, मात्राओं और लयकारी के

अलावा प्रमुख भारतीय वाद्यों– सितार, सरोद, बाँसुरी, शहनाई, सारंगी और वीणा ने भी उनके गले के साथ जबरदस्त संगत की है। इस तरह के ढेरों गीत याद किये जा सकते हैं, जिसमें पन्नालाल घोष और पं. हरिप्रसाद चौरसिया की बाँसुरी, उस्ताद बिस्मिल्ला ख़ाँ की शहनाई, उस्ताद अली अकबर ख़ाँ का सरोद, पं. सामता प्रसाद 'गुदई महाराज' एवं उस्ताद अल्लारखा का तबला, पं. रामनारायण की सारंगी, उस्ताद अब्दुल हलीम जाफ़र ख़ाँ एवं रईस ख़ाँ का सितार, लता मंगेशकर की आवाज़ के सहोदर बनकर फ़िल्म संगीत को शास्त्रीयता के बड़े फलक पर ले जाते हैं।

बाँसुरी के साथ आत्मीय जुगलबन्दी के लिए *'मैं पिया तेरी तू माने या न माने'* (बसन्त बहार, 1956), सरोद की लय पर आवाज़ की कशिश के लिए *'सुनो छोटी सी गुड़िया की लम्बी कहानी'* (सीमा, 1955), तबले के उद्दात सौन्दर्य के लिए *'मुरली मनोहर कृष्ण कन्हैया'* (झनक-झनक पायल बाजे, 1955) तथा शहनाई के छन्द को समझने के लिए *'दिल का खिलौना हाए टूट गया'* (गूँज उठी शहनाई, 1959) सुने और महसूस किये जा सकते हैं। हम चकित होते हुए यह सोचते रह जाते हैं कि आवाज़ के विस्तार और उसकी लोचदार बढ़त में वाद्य किस तरह सहधर्मी बन सकता है।

30

व्ही. शान्ताराम की अत्यन्त प्रचलित संगीतमय फ़िल्म 'झनक-झनक पायल बाजे' (1955) में शास्त्रीय संगीत को लेकर ढेरों दृश्य बुने गये हैं, जिनके द्वारा निर्देशक बड़े सलीके से शास्त्रीयता की आवाजाही को फ़िल्म के कथानक में पिरो डालता है। आप में से जिन लोगों ने भी यह फ़िल्म देखी होगी, वे इस बात से सहमत होंगे कि शास्त्रीय संगीत और नृत्य की पैरवी में बनाई गयी इस फ़िल्म में ठुमरी-दादरों, कथक नृत्य के बोल-परनों एवं ढेरों पारम्परिक वाद्यों की सहभागिता से फ़िल्म के दृश्यों को जीवन्त बनाया गया है। मैं इस सन्दर्भ में फ़िल्म के कथानक का एक महत्त्वपूर्ण पक्ष बनने वाले दृश्य पर रुककर कुछ बात कहना चाहता हूँ। वह दृश्य, जिसमें गुरु, शिष्य और शिष्या की पूरे वर्ष भर चलने वाली संगीत की तालीम को आधार बनाया गया है। इस बहाने संगीतकार वसन्त देसाई ने 'रागमाला' गायन को एक युक्ति की तरह इस पूरे घटनाक्रम को दिखाने के लिए चुना है। यह देखना आश्चर्य में डालता है कि कैसे इस अभिनव ढंग से नियोजित किये गये रागमाला-गायन में लता मंगेशकर और मन्ना डे की गायिकी के दौरान बराबर आवृत्ति पर आने वाले पंडित गोपीकृष्ण

के स्वरों में कथक के बोल व परन गूँथे गये हैं। यह रागमाला, एक ही सूत्र में पिरोई होने के बाद भी अलग-अलग टुकड़ों में अपने रागों व तालों के कारण विभक्त भी लगती है। फ़िल्म से इतर भी लता मंगेशकर की गायिकी के लिए, साथ ही शास्त्रीयता में उनकी आवाजाही के लिए यह रागमाला बार-बार सुनी जा सकती है।

इसकी शुरुआत मन्ना डे के स्वरों में *'गुरुर्ब्रह्मा गुरुर्विष्णु, गुरुर्देवो महेश्वरः'* से राग यमन में होती है, जिसके तुरन्त बाद उन्हीं के स्वर में राग बसन्त की एक मनोहारी बंदिश आड़ा-चार ताल में चलती है, जिसके बोल हैं– *'रुत बसंत आई घन-बन उपवन, द्रुम मिलिंद प्रफुल्लित सुगंध मंद पवन आवत मिलिंद मधुकर मधुप गुंजत रुत बसन्त'*। इसकी समाप्ति पर मन्ना डे बेहद भाव-प्रवणता के साथ पखावज की उन्मुक्त थाप पर एक-ताल में बाँधी गई राग मियाँ-मल्हार की बन्दिश गाते हैं, जिसकी आरम्भिक पंक्ति *'आई है घटा उमड़-घुमड़ श्याम बरन'* है। इसी समय इस रागमाला-गायन में लता मंगेशकर का प्रवेश भी अत्यन्त सुरीले ढंग से अपना रूपाकार पाता है, जब वे रूपक ताल में राग शुद्ध सारंग की बन्दिश *'पतझड़ आई छाई दर्द उदासी, मैं घबराई नैना रस की प्यासी'* गाती हैं। इस बन्दिश के गायन के समय सन्तूर की कोमल आवाज़ अपने शिखर पर जाकर व्यक्त होती है।

ठीक इसी समय जब शुद्ध सारंग अपनी समाप्ति की ओर होता है, रागमाला का अन्त भी लता जी की ही आवाज़ में राग तिलक कामोद की एक बहु-प्रचलित ठुमरी *'अब के साजन घर आ जा, ओ मोरे सैयाँ मन का फूल खिला जा'* के गायन से होती है; जिसमें वॉयलिन, सुर-मण्डल और घुँघरू का बेहतरीन प्रयोग देखने लायक है। इस समय घुँघरू से कथक का प्रचलित तत्कार भी दर्शाया गया है, जो कि सुनने व देखने में सम्मोहित करता है। ठुमरी अंग से गाई हुई इस बन्दिश में यह देखने लायक बात उभरती है कि बन्दिश की उठान कहरवा से प्रारम्भ होकर अन्तरे में ठेका बदलने से दादरा हो जाती है और फिर तीन-ताल की लग्गी-लड़ी (तबले में द्रुत-लय में तीन ताल के बोल बदल-बदल कर प्रयोग करने का प्रकार) बेहतरीन तरीक़े से बजती हुई सुनाई पड़ती है। इसे सम्पूर्णता तक पहुँचाने में पखावज, सितार, तानपूरा, सन्तूर, वॉयलिन, मृदंग, घुँघरू एवं तबला बेहद सौहार्दपूर्ण ढंग से पूरे रागमाला गायन में हिस्सा लेते हैं। इस पूरी शास्त्रीय संरचना को सुनकर यह कहने का मन होता है कि लता मंगेशकर और मन्ना डे ने मिलकर एक ऐसी अभिभूत करने वाली रागमाला को इस फ़िल्म के बहाने रचा है, जो

हिन्दी फ़िल्म संगीत की दुनिया में शायद इस विधा के गायन के सन्दर्भ में मील का पत्थर सरीखा है।

यह देखना भी कम महत्त्वपूर्ण नहीं है कि रागों का चयन एवं उनकी बन्दिशों का यथानुकूल फ़िल्मांकन कहीं न कहीं ऋतुओं के बदलने का चक्र दिखलाता है, जो कि *बारामासा* गायन की श्रेणी के अन्तर्गत आता है। अतः यहाँ यह कहा जा सकता है कि इस फ़िल्म की रागमाला, बारामासा का शिल्प लिये हुए कथानक के लिहाज़ से यह दर्शाना चाहती है कि पूरे वर्ष-भर चलने वाली संगीत की तालीम में जिस तरह ऋतुओं ने अपना मिजाज़ और समय परिवर्तित किया है, अपनी शानदार आवाज़ों और गायिकी की तैयारी के साथ लता मंगेशकर और मन्ना डे भी जीवन की तमाम बदलती हुई मनोदशाओं को अत्यन्त आत्मीय व मार्मिक स्तरों पर ले जाकर अपने कला-चातुर्य से सम्भव बनाते हैं।

31

अतीत के जिस सुनहरे संगीत को हममें से अधिकांश सुधीजन बार-बार याद करते और सराहते हैं, उसमें बहुत सारी ऐसी धुनें शामिल रही हैं, जो कभी सी. रामचन्द्र की मेहनत से उनके निर्देशन में सम्भव हुई थीं। ....और यह तथ्य भी उतना ही उल्लेखनीय है कि अधिकांश ऐसी धुनों पर अपनी आवाज़ की मखमली चादर बिछाने का काम लता मंगेशकर ने किया था। मराठी में जिसे 'भाव-गीत' कहा जाता है, कुछ-कुछ उस तरह की संवेदना की नज़ाकत को अत्यन्त कोमलता से फ़िल्म संगीत में बदलने का जो अबूझ कौतुक लता मंगेशकर और सी. रामचन्द्र ने आपसी साहचर्य से पैदा किया है, वह कमाल का है। लता मंगेशकर की संगीत-यात्रा में शुरुआती दौर के जिन संगीतकारों— की उपस्थिति उनके लिए संगीत की एक बड़ी आधारशिला तैयार करने में मददगार रही है, उसमें सी. रामचन्द्र सर्वोपरि हैं। एक समय तो यह भी कहा जाता था कि सी. रामचन्द्र की धुनों की अतिरिक्त कोमलता के पीछे शायद यही धारणा काम करती रही है कि वे लता जी के लिए गीत बनाने में अतिरिक्त मेहनत किया करते थे। फिर वह प्रेम या सौन्दर्य का गीत हो या कोई भजन या लोरी, सभी कुछ सुरीलेपन के सबसे चटख रंगों से सराबोर होकर निकलता था।

यह अकारण नहीं है कि लता जी और सी. रामचन्द्र की जोड़ी, विरह गीतों में भी अपने शिखर पर कला का सर्वोत्तम रचती दिखाई पड़ती थी। आप आसानी से सी. रामचन्द्र के बनाए हुए दर्द भरे गीतों की धुनों को आपस

में एक जगह रखकर देखें, तो पाएँगे कि वहाँ पर आने वाली पीड़ा की एक ठण्डी छाया लगभग हर एक गीत में अन्तर्धारा की तरह मौजूद रही है। फिर वह 'अनारकली' (1953) का *'मुझसे मत पूछ मेरे इश्क़ में क्या रखा है'* हो या फिर 'शिन शिनाकी बूबला बू' (1952) का *'तुम क्या जानो तुम्हारी याद में हम कितना रोए'* या 'यास्मीन' (1955) का *'मुझपे इल्ज़ामे बेवफ़ाई है'* या 'सिपहिया' (1949) का *'दर्द जगा के ठेस लगा के चले गए'* या 'अमरदीप' (1958) का *'दिल की दुनिया बसाकर साँवरिया'*। इसी तरह 'घुँघरू' (1952) का *'काली-काली रतियाँ याद सताए'* या 'परछांई' (1952) का *'कटते हैं दुःख में ये दिन पहलू बदल-बदल के'* हो या फिर 'पतंगा' (1949) का *'दिल से भुला दो तुम हमें, हम ना तुम्हें भुलाएँगे',* हर एक गीत जैसे दर्द की रागिनी पर अपनी सुरीली चादर बिछाता है।

कहने का आशय यह है कि दर्द भरे नग़मों की धुन बनाते हुए सी. रामचन्द्र जैसे संगीतकार इस बात के लिए बेहद सजग रहते थे कि धुन कहीं से भी अपनी मधुरता को पीड़ा के अर्थों में तिरोहित न कर बैठे। शायद इसीलिए उनकी अवसादपरक धुनें भी अर्थ व्यंजकता में मार्मिक रहते हुए भी बेहद भावुक ढंग से अपना रूप अख़्तियार करती हैं। रही बात लता मंगेशकर की, तो उनके लिए प्रख्यात संगीत आलोचक डॉ. अशोक रानाडे ने एक सुन्दर स्थापना यह की है कि 'लता के गायन के सन्दर्भ में यह बड़ी बात है कि 'राग' उनके गाए हुए 'गीत' द्वारा विस्थापित हो जाता है। गीतों की जो सूक्ष्मता है, उसमें राग उसी तरह बोलों के माध्यम से व्यक्त होता है, जो अलग से राग को चित्रित करने के लिए उसे कुछ लम्बे अन्तराल में गाकर सम्भव किया जाता।' इस स्थापना के मद्देनज़र सी. रामचन्द्र, नौशाद या एस.डी. बर्मन कोई भी संगीतकार इस पार्श्वगायिका की उपस्थिति से तीन मिनट में वह अजूबा रच सकने में सक्षम है, जो शास्त्रीयता को सुगम संगीत के आँगन में लाकर लोकप्रिय बनाती है। चूँकि सी. रामचन्द्र मराठी नाट्य संगीत, भाव-गीतों और वहाँ की लोक परम्परा से भी गहरे जुड़े रहे, इसलिए उनकी धुनों में लता मंगेशकर की आवाज़ की उपस्थिति ने एक नये ढंग का सिनेमाई सांगीतिक विकल्प पैदा किया है, जिसकी आज तक नकल नहीं बन सकी।

दर्द-भरे गीतों से अलग, शास्त्रीय ढंग की बन्दिशों, नृत्य-गीतों और प्रेम-गीतों की रूमानियत रचने में भी यह दोनों कलाकार अपना सर्वश्रेष्ठ रचते हैं। आप शास्त्रीय ढंग से सी. रामचन्द्र के बनाये हुए गीत *'न मारो नजरिया के बान'* को 'पहली झलक' (1954) में ठुमरी अंग के आस्वाद के लिए सुन सकते हैं।

लोक-संगीत में पगे होने की युक्ति को 'नास्तिक' (1954) के गरबा नृत्य *'कान्हा बजाये बंसरी और ग्वाले बजाये मंजीरे'* के तहत परखा जा सकता है। साथ ही, नृत्य के लिए उनके तमाम अविस्मरणीय गीतों में से 'आज़ाद' (1955) के गीत *'राधा ना बोले ना बोले ना बोले रे'* को देख सकते हैं। सी. रामचन्द्र और लता मंगेशकर के साझे प्रोडक्शन में बनी फ़िल्म 'झांझर' (1953) का गीत *'छेड़ गयो मोहे सपने में श्याम'* भी प्रेम और लोक रंग का एक अनुपम उदाहरण बनता है, जिसमें रागदारी भी कहीं अन्तःसलिल हो गीत के सुरीलेपन को धार देती है। आपने अगर यह गाना न सुना हो, तो यू-ट्यूब पर जाकर भी इसे सुन सकते हैं। गीत कुछ इस तरह है–

छेड़ गयो मोहे सपने में श्याम
हो निन्दिया खुली तो मैं अकेली थी राम
चोर सलोना आया सपने में चोरी-चोरी
धीरे-धीरे आ के हाए पकड़ी कलइयाँ मोरी
डर-डर पूछा मैंने चोर का नाम
कहने लगा श्याम, कहने लगा श्याम, श्याम
निन्दिया खुली तो मैं अकेली थी राम...

इस तरह देखने पर यह बात समझ में आती है कि हर तरह के गीतों में सी. रामचन्द्र, रूमानियत का एक बड़ा संसार रचते थे। ....और वह भी बिल्कुल माडर्न अन्दाज़ में, जो कहीं न कहीं से बीते सदी के पचास के दशक में संगीत का ऐसा 'आधुनिक रीतिकाल' लेकर आता है, जहाँ गाने, सारंगी और सितार से अधिक वॉयलिन और एकॉर्डियन पर थिरकना पसन्द करते हैं। फिर इस बात से कोई फ़र्क नहीं पड़ता कि पृष्ठभूमि में 'नौशेरवान-ए-आदिल' या 'अनारकली' जैसी संगीतमय फ़िल्में मौजूद हैं या कि 'पतंगा' और 'अलबेला' जैसी सदाबहार धरोहरें।

32

एक बार मैंने लता जी से पूछ लिया– 'दीदी, आपका स्केल कौन सा है?' हँसकर जवाब मिला। 'यतीन्द्र जी, यह तो आज तक मुझसे नौशाद साहब, मदन भैया और बर्मन दादा ने भी नहीं पूछा। वैसे आपको बताती हूँ कि मैं शुरुआत से ही *पहली काली* में रियाज़ करती थी। जहाँ तक फ़िल्म संगीत की बात है, तो उसमें मेरे अधिकांश गाने *सफ़ेद चार* (पाश्चात्य संगीत में इस स्वर को F माना जाता है), *सफ़ेद तीन* (E) और *काली दो* (D Sharp) में बनाये

गये हैं। जितने ऊँची पट्टी के गाने आप सुनते हैं मेरे, वह ज़्यादातर *काली दो* में संगीतबद्ध हैं। जैसे 'आरजू' का वो गाना *'अजी रूठकर अब कहाँ जाइएगा'* इसे शंकर-जयकिशन ने *काली दो* में बनाया था।'

फ़िल्म संगीत के क्षेत्र में युगल-गीत *पहली काली* और *दूसरी काली* में बनाये जाते रहे हैं, जिसमें यह बात भी प्रभावी रूप से उपस्थित रही है कि स्त्री स्वर भले ही वह कितनी पतली और नाजुक क्यों न हो, ऊँचे स्वरमान (पिच) पर रेकॉर्ड की जाये, जिससे स्वाभाविक रूप से ऊँची रेंज में मौजूद पुरुष स्वर के साथ संगति बन सके। इस सन्दर्भ में यह भी अलग से गौर करने की बात है कि लता जी की आवाज़ अधिकतर युगल-गीतों में अपने साथी पुरुष स्वरों के साथ बड़ी आसानी से एक ही स्वरमान पर मौजूद रहती है। उनकी गायिकी में कोई प्रयास या जबरन की गयी मेहनत इस कारण भी दिखाई नहीं देती क्योंकि उनकी आवाज़ की रेंज अत्यन्त व्यापक है। जिसके चलते वह किसी भी स्केल में बड़ी सहजता से निभती है।

कई बार तो यह भी लगता है कि जैसे उनकी आवाज़ का अपना निखार पुरुष स्वर को कहीं पीछे छोड़ता हुआ आगे निकल जाता है। यह भी लक्ष्य करने वाली एक ख़ास बात उनके गले में मिलती है कि अपनी आवाज़ को वे आराम से तीनों सप्तकों में घुमा सकती हैं। वे अति मन्द्र से लेकर अति तार तक की यात्रा में इतनी सहजता से कुछ ही क्षणों में गमन कर सकती हैं, जो उनके कौशल के लिहाज़ से एक आसान बात ही है। इसके पीछे कुछ तो उनके रियाज़ का कड़ा अनुशासन दिखता है, तो कहीं यह बात भी समझ में आती है कि उनके गले पर दैवीय कृपा या प्राकृतिक देन ऐसी अवश्य रही है, जो रेकॉर्डिंग के व्याकरण पर अक्षरशः सटीक ढंग से उभरती है।

यह जानना महत्त्व की बात है कि संगीत के लिये जिस स्केल की चर्चा हम लता जी के सन्दर्भ में यहाँ कर रहे हैं, वह मुख्य रूप से पियानो या हारमोनियम के स्वरों पर आधारित है। यह भी सर्वविदित है कि फ़िल्म संगीत को लेकर जितने भी तरह के गाने उनके खाते में आये हैं, उनमें राग-दर्शन की बात हो या गीत के प्रील्यूड के वक़्त आलाप का मामला, तान लेने की सहज आवृत्ति का ढंग हो या कि मींड़, मुरकियों और पलटों का काम— लता मंगेशकर हर जगह एक सधी हुई शास्त्रीय गायिका की तरह दिखाई पड़ती हैं। यह अलग बात है कि उनको अपने गायन में हमेशा खामी ही नज़र आई और हर बार इस बात का मलाल गहराता गया कि वे इत्मीनान से बैठकर कुछ लम्बा रियाज़ कर पातीं, जिससे

शास्त्रीय गायन के उस्तादों की तरह गा पाने का अवसर जुट पाता। यह अगर उनके हिसाब से सम्भव हुआ होता, तो *पहली काली* से लेकर *मन्द्र-मध्य-तार* एवं *अति तार* तक की यात्रा करने वाली इस गायिका के बारे में कुछ और भी विश्लेषण के योग्य हाथ लगता, जिसके कारण उत्तर भारतीय शास्त्रीय संगीत के परिदृश्य में भी कुछ रचनात्मक परिवर्तन लक्षित किए जा सकते थे।

33

शैलेन्द्र उनके प्रिय गीतकारों में से एक हैं। वैसे तो उन्होंने लगभग पचासों गीतकारों के लिए पार्श्वगायन किया है, जिनमें कुछ हिन्दी प्रदेशों के गीतकार और कवि रहे हैं, तो कुछ उर्दू की ज़मीन से आने वाले आला दर्ज़े के शायर। फिर भी, उनका मन सर्वाधिक पसन्द के जिन गीतकारों की कविता और शायरी गाने में लगा है, उनमें हिन्दी पट्टी के लोगों में शैलेन्द्र, पण्डित नरेन्द्र शर्मा, नीरज और राजेन्द्र कृष्ण जैसे लोग शामिल हैं। उर्दू के हस्ताक्षरों में उनको साहिर लुधियानवी, मज़रूह सुलतानपुरी, शकील बदायूँनी, हसरत जयपुरी, गुलज़ार और जावेद अख़्तर का लेखन भाता है। हालाँकि यह देखना भी महत्त्वपूर्ण ही है कि उन्होंने सिनेमा की दुनिया में बरसों तक सक्रिय रहे कई दिग्गज कवियों को भी उतनी ही तन्मयता से गाया है। मसलन, केदार शर्मा, पण्डित प्रदीप, पण्डित भरत व्यास, गोपाल सिंह नेपाली, इन्दीवर और आनन्द बख़्शी के गाने भी लता मंगेशकर के गाये गीतों में प्रचुरता से देखे जा सकते हैं।

यहाँ बात मैं शैलेन्द्र के सन्दर्भ में कर रहा था, जो लता जी के पसन्द के प्रिय लोगों में से ही नहीं हैं, बल्कि उनका लेखन अपने गूढ़ अर्थों में उन्हें थोड़ा विचलित भी करता है। वे 'मधुमती' के गीत *'आ जा रे परदेसी मैं तो कब से खड़ी इस पार'* का ज़िक्र करते हुए इस बात का उल्लेख करना नहीं भूलतीं कि 'वे सहज ही कविता में बड़ी-बड़ी बातें कह देते हैं। अब देखिए, जैसे इसी गीत में वे कह रहे हैं– *'मैं नदिया फिर भी मैं प्यासी, भेद ये गहरा बात जरा सी'*। यह कितनी बड़ी बात है, जो शैलेन्द्र जी के देखने में आई है। उसको इतने सरल ढंग से कहना भी उनके बस की बात थी। मैंने हमेशा यह पाया है कि उनके गाने जब मैं गाती हूँ, तो ज़िन्दगी का दर्शन किसी न किसी अन्तरे में ज़रूर मौजूद रहता है। इसलिए उसे गाते हुए एक अलग ही आनन्द और सुकून का एहसास भी होता है।'

लता जी जिस बात को लक्ष्य करती हैं, वह इस मामले में क़ाबिले-तारीफ़ है कि उनके यहाँ शब्दों और बोलों को लेकर इतनी सतर्क निगाह सक्रिय रही है।

मैंने भी यह कई बार अनुभव किया है जब वे किसी पुराने शायर के गीतों का ज़िक्र करती हैं, तब उसमें कविता की गरिमा के अनुरूप उसकी शब्दावली की चर्चा अवश्य ही आती है। कई बार तो यह भी देखने में आया है कि उनके लिए लगातार सदाबहार हिट गीत लिखने वाले लोग भी उनको इसलिए कम पसन्द आते हैं, कि उनके यहाँ साहित्यिक ऊँचाई देखने को कम मिलती है। पण्डित नरेन्द्र शर्मा की पैरवी में वे इसलिए तदाकार होती हैं कि उनको लगता है कि पण्डित जी जैसी उत्कृष्ट हिन्दी अब कितने लोग लिख पाते हैं। उनके समर्थन में वे जिन गीतों का उल्लेख करती हैं, उन गीतों में वाकई, साहित्यिकता की सरहद बहुत दूर तक फैली हुई है। जैसे वे सुबह फ़िल्म का प्रार्थना-गीत *'तुम आशा विश्वास हमारे रामा'* ('गगन सदन तेजोमय* उंबरठा : मराठी) की बात कर रही हों या इस बात पर अभिभूत हों कि 'सत्यम शिवम सुन्दरम' का शीर्षक गीत गाते हुए उसकी शब्दावली के चलते ही उनको आध्यात्मिकता का स्पर्श मिलता है, एकदम ख़रा लगता है।

इसी तरह वे वहजाद लखनवी, आरजू लखनवी और ज़ाँ निसार अख़्तर के बारे में बातें करती हैं। गुलज़ार साहब तो उनके इतने प्रिय लोगों में रहे हैं, जिनकी किसी कविता को गाना उन्हें परम सन्तोष देता है। वे कभी 'लेकिन' के उनके लिखे हुए गीत *'सुरमई शाम इस तरह आए'* की तारीफ़ में डूबती हैं, तो कभी 'मासूम' के *'तुझसे नाराज़ नहीं ज़िन्दगी हैरान हूँ मैं'* को याद करती हैं। यह सारे गीत उनके स्मरण में सिर्फ़ इस कारण रचे-बसे हैं कि उनकी शब्दावली से और उसके गहरे निहितार्थों से उनको प्रेम है। उन्हें सी. रामचन्द्र के संगीत निर्देशन में 'यास्मीन' (1955) के लिए ज़ाँ निसार अख़्तर का लिखा हुआ गीत *'अब वो रातें कहाँ, अब वो बातें कहाँ'* न सिर्फ़ याद है, बल्कि यह भी कहीं स्मरण में संरक्षित है कि यह शायरी के स्तर पर बेहतर बोलों का गीत बन सका है।

इस तरह न जाने कितनी बातें हैं, जिनमें जब नौशाद साहब का ज़िक्र आता है, तो शकील बदायूँनी की बात चल पड़ती है। अपने मदन भैया को याद करती हैं, तो राजा मेंहदी अली ख़ाँ और नक्श लायलपुरी जैसे लोग याद आते हैं। शैलेन्द्र और हसरत जयपुरी तो उनके मित्रों की तरह ही रहे हैं, जिनके साथ आर.के. बैनर की तमाम फ़िल्मों में हँसते-खिलखिलाते हुए सैकड़ों गीत रेकॉर्ड किये। फिर इन गीतकारों से अलग कुछ ऐसे लोग भी हैं, जिनकी कविता को गाना उन्हें रास आया है। इसमें रघुवीर सहाय की कविता को 'तरंग' या पद्मा सचदेव के लिखे गीत को 'प्रेम पर्बत' में। हर जगह कविता की स्तरीयता ही उनकी सबसे पहली शर्त रही है। फिर मुझे भी कभी-कभी यह लगता है कि

शैलेन्द्र के भावों को जिस तरह वे जीवन-दर्शन के अर्थ में ग्रहण करती हैं, उसी तरह तो ख़ुद उनका भी जीवन रहा है, जहाँ सब कुछ अपने पास होने के बाद भी प्यासे होने का भाव बचा हुआ है।

पता नहीं, मीराबाई को गाते हुए भी उनकी शब्दावली में डूबना उनको कितना रास आया है? अगर इस बात का अन्दाज़ा लग सकता, तो शायद हम लता मंगेशकर के भीतर मौजूद उस संवेदनशील स्त्री के मन को भी पढ़ पाते, जो सिर्फ़ उनके गीतों और आवाज़ के सम्मोहन में फँसने पर हाथ से फिसल-फिसल जाता है।

34

सपना बन साजन आए
हम देख-देख मुस्काए
ये नैना भर आए, शरमाए
सपना बन साजन आए

बिछ गए बादल बनकर सागर
इन्द्रधनुष पे हमने जाकर
झूले ख़ूब झुलाए
ये नैना भर आए, शरमाए
सपना बन साजन आए

नील गगन के सुन्दर तारे
चुन लिए फूल समझ अति न्यारे
झोली में भर लाए
ये नैना भर आए, शरमाए
सपना बन साजन आए

मस्त पवन थी, हम थे अकेले
हिल-मिलकर बरखा संग खेले
फूले नहीं समाए
हम फूले नहीं समाए
ये नैना भर आए, शरमाए
सपना बन साजन आए

'सपना बन साजन आए' जैसा गीत हिन्दी फ़िल्मों के गीत कोश में इस ऊँचाई पर प्रतिष्ठित है कि वहाँ से यह देखना भी सिनेमा-संगीत के लिए एक पहेली बन जाता है कि किस तरह कुछ कम मशहूर लेकिन अत्यन्त सक्षम संगीतकारों ने कैसे इतने जटिल और मधुर गीतों की रचना की है। जमाल सेन के संगीत से सजी 'शोखियाँ' (1951) के लिए इस गीत की संरचना को अपने ज़माने की मशहूर अभिनेत्री सुरैया के किरदार की ख़ातिर परोक्ष रूप से बुना गया था। हालाँकि फ़िल्म में यह गीत सह-अभिनेत्री पर फ़िल्माया गया है, मगर गीत का वितान फ़िल्म के मुख्य किरदार के ऊहापोहों से होकर ही गुजरता है। केदार शर्मा ने इस गीत को जितनी सुन्दर शब्दावली में लिखा है, वह तो यहाँ रचना के आस्वाद के लिए अंकित है ही, परन्तु जिस सौन्दर्य-बोध के साथ जमाल सेन राग यमन पर इसकी धुन को सिरजते हैं, वह लता जी की गायी हुई तमाम राग आधारित प्रतिष्ठित धुनों के समकक्ष ही ठहरता है। यह देखना दिलचस्प होगा कि इस गीत की रागदारी वाली समझ को जमाल सेन कहीं नौशाद, एस.डी. बर्मन, मदन मोहन, रोशन और जयदेव की उत्कृष्ट धुनों की तरह ही बरतते हैं।

जमाल सेन के सन्दर्भ में यह जानना इस गीत की रोशनी में महत्त्वपूर्ण है कि वे जिस पृष्ठभूमि से निकलकर आते हैं, उसमें एक प्रचलित बात यह रही है कि उनके पूर्वज केसरी सेन कभी मियां तानसेन के शिष्य रहे थे। साथ ही, उनके पिता जीवन सेन ने कई राजदरबारों में अपने संगीत का परचम लहराया था। जीवन सेन पारसी शैली के रंगमंचीय नाटकों में भी संगीत देते थे। शायद, जमाल सेन की तैयारी भी इतने महत्त्वपूर्ण संगीत वातावरण में होने के चलते ही एक बिल्कुल दूसरे ढंग से शास्त्रीय संगीत की बुनियाद पर खड़ी थी। यह देखना भी कम दिलचस्प नहीं कि जमाल सेन तबला, ढोलक और पखावज बजाने में सिद्धहस्त थे। यदि हम फ़िल्म इतिहासकारों के तथ्यों के हवाले से कहें, तो यह बात भी कई जगह उल्लिखित मिलती है कि उन्होंने मास्टर गुलाम हैदर के सहायक के रूप में लाहौर जाकर कई फ़िल्मों में काम किया था। इन कामों में 'खजांची' जैसी ऐतिहासिक फ़िल्म भी शामिल है, जिसमें उन्होंने तबला और ढोलक बजाया था।

इन विवरणों के आधार पर इस संगीतकार का जो किरदार बनता है, उसकी मुखर निशानदेही के लिए 'शोखियाँ' का यह गीत आदर्श उदाहरण की तरह नज़र आता है। इस गीत में लता मंगेशकर ज़ब *'सोयी कलियाँ हँस पड़ीं, झुके लाज से नैन/वीणा की झनकार में, तड़पन लागे रैन'* कहती हुई *'सपना बन*

साजन आए, हम देख-देख मुस्काए' के साथ स्थाई तक आती हैं, वह क्षण ही संगीत के लिहाज से गायिकी के स्तर पर व्याख्या से परे की चीज़ बन जाता है। गीत की शुरुआत में प्री-ल्यूड की तरह बजने वाले मनोहारी संगीत में पखावज की लय और बाद में स्थाई से अन्तरे की ओर आने में मंजीरे की ध्वनि का आवर्तन इतना सुन्दर और कर्णप्रिय है, कि उसको सिर्फ़ सुनकर ही इन वाद्यों के सहकार में समझा जा सकता है। इस गीत की छोटी-छोटी सी सुन्दर तानों में खोकर जिस तरह लता मंगेशकर राग का एक सुन्दर चेहरा निर्मित करती हैं, वह अलग से इस गीत व धुन दोनों को ही नये शिखर देता है। एक नयी सांगीतिक भंगिमा बरजता है। गीत की स्थाई में बार-बार अन्तरों के अन्त में आने वाले *'ये नैना भर आए, शरमाए'* की कोमलता चरम पर है, जिसमें गायिका के गले की हरकत और तानों की संक्षिप्त कौंध हर बार देखी जा सकती है।

जमाल सेन शायद इस अकेले गीत से लता मंगेशकर के गाए हुए अति महत्त्वपूर्ण गीतों की सूची में वह स्थान बना ले गये हैं, जो उनके समकालीन कई संगीतकार ढेरों फ़िल्मों में इस गायिका से गवाकर भी नहीं पा सके हैं। *'सपना बन साजन आए'* को याद करना इसलिए भी प्रासंगिक है कि इस गीत के बहाने हम कुछ ऐसे संगीतकारों के उन चुनिन्दा गीतों को पूरी शास्त्रीय गरिमा के साथ याद कर सकते हैं, जो लता जी की सूची में अपनी अकेली मगर अनूठी उपस्थिति से अलग से चमक रहे हैं। मिसाल के तौर पर जिन गीतों को इस समय रेखांकित किया जा सकता है, उनमें 'ये बस्ती ये लोग' फ़िल्म के लिए भोला श्रेष्ठ की बनायी हुई धुन पर *'दिल जलेगा तो ज़माने में उजाला होगा'* के साथ-साथ स्नेहल भाटकर की *'चन्दा तुमको लाज न आए'* (भोला शंकर, 1951), बसन्त प्रकाश की *'मेरी बीना के सुर सात रे'* (सलोनी, 1952), पं. गोविन्दराम की *'कारी-कारी अँधियारी रात में, कारे-कारे बादरवा छाए'* (जलपरी, 1952), श्यामबाबू पाठक की *'जिस दिन से जुदा वो हमसे हुए'* (हमारी दुनिया, 1952), मो. शफ़ी की *'किस सौतन की लागी नजरिया.... बाजूबन्द खुल-खुल जाये'* (बाजूबन्द, 1954), शार्दूल क्वात्रा की *'जब तुम ही हमें बरबाद करो, दुनिया में हमारा क्या होगा'* (पिलपिली साहब, 1954), अमरनाथ की *'घर आ जा मोरे राजा'* (गरम कोट, 1955), शिवराम की *'तुम कहाँ छुपे हो साँवरे'* (श्रवण कुमार, 1960), अविनाश व्यास की *'मेरे मतवारे नैनों में पी की झलक आ ही गयी'* (कैलाशपति, 1962), दिलीप ढोलकिया की *'पी के दरस को तरसे अँखियाँ'* (प्राइवेट सेक्रेटरी, 1962), रामलाल की *'पंख होते तो उड़ आती रे'* (सेहरा, 1963), वेदपाल वर्मा की *'तुम न आए सनम शमा*

जलती रही' (भूतनाथ, 1963), वी. बल्सारा की *'मोरे नैना सावन भादों, तोरी रह-रह याद सताए'* (विद्यापति, 1964), राम कदम की *'रात अँधियारी...चमका रे चन्दा मोरा'* (पिंजरा, 1973), शम्भू सेन की *'नैन थके घड़ी पल गिनते-गिनते'* (मृगतृष्णा, 1975) और गोविन्द-नरेश की *'साँवरे मत जा, राधिका अरज करे'* (मीरा श्याम, 1976) जैसी कुछ अनूठी कम्पोजीशन्स जमाल सेन की *'सपना बन साजन आए'* के साथ सर्वथा याद किये जाने योग्य हैं। इसलिए भी कि लता मंगेशकर हर गीत में कोई ऐसी सलोनी छाप गढ़ देती हैं, जो सिर्फ़ उस अकेले गीत की पहचान और मिल्कियत दोनों ही बन जाती है।

35

कुछ गीतों को सुनकर लगता है, जैसे फ़िल्म के कथानक और उसके अनुसार संगीत की तैयारी से अलग यह लता मंगेशकर के सांगीतिक प्रयोगों की एक अलग ही धरती हो। उनके कंठ की मिठास की पुख़्ता मुहर से अलग, गायिकी में लोच, फिरत, थिरकन और पैनेपन का बेजोड़ नमूना। वह एक ही समय में संगीत में आभिजात्य के स्पर्श, भावों के सम्प्रेषण में भक्ति और शरणागति के ललित प्रभाव से उज्ज्वल और किसी व्यक्त अध्यात्म से परे नये अर्थों में सुदीप्त प्रकाश की तलाश का मामला बनती है। एक मन्दिर की वैभवशाली पच्चीकारी पर, जैसे सुर और रागदारी की कोमल बेल चढ़ाई गयी हो। लता मंगेशकर तमाम सारे सीमान्तों पर जाकर ऐसी ही कोई छवि या सांगीतिक प्रतिध्वनि छोड़ती हैं। याद करने के लिहाज से बहुतेरे ऐसे गीत बरबस याद आ जायेंगे, जो इन बातों के प्रमाण में उदाहरण बन सकते हैं। .....मगर इस पूरे प्रकरण में यह देखना ज्यादा महत्त्व का है कि उनकी गायिकी ऐसे मौकों पर सिनेमा की अत्यन्त मुखर दुनिया से अलग अपना मौन और एकान्त भी अर्जित कर लेती है।

'जोगिया से प्रीत किये दुःख होय' (गरम कोट), *'तुम क्या जानो तुम्हारी याद में हम कितना रोये'* (शिन शिनाकी बूबला बू), *'जो मैं जानती बिसरत हैं सैंया'* (शबाब), *'तक़दीर की गर्दिश क्या कम थी'* (सितारा), *'न मिलता ग़म तो बरबादी के अफसाने कहाँ जाते'* (अमर), *'तुम न जाने किस जहाँ में खो गए'* (सज़ा), *'तड़प-तड़प के कटी उम्र आशियाने में'* (दो फूल) एवं *'माई री मैं कासे कहूँ पीर अपने जिया की'* (दस्तक)... यह अन्तहीन सूची है, जिसमें तमाम ऐसे गीत जुड़ते चले जायेंगे, जो अपने प्रकाश से उज्ज्वल, एक नयी रोशनी की तलाश में पिछले साठ-सत्तर सालों से निकले हुए हैं।

36

हिन्दी फ़िल्म संगीत की दुनिया में ऐसा माना जाता है कि शंकर-जयकिशन ने अपनी पूरी रचनात्मक यात्रा में राग भैरवी की शास्त्रीयता का बेहद सहज तरीक़े से अत्यधिक प्रयोग किया है। वे इस राग को 'सदा-सुहागन' राग कहते थे। हालाँकि उनके यहाँ भैरवी के अलावा जिन कुछ रागों को अद्वितीय प्रतिष्ठा मिल पाई थी, उनमें शुद्ध कल्याण, शिवरंजनी, गारा एवं रागेश्री भी मौजूद थे। इसी के साथ वाद्यों में ढोलक और हारमोनियम के अलावा इस संगीतकार जोड़ी के यहाँ एकॉर्डियन व पियानो एक आवश्यक तत्त्व की तरह धुनों की पृष्ठभूमि में रहते थे। धुनों को शायरी का सारगर्भित जामा पहनाने के लिए 'एस.जे.' को शैलेन्द्र और हसरत जयपुरी जैसे गम्भीर रचनाकारों का साथ हासिल था। इसके अलावा लता मंगेशकर, मुकेश, मोहम्मद रफ़ी एवं मन्ना डे की स्वरावलियाँ गीतों में खनकदार आवाज़ भरती थीं। साथ ही, दत्ताराम जैसे सहायक का ताल पर जबर्दस्त काम, जो कहरवा की एक नयी शैली को फ़िल्मों में लेकर आए थे और जिनके कारण वह ताल आज भी सिनेमाई भाषा में 'दत्ताराम-ठेका-कहरवा' कहलाती है, प्रभावी ढंग से देखी जा सकती है। दरअसल शंकर-जयकिशन का पूरा काम ही बेहद व्यवस्थित और टीम-वर्क जैसा था। वहाँ किसी भी प्रकार के दोयम दर्ज़े को स्थान हासिल नहीं था। स्वयं लता जी यह मानती हैं कि पार्श्वगायन के आरम्भिक दौर में उनसे जिस संगीतकार जोड़ी ने सर्वाधिक मेहनत करवायी है, वे शंकर-जयकिशन ही थे। कुल मिलाकर कहना यह चाहिए कि शंकर-जयकिशन ने जो अपना समय रचा था, उसमें उत्कृष्ट साहित्यिकता, मर्मदर्शी संवेदना, हृदयग्राही सुरीलापन और महान आवाज़ें शामिल थीं।

उस समय इस संगीतकार जोड़ी की मेहनत के चलते जज़्बात, धुन, लय, ताल, अल्फ़ाज़, राग, संगीत, ग़मक, मींड़, मुरकी, तान और ऊँची पट्टी पर जाकर खिलने वाले आलाप मिलकर एक बेहतरीन रचना को पाने का आनन्द रचते थे। शायद इसीलिए शंकर-जयकिशन जैसे चितेरे ढेरों महत्त्वपूर्ण अमर गीतों की रचना कर पाए हैं। वह भी अलग-अलग पार्श्वगायकों, गायिकाओं के साथ उनकी अलग ही गानों की सूची बनती है, जो सदाबहार ढंग से अधिकतम हिट गानों की संख्या का एक अनूठा कीर्तिमान बनाती है। हम आज भी उनके तमाम ऐसे गीतों को याद कर सकते हैं, जो अपना इतिहास, युग-बोध, दार्शनिकता और सुरीलापन सभी कुछ अपने वजूद में समाए हुए हैं। इसमें इतना यह भी जोड़ना चाहिए कि शंकर-जयकिशन ने पूर्वी यूरोप और मध्य एशिया के संगीत

के प्रभावों के इस्तेमाल के साथ-साथ वॉल्ट्ज आधारित गाने भी बेहद ख़ूबसूरती से बनाए हैं। सिनेमा-संगीत के अध्येता पंकज राग ने भी शंकर-जयकिशन के सन्दर्भ में एक उचित बात लक्ष्य की है। उनके अनुसार– 'शंकर-जयकिशन ताल, स्थायी, मुखड़ा और ऑर्केस्ट्रेशन के शिल्प में कई विविधताएँ लेकर आए। भारतीय फ़िल्म-संगीत में 'कॉर्ड्स' का ग़ौरतलब प्रयोग पहली बार करने का श्रेय शंकर-जयकिशन को ही जाएगा। उनके द्वारा प्रयुक्त कई 'कॉर्ड पैटर्न' और रिद्म इटालियन, स्पेनिश, रूसी संगीत आदि से प्रेरित थे।'

एक लता जी के एकल गीतों की बानगी से भी उस बात को शंकर-जयकिशन बनाम लता मंगेशकर विमर्श के तहत देखा जा सकता है। ऐसे कम से कम दो दर्जन गीत होंगे, जो तुरन्त जुबाँ पर चढ़ते हैं। लता जी की गायी हुई 'एस.जे.' के संगीत-निर्देशन में सभी तो नहीं, मगर सिग्नेचर धुनों के कुछ भाव-प्रवण गीत यहाँ उदाहरण के तौर पर देखे जा सकते हैं। इनमें– *'ये शाम की तन्हाईयाँ'* (आह, 1953), *'शाम गयी रात आई कि बलम आ जा'* (श्री 420, 1955), *'मैं पिया तेरी तू माने या ना माने'* (बसन्त बहार, 1956), *'उस पार साजन, इस पार धारे', 'रसिक बलमा हाए, दिल क्यों लगाया तोसे'* (चोरी-चोरी, 1956), *'मेरे सपने में आना रे सजना'* (राजहठ, 1956), *'ओ मेरे साँवले सलोने पिया'* (कन्हैया, 1959), *'जिया हो, जिया हो जिया कुछ बोल दो'* (जब प्यार किसी से होता है, 1961), *'एहसान तेरा होगा मुझ पर'* (जंगली, 1961) *'तेरा मेरा प्यार अमर'* (असली नकली, 1962), *'ये हरियाली और ये रास्ता'* (हरियाली और रास्ता, 1962), *'हम तेरे प्यार में सारा आलम खो बैठे हैं'* (दिल एक मन्दिर, 1963), *'उनकी पहली नज़र क्या असर कर गयी'* (एप्रिल फूल, 1964), *'मैं कमसिन हूँ, नादाँ हूँ, नाजुक हूँ'* (आई मिलन की बेला, 1964), *'आ जा आई बहार दिल है बेक़रार'* (राजकुमार, 1964), *'अजी रूठकर अब कहाँ जाइएगा'* (आरज़ू, 1965), *'मुझे तुम मिल गए हमदम'* (लव इन टोक्यो, 1966) और *'आ, आ भी जा रात ढलने लगी'* (तीसरी कसम, 1966), तो बरबस ही याद आते हैं, जब हम शंकर-जयकिशन की बनाई हुई सदाबहार धुनों की चर्चा करते हैं।

इसी समय यह देखना भी 'एस.जे.' के सन्दर्भ में अनूठा है कि उन्होंने लता मंगेशकर को लेकर ही कुछ ऐसी मेहनत भरी धुनों पर भी काम किया है, जहाँ गायिकी ही कुछ अलग से देने के लिए उत्सुक नज़र आती है। आप लता मंगेशकर के गाए हुए इस संगीतकार जोड़ी के अत्यन्त मशहूर गीतों को याद करने के साथ-साथ उन गीतों को भी इनके समकक्ष रखकर देखिए, जो एक

अलग ही आस्वाद का पाठ तैयार करते हैं। इन गीतों में कहीं अरबी शैली का प्रभाव है, तो कहीं शास्त्रीयता की उपस्थिति बड़े सुरुचिपूर्ण ढंग से उकेरी गयी है। कहीं आलाप की गूँज इतने ऊँचे स्वरमान पर जाती है कि आपको सुनते हुए हैरत होती है, तो कहीं कर्णप्रियता को लेकर धुन को लाऊड होने से बचाया गया है। कहने का लब्बोलुआब यह है कि ऐसे तमाम गीतों में लता जी की आवाज़ एक बेहद सुन्दर कलेवर में हमें देखने को मिलती है।

इन गीतों में *'मेरी जाँ मेरी जाँ प्यार किसी से हो ही गया है'* (यहूदी, 1958), *'जाओ-जाओ नन्द के लाला तुम झूठे'* (रंगोली, 1962) *'नील गगन की छाँव में दिन रैन गले से मिलते हैं'* (आम्रपाली, 1966), *'ओ बसन्ती पवन पागल ना जा रे ना जा'* (जिस देश में गंगा बहती है, 1960), *'इस दुनिया में जीना हो तो सुन लो मेरी बात'* (गुमनाम, 1965), *'तेरा जाना दिल के अरमानों का लुट जाना'* (अनाड़ी, 1959), *'तेरा तीर ओ बेपीर दिल के आर-पार है'* (शरारत, 1959), *'बागड़ बम-बम, बम-बम बाजे डमरू'* (कठपुतली, 1957), *'ओ मेरे शाहे ख़ुबाँ, ओ मेरी जाने जनाना'* (लव इन टोक्यो, 1966), *'सभी कुछ है तुझमें मगर ये कमी है'* (प्यार मोहब्बत, 1966), *'ओ मोरा नादान बालमा, ना जाने दिल की बात'* (उजाला, 1959), *'सजन संग काहे नेहा लगाए'* (मैं नशे में हूँ, 1959), और *'मुरली बैरन भई, हो कन्हैया तोरी मुरली'* (नयी दिल्ली, 1956) जैसे गाने निश्चित ही यह व्यक्त करने में पूर्णतया सक्षम हैं कि पचास और साठ के दशक में अगर लता जी का आधिपत्य सिनेमा की दुनिया में गायन के स्तर पर रहा है, तो उसमें एक बड़ा हिस्सा शंकर-जयकिशन की कम्पोजीशन्स के कारण सम्भव हुआ है।

इन गीतों से अलग यह एक सर्वविदित तथ्य है कि 'बरसात' (1949) से शुरू हुआ लता मंगेशकर का राजकपूर टीम में आगमन और शंकर-जयकिशन की मनोहारी धुनों पर कुछ सार्थक रचने का स्थायी प्रयास, इस संगीतकार जोड़ी के साथ 1966 तक 'संगम' (1964) के गीतों तक आते-आते पूरे पन्द्रह बरस की बड़ी सांगीतिक थाती बना गया है।

ऐसे में अलग से 'बरसात', 'आवारा', 'आह', 'श्री 420', 'जिस देश में गंगा बहती है' और 'संगम' के अलावा राजकपूर की अभिनय वाली फ़िल्मों में 'अनाड़ी', 'चोरी-चोरी', 'आशिक', 'तीसरी कसम' और 'कन्हैया' में लता मंगेशकर और शंकर-जयकिशन की शानदार उपस्थिति को एक साथ देखा जा सकता है। उनके तमाम ऐसे गीत आज अमर ही नहीं हैं, बल्कि अलग से

संगीत अध्येताओं और आलोचकों के लिए चुनौती बने हुए हैं कि किस तरह वहाँ एक पूरा 'शंकर-जयकिशन युग' ही व्याप्त है। 'श्री 420' (1955) के लता जी के गाए हुए एक गीत की कुछ पंक्तियाँ इस अर्थ में यहाँ लिख रहा हूँ कि आप शैलेन्द्र जैसे गीतकार की सहज शब्दावली पर, उतनी ही सहज धुन पर थिरकता हुआ इस पार्श्वगायिका का असाधारण गायन सुन सकें। गीत की चन्द लाईनें कुछ यूँ हैं—

'शाम गई रात आई कि बलम आ जा
तारों की बरात आई कि बलम आ जा
ओ बलम आ जा, अब तो सनम आ जा
रात और दिन के मिलन की घड़ी में
ठण्डी-ठण्डी सावन की झड़ी में
दो दिलों ने जो बाँधे थे बन्धन
उनमें खोई खड़ी मैं खड़ी मैं
याद मुलाकात आई कि बलम आ जा..

37

लता मंगेशकर की महाकाव्यात्मक सी लगती महान संगीत-यात्रा में बहुतेरे ऐसे कलाकार और उस्तादों ने चुपचाप शिरकत की है, जिनका हुनर अलग से भी किसी दूसरे रंग-पटल पर देखकर सराहा जाता रहा है। वे अपनी गायिकी के वजूद की बरगद सी सदाशान्त छाया के नीचे इतने तरीके का हुनर संजोए हुए हैं, लगता है जैसे किसी बड़ी रंगोली पर चारों दिशाओं की तरफ़ छितराकर छोटे-छोटे कई मणि-दीप जलाए गये हों।

यह बहुत वाज़िब है कि 'झनक-झनक पायल बाजे' जैसी फ़िल्म में उनके लिए बनारस के अप्रतिम तबला वादक पण्डित सामता प्रसाद 'गुदई महाराज' ने तबले के अलावा गीतों को सुन्दरता देने के लिए एक-दो गानों में डफ भी बजाया है। बहुतेरे सदाबहार गीतों में प्रेम का शुद्धतम रूप दर्शाने वाली बाँसुरी कई बार पं. हरिप्रसाद चौरसिया जैसे अनूठे बाँसुरी वादक और संगीतकार के कारण सम्भव हुई है। सन्तूर वादन के लिए विश्वविख्यात पण्डित शिवकुमार शर्मा ने तो *'मोसे छल किए जाए.... सैंया बेईमान'* (गाईड, 1966) में सन्तूर छोड़कर ऐसा तबला बजाया है, जिस पर स्वयं उस्ताद अहमद जान थिरकवा और उस्ताद अल्लारखा साहब भी रश्क़ करें। उनके लिए कभी ऐसे छोटे-छोटे संगीतकारों को भी पूरे भारतवर्ष से जुटाया गया है, जो किसी न किसी वाद्य को बजाने का हुनर रखते हैं। किसी को डफली आती है, तो कोई मंजीरा

खनकाने में दुरुस्त है। किसी के यहाँ पुरखों के ज़माने से नाल बजाई जाती रही है, तो कोई काष्ठ तरंग जैसा विलुप्त वाद्य बजाने में निपुण है। कुछ लोगों ने उनके आवाज़ के साथ अपने वाद्यों की संगति बनाने के लिए अपने वॉयलिन, गिटार, मैण्डोलिन, क्लैरोनेट, पियानो, ट्रम्पेट, वाइब्रोफ़ोन, चेलो, एकॉर्डियन और वायला को अभ्यास के स्तर पर इतना साधा है कि लता मंगेशकर की आवाज़ से पैदा की हुई हरकत के पीछे जैसे यह सब वाद्य बड़े अनुशासित ढंग से उसी तरह अनुसरण करते हैं, जैसे एक जनरल के पीछे उसकी सैन्य टुकड़ी पूरे जोशो-ख़रोश के साथ कदमताल करती है।

लता मंगेशकर की आवाज़ की फुलवारी से जितने फूल उगे हैं, उसकी मिट्टी में कहीं साहिर लुधियानवी, शकील बदायूँनी, हसरत जयपुरी, मज़रूह सुलतानपुरी और कैफ़ी आज़मी की उर्दू का सोंधापन मिला हुआ है, तो कहीं पण्डित प्रदीप, भरत व्यास, राजेन्द्र कृष्ण, इन्दीवर, पण्डित नरेन्द्र शर्मा, केदार शर्मा, शैलेन्द्र और गुलज़ार की हिन्दुस्तानी का पानी भी उनकी गायिकी को सींचकर हमेशा के लिए थोड़ा अतिरिक्त गीला बनाता है। उस पर अलग से उनके उस्तादों से मिली हुई सीख, रागदारी की सलोनी पच्चीकारी और नैसर्गिक रूप से गले में समाए हुए सुर के अचूक वरदान ने अब तक गाए हुए हज़ारों फ़िल्मी गानों को अप्रतिम बना दिया है। हजारों, लाखों, करोड़ों प्रशंसकों की संख्या से परे लता मंगेशकर का जीवन ही जैसे संगीत का एक ऐसा महाकाव्य है, जिसको कई पुरानी पीढ़ियों ने पढ़ा है और आगे आने वाली तमाम नस्लें वैसे ही सम्मान से पढ़ना चाहेंगी। यह उन्हीं की अमरता के खाते में दर्ज़ है कि उनसे आरम्भिक दौर में फ़िल्म गीत गवाने वाले दिग्गज संगीतकार नौशाद उनके गायन को यह कहकर इज्ज़त बख़्शते हैं कि उनकी आवाज़ को सिर्फ़ ज़माना ही नहीं, बल्कि स्वयं खुदा सुनता है। नौशाद की लिखी गीत की कुछ पंक्तियाँ लता जी की तारीफ़ में कुछ इस तरह हैं—

राहों में तेरे नग़्मे, महफ़िल में सदा तेरी,
करती है सभी दुनिया, तारीफ़ लता तेरी;
दीवाने तेरे फ़न के इन्साँ तो फिर इन्साँ हैं,
हद यह है कि सुनता है आवाज़ ख़ुदा तेरी;
तुझे नग़्मों की जाँ अहले-नज़र यूँ ही नहीं कहते,
तेरे गीतों को दिल का हमसफ़र यूँ ही नहीं कहते;
सुनी सबने मुहब्बत की ज़बाँ आवाज़ में तेरी,
धड़कता है दिल-ए-हिन्दोस्ताँ आवाज़ में तेरी।

38

मीराबाई का एक मार्मिक पद है, जिसका आशय सपने में साकार होता है। सपने में वे कृष्ण से विवाह करके अचल सुहाग का वरदान पाती हैं। पद इस तरह है–

माई म्हाणो सुपणा माँ परण्याँ रे दीनानाथ
छप्पण कोट्टाँ जणाँ पधार्याँ दूल्हो सिरी ब्रजनाथ
सुपणा माँ तोरण बंध्यारी सुपणाँ माँ गह्या हाथ
सुपणा माँ म्हारे परण गया पायाँ अचल सोहाग
मीरा रो गिरधर मिल्यारी, पुरब जणम रो भाग।

मीराबाई के सन्दर्भ में यह पद गहरा अर्थ रखता है कि किस तरह वो सपने में अलौकिक ढंग से कृष्ण को ब्याही गयीं। प्रेम में पगी मीरा की भक्ति यहाँ 'शृंगार भक्ति' का विकसित रूप लगती है, जहाँ समर्पण ने प्रेम को मर्यादा के तहत निश्छल भावों के तहत प्रकट होने दिया है। *'सूली ऊपर सेज पिया की, किस विधि मिलणा होय'* में सीधे उसी गोविन्द से मिलने की आतुरता है, जयदेव जिस मर्म को व्यक्त करने के लिए 'गीत-गोविन्द' के ग्यारहवें सर्ग को *'सानन्ददामोदरः'* कहकर सम्बोधित करते हैं। यहाँ मीरा कृष्ण के लौकिक प्रेम में पगी हैं, जिसमें छप्पन करोड़ लोग उनका ब्याह देखने आये हैं और दूल्हे के रूप में स्वयं बृजनाथ उपस्थित हैं। सपने में ही विवाह-मण्डप में तोरण बाँधा जाता है और सपने में ही उनका पाणिग्रहण सम्पन्न होता है। मगर यहाँ देखने वाली बात यह है कि वास्तविक जीवन में उनका लौकिक विवाह बाद में सोलहवीं शताब्दी में महाराणा सांगा के ज्येष्ठ पुत्र भोजराज के साथ सम्पन्न हुआ था। यह अलग बात है कि वे अपने जीवन में कभी भोजराज को अपना पति स्वीकार नहीं कर पाईं। इस लिहाज़ से देखने पर दूसरे धरातल से मीरा की कृष्ण भक्ति का माधुर्य रूप बहुत असांसारिक लगता है। तब उसमें कहीं भी देह के स्तर पर आसक्ति नहीं दिखाई पड़ती। वह केवल शुद्ध रूप से भावासक्ति का अनुभव है, जिसमें मीरा अपने आन्तरिक तथा सामाजिक जीवन स्तर पर उसी तरह विद्रोह करती हैं, जिस तरह कबीर समाज का निषेध करते हैं।

कई बार मीरा के अत्यन्त मार्मिक और कबीर की तरह चेतावनी से देते हुए कठोर पदों को पढ़ते हुए लगता है कि इनके यहाँ संगीत भी अत्यन्त असांसारिक और समाज से विद्रोह करता हुआ संगीत रहा होगा। एक ऐसा

उन्मुक्त संसार रचता हुआ आन्तरिक भावों का संगीत, जो पारम्परिक कतई नहीं है। ठीक उस तरह, जिस तरह पं. कुमार गन्धर्व और प्रहलाद सिंह तिपानिया कबीर गाते हुए और लता मंगेशकर मीरा गाते हुए, खोजने की अनथक चेष्टा करते हैं। जिस पद की चर्चा मैंने अभी यहाँ की है, उसमें लता मंगेशकर की गायिकी इसी तरह परम्परा से विद्रोह और पुनः उसके साथ सन्तुलन बनाने के बीच कहीं अद्भुत ढंग से अपनी स्वयं की दुनिया बनाती दिखाई पड़ती है। उनके गाए हुए मीरा भजनों में लौकिक और अलौकिक की लुका-छिपी को बड़े ही सुन्दर ढंग से विकसित होते हुए देखा जा सकता है। इस बहाने *'माई म्हाणो सुपणा माँ परण्याँ रे दीनानाथ'* के साथ *'साँवरो नन्दनन्दन', 'साँवरा म्हारी प्रीत निभा जो जी', 'ओ जी हरि कित गये नेहा लगाय', 'पपीहा रे पिव की बानी ना बोल', 'साँवरे रंग राची'* और *'ओ रमैया बिन नींद न आवै'* सुनें और सराहे जा सकते हैं।

अलग से जिन गीतों की दार्शनिकता को लता जी ने गाकर और भी अधिक गहरा किया है, उनमें *'करम की गति न्यारी सन्तो', 'सखी री लाज बैरन भई', 'गढ़ से तो मीराबाई उतरी करवा दीनो हाथ', 'उड़ जा रे कागा बन का'* और *'माई-माई कैसे जिऊँ री'* देखे जा सकते हैं। इन गीतों में उनकी पुकार और वैष्णवता के आँगन में जाकर किया गया भक्ति का शृंगार अद्भुत जान पड़ता है। इसमें कोई शक़ नहीं कि जिन गीतों के लिए लता मंगेशकर का गायन हमेशा के लिए समय से परे गिना जायेगा, उनमें मीरा भजन स्थाई रूप से स्थान पायेंगे। होली के विरह को रंग देते *'केणू संग खेलूँ होरी, पिया तज गये हैं अकेली'* जैसे गाने में लता मंगेशकर की गायिकी की संवेदनशीलता और मार्मिकता के एक साथ दर्शन किये जा सकते हैं। यह गीत इस मामले में अनूठा है कि उसमें उपजा विरह संघनित होकर जैसे वर्तमान में घटता हुआ महसूस होता है।

आप यह जान ही नहीं सकते कि कई शताब्दियों पूर्व हुई मीराबाई की जीवन की तमाम सजल झाँकियाँ यहाँ लता मंगेशकर की गायिकी से अपना स्वरूप पाकर एकाएक वर्तमान में प्रासंगिक हो उठती हैं। मीरा भजनों में उनका फेवरेट पद *'चला वाही देस'* है। उसमें इस तरह पंक्तियाँ आती हैं– *कहो कुसुम्बी साड़ी रंगावा/कहो तो भगवा भेस/कहो तो मोतियन माँग भरावा/कहो तो छिटकावा केस....'* जीवन से लबरेज ऐश्वर्य और सुख के अनन्तिम छोर पर जाकर पुनः उसके विसर्जन और वापसी में लौटने की प्रक्रिया के तहत *'चला वाही देस'* जैसी कविता में उसी देस जाने का भाव है, जो मीरा के माधव का देस है।

पं. हृदयनाथ मंगेशकर के संगीत पर आधुनिक ढंग से मीराबाई को साकार करती हुई लता मंगेशकर की आवाज़ ने इन गीतों में जो दार्शनिकता का आन्तरिक भाव रचा है, वह सिर्फ़ सामान्य ढंग से भजन गायन नहीं कहा जा सकता। उसमें कुछ-कुछ वैसा ही अध्यात्म उतर आया है, जैसा मीरा की मानसिक संरचना में उनकी कही पदावलियों में उतरा होगा। हमारे लिए यह आश्चर्य का मामला बनता है कि जिस पार्श्वगायिका ने फ़िल्मों के गीतों की रूह में उतरने के लिए कभी ख़ुद को मधुबाला, नरगिस, मीनाकुमारी, नूतन और वहीदा रहमान की मानसिकताओं में जाकर उनके 'लिप-सिंग' के लिए गायन किया है, वह कहीं न कहीं अपने विचार में मीराबाई के व्यक्तित्व को परखती हुई जैसे साक्षात उन्हीं के लिए 'लिप-सिंग' कर रही जान पड़ती हैं। लता जी को सुनते हुए कई बार यह भी जानने की उत्कण्ठा होती है कि भक्ति के उद्दात छोर पर चली गयीं मीराबाई क्या एक निपुण कवयित्री होने के अलावा इतनी सुरली भी रहीं होंगी? यह प्रश्न अकसर मन में उठता है। हम लोग तो बस इतना ही जानते हैं कि उनके पदों के गायन के लिए हमें मीरा की आवाज़ में आज जो लता मंगेशकर हासिल हैं, वे अपने कण्ठ से भक्ति का उतना ही बड़ा अछोर बनाती हैं, जितना कि स्वयं वह कृष्णाभिमुख सन्त गायिका। लता जी के स्नेहिल गायन को सुनते हुए मीराबाई की टेर को कविता में यहाँ इस तरह पढ़कर समझा जा सकता है कि हम जान पाएँ कि वो अपनी मानसिक बुनावट में किस तरह रही होंगी, जब कृष्ण उनके हाथ से छूटते से लगते थे। सारंगी, तबला और घुँघरु के संगीत पर तिरता यह भजन भी उसी भाव का सर्वोत्तम निदर्शन है—

सखी री लाज बैरन भई
श्रीलाल गोपाल के संग काहे नाहीं गई
चलन चाहत गोकुल ही ते रथ सजायो नई
रथ चढ़ाए गोपाल लई गयो हाथ मींजत रही.....

39

लता मंगेशकर और एस.डी. बर्मन की जोड़ी ने कुछ ऐसे सुरीले फूल खिलाए हैं, जिनकी मधुरता का आकलन संगीत की शब्दावली से कोई भी विशेषण चुनकर दिया नहीं जा सकता है। वह सुरीलेपन के उस छोर पर जाकर सम्भव हुआ है, जहाँ दोनों की ही महान प्रतिभाओं ने सुर और शब्दों से कुछ अप्रतिम बनाया है। एक ऐसे सुर से रचे हुए गन्धर्व लोक का स्वप्न, जिसमें शुद्ध और कोमल स्वरों की आपस में यह होड़ लगी हुई है कि किसने अपनी ओर से

कितना जोड़कर गीत का रास्ता सुगम बनाया है। यह सारे गीत केवल फ़िल्मी गीत नहीं है, बल्कि इन गीतों में गायिका की तैयारी और आवाज़ की मुलायम परत इस कदर पंखुरी-पंखुरी खुलकर व्यक्त हुई है कि एकबारगी यह सोचना पड़ता है कि सिनेमा भी अन्य प्रदर्शनकारी माध्यमों की तरह प्रयोगों के लिए स्वतंत्र रहता आया है। मसलन हम जिस तरह रंगमंच पर प्रदर्शित होने वाले संगीतमय नाटकों, शास्त्रीय नृत्यों और उप-शास्त्रीय गायन तथा वादन में कोई 'उपज' या 'विचार' पिरोते चलते हैं, उसी तरह सिनेमा का संगीत भी कई बार अपनी कुछ मिनट की उपस्थिति में वह सारे प्रयोग अंगीकार कर रहा होता है। चन्द क्षणों में सम्पूर्णता का एक सुरीला वृत्त बनाने का खेल....

यह अकारण नहीं है कि शास्त्रीय और लोक संगीत की पृष्ठभूमि से आने वाले संगीतकारों ने अपनी धुनों में वह सारी मधुरता और शास्त्रीय लोच भरने की कोशिश की है, जो लोकप्रिय माध्यमों में जल्दी देखने को नहीं मिलती। यह सही है कि कई बार इस तरह का काम शास्त्रीय संगीत उस्तादों की मौजूदगी में, तो कई बार संगतियों के अपने वाद्यों पर दीर्घकालिक अनुभव के चलते भी सम्भव हो पाता है। कई बार वह प्रभाव किसी ख़ास ठुमरी या कजरी से उठकर आता है, तो कई दफ़ा वहाँ किसी नाट्य-संगीत या भाव-गीत का असर मिलता है। हम एस.डी. बर्मन के जिन गीतों के तहत यह विमर्श रच रहे हैं, उनमें *'ओ ले के जिया पिया कहाँ जाओगे'* (मदभरे नैन, 1955), *'जानी तुम तो डोले दग़ा दई के'* (डा. विद्या, 1962), *'ये तन्हाई हाए रे हाए'* (तेरे घर के सामने, 1963), *'तेरे ख़्यालों में तेरे ही ख़्वाबों में* (मेरी सूरत तेरी आँखें, 1963), *'कैसे कहूँ तोसे जिया की मैं बतियाँ'* (कैसे कहूँ, 1964), *'हुस्न की बहारें लिए आए थे सनम'* (बेनज़ीर, 1964), *'कितनी अकेली कितनी तन्हा सी लगी', 'खाई है रे हमने कसम संग रहने की'* (तलाश, 1969), *'मेरा अन्तर इक मन्दिर है तेरा', 'जैसे राधा ने माला जपी श्याम की'* (तेरे मेरे सपने, 1971), *'सन्ध्या जो आए मन उड़ जाए'* (फागुन, 1973) और *'ये जब से हुई जिया की चोरी'* (उस पार, 1974) को लेकर ही यह बात आसानी से आगे बढ़ाई जा सकती है।

इन गीतों के सन्दर्भ में यह भी समझ में आता है कि लता मंगेशकर की संगीत-यात्रा में मधुरता का मामला सिर्फ़ अनिल विश्वास, सी. रामचन्द्र और मदन मोहन का ही मोहताज़ नहीं रहा है। वहाँ सचिन देव बर्मन भी अपने कौशल के साथ मौजूद हैं, जिनका संगीत गम्भीर वैचारिक बहस की माँग करता है। सुरीलेपन और कर्णप्रियता को लेकर किसी बहस की माँग। उनकी

संगीत की निर्मिति इस अर्थ में उतनी ही सम्पूर्ण और दूसरे रचे जाने वाले संगीत से निरपेक्ष है, जितनी कि उसकी संगति व विन्यास में रच दी गयी कोई सांगीतिक युक्ति। एस.डी. बर्मन की तरह का ग़ैर रवायती, जोख़िम उठाने की शर्तों तक जाने वाला प्रयोगधर्मी संगीत आश्चर्यजनक ढंग से उतना ही जन-स्वीकृत और लोकप्रिय भी रहा है।

जिन गीतों के सन्दर्भ में हम यह चर्चा कर रहे हैं, उनमें लता मंगेशकर की गायिकी में नाज़ुक ढंग से बोल कहने की युक्ति, धुन के साथ बहते हुए बेहद हौले से शब्दों को उठाने का प्रयास और फिर उसी के अनुसार मध्यवर्ती संगीत की छाया में गले की प्रयोगशील हरकतों ने इन गीतों में वह अतिरिक्त कोमलता भरी है, जो एस.डी. बर्मन की सबसे मुखर पहचान के तौर पर जानी जाती है। मेरा व्यक्तिगत तौर पर यह मानना है कि लता जी के गले की ख़ूबियों को यह सारे अनुभवी संगीतकार ठीक ढंग से समझ पाये थे, शायद इसी के चलते बर्मन दादा समेत अन्य प्रमुख लोगों, विशेषकर अनिल विश्वास, सी. रामचन्द्र, रोशन और मदन मोहन ने उस तरह के प्रयोगों का जोख़िम उठाया, जिसके चलते ढ़ेरों नायाब गीत सिनेमा की दुनिया को हासिल हो सके हैं। आपको भी यह तर्क पढ़ते हुए अगर इस बात की शिनाख़्त करने का मन है, तो एस.डी. बर्मन और लता जी के इन गीतों में से किसी को भी सी.डी. या यू-ट्यूब पर सुनकर तसल्ली कर सकते हैं। आपके लिए *'मेरा अन्तर इक मन्दिर है तेरा'* या *'कैसे कहूँ तोसे जिया की मैं बतियाँ'* या *'कितनी अकेली कितनी तन्हा सी लगी उनसे मिल के मैं आज'* जैसे गीतों का रेशमी अन्दाज़ एक बार सुन लेने का आमंत्रण देता है। आवाज़ के कोमल गलीचे पर सुनने का एक नायाब अवसर....।

40

मदन मोहन अकेले ऐसे संगीतकार रहे हैं, जिनकी सांगीतिक खूबियों को लेकर सबसे ज़्यादा विमर्श का अवसर जुटाया गया है। इस बात को लेकर काफ़ी चर्चा हुई है कि अपना अलग सा मुहावरा और गम्भीर सांगीतिक चिन्तन ईजाद करने में उन्होंने किस तरह के प्रभावों को तरज़ीह दी। उनकी कौन-सी फ़िल्म के आगमन से एक विशिष्ट ढंग का मदन मोहन टाईप परिदृश्य पर उभरकर आया। साथ ही, वे कौन सी फ़िल्में रहीं, जिनकी बदौलत हम उन्हें ग़ज़लों को अमर धुनें देने वाले रचनाकार के रूप में याद करते हैं। ढेरों रचनात्मक, सुन्दर और विचारोत्तेजक स्थापनाएँ इस पारखी संगीतकार के बारे में प्रचलित रहीं, जिनमें से एक-दो उद्धरणों से यह बात समझनी चाहिए। इन्हें पढ़ने पर उन

तथ्यों की ओर भी हमारा ध्यान जाता है, जिसके चलते हम उनकी कम्पोज़ीशंस की जटिलता और सूक्ष्मतम ब्योरों को समझने में कुछ मदद पा सकते हैं। जैसे विश्वास नेरूरकर के अनुसार– 'वह प्रसिद्ध मदन मोहन स्टाईल पूरी तरह सच्चे अर्थों में 1958 में जाकर स्थापित होती है, जब वे 'अदालत' फ़िल्म के कुछ असाधारण गीतों की रचना करते हैं। यही वह फ़िल्म है, जो मदन मोहन को ग़ज़लों के बेताज बादशाह के रूप में नवाज़ती है। वे जितना इस फ़िल्म के बाद एक से बढ़कर एक ग़ज़ल रचते गये, उनकी प्रसिद्धि उसी तरह शिखर छूती गई। एक समय यह स्थिति भी आयी कि हर वह निर्माता जो उन्हें बतौर संगीतकार अनुबन्धित करता था, उनसे इस बात की चाहत रखने लगा कि वे उनकी फ़िल्म के लिए कम से कम एक ग़ज़ल तो अवश्य ही बनायेंगे।'

इसी तरह राजू भारतन ने मदन मोहन को जिस तरह देखा है, वह उनके शिल्प को समझने में मदद करता है। वे कहते हैं– 'जब वे लखनऊ आकाशवाणी में कार्यरत थे और उसी दौरान उनकी मुलाकात तलत महमूद से हुई, तभी वह स्थिति बनी, जिसने मदन मोहन के भीतर उस नए ढंग का विचार आरोपित किया, जिसके चलते वे ग़ज़ल की कम्पोज़ीशन के प्रति उन्मुख हुए। उनके संगीतकार मन ने बिलकुल अलग ढंग से ग़ज़ल की धुनों के प्रति अपना आकार लेना शुरू किया, जो कि उस दौर में प्रचलित लाहौर स्कूल के मशहूर संगीतकारों– गुलाम हैदर, पंडित अमरनाथ, जी. ए. चिश्ती, पंडित गोविंद राम, श्याम सुन्दर एवं हुस्नलाल भगतराम से बिल्कुल अलग था। लाहौर स्कूल के संगीत का प्रभाव ऐसा था, जिसके चलते ग़ज़ल की धुनें भी पंजाबी मिट्टी और पंजाबी अंग में लिपटी हुई प्रदर्शित होती थीं। यह मदन मोहन थे, जिन्होंने पहली बार ग़ज़लों की दुनिया को पंजाबी अंग से छुटकारा दिलाते हुए आधुनिक ढंग का ऐसा गंभीर स्वर दिया, जो कलात्मक रूप से अधिक समृद्ध था।'

इन दो अलग-अलग बातों के ज़िक्र के हवाले से हम मदन मोहन के संगीतकार कैफ़ियत की एक ऐसी तस्वीर बना सकते हैं, जो उन्होंने अपनी स्वयं की कला में किसी वैचारिकी के तहत अर्जित की थी। ज़ाहिर है कि इसमें उनका शुरुआती दौर में किया गया दिग्गज उस्तादों के साथ रेडियो प्रस्तुति के कार्यक्रम के दौरान सीखा गया अनुभव भी शामिल रहा हो। बेगम अख़्तर से आत्मीयता के चलते ग़ज़लों में एक ख़ास तरह के प्रभाव की ज़रूरत का सटीक इस्तेमाल और उसकी शायरी व मिसरों के प्रति शायर की निगाह से जाँचने परखने का अन्दाज़ भी उनके द्वारा कम्पोज़ की गयी ग़ज़लों को कुछ अलग रंग देता रहा

हो। संगीत की दुनिया में यह भी कहा जाता रहा है कि मदन मोहन अपनी कोई भी नयी धुन ख़ासकर अगर वह ग़ज़ल की रही हो, तो उसे बनाने के दौरान ही, निहायत शुरुआती प्रारूप में बेगम अख़्तर को सुनाते थे और उनसे प्राप्त सुझावों को अपनाते भी थे। ऐसी शानदार रचनात्मक मैत्री के अलावा लता मंगेशकर और तलत महमूद जैसे फ़नकारों की कशिश भरी आवाज़ों की पूँजी से भी मदन मोहन ने अपनी दुनिया में ग़ज़लों की ऐसी सल्तनत रची, जिसमें पायी जाने वाली तमाम ग़ज़लें नायाब हीरे-मोतियों की दौलत से कम न थीं। उनके संगीत को सुनना, विशेषकर ग़ज़लों के सन्दर्भ में किसी परिष्कृत और विशिष्ट भावों को एक अलग ही रागात्मक स्तर पर जाकर महसूस करना है। इस प्रयास में आपके अक्सर अकेले पड़ जाने का जोखिम भी मौजूद रहता है। यह अलग बात है कि उस समय आप मदन मोहन की बनायी हुई ऐसी अनूठी धुनों के साथ स्वयं को अकेला छोड़ना ही पसन्द करते हैं।

ऐसे में उनके संगीतकार व्यक्तित्व को वैचारिकी के धरातल पर हम दो खाँचों में बाँटकर देख सकते हैं। एक जिसमें उनके द्वारा सृजित ग़ज़लों का ख़जाना है और दूसरा जिसमें उन्होंने विभिन्न मनोभावों के गीत बनाए। एक हद तक यह भी कहा जा सकता है कि मदन मोहन के सम्पूर्ण सांगीतिक योगदान में ग़ज़लें ही हैं, जो उन्हें एक अलग ही स्तर पर एक बड़े संगीतकार का दर्ज़ा दिलाती हैं। हालांकि ग़ज़लों के हवाले से यह भी कहा जाता है कि मदन मोहन उतने पाए के संगीतकार न होते यदि उनके कार्य-क्षेत्र में लता मंगेशकर और तलत महमूद जैसे पार्श्वगायकों की उपस्थिति न होती। यह बहुत हद तक सही भी है कि लता और मदन मोहन का समीकरण आज ऐसी किंवदन्ती बन चुका है, जिसे अलगा पाना उतना ही जटिल होगा, जितना कि स्वयं ग़ज़लों की रूहों से निकालकर मदन मोहन के संगीत को देख पाना। मदन मोहन के संगीत में हमेशा से ही एक ख़ास तत्त्व सक्रिय रहा कि शब्दों की अर्थान्विति को उसके आन्तरिक स्तर पर जाकर स्पष्ट करने के लिए उन्होंने उसके अन्तर्वर्ती-संगीत (इण्टरल्यूड्स) के साथ-साथ वाद्यों, रागों, तालों के अलावा बोलों के उच्चारण में आए हुए विराम या मौन (पॉज़) में भी सम्भव किया है। शायद इसी कारण उनके द्वारा रची हुई धुनें अलग से अपना एक संवेदनशील वजूद रखती रहीं। इसी वजह से हमें शास्त्रीय रागों पर आधारित रचनाएँ हों या पूरी तरह उर्दू मिश्रित हिन्दुस्तानी ज़ुबान की ग़ज़ल, सभी जगह संगीत की गहराई के सापेक्ष भावों का सलोना बाँकपन भी दिखाई देता है।

फ़िल्म संगीत के इतिहास में यह एक विचित्र सी बात है कि बहुतेरे संगीतकारों की प्रतिभा को निखारकर उसे चोटी की कलात्मक उत्कृष्टता में तब्दील करने में कुछ महत्त्वपूर्ण गायक-गायिकाओं का हाथ रहा है। उनकी सांगीतिक दुनिया के लिए लता उसी तरह ज़रूरी रही हैं जैसे नौशाद के लिए शमशाद बेगम, शंकर जयकिशन के लिए मुकेश, ओ.पी. नैय्यर के लिए आशा भोंसले एवं राहुल देव बर्मन के लिए किशोर कुमार। ऐसे में लता और मदन मोहन के सहमेल से विकसित गीतों को याद कीजिए– *'हमारे बाद अब महफ़िल में अफ़साने बयाँ होंगे'* (बाग़ी, 1953), *'बड़ी बरबादियाँ लेकर मेरी दुनिया में प्यार आया'* (धुन, 1953), *'चल दिया दिल मेरा तोड़ के यूँ अकेला मुझे छोड़ के'* (फ़िफ़्टी-फ़िफ़्टी, 1956), *'न हँसो हम पे ज़माने के हैं ठुकराए हुए'* (गेटवे ऑफ़ इंडिया, 1957), *'यूँ हसरतों के दाग़ मुहब्बत में धो लिए', 'उनको ये शिकायत है कि हम कुछ नहीं कहते'* (अदालत, 1958), *'हम प्यार में जलने वालों को चैन कहाँ'* (जेलर, 1958), *'है इसी में प्यार की आबरू वो जफ़ा करें मैं वफ़ा करूँ', 'आपकी नज़रों ने समझा प्यार के क़ाबिल मुझे'* (अनपढ़, 1962), *'वो जो मिलते थे कभी हमसे दीवानों की तरह'* (अकेली मत जइयो, 1963), *'अगर मुझसे मुहब्बत है मुझे सब अपने ग़म दे दो'* (आपकी परछाइंयाँ, 1964), *'नग़मा ओ शेर की सौग़ात किसे पेश करूँ'* (ग़ज़ल, 1964), *'वो चुप रहें तो मेरे दिल के दाग़ जलते हैं'* (जहाँआरा, 1964), *'न आसमाँ न सितारे फ़रेब देते हैं'* (नीला आकाश, 1965), *'न तुम बेवफ़ा हो न हम बेवफ़ा'* (एक कली मुस्काई, 1968), *'हम हैं मता-ए-कूचा-ओ बाज़ार की तरह'* (दस्तक, 1970), *'रस्म-ए-उल्फ़त को निभाएँ तो निभाएँ कैसे'* (दिल की राहें, 1973), *'आज सोचा तो आँसू भर आए'* (हँसते जख़्म, 1973), *'है तेरे साथ मेरी वफ़ा मैं नहीं तो क्या'* (हिन्दुस्तान की क़सम, 1973) एवं *'रुके-रुके से क़दम रुक के बार-बार चले'* (मौसम, 1975)।

इस फ़ेहरिस्त को पढ़ते हुए ही इस बात का अन्दाज़ा लग जाता है कि मदन मोहन, लता मंगेशकर और ग़ज़ल मिलकर किस मनोहारी दुनिया की सृष्टि करते हैं। ग़ज़लों के अलावा भी ढेरों ऐसे कलात्मक गीत मदन मोहन ने लता मंगेशकर की आवाज़ में रेकॉर्ड किए जो उनकी कला में एक अलग ही रंगत लिए हुए चमकते नज़र आते हैं। उदाहरण के तौर पर *'साँवरी सूरत मन भाई रे पिया'* (अदा, 1951), *'चैन नहीं आए कहाँ दिल जाए सजनवा हो'* (समुंदर, 1957), *'मोरी पायल गीत सुनाए'* (बाप-बेटे, 1959), *'हिंडोलना झूलन आई बलमा'* (सेनापति, 1961), *'मेरी वीणा तुम बिन रोए'* (देख कबीरा रोया,

1957), *'जिया ले गयो जी मोरा साँवरिया'* (अनपढ़, 1962), *'कदर जाने ना हो मोरा बालम बेदर्दी'* (भाई-भाई, 1956), *'बदली से निकला है चाँद'* (संजोग, 1961), *'मैं तो पी की नगरिया जाने लगी'* (एक कली मुस्काई, 1968), *'सजना लगन तेरी सोने न दे'* (दुनिया ना माने, 1959), *'खनक गयो हाय बैरी कंगना'* (रिश्ते-नाते, 1965), *'लग जा गले कि फिर ये हसीं रात हो न हो'* (वो कौन थी, 1964), *'मैंने रंग ली आज चुनरिया सजना तोरे रंग में'* (दुल्हन एक रात की, 1966), *'नैनों में बदरा छाए'* (मेरा साया, 1966), *'तेरी आँखों के सिवा दुनिया में रखा क्या है'* (चिराग़, 1969), *'खेलो ना मेरे दिल से ओ मेरे साजना'* (हक़ीक़त, 1965), *'मेरे नैना बहाएँ नीर'* (बावर्ची, 1972) *एवं 'बेताब दिल की तमन्ना यही है'* (हँसते जख़्म, 1973) को याद करना मदन-लता की सांगीतिक मैत्री को भी उतनी ही स्तरीयता, प्रयोगधर्मिता और परिष्कृत कला-निर्माण के सन्दर्भ में याद करना है।

41

फ़िल्म के गीतों की रचना एक समूहगत प्रक्रिया है, जिसमें यह देखना ज़रूरी है कि किसी भी गीत को विश्लेषित करते समय हम इस बात का भी ध्यान रखें कि वह एक गहरे अनुशासन से निकलकर हमें सुलभ हुई है। एक गीत बनकर जब हमें सुनने के लिए उपलब्ध होता है, उससे पहले उसकी धुन को रचने वाला एक व्यक्ति या कुछ लोग होते हैं। फिर उस धुन पर शब्दों या बोलों को उचित अनुपात (मीटर) में रखने का काम एक दूसरा ही व्यक्ति गीतकार के रूप में करता है। अब इसके बाद की प्रक्रिया में कोई तीसरा व्यक्ति इन्हें गाता है, जिसे हम पार्श्व-गायक या गायिका कहते हैं। इस प्रक्रिया में तमाम दूसरे लोग संगतियों की तरह अपने-अपने वाद्यों के साथ पूरे गीत की अवधारणा विकसित करने में योगदान करते हैं। इसके बाद भी रेकॉर्डिंग के समय एक पाँचवा व्यक्ति भी मौजूद रहता है, जो म्युजिक अरेंजर होता है और वह संगीतकार की धुन के अनुरूप गायक-गायिकाओं और तमाम वाद्य बजाने वालों के बीच एक अनुशासन निभाता है, जिसके चलते गीत को एक प्रारूप या शक्ल मिलती है। ठीक इसी समय एक अन्य व्यक्ति भी अलग से महत्त्वपूर्ण बन जाता है, जो सारी प्रक्रिया को स्टूडियो में रेकॉर्डिंग की मौजूद तकनीकी के अनुसार गीत को रेकॉर्ड करता है। इतनी जगहों से होता हुआ और इतने सारे लोगों की भागीदारी से विकसित हमें किसी फ़िल्म का गीत तैयार होकर मिलता है, जो सुनने में भले ही तीन-चार मिनट का हो, मगर उसकी प्रक्रिया कई दिनों के अर्थपूर्ण परिश्रम और कुछ घण्टों की रेकॉर्डिंग के तहत सुलभ हो पाती है।

इस लिहाज से भारतीय संगीत में फ़िल्म संगीत का मामला दूसरे अन्य प्रकार के संगीत से बिल्कुल अलग खड़ा नज़र आता है। एक तरह से एक नयी ही श्रेणी बनाता हुआ, जो शास्त्रीय संगीत अथवा लोक संगीत के मिजाज़ से बिल्कुल अलग है। यहाँ एक बारीक़ चीज़ यह देखने की है कि फ़िल्म संगीत बनाते हुए तमाम प्रकार के प्रभावों का इस्तेमाल संगीतकार अपने गीतों के लिए करते हैं। मसलन वह किसी राग पर आधारित हो सकता है या कि वह किसी क्षेत्र विशेष के लोक-संगीत का प्रभाव लेकर विकसित किया जा सकता है। साथ ही, यह भी हो सकता है कि वह किसी देशी या विदेशी प्रचलित धुन पर सीधे-सीधे आधारित करके रच दिया गया हो। इस तरह एक गीत जब तक रेकॉर्ड नहीं हो जाता, तब तक वह तमाम जटिल प्रक्रियाओं से गुजरकर अपना स्वरूप बनाता है। मगर जैसे ही किसी फ़िल्म का गीत तैयार होता है, उसकी सारी सम्भावनाएँ व्यक्त और सीमित हो जाती हैं। एक तरह से हमेशा के लिए निश्चित हो जाने का मामला, कि यह हम आसानी से बता सकें कि अमुक गीत में बड़े सुन्दर ढंग से राग भैरवी या यमन की स्वर-संगति (नोटेशन) प्रयोग की गयी है। उदाहरण के तौर पर हम लता मंगेशकर के गाए हुए 'भाभी की चूड़ियाँ' (1961) फ़िल्म के गीत *'ज्योति कलश छलके'* को याद कर सकते हैं, जो राग भूपाली पर आधारित है। आप आसानी से भूपाली को गुनगुनाते हुए इस गीत की बनावट तक पहुँच सकते हैं।

मगर इसी समय यह देखना महत्त्वपूर्ण है कि इस गीत में भूपाली का विस्तार एक बार जितना कर दिया गया है, वह वहीं जाकर हमेशा के लिए स्थिर हो गया है। उसमें कोई और सम्भावना हम चाह कर भी ढूँढ़ नहीं सकते या कि स्वयं वे ही संगीतकार और लता जी दोबारा से उनमें कोई उपज आरोपित कर सकते हैं। इसी समय शास्त्रीय संगीत, फ़िल्म संगीत से अलग हो जाता है। शास्त्रीय गायक अपने घराने में सीखी हुई भूपाली की एक ही बन्दिश को जितनी बार गायेगा, उतनी बार वह भूपाली अलग-अलग होगी। हर बार भूपाली की सम्भावना और उसमें पैदा होने वाली उपज एक ही बन्दिश को गाते हुए बदल जायेगी।

यह एक बड़ी रोचक प्रक्रिया है, जिसमें फ़िल्म संगीत की बनक शास्त्रीय संगीत की रागदारी से अलग हो जाती है। आप रागों पर आधारित फ़िल्म गीतों के बारे में कोई अध्ययन करें, तो तमाम रोचक चीज़ें सामने आयेंगी कि कैसे एक राग फ़िल्म संगीत में सीमित होकर उसी समय शास्त्रीय संगीत

की दुनिया में परिवर्तनशील रहता है। उदाहरण के तौर पर आप राग भूपाली को उस्ताद अब्दुल क़रीम ख़ाँ या पण्डित कृष्णराव शंकर पण्डित से सुनें, तो उसका आस्वाद बिल्कुल भिन्न होगा, जबकि वह लता मंगेशकर की आवाज़ में *'ज्योति कलश छलके'* के अलावा *'पंछी बनूँ उड़ती फिरूँ मस्त गगन में'* (चोरी-चोरी, 1956) या *'दिल हूम हूम करे'* (रुदाली, 1992) में बेहद सटीक और सुन्दर होने के बावजूद कहीं न कहीं एक जगह हमेशा के लिए स्थापित हो गये अर्थों व भावों के तहत ही ग्रहण हो पाएगा।

42

जन-कवि शैलेन्द्र का लिखा हुआ प्रणय का स्नेहिल गीत *'आ जा रे परदेसी मैं तो कब से खड़ी इस पार'* (मधुमती, 1958) सलिल चौधरी के हुनर का एक बेहतरीन उदाहरण है। इस गीत की ऐतिहासिकता इस बात में भी निहित है कि इसे पार्श्व-गायन का पहला फ़िल्म-फ़ेयर पुरस्कार दिया गया था। उस समय जब पार्श्व-गायन की श्रेणी का पुरस्कार आरम्भ हुआ, तो पुरुष और स्त्री स्वरों की एक सामान्य श्रेणी ही बनायी गयी थी, जिसमें 1958 का पहला पुरस्कार लता मंगेशकर के हिस्से आया। *'आ जा रे परदेसी'* की भाव-प्रवण गायिकी ने इस गीत को इतना मधुर बना दिया है कि उसकी गूँज पैदा करती हुई सुरीली अभिव्यक्ति, सलिल चौधरी की उस लीक से हटकर चलने वाली परिपाटी के तहत ही विकसित जान पड़ती है, जिसमें लता जी के लिए इसी तरह के कुछ और दुर्लभ गीत रचे गए हैं। वॉयलिन, पियानो, मैंडोलिन, क्लैरोनेट, बाँसुरी, खंजड़ी और तबले के अद्भुत वाद्य-संयोजन से निकली हुई इस गीत की धुन कुछ दूसरे अर्थों में भी प्रयोगधर्मी संगीत का आदर्श उदाहरण रही है। विशेषकर, गीत के मध्यवर्ती-संगीत (इण्टरल्यूड्स) में बजाई गई इसी फ़िल्म के दूसरे गीत *'घड़ी-घड़ी मोरा दिल धड़के'* की धुन का अत्यन्त सफल प्रयोग चकित करता है।

इस गीत से सम्बन्धित सलिल चौधरी का यह बयान भी ग़ौरतलब है कि वे *'आ जा रे परदेसी'* में सातवें कॉर्ड को मूल स्वर मानकर धुन रच रहे थे, जिससे वैसा अपेक्षित प्रभाव नहीं पैदा हो रहा था, जो वे चाह रहे थे। ऐसे में लता मंगेशकर ने उन्हें एक सुझाव दिया, जो वैसे वे कभी नहीं देती थीं, क्योंकि संगीतकार के काम में दख़ल उन्हें क़तई पसन्द नहीं था। फिर भी न जाने किस प्रेरणा के तहत सहज तरीक़े से लता जी ने उनसे कहा कि यदि हम अन्तरे के आरम्भ

को पाँचवें स्वर 'पंचम' को आधार बनाकर रचें, तो गीत में एक ऐसी लोच पैदा होगी, जो निश्चित ही सुन्दर लगेगी। यह विचार सलिल दा को एकाएक बेहद रचनात्मक लगा और उसे उसी तरह लेते हुए उन्होंने *'आ जा रे परदेसी'* की धुन विकसित की। इतने लम्बे समय अन्तराल के गुजर जाने के बावजूद नया और ताजगी-भरा लगने वाले 'मधुमती' के इस गाने की रोशनी में कुछ उन गीतों को भी यहाँ स्मरण का हिस्सा बनाना चाहिए, जो इस अप्रतिम गायिका और बुद्धिजीवी संगीतकार के समवेत विचारों की साझेदारी के तहत हिन्दी फ़िल्म संगीत को नसीब हुए हैं। ऐसे में हम लता और सलिल चौधरी के याद रखे जाने वाले गीतों में जिन्हें आसानी से रेखांकित कर सकते हैं, उनमें– *'ओ सजना बरखा बहार आई'*, *'मिला है किसी का झुमका'* (परख, 1960), *'नींद परी लोरी गाए'* (चारदीवारी, 1961), *'जा रे, जा रे उड़ जा रे पंछी'* (माया, 1961), *'मचलती आरज़ू खड़ी बाहें पसारे'* (उसने कहा था, 1960), *'जागिये गोपाल लाल बंसी बन बोले'* (जवाहर, 1960), *'मंज़िल तेरी खोज में'* (पिंजरे के पंछी, 1966), *'तेरी याद न दिल से जा सकी'* (चाँद और सूरज, 1965), *'साथी रे तुझ बिन जिया उदास रे'* (पूनम की रात, 1965), *'प्यास लिए मनवा हमारा ये तरसे'* (मेरे भैया, 1972), *'न जाने क्यों होता है ये ज़िन्दगी के साथ'* (छोटी सी बात, 1975), *'रजनीगन्धा फूल तुम्हारे'* (रजनीगन्धा, 1974), *'रोज़ अकेली आए, रोज़ अकेली जाए'* (मेरे अपने, 1971) एवं *'रातों के साये घने'* (अन्नदाता, 1972) की अमरता सुनिश्चित है।

43

लता जी की एक खूबी यह रही है कि उनसे जब भी आप पसन्द और नापसन्द की चीजों का हिसाब करने बैठें, तो पसन्द की सूची कुछ अलग और बड़ी हो जाती है। अब इसमें यह तय कर पाना दिक्कत वाला काम है कि हम किसी एक चीज को कैसे उनकी निगाहों से सर्वश्रेष्ठ के मानक पर उतरता हुआ देखें? कई बार बातों के सिलसिले में यादों के कई ऐसे सुनहरे पन्ने खुलते जाते हैं, जिसकी अनुभवी सरहद पर जितना उनका मन फिसलता है, उससे अधिक सुनने वाले का रमने लगता है। आप पसन्द का एक गाना पूछें, तो कई गानों की लड़ियाँ पिरोई सामने आ जाती हैं। कभी उनका ध्यान गानों से हटाकर खाने की प्रिय वस्तुओं की ओर ले जाएँ, तो आश्चर्यजनक ढंग से आप एक कुकरी बुक ही तैयार कर सकते हैं, अगर वे मूड में हों और भारत के अलग-अलग शहरों के मशहूर जायके बता रही हों। जैसे कभी उनसे यह सुनना सुखद लगता है कि उन्हें जलेबी कुछ

ज़्यादा ही पसन्द है, अगर वह कड़क हो और बहुत केसर के साथ परोसी जाये। एक ज़माने में उन्हें इन्दौर का गुलाब जामुन और दही बड़ा भाते थे और गोवन फिश करी व समुद्री झींगे उनके जायके की कमजोरी रहे हैं। लता जी के बारे में यह सुनना भी अच्छा लगता है कि वे एक कुशल गृहिणी हैं। गृहिणी के रूप में भी उनका स्वरूप एक अच्छे मेज़बान और रसोइए के रूप में देखा जा सकता है। वे सूजी का हलवा बहुत उम्दा बनाती हैं। उनके हाथ का चिकन पसन्दा जिसने भी खाया है, वह जल्दी उसे भूल नहीं पाता। वे समोसे की शौकीन हैं, मगर जरा ठहरिए भारत में प्रचलित आलू और मटर वाले समोसे नहीं.... कीमा भरे समोसे, जो मोमो जैसे होते हैं, उन्हें अधिक रास आते हैं।

उन्हें याद है कि शुरुआती दिनों में, जब साठ का दशक रहा होगा, वे मैरीन ड्राईव पर मौजूद 'गेलॉर्ड' रेस्टोरेंट में अकसर दोपहर का खाना खाने चली जाती थीं। संगीतकार जयकिशन का भी यह सबसे प्रिय रेस्टोरेंट था। अकसर राजकपूर की फ़िल्मों के गीतों के बनने की लम्बी और थकाऊ प्रक्रिया के बाद 'गेलॉर्ड' का शान्त और मनोहारी वातावरण लता मंगेशकर का प्रिय आराम घर बन जाया करता था। लता मंगेशकर कभी बहुत तीखा भी खाती थीं, विशेषकर कोल्हापुर में प्रचलित तीखी मिर्ची वाले स्वाद का खाना। उन्हें पानी पूरी पसन्द है। उन्हें नींबू और कैरी का आचार पसन्द है। उन्हें मिठाई में शाही टुकड़ा बेहद लाज़वाब लगता है और अकसर ज्वार की रोटी उनकी थाली में शामिल रहती है। मैक्सिकन, चाईनीज और फ्रेंच व्यंजनों की शौकीन हमारी सुर-साम्राज्ञी को इटैलियन खाना कम पसन्द है। ....और सबसे मजेदार बात यह कि वे सब्जियों की दुश्मन हैं। उन्हें सब्जी देखते ही न जाने क्या होने लगता है। यह अलग बात है कि अकसर सब्जियाँ भी इसलिए खाती हैं कि वे ज़रूरी हैं। डाक्टरों की सख़्त हिदायत है कि विटामिन से भरी इन सब्जियों को उन्हें खाते रहना है। लगता है जैसे उनके सुर-संसार में सब्जियों का प्रवेश रागदारी में विकृत स्वर की तरह मौजूद है।

उनसे इस तरह मिलना कि वे हमें अपने घर की माँ और मौसी सरीखी लगें, भला लगता है। मेरा अपना व्यक्तिगत अनुभव भी यह रहा है कि लता मंगेशकर को एक महान पार्श्वगायिका के धरातल से अलग हटकर देखने पर उनमें एक ऐसी मानवीय स्त्री छवि के दर्शन होते हैं, जो बेहद अपनी लगती हैं। फिर उनके साथ यह भाव मिट जाता है कि आप एक ऐसी शख्सियत से मिल रहे हैं, जिसका जीवन इतना बड़ा और कलाओं की दुनिया में शिखर पर प्रतिष्ठित है।

वे भी इस बात से कई बार परेशान नज़र आती हैं, जब लोग उनसे हमेशा उसी सौन्दर्य की उम्मीद पाले रहते हैं, जो उन्होंने अपने हुनर से सृजित की है।

'आप ही बताइए यतीन्द्र जी! आखिरकार मैं भी एक इंसान हूँ। हर समय उस रूप में नहीं रह सकती हूँ, जिस रूप में हमेशा मुझे लोग देखते आए हैं। न ही हर समय सुर में बँधे हुए कोई गीत गुनगुना सकती हूँ। मुझे भी तकलीफ़ होती है। मेरे पेट में भी अकसर दर्द होता है। सिर दुखता है और उस समय सिर पर तेल चुपड़ने के अलावा कुछ नहीं सूझता है। कई दफ़ा तो साईनस की अपनी पुरानी समस्या से पीड़ित होकर परेशान हो जाती हूँ। कई बार मेरा भी किसी से बात करने का मन नहीं होता। .....और अकसर तो यह भी मन करता है कि ऐसे ही बोर होने पर कहीं सड़कों पर घूमने निकल जाऊँ, जैसा पहले बम्बई में अपने संघर्ष के दिनों में करती थी।'

यह लता मंगेशकर के मन की वो बातें हैं, जिसे पिछले कुछ वर्षों में मैंने उनके साथ कुछ बेहद अच्छे पल साझा करते हुए सुनी और महसूस की हैं। यह उस स्त्री की सहज बतकही है, जिसमें किसी भी तरह शंकर-जयकिशन या मदन मोहन की कोई धुन काम नहीं आती। न ही राजकपूर, विजय आनन्द और यश चोपड़ा सरीखे बड़े निर्देशकों की मित्रताएँ उन पलों को आसान बनाती हैं। .....और न ही उनके बेहद क़रीब रहे पारिवारिक मित्र डूँगरपुर के महाराजा राजसिंह डूँगरपुर और कनाडा में बसी एकमात्र सबसे करीबी मित्र नलिनी म्हात्रे की सोहबत काम देती है। इन पलों में तो घर के सदस्यों और मीना दीदी, आशा जी और भाई हृदयनाथ के बच्चों की रहवारी ही कुछ असर करती है। ऐसे में उनकी भाँजी रचना और भतीजे आदिनाथ और बैजनाथ, दीदी के लिए दवा का काम करते हैं। अलग से उनके सचिव महेश राठौर, दीदी के उन आत्मीय लोगों में से हैं, जिनकी सोहबत में मन का कष्ट कुछ कम हो जाता है।

कहने का भाव यह कि कभी हमारे आपके जैसे तमाम चाहने वालों और श्रद्धा के स्तर तक उनके फ़न के प्रति समर्पित श्रोताओं को भी इस बात की तह तक जाने का मौका ही नहीं मिलता, कि जिस लता मंगेशकर की आवाज़ को सुनकर उनकी पीड़ा कम होती रही है, उस स्त्री के अन्दर पनपने वाले कष्टों को कम करने का कोई भी जतन हमारे पास नहीं है। हम भले ही उनके भजनों, ग़ज़लों और फ़िल्म गीतों में डूबकर अपना सुख तलाश लें, मगर उनके लिए यह सब बेमानी है। ज़िन्दगी की आपा-धापी के बीच कई बार वे

यह सहज ही कह डालती हैं कि 'आज बात करना रहने दीजिए, तबीयत ठीक नहीं है।' ऐसे में मेरे जैसे उनके लाखों प्रशंसक यह सोचकर थोड़ा निराश हो जाते हैं कि अब क्या करें? दीदी की तबीयत और मूड को ठीक करने का कोई उपाय नहीं है हमारे पास। ....उनको खुश करने या तसल्ली देने के सारे रास्ते बन्द। ....और अपनी सबसे प्यारी लता दीदी के लिए हमारे पास हुनर का कोई झुनझुना भी तो नहीं है?

44

महबूब ख़ाँ के लिए लता मंगेशकर की आवाज़ में नौशाद ने एक गाना बनाया था– *'दुनिया में हम आए हैं तो जीना ही पड़ेगा, जीवन है अगर ज़हर तो पीना ही पड़ेगा'*। यह गीत 'मदर इण्डिया' (1957) का ही नहीं, बल्कि एक तरह से जीवन-संघर्ष के लिए हार न मानने का फ़िल्मी जुबान में प्रतिनिधि गीत ही बन गया है। इस गीत में मीना और उषा मंगेशकर की सह-आवाज़ें भी शामिल रही हैं। नौशाद जैसे संगीत निर्देशक के यहाँ यह बड़ी नायाब बात है कि वे कथानक के अनुरूप संगीत रचने में माहिर थे। उन्होंने ज़्यादातर फ़िल्मों की कथा-वस्तु के हिसाब से जो संगीत रचा है, वह अलग से आज सामाजिक, राजनीतिक विमर्श की चीज़ भी लगता है। फिर वह 'मदर इण्डिया' का ये गाना हो, या कि 'अमर' के लिए *'ना मिलता ग़म तो बरबादी के अफ़साने कहाँ जाते'*, जैसा गाना। हर जगह नौशाद के संगीत की रूहानियत देखने लायक है।

मुझे व्यक्तिगत तौर पर नौशाद और लता मंगेशकर व नौशाद व मो. रफ़ी की जोड़ियाँ ऐसी लगती रही हैं, जो फ़िल्म के कथानक और उसके विचार को प्रस्तुत करने के लिए संगीत की दुनिया में हमेशा ही कुछ शानदार रचने में मुब्तिला दिखाई पड़ती हैं। 'अन्दाज़' (1949), 'आन' (1952), 'अमर' (1954) और 'मदर इण्डिया' ऐसी फ़िल्में हैं, जहाँ महबूब ख़ाँ, नौशाद और लता मंगेशकर ने मिलकर कुछ अलग ढंग के गीत सिरजे हैं। ऐसे गीतों के बड़े सामाजिक परिसर में संगीत का लालित्य थोड़ा पीछे छूट जाता है और गायिकी व बोलों की अर्थपूर्ण दुनिया एकाएक उभरकर सामने आ जाती है। चूँकि महबूब ख़ाँ हमेशा ही सामाजिक चेतना की फ़िल्में बनाने में संलग्न रहे, इसलिए उनके गीतों की दुनिया भी उतनी ही वैचारिकी की माँग करती नज़र आती है। यह अपने में बहस का विषय हो सकता है कि ऐसे में वे अनिल विश्वास और सलिल चौधरी जैसे प्रतिबद्ध संगीतकारों को छोड़कर नौशाद को बार-बार क्यों आजमाते रहे, पर इस बात में कोई सन्देह नहीं कि उनका दाँव हमेशा ही सही

बैठा है और फ़िल्मों को मिली हुई तर्ज़ें उसी हिसाब से सामाजिक चेतना का रंग बिखेरने में कामयाब दिखाई देती हैं।

लता मंगेशकर को लेकर नौशाद के बनाए हुए फ़िल्मों के इन गीतों में 'अन्दाज़' के गीत *'उठाये जा उनके सितम'* को देखें या 'अमर' के *'ख़ामोश है खेवनहार मेरा'* को सुनें या 'आन' में *'तुझे खो दिया हमने पाने के बाद'* में उतरता हुआ पाएँ या 'मदर इण्डिया' के *'नगरी-नगरी द्वारे-द्वारे ढूँढू रे साँवरिया'* के माध्यम से व्यक्त होता हुआ देखें, हर जगह गीत की ऊँचाई कथानक का भी विस्तार बनती है। यह नौशाद की सबसे बड़ी काबिलियत है कि उन्होंने सामाजिक परिवेश के गानों को रचते समय मधुरता से कोई समझौता नहीं किया। उन जगहों पर जहाँ एक विशेष प्रकार का संगीत रचा जा सकता था, वहाँ भी वे अपनी पसन्द की लोक-रंगत और रागदारी के अनूठे स्पर्श से धुन को सजाते हैं। इन फ़िल्मों के अधिकांश गीतों की तर्ज़ों को सुनते हुए आप इस बात का अन्दाज़ा लगा सकते हैं कि हर जगह कोमलता जैसे स्थाई भाव की तरह मौजूद रही हैं। इसी समय यह देखना प्रासंगिक बन जाता है कि उस कर्णप्रियता को लता मंगेशकर की उपस्थिति के बग़ैर क्या वह ऊँचाई मिल पाती, जो उनके रहने से सम्भव हुई है? यह मेरी सोच रही है, ख़ासकर नौशाद की धुनों के सन्दर्भ में कि अगर हम 'मदर इण्डिया' के मार्मिक गीतों में थोड़ी देर के लिए लता जी की जगह पर सुरैया या शमशाद बेगम को रखकर देखते, तो क्या उसी अनुपात में हमें मेलोडी और वैचारिकता के दर्शन सम्भव थे, जो पहले से हमें हासिल रहे हैं? यह एक परिकल्पना भर है, जिसमें बहस की गुंजाइश शामिल है।

लता जी के ही सन्दर्भ से यदि हम महबूब ख़ाँ की फ़िल्मों के लिए नौशाद के गीतों का आकलन करें, तो कुछ ऐसी लोकधुनों की व्याप्ति भी दिखाई पड़ती है, जो दूसरे लोगों की फ़िल्मों में भी नौशाद बड़ी मजबूती के साथ लेकर आते हैं। उदाहरण के तौर पर 'आन' का *'आज मेरे मन में सखी बाँसुरी बजाये कोई'*, 'अमर' का *'उम्मीदों को सखी पी की नगरिया कैसे ले जाऊँ'* और 'मदर इण्डिया' का *'मतवाला जिया डोले पिया, झूमे घटा छाये रे बादल'* (साथ में मो. रफ़ी भी) जैसे गीतों को सुना जा सकता है। यहाँ पर नौशाद अवध की उसी सरज़मीं से मुख़ातिब हैं, जो ढोलक, सारंगी, तार-शहनाई, नाल, घुँघरू और मंजीरे की धुन पर थिरकती हुई तमाम लोक-गीतों का सृजन करती है। थोड़ी देर के लिए दूसरे निर्देशकों की फ़िल्मों से यदि हम नौशाद के ऐसे गीतों को लता मंगेशकर की आवाज़ में सुनना चाहें, तो तमाम सारी अमूल्य धरोहरें, एक-एक

करके निग़ाह के सामने आती जायेंगी। ऐसे में उनके बनाए 'उड़नखटोला' (1955) का *'मोरे सैंया जी उतरेंगे पार, नदिया धीरे बहो'*, 'शबाब' (1954) का *'जोगन बन जाऊँगी सैंया तोरे कारन'*, 'सोहनी महीवाल' (1958) का *'तुम्हारे संग मैं भी चलूँगी पिया जैसे पतंग पीछे डोर'* 'मुग़ल-ए-आज़म' (1960) का *'मोहे पनघट पे नन्दलाल छेड़ गयो रे'* 'मेरे महबूब' (1963) का *'तेरे प्यार में दिलदार जो है मेरा हाल-ए-ज़ार'* और 'गंगा जमना' (1961) का *'ढूँढो-ढूँढो रे साजना मोरे कान का बाला'* जैसे प्रचलित और सदाबहार गीतों को याद करना ज़रूरी बन जाता है।

अवध की तवायफ़ी ग़ज़ल और साजिन्दों की ख़ूबसूरत अदायगी का सुरीला संसार रचने में यह संगीतकार जितना आगे रहा है, उस अनुपात में फ़िल्मों का गीत-संगीत भी अव्वल दर्ज़े का ही बन सका। लता जी की संगीत-यात्रा में नौशाद का पाठ एक दिलचस्प विवरण की तरह आता है, जहाँ पहले से ही मास्टर ग़ुलाम हैदर, हुस्नलाल-भगतराम और अनिल विश्वास जैसे हुनरमन्दों के पन्ने मौजूद हैं। नौशाद के लिए यह बात मशहूर रही है कि उन्होंने अपने पूरे कॅरियर में किसी एक गायक या गायिका को लगातार नहीं गवाया, बल्कि अपने दौर के सफलतम लोगों को भी बदलने में कभी हिचके नहीं। यह बात उनके चयन में सुरैया, शमशाद बेगम, उमा देवी, तलत महमूद पर लागू होती रही है। अपवाद स्वरूप सिर्फ़ मो. रफ़ी और लता मंगेशकर ऐसे गायक-गायिका रहे हैं, जिनको एक बार अपनी फ़िल्म में लेने के बाद कॅरियर की अन्तिम फ़िल्म तक नौशाद ने लगातार दोहराया है। यह बात जहाँ तक उनकी व्यक्तिगत पसन्द का मामला बनती है, उतनी ही वह इन दो नायाब फ़नकारों के हुनर के प्रति भी जवाबदेह हो जाती है। नौशाद अगर रफ़ी या लता जी के सन्दर्भ में ऐसा समझ पाए हैं, तो वह उनके गम्भीर संगीतकार चरित्र और मौसीक़ी के प्रति उनके जज़्बात को ही व्यक्त करता है।

हम, नौशाद और महबूब ख़ाँ की फ़िल्मों के बहाने जिस लता स्वर-यात्रा को टटोलने के लिए यहाँ कुछ गीतों पर विमर्श कर रहे हैं, वे सारे गीत हिन्दी सिनेमा की एक बड़ी पहचान के रूप में बरसों पहले स्थापना पा चुके हैं। ऐसे में, यह देखना एकाएक दिलचस्प खेल बन जाता है कि नौशाद जैसे सलोने संगीतकार ने लता मंगेशकर जैसी सिद्ध पार्श्वगायिका के सहमेल से जो कामयाबी बटोरी है, उसमें लोकगीत, भजन, नृत्य-गीत, क़व्वाली, नात और विरह प्रसंगों के तमाम सारे गाने दुर्लभ ढंग से यादगार बन सके हैं। मुझे नहीं लगता कि गीतों के

कुछ और उदाहरण यहाँ देना ज़रूरी है, क्योंकि नौशाद और लता जी का नाम लेते ही आपके जेहन में भी तमाम सदाबहार गाने गूँजने लगे होंगे।

45

लता मंगेशकर की दैवीय आवाज़ का सम्मोहन यदि देखना हो, तो थोड़ी देर के लिए हमें उन मराठी अभंग पदों और भजनों की ओर ताकना चाहिए, जो ज्ञानेश्वर, तुकाराम, भा.रा. ताम्बे, पी. सावलाराम की कविता के गायन से सुलभ हुए हैं। इनमें तुकाराम के पदों का श्रीनिवास खले के संगीत निर्देशन में गाया हुआ *'कमोदिनी काय जाणे', 'अगा करुणाकरा'* और *'सुन्दर ते ध्यान',* पं. हृदयनाथ मंगेशकर के बनाए हुए सन्त ज्ञानेश्वर के पद *'मोगरा फुलला', 'रुणझुण रुणझुण रे भ्रमरा'* और *'अरे-अरे ज्ञाना'* के अलावा उन्हीं के संगीत-निर्देशन में निबद्ध *'मावलत्या दिनकरा', 'घन तमी शुक्र बघ'* (गीत : भा.रा.ताम्बे) एवं वसन्त प्रभु के संगीत से सजे पी. सावलाराम के गीत *'गंगा जमुना डोल्यात उभ्या का'* एवं *'आलिंगुनी अंगिकारा'* से लता जी अपनी उस चिर-परिचित ज़मीन को छोड़कर किसी ऐसी दुनिया के लिए गाती हुई नज़र आती हैं, जो भौतिक रूप से अपना कोई अस्तित्त्व नकारती हुई मालूम पड़ती है। लता जी के साथ उनके ढ़ेरों कार्यक्रमों में उद्घोषक की भूमिका में रहे आये प्रख्यात कार्यक्रम प्रस्तोता हरीश भिमानी ने एक रोचक बात उनके तुकाराम के पद गायन के सन्दर्भ में की है, जो इस तरह है– *'रुणुझुणु रुणुझुणु रे भ्रमरा, सांडी तु अवगुणु रे भ्रमरा...*। महाराष्ट्र के आदरणीय सन्त तुकाराम ने अपनी अनूठी शैली में, भ्रमर से मीठा अनुरोध किया था कि वह अपने निरन्तर प्रेमालाप को त्याग दे। हृदयनाथ मंगेशकर की धुन, मिठास की पराकाष्ठा थी। गंगोत्री से निकले झरने का बिल्लौरी काँच जैसा पानी बहता देखकर लगता है, कि बस देखते ही रहें; इस गीत के सुरों का सैलाब भी, बस जैसे सुनते ही रहें। और जब तक गीत चला, हम सब सुनते ही रहे। गीत के शब्दों में निहित जीवन-दर्शन, हमारे मराठी भाषा के अधूरे ज्ञान की वजह से पूरी तरह समझ में नहीं आ रहा था, फिर भी बीच में बोलकर सुरों के उस माहौल को भंग करना, अच्छे संगीत का अपमान होता है। इस भजन के लिए 'अद्वितीय' शब्द का उपयोग, अतिरेक अलंकार नहीं माना जायेगा।'

शान्त, प्रार्थना के स्वरों सा पवित्र और कुछ-कुछ भक्ति के सन्मार्ग पर एक सहृदय यात्रिक की तरह टहलता हुआ गायन, जैसे तमाम जगहों में वैष्णव-कीर्तन करने वाले कीर्तनकार और हरिकथाकालक्षेपम् करने वाले कथा-व्यास गाकर

व्यक्त करते हैं। *'मोगरा फुलला'* और *'कमोदिनी काय जाणे'* की अलौकिक स्वर रचना में जिस तरह गायिका का भक्ति-भाव अन्तःसलिल होकर गीत में रूपाकार पाता है, वह एक बिल्कुल नये ढंग से मराठी भाव-गीतों को भावपूर्ण विस्तार देता है। यह जानना दिलचस्प है कि लता जी के साथ हृदयनाथ मंगेशकर, वसन्त प्रभु और श्रीनिवास खले जैसे संगीतकार मिलकर सही अर्थों में आध्यात्मिक संगीत की रचना करते हैं। एक ऐसे धार्मिक और आध्यात्मिक आवर्तन की सांगीतिक रचना, जिसमें भाषा गौण हो जाती है, संगीत और उसका भाव मुखर हो उठता है। यह देखना सुखद है कि लता मंगेशकर जैसी मंजी हुई पार्श्वगायिका मराठी के इन अभंग पदों और भाव-गीतों में कला की पराकाष्ठा पर जाकर जिस भाव-शून्यता को जन्म देती हैं, वह व्याख्यातीत है। आशय यह कि इन पदावलियों को सुनते हुए आप विचार के स्तर पर भीतर से कोई भाव जगता हुआ महसूस नहीं करते, वरन् उस सम्मोहन में फँस जाते हैं, जो संगीत और कविता की पवित्रता से पैदा होता है। कुछ-कुछ वैसी शून्यता का अनुभव होने का भाव, जैसी शून्यता की चर्चा सीताकान्त महापात्र जैसे कवि ने अपनी कविता में की है। उनकी कविता में यह बात उभरती है कि जब कृष्ण वृन्दावन छोड़कर द्वारका वास करते हैं, तो यहाँ कुँज गलियों में छूट गयी उनकी वंशी की सूनी टेर से उपजी हुई शून्यता को गोधूलि में लौटती गाएँ और बृजमण्डल की सखियाँ अनुभव करती हैं। भक्ति और प्रेम की पराकाष्ठा पर अपने जीवन के कहीं पीछे छूट जाने का मार्मिक अनुभव....।

इसके बिलकुल विपरीत उदाहरणों से यदि हम लता मंगेशकर के भाव-गीतों की गायिकी को पारिभाषित करें, तो लगता है जिस तरह सूफ़ी और कव्वाली गायक अपने कलामों, नातों और क़व्वालियों से ख़ुदा की बन्दगी में संगीत की 'तजल्ली' (पवित्र प्रकाश) रचते हैं, उसी रंग में हमारी संस्कृति के पन्नों पर यह सुकण्ठी गायिका भी सन्त ज्ञानेश्वर, तुकाराम, भा.रा. ताम्बे और पी. सावलाराम जैसे सन्त व कवियों की पदावलियों से एक अलौकिक ज्योति पैदा करती हैं। आध्यात्मिक अर्थों में फैलने वाला एक ऐसा प्रकाश, जिसके लिए डागर-बन्धु अपने ध्रुपद गायन के क्षण संगीत में डूबकर अपने हाथों से वलय बनाते हुए सुर की आरती उतारते हैं। अमूर्तन की सत्ता में आराधना का हस्तक्षेप। अमूर्त स्वरों से व्यक्त संगीत की मंगला आरती....

इसे इस तरह भी समझा जा सकता है कि ज्ञानेश्वर का अभंग गाते हुए लता मंगेशकर स्वयं भगवान विट्ठल की अर्चा में राग-सेवा करने लगती हैं। सुरों का

चँदोवा झलते हुए देवता के समीप चली जाती हैं। *'कमोदिनी काय जाणे'* का आशय ही यही है कि कमल का फूल यह जानता ही नहीं है कि उसकी सुषमा किस जगह सुशोभित होने के लिए बनी है? यह एक संयोग ही है कि लता जी के पदों का चयन भी जैसे उनके सांगीतिक चरित्र का एक पर्याय ही बन गया है। क्या आपको इन सारे अभंग पदों और भजनों के सन्दर्भ में यह नहीं लगता कि लता मंगेशकर को सुनते हुए हममें से अधिकांश संगीत द्वारा पैदा हुई उस सुषमा को उस तरह समझ नहीं पाते हैं, जिस तरह तुकाराम के पद अपने अनिर्वचनीय गुण को कभी सहज ही खोलकर व्यक्त कर देते हैं?

46

लता मंगेशकर की आवाज़ की तरह का सुरीलापन अगर कोमल ढंग से किसी संगीतकार के यहाँ धुनों में देखना हो, तो वह निश्चित ही रोशन के संगीत में देखा जा सकता है। अपनी फ़िल्मों के लिए हमेशा ही शास्त्रीय संगीत की विराट सम्पदा से कुछ कर्णप्रिय लगने वाले रागों के चयन से अपने गीतों का स्ट्रक्चर बुनने वाले इस संगीतकार के यहाँ इसी के चलते रागों की ध्वनियों वाली तमाम नायाब धुनें मौजूद मिलती हैं। यह भी रोशन के यहाँ बड़े सन्तुलित ढंग से उभर सका कि उनके बनाये गीतों में लता मंगेशकर की आवाज़ निष्प्रयास ढंग से गूँजती है। हर सुर से टपकती हुई सहजता, जैसे वे श्रोताओं को अनायास ही अपने संगीत से उपजे सुरीलेपन की मित्रता से बाँध लेना चाहती हों। रोशन की धुनों में मौजूद शास्त्रीय रागों की विलम्बित चमक ने जैसे उनके बनाये अधिकांश गीतों में भी उस विलम्बितता को स्वरों की झिझक, अनिश्चय और संकोच की तमाम उतार-चढ़ाव वाली दिलचस्प सांगीतिक छटाओं से सजा दिया है। एक ऐसा शिल्प रचने का जतन, जिसमें संगीतकार की वैचारिकता भी बखूबी उभर सकी है।

रोशन के लिए मशहूर रहा है कि वे पारम्परिक ढंग से शास्त्रीय संगीत सीखे हुए संगीतकार थे। उन्होंने लखनऊ के मैरिस कॉलेज में संगीत की तालीम लेने के अलावा बाक़ायदा मैहर के सुविख्यात बीनकार उस्ताद अलाउद्दीन ख़ाँ साहब से संगीत सीखा था। मैहर छोड़ने के बाद रोशन उस्ताद बुन्दू ख़ाँ और मनोहर बर्वे के सम्पर्क में भी आए, जिन दोनों ने ही उनके शास्त्रीय संगीत के ज्ञान में कुछ नये ढंग से इज़ाफ़ा किया। उस्ताद अलाउद्दीन ख़ाँ से सीखने का सुफल यह हुआ कि रोशन के अन्दर शास्त्रीय संगीत को लेकर यह स्पष्टता गहराई से बैठ गई कि पारम्परिक राग-संगीत और बन्दिशों का किस तरह से

इस्तेमाल फ़िल्म संगीत के लिए किया जाना चाहिए। बाबा अलाउद्दीन ख़ाँ से उन्होंने सारंगी सीखी थी, जिस वाद्य के लिए कहा जाता है कि यह मनुष्य की आवाज़ के सर्वथा क़रीब का साज़ है। रोशन की प्रतिभा में मिलने वाली शास्त्रीयता की शुद्धता का भाव-पक्ष भी शायद मैहर घराने से उनके जुड़ाव के कारण सम्भव हुआ हो। उनकी बनायी धुनों में मिलने वाले निष्कम्प सुरीलेपन को हम सारंगी के प्रति उनकी जानकारी के सन्दर्भ में भी देख सकते हैं। इसके चलते वे बारीक़ से बारीक़ बात को भी सुरों और स्वरों के आघात, उनके अल्प और दीर्घ प्रयोग तथा बोलों में आई हुई ध्वनि को समुचित ढंग से व्यक्त करने का हुनर जानते थे।

उनकी बनायी ग़ज़लें हों या दर्द भरे गीत, हर जगह गीतों का सम्पूर्ण विन्यास एक बिल्कुल ही दूसरे धरातल पर अपनी अभिव्यक्ति सम्भव करता था। एक सुरम्य ठहराव सा प्रभाव धुनों में सायास लाने वाले रोशन के यहाँ घटने वाली सुरों की भरी-पूरी, मगर संक्षिप्ति वाली अभिव्यक्ति का अन्दाज़ ही निराला था। शायद इसीलिए वे अपने समकालीन संगीतकारों से अलग शास्त्रीय रागदारी को भी बिल्कुल आधुनिक ढंग से व्यक्त करने में सफल रहते थे। उनकी संगीतबद्ध अधिकांश फ़िल्मों की कर्णप्रियता दरअसल रोशन की अपनी संगीत वैचारिकी के कारण ही सक्रिय देखी जा सकती है। लता मंगेशकर के उनके लिए गाये हुए गीतों के तहत हम 'मल्हार' (1951), 'नौबहार', 'राग-रंग' (1952) 'टकसाल' (1956), 'अजी बस शुक्रिया' (1958), 'मधु' (1959), 'आरती', 'ज़िन्दगी और हम' (1962), 'ताजमहल' (1963), 'चित्रलेखा' (1964), 'ममता', 'देवर' (1966), 'बहू बेगम', 'नूरजहाँ' (1967) और 'अनोखी रात' (1968) जैसी फ़िल्मों में रोशन बनाम लता के विमर्श के बहाने शास्त्रीयता बनाम सुरीलेपन को एक-एक गीतों की सदाबहार अभिव्यक्ति में पा सकते हैं।

रोशन की बनायी और आश्चर्यजनक ढंग से कम प्रचलित रही एक धुन पर ठहरकर मैं कुछ कहना चाहता हूँ। इस सन्दर्भ में भी कि यह गीत आज के समय में अधिक प्रासंगिक है क्योंकि यह दो मुल्कों या दो कौमों या दो विचार पद्धतियों के बीच वर्चस्व की लड़ाई का निषेध करता हुआ सिनेमा की दुनिया में मौजूद है। साहिर लुधियानवी के लिखे हुए और शाहजहाँ व मुमताज महल के ऐतिहासिक चरित्र पर बनी फ़िल्म 'ताजमहल' का ये गाना *'ख़ुदा-ए-बरतर तेरी ज़मीं पर ज़मीं की ख़ातिर ये जंग क्यूँ है?'* जैसे मनुष्यता के पक्ष में खड़ा नज़र आता है। यह गाना इस अर्थ में अनूठा है कि भले ही इसे मुग़लकाल की पृष्ठभूमि में उस समय की युद्ध परिस्थितियों के हिसाब से बनाया गया है,

मगर इसमें आया हुआ विचार और शब्दों का बख़ान तो सार्वकालिक महत्त्व का बन गया है।

लड़ाई का मंजर आख़िरकार हमें मानवीयता के खिलाफ़ किस तरह खड़ा करता है, उसका मार्मिक निरूपण है ये गाना; जिसे लता मंगेशकर, साहिर लुधियानवी और रोशन मिलकर अमर बनाते हैं। गीत की आख़िरी पंक्ति में आई हुई चिन्ता कि हम प्रेम और आत्मीयता के उत्सव (जश्न-ए-वफ़ा) को छोड़कर तीर और बन्दूकों का जश्न (जश्न-ए-तीर-ओ-तफ़ंग) मनाने में आखिर क्यों फँसे हैं, जैसे आज ज़्यादा बड़े स्तर पर अपने प्रश्न के साथ हमारे सामने खड़ा है। यह गीत सिर्फ़ फ़िल्म की सिचुएशन का ही मार्मिक वृतान्त नहीं है, बल्कि वो आज दुनिया भर में फैले हुए आतंकवाद, कट्टरता और असहिष्णुता से सवाल करता हुआ, असमंजस से भरे हुए ज़्यादा कठिन राह पर ठिठका है। दर्द-भरे गीत की ज़मीन से उठकर सामाजिक और नैतिक विचार का गीत बनने की शक्ल लेता हुआ, जहाँ लता मंगेशकर जैसी प्रबुद्ध गायिका की आवाज़ और उनके द्वारा गीत में की गयीं स्वर विस्तार की ज़रूरी हरकतें, गायिकी को एक नया ही स्वरूप देती हैं। राग मियाँ की तोड़ी को आधार बनाकर रचे गये इस गीत को सुनने पर लगता है, जैसे कोई शायर या बुद्धिजीवी किसी गम्भीर नज़्म का उतनी ही गम्भीरता से तरन्नुम में पाठ कर रहा हो। यह गीत अपनी शब्दावली के लिए भी अलग से पढ़े जाने योग्य है। गीत के बोल इस तरह हैं—

ख़ुदा-ए-बरतर तेरी ज़मीं पर ज़मीं की ख़ातिर ये जंग क्यूँ है?
हर एक फ़तह-ओ-जफ़र के दामन पे ख़ून-ए-इन्सां का रंग क्यूँ है?
ज़मीं भी तेरी, हैं हम भी तेरे, ये मिल्कियत का सवाल क्या है?
ये कत्ल-ओ-ख़ूँ का रिवाज़ क्यूँ है? ये रस्म-ए-जंग-ओ-जदाल क्या है?
जिन्हें तलब है जहान भर की, उन्हीं का दिल इतना तंग क्यूँ है?
ग़रीब माओं शरीफ़ बहनों को अम्न-ओ-इज्ज़त की ज़िन्दगी दे,
जिन्हें अता की है तूने ताकत, उन्हें हिदायत की रोशनी दे,
सरों में किब्र-ओ-गुरूर क्यूँ है? दिलों के शीशे पे ज़ंग क्यूँ है?
कज़ा के रस्ते पे जाने वालों को बच के आने की राह देना,
दिलों के गुलशन उजड़ न जाएँ, मुहब्बतों को पनाह देना,
जहाँ में जश्न-ए-वफ़ा के बदले, ये जश्न-ए-तीर-ओ-तफंग क्यूँ है?
ख़ुदा-ए-बरतर तेरी ज़मीं पर ज़मीं की ख़ातिर ये जंग क्यूँ है?

रोशन के संगीत से बना यह शाहकार गीत, कुछ दूसरे गीतों की भी याद दिलाता है, जो उन्हीं की कम्पोजीशन में सम्भव हुई हैं। इनमें 'ताजमहल' का

ही लता जी का गाया *'जुर्म-ए-उल्फ़त पे हमें लोग सज़ा देते हैं'* के अलावा याद रखी जाने वाली धुनें और गीत इस तरह हैं– *'चली जा चली जा छोड़ के दुनिया'* (हम लोग), *'कभी तो मिलेगी कहीं तो मिलेगी बहारों की मंजिल'* (आरती), *'रहते थे कभी जिनके दिल में हम जान से भी'* (ममता), *'दुनिया करे सवाल तो हम क्या जवाब दें'* (बहू बेगम), *'दुनिया में ऐसा कहाँ सबका नसीब है'* (देवर), *'सारी-सारी रात तेरी याद सताए'* (अजी बस शुक्रिया), *'संसार से भागे फिरते हो भगवान को तुम क्या पाओगे'* (चित्रलेखा) और *'रात की महफ़िल सूनी-सूनी, आँखे पुरनम दिल नाकाम'* (नूरजहाँ)। इन गीतों की गम्भीर और वैचारिक ज़मीन रोशन की प्रतिभा के प्रति विस्मय से भरती है कि कैसे वे शास्त्रीयता का दामन थामे हुए इस तरह की धुनों में संगीत का एक आधुनिक विचार आरोपित कर देते हैं। कुछ-कुछ उस तरह, जिस तरह उनकी प्रेरणा में रहे आए प्रतिबद्ध संगीतकार अनिल विश्वास के यहाँ होता रहा है। यह सर्वविदित तथ्य है कि रोशन अपनी कई धुनों को दुरुस्त करने के लिए अकसर इस दिग्गज संगीतकार से भी परामर्श लिया करते थे। उनके ज़्यादातर काम में कई तरह के प्रभाव एक साथ सक्रिय रहे, जिसमें एक ओर शास्त्रीय ढंग का मैहर घराना मौजूद है, तो दूसरी ओर अनिल विश्वास जैसे संगीतकारों के प्रभाव के चलते बंगाल स्कूल का जादू। उसमें गाहे-ब-गाहे बंगाल की अपनी लोकधुनों के साथ, वहाँ के कीर्तन गायन की रंगत भी दिखाई पड़ती है। ठीक उसी के साथ, उनके संगीत में अवध के संगीत से छनकर आने वाली लोक-संगीत की विराट सम्पदा भी उपस्थित रहती है। अब यह देखना उनकी ख़ासियत ही बनता है कि इन तमाम प्रभावों की रंगतों से निकलकर रोशन अपना एक स्थाई और अलग सा मुहावरा विकसित करते हैं, जिसमें उनकी सिग्नेचर धुनें, कुछ अतिरिक्त कोमल और कुछ अधिक ही वैचारिक बन जाया करती हैं।

ऐसे में यह देखना और भी हैरत में डालता है कि सारी सांगीतिक प्रतिबद्धता के साथ उनकी धुनों को लोकप्रियता के स्तर पर भी चुनौती देना असफल व बेमानी रहा है। उनके यहाँ अधिकतर गीत इसी कारण अपनी सम्पूर्णता में उतने ही सुन्दर तरीके से विन्यास पाए हुए लगते हैं। कुछ गानों का स्ट्रक्चर शास्त्रीय ढंग से शुद्धता की ओर झुका हुआ मिलता है। ....और तमाम धुनें लोकप्रियता के स्तर पर जाकर कर्णप्रिय व सुरीली बन सकी हैं। इसी कारण, रोशन के यहाँ लता मंगेशकर की आवाज़ भी उनके प्रिय साज़ों– सारंगी, दिलरुबा और हारमोनियम के साथ मैत्रीपूर्ण ढंग से संगति बिठाती हुई मिलती

है। साज़ों की कोमल अभिव्यक्ति से पैदा होने वाली सुरीलेपन की आस्वाद-भरी ज़मीन पर कुछ अमिट सा रचती....

47

वे सुर का तीर मारती हैं। एकदम सटीक, दिल के बीचो-बीच उस जगह पर जहाँ प्रेम के अंकुरण की सबसे उपजाऊ धरती है। भावनाओं के पानी से सींचा हुआ हृदय की मिट्टी का हार्दिक प्रदेश। बैरागी सन्त कवि पलटूदास के शब्दों में कहें, तो *'प्रेम बान जोगी मारल हो फाटा हिय मोर'* जैसी उक्ति को सही तरह से गीतों के द्वारा दर्शाने वाली किसी भंगिमा का सुरीला निरुपण करने में सिद्ध।

पता नहीं वे कोई मायाविनी हैं या फिर वास्तव में अभिशप्त गन्धर्व कन्या, जो अपने संसार का रास्ता भटककर गलती से हमारे पास चली आई हैं। इस जहान की सुर से उतरी हुई ज़मीन को सुर-पेटी पर सही ढंग से उकेरने के लिए तत्पर। संगीत में सुर की सबसे उज्ज्वल इबारत गढ़ने वाली लता मंगेशकर का काम दरअसल इसीलिए सर्वाधिक प्रशस्त और सच्चा दिखाई पड़ता है। आप यह कह ही नहीं सकते कि किसी भी गीत के लिए गायी जाने वाली स्वर-संगति, कहीं कम सुरों वाली हो गयी है। सुर, उनके यहाँ उसी तरह मौजूद है, जैसे बादशाहों के यहाँ हाथ बाँधे हुए तमाम सारे परिचायक हुक्म की तामील में खड़े रहते हैं।

युवा ध्रुपद गायक उदय भवालकर ने लता जी के सम्बन्ध में मुझसे एक बड़ी सुन्दर बात साझा की थी। दरअसल हम दोनों ही उनके भारी प्रशंसकों में से रहे हैं। उदय भवालकर का तर्क है कि 'संगीत, जिन-जिन चीज़ों से मिलकर बनता है, उसमें सुर की तमीज के लिए मैं अपने सीखने के शुरुआती दौर से ही हमेशा लता जी की गायिकी का भी अपनी अन्तश्चेतना में अनुसरण करता आया हूँ। उन जैसा सच्चा, शुद्ध और सात्विक सुर लगाने वाला मुझे जल्दी कोई दूसरा नहीं दिखाई देता। उनकी तीन मिनट की गायिकी में सुर का उठान और विस्तार अद्भुत ढंग से सन्तुलित है। यह अलग बात है कि हमारे यहाँ शास्त्रीय रागदारी के तमाम दिग्गज उस्तादों ने सुर को जिस ऊँचाई पर ले जाकर सिद्ध कर लिया है, उसे उन्होंने भी अपने गीतों में पा लिया है। एक गायक के तौर पर मुझे खुद के गायन के लिए जो सुर की एकदम घायल करने वाली चीज़, शब्दों की अदायगी और उससे बनने वाला भाव चाहिए, वह लता जी के पास ही मिलती है।'

यह जितनी सुन्दर स्थापना है, उतनी ही इस बात के तर्क के समर्थन में भी खड़ी होने वाली कि फ़िल्मी गीतों के व्यक्त माध्यम को गाकर लता जी जितना विस्तृत करती हैं, उसका आस्वाद एक ऐसा गायक पकड़ रहा है, जो ध्रुपद द्वारा अमूर्तन का एक बड़ा परिसर रचता है। यह लता जी के सन्दर्भ में कोई सार्टिफिकेट जारी करने जैसी बात नहीं है, जहाँ एक युवा लेखक और गायक मिलकर कोई परिणाम घोषित कर रहे हों, बल्कि वह एक सहोदर कला माध्यम में रमे हुए ऐसे चिन्तक और सतत अभ्यासरत गायक की उपज है, जो उसे दूसरे संगीत माध्यम में ख़ुद के लिए सुर की कोई स्पष्ट वर्णमाला चुनने के लिए विवश करती है। यह स्थिति अपने में जितनी सुन्दर है उतनी ही इस बात को साबित करने में सक्षम कि संगीत दरअसल संगीत ही होता है। वह ध्रुपद से उपजा हो या कि भजन के प्रांगण से उठकर आया हो अथवा वह फ़िल्म गीतों के माध्यम से व्यक्त हो रहा हो। हर जगह उसकी सुर-सिद्धि एक ही ढंग से व्यक्त होती है। थोड़ी देर के लिए यदि हम उदय भवालकर के तर्कों से अलग हटकर बिस्मिल्ला ख़ाँ के पास जाएँ, तो वे भी कुछ ऐसा ही कहते हुए मिलेंगे, जो लता जी के सटीक स्वर उच्चार को व्यक्त करता है। ख़ाँ साहब कहते हैं 'मैं दावे से कह सकता हूँ, अगर सरस्वती कभी होंगी, तो लता मंगेशकर की तरह होंगी और बरख़ुरदार इतनी ही सुरीली होंगी। न तो सरस्वती, इस गायिका से ज़्यादा सुरीली होंगी और न ही लता सरस्वती से कम सुर वाली।'

अब आप ही बताइए, जिस अव्यक्त को घायल करने की बात शताब्दियों पहले पलटूदास कह गये, उसमें मेरे जैसे लेखक और उदय भवालकर जैसे उत्कृष्ट ध्रुपद गायक के अलावा बिस्मिल्ला ख़ाँ जैसा बुज़ुर्ग फ़नकार भी पूरे जोशो-ख़रोश के साथ शामिल है, तो उसमें अचरज की कोई बात बचती है?

48

यह कुछ ऐसे गीतों की बानगी का मौका है, जो लता मंगेशकर और मो. रफ़ी के सदाबहार युगल गीतों की प्रचलित सूची से थोड़ी अलग है। अलग इस अर्थ में भी कि भले ही उनको वह सफलता दूसरे गानों की अपेक्षा कम मिल सकी है, जो हमेशा ही रेडियो और गीतमाला आदि कार्यक्रमों में छाए रहे। लोगों की स्मृति में सहज ही बैठे हुए अपना कलेवर जीवन्त बनाये रहे और संगीतकारों के यहाँ भी सर्वाधिक चर्चित हुए। उन गीतों से अलग भी शिल्प, धुन और शब्दावली के लिहाज से इन गीतों में पार्श्व-गायक और गायिका की

लाजवाब संगति ने एक बिल्कुल ही भिन्न धरातल पर जाकर कुछ अतिरिक्त सलोना और अनूठा संगीत बनाया है।

मिठास का झरना जैसा बहते चले आना, जिसमें सहज ढंग से शंख, सीपी और मोती की तरह गले की कुछ सुन्दर हरकतें और गायिकी का उत्ताल सौन्दर्य बहते हुए देखा जा सकता है। छोटी-छोटी पगडण्डियों के रास्ते तरल होते जाने का खेल। छोटी-छोटी सुन्दर तानों, लयकारी, गमक और आलाप से एक पूरा सुरीला पथ बनाते जाने का बड़ा अवसर। लता मंगेशकर और मो. रफ़ी के सहमेल से विकसित होने वाले ऐसे गीतों की फेहरिस्त भी उतनी ही सुन्दर और शानदार है, जितनी की उनकी सदाबहार सुपरहिट गीतों की। ऐसे गीतों में, जो बरबस अलग से अपना ध्यान दिलाते हैं, हम हुस्नलाल भगतराम की धुन पर बना *'ओ माही ओ, दुपट्टा मेरा दे दे'* (मीना बाज़ार, 1950), श्याम सुन्दर की *'ख़ामोश क्यों हो तारों, उम्मीद के सहारों'* (अलिफ़ लैला, 1953), सी. रामचन्द्र की *'भूल जाएँ सारे ग़म, डूब जाएँ प्यार में',* (नौशेरवान-ए-आदिल, 1957), एन दत्ता का *'मैं तुम्हीं से पूछती हूँ, मुझे तुमसे प्यार क्यों हैं'* (ब्लैक कैट, 1959), गुलाम मुहम्मद की *'भीगी पलकें उठा मेरी ज़ाँ ग़म न कर'* (दो गुण्डे, 1959), सरदार मलिक की *'पिया कैसे मिलूँ तुझसे मेरे पाँव पड़ी जंजीर'* (सारंगा, 1960), रोशन की धुन पर *'बार-बार तोहे क्या समझाए पायल की झनकार'* (आरती, 1962), रामलाल की *'तुम तो प्यार हो सजना'* (सेहरा, 1963), एस.डी. बर्मन की *'तेरे बिन सूने नयन हमारे'* (मेरी सूरत तेरी आँखें, 1963), चित्रगुप्त की *'चले हो कहाँ सरकार हमें बेक़रार कर के'* (नाचे नागिन बाजे बीन, 1960), *'एक बात है कहने की आँखों से कहने दो'* (सैमसन, 1964) और *'हो नाज़ुक-नाज़ुक बदन मोरा'* (औलाद, 1968) को याद कर सकते हैं।

मो. रफ़ी और लता मंगेशकर इन्हीं अर्थों में कुछ अलग से भी दिखाई पड़ते हैं, जब हम इस तरह की धुनों पर कुछ दूसरे ढंग का गायन सुन पाते हैं। यह एक हद तक अपने दौर के दो शीर्षस्थ स्त्री व पुरुष स्वरों को उस बिन्दु पर ले जाकर परखने सरीखा है, जहाँ गायिकी में कोमलता और नाज़ुक हरकतों की सफलतम अभिव्यक्ति होती सम्भव जान पड़ती है। इन गीतों के बहाने यह भी देखा जा सकता है कि अपनी कला में डूबे हुए फ़नकारों का काम सिर्फ़ लोकप्रिय हो चले गीतों के तहत ही नहीं आँका जाना चाहिए। हमें संगीत के बड़े परिसर में जाते हुए उन गीतों के प्रति भी थोड़ा जागरूक होना चाहिए, जहाँ से समान स्तर पर एक ही ढंग की मेहनत से कुछ स्तरीय काम को अंजाम

दिया गया है। उस छोर तक जाने की कवायद, जहाँ से एक लोकप्रिय और कम प्रचलित धुन से फासला कम होने की उम्मीद जगती है।

49

'चोरी-चोरी' (1956) का सबसे उल्लेखनीय गीत आज भी *'रसिक बलमा'* को माना जाता है। इस गीत को हसरत जयपुरी ने लिखा था। लता मंगेशकर की आवाज़ में इस वेदनापरक गीत की उत्कृष्टता राग शुद्ध कल्याण और भूपाली के अत्यन्त मोहक सुरों पर रची गई है। गीत की शुरुआत में जिस तरह सारंगी अपना आलाप भरते हुए बेहद सुरीले ढंग से पीड़ा की अभिव्यक्ति करती है, उसमें गीत का पूरा विन्यास ही अपनी चरम परिणति तक पहुँच जाता है। लता के गाए हुए महान गीतों में *'रसिक बलमा'* का स्थान शायद शिखर गीतों में ही गिना जायेगा। शंकर-जयकिशन ने सारंगी और सितार की जुगलबन्दी में शुद्ध शास्त्रीय ढंग की कंपोज़ीशन बनाकर अपनी अदायगी का सर्वोत्तम उदाहरण पेश किया है। हालांकि यह जानकारी देना भी रोचक होगा कि यह धुन मूलतः जयकिशन ने बनाई थी। ठीक उसी तरह, जिस तरह 'एस.जे.' के सिग्नेचर के तहत तमाम अन्य मुग्ध करने वाली धुनों के पार्श्व में जयकिशन थे। फिर भी इस गीत का श्रेय अकेले ही जयकिशन को देना वाजिब नहीं है। फिर उसमें लता मंगेशकर की आवाज़ की नैसर्गिक उपस्थिति में रचा गया शोक और विरह का माहौल तथा हसरत जयपुरी की मार्मिक पंक्तियों का आशय भी कोई कैसे नज़रअन्दाज़ कर सकता है?

'रसिक बलमा' से जुड़ा एक संवेदनशील प्रसंग वह भी है कि फ़िल्म निर्देशक महबूब ख़ाँ को जब लॉस एंजिलिस में दिल का दौरा पड़ा था, तो वे लगातार अपने स्वास्थ्य-लाभ के दौरान कई दिनों तक फ़ोन पर यह गीत लता मंगेशकर से सुनते रहे थे। हो सकता है उन्हें अपने कुशल-क्षेम के लिए शायद लता की दैवीय आवाज़ और इस गीत की महान संरचना में कुछ तासीर दिखाई दी हो। *'रसिक बलमा'* अगर संघातिक पीड़ा से लड़ रहे एक फ़नकार को कुछ राहत दे सकी, तो वहाँ उसने अपनी निर्मिति की सार्थकता तो व्यक्त कर ही दी थी। इससे ज़्यादा कोई गीत क्या अपनी ऐतिहासिकता अर्जित कर पाएगा, जो *रसिक बलमा* ने महबूब ख़ाँ के सन्दर्भ में की है?

वैसे तो *'रसिक बलमा'* जैसे भाव-प्रवण गीत की तुलना लता जी के ही किसी दूसरे अन्य गीत से नहीं की जा सकती, क्योंकि इसकी ऊँची पट्टी तक पहुँचने

वाली क्लासिकी को छूना असम्भव लगता है। बावजूद इसके शंकर-जयकिशन के कुशल निर्देशन में इस बात को रेखांकित करना भी ज़रूरी है कि उन्होंने लता को लेकर ऐसे ऊँची पट्टी पर सम्भव होने वाले ढेरों मधुर एवं जटिल गीत बनाए हैं; जो आज तक 'एस.जे.' की दुनिया की सबसे मुखर पहचान माने जाते रहे हैं।

50

उनके गीतों में अल्फ़ाज की आवाज़ को सुना जा सकता है। वह भी इस कदर सुरीलेपन से सराबोर कि वहाँ सुनकर ऐसा लगता है कि गीतों में उन शब्दों के मानी का शायद गाते वक्त तर्जुमा सम्भव हो। कई गाने ऐसे होंगे, जिनमें कुछ शब्दों का कोई मानी नहीं है। *'झुनझुन', 'गुनगुन', 'छूम छननन', 'रुनक झुनझुन', 'वई-वई'* और तमाम सारे शब्दों से इस बात की मिसाल दी जा सकती है कि वहाँ गीतों में लालित्य या कोई सलोनापन पैदा करने के लिए जो शब्द लिए गए हैं, उनका कोई अर्थ नहीं बनता, बल्कि वो किन्हीं शब्दों की आवाज़ के प्रतीक हैं। अब जैसे 'झुनझुन' या 'छूम छनन नन' पायल या घुँघरू की आवाज़ का ही व्यक्त रूप है। देखने पर अधिकांश गीतों में ऐसे तमाम शब्द आते रहते हैं।

इन शब्दों की अभिव्यक्ति का तरीका भी लता मंगेशकर जैसी बेहतरीन गायिका के यहाँ कुछ विशिष्ट बन जाता है। उदाहरण के तौर पर उनके गाए हुए एक गीत की चन्द लाइनों पर थोड़ी देर ठहरकर विचार करते हैं। 'मेरी भाभी' (1969) फ़िल्म का एक गीत कुछ इस तरह है—

'पवन झकोरा संग मेरे गाए
कि गुनगुन गुनगुन गुनगुन गुनगुन हवा चले
उड़े मन भँवरा गगन में जाए
कि गुनगुन गुनगुन गुनगुन गुनगुन हवा चले'

मजरूह सुलतानपुरी जैसे ज़हीन शायर का लिखा हुआ यह गीत हवा की आवाज़ को नुमाया करने के लिए 'गुनगुन' जैसे शब्द का सहारा लेता है। अब गाने को सुनते हुए आप 'गुनगुन-गुनगुन' को इतने सौम्य ढंग से सुनते हैं कि लगता है जैसे बिल्कुल हवा के बहने की चित्रावली को दर्शाने के लिए गीतकार ने यहाँ गीत में 'गुनगुन' का सार्थक उपयोग कर लिया है। गीतों में ध्वनियों को लेकर होने वाले इन प्रयोगों में कई बार पार्श्वगायक-गायिकाओं ने भी कुछ ऐसी अनूठी हरकतें पैदा कर दी हैं, जो आवाज़ की एक बिल्कुल

दूसरी ही रेंज की ओर हमारा ध्यान ले जाती हैं। इस तरह ध्वनियों को शब्दों में ढालकर फ़िल्म गीतों में अकसर जो रिद्‌म पैदा किया जाता है, वह उनकी पुनरुक्ति पर भी कई दफ़ा असरदार ढंग से सुरीला होकर सुनाई देता है।

चूँकि हम लता मंगेशकर के सन्दर्भ से ही यह बात कर रहे हैं, इसलिए उन्हीं के गीतों से चुनकर कई ऐसे उदाहरण दिये जा सकते हैं, जो शब्दों की ताकत को कई बार निरर्थक प्रयोगों से भी सम्भव बनाती है। जैसे, *'झन झन झन झन पायल बाजे, कैसे जाऊँ पी से मिलन को'* (बुजदिल, संगीत : सचिन देव बर्मन, 1951), *'छुन छुन छुन बाजे पायल मोरी, आ जा चोरी-चोरी'* (हम लोग, संगीत : रोशन, 1951), *'तीरू लिल्ला, तीरू लिल्ला, तीरू लिल्ला ला, गाए लता गाए लता'* (दामन, संगीत : के. दत्ता, 1951), *'हँसे टिम टिम टिम, छोटे-छोटे तारे'* (संस्कार, संगीत : रोशन, 1952), *'तन्दाना तन्दाना तन्दाना, मुश्किल है प्यार छुपाना'* (मयूर पंख, संगीत : शंकर-जयकिशन, 1954), *'तारा रारा रम मेरे दिल में सनम'* (हूर-ए-अरब, संगीत : गुलाम मुहम्मद, 1955), *'घनन घन घनननन बरखा की रुत आई'* (एकादशी, संगीत : अविनाश व्यास, 1955), *'रिमझिम झिम-झिम बदरवा बरसे* (तांगावाली, संगीत : सलिल चौधरी, 1955), *'बागड़ बम-बम, बम-बम बाजे डमरू'* (कठपुतली, संगीत : शंकर-जयकिशन, 1957), *'हाए झिलमिल-झिलमिल ये शाम के साए'* (लाल बत्ती, संगीत : सलिल चौधरी, 1957),*'चला दिलदार वई-वई, ले के मेरा प्यार वई-वई'* (दुनिया न माने, संगीत : मदन मोहन, 1959) और *'मेरा नाम रीटा क्रिस्टीना याई याई याई याई या'* (अप्रैल फूल, संगीत : शंकर-जयकिशन, 1964) गीत रोचक ढंग से कुछ ध्वनियों के निहितार्थ को व्यक्त करते हैं।

इन गीतों में लता मंगेशकर की आवाज़ को सुनते हुए यह जाना जा सकता है कि जिन लाईनों में इस तरह के शब्द आते हैं, वहाँ गायिका कुछ बेहतर ढंग से उन ध्वनियों की व्यंजना अपने सुरों से करती है। यह इसलिए भी कि गीतों के लिए तैयार की जाने वाली धुनों में यह सारे शब्द अकसर 'हुक वर्ड' की तरह भी रखे जाते रहे हैं। इनके होने से गीतों के दोलन और लय में फ़र्क पड़ता है। ....मगर मुझे जो चीज़ इन शब्दों की उपस्थिति से नज़र आती है, वह बस इतनी है कि गीतों में मिलने वाले हर एक शब्द की ध्वनि का एक अलग सांगीतिक अर्थ होता है, जिसे कोई भी गायक गाकर स्थापित करता है। अगर ऐसा न हो, तो तमाम निरर्थक शब्दों के युग्म, मसलन– 'वई-वई', 'लई-लई', 'तन-तन', 'छन-छन' जैसे प्रयोग रसीले कम और हास्यास्पद

अधिक लगेंगे। ....और यह भी देखने वाली बात है कि लता मंगेशकर या तमाम दूसरे समर्थ पार्श्वगायक-गायिकाओं के यहाँ इन शब्दों का अर्थ भी पूरी तरह गीत में रच-बसकर ऐसे खिलता है, कि लगता है जैसे उनकी अनुपलब्धता में तो उस पूरे गाने का स्ट्रक्चर ही ढह गया होता। ऐसे में, वहाँ मिठास का पूरा जिम्मा तब इन्हीं शब्दों और ध्वनियों के ऊपर आ जाता है। गीतों को सुनकर ही यह जाना जा सकता है कि वो दायित्व, ये सारे शब्द-समूह पूरी रंजकता से निभाते हुए मिलते हैं।

51

मुजरा। शास्त्रीयता की ओर झुकी हुई कलात्मक ढंग से समृद्ध एक ऐसी नृत्य-संगीत की परम्परा है, जिसका अतिरंजित रूप एक दौर की हिन्दी फ़िल्मों में एक ज़रूरी तत्त्व की तरह प्रयुक्त होता था। पिछली शताब्दी में पचास से सत्तर के दशक तक मुजरा-गीतों का इस्तेमाल उस आकर्षक और बिकाऊ पैकेज की तरह फ़िल्म वाले करते रहे थे, जिसमें इस बात की सहूलियत भी मिली हुई थी कि फ़िल्म में अभिनेत्री के सौन्दर्य और नृत्य-कला को अधिक से अधिक उभारकर फ़िल्माने से लेकर संगीतकार और पार्श्व-गायिकाओं को कुछ अतिरिक्त दिखाने का अवसर मिलेगा। जिन फ़िल्मों में अभिनेत्री का किरदार सीधे तवायफ़ या नर्तकी के रूप में नहीं होता था, वहाँ भी कथानक में कुछ ऐसी परिस्थितियाँ डाली जाती थीं, जिससे सह-अभिनेत्री या किसी दूसरी दक्ष नृत्यांगना को लेकर निर्माता-निर्देशक मुजरा का परिदृश्य रच डालते थे।

यह जानना भी प्रासंगिक है कि जब हम मुजरा-गीतों पर बात कर रहे हैं, तब इस बात की शिनाख़्त में भी जाएँ कि यह नृत्य परम्परा किस तरह आज विस्मृति का अंग बन चुकी है। हम यदि पिछले सौ बरस का इतिहास खँगालें, तो पाएँगे कि भारत के विभिन्न राजदरबारों समेत नवाबों, सामन्तों और जमींदारों के यहाँ होने वाली महफ़िलों व उत्सवों में 'मुजरा' गायन एवं नृत्य की परम्परा निभती रही। कुछ विशेष अवसरों, पर्वों व जलसों में होने वाला यह नृत्य का प्रकार आजादी के बाद लगभग छीजता चला गया। उत्तर प्रदेश में ही एक ख़ास तबके से सम्बन्धित नृत्य की यह परिपाटी सर्वाधिक समृद्ध थी। नवाबी शासन के इतिहास में अवध के कुछ प्रमुख इलाकों में यह कला एक विशेष रंग लिये हुए उन्नीसवीं शताब्दी के अन्त और बीसवीं शताब्दी के पूर्वार्द्ध (लगभग 1935-40) तक अपने पूरे शबाब पर रही।

अवध के प्रमुख शहरों के बारे में प्रकाशित ब्रिटिश हुक्मरानों द्वारा तैयार किये हुए गजेटियरों व अन्यान्य लिखित सामग्री से इस बारे में तफ़सील से जानकारी हासिल होती है। 'गुजिश्ता लखनऊ', 'क़दीम लखनऊ की आख़िरी बहार', 'वार-वधू-विवेचन', 'ये कोठेवालियाँ', 'नॉच गर्ल्स ऑफ़ द राज', 'साहिब्स इंडियाः विग्नेट्स फ्रॉम द राज' तथा 'द लॉस्ट किंग इन इण्डिया : वाज़िद अली शाह' जैसी किताबें इस मामले में रोशनी डालती हैं। अवध के कलाप्रिय नवाब वाज़िद अली शाह के यहाँ होने वाली 'रहसों' और 'इन्दर-सभाओं' में भी आरम्भिक मुजरा के सूत्र मिलते हैं। यह देखना भी कम दिलचस्प नहीं कि हिन्दी फ़िल्मों में मुजरा-गीतों के निर्माण का पीरियड भी चालीस के दशक से आरम्भ होकर साठ के दशक तक पूरे निखार पर रहा। ज़्यादातर फ़िल्मी मुजरा गीतों में अवध की ही बोलियों, पेशवाज़ (एक विशेष प्रकार की वेश-भूषा, जिसमें घेरेदार अँगरखे के साथ चूड़ीदार पहना जाता है। महफ़िल-गायन के लिए परिधान का एक विशेष शृंगार) जैसे परिधानों और ठुमरी व दादरा की बन्दिशों के बहाने जो शक्ल-ओ-सूरत मिलती है, वो इस बात की तरफ़ इशारा करती है कि हिन्दी फ़िल्म संगीत में यह शैली अधिकतर उत्तर प्रदेश के संगीतकारों और अवध के इलाके में प्रचलित संगीत से प्रभावित रही है।

हालाँकि यह देखना भी विमर्शकारी होगा कि विशुद्ध महफ़िलों का पारम्परिक संगीत जिस तरह ठुमरी, दादरों, सादरों, ग़ज़लों, कजरियों, मुबारकबादियों, सोज़ और नौहाख़्वानी के साथ-साथ बोल व पढ़न्त के मध्य विन्यस्त होता है, उससे फ़िल्मों में दर्शाये गये महफ़िलों का संगीत कोसों दूर है। इस सन्दर्भ में महफ़िलों के संगीत पर प्राण नेविल का कथन भी देखने लायक है। उनके अनुसार– 'अठारहवीं शताब्दी के आरम्भ से मिलने वाली बाइयों एवं तवायफ़ों के यहाँ संगीत एवं नृत्य की अदायगी ठुमरी और ग़ज़ल के मार्फ़त होती रही है। वह भी प्रेम से भरी बंदिशों के बहाने। इनमें या तो प्रेम का इज़हार मनुहार के द्वारा हुआ है अथवा उलाहना के माध्यम से। तीन-चार पंक्तियों में रची जाने वाली ठुमरी की बंदिशों को ये बाइयाँ अपनी अदायगी के समय बार-बार दुहराते हुए नये-नये भावों द्वारा व्यक्त करती थीं। इसमें अभिनय और कथक नृत्य महत्त्वपूर्ण होता था। हर बार एक नये भाव और नयी अभिव्यक्ति द्वारा इनका नृत्य, देह के लयात्मक संयोजन द्वारा संभव होता था।'

इस तरह महफ़िल संगीत सिर्फ़ आमोद-प्रमोद की चीज़ न होकर गहरे शास्त्रीय अन्तरानुशासन में ढली हुई गायन व नृत्य की एक कलात्मक विधा रही थी,

जिसे सही आशयों के तहत न तो परखने का काम हुआ है और न ही उसे आस्वाद के स्तर पर ही ठीक ढंग से सराहा गया है।

यहाँ इन्हीं सन्दर्भों के तहत इस बात का ज़िक्र भी ज़रूरी लगता है कि फ़िल्मों में प्रयुक्त होने वाले मुजरा-गीतों को गाने में लता मंगेशकर कभी सहज महसूस नहीं करती थीं। बावजूद इसके सबसे ज़्यादा लोकप्रिय एवं स्तरीय मुजरा गीत उन्हीं के खाते में दर्ज़ हैं। शायद इसके पीछे वही सोच काम कर रही हो, जिसके तहत सभ्य समाज और आम जन के बीच महफ़िलों में होने वाले संगीत को लेकर भ्रान्तियाँ प्रचलित थीं। चूँकि फ़िल्में साहित्य और इतिहास को लेकर भी बनती रही हैं, इस कारण भी इस प्रदर्शनकारी विधा में मुजरा फ़िल्माये जाने का रिवाज आया होगा।

पुराने समय में अनिल विश्वास से लेकर नौशाद, एस.डी. बर्मन, रोशन, मदन मोहन, शंकर जयकिशन, गुलाम मोहम्मद एवं एन. दत्ता जैसे प्रमुख संगीतकारों ने लता मंगेशकर से बेहद मेलोडीयुक्त, संवेदनशील एवं साहित्यिक किस्म के मुजरा और महफ़िल गीत गवाए हैं। इस तरह के गीतों में, जिससे लता जी की एक सर्वथा नयी और गम्भीर किस्म की छवि बनती है, यह देखना अचरज में डालता है कि वह कोई भजन या लोरी नहीं है, बल्कि सामाजिक दृष्टि से थोड़ा स्तरहीन और वज़ादारी के हिसाब से हल्के माने जाने वाले मुजरा गीतों के कारण सम्भव हुई है।

मैं यहाँ उस तरह के अधिक गीतों का उल्लेख न करते हुए चन्द ऐसी फ़िल्मों के मुजरा गीतों को रेखांकित कर रहा हूँ, जिनके कारण यह गीत-परम्परा भी लता मंगेशकर की आवाज़ के चलते गरिमामय व स्तरीय लगती है। 'देवदास' (1955), 'चार दिल चार राहें' (1959), 'साधना' (1958), 'अदालत' (1958), 'मुग़ल-ए-आज़म' (1960), 'छोटे नवाब' (1961), 'सौतेला भाई' (1962), 'दुल्हन एक रात की' (1966), 'ममता' (1966), 'बेनज़ीर' (1964), 'मुझे जीने दो' (1963), 'गुनाहों का देवता' (1967) और 'पाकीज़ा' (1971) जैसी फ़िल्मों के मुजरा गीतों को बानगी के तौर पर याद किया जा सकता है, जो क्रमशः *'अब आगे तेरी मर्ज़ी', 'इन्तज़ार और अभी.... और अभी', 'यहाँ तो हर चीज़ बिकती है कहो जी तुम क्या-क्या खरीदोगे', 'उनको ये शिकायत है', 'मोहे पनघट पे नन्दलाल छेड़ गयो रे', 'चुरा के दिल बन रहे हैं भोले', 'जा मैं तोसे नाहीं बोलूँ', 'कभी ऐ हकीकते मुन्तज़िर', 'रहते थे कभी जिनके दिल में', 'चाहे तो मोरा जिया लई ले साँवरिया', 'बहारों की महफ़िल सुहानी रहेगी', 'रात भी*

है कुछ भीगी-भीगी', 'राम करे कहीं नैना न उलझे', 'ठाढ़े रहियो ओ बाँके यार' व *'चलते-चलते यूँ ही कोई मिल गया था'* हैं। इन गीतों को जिन्होंने भी सुना होगा, वे इस बात से अवश्य सहमत होंगे कि फ़िल्म संगीत के वितान से थोड़ा अलग हटकर *बैठकी* एवं *खड़ी* महफ़िलों में गायी जाने वाली ठुमरी और दादरों की तरह की अदायगी का लता मंगेशकर ने इन मुजरा गीतों में पुनर्वास किया है। इन फ़िल्मों के मुजरा-गीत तो बरबस रसूलनबाई, बड़ी मोतीबाई, विद्याधरी एवं सिद्धेश्वरी देवी के दादरों एवं बोल-बनाव की ठुमरियों की याद दिलाते हैं। इन्हें सुनते हुए लगता ही नहीं कि फ़िल्म के संगीतकारों ने कोई कम स्तर की चीज़ दर्शकों और श्रोताओं के लिए परोसी है। वह उतनी ही गरिमामय और शास्त्रीयता से प्रेरित लगती है।

यह देखना भी इसी समय ज़रूरी लगता है कि बाद में जैसे हिन्दी फ़िल्म संगीत ने मुजरा के गायन को हल्के में लेते हुए कुछ अधिक ही अव्यावहारिक ढंग से इस किस्म की कम्पोजीशनें भी बनानी शुरू कर दीं, जिसके चलते संगीत से वह सादगी और अनूठापन भी इन गीतों से गायब होने लगा, जो कभी साठ के दशक तक कायम था। बाद में 'मेरा गाँव मेरा देश' (1971), 'खिलौना' (1970), 'जीवन-मृत्यु' (1970), 'एक नज़र' (1972), 'शराफ़त' (1970), 'मुकद्दर का सिकन्दर' (1978), 'राम तेरी गंगा मैली' (1985) जैसी फ़िल्मों में आए हुए मुजरा-गीतों में वह शाइस्तगी नहीं रही, जो इस विधा के साथ पूरी तरह सटीक बैठती थी। हालाँकि इन सारी फ़िल्मों के लिए गाये हुए लता मंगेशकर के मुजरा गीतों ने अपने समयों में काफ़ी लोकप्रियता अर्जित की थी, जो आज भी सदाबहार ढंग से कायम है।

52

उन्हें होली का त्यौहार बहुत पसन्द नहीं। रंगों से भीगना अब उन्हें नहीं सुहाता है। लाल रंग से परहेज करती हैं। पहनावे में ख़ासकर। सफ़ेद साड़ियों में पड़ने वाली रंगीन किनारी में भी एकदम सुर्ख़ से बचती रही हैं। यह अलग बात है कि पाँवों की दसों उँगलियों में नाखूनों पर लगा रंग हमेशा लाल ही रहता आया है। पाँच दलों वाले गुड़हल के रंग की तरह चटख़ और कुमकुम की रंगत लिए हुए कुछ मांगलिक सा रचता।

क्या आपको नहीं लगता कि उनका गला, बहुत सारे मंगल-अवसरों पर जीवन के उल्लास का अबीर-गुलाल उड़ाता रहता है.... और वह भी आपके कपड़ों पर बिना कोई दाग़ लगाए?

53

राजकपूर अपनी फ़िल्मों के संगीत को लेकर जितने भावुक रहते थे, उतने ही संजीदा भी। यह नहीं हो सकता था कि शंकर और जयकिशन कोई भी धुन ऐसे ही चलते-फिरते बनाकर उनकी रज़ामन्दी भी उस पर हासिल कर सकें। उनके लिये धुनों का मामला चटपटी और झट से बिक जाने वाली चाट की मानिन्द नहीं था, जिसे चाटवाला अपनी मसालदान में से किसिम-किसिम के अनारदाने, तमाम मसालों और हींग की बघार या खट्टी-मीठी चटनी से संवार कर पेश कर पाता। राजकपूर इस मामले में संगीत के रसोईघर के इतने सधे रसोईया थे, जो अपनी शर्तों पर अपना जायका तय करता था। शायद इसीलिए हमें आज भी आर.के. बैनर की अधिकांश फ़िल्मों के संगीत में एक जादू सा घटता महसूस होता है। एक ऐसा स्नेहिल सम्मोहन, जो बरस दर बरस बीतते जाने के बाद थोड़ा शोख़, थोड़ा अतिरिक्त नाज़ुक होता जाता है।

आर.के. बैनर की फ़िल्मों के पार्श्वगायन के सन्दर्भ में लता जी ढेरों रोचक बातें बताती हैं, जिसमें सबसे मजेदार बात यह है कि राजकपूर को लता मंगेशकर या मुकेश की आवाज़ में मुख्य रूप से गाये हुए गीत, जो अधिकतर ऊँची पट्टी पर गवाये गये, ही 'गीत' लगते थे। बाक़ी के सारे गीतों को वे बड़े अनमने भाव से यह कहकर स्वीकारते थे कि यह सब गीत नहीं बल्कि 'पोपटिया' (तोते की आवाज़ में व्यक्त) हैं।

मतलब यह कि फ़िल्म का कोई ख़ास महत्त्वपूर्ण गीत जो लता जी ने या मुकेश ने फ़िल्म के कथानक के अनुरूप विशेष तैयारी के साथ गाया था, वह तो गीत था; नहीं तो बाक़ी के सारे गाने पोपटिया थे, भले ही वह उनके प्रिय गायक या गायिका द्वारा क्यों न रचे गये हों। यह देखना भी गौरतलब है कि जिन गीतों को वे पूरी तरह गीत मानते थे, उनमें से ज़्यादातर की कम्पोजीशन को राग भैरवी में बाँधा गया था। हालाँकि शंकर-जयकिशन के यहाँ प्रचलित तमाम अन्य पसन्दीदा राग, विशेषकर— शिवरंजनी, भैरव, केदार, शुद्ध कल्याण एवं भूपाली भी राजकपूर के पसन्द के दायरे में आते थे।

लता जी उदाहरण के साथ यह बताती हैं कि किस तरह किसी फ़िल्म का कोई गीत वाकई राजकपूर की दृष्टि में असल गीत होता था। जैसे, 'जिस देश में गंगा बहती है' (1960) में लता जी के स्वर वाला *'ओ बसन्ती पवन पागल'* तो गीत था, मगर *'मेरा नाम राजू घराना अनाम'*, *'क्या हुआ ये मुझे क्या हुआ'* और

'बेगानी शादी में अब्दुल्ला दीवाना' ऐसे ही गीत थे, जिसे वे शंकर-जयकिशन को चिढ़ाते हुए 'पोपटिया' श्रेणी का गीत कहते थे। राजकपूर के सन्दर्भ में उनके मस्तमौला अन्दाज़ में कही गयी इस तरह की बातों का गहरा निहितार्थ है। यह संगीत के प्रति प्रतिबद्ध उस निर्देशक की पैनी दृष्टि का एक ऐसा निर्मम आकलन भी है, जो इतने बेहतरीन गीतों को भी दूसरे दर्ज़े के गीतों की कतार में रखता है। लता जी ने राजकपूर के सन्दर्भ में विशेष तौर पर बड़ी गम्भीरता से यह टिप्पणी की है कि वे तथा अन्य गायक-गायिकाएँ अपने गानों की रेकार्डिंग, रिहर्सल और अन्य चीज़ों को लेकर बेहद सतर्क और गम्भीर रहते थे।

राजकपूर रेकार्डिंग के समय उपस्थित रहने के अलावा संगीतकार के साथ होने वाली पार्श्वगायक-गायिकाओं व गीतकार की सारी मुलाकातों में मौजूद रहने का प्रयास करते थे। उन्हें यह लगता था कि भारतीय सिनेमा, ख़ासकर हिन्दी का सिनेमा, पश्चिम के सिनेमा से इन्हीं अर्थों में भिन्न है कि हमारे यहाँ गीत-संगीत को विशेष दर्ज़ा फ़िल्मों में हासिल है, जिसके चलते मात्र दर्शकों का मनोरंजन ही नहीं होता, वरन् फ़िल्म का कथानक और पटकथा भी गीतों के अनुसार विकसित होती जाती है।

यह अवधारणा एक महत्त्वपूर्ण बात की ओर इशारा करती है कि फ़िल्मों में संगीत को पटकथा के स्तर पर ही मान्यता देने के साथ-साथ उनके कथानक के साथ अन्तर्सम्बन्धों को भी पूरी गहराई के साथ देखना चाहिए। यह अकारण नहीं है कि राजकपूर ही ऐसे चुनिन्दा फ़िल्मकारों में से एक हैं, जिनके यहाँ तमाम ऐसे गीत आपको बरबस मिल जायेंगे, जो फ़िल्म की पूरी अभिव्यक्ति में केन्द्रीय उपस्थिति बनकर उभरे हैं। मिसाल के तौर पर– 'बरसात' (1949) का *'हवा में उड़ता जाये मोरा लाल दुपट्टा मलमल का'*, 'जागते रहो' (1956) का *'जागो मोहन प्यारे'*, 'आवारा' (1951) का *'आवारा हूँ या गर्दिश में हूँ आसमान का तारा हूँ'*, 'श्री 420' (1955) का *'रमैया वस्तावैया'*, 'आह' (1953) का *'राजा की आयेगी बारात'* एवं 'मेरा नाम जोकर' (1970) का *'जीना यहाँ मरना यहाँ इसके सिवा जाना कहाँ'* जैसे गीत।

लता जी के हवाले से यदि कहें, तो यह देखना एक लुभावना खेल हो सकता है कि इन दी गयी फ़िल्मों तथा अन्य फ़िल्मों में राजकपूर के अनुसार कौन से गीत, बेहतरीन ढंग से उनके संगीत अनुशासन में बँधे हुए गीत की श्रेणी में आते थे और कौन से ऐसे गीत रहे होंगे, जो बेवज़ह ही अपनी सारी सुन्दरता के बाद 'पोपटिया' कहलाये?

54

एक साधारण सी बात जो मुझे लता मंगेशकर की आवाज़ के सन्दर्भ में असाधारण लगती रही है, वह उसका नित युवा होते जाना है। आवाज़ का वजन और उसकी गरिमा तो हमें तमाम सारे उत्कृष्ट फ़नकारों के गले में मिल जाया करती है, मगर वह हर रोज़ बिल्कुल नयी होते हुए अपने समय को ही लाँघ जाये, यह बात कुछ अनूठी है। लता मंगेशकर की आवाज़ इस सन्दर्भ में अपने समय को अपदस्थ करती है। उसका होना काल के साथ आगे बढ़ते जाने में क्षरण होने की जगह, कहीं ठिठककर रुक सा गया लगता है। नहीं तो यह आसान बात नहीं कि जो बात हम पचास के दशक के किसी गीत में पाते हैं, उसकी लोनाई सत्तर के दशक में भी जस का तस बनी हुई है।

यह एक ऐसी प्रक्रिया है, जिसे किसी तकनीकी, अभ्यास या दूसरे तरीकों से थामा नहीं जा सकता। किसी गायक कलाकार का कण्ठ यदि सुरीला है, तो वह अभ्यास से और सुन्दर तो बन सकता है, मगर उसी क्षण वह बरस दर बरस बीतते जाने के साथ उतनी ही युवा लगे और अपनी उम्र से आधी उम्र के लोगों के समकक्ष खड़ी नज़र आए, यह बिल्कुल अद्भुत ढंग से निखरकर सामने आने वाली चीज़ है।

हम याद कर सकते हैं कि किस तरह 1961 में 'जंगली' फ़िल्म के लिए सायरा बानो पर कुछ शोख ढंग से *'काश्मीर की कली हूँ मैं मुझसे न रूठो बाबूजी'* गाते हुए लता जी का स्वर जितना मादक और कमसिन लगता है, उतना ही उसके बारह बरस बाद 'अनामिका' (1973) में जया भादुड़ी के लिए *'बाहों में चले आओ हमसे सनम क्या परदा'* को गाते समय भी बरक़रार रहता है। ठीक इसी तरह विभिन्न समयों की ढेरों फ़िल्मों से ऐसे उदाहरण चुने जा सकते हैं, जहाँ लता जी ने अपनी आवाज़ की उम्र को रोक सा दिया है। आप यह कह नहीं सकते कि फलाँ गाना दस बरस पहले रेकॉर्ड होना चाहिए था, तब शायद वह ज़्यादा शोख लगता या कि अमुक गाने में वह बात कहीं धुँधली पड़ी है, जो उसके दशक भर पहले रेकॉर्ड हुए गीत में दिखती थी। ऐसे सैकड़ों उदाहरण हैं, जिनसे इस अनूठेपन को परखा जा सकता है।

मसलन हम कुछ उदाहरणों से यह देखने का प्रयास कर सकते हैं कि कैसे आवाज़ के खेल में एक-तान सौन्दर्य बना हुआ है। वहाँ संगीत की कीमियागीरी से अलग गले का नैसर्गिक रूप सहज ही मौजूद है। इसमें सबसे पहले 1966

के वर्ष से लता जी की आवाज़ के कुछ नमूने चुनते हैं। आशा पारेख पर फ़िल्माया *'सायोनारा सायोनारा'* (लव इन टोक्यो), साधना के लिए *'नैनोंवाली ने हाए मेरा दिल लूटा'* (मेरा साया) नूतन के अभिनय पर *'कई दिन से जी है बेकल'* (दुल्हन एक रात की) और इन्द्राणी मुखर्जी के किरदार के लिए *'बहारों मेरा जीवन भी सँवारो'* (आख़िरी ख़त) जैसे गाने जिस ख़ूबसूरती से किसी अभिनेत्री के लिए उम्र की चारदीवारी को तोड़ देते हैं, वह चीज़ दशकों बाद तक हमें उसी अन्दाज़ में निभती हुई मिलती है। 1966 के ठीक पच्चीस वर्ष बाद यदि हम 1991 के कुछ गीतों का आकलन करें, तो वहाँ भी लता मंगेशकर की आवाज़ की लोनाई अपनी ही बनाई हुई लीक को जैसे चुनौती देती हुई खड़ी नज़र आती है।

आप आसानी से इन गीतों का याद कर सकते हैं, जिसमें वे एक अप्रतिम गायिका के रूप में सदाबहार ढंग से मौजूद हैं। यह बात और है कि वहाँ आशा पारेख और नूतन का ज़माना बदलकर श्रीदेवी, मनीषा कोईराला और रवीना टण्डन जैसी नयी अभिनेत्रियों का दौर आ गया है। *'चूड़ी मजा न देगी, कंगन मजा न देगा'* (सनम बेवफ़ा), *'मेरी बिन्दिया तेरी निन्दिया न चुरा ले तो कहना'* (लम्हे), *'जमुना के तट पर जब नटखट बंशी वाले की'* (सौदागर) और *'कभी तू छलिया लगता है, कभी दीवाना लगता है'* (पत्थर के फूल) जैसे गीत कहाँ इस बात की चुगली कर पाते हैं कि हमारी गायिका की उम्र इन वर्षों तक आकर साठ के पार जा चुकी है?

यह स्थिति हतप्रभ करती है। यह देखना सुखद है कि बिल्कुल नवोदित रवीना टण्डन के अल्हड़ सौन्दर्य को 'पत्थर के फूल' जैसी फ़िल्म में आवाज़ देते समय लता मंगेशकर स्वयं उस उम्र में कहीं अपनी आवाज़ के मार्फ़त चुपचाप दाखिल हो जाती हैं। इस फ़िल्म के बाक़ी गीत भी जिनमें एस.पी. बालासुब्रमण्यम के साथ उनके कई दोगाने हैं, में लता मंगेशकर कमाल का गायन करती हैं। *'सजना तेरे बिना क्या जीना'*, *'तुमको जो देखते ही प्यार हुआ'* और *'दिल दीवाना बिन सजना के माने ना'* जैसे मधुर और प्यारे गीत पिछले दशकों के कई ऐसे दोगानों की याद दिलाते हैं, जिनमें कुछ दूसरी कमसिन अभिनेत्रियों ने इस महान गायिका की आवाज़ पर अभिनय उकेरा था।

मेरा इशारा डिम्पल कपाड़िया और ऋषि कपूर के *'हम तुम एक कमरे में बन्द हों और चाबी खो जाये'* (बॉबी, 1973), रति अग्निहोत्री और कमल हासन के *'हम बने तुम बने एक दूजे के लिए'* (एक दूजे के लिए, 1981), विजयेता

पण्डित और कुमार गौरव के *'देखो मैंने देखा है ये इक सपना'* (लव स्टोरी, 1981), भाग्यश्री और सलमान ख़ान के *'आजा शाम होने आई, मौसम ने ली अंगड़ाई'* (मैंने प्यार किया, 1989), माधुरी दीक्षित और सलमान ख़ान की *'दूल्हे की सालियों ओ हरे दुपट्टे वालियों... जूते दे दो पैसे ले लो'* (हम आपके हैं कौन, 1994) एवं ऐश्वर्या राय और शाहरुख ख़ान के *'हमको हमीं से चुरा लो'* (मोहब्बतें, 2000) की ओर है, जहाँ उम्र और समय किसी ऐसे धरातल पर चकित भाव से खड़े हुए हैं कि उनका असर लता मंगेशकर की गायिकी और आवाज़ पर पड़ नहीं सका है। इस बात की शिनाख़्त के लिए वे अभिनेत्रियाँ भी परेशान हैं, जो विभिन्न कालखण्डों में इन गीतों में दिखाई पड़ती रहीं। सिर्फ़ प्रसन्न हैं वे गीत, जिन्होंने लता मंगेशकर की आवाज़ के इतिहास को समय से अपदस्थ कर दिया है।

55

'अल्लाह तेरो नाम' (हम दोनों, 1961) मात्र फ़िल्म के लिए रचा गया भजन नहीं है। यह गीत एक तरह से भारत की सामासिक संस्कृति और उसके भीतर रची-बसी ढेरों धार्मिक मान्यताओं की खुली आवाजाही का ऐसा प्रतीकात्मक प्रार्थना-गीत भी है, जिसकी श्रेष्ठता उसके शब्द व अर्थ के परिसर में मुखर भाव से अभिव्यक्ति पाती है। इस गीत को सुनते हुए सबसे पहला जो विचार मन में कौंधता है, वह इस बात से ताल्लुक रखता है कि भारत के स्वाधीनता संग्राम के दौर से लेकर आज़ादी के तुरन्त बाद तक होने वाली गाँधी जी की प्रार्थना-सभाओं में हर शाम को जो सर्व-धर्म कीर्तन होता था, उसका स्वरूप कैसा रहा होगा? क्या वहाँ जयदेव की इस कृति की अनुगूँजें छूट गई थीं, जो गाँधी जी की मृत्यु (1948) के तेरह बरस बाद साकार होने जा रही थीं।

'रघुपति राघव राजा राम/पतित पावन सीताराम' की टेक पर बढ़ने वाले *'ईश्वर अल्लाह तेरो नाम/सबको सन्मति दे भगवान'* जैसी प्रार्थना के समदर्शी सुर कहीं ऐसा भाव-गीत भी रचते हैं, जिसकी अर्थ-छायाओं के भीतर से ऐसे ढेरों सुन्दर भजन सृजित किए जा सकते हैं। फ़िल्म संगीत के तमाम विद्वानों ने इस गीत को भारतीय फ़िल्म संगीत का सबसे महत्त्वपूर्ण भजन या हमारी समन्वयवादी छवि का नेशनल ऐन्थम माना है। यह अकारण नहीं है, क्योंकि गीत के बोल इस बात की पूरी सार्थकता से पैरवी करते हैं। आप में से अधिकांश को यह भजन याद होगा, फिर भी; रचनात्मक आस्वाद के लिए इसे यहाँ साझा करना प्रासंगिक होगा। गीत इस तरह है–

अल्लाह तेरो नाम, ईश्वर तेरो नाम
सबको सन्मति दे भगवान
माँगों का सिंदूर न छूटे
माँ-बहनों की आस न टूटे
देह बिना भटके न प्रान
ओ सारे जग के रखवाले
निर्बल को बल देने वाले
बलवानों को दे दे ज्ञान

साहिर लुधियानवी की क़लम से निकली इस नज़्म पर कोई भी भारतवासी नाज़ कर सकता है। अत्यन्त सहज शब्दावली की उदात्त आशय वाली इस भावाभिव्यक्ति में यह देखना दिलचस्प है कि इसे फ़िल्म के कथानक से सर्वथा परे हटाकर भी किसी स्कूल या सामाजिक सौहार्द्र के कार्यक्रम में गाया व सराहा जा सकता है।

इस गीत की जटिलता में थोड़ा अतिरिक्त गाम्भीर्य तथा एक नियत ढंग का अवकाश (पॉज़) देने के फेर में उचित ही दीपचन्दी ताल का प्रयोग किया गया है। दीपचन्दी की यह ख़ासियत है कि इस ताल के अन्तर्गत गायी जाने वाली बंदिशों, गीतों के मिसरों को व्यक्त होने में पर्याप्त समय मिल जाता है तथा मुखड़ा भी मुखर रूप से स्पष्ट होकर सामने आता है। इसके चलते सुनने वाले को रचना की पूरी अवधारणा में एक अलग ही तरह की गम्भीरता के दर्शन होते हैं, जो राग और शब्द दोनों की ही सुन्दरता को थोड़ा बढ़ाकर व्यक्त करती है। *'अल्लाह तेरो नाम'* की बनावट ही इस तरह की गई है कि लगता है, जैसे हम विराट अर्थों का कोई वैचारिक स्वप्न रच रहे हैं।

इस स्वप्न को हर सम्भव बड़ा बनाने में लता मंगेशकर जैसी गायिका का योगदान अलग से झिलमिलाता खड़ा नज़र आता है। उन्होंने जिस तरह रागदारी के अन्तरानुशासन को भाँपते हुए इसे राग के मिज़ाज (मूलतः राग गौड़ सारंग पर आधारित) के अनुरूप गाया है, वह अतुलनीय है। पूरे गीत की अभिव्यक्ति में उनके आलाप, तान और मींड़ का काम नायाब ढंग से उभरता है। यह लगता ही नहीं कि यह कम्पोज़ीशन सिनेमा के रुपहले पर्दे के लिए सम्भव की जा रही है। कोरस के स्वर भी इस पूरे उपक्रम को ऐसा भराव देते हैं, जो प्रार्थना-सभाओं या कथा-गीति कहने वाली टोलियों के यहाँ उनकी समवेत पुकार-तान को सुनते हुए समझी जा सकती है।

'अल्लाह तेरो नाम' जैसे अमर गीत के सन्दर्भ में संगीतकार की पहली पसन्द भजनों की अप्रतिम साधिका एम.एस. सुब्बुलक्ष्मी थीं, जिसका बाद में लता मंगेशकर के आगमन से बदलाव किया गया। अब इस सन्दर्भ में, लता मंगेशकर एवं जयदेव के रिश्ते को लेकर कई कहानियाँ प्रचलित हैं। किस तरह लता का मन-मुटाव जयदेव के प्रति सचिन देव बर्मन से हुए उनकी गलतफ़हमी के दिनों से था या रशीद ख़ाँ के मार्फ़त लता के पास यह सन्देश भेजा गया कि यदि वे इन गीतों को नहीं गायेंगी, तो फ़िल्म से जयदेव को ही हटाकर किसी दूसरे संगीतकार को ले लिया जाएगा, जिसके चलते लता सारे शिकवे भुलाकर जयदेव के निर्देशन में गाने को तैयार हुईं। इन सब के अलावा एक कहानी यह भी प्रचलित है कि जयदेव के अभिन्न मित्र साहिर लुधियानवी के परामर्श और दबाव के चलते जयदेव ने अपना मन बदलकर सुब्बुलक्ष्मी के स्थान पर लता मंगेशकर का चुनाव किया। इस तरह के कई सन्दर्भ सिनेमा व संगीत आलोचकों के लेखों से प्राप्त होते रहे हैं।

स्वयं लता जी ने मुझे इस गीत के सन्दर्भ में यह बात बताई है कि उनसे फ़िल्म के निर्माता विजय आनन्द ने यह कह दिया था कि यदि आप किसी कारण से 'हम दोनों' के दोनों भजनों (*'अल्लाह तेरो नाम, ईश्वर तेरो नाम'* तथा *'प्रभु तेरो नाम जो ध्याये फल पाए'*) को गाने के लिए तैयार नहीं होती हैं, तो हम फ़िल्म के संगीतकार को ही बदल देंगे। लता जी के अनुसार यह बात उन्हें पसन्द नहीं आई थी। उन्हें लगता था कि किसी भी गलतफ़हमी या मतभेद का असर दो कलाकारों की कला और उसके काम के आड़े नहीं आनी चाहिए। फिर, यदि उनके कारण किसी को मिला हुआ हक़ छिनता है, तो वह एक कलाकार के प्रति बड़ी भूल और अपमान की बात होगी, जो उन्हें कतई गवारा नहीं थी। इसके चलते उन्होंने व्यक्तिगत मतभेद को भुलाकर सहज ही जयदेव के संगीत-निर्देशन में गाना पसन्द किया।

इस पूरे प्रकरण में आज इतने बरस बीत जाने के बाद, यह जानना सार्थक है कि इस तरह के विवादी स्वर बहुत दिनों तक कायम नहीं रह सके और अन्ततोगत्वा संगीत का भला करते हुए दोनों ही कलाकारों ने एक-दूसरे की मदद करते हुए कुछ स्थायी रचना अधिक मुनासिब समझा। यह सुखद ही रहा कि लता मंगेशकर जैसी महत्त्वपूर्ण गायिका एवं जयदेव जैसे नवोन्मेषी संगीतकार के सहकार से सृजित *'अल्लाह तेरो नाम'* आज फ़िल्म-संगीतेतिहास में एक आलोक-स्तम्भ बन चुका है।

56

लता मंगेशकर की आवाज़ की चरम उपलब्धि के रूप में अधिकांश वे दर्द भरे गीत भी गिने जा सकते हैं, जिन्हें शास्त्रीय गरिमा, मन्दिर की सी निश्छल पवित्रता एवं मन की उन्मुक्त गहराई से उन्होंने गाया है। मुझे लगता है, ऐसे गीतों को याद करना एक हद तक लता जी के बहाने मनुष्य जीवन की तमाम त्रासदियों, विपदाओं, दुःख, वेदना और पीड़ा को जैसे कलाओं के आँगन में स्वर देना है। उनकी इस तरह की गायिकी की एक बिल्कुल अलग और व्यापक रेंज रही है, जिसमें कई बार भक्ति संगीत भी स्वयं को शामिल पाता है। यह कहना अतिशयोक्ति ना होगी कि हृदयनाथ मंगेशकर के बेहद प्रयोगधर्मी संगीत पर गाये हुए उनके मीरा-भजन, वेदना और टीस की उतनी ही सफल अभिव्यक्ति करते हैं, जितना कि सिनेमा में आए हुए पीड़ा के अवसरों पर गाये गये उनके वे मार्मिक गीत, जो सीधे मीराबाई की पदावलियों से उठाकर सिनेमाई अर्थों में मीरा-भजन के रूप में रचे गये हैं।

'जो तुम तोड़ो पिया' (झनक-झनक पायल बाजे, 1955), *'जोगिया से प्रीत किये दुख होय'* (गरम कोट, 1955), *'पिया ते कहाँ गये नेहरा लगाय'*, *'गिरधारी म्हाने चाकर राखो जी'* (तूफान और दीया, 1956), *'हे री मैं तो प्रेम दीवानी'* (नौबहार, 1952), *'मेरे तो गिरधर गोपाल दूसरो न कोई'* (राजरानी मीरा, 1956) और *'जो तुम तोड़ो पिया'* (सिलसिला, 1981) जैसे अद्भुत मीरा-भजनों का स्तर भी श्रेष्ठतम ढंग से ग़ैर-फ़िल्मी भजनों के समकक्ष खड़ा नज़र आता है। यह लता मंगेशकर के यहाँ ही सम्भव है कि एक ही आवाज़ का सुर-संसार इतना विस्तृत हो सका, कि उसमें एक ही रचनाकार के पदों की अभिव्यक्ति भी वे विभिन्न धरातलों पर अलग-अलग सम्भव कर सकीं। फ़िल्मों और उससे इतर दोनों ही जगहों पर मीराबाई मौजूद थीं। बावजूद इसके मीरा के अनुराग और विरह, आसक्ति और त्याग, आनन्द और वेदना की पराकाष्ठा को जिस तरह यह पार्श्वगायिका आत्मसात कर पाई, वह संगीत के लिए एक बड़ी धरोहर के रूप में अमर हो चुका है।

57

पं. कुमार गन्धर्व जैसे परम्परा में डूबे हुए और उसी परम्परा से विद्रोह करने वाले महान शास्त्रीय गायक की एक सटीक स्थापना लता मंगेशकर के गायन के सन्दर्भ में रही है। वे लता जी को लेकर शास्त्रीयता और लोकरंजकता के

साथ सिनेमाई संगीत की व्यावहारिक पड़ताल करते हैं। उनके तर्क की रोशनी में यह देखना तब खासा दिलचस्प हो जाता है कि वे कौन से तत्त्व हैं, जो इस पार्श्वगायिका को वह ज़मीन प्रदान करते हैं, जिसके चलते पं. कुमार गन्धर्व जैसे रागदारी में सिद्ध गायक को तीन मिनट की बारिश के फुहार सी गायिकी में पूरा राग-दर्शन दिख जाता है।

वे लता जी की गायिकी में जिस अभिनवता को लक्ष्य करते हैं, उसे उनकी ही शब्दावली में यहाँ देखना ज़्यादा मुनासिब होगा। पं. कुमार गन्धर्व के अनुसार– 'लता की लोकप्रियता का मुख्य मर्म यह 'गानपन' ही है। लता के गाने की एक और विशेषता है, उसके स्वरों की निर्मलता। उसके पहले की पार्श्वगायिका नूरजहाँ भी एक अच्छी गायिका थी, इसमें सन्देह नहीं तथापि उसके गाने में एक मादक उत्तान दीखता था। लता के स्वरों में कोमलता और मुग्धता है। ऐसा दीखता है कि लता का जीवन की ओर देखने का जो दृष्टिकोण है, वही उसके गायन की निर्मलता में झलक रहा है। हाँ, संगीत दिग्दर्शकों ने उसके स्वर को इस निर्मलता का जितना उपयोग कर लेना चाहिए था, उतना नहीं किया। मैं स्वयं संगीत दिग्दर्शक होता तो लता को बहुत जटिल काम देता, ऐसा कहे बिना रहा नहीं जाता।

लता के गाने की एक और विशेषता है, उसका नादमय उच्चार। उसके गीत के किन्हीं दो शब्दों का अन्तर स्वरों के आलाप द्वारा बड़ी सुन्दर रीति से भरा रहता है और ऐसा प्रतीत होता है कि वे दोनों शब्द विलीन होते-होते एक दूसरे में मिल जाते हैं। यह बात पैदा करना बड़ा कठिन है, परन्तु लता के साथ यह बात अत्यन्त सहज और स्वाभाविक हो बैठी है।'

'गानपन' और 'नादमय उच्चार' के हवाले से कुमार जी जो तर्क गढ़ते हैं, वह निश्चित रूप से लता मंगेशकर की आवाज़ के फैलाव के सन्दर्भ में प्रासंगिक लगती है। वे एक हद तक शास्त्रीय गायन की गद्दी पर बैठकर पार्श्वगायन के उस बहाव को देख रहे हैं, जहाँ से स्वर निर्झर की तरह अकस्मात वे सारी हरकतें गले से निकलकर एक तरल गीत बनाती हैं, जिसके लिए बड़े-बड़े शास्त्रज्ञ और गवैए कभी रागदारी को समेटते हुए विलम्बित लय के बिल्कुल अन्त में जाकर कोई दर्शना कर पाते हैं। अधिकतर गाने वालों के यहाँ संगीत के इस बहाव को, जो फ़िल्म संगीत के तीन मिनट की साधारण सी लगती गायिकी को पीछे छोड़ने का परिवेश रचता है, उसमें ठुमरी की अदायगी के अन्त में जाकर बोल-बनाव का उत्कर्ष देखने के साथ दादरा, चैती व कजरी की गायिकी में

वैसा ही स्वर-प्रवाह देखा जा सकता है। स्वयं कुमार गन्धर्व इस बात को लक्ष्य करते हुए, लता मंगेशकर की गायिकी के सन्दर्भ से एक बड़ी सुन्दर व्यंजना रचते हैं। कुमार जी लिखते हैं– 'तीन-साढ़े तीन मिनट के गाए हुए चित्रपट के किसी गाने का और एकाध खानदानी शास्त्रीय गायक की तीन-साढ़े तीन घण्टे की महफ़िल, इन दोनों का कलात्मक और आनन्दात्मक मूल्य एक ही है, ऐसा मैं मानता हूँ। किसी उत्तम लेखक का कोई विस्तृत लेख जीवन के रहस्य का विशद् रूप में वर्णन करता है, तो वही रहस्य छोटे से सुभाषित का या नन्हीं-सी कहावत में सुन्दरता और परिपूर्णता से प्रकट हुआ भी दृष्टिगोचर होता है। उसी प्रकार तीन घण्टों की रंगदार महफ़िल का सारा रस लता की तीन मिनट की ध्वनिमुद्रिका में आस्वादित किया जा सकता है।'

इससे बड़ी बात फिर कोई लेखक क्या कह सकता है, जो स्वयं शास्त्रीय संगीत के एक दिग्गज उस्ताद ने इतने सुन्दर ढंग से कह दी है। लता मंगेशकर की गायिकी के शृंगार के अर्थ में पं. कुमार गन्धर्व की इन सारी स्थापनाओं को इस अर्थ में भी देखा जाना चाहिए कि यह एक ऐसी सुन्दर परम्परा के निर्माण की कोशिश है, जहाँ शास्त्र में पगा हुआ गायक, दूसरे अर्थों में सुगम संगीत के किसी फ़नकार के बारे में सांगीतिक दृष्टि से गम्भीर विचार कर रहा है। लता जी की आवाज़ में कुमार गन्धर्व ने जो कुछ और अनूठी हरकतें लक्ष्य की हैं, उनमें उनकी आवाज़ की लोच, स्वरों का बारीक मनोरंजक प्रयोग और उनके गायन से पैदा हुई चपलता का विशेष ज़िक्र है, जिसे वे चित्रपट संगीत का मुख्य गुणधर्म मानते हैं। लता मंगेशकर के गले में ज़रूरी तत्त्व की तरह गायिकी के लिए सक्रिय जिस द्रुत लय को उन्होंने सर्वाधिक प्रशंसनीय माना है, उसे वे फ़िल्म संगीत का भी स्थाई भाव मानते हैं और 'जलदलय' कहकर सम्बोधित करते हैं।

उनका यह मानना कि स्वर, लय और शब्दार्थ मिलकर चित्रपट संगीत को सम्पूर्ण बनाते हैं, उतना ही सिनेमा संगीत के लिए आवश्यक लगता है, जितना कि उस कला या कलाकृति के लिए वह उचित ठहरता है, जब कोई कलाकार अपनी सम्पूर्णता में खुद की गायिकी के लिए इन तीनों के प्रयोग से रंजकता या मिठास पैदा करने की कोशिश करता है। पं. कुमार गन्धर्व के अनुसार लता जी ऐसा कर पाई हैं और इतनी उत्कृष्टता से कर पाई हैं कि फिर यह संशय किसी काम का नहीं रह जाता कि लम्बी अवधि वाले रागदारी के गायन की तुलना में कहीं बेहद अल्प अवधि के चित्रपट गायन में कोई कमी है। कुमार गन्धर्व प्रसंग को लता जी के सन्दर्भ में यहीं विराम देते हुए, आखिरी में उनकी स्थापना

के एक दूसरे आयाम को भी लक्ष्य करना चाहता हूँ, जो एक शास्त्रीय गायक, किसी पार्श्वगायिका के सन्दर्भ में उचित तर्कों के साथ पूछ रहा है। कुमार जी के इस प्रश्न में जैसे तमाम फ़िल्म संगीत प्रेमियों की भी भावनाएँ कहीं गुँथी हुई हैं। कुमार जी सहसा यह पूछते हैं– 'संगीत के क्षेत्र में लता का स्थान अव्वल दरजे के खानदानी गायक के समान ही मानना पड़ेगा। क्या लता तीन घण्टों की महफ़िल जमा सकती हैं, ऐसा संशय व्यक्त करने वालों से मुझे भी एक प्रश्न पूछना है। क्या कोई पहली श्रेणी का गायक तीन मिनट की अवधि में चित्रपट का कोई गाना उसकी इतनी कुशलता और रसोत्कटता से गा सकेगा?'

58

मदन मोहन जैसे संगीतकार ने कई बार ऐसे रागों का प्रयोग किया, जो अक्सर उत्तर भारत की तरफ कम प्रचलित रहे। उदाहरण के तौर पर हम भिन्न षडज, चारुकेशी, किरवानी, हंसध्वनि एवं शिवरंजनी जैसे रागों पर आधारित उनकी धुनों को देख सकते हैं। यह भी एक विचित्र संयोग है कि अधिकतर ऐसे रागों पर आधारित धुनों पर उनके लिए गायिकी का काम लता मंगेशकर ने ही सम्भव किया है।

मदन मोहन की इस विशिष्टता के परिप्रेक्ष्य में संगीत समीक्षक अनिरुद्ध बनर्जी का मत देखने योग्य है। बनर्जी के अनुसार, 'मदन मोहन के लिए गाते हुए लता 'श्रुति' का अधिकाधिक इस्तेमाल करती थीं, जबकि आमतौर पर 'श्रुति' हिन्दुस्तानी शास्त्रीय संगीत में कम और कर्नाटक शास्त्रीय संगीत में कहीं अधिक इस्तेमाल होती है।' लता मंगेशकर द्वारा मदन मोहन की कम्पोज़ीशंस के लिए की जाने वाली यह हरकत सायास ही रही होगी क्योंकि जैसा कि हमने अभी चर्चा की है कि मदन मोहन के यहाँ कई गीतों का राग निर्धारण दक्षिण भारत के रागों के आधार पर होता था। अतः राग की सुविधा के अनुसार लता मंगेशकर का श्रुतियों का इस्तेमाल भी इसी सन्दर्भ में देखा जाना चाहिए।

सारी कलात्मक युक्तियों के प्रयोग के अलावा लता मंगेशकर की आवाज़ की अलौकिक खनक के चलते मदन मोहन के राग आधारित गीत दूसरे समवयसी संगीतकारों से नितान्त भिन्न रहे हैं। शायद इसी कारण शास्त्रीय रागों को आधार बनाकर गीत रचने में उनका काम दूसरे समकालीन संगीतकारों से एक अलग ही ज़मीन पर सुविचारित और शास्त्र-सम्मत ढंग का होता था। ऐसे में, खमाज पर आधारित *'खनक गयो हाए बैरी कँगना'* (रिश्ते-नाते,

1965), भीमपलासी पर *'नैनों में बदरा छाए'* (मेरा साया, 1966), नन्द पर *'तू जहाँ-जहाँ चलेगा'* (मेरा साया, 1966), पीलू पर *'मैंने रंग ली आज चुनरिया'* (दुल्हन एक रात की, 1966), अहीर भैरव पर *'मेरी वीणा तुम बिन रोए'* (देख कबीरा रोया, 1957), यमन पर *'जा रे बदरा बैरी जा रे जा रे'* (बहाना, 1960), चारुकेशी पर *'बैंया न धरो ओ बलमा'* (दस्तक, 1970) एवं भैरवी पर *'आज मिले मन के मीत'* (नवाब सिराजुद्दौला, 1967) जैसे अविस्मरणीय राग-प्रधान शास्त्रीय गीतों को मदन मोहन के संगीत में नवाचार के तहत भी देखा जाना चाहिए, जिसमें लता जी के गले की हरकतों और प्रयोगों के विमर्श का अवकाश भी हमें हासिल है।

59

आर. डी. बर्मन ने एक दौर में कलकत्ता में रहकर उस्ताद अली अकबर ख़ाँ से सरोद सीखा था। यह अलग बात है कि सरोद सीखने से ज़्यादा, उनका मन उन लम्बी बैठकों में लगता था, जहाँ उस्ताद अली अकबर ख़ाँ और पण्डित रविशंकर आपस में सरोद और सितार की जुगलबन्दियों का अभ्यास किया करते थे। स्वयं आर.डी. बर्मन ने कई अवसरों पर यह बात स्वीकारी भी है कि कलकत्ता में चलने वाले इन दोनों कलाकारों की जुगलबन्दियों के अभ्यास के दौरान मिलने वाली सोहबत के कारण ही उन्हें अपने फ़िल्म संगीत को विकसित करने के लिए पर्याप्त विचार सुलभ हुए थे। यह जानना भी दिलचस्प है कि उन्होंने जीवन भर टुकड़ों-टुकड़ों में तबला बजाना सीखा था, जिसमें बम्बई में पण्डित सामता प्रसाद 'गुदई महाराज' से भी तबले की बारीकियाँ सीखना शामिल था।

फिर भी, 'आर.डी.' की मान्यताओं में शास्त्रीयता से अलग पश्चिमी संगीत की वह असरकारी दुनिया भी गूँजती है, जिसके व्यापक सूत्रों को हम भारतीय ढंग से उनकी संगीत-निर्देशित हर दूसरी फ़िल्म में टटोल सकते हैं। यह देखना महत्त्वपूर्ण है कि आर.डी. बर्मन को मिलने वाले पाश्चात्य संगीत के संस्कार, पश्चिमी संस्कृति से अभिभूत दक्षिणी कलकत्ता के उस आभिजात्य समाज से निकलकर हासिल हुए थे, जहाँ उनका प्रख्यात देव-बर्मनों का राज-परिवार रहता था। रासबिहारी एवेन्यू, कलकत्ता में मौजूद 'मेलोडी' नाम की प्रसिद्ध रेकॉर्ड की दुकान से पंचम को इस तरह के संगीत से परिचित होने में मदद मिली, जिसे बाद में उनके टीम के प्रमुख वादक केर्सी लॉर्ड (एकॉर्डियन एवं ड्रम के प्रमुख वादक तथा परकशन अर्थात ताल-वाद्य या आघात से उत्पन्न वाद्य-ध्वनियों के जानकार) की मित्रता व सोहबत ने प्रगाढ़ बनाया। यह केर्सी लॉर्ड ही थे, जिन्होंने बाक़ायदा पंचम को पाश्चात्य संगीत से भली-भाँति परिचित

कराया। उन्होंने 'आर.डी.' को जैज़, लैटिन अमेरिकन, यूरोपियन, क्यूबा का बिग-बैंड एवं मध्य-पूर्वी देशों के संगीत के अनेकों लांग प्ले रेकॉर्ड सुनने को उपलब्ध कराए। इस तरह धीरे-धीरे कलकत्ता के वेस्ट-ऑब्सेशन वाले माहौल, मित्रों की दूसरे देशों के प्रति रचनात्मक संगीत की दीवानगी वाली सोहबत और जिज्ञासा से उत्पन्न सहज स्वाध्याय ने राहुल देव बर्मन के व्यक्तित्व का एक आधुनिक संस्करण वह भी तैयार किया, जो पश्चिम प्रेरित धुनों को भारतीय सन्दर्भों में पुनराविष्कृत करने को लालायित था।

पंचम की बहुमुखी प्रतिभा की शिनाख़्त कराने वाली गीतों की सूची बहुत लम्बी रही है, बावजूद इसके लता मंगेशकर के लिए बनाई हुई कुछ बेहद अविस्मरणीय धुनों को भी याद से सहेज लेना यहाँ आवश्यक लगता है। थोड़े धैर्य से देखने पर यह बात समझ में आती है कि आर.डी. बर्मन ने गम्भीर व शास्त्रीय धुनों के लिए पहली पसन्द के रूप में हमेशा ही लता मंगेशकर को चुना। उन्होंने लता जी के एकल स्वर में जितने मधुर गाने बनाए, उतनी ही नज़ाकत के साथ डुएट गीतों की भी संरचना की। इन दोनों तरह के गीतों को लता व 'आर.डी.' की शानदार सांगीतिक जुगलबन्दी की सौगात के रूप में देखा जा सकता है।

उदाहरण के लिए उनके कुछ बेहतरीन एकल गीतों की संक्षिप्त सूची इस तरह है– *'घर आजा घिर आए बदरा साँवरिया'*, *'चुरा के दिल बन रहे हैं भोले'* (छोटे नवाब, 1961), *'ओ मेरे प्यार आ जा'* (भूत-बंगला, 1965), *'कजरे बदरवा रे, मर्जी तेरी है क्या जालिमा'* (पति-पत्नी, 1966), *'आजा पिया तोहे प्यार दूँ'* (बहारों के सपने, 1967), *'आप चाहें मुझको, आरज़ू है किसको'* (प्यार का मौसम, 1969), *'किसलिए मैंने प्यार किया'* (द ट्रेन, 1970), *'दिलबर दिल से प्यारे'* (कारवाँ, 1971), *'बड़ा नटखट है रे कृष्ण कन्हैया'* (अमर प्रेम, 1971), *'बंगले के पीछे... काँटा लगा'* (समाधि, 1972), *'दो नैनों में आँसू भरे हैं'* (खुशबू, 1975), *'मेरे नैना सावन भादों'* (महबूबा, 1976), *'आजकल पाँव जमीं पर नहीं पड़ते मेरे'* (घर, 1978), *'सावन के झूले पड़े'* (जुर्माना, 1979), *'रिमझिम गिरे सावन'* (मंज़िल, 1979), *'भोर भए पंछी धुन ये सुनाए'* (आँचल, 1980), *'तुझसे नाराज़ नहीं ज़िन्दगी'* (मासूम, 1982), *'जाने क्या बात है'* (सनी, 1984) और *'सीली हवा छू गयी'* (लिबास, 1991)।

ऊपर दिए गए लता मंगेशकर के कर्णप्रिय गीतों के साथ पंचम के बनाए हुए उन दोगानों को भी यहाँ देख सकते हैं, जिन्होंने उनके संगीतकार व्यक्तित्व में कुछ अतिरिक्त रंग भरने का काम किया है। इन गीतों में बरबस याद आने

वाले गीत हैं– *'नी सुल्ताना रे प्यार का मौसम आया'* (प्यार का मौसम : मो. रफ़ी के साथ), *'कितना प्यारा वादा है'* (कारवाँ : मो. रफ़ी के साथ), *'काली पलक तेरी गोरी'* (दो चोर : किशोर कुमार के साथ), *'कहीं करती होगी वो मेरा इन्तज़ार'* (फिर कब मिलोगी : मुकेश के साथ), *'चुनरी संभाल गोरी उड़ी चली जाय रे'* (बहारों के सपने : मन्ना डे के साथ), *'वादा करो नहीं छोड़ोगी तुम मेरा साथ'* (आ गले लग जा : किशोर कुमार के साथ), *'पन्ना की तमन्ना है'* (हीरा-पन्ना : किशोर कुमार के साथ), *'तू प्यार, तू प्रीत'* (पराया धन : किशोर कुमार के साथ), *'करवटें बदलते रहे सारी रात हम'* (आपकी क़सम : किशोर कुमार के साथ), *'गुम है किसी के प्यार में'* (रामपुर का लक्ष्मण : किशोर कुमार के साथ), *'तुम आ गए हो, नूर आ गया है'* (आँधी : किशोर कुमार के साथ), *'बीती न बिताई रैना'* (परिचय : भूपेन्द्र के साथ), *'आपकी आँखों में कुछ महके हुए से राज़ हैं'* (घर : किशोर कुमार के साथ), *'याद आ रही है'* (लव स्टोरी: अमित कुमार के साथ), *'जब हम जवाँ होंगे'* (बेताब : शब्बीर कुमार के साथ), *'सागर किनारे दिल ये पुकारे'* (सागर : किशोर कुमार के साथ) एवं *'ख़ामोश सा अफ़साना पानी पे लिखा होता'* (लिबास : सुरेश वाडकर के साथ)।

लता-पंचम विमर्श में यह समझ पाना भी बड़े महत्त्व की बात है कि जहाँ एक संगीतकार के रूप में वे अपने सबसे जटिल और गम्भीर गीतों के लिए लता मंगेशकर को ही पार्श्वगायिका के रूप में चुनना पसन्द करते थे, वहीं लता जी भी शंकर-जयकिशन के युग के बाद सीधे अगर किसी मौलिक संगीतकार का कोई ज़माना मानती हैं, तो वह आर.डी. बर्मन ही हैं। यह एक बड़ी चीज़ है, जो दोनों को ही अपने-अपने हुनर में शीर्षस्थ बनाते हुए, दूसरे कलाकार की सही शिनाख़्त करने के लिए भी जवाबदेह बनाती हैं। यह हो सका है, तो इसके लिए हमें इन दोनों कलाकारों के रचनात्मक कौशल के प्रति आभारी होना चाहिए, जिसने हिन्दी फ़िल्म संगीत को एक अलग सी ऊँचाई मुहैया कराई है।

60

एस.डी. बर्मन के बेहतरीन कम्पोजीशन का अनुपम उदाहरण है– 'गाईड' (1965) का *'पिया तोसे नैना लागे रे'*। इस गीत को तो हम लता मंगेशकर के ही नहीं, बल्कि हिंदी फ़िल्म संगीत-इतिहास के महान गीतों में आसानी से जगह दे सकते हैं। पूरे आठ मिनट के लम्बे अन्तराल एवं चार बड़े अन्तरों से सजा यह गीत लता जी के पसंदीदा गीतों में से एक रहा है। इस गीत को परखते हुए हमें इस बात का भी ध्यान रखना चाहिए कि साठ के दशक में

जो ताज़गी और युवा-प्रेम की अतिशय रूमानियत एस.डी. बर्मन के संगीत के इंटरल्यूड्स (मध्यवर्ती संगीत) में आने लगी थी, उसका एक बड़ा कारण यह भी था कि सन 1955 से लगातार उनके पुत्र आर.डी. बर्मन अपने पिता के सहायक संगीत निर्देशक के बतौर काम करने लगे थे। यह एक ऐसा बिन्दु है, जहाँ से पिता और पुत्र के आपसी सामंजस्य और एस.डी. बनाम आर.डी. के संगीत के बहाने हम भारतीय शास्त्रीय रागों, तालों और लोक संगीत के साथ-साथ पश्चिमी वाद्य-यंत्रों ब्रास, सैक्सोफ़ोन, पियानो एवं ट्रंपेट पर आधारित ऑर्केस्ट्रेशन, इंटरल्यूड्स में जैज़, रॉक और अन्यान्य पश्चिमी संगीत की छाया के साथ पर्कशन (ताल-वाद्य या आघात से उत्पन्न) में ड्रम और अन्यान्य वाद्यों का सफल प्रयोग देख सकते हैं। इन सबसे मिलकर बनने वाली एक संतुलित जुगलबंदी के तहत ही एस.डी. बर्मन के संगीत का आकलन *'पिया तोसे नैना लागे रे'* के सन्दर्भ में किया जा सकता है।

इस गीत में कई स्तरों पर चलने वाली कलाकारी के दर्शन होते हैं। जैसे गीत के हर अन्तरे को संगीतकार ने एक अलग ही ज्यामिति व रंग देने की कोशिश की है। मसलन होली का दृश्य रचने वाले अन्तरे में पिचकारी की फुहार मारने की आवाज़ को बड़ी कोमलता से पाश्चात्य वाद्यों से रचा गया है, जिसे सुनना ही अपने आप में रोमांच से भर देता है। ठीक इसी तरह गायिकी के समय मुखड़े और अन्तरे के बीच जब *'पिया तोसे नैना लागे रे'* का बोल आता है, उस क्षण तबला और पायल की संगति का अद्‌भुत काम देखने को मिलता है। लता जी *'पिया तोसे'* बोलकर जब क्षण भर के लिए विराम लेती हैं, उस क्षण पायल की खनक और तबले के आघात को जिस अभूतपूर्व ढंग से एस.डी.बर्मन शास्त्रीय शैली में उकेरते हैं, वह चकित करता है।

इस गीत की अलग से रेखांकित करने वाली एक विशेषता यह भी है कि इसे अत्यन्त सुरीले रागों की छाया लेकर बुना गया है। मूलतः रूपक ताल पर आधारित यह रचना प्रमुख रूप से राग छायानट, वृंदावनी सारंग, गौड़ मल्हार एवं माँझ-खमाज़ के सुरों पर आधारित है। एक हद तक इस जटिल संरचना को स्थायी व अन्तरे में इन रागों के आधार पर आपस में बदल-बदल कर गूँथा गया है। गीत के इंटरल्यूड्स में जिस तरह वेस्टर्न ऑर्केस्ट्रेशन का भराव का काम आर.डी. बर्मन ने किया है, वह भी बेहद नये ढंग से शास्त्रीय संगीत व लोक-संगीत के साथ जैसे रच-बस गया है। आप ध्यान से इस गीत के उन दो अन्तरों की शुरुआत को सुनें, जहाँ *'भोर की बेला सुहानी नदिया के तीरे'* और *'रात को जब चाँद चमके जल उठे तन मेरा'* के ठीक पहले आर.डी.

अपने चिरपरिचित संगीत के टुकड़ों से इसे सजाते हैं, वह क़ाबिले तारीफ़ है। इसमें सैक्सोफ़ोन के संवेदनशील टुकड़े, सितार की संतुलित झंकृति, कहीं-कहीं बाँसुरी, सन्तूर और पखावज का मनोहारी प्रयोग और भराव के लिए वॉयलिन का काम इसे एक ऐसी जड़ाऊ कलात्मक कारीगरी में तब्दील कर देता है, जिसकी नकल बना पाना बरसों बाद भी किसी संगीतकार के लिए जल्दी-जल्दी सम्भव नहीं हुआ। कुल मिलाकर *'पिया तोसे नैना लागे रे'* का शृंगार इतनी ख़ूबसूरती व तल्लीनता से संजोया गया है, कि वह अपनी सम्पूर्णता में लगभग एक मानक बनकर उभरा है।

इस गीत का फ़िल्मांकन भी विजय आनन्द ने अनूठे ढंग से उकेरा है। स्वयं लता मंगेशकर ने अपने गाए हुए असंख्य गानों में से मात्र इसी गाने को बेहतरीन फ़िल्मांकन का सर्वश्रेष्ठ नमूना माना है। यह भी देखना दीगर है कि *'पिया तोसे नैना लागे रे'* के चारों अन्तरों के मूड में कोई साम्य नहीं है। इसमें दो अन्तरे जहाँ होली और दीवाली जैसे पर्वों का निदर्शन करते हैं, वहीं बाक़ी के दो अन्तरे सुबह और रात की चित्रकारी में अभिव्यक्ति पाते हैं। नृत्य गीतों के तरन्नुम को अपने विशिष्ट अन्दाज़ में बयाँ करने वाली शब्दावली को शैलेन्द्र ने भी पूरी कोमलता के साथ उभारा है। लगता ही नहीं कि इतने सरस प्रेम पगे गीत को लिखने वाला कोई कॉमरेड हो सकता है। चारों ही अन्तरों के अन्त में शैलेन्द्र द्वारा शब्दों से धुन के बोल बनाने का प्रयोग भी इस गीत को विशिष्ट बनाता है। जैसे दीवाली वाले अन्तरे के अन्त में *'आ सजन पायल पुकारे झनक झन-झन झनक झन-झन'*, दूसरे अन्तरे के अन्त में *'जाने क्यूँ बज उठे कंगना छनक छन-छन छनक छन-छन'*, होली वाले अन्तरे में *'तन बदन मोरा काँपे थर-थर धिनक धिन-धिन धिनक धिन-धिन'* तथा अन्तिम अन्तरे में *'चमकना उस रात को जब मिलेंगे तन-मन मिलेंगे तन-मन'* का आना धुन और गायिकी को आपस में ऐसी सुगन्ध के साथ गूँधता है, जैसे किसी नर्तकी की वेणी में करीने से सजाई गई फूलों की मनोहारी पंखुरियाँ हों।

'पिया तोसे नैना लागे रे' इस मायने में एस.डी. बर्मन और लता मंगेशकर के यहाँ एक ऐसा महत्त्वपूर्ण पड़ाव है, जिसमें पाश्चात्य और शास्त्रीय धुनों का समावेश बेहद सन्तुलित ढंग से हुआ है। कई रागों का स्पर्श उसे एक सुरीली सत्ता में बदलता है। लता मंगेशकर की गायिकी वहाँ कुछ अलौकिक रचती है। ....और सबसे बढ़कर विजय आनन्द का कल्पनाशील मन उसके फ़िल्मांकन में जितने रंग भरता है, उतने ही स्तरों पर मास्टर हीरालाल के कुशल नृत्य-निर्देशन में वहीदा रहमान जैसी संवेदनशील अभिनेत्री का पूरे सौन्दर्य के साथ किया

गया भाव-प्रवण नृत्य उसे बड़ा बनाते हैं। *'पिया तोसे नैना लागे रे'* जैसा काम तो शायद सिनेमा की दुनिया में दोबारा सम्भव नहीं हुआ, परन्तु वैसी ही कुछ दूसरी जटिल बन्दिशों को एस.डी. बर्मन ने 'देवदास' (1955) के *'अब आगे तेरी मरजी'*, 'मुनीम जी' (1955) के *'घायल हिरणिया मैं बन-बन डोलूँ'*, 'जिद्दी' (1964) के *'रात का समाँ झूमें चन्द्रमा'*, 'डॉ. विद्या' (1962) के *'पवन दीवानी न माने उड़ावे मोरा घुँघटा'*, 'ज्वेल थीफ़' (1967) के *'होठों में ऐसी बात मैं दबा के चली आई'* और 'शर्मीली' (1971) के *'मेघा छाए आधी रात बैरन बन गयी निन्दिया'* के माध्यम से कलात्मक पराकाष्ठा पर जाकर सम्भव बनाते हैं।

61

यह मान लेने में कोई हर्ज़ नहीं होना चाहिए कि लता मंगेशकर की आवाज़ की मिठास का सबसे उज्ज्वल पक्ष उन गीतों के हिस्से में भी आया है, जिन्हें फ़िल्मों की सिचुएशन में 'लोरी' गीतों के तहत बनाया गया है। उनकी गायी हुई तमाम सारी लोरियाँ इस अर्थ में भावपूर्ण ढंग से उनकी गायिकी का एक ऐसा वितान रचती हैं, जो सामान्य अर्थों में किसी भी भारतीय माँ की मनोदशा का सजल रूप गढ़ने के लिए आदर्श है। यह अलग बात है कि अधिकतर माएँ अपने बच्चों को अटूट ढंग से प्रेम करने और दुलार की मीठी थपकियाँ देने के बावजूद इतने सुरीले तौर से लोरी गाकर सुला नहीं पातीं। लता जी के अर्थ में यह बात इसलिए भी महत्त्वपूर्ण बनती है कि उन्होंने कभी शादी नहीं की और न ही मातृत्व का अनुभव बटोरा, बावजूद इसके उनके कण्ठ में निमजने वाला शहद कहाँ और किन फूलों से लेकर बटोरा गया है, समझ पाना कठिन होगा।

वे अपने संगीत से मातृत्व का जो शृंगार करती हैं, वो बड़े-बड़े सख़्त दिलवालों को भी थोड़ी देर के लिए पसीजने की सामर्थ्य रखता है। पता नहीं मुझे ऐसा क्यों लगता है कि अपने पिता की मृत्यु के बाद, मात्र तेरह बरस की किशोर उम्र में जो मातृत्व अनजाने ही उन्होंने अपने बाक़ी की तीन बहनों और एक छोटे से भाई 'बाल' (हृदयनाथ मंगेशकर) के लिए ओढ़ लिया था, उसका सांगीतिक फैलाव जैसे इन लोरियों से बहकर दुनिया को मिल सका है। आप उनसे बात करें, तो बड़ी आसानी से यह बात समझ जायेंगे कि कितने प्यार और जतन से उन्होंने अपने उस छोटे भाई को माँ की तरह पालकर बड़ा किया, जो बचपन में एक समय अत्यन्त बीमार रहा था। उन्होंने मातृत्व की छाया का वो असरकारी काम किया है, जिसके लिए सिनेमा ही नहीं, बल्कि कलाओं की दुनिया में रमने वाली दक्षिण एशियाई औरतों की एक बड़ी दुनिया

उनकी शुक्रगुज़ार रहेगी। वे अपने संगीत से कुछ-कुछ वैसा ही संवेदनाओं का आकाश रचती हैं, जैसा शास्त्रीय नृत्यों में बिना मातृत्व का अनुभव पगी हुई नृत्यांगनाएँ कभी *'मैया मोरी मैं नहीं माखन खायो'*, *'ठुमक चलत रामचन्द्र बाजत पैजनियाँ'*, *'जसोदा हरि पालने झुलावैं'* के नृत्य प्रदर्शन से साकार करती हैं, तो कभी भरतनाट्यम के लिए प्रयुक्त होने वाली कृष्ण की बाल लीला छवि का सुन्दर गायन करती हुई *'कृष्णानी बेगानी बारो'* जैसे गीतों पर यशोदा बन जाती हैं। यह एक संयोग ही है कि ऐसे अवसरों पर लता जी के प्रिय गीतों में एक गीत *'बड़ा नटखट है रे कृष्ण कन्हैया का करे जसोदा मैया'* (अमर प्रेम, 1971) उनकी आत्मा का संगीत बन जाया करता है।

यह देखने वाली बात है कि उनके द्वारा गाये हुए तमाम लोरी गीतों में बचपन के प्रति उनका अदम्य उत्साह, प्रेम का भीग जाने वाला कोमल स्पर्श और आवाज़ की सुन्दरता में एकाएक किसी माँ की गरिमा का सुरीला आँचल उतर आता है। वे सलिल चौधरी के लिए 'दो बीघा जमीन', 'चारदीवारी' या 'आवाज़' फ़िल्म के लिए कुछ अद्भुत लोरियाँ गा रही हों या फिर गीता दत्त के साथ वसन्त देसाई के संगीत निर्देशन में 'प्यार की प्यास' (1961) की बेहद कर्णप्रिय लोरी *'चन्दा ढले पंखा झले मैया तुम्हारी'* को गाने में डूबी हों, हर जगह वे एक माँ की तरह ही उभरती हैं। उन्होंने बातचीत के दौरान मुझे यह बताया भी है कि 'मदर इण्डिया' (1957) के लिए *'ओ मेरे लाल आ जा तुझको गले लगा लूँ'* गाते वक्त न जाने कैसे उस माँ की मनोदशा में चली गयी थीं, जो अपने ही भटके हुए बेटे को सही राह पर लाने के लिए बेज़ार है। ऐसे में उनका अवसाद और रोना इस कदर छलक आया था कि गीत की रेकॉर्डिंग में भी उनको असुविधा हुई। वे ऐसी तमाम फ़िल्मों को देखने के लिए ख़ारिज कर देती हैं, जिनमें मानवीय रिश्तों की मार्मिकता का कोई दृश्य बुना गया हो। वह सब उनकी बर्दाश्त के बाहर है। लगता है जैसे उनके अवचेतन में 1942 का वह मनहूस दिन उभर आता है, जब उनके बाबा पण्डित दीनानाथ मंगेशकर अपनी बेटी के हाथों में परिवार की बागडोर सौंपकर इस दुनिया से चले गये थे।

इसमें कोई अतिरिक्त भावुकता या लता मंगेशकर की गायिकी के प्रति सहानुभूति पैदा करने जैसा मामला नहीं मानना चाहिए, बल्कि उस जज़्बात को कुरेद कर देखना चाहिए, जिससे उनकी आवाज़ से लोरियाँ कुछ अतिरिक्त कोमल हो जाया करती हैं। इस बहाने केवल एक उदाहरण से मैं उनकी संवेदनशीलता को उकेरना चाहता हूँ, जो इस तरह के गीतों में उनका सजल चेहरा उजागर

करती है। आप संगीतकार रवि की 'चिराग़ कहाँ रोशनी कहाँ' (1959) के लिए बनाई हुई लोरी को सुनकर देखें, तो इस बात का अन्दाजा लगा पायेंगे कि वहाँ परदे पर मीनाकुमारी का प्रेम और हार्दिक वत्सलता दरअसल परोक्ष रूप से लता मंगेशकर की गायिकी के कारण सम्भव हो पायी है। इस लोरी का हर्ष-भरा पाठ (हैप्पी वर्ज़न) देखने लायक है। गीत कुछ यूँ है–

टिम-टिम करते तारे ये कहते हैं सारे
सो जा तोहे सपनों में निन्दिया पुकारे
सपनों के देश का चन्दा मामा राजा
बुला रहा है बजा-बजा के सात सुरों का बाजा
चोरी-चोरी खिड़की से करे ये इशारे
सो जा तोहे सपनों में निन्दिया पुकारे
रंग-बिरंगी परियाँ तुझे झूले में झुलायेंगी
बिल्ली, तोता, मैना की कहानी भी सुनायेंगी
अच्छे-अच्छे तुझे खिलौने देंगी प्यारे-प्यारे
सो जा तोहे सपनों में निन्दिया पुकारे
बादलों की पालकी में मुन्ने को बिठा के
चन्दा मामा सारा जग लायेगा घुमा के
लौट के आये शान से मेरा राजा मेरे द्वारे
सो जा तोहे सपनों में निन्दिया पुकारे
टिम-टिम करते तारे ये कहते हैं सारे

फ़िल्म के लिए यह गीत रवि ने लिखा भी था और इसे पढ़कर आप जान सकते हैं कि सपनों की नींद का इतना सलोना चित्रण जल्दी-जल्दी बच्चों के लिखी जाने वाली हिन्दी कविता में भी ढूँढ़ पाना कठिन होगा। इस गीत की अदायगी में लता मंगेशकर की कोमलता का कोई सानी नहीं है। उन्होंने इसे जितनी कल्पनाशीलता के साथ गाया है, वह उनकी संगीत पर पकड़ और उसके प्रति किये जाने वाले उनके गहन चिन्तन को व्यक्त करता है। मतलब आप यह देखते रह जाते हैं कि किस तरह लोरी गीतों में वे बिल्कुल से अपने व्यक्तित्व का रूपान्तरण एक ऐसी औरत में कर डालती हैं, जिसने व्यक्त रूप से माँ का सुख भोगा हुआ है। इस फ़िल्म की लोरी का एक पक्ष वह भी है, जब उसमें लता जी की गायिकी से ही एक दुःख-भरा वर्जन भी तैयार किया जाता है। फ़िल्म के कथानक के अनुसार विकसित इस लोरी के सैड वर्जन में रवि इस तरह कविता को आगे बढ़ाते हैं–

टिम-टिम करते तारे ये कहते हैं सारे
सो जा तोहे सपनों में निन्दिया पुकारे
जहाँ भी रहे तू राजा रहे खुशहाल
और क्या दुआएँ तुझे दूँ मैं मेरे लाल
जुग-जुग जियो मेरे नैनों के उजियारे
दुनिया ने किया मुझे ऐसा मजबूर
करना ही पड़ा तुझे अँखियों से दूर
कुछ भी ज़माना कहे मैं ही तेरी माँ रे
टिम-टिम करते तारे ये कहते हैं सारे
सो जा तोहे सपनों में निन्दिया पुकारे

इस गीत के दोनों मनोभावों को अलग-अलग ढंग से गाने में लता जी की महारत देखी जा सकती है। उनकी शैली को इस अर्थ में भी विमर्श का मौका मिलना चाहिए कि संगीत के अध्येता और उनके गायन के प्रशंसक इस बात को भी जान सकें कि एक पार्श्वगायिका का काम सिर्फ़ प्रेम-गीत या विरह वेदना के गाने रचने में ही फ़िल्मों में खप नहीं जाता, बल्कि उससे मानवीय स्थितियों की कुछ बेहतर अदायगी भी सम्भव बनायी जा सकती है। व्यक्तिगत तौर पर मैं लता मंगेशकर की जिन लोरियों का दिल की गहराईयों से सम्मान करता हूँ उनमें सी. रामचन्द्र की *'धीरे से आ जा री अँखियन में'* (अलबेला, 1952), रोशन की *'हँसे टिम टिम टिम छोटे-छोटे तारे'* (संस्कार, 1952), सलिल चौधरी की *'झुनझुना-झुनझुना, झूमे गगन झूमे पवन'* (आवाज़, 1960), *'नींद परी लोरी गाए माँ झुलाए पालना'* (चारदीवारी, 1961), चित्रगुप्त की *'सो जा मेरी नन्ही परी'* (माँ, 1976) और आर.डी. बर्मन की *'अँखियों में छोटे-छोटे सपने सजाइ के'* (नौकर, 1979) जैसे गीत आते हैं।

लोरी की ही तरह बच्चों के गीतों की श्रेणी में आने वाले उनके तीन गीत और भी मार्मिक हैं, जिनमें लक्ष्मीकान्त-प्यारेलाल की बनाई हुई धुन पर *'गुड़िया हमसे रूठी रहोगी, कब तक न हँसोगी'* (दोस्ती, 1964), चित्रगुप्त की सलोनी कम्पोजीशन पर *'दिल्ली से रेलगाड़ी छुक-छुक आयेगी, मुन्ने के डैडी जी को लायेगी'* (सुहाग सिन्दूर, 1961) तथा कल्याणजी-आनन्दजी की धुन पर *'ओ नटखट नन्ही लाडली तुझे देखे, तेरा मामा चन्दा मामा'* (नन्हा फ़रिश्ता, 1969) को सुनते हुए महसूस किया जा सकता है। लता जी हर जगह अपनी सहज मानवीयता के साथ उपस्थित हैं। उनकी इस तरह के गीतों पर मेरी अपनी राय यह है कि उन्होंने जो बात कई दफ़ा अपने गाये गीतों के सन्दर्भ में यह

कही है कि 'मैं फ़िल्म की सिचुएशन के आधार पर विचार करते हुए अपनी मानसिकता को उसके अनुरूप ढालकर गाती हूँ', एकदम सटीक उतरता है। फिर वे अभिनेत्रियों के लिये रचे जाने वाले रूमानियत-भरे गीतों से अलग, घरेलू वातावरण की उस सहजता में चली आती हैं, जहाँ हर दूसरे घर के आँगन में बच्चों के कपड़े सूखने के लिए टँगे हैं, खिलौनों की एक पूरी रंग-बिरंगी दुनिया उपस्थित है और वहीं झूले में बचपन के कौतुक आकार ले रहे हैं। कुछ-कुछ उसी तरह, जिस तरह वे अपनी गोद में दस महीने की नन्ही आशा को लिए हुए सांगली के मुरलीधर पाठशाला चली गयी थीं। वैसे तो लता जी के गाए हुए बच्चों के अनगिनत गीत बने हैं, लेकिन यहाँ उनके राखी भाई मदन मोहन की बनाई धुन पर 'रिश्ते-नाते' (1965) का यह गाना भी हर एक को ज़रूर सुनना चाहिए, अगर वह कहीं से दुनिया के किसी भी बच्चे के मोह में पड़ा है। गीत की शुरुआती पंक्तियाँ हैं– *'आ री निन्दिया की परी/मेरी गुड़िया को सुला/चाँद के पलने में तू/मेरी मैना को झुला....'*

62

लता मंगेशकर की गायिकी के लिए रूपक और उपमाएँ भी उस तरह नहीं चुनी जा सकतीं, जिस तरह साहित्य में रुढ़ ढंग से हम बिम्ब, प्रतिमान, सादृश्य और उत्प्रेक्षाएँ बुनते रहते हैं। उनके संगीत को सुनकर लगता है कि जैसे गाँवों में चूल्हे का कौशल जानने वाली पुरातन स्त्रियों की तरह वे पकाने के लिए रची जाने वाली आग को बचाए रखने और उसको पुनः दीप्त कर लेने की कला जानती हैं। वे अपने हुनर की आग को बचाए रखने के उद्यम में संलग्न, पिछले लगभग सात-आठ दशकों से अपने कण्ठ की चिंगारी को ख़ुद के ही चूल्हे में रोज रात दबा देती हैं।

हर दिन, भोर का उजाला जिन सुरीले सुरों से उनके स्वर का सूर्य रंगता है, उसमें उनकी कला के चूल्हे से निकाली हुई कोई चिंगारी एकाएक भभककर जल उठती है। लाल, सुनहली और पीली रोशनी से ऊपर उठता हुआ सूरज जिस तरह हर रोज़ ज्वलन्त और शाश्वत होता जाता है, कुछ-कुछ उसी तरह मन्द्र, मध्य और तार में गमन करने वाले उनके सच्चे सुरों की पृथ्वी; दिन और रात के बनने-बिगड़ने में अपनी कला की आग को एक नये दिन के लिए थोड़ा-सा बचा लेती है। उन पुरातन स्त्रियों की तरह, जो हर रात चूल्हे में थोड़ी आग दूसरे दिन के लिए दबा देती हैं। एक तरह से उम्मीद की कामना में, भविष्य की लपट का निर्माण। ...सुरों की असमाप्त तैयारी से, भविष्य के सुरीले सूर्योदय का स्वप्न...।

63

अपने आप रातों में चिलमनें सरकती हैं
चौंकते हैं दरवाज़े सीढ़ियाँ धड़कती हैं
एक अज़नबी आहट आ रही है कम-कम सी
जैसे दिल के परदों पर गिर रही हो शबनम सी
बिन किसी की याद आए दिल के तार हिलते हैं
बिन किसी के खनकाए चूड़ियाँ खनकती हैं
कोई पहले दिन जैसे घर किसी के जाता हो
जैसे ख़ुद मुसाफिर को रास्ता बुलाता हो
पाँव जाने किस ज़ानिब बे-उठाए उठते हैं
और छम छमा छम-छम पायलें झनकती हैं
जाने कौन बालों में उँगलियाँ पिरोता है
खेलता है पानी से तन-बदन भिगोता है
जाने किसके हाथों से गागरें छलकती हैं
जाने किस की बाहों से बिजलियाँ लपकती हैं

और ग़ज़ल के हर मिसरे के अन्त में 'अपने आप' की लरजती टेर। मुश्किल जान पड़ता है यह बता पाना कि यहाँ क़ैफ़ भोपाली बाजी मारते हैं कि संगीतकार ख़य्याम? या इन दोनों से अलग लता मंगेशकर बड़ी सहजता से 'शंकर हुसैन' (1977) के इस लगभग ऑफबीट गाने में जाने कितनी तड़प, शोखी और हरारत भरती हुई आगे निकल जाती हैं।

आपको विश्वास न हो रहा हो, तो इसे पढ़ना बन्द करके अपने पास मौजूद लता मंगेशकर के कलेक्शन से निकालकर इस गीत को सुन सकते हैं। यदि आपके पास यह गीत न हो, तो आसानी से आप यू-ट्यूब पर जाकर एक बार इस गीत को सुनने का जतन भर कर लें, फिर उसका तिलिस्म ख़ुद आपको अपनी गिरफ़्त में ले लेगा। मैं कह नहीं सकता कि उसके बाद कितनी बार आप उसे सुनना पसन्द करेंगे।

इस बात का अन्दाजा ही नहीं लगाया जा सकता कि फ़िल्मों में चलने वाली पारम्परिक ग़ज़ल की दुनिया से दूरी बरतते हुए कैसे इस ग़ज़ल में ख़य्याम साहब बिल्कुल एक अलग ही रास्ता पकड़ लेते हैं। ऐसी बहुत कम चुनिन्दा ग़ज़लें होंगी, जो सिनेमा के अध्याय में बिल्कुल दूसरे किस्म की कैफ़ियत रखती रही हैं। ग़ज़ल के बोलों को पढ़ने से यह बात पता लगती है कि किस तरह कुछ

सुन्दर से रुमानी बिम्ब हर दूसरे मिसरे को एक अनजानी रोशनी के तागों से पिरो रहे हैं। उस पर लता मंगेशकर जैसी पार्श्वगायिका के स्वर का आघात पड़ते ही जैसे उजाले के फूल खिल आते हैं। डूबते अन्धेरे का एक लम्बा सिलसिला, एकाएक गायिकी की आलोकित सतह से हटकर भभक उठता है।

इस उजाले में जो कुछ दिपता या झिलमिलाता दिखाई पड़ता है, उसमें दिल के परदों पर शबनम गिरती है, दरवाजे चौंकते हैं और बिना किसी की याद के दिल के तार हिलते हैं। इतने पर ही यह दुनिया कायम नहीं रहती, बल्कि मुसाफ़िर रास्ते की ओर नहीं जाता, रास्ता ही जैसे ख़ुद मुसाफ़िर को अपने पास बुलाता है। यह सब इतना सहज नहीं घटता, जितना हम इत्मीनान से उसे महसूस कर पाते हैं। इसमें संगीत अपनी काँपती मध्यम रोशनी के बहाने धीरे-धीरे गुलाबी चाँद के गोले के रूप में तब्दील होता जाता है। यह अकारण नहीं है कि गायिका जब-जब 'अपने आप' कहते हुए ग़ज़ल को आगे बढ़ाने की पेशकश कर रही होती है– चाँदनी थोड़ी और गुलाबी, आवाज़ की परछाँई कुछ ज़्यादा रुपहली दिखने लगती है।

'शंकर हुसैन' की इस ग़ज़ल को सुनते हुए लगता है जैसे कोई किताब आपके सामने खुल रही हो और आप उसमें से अपने पसन्द के लफ़्ज चुनकर ग़ज़ल की बुनावट में बाँध रहे हों। इस बुनावट में हर पन्ने पर मौजूद इबारत ख़ुद को पढ़वाने के लिये जिस तरह शब्दों और ध्वनियों का रहस्य खोल देती है, संगीत भी अपने सुने जाने के लिए ख़ुद के तिलिस्म की चाबी आपको आख़िरकार सौंप देता है। *'अपने आप रातों में चिलमनें सरकती हैं'* को सुनकर अगर आप ऐसी हरारत महसूस कर पाए, तो मैं चाहूँगा कि कुछ और ग़ज़लों के लिये भी आप थोड़ी मेहनत करें, जो संयोग से लता मंगेशकर ने ही गाकर हमें मुहैया करायी हैं।

ऐसे में *'है कहीं पर शादमानी और कहीं नाशादियाँ'* (आँधियाँ, 1952), *'कभी तो मिलेगी कहीं तो मिलेगी बहारों की मंज़िल राही'* (आरती, 1962), *'बदली है ज़माने की नज़र देखिये क्या हो'* (मजबूर, 1964), *'वो जो मिलते थे कभी हमसे दीवानों की तरह'* (अकेली मत जइयो, 1963), *'कटते हैं दुःख में ये दिन पहलू बदल-बदल के'* (परछाँई, 1952), *'ख़ुदा-ए-बरतर तेरी ज़मीं पर'* (ताजमहल, 1963), *'जाने वाले से मुलाकात न होने पाई'* (अमर, 1954) एवं *'रस्म-ए-उल्फत को निभाएँ तो निभाएँ कैसे'* (दिल की राहें, 1973) ... ग़ज़लों को सुनना रोशनी के ताजे उजाले में कुछ टिमटिमाते फूलों को चुनने जैसा है।

64

'पाकीज़ा' (1971, संगीतकार : गुलाम मोहम्मद) के दो मुजरा गीतों—*'ठाढ़े रहियो ओ बाँके यार'* और *'चलते-चलते यूँ ही कोई मिल गया था'* को एक साथ आमने-सामने रखकर देखने पर कुछ दिलचस्प नतीजे निकलते हैं। इस लिहाज से इन पर कोई सांगीतिक-सांस्कृतिक विमर्श करते हुए यह जानना प्रासंगिक है कि यह दोनों ही मुजरा गीत, महफ़िल-परम्परा की दो पारम्परिक छवियों 'खड़ी महफ़िल' एवं 'बैठकी महफ़िल' का सुन्दर उदाहरण रचते हैं। *'ठाढ़े रहियो ओ बाँके यार'* की अभिव्यक्ति खड़ी महफ़िल के अन्तर्गत रची गई है, जिसमें तवायफ़ बोलों को भावपूर्ण ढंग से कथक की शैली में अंजाम देती है। हालाँकि 'खड़ी महफ़िल' के इस चित्रण में नृत्य के लिए प्रयुक्त होने वाली 'अर्थ-भाव की ठुमरी' जैसा विन्यास भी दिखाई पड़ता है। शायद इसीलिए इस नृत्य को लच्छू महाराज ने अपने कुशल निर्देशन में सम्पन्न कराया था, क्योंकि जिस ढंग से बोल पढ़ते हुए नर्तकी (फ़िल्म के परदे पर मीनाकुमारी) अपने पैरों और हस्त मुद्राओं के संचालन को अभिनय के साथ संयोजित करती है, वह कथक के निपुण नर्तक या योग्य गुरु द्वारा बिना सीखे हुए फ़िल्माया ही नहीं जा सकता था। संगीतकार ने इस बन्दिश को दादरा ताल पर रचते हुए राग मिश्र खमाज में बाँधा है। गीत की शुरुआत में तानपूरा और सारंगी का आपस में रचा गया कुशल संगीतपरक संवाद चकित करता है। साथ ही बन्दिश को आगे बढ़ाने में तबला, सितार और घुंघरू जैसे इस दादरे को फ़िल्म की चीज़ न बनाकर कालजयी अर्थों में उप-शास्त्रीय गायन का भी प्रामाणिक संयोजन बना डालते हैं।

यह जानना भी *'ठाढ़े रहियो'* के सन्दर्भ में क़ाबिलेग़ौर है कि इस गीत को बनारस के मशहूर दादरा *'ठाढ़े रहियो ओ बाँके श्याम हो'* से हूबहू उठा लिया गया है, जो राग मिश्र खमाज पर ही आधारित है, जिसे सिद्धेश्वरी देवी एवं शोभा गुर्टू ने भी गाया है। हालाँकि इस गीत में राग मिश्र खमाज के साथ ही राजस्थानी मांड की असरकारी छाया पड़ती हुई भी दिखाई देती है, जो गीत के मुखड़े के पहले बोल-नुमा चार पंक्तियों में ख़ूबसूरत ढंग से व्यक्त होता है। आप इन पंक्तियों—

'चाँदनी रात बड़ी देर के बाद आई है
ये मुलाक़ात बड़ी देर के बाद आई है
आज की रात वो आए हैं बड़ी देर के बाद
आज की रात बड़ी देर के बाद आई है'

पर ग़ौर करें, तो मांड के स्वर बरबस आपको अपने प्रभाव में ले लेंगे। फ़िल्म में इस बन्दिश को मजरूह सुलतानपुरी ने थोड़ा बदलकर बोल-बाँट की ठुमरी जैसा विस्तार दे दिया है। यह शायद इस कारण किया गया होगा कि गीत में स्वाभाविक ढंग से अभिनय के नाटकीय तत्त्व समाविष्ट हो सकें। इस गीत की गायिकी के सन्दर्भ में लता मंगेशकर की आवाज़ का विश्लेषण करना व्याख्यातीत जान पड़ता है। उन्होंने हर पंक्ति पर ठहरकर जिस तरह सम आने की अवधि तक अपनी आवाज़ का स्वरमान (पिच) कोमलतम स्तर पर जाकर सम्भव किया है, वह फ़िल्म संगीत के उदाहरणों में विरल है। गाने की पूरी बनावट में जब भी स्थायी के तौर पर *'ठाढ़े रहियो...'* आता है, वहाँ हर बार एक बिलकुल नये अन्दाज़ में गायिका यह भाव रचती सुनाई देती हैं। कुल मिलाकर यह देखना आश्चर्य में पड़ने जैसा है कि संगीतकार ने मूल दादरा का स्वभाव और उसका राग बदला नहीं है, वरन उसे बेहद करीने से बुनी गई धुन के साथ लता मंगेशकर की आवाज़ के सान्निध्य में एक नायाब रचना की तरह बरत दिया है। शायद ही इस मुजरा गीत की तुलना में कोई दूसरा ऐसा गीत हमें हिन्दी फ़िल्म संगीत के बड़े कैटलॉग में से मिल सके, जो इसकी महफ़िल-संगीत वाली गम्भीर छवि से मिलता-जुलता हो। अलग से, बिल्कुल सामान्य धरातल पर एक साधारण रसिक या श्रोता के लिए भी *'ठाढ़े रहियो ओ बाँके यार'* हर लिहाज़ से अपनी श्रुति-मधुरता में उल्लेखनीय बन पड़ा है।

फ़िल्म का दूसरा महत्त्वपूर्ण मुजरा *'चलते-चलते यूँ ही कोई मिल गया था'* है। इस नृत्य-गीत की संरचना थोड़ी जटिल और ख़ास है, जिसे मशहूर शायर कैफ़ी आज़मी ने लिखा था। विशेषकर, उन जगहों पर जहाँ मुख्य स्त्री स्वर के साथ लय में ताली का प्रयोग किया गया है। संगीतकार ने इस गीत में पारम्परिक भारतीय वाद्यों का अत्यन्त मधुर मगर जटिल कोलाज रचा है, जिनकी समावेशी ध्वनियाँ गीत को अतिरिक्त कर्णप्रियता प्रदान करती है। मुख्य रूप से स्वर-मण्डल, सारंगी, बाँसुरी, तानपूरा, घुँघरू, तबला और ताली के संयोजन से विन्यस्त *'चलते-चलते'* एक सुन्दर सांगीतिक उपज बन गयी है, जिसका प्रभाव फ़िल्म से इतर भी नज़र आता है।

कहरवा ताल पर निबद्ध एवं राग मिश्र खमाज और झिंझोटी के सुन्दर मिश्रण से बनी हुई यह रचना काफ़ी हद तक महफ़िल-संगीत के दूसरे प्रकार 'बैठकी महफ़िल' का एक आदर्श उदाहरण भी है। वह इसलिए भी कि नायिका इस गीत को बैठकर भाव-नृत्य की शैली में गाते हुए रागदारी को चरम पर ले

जाकर विकसित करती है। यह जानना आवश्यक है कि दोनों निषाद (कोमल और शुद्ध) के प्रयोग एवं कहीं-कहीं शुद्ध मध्यम के साथ तीव्र मध्यम के प्रयोग से मिश्र खमाज की संरचना होती है। चूँकि यह रात के दूसरे प्रहर का राग है, शायद इसलिए भी इस राग में इस तरह के गीतों को गाने का चलन बना होगा, जिससे महफ़िलों की अदायगी में उनके उपयुक्त समयानुसार इन्हें गाया जा सके। फिर राग मिश्र खमाज संकीर्ण जाति का राग भी है, जिसमें ज़्यादातर ठुमरी और दादरा की बन्दिशें ही गाई-बजाई जाती हैं। यह भी महफ़िल-संगीत के लिए एक उपयुक्त तथ्य है, क्योंकि वहाँ होने वाली गायिकी में ठुमरी, दादरा और ग़ज़ल जैसी चीज़ें ही प्रमुखता से इस्तेमाल में लायी जाती थीं। संकीर्ण जाति के अन्य राग, मसलन—गारा, पहाड़ी, झिंझोटी, आसा, पीलू आदि में भी ठुमरी और दादरा का बहुतायत से प्रचलन रहा है। *'चलते-चलते'* के निर्माण में यह देखना जायज़ लगता है कि उसके दो प्रमुख राग—मिश्र खमाज और झिंझोटी एक ही जाति से निकलकर आते हैं, जिनमें आसानी से ऐसी बन्दिशें रची जा सकती हैं। शायद इसी कारण संगीतकार को विषय के अनुसार इन रागों को चुनना आवश्यक लगा होगा। इस विषय में यह बताना भी इस समय ज़रूरी लगता है कि *'चलते-चलते'* के सन्दर्भ में यह धारणा भी प्रचलित रही है कि ग़ुलाम मुहम्मद की बीमारी के दौरान उन्हीं के इसरार पर संगीतकार नौशाद ने इस गीत को रेकॉर्ड करवाया था।

इस गीत की अलग से ख़ूबसूरती इसके गायन में सन्निहित है, जिसे लता मंगेशकर ने शास्त्रीय दक्षता के साथ बेहद ऊँची पट्टी पर गाया है। कई बार यह सोचने का मन करता है कि 'पाकीज़ा' के इन दोनों गीतों में से सर्वश्रेष्ठ की बाज़ी किसके हाथ लगी है। यह कहना ज़्यादा मुनासिब लगता है कि दोनों ही मुजरा गीतों में गायिका ने अलग-अलग मनोभावों को दो विपरीत अभिव्यक्तियों द्वारा समान अधिकार से सम्भव किया है। जहाँ *'ठाढ़े रहियो'* में मनुहार, उल्लास, प्रेम का लालित्य और नायिका के किरदार का बाँकपन व्यक्त हुआ है, वहीं *'चलते-चलते'* में उसी चरित्र का ठहराव, आन्तरिक पीड़ा, उदासी और अपने वजूद से शिकायत दर्ज करने की मंशा भी ज़ाहिर होती है। साहिबजान (मीना कुमारी) के चरित्र के भीतर उठने वाली इन तमाम परतों की लगभग विरोधाभासी प्रतीतियाँ इन दोनों गीतों की मार्मिक अभिव्यक्तियों द्वारा बेहद स्वाभाविक ढंग से व्यक्त हुई हैं। इनमें सारंगी, घुँघरू, सितार और तानपूरे की कोमल स्वरावलियाँ भी जैसे चुपचाप शामिल रहकर कभी उत्साह तो कभी अवसाद का माहौल रचने में उत्प्रेरक का काम करती हैं। इन मुजरों

की शब्दावली अलग से गीत के मर्म को एक बेलौस तड़प और बेगानेपन से भरती है, जो किसी भी तवायफ़ की जाती ज़िन्दगी के भीतरी परदे को खोलकर रखने में सक्षम है। आप इन लाइनों पर ग़ौर करें, तो पाएंगे कि किस तरह कोई बाई या डेरेदारनी अपने वजूद में घुटकर जीने को अभिशप्त है:

शबे इंतज़ार आख़िर कभी होगी मुख़्तसर भी
ये चिराग़ बुझ रहे हैं मेरे साथ जलते-जलते।

कहना न होगा कि यहाँ पर आकर तार-सप्तक में पहुँची हुई लता मंगेशकर की आवाज़ में ज़माने-भर का दर्द पिघल सा गया है। फ़िल्म के लिए यह पीड़ा भले ही मीनाकुमारी के किरदार के लिए सटीक बैठती हो, मगर इस बात से इन्कार भी नहीं किया जा सकता कि जिस दौर का चित्रण यह दृश्य या मुजरा करता है, वहाँ तवायफ़ों की ज़िन्दगी में शायद उतना उजाला नहीं रहा होगा, जितना कि फ़िल्म के कथानक में दर्ज़ गुलाबी-महल के फ़ानूसों से झलकता हुआ दर्शाया गया है।

65

किस्सागोई की शक्ल में यह एक गीत की रेकॉर्डिंग का ब्यौरा है। इस दृश्य को बुनने की वजह सिर्फ़ इतनी है कि हम लता मंगेशकर जैसी गम्भीर प्रकृति की स्त्री के भीतर उस बाल मन शरारत को भी झाँककर देख सकें, जो कभी-कभी अपने ही आत्मीय लोगों से मजाक और नोंक-झोंक के बहाने प्रकट होती रहती है। हो सकता है कि बचपन में जिस जिम्मेदारी को उन्होंने पूरी गम्भीरता से ग्रहण कर लिया था, उसके बाद भी उस उम्र की शरारत वो जैसे अपने भीतर कहीं बचा लायी हैं, जो प्रिय लोगों से आपसी व्यवहार में झलक जाती है। वे अगर मजाक के मूड में हों, तो आप उनसे कई जाने-पहचाने चेहरों की शानदार मिमिक्री करवा सकते हैं। एक हद तक ज़िन्दादिल और प्रसन्न रहने का भाव भी शायद इस पार्श्वगायिका के गायन को उस हद तक सुन्दर बना देता है, जहाँ तक सामान्य अर्थों में कोई पहुँचने की सोच भी नहीं सकता।

हम एक बार दृश्य पर लौटते हैं। ....तो मैं आपको बता रहा था कि शंकर-जयकिशन की धुन पर दोनों बहनें, लता मंगेशकर और आशा भोंसले बड़े प्रफुल्ल मन से गाने की रिहर्सल कर रही थीं। आशा भोंसले अपने शौक के अनुरूप एक हार पहनकर आई थीं, जो शायद उन्होंने कुछ दिनों पहले अपनी पसन्द से बनवाया था। लता मंगेशकर वैसे ही अपनी सफेद साड़ी में

लिपटी हुई गाने के स्थाई और अन्तरों के बीच में कहीं खोई हुई सी... इतने में रेकॉर्डिंग के फाइनल टेक की बात उठती है और दोनों बहनें माइक के सामने अपने-अपने अन्तरों और एक साझे स्थाई के साथ खड़ी मिलती हैं। उसी समय आशा भोंसले को पता लगता है कि स्टूडियो में दो अजनबी पहले से मौजूद हैं, जो कुछ-कुछ अफसरनुमा लग रहे हैं। वे शायद शंकर-जयकिशन की पहचान के लोग हैं और इन बहनों को गाते हुए देखने के आकर्षण में रेकॉर्डिंग के समय पहुँच गये हैं। आशा भोंसले से इसी समय लता जी यह कहती हैं 'आशा! तुम सोने का इतना बड़ा हार पहनकर आई हो। जानती हो, ये लोग कौन हैं? यह इनकम टैक्स से आए हुए हैं। अब तो तुम्हारी ख़ैर नहीं! कल ये लोग पक्का इस बात के लिए तुम्हारे घर आकर रेड करेंगे कि इसके पास तो इतना बड़ा हार है'। यह मजाक की शक्ल में अपनी छोटी बहन से की गयी एक छेड़छाड़ थी, जिसके चंगुल में आशा जी फँस गयीं। अब उनका उत्साह न जाने कहाँ गायब हो गया है। लता जी को आनन्द आ गया है, मगर आशा जी डर गयी हैं।

'मैं बहुत परेशान हो गयी हूँ दीदी!' आशा भोंसले कहती हैं। लता मंगेशकर को भी यह लगता है कि अब बात मजाक से अलग हटकर थोड़े संजीदा माहौल में चली गयी है। इसलिए वे डराने के बाद अब समझाने के भाव में भी उतर आती हैं। वे समझाती हुई कहती हैं 'इसमें डरने की क्या बात है? तुम गा रही हो इतने सालों से! अगर तुमने हार बनवाया है, तो कौन सा तूफ़ान खड़ा हो गया। इस तरह कोई भी आदमी आपके खिलाफ़ कार्यवाही नहीं करता। सिर्फ़ एक सोने का हार देख लेने से, इनकम टैक्स वाले तुम्हारे यहाँ छापा डालने वाले नहीं हैं। फिर वे कहीं न कहीं हम दोनों के प्रशंसक ही हैं, जो इस तरह रेकॉर्डिंग सुनने के लिए चले आए। तुम बेवजह डरो मत और अच्छे मन से गाना रेकॉर्ड करवाओ।'

लता जी को अपने ही किए हुए मजाक पर हँसी आती है और आशा भोंसले को भी पहले से थोड़ी तसल्ली हुई है। वे अब गाने को तैयार हैं। दोनों मिलकर दो सखियों का उल्लास-भरा एक शानदार गीत रेकॉर्ड करती हैं, जिसमें दोनों की आवाज़ों में हर्ष का स्वर है। यह अलग बात है कि वास्तविकता में एक पार्श्वगायिका निश्चिन्त भाव से गा रही थीं, जबकि दूसरी को बिना वजह डर लग रहा था। हालाँकि आशा भोंसले ने भी अपने कला-चातुर्य से वह डर छुपा लिया और उस गीत के सिचुएशन के हिसाब से वहाँ ज़रूरी उल्लास का स्वर उड़ेल डाला।

इस छोटे से किस्से को पढ़ते हुए उस गीत के बारे में आप भी जानना चाह रहे होंगे। वह 'प्रोफेसर' (1962) फ़िल्म के लिए उनका युगल-गीत था– *'कोई आएगा आएगा... हमरे गाँव कोई आएगा, प्यार की डोर में बँध जायेगा'*। आपको वह गीत याद आया? फिर तो यह भी याद आया होगा कि वहाँ फ़िल्म में अभिनेत्री कल्पना और दूसरी सह-अभिनेत्री के बहाने, ये दोनों बहनें मस्ती में ही इस गाने को गा रही थीं।

66

लता मंगेशकर की आवाज़ में मौजूद सात्विकता का कोई सानी नहीं है। उनकी गायिकी को देखकर गुरुदेव रवीन्द्रनाथ टैगोर का एक गीत याद आता है, जिसके भाव यह हैं कि जब मैंने तुम्हें यह गाना सुनाया था, तब इतने दिनों बाद या इतनी शताब्दियों बाद अथवा इतने युगों बाद अब मैं दुबारा आकर पूछ रहा हूँ कि वैसा गाना तुम फिर कब सुनोगे? यह गीत, दूसरे देश से आकर कोई विह्वल देवदूत सुना गया है और सुनने वाले श्रोता से किसी अन्य कालखण्ड में आकर वही एकाकी गायक फिर से सवाल करता है। यह एक प्रकार से ईश्वर के आने और उस तत्त्व को बचाकर न रख पाने की टीस है, जो गाये गये गीत से उन दैवीय क्षणों में उपजी थी। देवत्त्व का यह अभाव और उसकी व्याप्ति का अपरिमित आनन्द लूटने वाला यह गीत, कहीं न कहीं लता मंगेशकर जैसी सुर-साधिकाओं के सुरीले कण्ठ को बार-बार देवत्व की जकड़न में बाँधकर पुनः उसे मुक्त कर देने की सम्भावना रचता है।

रवीन्द्र संगीत की स्वर लहरियों में गूँजता यह गीत *'अमि तोमाय जोखोन सुनिए छिलेम गान'* सुनते और पढ़ते हुए हमेशा लता जी की गायिकी की याद आती है। जिस तरह उस गीत में संगीत की ऊँचाई बरसों बाद तक सुनने वाले को व्यथित करती रहती है, ठीक उसी तरह लता मंगेशकर का गाना बार-बार अपने दैवीय क्षण की व्याप्ति और उसके मिटने को रेखांकित करता रहता है। लगभग आधी सदी से ज़्यादा समय से जिस आवाज़ के सम्मोहन ने हमारे आम-जीवन को हार्दिकता का बोध कराया है, उसकी श्रुति परम्परा की पराकाष्ठा ही यही हो सकती है कि हम ढेरों संवत्सरों के बीत जाने के बाद भी, गुरुदेव रवीन्द्रनाथ टैगोर के गीत की पीड़ा में, उस व्यक्त सुख की तलाश को, उस आत्मीय दुःख की अनुभूति से करते रहें कि अब वैसा गाना हम कब सुनेंगे? जो राग, जो भजन, जो गीत एक बार लता मंगेशकर गा चुकीं; वह उसे दुबारा बिना थके हुए इस जीवन में हमारे लिये अब फिर कब गायेंगी?

67

एक बार मैंने गुलज़ार साहब से लता जी के फ़न के बारे में उनकी व्यक्तिगत राय जाननी चाही, तो उन्होंने उनकी गायिकी और व्यक्तित्व के पहलुओं को बड़े सुन्दर ढंग से समझाया था। गुलज़ार साहब का कहना था– 'जैसे पुरखों का बिरसा (विरासत) होता है, जिसमें शास्त्र भी है पोएट्री भी, इतिहास है और म्युजिक भी। यह सदियों से उन फ़नों के माहिरों से चला आ रहा है। गायिकी का बिरसा भी इसी तरह ध्रुपद, ख्याल, भजन, ठुमरी के बहाने हमें मिला हुआ है। अगर हम पिछले सौ सालों के भीतर भारतीय फ़िल्मों के इतिहास में चले आये हुए आवाज़ के बिरसे की बात करें, तो उस बिरसे में मिली हुई लता जी की आवाज़ हमें एक नेमत की तरह लगती है। लता जी की आवाज़ की एक अलग विरासत बनती है, कि वह किसी दूसरे के लिए गा रही हैं। दूसरे की आवाज़ बनकर गाना कमाल की चीज़ है। यह वाहिद मिसाल लता जी से शुरू होती है।

आप ध्यान दें तो पाएँगे कि सहगल भी कभी दूसरे की आवाज़ नहीं बने। उनका गायन बहुत स्तरीय होकर भी खुद का गायन था। लता जी की आवाज़ चाँद पर पहुँची हुई आवाज़ है। लता जी की गायिकी के बारे में कुछ बातें हैरत में डालती हैं। मसलन यह कि कहानी, कैरेक्टर, सिचुएशन, फ़िल्म किसी की हो, गाने का क्रेडिट भी गीतकार एवं म्युजीशियन के हिस्से में भले ही आये, मगर उसे अगर लता जी गा रही हैं, तो वह बरबस लता जी का गाना बन जाता है। बाद में और कोई जानकारी या तथ्य महत्त्वपूर्ण नहीं रह जाते, वह सिर्फ़ लता मंगेशकर के नाम का सिग्नेचर गीत हो जाता है। शी ओन्स द साँग, जो अपने आप में बहुत बड़ी बात है। उनकी आवाज़, मेलोडी और तैयारी कमाल की है, डेडीकेशन जैसी चीज़ लता जी से सीखने वाली है।

उनकी गायिकी में कुछ अलग है– अब यह अदा है, फ़न है या अलग तरह की आर्ट या सब का मिला-जुला एक निहायत खुशनुमा पड़ाव। उन्होंने अरेबियन नाईट्स की कहानियों की तरह आवाज़ का ऐसा जादुई गलीचा अपने गीतों के बहाने बिछाया हुआ है, जिस पर पिछले पचास-साठ सालों से न जाने कितने लोग चहलकदमी कर रहे हैं।

उनके लिए गाना लिखते हुए हमेशा यही लगता है कि कोई सिमली (रूपक) अगर ज़ेहन में आती है, तो लता जी गाते वक्त उस पर किस तरह रिएक्ट

करेंगी। यह देखना हमेशा से दिलचस्प रहा है। एक बार *'देवदास'* (अपूर्ण फ़िल्म) के एक गाने की रिकॉर्डिंग के वक्त मेरे गीत में आई हुई इस पंक्ति– *'सरौली से मीठी लागे'* के बारे में वे बोलीं– 'ये सरौली क्या है?' 'सरौली एक आम है, बहुत सुर्ख होता है, हम बचपन में उसे चूस-चूस कर खाते थे। क्या गाने से इसे निकाल दूँ'– मैंने पूछा। 'अरे नहीं! इसे ऐसे ही रहने दीजिए, मैं बस इसलिए पूछ रही हूँ कि जानना चाहती थी कि इसकी मिठास कितनी होती है?' इसी तरह एक वाकया मुझे याद आता है कि जब हम 'घर' के एक गाने की रिहर्सल पंचम के साथ कर रहे थे, तब वह उसके गाने *'आपकी आँखों में कुछ महके हुए से राज़ हैं'* में आगे आने वाली लाइन *'आपकी बदमाशियों के ये नये अन्दाज़ हैं'* के बारे में बेहद परेशान था। उसने मुझसे कहा– 'शायरी में बदमाशी कैसे चलेगी? फिर ये लता दीदी गाने वाली हैं, हम कैसे उनके सामने यह शब्द गाने के लिए आगे बढ़ा सकते हैं'? मैंने कहा– 'तुम रखो, लता जी को पसन्द नहीं आया तो बाद में हटा देंगे'। लता जी से रिकार्डिंग के बाद पूछा– 'गाना ठीक लगा आपको? 'हाँ अच्छा था।' 'वह बदमाशियों वाली लाईन?' 'अरे वही तो अच्छा था इस गाने में। उसी शब्द ने तो कुछ अलग बनाया इस गाने को। बहुत मजा आया वह लाईन गाते हुए'। लता जी का यह गाना आपको ध्यान होगा, वहाँ गाते हुए वे खनकदार हँसी में बदमाशियों वाले शब्द का इस्तेमाल करती हैं और उसकी अभिव्यक्ति को और अधिक बढ़ा देती हैं।'

मुझे नहीं लगता कि लता मंगेशकर की निशानदेही को किसी ने इतने सरल और स्पष्ट ढंग से पहले कभी व्यक्त किया होगा। गुलज़ार साहब का कुछ कहना इस अर्थ में भी ज़रूरी बन जाता है कि उन्होंने लगातार 'बन्दिनी' (1963) के निर्माण के वर्ष से उनकी सोहबत में काम किया है। उनके लिखे हुए तमाम गीतों को लता जी की आवाज़ मिली है और यह उनके भीतर मौजूद गीतकार द्वारा सायास किया गया काम है, जो स्वयं लता मंगेशकर की पहचान को गीतों से पारिभाषित करता है। 'किनारा' (1977) के लिए गुलज़ार साहब ने जब फ़िल्म के किरदार को ध्यान में रखकर हेमा मालिनी पर फ़िल्माए जाने के लिए *'नाम गुम जायेगा चेहरा ये बदल जायेगा, मेरी आवाज़ ही पहचान है....ग़र याद रहे'* लिखा था, तो दरअसल वह गाना इन दोनों छवियों से अलग लता मंगेशकर की शख़्सियत पर भी उतरा हुआ था। यह अकेला गीत इस बात की मिसाल भी है कि सिनेमा की दुनिया से आने वाले अदब के लोगों ने किस तरह इस पार्श्वगायिका का दिल से सम्मान किया है।

कुछ उन गीतों में भी, जो गुलज़ार साहब की क़लम से निकलकर लता जी की आवाज़ से अमर हो चुके हैं में यह देखना दिलचस्प होगा कि दोनों ही कलाकारों की कला मिलकर नाउम्मीदी, बेचैनी और दर्द को उम्मीद और अपनेपन की शब्दावली में बदल देती है। रूमानियत के रेशमी एहसास में लपेटकर उसे दुनिया के आगे कुछ इस तरह नुमाया करती है कि संवेदना की कई परतें एकबारगी खुलकर फ़िल्मी गीतों में ही नहीं, बल्कि जीवन की उदास शामों में भी अपना रंग बिखेरती हैं। कुछ गीतों के उदाहरण से इस बात को समझा जा सकता है, जहाँ एक शायर का बेगानापन और गायिका का जीवन को उमंग देता स्वर मिलकर कुछ अलग ही तिलिस्म बनाता है।

ऐसे में हम *'झिर-झिर बरसे सावनी अँखियाँ, साँवरिया घर आ'* (आशीर्वाद, 1968), *'हमने देखी है उन आँखों की महकती ख़ुशबू'* (ख़ामोशी, 1969), *'ना जिया लागे ना, तेरे बिन मेरा कहीं जिया लागे ना'* (आनन्द, 1970), *'रोज अकेली आए, रोज अकेली जाए, चाँद कटोरा लिए भिखारन रात'* (मेरे अपने, 1971), *'दिन जा रहे हैं या रातों के साए'* (दूसरी सीता, 1974), *'दो नैनों में आँसू भरे हैं, निन्दिया कैसे समाए'* (खुशबू, 1975), *'रुके रुके से क़दम, रुक के बार-बार चले'* (मौसम, 1975), *'अब के ना सावन बरसे, अब के बरस तो बरसेंगी अँखियाँ'* (किनारा, 1977), *'आजकल पाँव जमीं पर नहीं पड़ते मेरे'* (घर, 1978), *'जाने क्या है जी डरता है'* (एक पल, 1985), *'तुझसे नाराज़ नहीं ज़िन्दगी हैरान हूँ मैं'* (मासूम, 1986), *'मैं एक सदी से बैठी हूँ'* (लेकिन, 1990), *'दिल हूम-हूम करे घबराए'* (रुदाली, 1993), *'सीली हवा छू गयी गीला बदन छिल गया'* (लिबास, 1994), *'ओ दिल बंजारे खोल डोरिया'* (माया मेमसाब, 1994) और *'भेज कहाँर पिया जी बुला लो'* (माचिस, 1996) जैसे जीवन का फलसफा व्यक्त करते हुए कुछ गम्भीर किस्म के सदाबहार गानों को देख सकते हैं। यह हिन्दी फ़िल्म संगीत के लिए शानदार उपलब्धि सरीखा है, जहाँ गुलज़ार जैसे चिन्तक शायर के कवितानुमा गीतों को लता मंगेशकर की आवाज़ की मिठास मिली है। यहाँ कुछ-कुछ उसी तरह की परम्परा बनती नज़र आती है, जो उनसे पहले लता मंगेशकर की संगीत-यात्रा में साहिर लुधियानवी और शैलेन्द्र जैसे प्रबुद्ध गीतकारों की आवाजाही से सम्भव हो पायी है। गुलज़ार साहब के लिखे हुए गीतों में लता जी की पसन्दीदा शब्दावली के एक गीत की कुछ पंक्तियाँ यहाँ उसी गम्भीरता के आस्वाद को चखने के लिए प्रस्तुत हैं। पंक्तियाँ इस तरह हैं—

आज अगर भर आई हैं
बूँदें बरस जाएँगी
कल क्या पता इनके लिए
आँखें तरस जायेंगी
जाने कब गुम हुआ, कहाँ खोया
एक आँसू छुपा के रखा था
तुझसे नाराज़ नहीं ज़िन्दगी हैरान हूँ मैं....

68

राजकपूर द्वारा निर्देशित और लक्ष्मीकान्त-प्यारेलाल के संगीत से बुनी गयी 'सत्यम् शिवम् सुन्दरम्' (1978) के शीर्षक गीत *'ईश्वर सत्य है, सत्य ही शिव है, शिव ही सुन्दर है...सत्यम् शिवम् सुन्दरम्'* को अत्यन्त कोमल ढंग से लगभग विभोर होने की स्थिति में रचा गया है, जो फ़िल्म में चार बार अलग-अलग तरीक़े से फ़िल्माया गया है। फ़िल्म की अवधारणा ही दरअसल काव्यात्मक एवं आध्यात्मिक रूप से सत्य, शिव एवं सुन्दर की स्थापना पर आधारित थी, इसीलिए शीर्षक गीत का केन्द्रीय विचार की तरह पूरी फ़िल्म में बार-बार दोहराया जाना अपनी एक अलग अर्थ-भंगिमा रखता है। यह गीत फ़िल्म संगीत के इतिहास में भक्ति का इतना उदात्त परिवेश रचता है कि हम इसे फ़िल्म गीत की तरह नहीं, वरन जीवन में चुपचाप शामिल हो गए भजन की तरह आदर देते हैं। इस गीत में लक्ष्मीकान्त-प्यारेलाल का ढेरों वाद्यों का संयोजन देखने लायक है, जो मुखड़े के आरम्भ में ही अपना चरम रच देता है। गीत की शुरुआत में बोल आने से पूर्व बाँसुरी, हवाईयन गिटार, वॉयलिन एवं घण्टे का प्रयोग बेहद रमणीक बन पड़ा है। धुन जैसे ही मुखड़े के साथ आगे बढ़ती है, उसमें तबला, मंजीरा, सुर-मण्डल, ऑर्गन, घुँघरू, पियानो एवं वॉयलिन का काम देखते ही बनता है। यहाँ इस बात पर ग़ौर करना मुनासिब होगा कि लक्ष्मी-प्यारे स्थायी और अन्तरे के ऑर्केस्ट्रेशन का विन्यास एक सूत्र में पिरोते हुए भी थोड़ा बदल देते हैं। यह चपलता या बंकिम भंगिमा लता जी की आवाज़ के साथ मिलकर जिस पारलौकिक सत्य का सृजन करती है, वह व्याख्यातीत है।

यह देखना कारगर होगा कि गीत में कहरवा की मध्य एवं द्रुत दोनों ही लय बजाई गई है, जबकि अन्तरे में तबला-तरंग, सितार और खोल (बंगाल का ढोल) की मज़ेदार जुगलबन्दी प्रभावी जान पड़ती है। राग दरबारी पर आधारित इस गीत में लता मंगेशकर द्वारा ली गयी मींड़, मुरकी और खटके

की सटीक हरकतें हैरान करती हैं। गीत की पंक्तियों पर ध्यान देने पर यह बात समझ में आती है कि कैसे ईश्वर को रिझाने के लिए नवधा-भक्ति की अवधारणा में संगीत और नृत्य को भी एक सेवा की तरह बरता गया होगा। इसी तर्क के चलते शीर्षक-गीत की इन पंक्तियों को भक्ति की चरम शरणागति के तौर पर भी देखा जा सकता है–

राम अवध में, काशी में शिव
कान्हा वृंदावन में
दया करो प्रभु देखूँ इनको
हर घर के आँगन में
राधा मोहन शरणम्
सत्यम् शिवम् सुन्दरम्

आप ध्यान दें, जब इन सार्थक अन्तरों से पहले लता मंगेशकर *'जागो उठकर देखो...जीवन ज्योत उजागर है'* कहते हुए 'सत्यम् शिवम् सुन्दरम्' पर आती हैं, तो लगता है जैसे हम इस शोरगुल वाली दुनिया का हिस्सा न होकर कहीं सुकून और आनन्द के दूसरे लोक की यात्रा पर निकल पड़े हैं। यह गीत अपने साहित्यिक, सांगीतिक और कलात्मक निरूपण में इतनी परतों वाली हृदयग्राह्यता रखता है कि जब-जब हमारे कानों में इसकी सुकोमल स्वरावलि पड़ती है, हम इसके तिलिस्म में उतना ही उतरते चले जाते हैं। 'सत्यम शिवम् सुन्दरम्' के विराट संगीत तक पहुँचते हुए लक्ष्मीकान्त-प्यारेलाल ने उस शिखर को छू लिया था, जो उनसे पहले की सबसे लोकप्रिय संगीतकार जोड़ी शंकर-जयकिशन के हिस्से आई थी।

69

लता मंगेशकर की लोकप्रियता का ठीक ढंग से अन्दाज़ा नहीं लगाया जा सकता। वे आम भारतीय समाज में किस कदर पैठी हुई हैं, यह देखना या ऐसी कोई जानकारी एकत्र करना कई बार कुछ दिलचस्प प्रसंगों की ओर आपको खींच ले जाता है। ऐसी जगहों पर उनकी अपनी आवाज़ की सत्ता भले मौजूद न हो, मगर वहाँ परोक्ष रूप से उनकी उपस्थिति देखी जा सकती है। वे फ़िल्मों के रूपहले पर्दे से उठकर कब आम जीवन की उन खुशियों में शरीक़ हो जाती हैं, खुद लता जी को पता नहीं चलता। मैंने यह विशेष रूप से देखा है कि हिन्दी पट्टी के प्रदेशों मसलन, उत्तर प्रदेश, मध्य प्रदेश, बिहार और उत्तराखण्ड तक तमाम सारे आयोजनों में जो गीत ढोलक पर घर की औरतों द्वारा गाये

जाते रहे हैं, उनमें से अधिकांश की तर्ज़ लता मंगेशकर, शमशाद बेगम और आशा भोंसले के हिट गीतों से उठकर आती है। उनमें भी अधिकतर गाने जो मैंने सुन रखे हैं, वे लता जी की किसी सदाबहार गीत की धुन पर थिरकते हुए मौसियों, चाचियों, भाभियों और बहनों के कण्ठ से झरते रहते हैं।

फिर वह मौका घर में बच्चे के जन्म का हो और सोहर गाया जा रहा हो, बेटी की लग्न धरी जा रही हो और पीहर में हल्दी उबटन का नेगचार चल रहा हो, हर जगह लता जी के गीत कुछ दूसरे ढंग से नुमाया हैं और कोरस के स्वरों में कुछ टेढ़े-मेढ़े रास्तों से होते हुए मोहल्ले की गलियों तक फैलते हैं। ख़ुद मैंने अपने घर में अपनी दादी, माँ, मौसी और बुआओं को ऐसे सोहर, नकटा, बनरा, सेहरा, जयमाल, हल्दी, घुड़चढ़ी, कोहबर और विदाई के गीत गाते देखा है। मालूम नहीं कि जब शंकर-जयकिशन या रोशन ने कोई नायाब धुन सिरजी थी, तो उन्हें इस बात का एहसास रहा होगा कि इनका प्रयोग कुछ अनूठे ढंग से उत्तर प्रदेश के शहरों में इलाहाबाद, आगरा, सुलतानपुर, देवरिया, गोरखपुर, लखनऊ, फ़ैज़ाबाद, सीतापुर, बरेली, कानपुर और मेरठ होता हुआ अयोध्या, वृन्दावन, मथुरा और बनारस तक रंग बिखेरेगा। मुझे अच्छी तरह याद है कि मैंने तमाम ऐसे सोहर सुने हैं, जिनकी पृष्ठभूमि में कुछ पुराने सुरीले गीत पिरोए हैं। ऐसे गीतों में मुझे एक सोहर गीत *'गाओ-गाओ मंगलचार बाँधो-बाँधो बन्धनवार, ललन भए भाभी रानी के'* याद आता है, जो लता जी के गाये हुए फ़िल्म 'हम लोग' के गीत *'बहे अँखियों से धार, गया दिल का करार'* पर हू-ब-हू आधारित है। हेमन्त कुमार की 'चम्पाकली' का सुन्दर गीत *'छुप गया कोई रे दूर से पुकार के'* यहाँ पूर्वी उत्तर प्रदेश में *'बाजे शहनाई रे अँगना में आज रे प्यारी बन्नी जाए रे आज ससुराल रे'* जैसे मार्मिक विदाई गीत में बरसों पहले तब्दील किया जा चुका है। इसी तरह अपने ज़माने की सुपर हिट फ़िल्म 'नागिन' का अमर गीत *'मन डोले मेरा तन डोले, मेरे दिल का गया करार रे अब कौन बजाये बाँसुरिया'* भी रूपान्तरित होकर *'बन्नी इत डोले बन्नी उत डोले दरवाजे पे आ गयी बारात रे, अब फेरे पड़ने वाले हैं'* के रूप में ढोलक पर पूरी झमक के साथ गाया-बजाया जाता है।

इसी तरह के कुछ और गीत हैं, जिनसे कभी नकटा, तो कभी कजरी की सुगन्ध आती है। कभी मुण्डन, तो कभी उपनयन के बहाने अपनी गायिकी को दिखाने की साध स्थानीय ढंग से उन गायिकाओं के हिस्से रहती है, जो मोहल्ले-टोले में अपनी आवाज़ और ढोलक-मंजीरा बजाने की चपलता के

कारण घर-घर दादियों, नानियों द्वारा सराही जाती रही हैं। मैं कुछ और गीत भी इसी अर्थ में बता रहा हूँ, जो लता जी की आवाज़ के स्थानापन्न के रूप में इन मांगलिक कार्यक्रमों में पता नहीं कितने सालों से गाये जाते रहे हैं और आगे ऐसे ही न जाने कितने बरसों तक बिना किसी अन्तर के गाये जाते रहेंगे। ऐसे में 'सपन सुहाने' का गीत *'घुँघटा हटा न देना गोरिए, चन्दा शरम से डूबेगा'* का नकटे में तर्जुमा कुछ यूँ है– *'तोरी बाँकी रे नजरिया मोरा जियरा लुट-लुट जाए, दिल मेरा धक-धक करे ओ गोरिया जब तू पलक उठाए'*। इसी अन्दाज़ में नौशाद साहब का बनाया 'बैजू बावरा' का लोकप्रिय गीत *'दूर कोई गाए धुन ये सुनाए, धीरे-धीरे छलिया रे, बाजे न मुरलिया रे'* को बन्ना-गीत के रूप में शायद आप में से अधिकांश लोग जानते होंगे। हो सकता है कि आप में से किसी के विवाह में यह गाया भी गया हो। इसकी धुन पर आधारित गीत के बोल हैं– *'बन्ना बुलाये बन्नी नहीं आये, चली आओ बन्नी रे, अटरिया सूनी पड़ी'*।

ये गीत बड़े ही लोकतांत्रिक तरीके से स्त्रियों के आत्मीय परिसर में गाये जाते हैं। यह देखना भी मजेदार होगा कि यदि किसी स्त्री ने कोई देवी गीत या विवाह का बन्ना, सेहरा शुरू किया है, तो बरबस उस जमात में मौजूद बाक़ी औरतें एक-दूसरे को टोहती, टोकती हुई आँखों-आँखों में यह सन्देश प्रसारित करते हुए कि गाया जा रहा गीत 'नागिन' फ़िल्म की अमुक धुन पर आधारित है, शामिल हो लेती हैं। बस फिर क्या? 'तर्ज़ नागिन', 'तर्ज़ अनारकली', 'तर्ज़ मदर इण्डिया', 'तर्ज़ गंगा जमना' की टेर पर समवेत गान का ऐसा खिलखिलाता गाता, हुजूम एकत्र हो जाता है, जिस पर इसके मूल फ़िल्मी धुनों के रचयिता को भी हैरत हो जाए। यह एक सामान्य सी मगर थोड़ी असाधारण सी स्थिति बन जाती है, जिसमें नरगिस, मीनाकुमारी, नूतन, गीताबाली और मधुबाला के गीतों के बहाने पड़ोस की कोई भाभी तो घर की फलाँ बुआ एकदम से सक्रिय हो उठती हैं। तिस पर आनन्द का बघार ऐसा कि साक्षात लता मंगेशकर या शमशाद बेगम या ज़ोहराबाई अम्बालावाली के गीतों की आधुनिक ढंग की घरेलू नुमाइन्दगी जन्म और ब्याह के मौकों पर अपने उफान पर होती है। जब मोहल्ले के किसी घर में यह मौका न भी हो, तो आए दिन व्रत, उपवास, कथा-पूजा और जागरण के बहाने देवी गीतों का सैलाब पचास और साठ के दशक की संगीतमय हिट फ़िल्मों की धुनों की बानगी पर अपना स्वरूप विकसित करता है।

आप भी सुनना चाहें, तो एक-दो गीतों के उदाहरण देखे जा सकते हैं, जो लता जी के गीतों की बोलों और धुनों की लीक पर बनाए गये हैं। ऐसे में, 'मेरा

साया' के गीत *'नैनों वाली ने हाए मेरा दिल लूटा'* पर औरतों द्वारा जगराते में गाया जाने वाला देवी गीत *'भवन रंगीला माँ का शेर पीला-पीला'* है। इसी तरह एक ब्याह का गीत, जिसे लड़की के पक्ष वाले हिन्दी पट्टी के क्षेत्रों में बहुत गाते हैं, नौशाद साहब और शकील बदायूँनी की मेहनत से बने हुए 'मेरे महबूब' फ़िल्म के गीत *'तेरे प्यार में दिलदार/जो है मेरा हाल-ए-ज़ार/कोई देखे या न देखे/अल्लाह देख रहा है'* पर आधारित इस तरह तुकबन्दी शैली में गलियों, मुहल्लों में ब्याह के मौकों पर सुना जा सकता है। गीत है– *'बन्नी करो न गुरुर/तुमको जाना है ज़रूर/कोई आए या न आए/बन्ना आएगा ज़रूर'....*

70

रघुवीर सहाय द्वारा कुमार शहानी की फ़िल्म 'तरंग' के लिये लिखी एक सुन्दर कविता *'प्रिय आओ, संग सो जाओ'*, अपनी अर्थभरी उपस्थिति के साथ-साथ हिन्दी फ़िल्मों में प्रयुक्त हुई बेहद कम स्तरीय कविताओं के बीच एक ऐसी कविता है– जिसका सांगीतिक असर भी उतना ही अद्‌भुत है, जितना वह अपने पाठ में। लता मंगेशकर की आवाज़ और वनराज भाटिया के संगीत की जुगलबन्दी, एक नायाब गीत की शक्ल में संगीत रसिकों के हाथ आयेगी, यह सोचना सुखद है।

यह गीत एक तरह से ऑफ बीट म्यूजिक का एक आदर्श उदाहरण है। एक ताल में निबद्ध, मध्य लय की बंदिश तो कहीं बोल बनाव की ठुमरी सी लगती यह कविता, गायिकी के उस शीर्ष तक पहुँचती है, जहाँ यह अलगाना किसी चुनौती से कम नहीं कि शास्त्रीय संगीत और लोक संगीत, लोकप्रिय हिन्दी फ़िल्म संगीत के साथ कैसे इतनी सहानुभूतिपूर्ण ढंग से संगति बैठाते हैं। इस गीत की हर दूसरी पंक्ति में लता जी की इतनी मधुर और चौंकाने वाली विलंबित उपस्थिति है– जिसमें यह देखना आश्चर्य भरा हो सकता है कि रघुवीर सहाय की गम्भीर पंक्तियों ने गायकी के असर को और ज़्यादा समय निरपेक्ष बना दिया है अथवा लता मंगेशकर के स्वर ने इस बन्दिश को रघुवीर सहाय की कविता के लिये एक नया अर्थ प्रदान किया है।

'चुम्बन से चुप कर जाओ/पिया आओ/संग सो जाओ'– का रूमान से भरा मार्मिक रस-बोध, संगीत की उदात्तता को कितना प्रासंगिक और प्रयोगधर्मी बना डालता है, इसे सिर्फ़ सुनकर महसूस किया जा सकता है। यहाँ पण्डित रविशंकर की वह उक्ति याद आती है कि कला में वह रेखा अत्यन्त बारीक होती

है, जो कामुकता और अध्यात्म के बीच है। एक झीना सा पर्दा है, जिसे हटाने पर मांसल कब अध्यात्म का रूप ले लेगा या अध्यात्म किन रूपों में मांसल सौन्दर्य में विसर्जित होगा, समझ पाना मुश्किल है। मांसलता और अध्यात्म दोनों को जिस बिन्दु पर कला आत्मसात करती है, वह जीवन की शारीरिक और आध्यात्मिक बनावट का प्रतिरूप है। दरबारी संगीत में गायी जाने वाली ठुमरियाँ, खजुराहो की मिथुन मूर्तियाँ और भरतनाट्यम व ओडिसी में शरीर के देह सौष्ठव एवं अंगों के संचालन, प्रत्याहार से किस तरह अध्यात्म विकसित होता है, यह स्वयं में कला की अपनी उदात्तता का चरम है।

'तरंग' के इस गीत को सुनते हुए एक बात बहुत साधारण ढंग से यह भी समझ में आती है कि जिस तरह रघुवीर सहाय और लता मंगेशकर की कलाओं की आपसी सहमति से एक अद्‌भुत दृश्य का जन्म होता है, कितना बेहतर होता यदि हमारे कुछ अन्य महत्त्वपूर्ण कवियों, मसलन— श्रीकान्त वर्मा, कुँवर नारायण, केदारनाथ सिंह, अशोक वाजपेयी, विनोद कुमार शुक्ल, असद जैदी और मंगलेश डबराल की प्रेम कविताओं को लता मंगेशकर या दूसरे किसी मूर्धन्य कलाकार का स्वर मिला होता। शायद हम *'तरंग'* जैसा कुछ दूसरे अर्थों में, सार्थक रच पाते।

इस गीत को लेकर यह बात फ़िल्म संगीत में बहुत प्रचलित रही है कि लता जी इस गीत से इतना प्रभावित हुईं थीं कि उन्होंने रेकॉर्ड किया हुआ गीत सुनने की इच्छा जाहिर की थी, जैसा कि वे अपने किसी भी गीत के लिये कभी नहीं करती थीं। 1984 में यह ऐतिहासिक घटना हुई, जब पहली बार उन्हें किसी कविता ने अपने प्रभाव में लिया और वे उस बन्दिश के संयोजन को सुनने के लिये प्रेरित हुईं। कविता की गरिमा के लिये यह एक ऐसा सुन्दर वाकया बन चुका है, जिस पर रघुवीर सहाय भी मुस्कुराना पसन्द करेंगे।

71

एक गायिका के तौर पर लता मंगेशकर के दुर्लभ, अद्वितीय और लीजेण्ड बन जाने को तमाम संगीत विचारकों ने अपने-अपने तर्कों से उनकी 'गायिकी' के सन्दर्भ में समझने की कोशिश की है। यह कोशिश कई बार शास्त्रीय संगीत की ज़मीन से देखी जाती है, तो कई दफ़ा उनके गीतों में सहज ढंग से व्याप्त लालित्य को बोलों के विन्यास से परखा जाता है। कुछ अध्येताओं ने तो तकनीकी रूप से भी लता जी की आवाज़ को समझने का मौलिक हस्तक्षेप

किया है। वे 'राग', 'तान', 'मींड़', 'हरकत', 'मुरकी' और 'लयकारी' के लिहाज़ से न जाने कितनी बार दिग्गज कलाकारों द्वारा अलग-अलग तरीके से 'मनोधर्म', 'कल्पना' और 'संचारी' भाव के तहत विमर्श का विषय बनती रही हैं। कोई उन्हें सच्चे सुर की तमीज़ के लिहाज़ से बड़ा मानता है, तो कोई इस बात पर आश्चर्य करता है कि कैसे उन्होंने गायन के लिए अपनी साँसों पर नियंत्रण कर रखा है। गीतों के बोलों में बनने वाले अक्षरों के विन्यास को स्पष्ट रूप से गाते हुए वे अपनी साँस को कैसे छुपा लेती हैं, यह जादूगरी सबको हैरान करती है। इसी तरह उनकी गायिकी में मौजूद विचार की सुन्दरता को शब्दों की सटीक अर्थ-अभिव्यक्ति में देखना भी संगीत विचारकों का काम रहा है।

वे सुर-सम्पन्न हैं या संगीत-सिद्धि पाई हुई, इस पर बहस की गुंजाइश नहीं हो सकती, क्योंकि उनके गाए हुए हज़ारों गानों की सांगीतिक उत्कृष्टता ने ऐसे किसी सन्देह को बेमानी कर दिया है। ठीक इसी तरह वे शब्दों से पैदा होने वाली ध्वनियों को कोमलतम स्तर पर जाकर व्यक्त कर लेती हैं, इसका भी संगीत विश्लेषक बरसों से अध्ययन करते रहे हैं। ....और हर बार वे एक ऐसी सम्पूर्ण गायिका के रूप में हमारे सामने आ जाती हैं, जिनको सुनना ही नहीं, बल्कि उनकी आवाज़ को देखना भी ज़रूरी बन जाता है। जिस तरह आप किसी कलाकृति को सिर्फ़ देखकर ही नहीं सराहते, बल्कि भावनाओं के सूक्ष्मतम स्तर पर जाकर उसका रंग, गन्ध और आस्वाद पकड़ने की भी कोशिश करते हैं; ठीक उसी तरह लता मंगेशकर के गायन को केवल सुनकर एकांगी स्तर पर ही सराहा जा सकता है। उसको देखना और महसूस करना भी, उसी प्रक्रिया का हिस्सा है, जिसके लिए हम उनके गायन को संगीत-शास्त्र के पारम्परिक पाँच तत्त्वों— 'प्रसाद, 'शरीर', 'लालित्य', 'ध्वनि' और 'आनन्द' से पकड़ने का प्रयास करते हैं।

मराठी साहित्यकार और संगीत-आलोचक पु. ल. देशपाण्डे ने एक मार्मिक बात लता मंगेशकर की गायिकी के अद्वितीय होने के सन्दर्भ में कही है। उनके अनुसार 'हर एक आदमी जो लता मंगेशकर का गाना सुनता है, उनके सुर लगाने के आदर्श ढंग की ओर ही देखता है, जबकि उनका संगीत जिस तरह हमें सम्मोहित करने की शक्ति रखता है, उसे देखने के लिए हमें उन गीतों में लता जी द्वारा पैदा की जाने वाली लयकारी की महान समझ को देखना चाहिए, जिसके चलते वे अपनी गायिकी में गीत का स्तर, एक दूसरे ही शिखर पर ले जाकर प्रतिष्ठित कर देती हैं। अधिकतर दूसरी गायिकाओं ने उनके गीतों को

बहुत अच्छे सुरों में गाकर नकल करने का प्रयास किया है। उन सब के लिए मैं इतना ही कहना चाहता हूँ कि लता मंगेशकर का अपना गाया हुआ और उनकी नकल में गाये हुए गीत, दो तरह से उभरते हैं। ठीक वैसे ही, जैसे एक सुन्दर, मगर वास्तविक कलाकृति मौजूद है और दूसरी उसकी प्रिंट कॉपी। यह इसीलिए होता है कि बेहतर ढंग से सुर लगाने के बाद भी वे गायिकाएँ, लता मंगेशकर की तरह लय की वह बारीक़ समझ नहीं रखतीं, जो उनके पास नैसर्गिक रूप से मौजूद रही है।' इस महीन समझ को आरोपित करते हुए उनकी स्वर-यात्रा को इस अर्थ में भी समझा जा सकता है कि वहाँ शिल्प और प्रस्तुति, दोनों ही स्तरों पर वे संगीतकार द्वारा अपेक्षित प्रभावों से कुछ आगे जाकर, उस अदायगी को अतिरिक्त प्रभावशाली बना देती हैं।

संगीत की अपेक्षित समझदारी को बिना सुने और दूसरे की मंशा जाने बग़ैर ही लता मंगेशकर वह सब कुछ अपने गायन में ले आती हैं, जो संगीतकारों को हमेशा भरोसेमन्द और सुरक्षित लगता रहा है। आशय यह कि उन्हें पता है कि अगर सी. रामचन्द्र गाना बना रहे हैं, तो उस गीत को उन्हें किस तरह अभिव्यक्त करना है। ....और अगर उसे सज्जाद हुसैन या सलिल चौधरी रच रहे हैं, तो ऐसा क्या नहीं करना है, जो उन लोगों के संगीत की दरकार नहीं है। यह ऐसी अनूठी चीज़ है, जो शायद लता मंगेशकर के सांगीतिक समझ में बहुत सन्तुलित ढंग से बैठी हुई है। इसी के चलते तमाम सारे संगीतकारों को अपनी धुनों के फैलाव के लिए लता जी की आवाज़ सबसे मुफ़ीद माध्यम नज़र आती है। इसी सन्दर्भ के तहत वरिष्ठ गीतकार मजरूह सुलतानपुरी की यह बात, सटीक ढंग से लता मंगेशकर की गायिकी के तकनीकी पक्ष की श्रेष्ठता पर मुहर लगाती सी लगती है। मजरूह साहब कहते हैं— 'मुझे नहीं लगता कि हम लोग उनको ध्यान में रखकर कुछ अधिक सुन्दर गीत रचते हों, जो उनके हिस्से में आए हैं। मेरे हिसाब से तो उनको भी दूसरे गायकों की तरह औसत शब्दावली के गीत ही दिये जाते रहे हैं, गाने के वास्ते। अब ये लता मंगेशकर की अपनी विशेषता है, जो वे इतने साधारण बोलों के गीतों को भी इस तरह गाती हैं कि वो असाधारण बनकर हमेशा के लिए अमर हो जाता है।'

उनकी अद्वितीयता के सन्दर्भ में इस तरह की जितनी स्थापनाएँ हमें मिलती हैं, सब में ही कहीं न कहीं उस गायिकी की असाधारण खूबी को ही लक्ष्य करके बातें कही जाती रही हैं। फिर वह पु. ल. देशपाण्डे को उनके गायन में 'लयकारी' का मामला लगता हो या मजरूह सुलतानपुरी को औसत बोलों

को असाधारण बनाने की युक्ति। उस्ताद बड़े गुलाम अली ख़ाँ इस बात के कायल हैं कि वे कभी भी भूले से बेसुरी नहीं होतीं, तो पं. कुमार गन्धर्व उनकी आवाज़ में मौजूद गोलाई और 'गानपन' को चकित भाव से देखते हैं। रही बात हमारे और आप जैसे साधारण रसिकों की, तो उसके लिए उनके गाए हुए तमाम सदाबहार सुरीले गीत ही नायाब मोतियों की तरह स्मृति में मौजूद हैं, जिनको सुनना मिठास के झरने में नहाने जैसा है। न जाने कितने अनमने, उनींदे लोगों के दिलों को सुकून देता हुआ उनका गायन ही सबसे बड़ी उपलब्धि के रूप में हमारे पास बचा रहता है। इनमें किस-किस को याद किया जाए और किसे भूलने की हिमाकत की जाए?

72

एक बार राजश्री प्रोडक्शन के युवा निर्माता-निर्देशक सूरज बड़जात्या ने अपनी पहली निर्देशित फ़िल्म 'मैंने प्यार किया' (1989) के बारे में मुझे बातचीत के दौरान लता जी से सम्बन्धित एक बात बताई। वह इस तरह कि विदेशों से सिनेमा की पढ़ाई करके लौटे सूरज बड़जात्या जब यह फ़िल्म बना रहे थे तो उनका विचार था कि फ़िल्म हर तरह से युवाओं को ध्यान में रखकर बनाई जा रही है, इसलिए इसमें हर चीज़ फिर वह विषयवस्तु हो या कहानी, अभिनेता-अभिनेत्री हों या कि साथी कलाकार सभी नये और अचीन्हें लोग ही होंगे। इससे फ़िल्म को एक ताजगी तो मिलेगी ही, एक सुविधा भी रहेगी, जो किसी नये व्यक्ति के निर्देशन के लिए सहूलियत का मामला है। वे जब फ़िल्म से सम्बन्धित सारी बारीकियों को तैयार करके अपने पिता के पास ले गये, तो उन्होंने यह कहकर सूरज को प्रस्तावित किया कि 'तुम्हारी फ़िल्म में सभी कुछ नया है, पुराना कुछ भी नहीं। मगर मुझे लगता है कि फ़िल्म को चलाने के लिए एक ऐसा नाम चाहिए, जिससे बँधकर फ़िल्म का स्तर बढ़े और वितरकों के लिए उसमें कुछ कमाने की सुविधा व सफलता की शर्त भी आसान बनती दिखाई पड़े। मुझे लगता है, तुम्हें लता जी से बात करनी चाहिए, यदि वे गाने को तैयार हो जायें, तो इस फ़िल्म का भविष्य सुरक्षित है।'

सूरज बड़जात्या बताते हैं कि जब वे अपना प्रस्ताव लेकर लता मंगेशकर के पास गये, तो सारी बातें तफ़सील से सुनने के बाद वे बोलीं— 'बेटा तुम ताराचन्द जी के पोते हो, यह जानकर बड़ी खुशी हुई कि उनकी तीसरी पीढ़ी भी सिनेमा में इस तरह काम करने को इच्छुक है और मुझे भी उसका हिस्सा बनाना चाहती है। मैंने आपके प्रोडक्शन के लिए बहुत गाने गाये हैं, फिर

आपके लिए क्यों न गाऊँगी? आप जाइए फ़िल्म की तैयारी कीजिए, मैं सारे गीत गाऊँगी और रिहर्सल के लिए जब मेरी ज़रूरत हो, मुझे सूचना भिजवा दीजिएगा।' इतना कहकर सूरज जी प्रसन्न मन से यह स्वीकारते हैं कि 'मैं उनकी सहजता से दंग रह गया था। बाद में वे बड़े प्यार से 'मैंने प्यार किया' की रेकॉर्डिंग में मौजूद रहीं और इस तरह मेरे कॅरियर की पहली ही फ़िल्म को मील का पत्थर बनाने में लता जी का आशीर्वाद शामिल रहा।'

यह संस्मरण इस बात की नुमाइन्दगी करता है कि कैसे पीढ़ियों के अन्तराल के बाद भी लता मंगेशकर की गायिकी का शाहकार उतनी ही उज्ज्वलता के साथ मौजूद है, जितना कि वह अपने शुरुआती दिनों में रहा है। राजश्री प्रोडक्शन की 'आरती' (1962), 'दोस्ती' (1964), 'तकदीर' (1967), 'जीवन-मृत्यु' (1970) और 'मेरे भैया' (1972) जैसी अनगिनत फ़िल्मों के लिए बेहतरीन गीत रचने वाली लता मंगेशकर बहुत बाद में जाकर कई दशकों के अन्तराल के साथ सूरज बड़जात्या के ज़माने में 'मैंने प्यार किया' (1989) और 'हम आपके हैं कौन' (1994) तक आकर वैसी ही सदाबहार बनी रहीं।

यह देखना आश्चर्य में डालता है कि 'आरती' के दौर की युवा लता मंगेशकर का 'हम आपके हैं कौन' की उम्रदराज़ लता जी में स्थानान्तरण नहीं हो सका। उनकी आवाज़ की ताजगी वैसी ही निष्कम्प और अप्रतिहत बनी रही, धीमी नहीं पड़ी। वह आवाज़, जिसके प्रति राजश्री के राजकुमार बड़जात्या को भारी आश्वस्ति थी कि यदि लता मंगेशकर उनके प्रोडक्शन की नयी फ़िल्म में गाने के लिए राजी होती हैं, तब उसकी सफलता सुनिश्चित है, सही साबित हुई। उनकी आवाज़ के चिर-युवा प्रभाव ने फ़िल्म की व्यावसायिक सफलता को सुनिश्चित कर दिया था।

73

देश विभाजन के साथ पाकिस्तान जा बसे क्रान्तिकारी शायर हबीब 'जालिब' के जीवन सन्दर्भ से एक महत्त्वपूर्ण बात पता लगती है कि वे ऐसे रचनाकार रहे हैं, जिन्होंने कई बार जेल में बन्द रहने पर लता मंगेशकर की गायिकी के चलते ख़ुद के भीतर जीने की आशा को किसी तरह बचाए रखा। उनके जीवन से सम्बन्धित प्राप्त जानकारियों से भी यह बात प्रमुखता से उभरती है कि भले ही वे विभाजन के समय पाकिस्तान चले गये, मगर जल्दी ही उनका वहाँ पर मोहभंग भी हो गया था। वे सन् 1976 में हैदराबाद (सिन्ध,

पाकिस्तान) में साज़िशन मुकदमे में फँसाये गये थे और सन् 1978 में जाकर उन्हें जमानत नसीब हुई। वे ऐसे जन-कवि हैं, जिनकी शायरी को शुरुआती दौर में आलोचकों ने नकार दिया था, लेकिन बाद में उन्हें अवाम के एक मशहूर शायर के रूप में मान्यता भी मिल सकी। 'बर्गे-आवारा', 'सरे-मक़तल', 'गोशे में क़फ़स के', 'अहदे सज़ा', 'हर्फ़े-हक़', 'जालिबनामा' और 'इस शहूरे-ख़राबी में' उनकी शायरी की प्रकाशित किताबें हैं। उन्होंने कुछ दिनों तक पाकिस्तानी सिनेमा के लिए भी कुछ फ़िल्मी गीत लिखे, मगर जल्द ही उससे भी उनका मन भर गया।

उनका मन जिस बात में हमेशा लगा रहा, वह एक ओर इंकलाबी शायरी थी, तो दूसरी ओर लता मंगेशकर के गीतों के प्रति दीवानगी। हबीब 'जालिब' अकसर कहा करते थे कि मियाँवाली, कोट लखपत और दूसरी जेलों में राजनीतिक क़ैदी की हैसियत से उनको जो रेडियो दिया जाता था, उस पर वे अकसर रेडिया सीलोन या विविध भारती पर लता मंगेशकर के गीत सुना करते थे और इसी आवाज़ के बल पर वे जेल में ज़िन्दा रहे। वे जब हैदराबाद जेल, सिन्ध में क़ैद थे, तब एक नज़्म 'लता' नाम से लिखी थी, जो आज ज़्यादा प्रासंगिक ढंग से उनके शायर किरदार की जद्दोजहद को बयाँ करती है। पूरी नज़्म इस तरह है—

तेरे मधुर गीतों के सहारे
बीते हैं दिन-रैन हमारे
तेरी अगर आवाज़ न होती
बुझ जाती जीवन की ज्योती
तेरे सच्चे सुर हैं ऐसे
जैसे सूरज - चाँद - सितारे
तेरे मधुर गीतों के सहारे
बीते हैं दिन-रैन हमारे

क्या-क्या तूने गीत हैं गाए
सुर जब लागे, मन झुक जाए
तुमको सुनकर जी उठते हैं
हम जैसे दुःख-दर्द के मारे
तेरे मधुर गीतों के सहारे
बीते हैं दिन-रैन हमारे

मीरा तुझमें आन बसी है
अंग वही है, रंग वही है
जग में तेरे दास हैं इतने
जितने हैं आकाश में तारे
तेरे मधुर गीतों के सहारे
बीते हैं दिन-रैन हमारे

एक क़ैदी के रूप में, मगर संगीत के सहारे अपने दिन-रैन गुजारने वाले हबीब 'जालिब' की शायरी को गहरे सम्मान से देखा, पढ़ा जाता रहा है। उर्दू की मशहूर शायरा फ़हमीदा रियाज़ ने तो यहाँ तक कहा है कि—

'तारीख़ ने ख़िलक़त को तो क़ातिल ही दिए,
ख़िलक़त ने दिया है उसे 'जालिब' सा जवाब'

.....और इतना ही नहीं जिगर मुरादाबादी की दाद भी इस शायर के प्रति बेहद क़ाबिलेतारीफ़ रही है। जिगर फरमाते हैं— 'हमारा ज़मान-ए-मैनोशी होता, तो हम ज़ालिब की ग़ज़ल पर सरे-महफ़िल रक़्स करते।' इस तरह की बातों से एक ऐसे शायर की तस्वीर हमारे सामने आती है, जिसने अपनी सारी ज़िन्दगी दबे-कुचले लोगों के नाम कर दी थी। एक ऐसा संवेदनशील व्यक्ति, जिसे बार-बार राजनीतिक कारणों से सलाख़ों के पीछे डाला गया। फिर भी अगर उनकी आवाज़ और शायरी का इंक़लाबी तेवर हमारे पास आज पहुँच सका है, तो उसमें भारत में जन्मीं और पूरे दक्षिण एशियाई लोगों के दुःख-दर्द के गीतों की आवाज़ बन चुकी लता मंगेशकर की गायिकी में मिलने वाली मानवीय भावनाएँ भी कहीं न कहीं गहराई से काम कर पाई हैं।

हबीब 'जालिब' के बहाने से यह जानना भी प्रासंगिक होगा कि ऐसा लोक-प्रचलन में रहा है कि पाकिस्तान की एक मशहूर शायरा ने कभी एक नज़्म ऐसी भी लिखी थी, जिसमें यह सन्दर्भ आता है कि सरहद पर किसी चाय की दुकान पर भारत और पाकिस्तानी नागरिक आपस में लड़ते हैं, लेकिन उसी समय चाय वाला रेडियो पर जब लता मंगेशकर का कोई गीत बजाता है, तो बरबस आपस में लड़ना छोड़कर दोनों तरफ़ के बाशिन्दे इस बात पर प्रसन्न होकर लड़ाई भूल जाते हैं कि गाने वाली आवाज़ जिस लता मंगेशकर की है, वो तो इन दोनों ही मुल्कों की साझी आवाज़ हैं। इसी तरह की मिलती-जुलती बात भारत के उत्तर प्रदेश के बदायूँ में जन्में और बाद में विभाजन के दौरान पाकिस्तान जा बसे वहाँ के मशहूर हास्य-कवि व शायर बिलावर फ़िगार की एक नज़्म भी लता मंगेशकर के सन्दर्भ में करती है।

कहने का लब्बोलुआब यह है कि लता मंगेशकर की गायिकी की भारत, पाकिस्तान और बांग्लादेश जैसे देशों में जो व्याप्ति रही है, वह उन्हें उसी तरह जनता में लोकप्रिय फ़नकार बनाती है, जिस तरह दूसरे मुल्कों में भी कुछ बड़े कलाकार हुए हैं। वरिष्ठ हिन्दी कवि, आलोचक और लता मंगेशकर के संगीत के दीवाने रहे विष्णु खरे ने एक बात लता जी के सन्दर्भ में कुछ इसी तरह की कही है, जिसका उल्लेख यहाँ ज़रूरी लगता है।

विष्णु खरे के अनुसार 'शायद अपने ज़मानों में सिर्फ़ एला फिट्ज़ेरल्ड ने अमेरिका में, उम कुलसुम ने मिस्र में, एदीत प्याफ़ ने फ्रांस में और नाना मूस्कूरी ने यूनान में ऐसा कारनामा अंजाम दिया था। लेकिन जिस लता की आवाज़ सारी दक्षिण एशियाई नारी के जीवन की सभी भावनाओं और पड़ावों की आवाज़ बन गयी, वैसा अब तक संसार में कहीं और नहीं हो पाया है।' इसी चर्चा को आगे बढ़ाते हुए वे लता जी की गायिकी के प्रति लोगों की दीवानगी को भी बड़े व्यावहारिक ढंग से व्यक्त करते हैं। आगे वे इस तरह कहते हैं 'लता के सर्वश्रेष्ठ गीत कितने-कौन से हैं, इस पर कभी सर्वसम्मति नहीं हो सकती। यह कुछ-कुछ 'हर ख़्वाहिश पे दम निकले' वाला गालिबाना मामला है। हर लता-प्रेमी के पास अपनी एक फेहरिस्त है, जिसे लेकर वह मरने-मारने पर आमादा हो जाता है।'

इसमें कोई शक़ नहीं कि विष्णु खरे जिस स्थापना तक पहुँचे हैं, वह एक हद तक लता मंगेशकर की लोकप्रियता का मानदण्ड तय करती है। हबीब 'जालिब' जैसा क्रान्तिकारी शायर तो सिर्फ़ इसलिए जेल की कई सर्द रातों को गुज़ार सका है कि उसे विविध भारती पर लता मंगेशकर के गीत सुनने को नसीब होते रहे या कि पाकिस्तान की एक ज़हीन शायरा के यहाँ लता जी की उपस्थिति, एक साथ दो मुल्कों की साझी आवाज़ के रूप में नुमाया है। हम अन्दाज़ा लगा सकते हैं कि लता मंगेशकर को लेकर शायरों का रुख कितना आत्मीय और सम्मान भरा रहा है। ख़ुद भारत में लता मंगेशकर के लिए सैकड़ों फ़िल्म गीतों की रचना करने वाले और अलग से अपनी प्रगतिशील आवाज़ के लिए पहचाने जाने वाले मजरूह सुलतानपुरी जैसे शायर की क़लम भी 'लता मंगेशकर के नाम' जैसी नज़्म से अपनी अभिव्यक्ति को उनकी आवाज़ के प्रति सद्भावपूर्ण ढंग से सार्वजनिक करती है। यह पूरी नज़्म ही लता मंगेशकर की आवाज़ के एहतराम के लिए पढ़ी जाने योग्य हैं। कुछ पंक्तियों के उद्धरण से मजरूह सुलतानपुरी की बात के सन्दर्भ को समझा जा सकता है–

मुझसे चलता है सरे बज़्म सुखन का जादू
चाँद लफ़्ज़ों के निकलते हैं मेरे सीने से
मैं दिखाता हूँ ख़्यालात के चेहरे सबको
सूरतें आती हैं बाहर मेरे आईने से
हाँ मगर आज मेरे तर्ज़े बयाँ का ये हाल
अजनबी कोई किसी बज़्म-ए-सुखन में जैसे
वो ख़्यालों के सनम और वो अल्फ़ाज के चाँद
बेवतन हो गये अपने ही वतन में जैसे....

जिस घड़ी डूब के आहंग में तू गाती है
आयतें पढ़ती हैं साज़ों की सदा तेरे लिए
दम-ब-दम ख़ैर मनाते हैं तेरी चंग रुबाब
सीनए नय से निकलती है दुआ तेरे लिए
नग़मा औ साज के जेवर से रहे तेरा सिंगार
हो तेरी माँग में तेरे ही सुरों की अफ़्शाँ
तेरी तानों से तेरी आँख में काजल की लकीर
हाथ में तेरी ही गीतों की हिना हो रख़्शाँ

यह लता जी के प्रति शब्दों का वो मुजाहिरा है, जिसके सम्मान में कुछ कहने या लिखने के लिए अल्फाज़ कम पड़ जाते हैं। यह दिलचस्प ढंग से कई बार व्यक्त भी होता है कि वहाँ फिर शब्दों के मानी बेमतलब से हो जाते हैं और आवाज़ का वजन वैसे ही बरक़रार बना रहता है।

74

मलिक मुहम्मद जायसी ने 'पद्मावत' में सच्चे शिष्य का गुण इस तरह बताया है– *'गुरु बिरह चिनगी उर मेला/जो सुलगाई लेई सोई चेला'*। इसका आशय यह है कि गुरु बिरह की चिन्गारी को शिष्य के हृदय में डाल देता है। इसे सुलगाकर जो अंगार बना ले, वही सद्शिष्य है। यह एक अर्थपूर्ण बात है, जिसे जायसी स्थापित करते हैं। एक सच्चे और अपनी राह पर आगे बढ़ने वाले शिष्य की यही मान्यता भी होती है कि वह खुद के भीतर कुछ ऐसा होने की छूट भी अपने गुरु को दे सके, जिसके चलते उसके भीतर किसी आग के पकने का बीज डाला जा सके।

लता मंगेशकर और उनके जैसे तमाम महान क़िरदारों को देखते हुए सहसा इस बात पर विश्वास करने का मन होता है कि उनको मिलने वाले गुरुओं ने

ऐसी पवित्र आग ज़रूर कहीं भीतर लगाई होगी, जिसके बिरह के ताप ने सुर के कल्पवृक्ष का बीज उनके कण्ठ में रोप दिया है। उनके गले से निमजने वाली मानवीय भावनाओं की सुन्दरतम अभिव्यक्ति के पीछे पं. दीनानाथ मंगेशकर समेत उनके दोनों गुरु उस्ताद अमान अली ख़ाँ भेण्डी बाज़ार वाले और उस्ताद अमानत ख़ाँ देवास वाले शामिल रहे हैं। इसी के साथ फ़िल्म की दुनिया में संगीतकारों के रूप में मिलने वाले मास्टर ग़ुलाम हैदर, अनिल विश्वास, नौशाद और सज्जाद हुसैन ने भी उनके हुनर की आग को विकसित होने में मदद ही की है।

आज मलिक मुहम्मद जायसी की बताई हुई राह पर चलते हुए लता मंगेशकर को हम अज्ञेय की उस कविता के निकट पा सकते हैं, जहाँ कला की सम्पूर्णता को उदार मन से स्वीकारने का भाव रचा गया है। जिस तरह अज्ञेय अपनी कविता *'चिड़िया ने ही कहा'* में माँग करते हैं– *'कहीं बड़े गहरे में/सभी स्वैर हैं नियम/सभी सर्जन केवल/आँचल पसार कर लेना'*; उसी तर्ज़ पर लता मंगेशकर के गायन को सुनते हुए और उस संगीत में उनका तिरोभाव देखते हुए, यह मानने में हर्ज़ नहीं है कि उन्होंने सुरों की दुनिया में फैले हुए सारे सर्जन को आँचल पसार कर ही लिया है।

75

वे समय की पाबन्द हैं। इस हद तक समय को लेकर अनुशासित कि लगता है जैसे दिन के आठों प्रहर का, बिना घड़ी देखे हुए वे हिसाब लगा सकती हैं। अपने काम को लेकर भी उनके भीतर समाया हुआ समर्पण, कहीं न कहीं समय के उनके कठोर अनुशासन के कारण भी बेहतर ढंग से निभ सका है। मेरा व्यक्तिगत अनुभव भी समय के लिए, उनके साथ अत्यन्त सीख देने वाला रहा है। एक बार की बात है, उनके साथ शाम सात बजे फ़ोन पर बातचीत रेकॉर्ड होना तय हुआ। न जाने किस व्यस्तता या मेरी अपनी भूल के चलते मैंने उन्हें ठीक सात बजकर दस मिनट पर फ़ोन लगाया। उधर से आने वाली लता जी की आवाज़ में यह शिक़ायत रही कि 'यतीन्द्र! आज आपने देरी कर दी और गये दस मिनट से मैं आपकी कॉल का इन्तज़ार कर रही हूँ।' जाहिर है कि ऐसी गलती पर मैंने माफ़ी माँगी और अपने फँसे रहने का हवाला दिया, जो वाकई नियत समय पर उनसे मेरी बातचीत में व्यवधान डाल गया।

वे अपने सहज, सौम्य व्यवहार के चलते मुझसे नाराज़ नहीं हुईं। हर बार की तरह हँसते और मुस्कुराते हुए उन्होंने मुझसे बातचीत जारी रखी। पता ही

नहीं चला कि एक महान गायिका से मैं हर दिन की तरह आज भी वैसे ही मुख़ातिब हूँ, जिस तरह कई बार घण्टों लम्बी बातचीत में डूबा रहता हूँ। उस दिन बात समाप्त करने की जब घड़ी आई और दूसरे दिन के लिए मैंने हर बार की तरह ही समय पूछा, तो इस हिदायत के साथ लता जी ने बात ख़त्म की 'कल भी आप सात बजे ही फ़ोन करिएगा। .....और यह बात भी ध्यान में रखिए कि जिस गायिका के जीवन पर आप यह सब लिखना चाहते हैं, उसका पूरा संगीत जीवन ही तीन-चार मिनट के गीतों की अवधि से बना है। आप दस मिनट लेट होंगे, तो इतने में तो मेरे तीन गीत रेडियो और रेकॉर्ड पर बजकर निकल जायेंगे।' इसी के साथ खनखनाती हुई हँसी में शुभाशंसा और आशीर्वाद के शब्द....

मैं हतप्रभ और चकित कि महान जीवन इस तरह भी कई बार कुछ बेहद सुन्दर तौर-तरीके सिखा जाता है। समय के पार चली जाने वाली अपनी सांगीतिक छवि से कुछ पल के लिए बेख़बर मेरी सर्वप्रिय गायिका ने सहज ही उस दिन मुझे समय का शाश्वत मूल्य समझा दिया था। तीन-चार मिनट की संक्षिप्त सी समयावधि से बना हुआ समय के पार जाता हुआ उनका बड़ा और सार्थक जीवन....

76

हम जब भी लता मंगेशकर की आवाज़ को यश चोपड़ा के सिनेमा में सुनते हैं, तो उसमें कुछ अतिरिक्त नरमी, हरारत, कशिश और खनक महसूस होती है। हो सकता है उनकी आवाज़ से ऐसा अरार पैदा करने के लिए धुनों को उसी अन्दाज़ में बुना जाता हो और लता जी, यश चोपड़ा के फ़िल्म की मानसिकता को आत्मसात करते हुए सायास अपने गीतों में कुछ ज़्यादा ही मुलायमियत पैदा करती हों। इस बात की शिनाख़्त के लिए हम 'सिलसिला' (1981) फ़िल्म के एक गीत *'ये कहाँ आ गए हम यूँ ही साथ-साथ चलते'* को देख सकते हैं। इस गीत में कई तरह की सुन्दरता पिरोयी गयी है, जो उस दौर में बिल्कुल अलग क़िस्म की युवा ताज़गी के साथ उभरकर सामने आयी थी।

इसके मध्यवर्ती संगीत (इण्टरल्यूड्स) की संरचना में स्पैनिश गिटार, कांगो, संतूर, मैंडोलिन, वॉयलिन और की-बोर्ड का प्रयोग तो देखने लायक है ही, अलग से अमिताभ बच्चन की गम्भीर और रूमानी आवाज़ के इस्तेमाल के चलते भी यहाँ गीत के पूरे विन्यास में एक नयापन आ गया है। अमिताभ

बच्चन की उपस्थिति इसे डुएट का रंग देती है, जबकि युगल गीतों का पारम्परिक स्ट्रक्चर यहाँ लागू नहीं होता।

गीत का सांगीतिक पाठ करने में यह बात उभरती है कि पूरी धुन में ही कहरवा की लय में जिस तरह हल्के स्पर्श के साथ कांगो का ठेका रखा गया है, वह रोचक लगता है। इस गीत में लगने वाले कोमल निषाद ने मुख्य स्त्री स्वर को इतनी ख़ूबसूरती से तराशा है कि लगता है जैसे बर्फीली वादियों में हीरे की कनी जैसे चमकते शुद्ध कण बादलों के पार चले गए हैं। वैसे भी यश चोपड़ा की फ़िल्मों में गीतों की रूमानी कल्पना में बर्फ से ढँकी ख़ूबसूरत वादियों, प्रेम का रूमान पैदा करने वाले फूलों से लदे रंग-बिरंगे लैण्डस्केपों और शिफॉन की नाजुक साड़ियों में लिपटी अभिनेत्रियों की दर्शना लगभग हर दूसरी फ़िल्म में रुढ़ि की तरह मिलती है। ....और हर बार फ़िल्म में कवितानुमा सदाबहार प्रेम गीत इस दृश्यावली को सम्पूर्णता प्रदान करते हैं। उदाहरण के लिए हमने लता मंगेशकर के जिस गीत का चुनाव किया है, वहाँ भी गायिकी की कोमलता और कविता का युवापन गाने को सुन्दर भंगिमाएँ देता है।

आप इस गीत को धैर्य से सुनें, तो एकबारगी पायेंगे कि लता मंगेशकर ने इसमें अपने स्वर को स्थायी में ही *'ये कहाँ...'* कहते हुए जिस तरह तार-सप्तक में ऊपर ले जाकर कुछ क्षणों तक टिकाया है, वह फ़िल्म संगीत की तमाम अतुलनीय स्थितियों में से एक की नायाब ढंग से सृष्टि करता है। यह गीत इस बात की नुमाइंदगी में शायद सबसे सार्थक उदाहरण की तरह याद किया जाएगा कि यश चोपड़ा के फ़िल्मों का जो मूल स्वर स्त्री संवेदना की अपरिमित कोमलता से जुड़ा रहता है, उसे यहाँ शिव-हरि की धुन, जावेद अख़्तर की कविता और लता मंगेशकर की गायिकी द्वारा रचनात्मक ढंग से सम्भव किया गया है। मुझे याद नहीं पड़ता कि अस्सी के दशक से लेकर अब तक इस गीत की तुलना में लता मंगेशकर का कोई गीत इतने मुकम्मल तौर पर रचा गया होगा, जिसकी संरचना एक बेहद मुलायम रेशमी रूमाल सरीखी रही हो। स्वयं जावेद अख़्तर इस गीत की उत्कृष्टता के सन्दर्भ में कहते हैं– 'सिलसिला' के *'ये कहाँ आ गये हम'* गाने में एक लाइन है, *'हुई और भी मुलायम, मेरी शाम ढलते-ढलते'*, मुझे नहीं लगता कि दुनिया में कोई और गायक 'मुलायम' लफ़्ज़ को इससे ज़्यादा बामानी ढंग से गा सकता था।'

इस रेशमी और मुलायम एहसास में अमिताभ बच्चन की उतनी ही रूमान से भरी आवाज़ का स्थायी और अन्तरों के बीच में प्रयोग बिल्कुल नये ढंग

की उत्तेजना पैदा करता है, जो लता जी की उतनी ही कोमल अभिव्यक्ति की जुगलबन्दी में भीतर तक गुदगुदाने का एहसास कराती है। आप याद करना चाहें, तो लता मंगेशकर के मुखड़े से पहले अमिताभ बच्चन की यह पंक्तियाँ– *'मैं और मेरी तन्हाई अक्सर ये बातें करते हैं/तुम होतीं तो कैसा होता/तुम ये कहतीं तुम वो कहतीं/तुम इस बात पे हैरां होतीं/तुम उस बात पे कितनी हँसतीं/तुम होतीं तो ऐसा होता/तुम होतीं तो वैसा होता/मैं और मेरी तन्हाई अक्सर ये बातें करते हैं...'* को याद कर सकते हैं। इस प्रेम से ओत-प्रोत संवाद के साथ तार सप्तक में पहुँची हुई लता जी की भाव-प्रवण गायिकी के पार्श्व में सेल्युलाईड पर अभिताभ बच्चन और रेखा की जादू जगाने वाली जोड़ी पर फ़िल्माया गया यह गीत मदहोशी की स्थिति तक ले जाता है। इस पूरे गाने की संरचना इतनी काव्यात्मक रखी गई थी कि उसके तिलिस्म या फंतासी से सामान्य स्थिति में बैठे हुए दर्शक का निकलना लगभग नामुमकिन सा था। शायद इसीलिए यश चोपड़ा अपनी सभी फ़िल्मों में स्वप्न में मिलने वाले एक ऐसे मायालोक के सर्जक के रूप में सामने आते हैं कि उस स्थिति में पल भर के लिए पड़ने वाला कोई भी रसिक, श्रोता या दर्शक कहीं न कहीं अपने भीतर प्रेम के स्नेहिल भाव के लिए अवश्य ही तरंगित हो उठता है। यही वह सूत्र है, जिसके चलते यश चोपड़ा की फ़िल्मों के ज़्यादातर रूमानी गीत एक भव्य कल्पना-लोक का आभास रचते हैं, जिसमें नज़ाकत, मुलायमियत, हरारत और गायिकी का बाँकपन सभी कुछ पर्याप्त मात्रा में मौजूद रहता है।

77

लता मंगेशकर और आशा भोंसले। दुनियावी अर्थों में पहचान के लिए दो बहनें। संगीत के अर्थ में पिछली सदी में उभरी फ़िल्मों में पार्श्वगायन की दो मौलिक और बड़ी आवाज़ें। एक ही घर से निकली हुईं स्वर की दुनिया की दो नितान्त अलग, मगर ज़रूरी उपस्थितियाँ, जिनके बग़ैर पिछले साठ-सत्तर वर्षों का हिन्दी फ़िल्म-संगीत इतिहास बेमानी होगा। एक की आवाज़ में शुद्धता का चमकता जल, तो दूसरे के स्वर में पहाड़ों की पगडण्डियों के रास्ते बहकर चला आया पहाड़ी नदी का तरंगित पानी। एक ने अपनी आवाज़ की खनक को समय से पार जाता हुआ बनाया है, तो दूसरा उसी आवाज़ से समय के साथ कुछ शोख ढंग की शरारतें करने में मग्न है। एक के यहाँ तार सप्तक में पहुँची हुई खनक भी सितार की खनक जैसी लगती है। दूसरे के यहाँ तार से मन्द्र तक लौटने का सलोना खेल, कहीं वॉयलिन के सुरों के उतार-चढ़ाव का दिलचस्प नमूना लगता है।

एक लता मंगेशकर हैं, तो ज़ाहिर है कि भजन-प्रार्थना और दर्द-भरे गीतों की अदायगी को अभिनेत्री शाइस्तगी से परदे पर व्यक्त करने के लिए प्रस्तुत होगी। दूसरी आशा भोंसले हैं, तो प्रेम से भरे मनुहार गीतों और कैबरे में हीरोईन को पूरे बेलौस अन्दाज़ में अपनी सारी नज़ाकत परदे पर नुमाया कर देनी है। एक की दुनिया में नौशाद, शंकर-जयकिशन और मदन मोहन ने सुरों में रंग भरा है, तो दूसरे के यहाँ गुलशन का कारोबार ओ.पी. नैय्यर, रवि और आर.डी. बर्मन के चलते सम्भव होता रहा। इन दोनों पार्श्वगायिकओं के लिए प्रबुद्ध गीतकार और फ़िल्म निर्देशक गुलज़ार साहब का यह कथन देखने लायक है– 'लता जी की आवाज़ चाँद पर पहुँची हुई आवाज़ है। वे नील आर्मस्ट्रांग हैं, जो सबसे पहले चाँद पर कदम रखने की सफलता हासिल करती हैं। हालाँकि आशा जी भी उसी यान में खिड़की की दूसरी तरफ़ बैठी थीं, जो लता जी के बाद चाँद पर उतरीं।'

फिर भी तमाम ऐसे शाहकार गीत फ़िल्मों की दुनिया में मौजूद हैं, जहाँ लता और आशा की समवेत उपस्थिति ने गीतों का एक अद्भुत पाठ तैयार किया है। वहाँ भोर की उषा और शाम की रंगत का सामंजस्य अद्भुत ढंग से निखर सका है। एक की जल-प्रपात जैसी आवाज़ के साथ, रिमझिम फुहार की मस्तमौला बूँदें मिलकर एक अलग ही जल-सरोवर की सृष्टि करती हैं। वहाँ दोनों के स्वरों की नाजुकी में कोमलता के अन्यतम स्तरों को अलगा पाना कठिन हो जाता है। हम चाहकर भी कुछ ऐसे गीतों को अलग से याद नहीं कर सकते, जिसमें लता मंगेशकर और आशा भोंसले एक-दूसरे को तिर्यक ढंग से काटती हुई अलग-अलग रास्तों पर आगे बढ़ जाती हैं। वहाँ पर दोनों के सहकार में कुछ निहायत सुन्दर की सृष्टि होती हुई मिलती है, जिसमें दो आवाज़ें मिलकर एक ऐसा भरा-पूरा सुर-संसार रचती हैं, जिसके सम्मोहन से देर तक निकल पाना सम्भव नहीं जान पड़ता।

के. दत्ता के संगीत-निर्देशन में 'दामन' (1951) फ़िल्म के *'ये रुकी-रुकी हवाएँ, ये बुझे-बुझे सितारे'*, शंकर-जयकिशन की 'मयूर पंख' (1954) के *'ये बरखा बहार, सौतनिया के द्वार, न जा मोरे साँवरे पिया'*, शंकर-जयकिशन की 'बसन्त बहार' (1956) के *'कर गया रे मुझ पे जादू सँवरिया'*, सी. रामचन्द्र की 'शारदा' (1957) के *'ओ चाँद जहाँ वो जाएँ'*, हेमन्त कुमार की 'मिस मेरी' (1957) के *'सखी री सुन बोले पपीहा उस पार'*, वसन्त देसाई की 'दो फूल' (1958) के *'रूठी जाये री गुजरिया, ना बोले रे'*, नौशाद की 'मेरे महबूब' (1963) के *'जानेमन इक नज़र देख ले'*, रोशन की 'दूज का चाँद' (1964) के *'सजन*

सलोना माँग लो जी', और लक्ष्मीकान्त-प्यारेलाल के 'उत्सव' (1984) के *'मन क्यूँ बहका री बहका आधी रात को'* तक यह तिलिस्म देखा जा सकता है।

78

लता मंगेशकर और पं. भीमसेन जोशी का साथ में गाया हुआ *'राम श्याम गुन गान'* एल.पी. रेकॉर्ड भक्ति संगीत की सहज शब्दावली वाली प्रस्तुति में मील के पत्थर सरीखा है। दोनों ही कलाकारों की असाधारण गायिकी ने इस एल्बम की एकल और साझी प्रस्तुतियों को एक बेहद सुन्दर योजना का स्वरूप दिया है, जिसमें एक ओर तो लता जी के बहाने उनके पिता द्वारा सिखाई हुई गायिकी के सूत्र मिलते हैं, जिससे ग्वालियर घराने की गायिकी का अंश झलकता है।

साथ ही, उनके गुरुओं से मिली हुई तालीम में भेण्डीबाज़ार घराने और देवास वाले गुरु की सीख व तैयारी के साथ उस्ताद बड़े गुलाम अली ख़ाँ के शिष्य पं. तुलसीदास शर्मा की गायिकी का भी कुछ-कुछ भाव समाहित रहता है। इन्हीं सोपानों से गुजरकर बनी हुई लता मंगेशकर की गायिकी के साथ किराना घराने के दिग्गज हस्ताक्षर पं. भीमसेन जोशी का अद्‌भुत हुनर भी सहकार में भक्ति संगीत को बड़े क्षितिज की ओर ले जाता है।

'राम का गुणगान करिए' जैसी मनोहर प्रार्थना में दोनों ही गायकों के स्वर की पुकार को अपने शुद्धतम रूप में देखा जा सकता है। ठीक उसी समय *'बाजे रे मुरलिया बाजे'* में पं. भीमसेन जोशी और लता मंगेशकर की जुगलबन्दी में उपजी एकतान गायिकी को सुनना सुखद लगता है। दोनों ही दिग्गजों ने अपने-अपने ढंग से गीत को अपनी गायिकी के शिल्प के अनुरूप बाँट लिया है। जहाँ लता जी अपनी सुरीली अभिव्यक्ति में गीत के अन्तरों को निश्छल सादगी के साथ बड़े आसानी से तीनों सप्तकों में घुमाती हुई स्वर-विस्तार करती हैं, ठीक उसी तरह घरानेदारी के लालित्य से भीमसेन जोशी उसमें अपनी आवाज़ की दमसाज उपस्थिति से भराव का सुन्दर काम करते हैं।

गीत की उठान और समाप्ति के दौरान पण्डित जी का आलाप और तान की जटिल मगर कर्णप्रिय निर्मिति देखी जा सकती है। पण्डित नरेन्द्र शर्मा के लिखे इस गीत की शब्दावली वैष्णवता की अनूठी संकीर्तन परम्परा को आवाज़ देती सी लगती है। गीत का एक छन्द पढ़ा जा सकता है, जिसके सौन्दर्य को आपने कई बार सुनते हुए पकड़ने का प्रयास किया होगा। अन्तरा इस तरह है–

बाजे रे मुरलिया बाजे
अधर धरे मोहन मुरली पर
होंठ पे माया बिराजे
हरे-हरे बाँस की बनी मुरलिया
मरम-मरम को छुए अँगुरिया
चंचल चतुर अँगुरिया जिस पर
कनक मुँदरिया साजे

इस गीत के परिप्रेक्ष्य में *'राम का गुणगान करिए'* को सुनते हुए लता मंगेशकर द्वारा ली गयी तानों को भी सुना जा सकता है, जो कहीं न कहीं पण्डित भीमसेन जोशी के साथ एक अधिक बड़े आत्मीय परिसर में समावेशी ढंग से गूँजती है, जब दोनों ही कलाकार अपने-अपने स्वरों से आलाप और तान की सृष्टि रचते हैं। व्यक्तिगत तौर पर लता जी ने मुझे यह बताया भी है कि इस गीत में उन्होंने एक विशेष तान उस्ताद बरकत अली ख़ाँ की तान की तरह ली थी, जो उनके मानस में बहुत दिनों से समायी हुई थी। इन गीतों के विन्यास में पण्डित भीमसेन जोशी का गायन एक तरह से उनके अपने शास्त्रीय गायन के लिहाज से प्रयोग ही था, जो भक्ति-गायन को किराना घराने की शुद्ध रागदारी की वैभवपूर्ण हवेली से बाहर निकालकर 'सुगम संगीत' के जन-सुलभ दायरे में ले आया था। यह पहला ऐसा एल्बम है, जिसने आम जनता के बीच भी पं. भीमसेन जोशी की एक लोकप्रिय छवि बनाने का काम किया, जो उससे पहले शास्त्रीय संगीत प्रेमियों के बौद्धिक माहौल में ही चर्चित और प्रतिष्ठित रहती चली आई थी।

लता मंगेशकर और भीमसेन जोशी जिन अन्य गीतों में उसी सुन्दरता को आपसी संवाद के तहत गाकर अमर बनाते हैं, उनमें *'नारायण वन्दन'* और *'श्रीराम जयराम'* भी स्तरीय ढंग से सुनने लायक बने हैं। लता जी की एकल आवाज़ के दो मधुर गीत *'श्याम घन घनश्याम बरसो'* और *'राम भजन कर मन'* भी उनकी आवाज़ की चिर-परिचित शैली के तहत बने हुए कर्णप्रिय गीत हैं, जिनको आसानी से मराठी के 'भाव-गीतों' की तरह ही देखा व सुना जा सकता है। यही बात पण्डित भीमसेन जोशी के एकल स्वर में मौजूद दो भजनों *'सुमति सीताराम'* और *'कृपा सरोवर कमल मनोहर'* पर भी उतनी ही दिव्यता के साथ लागू होती है। इस पूरी योजना के समग्र कलेवर को देखते हुए यह बात समझ में आती है कि श्रीनिवास खले का पारम्परिक संगीत भी इस एल्बम की सबसे प्रमुख कड़ी रही है, जिसने इतने अभिनव ढंग से गीतों की शाब्दिक अभिव्यक्ति को कुछ आध्यात्मिक स्पर्श भी दिलाया है।

कई बार तो यह भी लगता है कि पण्डित भीमसेन जोशी के यहाँ जिस तरह *'जो भजे हरि को सदा वही परम पद पाएगा', 'रामा हरि का भेद न पायो'* और *'रघुवर तुमको मेरी लाज'* जैसे अमर भजन स्मरणीय माने जाते रहे हैं, उसी तरह वहाँ *'राम का गुणगान करिए'* भी अवश्य ही शामिल माना जायेगा। भीमसेन जोशी के यहाँ किराना घराने के अन्य समवयसी कलाकारों की तरह राग की शुरुआत में ही आरोह-अवरोह के क्षण, पूरा का पूरा 'राग-दर्शन' दिखाने की परम्परा रही है। यह युक्ति इस एल्बम के भजनों में भी अन्यतम ढंग से प्रतिष्ठित होती हुई दिखाई पड़ती है, जब वे रागों की लयात्मकता और दैवीयता को आम रसिकों की सभा के लिए इस तरह गाकर प्रतिष्ठित और सहज बनाते हैं। फिर, लता मंगेशकर की आवाज़ के लिए तो कहना ही क्या! वहाँ तो तीन-चार मिनट की अदायगी में ही, संक्षिप्ति के कलेवर में वे आलाप और तान समेत उस सम्पूर्णता तक पहुँच जाती हैं, जिसकी बाद की अदायगी में उस राग की प्रतिष्ठा एकदम से भभक कर दीप्त हो उठती है। यह हमारे लिए एक अनमोल उपहार सरीखा ही है कि हम सांगीतिक दृष्टि से अत्यन्त उच्च कोटि के इन भजनों को अपने दो प्रिय और महान गायकों की साझी आवाज़ के तहत सुन पाये हैं, जिसकी आधारपीठिका में संगीतकार श्रीनिवास खले और गीतकार पं. नरेन्द्र शर्मा सम्मिलित हैं। .....और गीतों की दैवीयता में कहीं राम और कृष्ण का सात्त्विक गुणगान मूर्त होता दिखाई पड़ता है।

79

लता जी के जितने भी विदेशों में कन्सर्ट हुए हैं, उनमें आज भी लाजवाब ढंग से यादगार मानी जाने वाली दो प्रस्तुतियाँ लन्दन की हैं। ये दोनों ही कन्सर्ट रॉयल एल्बर्ट हॉल में हुए थे, जिनमें उनकी पहली सार्वजनिक विदेशी मंच से प्रस्तुति ग्यारह, बारह और चौदह मार्च, 1974 को हुई थी। यह कन्सर्ट हर लिहाज़ से ऐतिहासिक माना जाता है, जिसे लता मंगेशकर ने नेहरू मेमोरियल फण्ड के लिए चन्दा एकत्र करने की योजना के तहत किया था। इसके बाद दोबारा से वे 1979 में फिर इसी हॉल में अपनी संगीत प्रस्तुति देने गयीं, जो एड वेल्श के मशहूर समूह रेन आर्केस्ट्रा के साथ होनी थी। वे आज भी इन्हीं दोनों प्रस्तुतियों को लगाव से याद करती हैं। इसलिए भी कि ये दोनों कन्सर्ट सांगीतिक रूप से सफल और उत्कृष्ट आयोजनों का रूप ले सकीं। लता जी स्वयं रॉयल एल्बर्ट हॉल के अपने कार्यक्रम को आज भी उत्सुकता से याद करती हैं और कहती हैं– 'वो बहुत ही अच्छा अनुभव था। मतलब हमने ऐसा कभी देखा नहीं था,

जो रॉयल एल्बर्ट के उस कन्सर्ट में देखने को मिला। पहली बात तो पब्लिक में जो अनुशासन था, वह कमाल का था। एक तो सात बजे शो शुरू होता था, तो सात बजे से पहले ही पब्लिक हॉल के अन्दर होती थी। वहाँ एक अजीब सी बात यह है कि अगर कोई लेट आए, तो दरवाजे खुलते नहीं हैं। प्रोग्राम हो जाने के बाद ही दरवाज़े खुलते हैं। .....तो पब्लिक ने मुझे वहाँ पर जिस तरह हर एक गाने पर जो रिस्पांस दिया था, वो कमाल का था। मेरे तीनों दिन के शो हाऊस फुल गये थे।'

मुझे एक संगीत रसिक के तौर पर रेन आर्केस्ट्रा वाली प्रस्तुति अलग से ध्यान देने वाली लगती रही है। वह इस कारण कि वहाँ विदेशी वादकों के समूह ने जैसे भारतीय गीतों को आत्मसात कर लिया था। फ़िल्मों की जो पारम्परिक धुनों की छवियाँ हैं, उनके साथ तालमेल बिठाते हुए वे सारे ही वादक जैसे कुछ समय के लिए उन गाये जाने वाले गीतों के मूल संगीतकारों की टीम के सदस्य जैसे हो गए थे। लता मंगेशकर ने कन्सर्ट के बहुत पहले अपने म्युजिक अरेंजर्स अनिल मोहिले और अमर हल्दीपुर को लन्दन भेजा था, जिससे वे लोग उन सारे गीतों की वादकों के साथ बैठकर वेस्टर्न नोटेशन बनवा सकें, जिसे उनके द्वारा गाया और ब्रिटिश म्युजिशियन्स द्वारा बजाया जाना था। आज इस कन्सर्ट को हुए लगभग छत्तीस वर्षों का लम्बा समय बीत चुका है, मगर इस बात से इन्कार नहीं किया जा सकता कि उस समय नौशाद, मदन मोहन, सलिल चौधरी, शंकर-जयकिशन या लक्ष्मीकान्त-प्यारेलाल की जिन मधुर धुनों को लता जी ने क्रमशः *'उठाये जा उनके सितम'* (अन्दाज़), *'हम प्यार में जलने वालों को'* (जेलर), *'साथी रे तुझ बिन जिया उदास रे'* (पूनम की रात), *'एहसान तेरा होगा मुझ पर'* (जंगली) और *'ईश्वर सत्य है.... सत्यम् शिवम् सुन्दरम्'* (सत्यम् शिवम् सुन्दरम्) गाया था, वे मूल धुनों की तरह ही, उतनी रूमानी ढंग से रेन आर्केस्ट्रा के सहयोगियों द्वारा वाद्यों पर सम्भव हुई थीं। लता मंगेशकर ने इस प्रस्तुति को समाप्त करते हुए मीराबाई का एक भजन *'चला वाही देस'* भी गाया था, जिसके अन्त पर एड वेल्श ने अपने आर्केस्ट्रा द्वारा उसी पद का रचनात्मक विस्तार सुन्दर आर्केस्ट्रेशन के साथ प्रस्तुत किया था।

आज भी कभी रॉयल एल्बर्ट हाल की इन दोनों ही प्रस्तुतियों को रेकॉर्ड या सी.डी. पर सुनते हुए एक अलग ही किस्म का रोमांच तारी हो जाता है। जब हम 1974 वाले कन्सर्ट को सुनते हैं, तो लता जी की आवाज़ में उनके सुपरहिट हान्टिंग सांग्स की लड़ियाँ कानों में मिसरी घोलने लगती हैं, जिसका

चरम हमें सलिल चौधरी की बंगाली धुन *'ना मोनो लागे ना'* और पंजाबी की 'हीर'- *'डोली चढ़ दी अमारियाँ'* सुनते हुए होता है। ....और जब हम रेन आर्केस्ट्रा के गीतों से मिल रहे होते हैं, तो न जाने कैसे शंकर-जयकिशन की धुन से बना 'राजकुमार' फ़िल्म का सदाबहार गीत झूमने पर विवश कर देता है। अगर आपको ऐसा कोई अनुभव न हुआ हो, तो इस कन्सर्ट का रेकॉर्ड बजाकर एक बार *'आ जा आई बहार, दिल है बेक़रार, ओ मेरे राजकुमार, तेरे बिन रहा न जाये'* सुन लेना चाहिए। यह निश्चित ही लता जी की गायिकी की उन सुन्दरतम अभिव्यक्तियों का दस्तावेज़ बन पड़ा है, जिस तरह के गीतों को उन्होंने पचास और साठ के दशक में लगभग हर दूसरी फ़िल्म में गाकर इतिहास रच दिया था। बिना किसी अतिरिक्त मेहनत या दबाव के एफर्टलेस ढंग से गाए हुए तमाम गीतों के ख़जाने से कुछ मोती चुनकर लता जी ने रेन आर्केस्ट्रा की प्रस्तुति में जो सुन्दरता, शोखी और लोच पैदा की थी; वह रेकॉर्ड, टेपों और सी.डी. में सुनने पर आज तक जीवन्त लगती है। इससे इस बात का अन्दाज़ा भी लगाया जा सकता है कि उस समय क्या हुआ होगा, जब 03 जुलाई, 1979 को लन्दन के रॉयल एल्बर्ट हॉल में लता मंगेशकर की सजीव गायिकी (लाईव परफारमेंस) ने एक अलग ही क़िस्म की हरारत श्रोताओं के दिलों में रच दी होगी।

80

लता मंगेशकर के रूमानियत से भरे युगल-गीतों में मुकेश, मो. रफ़ी और किशोर कुमार के साथ के गीत ही व्यापक तौर पर याद किए जाते हैं। ये बात लगभग रुढ़ि की तरह बैठ गयी है कि जो भी सुरीले, कर्णप्रिय और मनभावन गीत हमें लव सांग के रूप में मुहैया हैं, उनमें मुकेश, रफ़ी और किशोर का होना एक ज़रूरी बात की तरह शामिल माना जाता है। यह बात एक हद तक सही होने के बाद भी, कम से कम लता मंगेशकर की संगीत-यात्रा में पूरी तौर पर सटीक नहीं बैठती। वह इसलिए भी कि अपने लम्बे फ़िल्मी सफ़र में लता जी ने तमाम दूसरे पार्श्वगायकों के साथ भी जबर्दस्त साझेदारी की है। तलत महमूद, हेमन्त कुमार, मन्ना डे और महेन्द्र कपूर के साथ भी लता मंगेशकर ने कुछ बेहद मधुर गीतों का सृजन किया है, दुर्भाग्य से जिनमें अधिकांश लोकप्रिय और हिट होने के बाद भी उस तरह याद नहीं किए जाते, जिस तरह मुकेश, रफ़ी या किशोर के गीत आम लोगों की जुबान पर रहते हैं।

एक संगीत रसिक के तौर पर मेरा व्यक्तिगत आकलन यह रहा है कि कई बार इन तीन मूर्धन्य पार्श्वगायकों के गीतों को छोड़कर लता जी

हेमन्त कुमार या महेन्द्र कपूर के साथ भी वो जादू जगा देती हैं, जो अपने शिल्प और सांगीतिक प्रभाव में उतना ही श्रुतिमधुर है, जितने कि दूसरे महत्त्वपूर्ण गाने, जिनमें किशोर कुमार या मो. रफ़ी साथ रहे हों। कई बार यह भी विचित्र सी स्थिति सामने आती है कि हेमन्त कुमार, तलत महमूद, मन्ना डे और महेन्द्र कपूर के साथ लता मंगेशकर चार अलग-अलग ढंग से रूमानियत का माहौल रचती हैं। वो परिवेश भी इतना अलग और नयी ज़मीन वाला होता है कि एकबारगी सुनने वाला इस आश्चर्य में पड़ जाये कि कैसे गीतों में इतनी हरारत और खुशनुमा ढंग से मानवीय संवेदनाओं का स्वर उकेरा गया है।

आप तलत महमूद की मखमली आवाज़ में लता मंगेशकर के साथ अनिल विश्वास का बनाया *'सीने में सुलगते हैं अरमाँ, आँखों में उदासी छायी है'* (तराना, 1951), गुलाम मुहम्मद का *'आसमाँ वाले तेरी दुनिया से जी घबरा गया'* (लैला मजनूँ, 1953), मदन मोहन के संगीत पर *'तेरी चमकती आँखों के आगे ये सितारे कुछ भी नहीं'* (छोटे बाबू, 1957) और सलिल चौधरी के निर्देशन का *'इतना ना मुझसे तू प्यार बढ़ा कि मैं इक बादल आवारा'* (छाया, 1961) को सुनें, तो इस बात की गहराई तक अवश्य ही पहुँचना चाहेंगे कि आख़िर वह कौन से दबाव और फ़िल्म गीतों से सम्बन्धित नीतियाँ थीं, जिनके चलते तलत महमूद को लता जी के साथ इतने कम डुएट गाने को मिले। यह एक हद तक ठीक है कि उनके समकालीन मुकेश और मो. रफ़ी की आवाज़ें उस समय ज़्यादा प्रभावी और जन मानस में पहचानी जाती रहीं। साथ ही इन दोनों ही गायकों का व्यावसायिक बाज़ार भी शिखर पर था, मगर गुणवत्ता की दृष्टि से तो शायद कहीं भी तलत महमूद पीछे न थे, अगर आवाज़ के स्तर पर कोई तुलना की बात कभी उठती। उनकी हौले से काँपती और मन्द्र सप्तक में दोलन करती आवाज़ का अपना निखार था, जो कई बार कुछ बेहद सुन्दर संगीत दृश्यावलियाँ रच देता था।

ऐसे तमाम गीत याद किए जा सकते हैं, जिनमें तलत महमूद ने लता मंगेशकर के साथ मिलकर इतना अनूठा रचा है, जो शायद उन गीतों में कुछ दूसरे स्थापित पार्श्वगायकों के रहने से भी सम्भव न होता। कला में जिस पराकाष्ठा को हम मुकेश या रफ़ी के साथ वाले गीतों में लता मंगेशकर के साथ आसानी से घटता हुआ देखते हैं, वह कुछ अप्रत्याशित ढंग से लगभग एक चमत्कार की तरह ही तलत महमूद की जुगलबन्दी में भी सम्भव होता है, जो संगीत की दृष्टि से बड़ी बात है। कहने का अर्थ यह है कि जिस कलात्मक ऊँचाई को लता मंगेशकर-मुकेश

या लता मंगेशकर-मो. रफ़ी के गानों में व्यक्त तौर पर महसूस किया जा सकता है, वह लता-तलत की जोड़ी में अकस्मात ही मुखर हो उठता है।

तलत महमूद की ही तरह, एक बिल्कुल दूसरे ही छोर पर लगभग दुनियावी अर्थों से अलग कुछ पवित्र और स्वर्गिक सा रचती हेमन्त कुमार और लता मंगेशकर के युगल-गीतों की दुनिया मिलती है। हेमन्त कुमार की किसी मन्दिर में बैठे सन्त-भाव सी आवाज़ का रूमानी गीत में रूपान्तरण भी प्रेम, मनुहार और आलिंगन के अर्थ में कुछ अलौकिक सा बन जाया करता है। फिर उसके साथ सहोदर ढंग से उपस्थित लता मंगेशकर की आवाज़ भी जैसे कहीं बादलों के पार से निकलकर शापग्रस्त किन्नरियों के लोक से आती हुई दिखाई पड़ती है। कहने का आशय यह है कि लता और हेमन्त की आवाज़ यहाँ सांसारिक अर्थों में सुनाई नहीं देती, बल्कि उसका एक ऐसा पराभौतिक धरातल बनता है, जो कहीं मानवीय अर्थों की सीमा से थोड़ा ऊपर उठकर और दैवीय अर्थों से थोड़ा नीचे जाकर, कहीं बीच के किसी सन्तुलित बिन्दु पर उपस्थित मिलता है।

आप इस बात की पुष्टि करना चाहें, तो आसानी से कई ऐसे डुएट याद कर सकते हैं, जहाँ दोनों गायकों की आवाज़ों का स्पर्श आपको ऐसे किसी अनुभव का साझी बनाता है। याद करने के लिए, जो तुरन्त कुछ अत्यन्त सुरीले गीत स्मरण में आते हैं, उनमें वसन्त देसाई का *'नैन सो नैन नाहीं मिलाओ, देखत सूरत आवत लाज'* (झनक-झनक पायल बाजे, 1955), सी. रामचन्द्र का *'जाग दर्द-ए-इश्क़ जाग'* (अनारकली, 1953), नौशाद का *'चन्दन का पलना रेशम की डोरी, झूला झुलाऊँ निन्दिया को तोरी'* (शबाब, 1954), कल्याणजी-आनन्दजी का *'इतना तो कह दो हमसे, तुमसे ही प्यार है'* (सहेली, 1965), रोशन का *'छुपा लो यूँ दिल में प्यार मेरा'* (ममता, 1966) और स्वयं हेमन्त कुमार का बनाया *'अरी छोड़ दे सजनिया, छोड़ दे पतंग मेरी छोड़ दे'* (नागिन, 1954) प्रमुख हैं। इन गीतों को याद करते हुए, ढेरों और गीत भी सहज ही याद आते हैं, जिन पर हेमन्त कुमार और लता मंगेशकर की मुहर लगी हुई है।

तलत महमूद और हेमन्त कुमार से अलग, कुछ बिल्कुल अनूठे ढंग से हम मन्ना डे और लता मंगेशकर के युगल-गीतों को भी याद कर सकते हैं। इस लिहाज से भी कि हम यह जानते रहे हैं कि अधिकांश युगल-गीत जो शंकर-जयकिशन ने बनाए हैं, उनका मतलब ही लता-मुकेश का गीत होता था। यह शंकर-जयकिशन की क़ाबिलियत कही जायेगी या ख़ुद मन्ना डे की प्रतिभा की बारीक़ी कि अधिकांश ऐसे गीतों में उन्होंने लता मंगेशकर के साथ अपनी आवाज़ से जो

मादकता पैदा की है, वह जल्दी-जल्दी मुकेश के साथ वाले गीतों में भी मुश्किल से मिलती है। यह देखना भी एक दुर्लभ संयोग की ओर इशारा करता है कि मन्ना डे और लता मंगेशकर दोनों ही शास्त्रीय संगीत सीखे हुए कलाकार रहे हैं। इस कारण, धुनों में आने वाली राग सम्मत महीन से महीन बात भी बड़े करीने से ये दोनों गायक आत्मसात कर लेते हैं। ज़्यादातर युगल-गीतों में लता मंगेशकर की कोमल व खनकती आवाज़ के साथ, मन्ना डे के गले की शास्त्रीय हरकतों का मेल लाजवाब ढंग से उभरा है। हम आसानी से इस तर्क की स्थापना तक पहुँच सकते हैं कि इस जोड़ी के गीतों में हर दूसरा गीत, पहले गीत से कुछ अलग और विशिष्ट अभिव्यक्ति अपने आप में संजोए हुए है।

उदाहरण के तौर पर ऐसे आठ-दस गीतों को याद किया जा सकता है, जिसमें लता मंगेशकर और मन्ना डे की आवाज़ का विकल्प ढूँढना मुश्किल बन जाता है। जैसे, अनिल विश्वास के निर्देशन में *'ऋतु आए ऋतु जाए सखी री, मन के मीत न आए'* (हमदर्द, 1953), शंकर जयकिशन के बनाए हुए *'आ जा सनम मधुर चाँदनी में, हम-तुम मिलें तो'* (चोरी-चोरी, 1956), *'नैन मिले चैन कहाँ दिल है वहीं तू है जहाँ'* (बसन्त बहार, 1956) और *'दिल की गिरह खोल दो, चुप न बैठो कोई गीत गाओ'* (रात और दिन, 1967), सलिल चौधरी के संगीत पर बने *'जा तोसे नाहीं बोलूँ कन्हैया, राह चलत पकरी मोरी बईयाँ'* (परिवार, 1956), *'दईया रे दईया चढ़ गयो पापी बिछुआ'* (मधुमती, 1958) और *'बलमा मोरा आँचरा महके रे'* (संगत, 1975), वसन्त देसाई का *'तार-तार बज रहा, दिल के सुर बहार का'* (स्कूल मास्टर, 1959), आर.डी. बर्मन का *'चुनरी सँभाल गोरी उड़ी चली जाये रे'* (बहारों के सपने, 1967) और लक्ष्मीकान्त-प्यारेलाल का *'शाम ढले जमुना किनारे, आजा राधे आजा तोहे श्याम पुकारे'* (पुष्पांजलि, 1970) सदाबहार धुनों पर रचे गये बेहतरीन गीतों का कैटलॉग है।

इन तीनों गायकों की उपस्थिति से बने हुए लता मंगेशकर के स्वर-संसार के युगल-गीतों में वह नज़ाकत, मधुरता, लोनाई और अभिव्यक्ति की भंगिमाएँ मौजूद हैं, जो उनके गीतों को वहीं ऊँचाई देती हैं, जो मुकेश, मो. रफ़ी या किशोर कुमार की उपस्थिति के चलते सम्भव होतीं। मेरे जैसा रसिक इस बात का अन्दाज़ा नहीं लगा सकता कि फ़िल्मों के लिए बने हुए तमाम गीतों में वे कौन से दबाव और प्रेरणाएँ एक साथ काम कर रही होंगी, जिनके चलते किसी गीत में मुकेश तो किसी गीत में तलत महमूद का चयन हुआ होगा; मगर इतना तो आज हमारे सामने स्पष्ट ही है कि अलग-अलग आवाज़ों की सुरीली धरती ने डुएट सांग्स

में भी अलग-अलग ढंग का रंग भरा है। आप लता मंगेशकर को किशोर कुमार के साथ सुनें, तो जिस भावनात्मक अनुभूति से दो-चार होंगे, ठीक उसी क्षण उसी दौर के दूसरे गीतों में लता मंगेशकर को मन्ना डे या महेन्द्र कपूर के साथ सुनने पर गीतों में आरोपित भाव-भंगिमाएँ अनायास ही बदल जायेंगी।

एक गीत अपने नैसर्गिक विन्यास से ऊपर उठकर, कई बार उसके गाने वाले के कण्ठ में भी अपनी 'उपज' की सम्भावनाओं को तलाशता है। गले से पैदा होने वाली सांगीतिक हरकतों का पाठ भी, अलग-अलग पार्श्वगायक-गायिकाओं के यहाँ भिन्न स्तर पर रचनात्मक आस्वाद में तब्दील होगा। यह एक ऐसी सार्वकालिक कसौटी है, जिस पर हर दूसरा युगल-गीत विश्लेषण की माँग करेगा। इन्हीं विमर्श के रास्तों से गुजरता हुआ कई बार हमें कुछ अप्रत्याशित खोजने का अवसर मिल जाया करता है, जिनमें आश्चर्यजनक ढंग से प्रचलित और मशहूर आवाज़ें शामिल नहीं मिलतीं। वहाँ कई दफ़ा कुछ ऐसे भी स्वर अपना सम्मोहन रचते हुए दिखाई पड़ते हैं, जिनके बारे में आप अलग से आँक ही नहीं सकते कि वे कुछ बेहद असाधारण सा भी कुछ रच सकते हैं।

फ़िल्मी गीतों के सन्दर्भ में कुछ कम प्रचलित आवाज़ों के शाहकार गीतों की नुमाइन्दगी में लिखी गयी इस टिप्पणी को विमर्श के एक वृहत्तर दायरे में लेते हुए मैं लता मंगेशकर के महेन्द्र कपूर के साथ गाए हुए डुएट्स को भी याद करना चाहता हूँ, जिनको सुनना एक बड़ी सांगीतिक थाती को सिरजने जैसा है। ऐसे गीतों में बरबस याद आने वाले गीत हैं– एन दत्ता का *'तेरे प्यार का आसरा चाहता हूँ'* (धूल का फूल, 1959), रवि का *'आज की मुलाक़ात बस इतनी'* (भरोसा, 1963), कल्याणजी-आनन्दजी का *'चोरी हो गयी रात नैन की निन्दिया'* (इशारा, 1964), चित्रगुप्त के *'कोई आने वाला है चाँद की डोलिया पे हो के सवार'* (मेरा कुसूर क्या है, 1964) और *'आजा रे मेरे प्यार के राही, राह निहारूँ बड़ी देर से'* (ऊँचे लोग, 1965) और मदन मोहन की बनाई हुई बेहतरीन कम्पोजीशन *'आपने अपना बनाया मेहरबानी आपकी'* (दुल्हन एक रात की, 1966)। इन गीतों की सुन्दरता की तुलना भी किन्हीं दूसरे समर्थ युगल-गीतों के साथ आसानी से की जा सकती है। कहने का सार यह है कि लता मंगेशकर के युगल-गीतों की सदाबहार ज़मीन हर एक साथी पार्श्वगायक के साथ अनूठी और कर्णप्रिय तो बनी ही है, वह अलग से प्रत्येक पार्श्वगायक के शिल्प के साथ अपना एक विशिष्ट हस्ताक्षर रचते हुए उतनी ही नयी और ताजगी-भरी भी लगती है।

81

लता मंगेशकर की निगाह में भाव-प्रवण अभिनय का सबसे मुकम्मल चेहरा मीनाकुमारी का है। वे जब उनको याद करती हैं, तो उतनी ही गरिमा और गम्भीरता से उनका ज़िक्र आता है, जितना कि सिनेमा के रूपहले पर्दे पर स्वयं मीनाकुमारी के ढेरों किरदार रहे हैं। उनको मीना जी की 'शारदा' (1957), 'दिल अपना और प्रीत पराई' (1960), 'कोहिनूर' (1960), 'आरती' (1962), 'चित्रलेखा' (1964), 'बहू बेगम' (1967) और 'पाकीज़ा' (1971) जैसी फ़िल्में पसन्द रही हैं। उनके व्यक्तित्व में मौजूद उस संवेदनशील स्त्री मन के प्रति भी लता मंगेशकर के विचार सम्मानजनक रहे हैं, जो कहीं न कहीं सिनेमा की इन दो बड़ी हस्तियों के आपसी सौहार्द्र के बारे में भी सूचना देती है। मीनाकुमारी का मतलब ही था– अनोखी अदाकारा, बहुत अच्छी शायरा और एक बेहतरीन इन्सान। हमदर्दी और अपनेपन की ऐसी दानिशमन्द मिसाल, जिसकी शायरी की रूह और रोशनाई, जज़्बात की क़लम पकड़कर दर्द के गहरे समुन्दर से अपना वजूद हासिल करती थी।

इस बात का पता लगा पाना थोड़ा मुश्किल है कि हम उनकी अमर फ़िल्मों की फेहरिस्त से किसी किरदार का दर्दे-बयाँ चुनकर यह कह पाएँ कि वह मात्र फ़िल्म में मौजूद मीनाकुमारी का एक रोल ही है या कि वह स्वयं कहीं न कहीं उनकी शख़्सियत के कोने-अँतरे में झाँकने भर की एक तकलीफ भरी जद्दोज़हद है, जहाँ से उनके किरदार को शक्ल और आवाज़ मिलती है। यह देखने की बात है कि वह आवाज़ कई बार लता मंगेशकर की आवाज़ के रूप में उनके व्यक्तित्व को सुरीली रंगतों से भरती है। कई बार मीनाकुमारी की शायरी में मौजूद तड़प, बेगानापन और सब कुछ एकबारगी हाथ से छूट जाने की कश्मकश, कहीं न कहीं उनके व्यक्तिगत जीवन के तमाम उतार-चढ़ावों का भी एक फलसफा व्यक्त करती है।

यह अकारण नहीं है कि मीना कुमारी की शख़्सियत में मौजूद ढेरों रंगतों ने जिस नाउम्मीदी, बेसब्री और तलाश से ज़िन्दगी का कैनवास गढ़ा था, उसी में से निकलकर हिन्दी सिनेमा के पचास और साठ के दशक को एक समर्थ अभिनेत्री का चेहरा मिल सका। जिस व्यक्तिगत टीस और चुभन को उन्होंने अपने अभिनय का सबसे बड़ा हथियार बनाया, वह चीज़ उनकी शायर तबीयत में भी औजार बनकर कल्पना को रवानगी और धार देता रहा। यह मीनाकुमारी ही लिख सकती थीं– *'टुकड़े-टुकड़े दिन बीता/धज्जी-धज्जी रात मिली/जिसका*

जितना आँचल था/उतनी ही सौग़ात मिली'। इस ग़ज़ल में वे उस बरसात की बात भी करती हैं, जिसमें आँखें हँसती हैं और दिल अकसर रोता रहता है। ऐसे ढेरों ग़ज़लों की सफल नुमाइन्दगी के लिये हमें मीनाकुमारी की ऐसी फ़िल्मों की ओर भी ताकना चाहिए, जिसमें उनकी आँखें ही संवादों और परिस्थितियों का सारा कोलाज़ रच देती हैं। फिर आपको 'दिल अपना और प्रीत पराई' की आदर्श बहू की याद आती है, जो हर समय में मिलने वाली स्त्री का किरदार भी है। इसी तरह 'बहू बेगम' की बेगम साहिबा का संत्रास याद आता है, जो ख़ुद के अन्तरविरोधों में फँसी हुई वज़ादारी में जीने को विवश है। 'दिल एक मन्दिर' की समर्पिता पत्नी का सेवा-भाव और उसी क्षण उसमें मौजूद प्रेयसी का असमंजस या फिर 'बेनज़ीर' की तवायफ़ का समाज द्वारा हमेशा दूसरी औरत के लिबास में देखा जाना दर्शकों को न सिर्फ़ परेशान करता है, बल्कि वह मीनाकुमारी की उपस्थिति में दर्द को कुछ और अधिक गाढ़े दर्द में बदल डालता है। यह सफ़र यहीं तक नहीं रुकता, वह अपना शिखर पाता है, जब जीवन का अन्तिम संगीत रचते हुए वे 'पाकीज़ा' के अन्त में काँच के टुकड़ों पर चलते हुए न केवल अपनी घुँघुरुओं की दबी-छुपी सिसकी में खून से सराबोर होती हैं, बल्कि फ़िल्म के अन्त के साथ-साथ ख़ुद का जीवन भी समाप्त कर डालती हैं।

दरअसल मीनाकुमारी का पूरा जीवन ही त्रासदी में डूबे हुए एक दुःखान्त परी-कथा की तरह है, जिसे उसके सपनों का सच्चा राजकुमार कभी नहीं मिलता। जो कुछ मिलता भी है, वह हर बार उन्हें पहले से अधिक छलता है, पहले से अधिक अकेला छोड़ देता है। यह गौर करने लायक तथ्य है कि पचास और साठ के दशक के लता मंगेशकर के गाए हुए अधिकांश दर्द-भरे गीत, मीनाकुमारी के किरदारों पर ही फ़िल्माए गये हैं।

ऐसे में, लता जी की आवाज़ का जादू और मीनाकुमारी की विवश और लरजती उपस्थिति से ढेरों फ़िल्में कामयाबी के कीर्तिमान रचती गयीं और गाने सदाबहार ढंग से अमर होते चले गये। *'मोहे भूल गए साँवरिया'* (बैजू बावरा, 1952), *'ऐ मेरी ज़िन्दगी तुझे ढूँढू कहाँ'* (अदल-ए-ज़हाँगीर, 1955), *'पी के दरस को तरस रहीं अँखियाँ'* (आज़ाद, 1955), *'सो गया सारा ज़माना, नींद क्यूँ आती नहीं'* (मिस मेरी, 1957), *'अजीब दास्ताँ है ये कहाँ शुरू कहाँ ख़तम'* (दिल अपना और प्रीत पराई, 1960), *'कभी तो मिलेगी कहीं तो मिलेगी बहारों की मंजिल राही'* (आरती, 1962), *'वो जो मिलते थे कभी हमसे दीवानों की तरह'* (अकेली मत जइयो, 1963), *'रुक जा रात, ठहर जा रे चन्दा'* (दिल

एक मन्दिर, 1963), *'बहारों की महफ़िल सुहानी रहेगी'* (बेनज़ीर, 1964) *'नग़मा-ओ-शेर की सौगात किसे पेश करूँ'* (ग़ज़ल, 1964), *'संसार से भागे फिरते हो, भगवान को तुम क्या पाओगे'* (चित्रलेखा, 1964), *'दुनिया करे सवाल तो हम क्या जवाब दें'* (बहू बेगम, 1967), *'ओ गंगा मैया पार लगा दे'* (चन्दन का पलना, 1967), *'रोज़ अकेली आये चाँद कटोरा लिये भिखारन रात'* (मेरे अपने, 1971) और *'चलते-चलते यूँ ही कोई मिल गया था'* (पाकीज़ा, 1971), ... यह सूची अन्तहीन है, जिसमें आप भी ढेरों ऐसे गीत जोड़ सकते हैं, जो इस वक्त आपको बरबस याद आ रहे होंगे।

इन गीतों के सन्दर्भों को पढ़ते हुए यह बात समझ में आती है कि मीनाकुमारी जीवन को सम्पूर्णता की तह तक पाने और जीने में विश्वास करने वाली अभिनेत्री थीं। एक ऐसी संवेदनशील स्त्री, जिसका अन्दर-बाहर सभी कुछ प्रेम की इबारत को समझना-पढ़ना चाहता था। यह बहुत वाज़िब है कि उनके फ़िल्मी किरदारों में मिलने वाले दर्द और अफ़सानों को हम अकसर लता मंगेशकर की आवाज़ में रचे गये उन नग़मों में भी पढ़ सकते हैं, जिसने इस ज़हीन शायरा और अभिनेत्री का वजूद बनाया था। शायद इस कारण भी, दर्द-भरे गीतों को सबसे मानवीय ढंग से व्यक्त करने में सक्षम रही आई लता मंगेशकर जैसी पार्श्वगायिका, मीनाकुमारी को सर्वाधिक पसन्द करती हैं।

82

लता मंगेशकर के गाए हुए हजारों फ़िल्मी गीतों में कुछ ऐसे गीत भी शामिल रहे हैं, जिनकी शोखी और खिलन्दड़ेपन को एक-दूसरे ही धरातल पर अनुभव किया जा सकता है। ऐसे गीतों का रूमान और अलग से महसूस किया जाने वाला शरारती अन्दाज़ गजब ढंग से गीतों की कर्णप्रियता को कई बार बढ़ाता हुआ मिलता है। वैसे तो नटखट और चुलबुले गीतों के लिए हमेशा ही आशा भोंसले का नाम अगली पंक्ति में रहा है, मगर इस बात से भी इन्कार नहीं किया जा सकता कि उनके अलावा लता जी के साथ-साथ शमशाद बेगम और गीता दत्त के खाते में भी तमाम ऐसे सुमधुर गीत दर्ज़ हैं, जिनको कुछ शोख ढंग से अपनी बनक लिए हुए देखा जा सकता है। लता मंगेशकर की इमेज़ कुछ गम्भीर क़िस्म के गीतों को गाने में सार्थकता पाती रही है। उनके भजन हों या दर्द-भरे गीत, प्रेम में मनुहार या विरह का मामला हो, हर जगह शान्त ढंग से उनका गरिमामय चेहरा उभरता है, जो गीतों का स्वरूप निर्धारण करने में मदद करता है। फिर भी कुछ संगीतकारों के यहाँ लता जी इतने ख़ूबसूरत

ढंग से चुलबुले गीतों की सम्पदा रचती हैं, जो इस बात के लिए उनका कायल बनाता है कि वे एक ऐसी हरफनमौला कलाकार रही हैं, जिनसे आप फ़िल्म की सिचुएशन और किरदार के मूड के हिसाब से कुछ भी डिमाण्ड कर सकते हैं। वे ऐसे शोखी भरे गीतों में भी अपना प्रभाव और गायिकी का सर्वोत्तम देने में पीछे नहीं रहतीं। यह अलग बात है कि इस तरह के कुछ गीत ही हमको मिलते हैं, क्योंकि अधिकांश संगीतकार इस बात से वाकिफ़ रहते हुए कि लता मंगेशकर ऐसे गीत शायद गाना कम पसन्द करें, उनसे गवाये ही नहीं।

जिन गीतों को याद करके उनकी छवि थोड़ी देर के लिए आशा भोंसले और गीता दत्त की उन छवियों से मेल खाती हुई लगती है, उनमें याद करने लायक गीत हैं– सी. रामचन्द्र का *'मुहब्बत में ऐसे कदम डगमगाए'* (अनारकली, 1953), वसन्त देसाई का *'सैयाँ झूठों का बड़ा सरताज निकला'* (दो आँखें बारह हाथ, 1957), शंकर-जयकिशन के *'दिल में प्यार का तूफ़ान, न समझे कोई नादान'* (यहूदी, 1958), *'शीशए दिल इतना न उछालो'* (दिल अपना और प्रीत पराई, 1960), *'तुम जैसे बिगड़े बाबू से मैं अँखियाँ बचाऊँ'* (जब प्यार किसी से होता है, 1961), *'सायोनारा, सायोनारा वादा निभाऊँगी सायोनारा'* (लव इन टोक्यो, 1966), एस.डी. बर्मन का *'जानी तुम तो डोले दगा दई के'* (डॉ. विद्या, 1962), *'ये मेरी ज़िन्दगी एक पागल हवा'* (जिद्दी, 1964), चित्रगुप्त का *'तड़पाओगे तड़पा लो, हम तड़प-तड़प कर'* (बरखा, 1959), *'टाई लगा के माना बन गये जनाब हीरो'* (भाभी, 1957), *'दिल को लाख सँभाला जी'* (गेस्ट हाउस, 1959), हेमन्त कुमार का *'सपने सुहाने लड़कपन के'* (बीस साल बाद, 1962), कल्याणजी-आनन्दजी का *'बड़े ख़ूबसूरत हो तुम नौजवाँ'* (महल, 1969), *'छोटी सी उमर में लग गया रोग'* (बैराग, 1976), आर.डी. बर्मन का *'आप चाहें मुझको आरजू है किसको'* (प्यार का मौसम, 1969) *'बंगले के पीछे.....काँटा लगा'* (समाधि, 1972), *'बाहों में चले आओ'* (अनामिका, 1973), लक्ष्मीकान्त-प्यारेलाल का *'जुल्मी हमारे सँवरिया हो राम'* (मिस्टर एक्स इन बॉम्बे, 1964), *'दिल-विल प्यार-व्यार मैं क्या जानूँ रे'* (शागिर्द, 1967), *'हाए-हाए ये मजबूरी, ये मौसम और ये दूरी'* (रोटी, कपड़ा और मकान, 1974), *'मारा ठुमका बदल गयी चाल मितवा'* (क्रान्ति, 1981), बप्पी लाहिड़ी का *'थोड़ा रेशम लगता है, थोड़ा शीशा लगता है'* (ज्योति, 1981), राम-लक्ष्मण का *'दिल दीवाना बिन सजना के माने न'* (मैंने प्यार किया, 1989), जतिन ललित का *'मेरे ख़्वाबों में जो आए'* (दिलवाले दुल्हनिया ले जायेंगें, 1995) और ए.आर. रहमान का *'जिया जले जाँ जले'* (दिल से, 1998).... इस तरह और भी कई ऐसे गीत याद किए जा सकते

हैं, जिनके विन्यास में मस्ती और उमंग का भाव रचते हुए धुनों और बोलों को बरता गया है। इन गीतों को सुनकर यह भी लगता है कि लता मंगेशकर एक ऐसी कामयाब गायिका के तौर पर हमें हासिल हैं, जो अगर कैबरे गीतों या क्लब साँग को भी अपने गायन में वरीयता देतीं, तो उन गीतों का कैटलॉग भी बड़ा आकर्षक बन सकता था।

उन्होंने अपनी सहज इमेज और पसन्द-नापसन्द के चलते ऐसे गीतों को तरजीह नहीं दी, तभी इन गीतों के लिए बेहतर विकल्प के रूप में उनकी अपनी ही छोटी बहन आशा भोंसले संगीतकारों को उपलब्ध थीं। ....और यह भी देखने वाली बात है कि ज़्यादातर मस्ती भरे चंचल स्वभाव वाले गीतों का फ़िल्मों में इस्तेमाल अकसर सह-अभिनेत्री या आईटम गीत पर थिरकने वाली डांसर के हिस्से आया है। ऐसे में उन फ़िल्मों के मुख्य किरदारों में से एक, अभिनेत्री के सारे गाने लता जी गाती रही हैं, इस कारण भी फ़िल्मों में आवाज़ के अन्तर को बरक़रार रखने के लिए लता मंगेशकर को छोड़कर आशा जी या अन्य गायिकाओं द्वारा उन गीतों को रेकॉर्ड किया गया।

फिर भी यह देखना दिलचस्प है कि मस्ती भरे गीतों में लता जी की गायिकी का कोई सानी नहीं है। वे हर लिहाज़ से फ़िल्म माध्यम में पार्श्वगायन के लिए उपलब्ध ऐसी सम्पूर्ण गायिका हैं, जिनका होना हर तरह के गीतों को जँचता है। अगर किसी एक फ़िल्म में उन्होंने कई किरदारों के लिए अलग-अलग भजन, प्रणय, विरह समेत कुछ शोख गीत भी गाए हैं, तो हर गीत के स्वभाव और विन्यास में उतने ही भिन्न ढंग से व्यक्त भी हुई हैं। उनके मस्ती भरे गीतों का आकलन भी उसी तरह करना चाहिए, जिस तरह उनके गम्भीर और सिग्नेचर गीतों का किया जाता रहा है।

उनके इन तमाम सदाबहार हिट गीतों को देखते हुए आश्चर्य भी होता है कि भला वे क्यूँ ऐसे गीतों से परहेज करती हैं। उन्होंने जब भी कुछ ऐसा गाया है, तो उसके प्रति उनके मन में अपराधबोध भी रहा है। 'संगम' (1964) के *'मैं का करूँ राम मुझे बुढ्ढा मिल गया'* इस बात का सबसे ज्वलन्त प्रमाण है। .....पर चाहे जो हो, यह तो कहना ही चाहिए कि शरारती गीतों का उनका गायन भी बेहद बढ़िया, सुरुचि से बनाया हुआ और बार-बार सुने जाने लायक लगता है। उन गीतों की गरिमा भी सुर और लय की ज़मीन पर उस गीत की शोखी में ही निहित मिलती है।

83

संगीतकार जोड़ी हुस्नलाल-भगतराम ने पचास के दशक में फ़िल्म संगीत की दुनिया में अपना वो कद बना लिया था, जो उस समय तक आर.सी. बोराल, खेमचन्द प्रकाश, अनिल विश्वास और नौशाद को हासिल रहा। वॉयलिन में दक्ष हुस्नलाल और हारमोनियम के सुरों से खेलने वाले भगतराम ने उस ज़माने में शास्त्रीय संगीत की शिक्षा पण्डित दिलीप चन्द्र वेदी से प्राप्त की थी। पण्डित जी भास्कर बुआ बाखले के शिष्य थे और आगरा घराने से ताल्लुक रखते थे, जहाँ यह बात स्पष्ट थी कि गायिकी में वक्र और कूट तानों का प्रयोग होता था। साथ ही बोल-तान, छन्द और लयकारी से भी गायिकी में उत्कृष्टता का समावेश किया जाता था। हालाँकि हुस्नलाल-भगतराम का घरानेदारी संगीत से कोई सीधा सम्बन्ध नहीं है, फिर भी, उनके संगीत में उतरी बारीक़ी को उस्तादों से मिली तालीम के तहत देखा जा सकता है। इन दोनों ने संगीत की कुछ अन्य पेचीदगियाँ भी अपने बड़े भाई पण्डित अमरनाथ से सीखी थीं, जो एक समय हिन्दी फ़िल्म संगीत के बड़े निर्देशक के तौर पर याद किए जाते हैं। पण्डित अमरनाथ आर्केस्ट्रा संचालन में दक्ष संगीतकार रहे हैं और उन्होंने मास्टर मदन की अब तक प्राप्त कुल आठ कम्पोजीशन्स को संगीतबद्ध किया था, जिसमें ग़ज़लें और ठुमरियाँ शामिल हैं।

हुस्नलाल-भगतराम इस मामले में हमेशा ही सिनेमा संगीत के लिए ऐसे विमर्शपरक संगीतकार बने रहेंगे, जिन्होंने अपनी कम्पोजीशन्स में लय और ताल को विभिन्न कोणों से उभारा था। उनके धीमी-लय और तेज-लय के गीतों में एक अनूठे ढंग की चपलता, फिरत, विस्तार और एकदम से विराम देने वाली युक्ति देखने लायक जान पड़ती है। एक हद तक उनका संगीत पुराने का दोहराव भी कई बार लगता था, क्योंकि अधिकांश धुनों में वे पंजाबी ढंग का रिद्म-पैटर्न बुनने का काम करते थे, जो आर्केस्ट्रेशन के हिसाब से ऑर्गन, सारंगी, तबला, ढोलक और घटम (मटका) जैसे वाद्यों की संगति पर आधारित रहता था।

हुस्नलाल-भगतराम का सांगीतिक दाय इस अर्थ में भी हमारे लिए महत्त्व का है कि उन्होंने लता मंगेशकर के शुरुआती पार्श्वगायन को अपनी उपस्थिति से एक नया आयाम दिया था। उनकी संगीत निर्देशित 'बड़ी बहन' (1949) ने लता मंगेशकर के कॅरियर में इतिहास रच डाला था। आज भी हम इस फ़िल्म के दो महत्त्वपूर्ण गाने *'चले जाना नहीं नैन मिला के सैंया बेदर्दी'* और प्रेमलता के साथ गाया हुआ *'चुप-चुप खड़े हो ज़रूर कोई बात है'* उसी ताजगी के

साथ याद करते हैं, जितना कि वे अपने बनने वाले वर्ष में मक़बूल रहे हैं। हुस्नलाल-भगतराम के संगीत के साथ लता मंगेशकर का जुड़ना भी इस मामले में दिलचस्प रहा कि ये संगीतकार जोड़ी बीट्स और तेज रिद्म के साथ अपनी अधिकतर कम्पोजीशन बनाने में अग्रणी रहने के बावजूद दर्दीले गीतों को भी बड़ी रूमानियत के अन्दाज़ में परोसती थी। ज़ाहिर है कि ऐसे में, उस समय लोकप्रिय हो रही लता मंगेशकर ही वो पार्श्वगायिका ठहरती थीं, जो बड़ी आसानी से उनके बीट्स आधारित उतार-चढ़ाव वाली धुनों के साथ सहज ढंग से तालमेल बिठा सकती थीं। यही हुआ भी कि लता जी ने उनकी अधिकांश बेहद सुन्दर कम्पोजीशन्स को गाकर अपने लिए शुरुआती दौर में वह स्थान पुख़्ता करने में सफलता पाई, जिसके लिए दूसरे छोर पर नौशाद, शंकर-जयकिशन और सी. रामचन्द्र उन्हें एकल-गीतों की तमाम सारी तर्ज़ें गवा रहे थे।

'लुट गयी उम्मीदों की दुनिया' (जलतरंग, 1949), *'दिल ही तो है तड़प गया, दर्द से भर न आए क्यूँ'* (आधी रात, 1950) *'अगर दिल किसी पर लुटाया न होता'* (गौना, 1950), *'तुझे बर्बाद करना था.... हाए दिल भी दिया तो किसको दिया'* (मीना बाज़ार, 1950) *'दर्द-ए-जुदाई है, ग़म की घटा छाई है'* (छोटी भाभी, 1950), *'आँखों से दूर होके, दिल से न भूल जाना'* (प्यार की मंजिल, 1950), *'ठहर ओ जाने वाले, इक मेरी फ़रियाद'* (बिरहा की रात, 1950), *'वो पास भी रहकर पास नहीं'* (अफ़साना, 1951), *'ऐ मेरी ज़िन्दगी तुझे ढूँढू कहाँ'* (अदल-ए-जहाँगीर, 1955) जैसी अत्यन्त सुन्दर धुनों पर लता मंगेशकर की गायिकी कमाल की है। थोड़ी देर के लिए तो यह लगता ही नहीं कि इन गीतों में जिस परिपक्वता को लता जी ने छू लिया है, वह बस उनके फ़िल्मी गीतों में आमद के शुरुआती दो-तीन सालों के भीतर का मामला है।

इसी समय यह बात संगीत के इतिहास के लिहाज से प्रासंगिक भी लगती है कि अपने सांगीतिक चातुर्य से एक अलग ही मुकाम बनाने वाले इन दोनों संगीतकारों की मूल प्रेरणाओं में वायलिन और हारमोनियम की स्वर-संगति असरदार ढंग से मौजूद रही है। उनमें लता मंगेशकर जैसी भाव-प्रवण पार्श्वगायिका का होना, एक तरह से सोने पर सुहागा जैसी आदर्शवादी स्थिति को गढ़ता है, जिसके चलते कुछ नायाब गीतों की फेहरिस्त हमें उपलब्ध होती है। एक स्तर पर यह कहा जा सकता है कि लता मंगेशकर की स्वर-यात्रा में हुस्नलाल-भगतराम एक अहम पड़ाव हैं, जिनकी धुनों की एक बिल्कुल अलग सी ज़मीन को लता जी पूरी गम्भीरता से आत्मसात करते हुए व्यक्त करने का जतन करती हैं।

84

वरिष्ठ संगीतकार अनिल विश्वास एक दिन सुरिन्दर कौर का कोई गीत रेकॉर्ड करा रहे थे। उस रेकॉर्डिंग में लता मंगेशकर भी उस दिन वहाँ मौजूद थीं। अनिल दा ने बड़े प्यार से लता जी को अधिकारपूर्वक बुलाते हुए कहा 'लतिके! इधर आओ, तुम कोरस में गाओ। इससे गाना अच्छा हो जायेगा।' लता जी इसे याद करते हुए बताती हैं कि अनिल विश्वास ने इस बात को मजाक में ही कहा था, लेकिन दादा की बात थी, तो फिर वह मुख्य स्वर के लिए गाना हो या कोरस में, इससे फ़र्क नहीं पड़ता। वे चुपचाप उनकी बात का मान रखने के लिहाज से कोरस में जाकर खड़ी हो गयीं और सुरिन्दर कौर के गीत में प्रसन्नतापूर्वक अपनी आवाज़ को कोरस में ही रेकॉर्ड होने दिया।

लता दीदी, आज हँसती हैं यह सब याद करके। उन्हें लगता है कि म्युजिक डायरेक्टर्स का उन पर इतना भरोसा था कि लता कोई भी बात कभी भी टालेंगी नहीं, अगर वह संगीत से सम्बन्धित है और उनके प्रिय संगीतकार ने कुछ भी रचने का आग्रह किया है। लता जी बताती हैं 'दादा ने न जाने किस मूड में बड़ी प्रसन्नता से यह बात कही थी, तो मुझे भी लगा कि चलो उनके मन की बात करते हैं। .....और आप विश्वास करिए कि मुझे उस समय कोरस में गाकर भी उतना ही आनन्द आया, जितना कि उनके मुख्य स्त्री किरदारों के लिए रचे गये गीतों को गाते हुए होता था।'

यह एक बड़ी बात है, इस कारण भी कि जब लता मंगेशकर ने कोरस में गाना स्वीकार किया, तब तक वे एक स्थापित और सर्वमान्य पार्श्वगायिका की तरह पहचानी जाने लगी थीं। उनको ऐसा कुछ करने की न तो ज़रूरत थी, न ही किसी प्रकार का दबाव महसूस करने की स्थिति। वह तो बस भलमनसाहत में किया गया ऐसा मानवीय कृत्य था, जिस पर स्वयं अनिल विश्वास भी अन्दर तक इस पार्श्वगायिका की मानवीयता से भीग गये होंगे। मैंने यह प्रसंग जब लता जी से सुना था, तो इसे एक आत्मीय संस्मरण की तरह सुना। उसमें मुझे दो बड़े फ़नकारों की एक-दूसरे की कला के प्रति सम्मान देने की खुशबू ही नज़र आई थी।

इस अत्यन्त साधारण सी लगती कहानी में एक असाधारण बात यह भी छुपी हुई है कि लता मंगेशकर ने एक दिग्गज संगीतकार का मान रखने के एवज में ही सही, मगर कोरस में भी अपना स्वर दिया था, जो कहीं फ़िल्म संगीत के

इतिहास में भी अनायास ही लिख गया है। इसलिए भी मुझे यह रोचक संस्मरण हर लिहाज से उनकी संगीत-यात्रा के बहीखाते में दर्ज़ करने योग्य लगा। आपसे साझा भी इसी भाव के चलते करना मुनासिब जान पड़ता है।

85

यादों के कई सपनीले मंजर से गुजरती हुई लता मंगेशकर उन अभिनेत्रियों और सह-अभिनेत्रियों को याद करती हैं, जिनसे उनकी मेल-मुलाकात, सामाजिक दायरे में निभने वाले रिश्तों से बढ़कर मित्रता की रही है। उन्हें ऐसी बातों में जो आनन्द मिलता है, वो मुझे भी कई बार सुनने पर पचास और साठ के दशक के उन समयों में खींचकर ले जाता है, जहाँ आज की दुनिया के झूठ और फ़रेब शामिल नहीं हैं। वे गुजरे ज़माने की खलनायिका कुलदीप कौर को याद करती हैं। उनसे आत्मीय सम्बन्ध, मुलाकातें, बातचीत और मित्रता को याद करती हैं। हँसकर यह बताती हैं कि परदे पर भले ही वो दुष्ट चरित्र निभाती रहीं, मगर दिल की बहुत भली औरत थीं कुलदीप कौर। इसी तरह वे पहले अभिनेत्री और बाद में चरित्र अभिनेत्री के किरदारों में आने वाली शम्मी को याद करती हैं। उनका कहना है कि शम्मी का पुराना नाम नरगिस था, जिसे उन्होंने अभिनेत्री नरगिस के नाम से मेल के चक्कर में बदलकर शम्मी कर लिया था।

पार्श्वगायक मुकेश ने एक फ़िल्म बनाई थी 'मल्हार'। 1951 में बनी इस फ़िल्म के संगीतकार रोशन थे और लता मंगेशकर और मुकेश ने मिलकर एक सलोना युगल-गीत इस फ़िल्म के लिए गाया था *'बड़े अरमानों से रखा है बलम तेरी कसम, प्यार की दुनिया में ये पहला कदम'*। इन्दीवर के लिखे इस गीत पर अभिनय के लिए अभिनेत्री के बतौर शम्मी ही इस फ़िल्म में मौजूद थीं। यह उनकी पहली फ़िल्म भी थी, जिसमें उन्हें मुख्य किरदार का रोल दिया गया था। लता जी को याद है कि कैसे शम्मी और अभिनेत्री नरगिस में बहुत जमती थी। वे दोनों इतनी प्रगाढ़ सहेलियाँ थीं कि अधिकतर जगहों पर एक साथ ही देखी जा सकती थीं। इन दोनों के मित्रता के कुनबे में लता जी का भी प्रवेश हो गया था। .....और इस तरह लता मंगेशकर, नरगिस और शम्मी आपस में बहुत ही आत्मीय हो गयी थीं।

वे कुलदीप कौर और शम्मी को याद करते हुए उतनी ही शिद्दत और प्रेम से अभिनेत्री माला सिन्हा को याद करती हैं। उनके अनुसार माला सिन्हा से उनका बड़ा दोस्ताना था और दोनों की जब भी मुलाकातें होती थीं, तब आपस में

बातचीत का शुरू हुआ सिलसिला, जल्दी टूटने का नाम नहीं लेता था। इसी तरह वे गीता बाली, निम्मी, वहीदा रहमान, साधना और सायरा बानो को भी याद करती हैं। गीता बाली के लिए तो हमेशा यह कहती हैं कि उनके शम्मी कपूर से विवाह के पहले, बहुत बातें होती थीं और दोनों की मैत्री में बहुत अधिक अपनापन था। विवाह के बाद गीता बाली ने धीरे-धीरे फ़िल्मों से दूरी कर ली और परिवार में व्यस्त हो जाने के कारण फिर उतना मिलना-जुलना सम्भव नहीं रहा। हालाँकि गीता बाली से, उनके जीवन के अन्तिम समय तक दोस्ताना निभता रहा। लता जी बताती हैं कि उन्होंने गीता बाली को बहुत सारी फ़िल्मों के लिए प्लेबैक दिया था, जिनमें 'अलबेला' (1951), 'दुलारी' (1949), 'जाल' (1958), 'आनन्द मठ' (1952), 'ज़ेलर' (1958), और 'बारादरी' (1955) जैसी फ़िल्में तो कामयाबी के सारे रेकॉर्ड ध्वस्त करते हुए तब से आज तक याद की जाती हैं।

इसी तरह अपनी मित्रताओं को अभिनेत्रियों, सह-अभिनेत्रियों और खलनायिकाओं के साथ याद करते हुए, वे आज भी उसी दुनिया में लौट जाती हैं, जिनके लिए कभी पचास बरस पूर्व उन्होंने दिल को चीर देने वाला अप्रतिम गायन किया था। लता मंगेशकर के आत्मीय संसार में तमाम ऐसे लोग आते रहे हैं, जिन्होंने अपने नाम को भी इस सुकण्ठी गायिका की आवाज़ की सौगात से सुन्दर और बड़ा बनाया है।

86

एक समय 'लांग प्ले' रेकॉर्ड का पर्याय बन चुके 'एल.पी.' यानि 'लक्ष्मीकान्त-प्यारेलाल' जैसी संगीतकार जोड़ी ने फ़िल्म संगीत की दुनिया में अपना परचम लहराया हुआ था। उसी के साथ यह तथ्य भी ग़ौरतलब है कि लता मंगेशकर की आमद के समय जो स्थिति पचास के दशक में शंकर-जयकिशन की बनी थी, उसी स्थिति को और भी मजबूत ढंग से लक्ष्मीकान्त-प्यारेलाल ने सत्तर के दशक में अपने लिए सुरक्षित कर लिया था। फिर, उस दौर के अधिकांश लता मंगेशकर के हिट और कर्णप्रिय गीतों की संख्या में सर्वाधिक इजाफ़ा भी लक्ष्मी-प्यारे के संगीत-निर्देशन वाली धुनों के कारण सम्भव हुआ है। लता जी जिस तरह, पचास और साठ के दशक में शंकर-जयकिशन, एस.डी. बर्मन, रोशन और मदन मोहन के गीतों के कारण हमेशा ही पहली पंक्ति की गायिका बनी रहीं, कमोबेश वही शिखर स्थिति उन्होंने बाद में सत्तर और अस्सी के दशक में लक्ष्मीकान्त-प्यारेलाल के संगीत संयोजन के कारण बरक़रार रखी।

लता मंगेशकर हमेशा से ही सदाबहार तौर पर बेजोड़ गायिका रही हैं, मगर यह तथ्य भी कम दिलचस्प नहीं है कि उनकी फ़िल्म संगीत के दृश्य-पटल पर लगातार मुखर उपस्थिति को उन्हें समय-समय पर मिले महत्त्वपूर्ण संगीतकारों ने भी सम्भव किया है। इसमें सत्तर के दशक के तीन महत्त्वपूर्ण संगीतकारों क्रमशः कल्याणजी-आनन्दजी, आर.डी. बर्मन और लक्ष्मीकान्त-प्यारेलाल के नाम लिए जा सकते हैं। यह भी देखने वाली बात है कि लक्ष्मीकान्त-प्यारेलाल को पूरी तरह फ़िल्म संगीत की दुनिया में स्थापित करने में लता मंगेशकर का योगदान ही सबसे उल्लेखनीय माना जाता है।

ऐसे समय में, जब साठ के दशक के उत्तरार्द्ध में तमाम सारे स्थापित व दिग्गज संगीतकार फ़िल्मों की दुनिया में सक्रिय बने हुए थे, लता मंगेशकर ने लक्ष्मी-प्यारे की जोड़ी पर भी उतनी ही गम्भीरता से विश्वास जताया। इसका तात्कालिक परिणाम यह रहा कि इस संगीतकार जोड़ी को स्थापित होने के लिए अधिक संघर्ष नहीं करना पड़ा, बल्कि वह समय भी जल्दी ही आया, जिसने लक्ष्मीकान्त-प्यारेलाल को हिन्दी सिनेमा की दुनिया में लगभग हर दूसरे निर्माता-निर्देशक के लिए लगभग अपरिहार्य ही बना दिया। इसी के चलते बाद के लगभग बीस से पच्चीस वर्षों ('पारसमणि' 1963 - 'राम-लखन' 1989) तक लता मंगेशकर और लक्ष्मीकान्त-प्यारेलाल की संगति ने सैकड़ों मधुर गीतों का सृजन किया है। स्वयं लता जी भी यह स्वीकारती हैं कि दूसरे संगीतकारों की तुलना में सर्वाधिक गीत उन्होंने लक्ष्मी-प्यारे के निर्देशन में ही गाए हैं, जिनमें एकल, युगल और समूह गीत शामिल हैं।

यह एक ऐसी लम्बी संगीत परम्परा रचने का भी मामला है, जो सिने संगीत को थोड़ी देर के लिए सिर्फ़ 'लतामय' या 'लक्ष्मी-प्यारे युग' का संवाहक बनाती है। आप तमाम फ़िल्मों और उनके गीतों को याद कर सकते हैं, जहाँ व्यावसायिक रूप से भी सबसे ज़्यादा हिट गीत लता मंगेशकर के हिस्से में आए हैं। एक हद तक इन वर्षों के सांगीतिक दौर में लक्ष्मीकान्त-प्यारेलाल की उपस्थिति वही रही है, जो 'रतन' (1944) के प्रदर्शन के बाद से लगातार नौशाद की बाईस वर्षों, 'दिल दिया दर्द लिया' (1966) तक के ज़माने में चोटी पर बनी रही। इस तरह देखें, तो यह बात भी एक महत्त्वपूर्ण तथ्य की तरह उभरती है कि एक लता मंगेशकर ही वह सर्वमान्य पार्श्वगायिका रहीं हैं, जिन्होंने नौशाद, शंकर-जयकिशन और लक्ष्मीकान्त-प्यारेलाल की लम्बी पारियों में लगातार पार्श्वगायन किया है। लक्ष्मीकान्त-प्यारेलाल के मेलोडी प्रधान और आर्केस्ट्रेशन के लिहाज़ से सम्पूर्ण

सी लगतीं और लोकप्रिय संगीत से सजी कई ऐसी प्रचलित धुनें हैं, जिनको लता मंगेशकर ने गाकर बड़ा बनाया है। यह भी देखा जा सकता है कि लक्ष्मीकान्त-प्यारेलाल से पहले सिर्फ़ शंकर-जयकिशन और नौशाद ही वे संगीतकार रहे हैं, जिन्होंने कई वादकों के सहयोग से अपनी एक-एक धुनों पर मेहनत की है। स्वयं प्यारेलाल ने संगीत समीक्षक मन्दार वी. बिच्चू से यह स्वीकारा था कि *'हँसता हुआ नूरानी चेहरा'* (पारसमणि) गीत को बनाते समय उन्होंने एक साथ छत्तीस वॉयलिन के आर्केस्ट्रा का प्रयोग किया था। फिर यह प्रयोग थोड़ा सायास भी था क्योंकि जिस समय उन्होंने यह युक्ति इस्तेमाल की, तब तक यह मशहूर था कि नौशाद साहब बीस और शंकर-जयकिशन तीस वॉयलिन के आर्केस्ट्रा का प्रयोग अपनी धुनों को बनाने में करते थे।

इस बात में एक सीधा सा इशारा यह छुपा हुआ है कि वे अपने शुरुआती दौर में ही, लगभग पहली फ़िल्म से ही उस समय स्थापित दिग्गज संगीतकारों को सीधे चुनौती देना चाहते थे। उनका यह ख्याल रहा होगा कि इस तरह का कोई प्रयोग रचने से वे इस कारण भी चर्चा में आ जायेंगे कि नौशाद या शंकर-जयकिशन से अलग एक नयी संगीतकार जोड़ी भी अपनी धुनों के लिए कुछ महत्त्वाकांक्षी सपने रखती है।

ख़ैर, इस विचार को कि हम लक्ष्मीकान्त-प्यारेलाल की शैली और युक्तियों पर चर्चा करें, यह देखना ज़्यादा आश्वस्तिकर है कि उनकी धुनों को जँचती हुई मुख्य पार्श्वगायिका की आवाज़ के तौर पर लता मंगेशकर का होना, जैसे हर दृष्टि से सफलता के लिए एक बड़ी मुहर जैसा था। वे कलात्मक सृजन तो कर ही रहे थे, जिसके लिए लता जी की खनकदार आवाज़ हमेशा की तरह कुछ नायाब रचने के लिए उपस्थित थी। ....मगर धीरे-धीरे यह भी सुनिश्चित होता जा रहा था कि लक्ष्मीकान्त-प्यारेलाल जो कुछ भी बनायेंगे, उनमें से अधिकांश व्यावसायिक रूप से सफल और खरा होकर भी उभरेगा। इस सारे जतन में उन्हें अप्रत्याशित क़ामयाबी भी हासिल हुई, जिसका सेहरा उनकी पहली संगीतबद्ध फ़िल्म 'पारसमणि' से ही बँधने लगा। आज हम लता मंगेशकर बनाम लक्ष्मीकान्त-प्यारेलाल जैसे किसी पड़ताल में पड़ें, तो पायेंगे कि सैकड़ों की संख्या में कुछ बेहतरीन गीत इन दोनों के चलते हिन्दी सिनेमा की दुनिया को उपलब्ध हो सके हैं। इस आधार पर हर एक गीत का हवाला तो दे पाना मुश्किल जान पड़ता है। फिर वह बहुत जायज भी नहीं क्योंकि फ़िल्म-गीत-कोशों को देखकर हम उनके गीतों की लम्बी सूची की निशानदेही कर सकते हैं।

यहाँ मैं कुछ ऐसे चुनिन्दा और शिल्प की दृष्टि से महत्त्वपूर्ण धुनों पर लता जी की बेमिसाल गायिकी के नमूने चुनना चाहता हूँ, जो लक्ष्मीकान्त-प्यारेलाल के संगीत निर्देशन में सम्भव हुई हैं। इस तरह के गीतों में याद रह जाने वाले कुछ बीस-पच्चीस गीत इस तरह हैं– *'मेघवा गगन बीच झाँके'* (हरिश्चन्द्र तारामती, 1963), *'जीवन डोर तुम्ही संग बाँधी'* (सती सावित्री, 1964), *'ख़बर मोरी ना लीनी बहुत दिन बीते'* (सन्त ज्ञानेश्वर, 1964), *'ये रंग-ए-महफ़िल ये जश्न-ए-बहाराँ'* (मिस्टर एक्स इन बॉम्बे, 1964), *'नींद कभी रहती थी आँखों में'* (आसरा, 1966), *'ये रात भी जा रही है'* (सौ साल बाद, 1966), *'मैं देखूँ जिस ओर सखी री, सामने मेरे साँवरिया'* (अनीता, 1967), *'उड़ के पवन के संग चलूँगी'* (शागिर्द, 1967), *'अल्लाह ये अदा कैसी है इन हसीनों में'* (मेरे हमदम मेरे दोस्त, 1968), *'निग़ाहें क्यूँ भटकती हैं, कदम क्यूँ डगमगाते हैं'* (बहारों की मंज़िल, 1968), *'साँझ सवेरे अधरों पे मेरे बस तुम्हरा है नाम'* (माधवी, 1969), *'दीए जलायें प्यार के चलो इसी खुशी में'* (धरती कहे पुकार के, 1969), *'कैसे रहूँ चुप कि मैंने पी ही क्या है'* (इन्तकाम, 1969), *'ओ घटा साँवरी, थोड़ी-थोड़ी बाँवरी'* (अभिनेत्री, 1970), *'ज़माने में अजी ऐसे कई नादान होते हैं'* (जीवन-मृत्यु, 1970), *'सूनी रे नगरिया, सूनी रे सेजरिया'* (उपहार, 1971), *'सोना लई जा रे, चाँदी लई जा रे'* (मेरा गाँव मेरा देस, 1971), *'मन की प्यास मेरे मन से न निकली'* (जल बिन मछली, नृत्य बिन बिजली, 1971), *'पलकों के द्वारे पे निन्दिया खड़ी रे'* (लगन, 1971), *'जरा सा उसको छुआ तो उसने हाय उसने'* (शोर, 1972), *'पवन झकोरा संग मेरे गाए'* (मेरी भाभी, 1979), *'भोर भए पनघट पे मोहे नटखट श्याम सताए'* (सत्यम् शिवम् सुन्दरम्, 1978), *'मैं तेरा क्या ले जाऊँगी.... मैं तुलसी तेरे आँगन की'* (मैं तुलसी तेरे आँगन की, 1978) *'निन्दिया से जागी बहार'* (हीरो, 1983), *'मेरे पी को पवन किस गली ले चली'* (गुलामी, 1985) और *'ओ राम जी बड़ा दुःख दीना तेरे लखन ने'* (राम-लखन, 1989)।

यह कुछ ऐसे ही गीत हैं, जो सहज ही याद आते हैं, लेकिन इनके अलावा भी बहुत से ऐसे गाने बचते हैं, जिनकी गुणवत्ता पर कोई भी संगीत-प्रेमी संशय नहीं कर सकता। लक्ष्मीकान्त-प्यारेलाल की ढेरों वाद्यों के संयोजन से बनने वाले आर्केस्ट्रेशन से सँवारी हुई इन तमाम धुनों में महारत देखी जा सकती है। इन गीतों के मनोग्राही संगीत में कुछ ऐसा अलग सा तत्त्व मौजूद है, जो उनको तो अपने समय के सिद्धहस्त संगीतकार जोड़ी के रूप में तो प्रतिष्ठित करता ही है, साथ ही लता मंगेशकर जैसी प्रतिष्ठित गायिका की आवाज़ को भी कोमलता

के अनन्तिम छोर पर ले जाकर सार्वकालिक महत्त्व का बनाता है। यह कहना अतिश्योक्ति नहीं है कि लक्ष्मी-प्यारे की उपस्थिति ने, लता जी की पहले से ही स्थापित छवि को सत्तर और अस्सी के दशक में एक पुख़्ता ज़मीन देने की सफलतम कोशिश की है।

87

पहली बार लता मंगेशकर और गीता रॉय (बाद में चलकर गीता दत्त के नाम से मशहूर पार्श्वगायिका) की मुलाकात फ़िल्मिस्तान लिमिटेड, बम्बई की फ़िल्म 'शहनाई' के एक गीत की रेकॉर्डिंग के दौरान हुई थी। संगीतकार थे सी. रामचन्द्र और गीत लिखा था पी.एल. सन्तोषी ने। *'जवानी की रेल चली जाय रे'* ...इसी गाने को दोनों पार्श्वगायिकाओं ने पहली बार एक साथ अपना स्वर दिया था, जिसमें सी. रामचन्द्र (गायक के रूप में चितलकर के नाम से मशहूर) की आवाज़ भी शामिल थी। अलग से कोरस के स्वर भी इस गीत की सुन्दरता बढ़ा रहे थे। यह 1946-47 की बात है।

लता जी उस मुलाकात को आज इस तरह याद करती हैं, जैसे वह कल की ही बात हो और गीता दत्त से उनकी दोस्ती बस हाल ही में शुरू हुई हो। गीता दत्त के प्रति अनन्य प्रेम और सम्मान से भरी लता मंगेशकर ने एक दिलचस्प बात उनकी गायिकी को लेकर मुझे यह बताई है कि आप जब गीता दत्त से बात करें, तो बातचीत के लहज़े और उच्चारण में बंगाली भाषी व्यक्ति का कहन नज़र आता है। किसी भी साधारण हिन्दी शब्द को भी वे अपने उसी बंगाली लहज़े में कहती थीं, जैसा आम तौर पर बंगाली समाज में हिन्दी भाषा के बोलचाल का चलन रहा है। .....मगर उनमें न जाने वह कौन सा गुण था या कि वे किस तरह इस बात को स्वयं के मानस में रखते हुए एकाएक अपना लहजा बदल लेती थीं, जब माइक्रोफ़ोन के सामने होती थीं।

लता जी हँसती हैं और याद करती हैं 'जैसे ही गीता माईक के सामने आती थीं, न जाने कहाँ से उसका हिन्दी का उच्चारण एकदम से सही हो जाता था। जितनी देर गीता किसी गीत को रेकॉर्ड करने में डूबी रहती थी, उतनी देर उसका गायन एकदम शुद्ध और वर्तनी सटीक होती थी, जो कि किसी भी पार्श्वगायक के लिए एक ज़रूरी बात है। गाने से अलग हटते ही, फिर गीता वैसे ही गोल-गोल ढंग से बंगालीनुमा हिन्दी बोलने लगती थीं।' गीता दत्त की गायिकी के प्रति ऐसी संजीदा दृष्टि रखने वाली लता मंगेशकर ने उनसे हमेशा

ही अपनेपन का व्यवहार पाया और उसी तरह निश्छल सहेली की भाँति उन्हें वह स्नेह लौटाया भी। इन दोनों ही पार्श्वगायिकाओं के कुछ युगल-गीत इस बात की सफ़लतापूर्वक निशानदेही करते हैं कि उनमें ध्वनित हो रही प्रसन्नता और पुलक का भाव जैसे दो बहनों या दो सखियों के मैत्रीपूर्ण गायन से उपजा हो। आप विश्वास करना चाहें, तो वसन्त देसाई के बनाए 'गूँज उठी शहनाई' (1959) के गीत *'होए... अँखियाँ भूल गयी हैं सोना, दिल पे हुआ है जादू-टोना/शहनाई वाले तेरी शहनाई रे, करेजवा को चीर गयी, चीर गयी, चीर गयी'* में सुन सकते हैं या कि इक़बाल कुरैशी की संगीतबद्ध 'पंचायत' (1958) में अत्यन्त सलोने ढंग से बहता हुआ महसूस कर सकते हैं, जब दोनों मिलकर गाती हैं– *'ता थैया करते आना, ओ रे जादूगर मोरे सैंया/मेरे दिल की लगी बुझाना, ओए जादूगर मोरे सैंया'*।

यह देखना भी फ़िल्म संगीत के इतिहास में महत्त्वपूर्ण होगा कि दो विपरीत धरातल से उठने वाली इन दोनों पार्श्वगायिकाओं का गायन एक साथ बेहद सुरीली धुनों को नायाब ढंग से गीत की शक्ल में तब्दील करता था। जहाँ गीता दत्त बेहद ऊँची पट्टी पर न जाकर, सामान्य ढंग से मन्द्र और मध्य सप्तकों में भी बिल्कुल अनूठे ढंग से अपना सुर सँवारती थीं, वहीं लता मंगेशकर की ऊँचे स्वरमान तक जाकर मन्द्र सप्तक में लौट आने की सहज युक्ति ने भी दोनों के आपसी गीतों को एक साझे प्रयास के तहत सुन्दर बनाया है। लता मंगेशकर की संगीत-यात्रा को पढ़ते हुए गीता दत्त इस मायने में भी महत्त्वपूर्ण कड़ी बन जाती हैं कि वे न सिर्फ़ एक पार्श्वगायिका की हैसियत से, बल्कि आत्मीय मित्र के लिबास में उनके साथ आपसी बातचीत में, कहकहों और खिलखिलाहटों में तथा तमाम छोटे-बड़े मौक़ों पर रहगुजर बनती रही हैं।

अपनी विशिष्ट आवाज़ के लिए जानी जाने वाली गीता दत्त का लता जी के साथ यह डुएट भी देखने लायक है, जिसकी रवानगी में दोनों ही गायिकाएँ एक-दूसरे से होड़ लेती हुई पूरी मस्ती में आगे निकलने को तत्पर हैं। मेरा इशारा शंकर-जयकिशन के बनाए हुए 'यहूदी' (1958) फ़िल्म के गीत की तरफ़ है, जिसकी पंक्तियाँ हैं– *'बेचैन दिल खोई सी नज़र, तन्हाइयों में शाम सहर, तुम याद आते हो...'*

88

यह 1962 की बात है। लता मंगेशकर एक बार लम्बे समय के लिए अस्वस्थ हुईं और उनकी तबीयत लगातार तीन महीनों तक ख़राब रही। एक दिन अचानक जब

वे सोकर उठीं, तो उन्हें अपने पेट में जबर्दस्त दर्द और ऐंठन महसूस हुई। उन्हें लगातार कई उल्टियाँ हुईं और वह कुछ ऐसी स्थिति थी, जिसमें पूरे परिवार को यह लगा कि ये सामान्य तौर पर बदहजमी या कोई और शिकायत नहीं है।

लता जी का पूरी तरह परीक्षण करने के बाद पारिवारिक डाक्टर कपूर ने यह पाया कि पेट में संक्रमण के चलते उन्हें पूर्ण रूप से स्वस्थ होने के लिए लम्बे आराम की ज़रूरत है। उन्होंने हिदायत दी कि वे इस दौरान काम से भी दूर रहें और घर पर ही रहकर स्वास्थ्य लाभ करें। इस स्थिति में लता जी ने अपने कॅरियर के शीर्ष पर रहते हुए कुछ ऐसा लम्बा समय गुजारा, जिसमें चाहकर भी वे पार्श्व-गायन के लिए स्टूडियोज़ तक जा नहीं सकीं। इसी दौरान एक वक्त वह भी आया, जिसके कारण उनका गायन कुछ दिनों तक लगभग छूट सा गया था। यह एक ऐसी त्रासद स्थिति थी, जिसमें वे इस बात से बेहद परेशान और दुःखी थीं कि उनका सबसे प्रिय काम उनसे छूटता सा जा रहा है। ऐसे में लता मंगेशकर के भीतर एक डर भी अनजाने ही पैठ गया था कि क्या कभी भविष्य में वे उसी तरह गा सकेंगी, जैसा कि वे पहले गाती रही थीं? असमंजस और तकलीफ की ऐसी स्थिति, जिसमें लता जी ही क्या कोई भी कलाकार, कभी भी पड़ना नहीं चाहेगा।

इसी दुर्भाग्यपूर्ण बीमारी के प्रसंग के चलते उनका विश्वास भी अपने गायन से थोड़े समय के लिए डिग गया था, जिसे दोबारा उतने ही उत्साह और विश्वास के साथ उनमें संगीतकार हेमन्त कुमार ने लौटाया, जब 'बीस साल बाद' का वह ऐतिहासिक गीत *'कहीं दीप जले कहीं दिल...'* उनसे छुपाकर उन्होंने बिना बताए ही फाइनल टेक में रेकॉर्ड कर लिया था। एक बात की चर्चा लता जी अपनी इस बीमारी के सन्दर्भ में अवश्य करती हैं कि उन दिनों लगातार तीन महीने तक उनके पास जिस आत्मीयता और सेवा भाव से आकर मजरूह सुलतानपुरी जी उनके घर में बैठते रहे, वो बात उनको आज भी भीतर तक उनके लिए आदर से भिगो देती है।

कभी-कभी यह जानना भी चकित करता है कि कुछ अमर गीतों की जन्मकुण्डलियाँ भी ऐसी होती हैं, जो उनके गायकों और सिरजनहारों की पीड़ाओं और कष्टों से निकलकर अपना अस्तित्व पाती हैं। जैसे कि इसी गीत– *'कहीं दीप जले कहीं दिल'* के सृजन में लता जी की सांघातिक पीड़ा की यात्रा शामिल रही है। ऐसे में यह परखना एक रोचक पहेली का हिस्सा बन जाता है कि ढेरों सदाबहार गीतों के पीछे एक कलाकार के आन्तरिक कष्ट भी साथ में यात्रा करते हैं।

89

लगभग अस्सी के दशक में दूरदर्शन को दिये गये एक इण्टरव्यू में राजकुमारी जी ने कहा था– 'पता नहीं यह गाना *'मोरी निन्दिया चुराय गयो'* (आसमान, 1952) मुझसे नैय्यर साहब ने क्यों गवाया था, परन्तु जैसा यह गीत था, उसके हिसाब से मुझे यह लगता है कि इसे उन्होंने लता जी को ही ध्यान में रखकर बनाया होगा।' यह स्वीकारोक्ति जितनी सहज व निश्छल थी, लता मंगेशकर व ओ.पी. नैय्यर का आपसी मनमुटाव उतना ही जटिल था। दूर से देखने पर और आज जब ओ.पी. नैय्यर इस दुनिया में मौज़ूद नहीं हैं तथा लता मंगेशकर ने पार्श्व-गायन से लगभग संन्यास ले लिया है, यह अवश्य लगता है कि यदि नैय्यर साहब ने अपनी ज़िद छोड़कर 'आसमान' या किसी दूसरी फ़िल्म में उनसे गवाया होता, साथ ही लता जी ने उदारता से इस गलतफ़हमी को नज़रअन्दाज़ करते हुए उनकी फ़िल्मों के लिए स्वर दिया होता, तो शायद फ़िल्म संगीत का इतिहास कुछ दूसरी तरह से लिखा जाता।

यह भी बहुत सम्भव है कि तब ओ.पी. नैय्यर का संगीत-पटल कुछ दूसरी विशिष्टताओं से समृद्ध होता और उनके संगीत की मुरकियों व ख़टकों का स्वरूप ही कुछ अलग होता। यह एक कोरी परिकल्पना मात्र है, मगर इन दो दिग्गजों के समवेत अवदान को लेकर सोची अवश्य जा सकती है, सौभाग्य से यदि वह मूर्त्त हुई होती। तब शायद यह देखना थोड़ा दिलचस्प होता कि तमाम सारे शाहकार गीत, जो नैय्यर ने शमशाद बेगम, गीता दत्त और आशा भोंसले के साथ बनाये हैं, उनमें किन गीतों में लता जी होतीं और उसका आस्वाद कितना भिन्न होता?

यह मेरे जैसे तमाम संगीत-प्रेमियों के लिए कौतुक-भरा खेल होता कि 'आर-पार' (1954) का *'ये लो मैं हारी पिया, हुई तेरी जीत रे, काहे का झगड़ा बालम, नयी-नयी प्रीत रे'* गीता दत्त की जगह लता मंगेशकर की आवाज़ में सुनना कितना शोखी-भरा होता?

90

लता मंगेशकर की सद्इच्छा के तहत बनने वाली *मधुमती* जैसी अनुगूँज की फ़िल्म 'लेकिन' में नब्बे के दशक का सबसे शानदार गीत-संगीत उपस्थित था। यह वह समय था, जब हिन्दी फ़िल्म संगीत से मेलोडीयुक्त धुनों एवं उत्कृष्ट शास्त्रीय-संगीत का आभास रचने वाले गीतों के विदाई का दौर

था। ऐसे में, लता मंगेशकर, गुलज़ार एवं हृदयनाथ मंगेशकर ने मिलकर जो जोखिम लिया, उसके चलते हमें अत्यन्त लुभावने ढंग से लोक-संगीत एवं शास्त्रीय-संगीत के बीच मैत्रीपूर्ण रिश्ता बनाती हुई 'लेकिन' (1990) जैसी फ़िल्म हासिल हुई।

'लेकिन' के गीतों में तानपूरा, सुर-मण्डल, पखावज, घुँघुरू, तबला, सारंगी, वॉयलिन, सितार, सरोद सभी का सार्थक इस्तेमाल पं. हृदयनाथ मंगेशकर ने किया है। वे शास्त्रीय वाद्यों और परम्परा में सीखी गयी बन्दिशों के बहाने एक ऐसा सलोना स्वप्न रचते हैं, जिसकी परिणति पिछली शताब्दी के उस दौर की याद दिलाती है, जब फ़िल्म संगीत को सिरजने का काम कई बार शास्त्रीय संगीत दिग्गजों ने भी किया था। यह देखना तर्कपूर्ण है कि 'लेकिन' के संगीत तक आते-आते हृदयनाथ जी अपने संगीत मानको को वहाँ पर पहुँचा देते हैं, जहाँ पं. पन्नालाल घोष, पं. रविशंकर, पं. अमरनाथ, एस.डी. बर्मन, रोशन, पं. एस.एन. त्रिपाठी और वसन्त देसाई जैसे शास्त्रीय संगीत के जानकार संगीतकारों ने फ़िल्मों के लिए धुनें रची हैं।

इस फ़िल्म का सबसे उल्लेखनीय गीत *'सुनियो जी अरज म्हारी'* रहा है, जिसे लता मंगेशकर ने अपनी दैवीय गायिकी के द्वारा तार-सप्तक पर अत्यन्त कोमलता के साथ बरक़रार रखा है। पंजाबी ठेके पर रचे गये इस गीत में रावणहत्था, सुर-मण्डल, वॉयलिन, सरोद, सारंगी, तबला-तरंग, पखावज एवं तबला का मनोहारी वाद्य-संयोजन देखने लायक है। इस गीत में कहीं-कहीं वीणा के सुर भी अपनी निष्कलंक झंकृति में बन्दिश के बोलों को इतनी रोशनी से भरते हैं कि लगता है जैसे इस बन्दिश का गायन असंख्य दीयों की जगमगाहट के बीच किया जा रहा है।

लता की प्रकाश बिखेरती आवाज़ का आरोहण-अवरोहण जैसे सुर के संयोजन को भी सजीले दीपक की तरह पूरे गीत में तरंगित करते हुए लौ का सतरंगी वृत्त बनाता दिखाई पड़ता है। यह देखना *'सुनियो जी अरज म्हारी'* के सन्दर्भ में ग़ौरतलब है कि इण्टरल्यूड्स में रची गयी पखावज और सरोद की मैत्रीपूर्ण संगति ने पूरे गीत को अतिरिक्त कोमलता प्रदान की है, जिसमें सारंगी और सुर-मण्डल से लिया जाने वाला भराव का काम अद्भुत ढंग से ध्वनि की झंकार पैदा करने वाले कई टुकड़ों की सुरीली शृंखला रचता है।

इस लिहाज़ से गीत की गुणवत्ता, उसकी शास्त्रीय उपलब्धि और गायिकी व तर्ज़ के मिलन से उत्पन्न कर्णप्रियता ने लता जी के गाए हुए कुछ पुराने दौर के गीतों

की याद भी यहाँ ताजा करा दी है। गीत का शब्द-संयोजन भी अपने विन्यास में अनन्तिम है। इसकी बानगी को कुछ पंक्तियों से समझा जा सकता है, जिसमें लता मंगेशकर का जादू कुछ अलौकिक व्यंजना रचने में समर्थ रहा है।

बिसरा दियो हे काहे, बिदेस भिजाय के
हम का बुलाय ले बाबुल, डोलिया लिवाय के
भेजो जी डोली उठाये चारों कहार
सुनियो जी अरज म्हारी, ओ बाबुला हमार
सावन आयो घर लई जइहो, बाबुला हमार

91

वे सुरों से खेलती हैं। सरगम की नाव बनाकर, किसी कोमल या शुद्ध स्वर के पतवार से इस तरह डोंगी को हौले-हौले आगे बढ़ाती हुई कि संगीत की महानदी में लहरों के बनते-सँवरते कौतुक में एक भी तान टूटने न पाये। उनकी नाव में बैठे हुए लोग, अधीर नहीं हैं। निराश भी नहीं और न ही किसी असमंजस में हैं। प्रशान्त भाव से वे सब निरवधि में ऐसे बैठे रह सकते हैं, जैसे नदी का कभी अन्त न होता हो।

उनकी अलकनन्दा, उनकी मन्दाकिनी और उनकी पावनी गंगा ऋषभ, गन्धार, धैवत और निषाद के कोमल स्वरों का नीर लेकर बहती हैं, जबकि स्वयं उनके भीतर का जल षडज और पंचम के अचल-अमर्त्य सुरों में निवास करता है।

92

लता मंगेशकर को सुनना, सिर्फ़ सुनना नहीं है। उनकी गायिकी सुनने से आगे जाकर देखने का निमंत्रण देती है। कई दफ़ा गीतों की पंक्तियों में समायी हुई गम्भीरता को उनके गायन की सूक्ष्मताएँ व्यक्त करती हैं। यह बहुत आसान बात है कि हम लता मंगेशकर के हुनर से पैदा हुई बारीकियों को बेहद उम्दा तरीके से संगीत के माध्यम से विस्तृत होता हुआ देखते हैं। लगता है जैसे वे हर एक शब्द को शब्द के स्तर से परे ले जाकर प्रत्येक मात्राओं, वर्णों और अक्षरों के विन्यास में गाने का प्रयास करती हैं। मेरा कहने का मतलब सिर्फ़ इतना है कि एक-एक अक्षर की सूक्ष्मता को उसके अपने ढाँचे में स्वतंत्र रखते हुए वे शब्दों और वाक्यों के गठन में उसकी उपस्थिति को अभिव्यक्त करने का उद्यम करती हैं। शायद इसीलिए उनके गीतों में अनायास ही आ गये भावनात्मकता के भराव और उसकी सार्वकालिक अपील देखी जा सकती है।

लता जी के लिए यह कहा जा सकता है कि वे प्रत्येक शब्द को उसकी सीमित अर्थ-अभिव्यक्ति से भी बाहर निकालकर कुछ बड़ा और भाव-प्रवण बनाती हैं। उनके यहाँ भाव स्वयं गाता है और सुनने की सहज ज्यामिति, कुछ नाटकीय ढंग से देखने वाली चित्रात्मकता में तब्दील हो जाती है। यह भी सांगीतिक स्तर पर देखने में बड़ी प्रभावशाली बात है कि वे इस तरह की कोई भी युक्ति सायास नहीं करतीं, बल्कि वह अनायास ही उनकी कला द्वारा मूर्त हो उठता है। कई बार तो यह भी लगता है कि बेहतर संगीत और सन्तुलित वाद्य संयोजन के बाद भी कई गीतों में बाक़ी सारे सांगीतिक प्रयास पृष्ठभूमि में रह जाते हैं और बरबस सिर्फ़ लता मंगेशकर की आवाज़ ही उभरकर देखने और सुनने को उपलब्ध होती है। उनकी अदायगी से भावनाओं का रेशा-रेशा एक पेंन्टिंग की मानिन्द अलग-अलग रंगों से व्यक्त किया जा सकता है। वे अपने गीतों और उसके छलकते हुए जज़्बात का स्वयं ही ऐसा पैमाना हैं, जिसको किसी दूसरे मानक की ज़रूरत ही नहीं है।

आप लता जी का कोई भी एक गीत उठाएँ, तो बड़ी आसानी से उसके तमाम सारे मानवीय पक्षों को सहज ढंग से बहता हुआ देख सकते हैं। दर्द का कोई भी रंग, उल्लास का कोई भी चेहरा, प्रेम की कैसी भी तरलता, उदासी का कितना भी ठण्डा अन्धेरा और उम्मीद की कितनी ही जगमगाती रोशनी— सभी कुछ इस आवाज़ के साये में आपको महफ़ूज मिलेगी। अगर वहाँ लता मंगेशकर मौजूद हैं, तो वहाँ सुनने की महफ़िल से उठकर कई बार आपको देखने की बारादरी में आना पड़ सकता है।

93

कोमलता के बखान के जितने रूपक हो सकते हैं, वह सब जैसे लता मंगेशकर की आवाज़ के सुनहरे पर्दे में बूँद-बूँद समाते गये हैं। आप उनकी गायिकी के विन्यास को वैचारिक रूप से परखते हुए ऐसी कोई भी फाँक नहीं देख पाते, जो उनकी कला की पकड़ से छूट गयी हो।

उन्होंने अपने संगीत को इबादत माना है, साथ ही उसे ईश्वर की तरह देखा है। उनका यह ख्याल कि संगीत में रमे हुए वे सिर्फ़ गीत को जानती हैं, क्योंकि वही उनका ईश्वर भी है, अर्थपूर्ण लगता है। यह अकारण नहीं है कि पं. नरेन्द्र शर्मा जैसे महत्त्वपूर्ण छायावादोत्तर गीतकार को वे अपने पिता सरीखा मानती हैं, जिनकी इन काव्य-पंक्तियों में अपने जीवन का फलसफा कई बार ढूँढती मिलती हैं।

दिन आए, दिन जाए
उस दिन की क्या गिनती
जो भजन किए बिन जाए..

भजन किए बग़ैर दिन को पूरी तरह सम्पूर्ण न मानने की यह युक्ति, दरअसल लता मंगेशकर ही नहीं, बल्कि तमाम उन कला-साधकों की वैचारिकी का आधार रहा है, जो गन्धर्वों की तरह जीवन जीने के लिए इस दुनिया में आए हैं।

94

संगीतकार जयदेव की शिल्प-शाला की सबसे नायाब बानगी अगर किसी गीत में देखनी है, तो वह पं. नरेन्द्र शर्मा द्वारा लिखे हुए *'जो समर में हो गये अमर, मैं उनकी याद में, गा रही हूँ आज श्रद्धा गीत धन्यवाद में'* को मानना चाहिए। यह कम्पोज़ीशन अपनी महान धुन और लता जी की बेजोड़ गायिकी के चलते देशप्रेम के गीतों में सर्वोपरि गीतों में अपना स्थान रखता है। इस गीत के शब्दों में उतरी भावों की सजल मार्मिकता को उसी अनुपात में गायिकी के स्तर पर भी मार्मिक बनाने का अद्‌भुत काम लता मंगेशकर बड़ी सहजता से कर डालती हैं।

यह गीत अपने सुने जाने पर कई स्तरों पर जाकर अपनी गम्भीर अर्थ-छाया को खोलता ही नहीं, बल्कि उसे अपने मर्मदर्शी अर्थ-अभिप्राय से कुछ अलग ही बना डालता है। जयदेव जैसे संगीतकार भी इस काम में बड़े सार्थक ढंग से अपनी शास्त्रीय अभिव्यक्ति को लोक-व्याप्ति के सन्दर्भ में कुछ अधिक तरल बनाते हैं। यह अकारण नहीं है कि इस गीत में लता जी के स्वरों का जल बड़े गरिमामय ढंग से बहता हुआ दिखाई देता है। गीत के अन्तरे में आने वाली इस पंक्ति पर *'लौटकर न आयेंगे विजय दिलाने वाले वीर/मेरी गीत अंजुलि में उनके लिए नयन नीर'* में जैसे पूरे भारत के लोगों के आँसू उतर आते हैं।

लता जी को नाटकीयता पसन्द नहीं है और फ़िल्म के सन्दर्भ में आने वाले दुःख-भरे गीतों को नाटकीय अन्दाज़ में बरतना उन्हें सुहाता नहीं। ऐसे गीतों के दुःख को उभारने में वे जिस ढंग का अन्दाज़ चुनती हैं, उसमें मानवीय भावनाओं को उसके सबसे शुद्धतम रूप में दर्शाना ही फ़िर उनका सबसे आजमाया नुस्खा बन जाता है। शायद इसीलिए देश के ऊपर मर मिटने वाले जवानों और शहीदों के सात्त्विक आत्मोत्सर्ग का मर्म पढ़ते हुए वे एक तरह से

सदियों पुरानी नदियों का दुःख बटोर लाती हैं और आम-जीवन के भावनाओं की सूख चुकी नदियों में उसे अटूट भर देती हैं।

जयदेव और पं. नरेन्द्र शर्मा की इस स्तरीय कम्पोजीशन के बहाने लता मंगेशकर के लिए यह कहा जा सकता है कि उन्होंने जवानों और वीरों के अन्तस में उतरकर उनके न लौट आने के दर्द का चेहरा उजागर किया है, जो ऐसे नायकों के घरों और गाँवों में खेतों व मेड़ों पर छूट गया है। छोटी बहनों के राखी के प्रेम और माँ के दुलार में छूट गया है। प्रेयसी और पत्नी की खनक और उत्साह में छूट गया है... और पिता की आँखों में पथरा गये सपनों में कहीं छूट गया है। इतने सारे मार्मिक और मर्मान्तक पीड़ा देने वाले क्षणों को जैसे एक साथ कहीं हृदय के भीतर गूँथते हुए लता मंगेशकर उसकी वेदना को गाते हुए रच डालती हैं। इसी कारण यह श्रद्धा-गीत, धन्यवाद का गीत बन जाता है, जो दुःख के अन्तिम छोर पर जाकर भी प्रेरणादायक लगता है।

95

उनके स्त्री-मन की कई परतें हैं। उनके सम्पर्क में रहते हुए धीरे-धीरे आपको यह बात समझ में आती है कि उनके भीतर ढेरों भावनाओं का ऐसा कोलाज है, जिसमें संयत और शान्त रहना बेहद पसन्दीदा काम हो उनका। ...और इस निर्वेद सी शान्ति में सागर-मुद्रा की तरह अनगिनत लहरें आती-जाती रहती हैं। वे दुनिया के प्रपंच से दूर मगर इसी समाज में अपने मानवीय प्रश्नों के साथ खड़ी हैं। वे उदासियों का ब्यौरा एकत्र नहीं करतीं। वे हर एक आत्मीय के कुशल-क्षेम का पता लगाती रहती हैं। उन्हें त्यौहारों से अधिक उनके आन्तरिक भाव लुभाते हैं।

उन्हें फ़ोन करिए और हाल लीजिए, तो अधिकतर कुछ फलसफेनुमा प्रति-प्रश्न से आपको चौंकाती हैं, जिसमें उनकी गहरी मानवीयता का चेहरा दिखायी देता है। कभी बताती हैं कि ‘ठीक हूँ और मन भी ठीक है’, तो कभी यह कहकर सोचने पर विवश करती हैं ‘अच्छी हूँ, और इतना क्या कम है आज के ज़माने में?’ ...कुछ ऐसी ही हैं दीदी, जिनसे सिनेमा की सतरंगी दुनिया से बाहर आकर बात करना, महान पार्श्वगायिका से बात करने के बजाय पं. दीनानाथ मंगेशकर की सलोनी बिटिया ‘तता बाबा’ से बात करने जैसा लगता है।

लता मंगेशकर को इस बनक में देखना मनोहारी ही नहीं, वरन एक गरिमामय जीवन से कुछ निहायत सुन्दर पाने सरीखा है। आप जब तक फ़ोन की घण्टी

बजने के बाद दूसरी ओर से उनकी आवाज़ सुनकर 'प्रणाम' करने भर का जतन करते हैं, उससे पहले ही उनका मिठास से भीगा हुआ 'नमस्कार' आपके हृदय-प्रदेश में उतर जाता है।

ऐसे में क्या-क्या बताएँ और क्या-क्या कहें? बस इतना ही कहा जा सकता है कि उनके भावों की कोमलता और हृदय में समायी वत्सलता कई दफ़ा मीर और मोमिन को भी चुनौती देती नज़र आती है।

96

लता मंगेशकर को सुनते हुए कई बार यह देखना सुखद रहा है कि उनके गाए हुए गीतों के मिसरों के बीच में कुछ बेहद सुन्दर खिड़कियाँ खुली हुई हैं, जिनमें वे सबसे कोमलतम रूप में उपस्थित हैं। ढेरों गीत ऐसे हैं, जिसमें से गुजरते हुए आपको कोई कौंध, आत्मीयता का सबसे सलोना बिन्दु, मारक स्तर पर जाकर चोट करने वाला दुःख का सुरीला बान लगता ज़रूर है।

कहने का अर्थ इतना भर है कि कई बार लता मंगेशकर का गीत किसी एक शब्द पर आकर, किसी सुर के आघात के समय या कि अन्तरे में कहीं अर्थ भरते हुए इतना सम्मोहक बन जाता है कि केवल उसी क्षण को पाने के लिए हम बार-बार उस पूरे गीत के विन्यास में डूबते-उतराते हैं.... और मुझे यह लगता है कि यह स्थिति सिर्फ़ मेरे साथ ही नहीं होती, वरन वह तमाम लता मंगेशकर प्रशंसकों को घेरती होगी। उदाहरण के तौर पर कुछ एक गीतों को याद किया जा सकता है, जिसमें वह सलोना पल आता है और बारिश की बूदों की मानिन्द धरती पर गिरकर पुनः तिरोहित हो जाता है। लता जी ऐसे में हमेशा के लिए गाये जा चुके गीत में वह सम्भावना भर देती हैं, जो बार-बार सुनने पर अलग-अलग ढंग से मारक लगता है। जैसे, 'झनक-झनक पायल बाजे' (1955) के गीत 'नैन सो नैन नाहीं मिलाओ' में उस समय फूल झरते हैं, जब इस डुएट (सह-गायक : हेमन्त कुमार) में वे कहती हैं, *'खींचो कमान, मारो जी बान/रुत है जवान, ओ मोरे प्रान'*। इसी तरह नागिन' (1954) के गीत *'जादूगर सैंया छोड़ो मोरी बैंया'* में अन्तरे की ओर जाते हुए उनकी ग़जब की टेर परेशान करती है, जब ये शब्द आते हैं– *'जाने दे ओ रसिया, मोरे बन बसिया, गाँव मेरा बड़ी दूर है'*।

ऐसे अनगिनत पल हैं, जहाँ लता मंगेशकर पार्श्वगायिका के रूप में नहीं बल्कि एक जादूगरनी की तरह नज़र आती हैं। ढेरों गीतों के ज़िक्र से तो बात एक लम्बे अध्याय में बदलती चली जायेगी, मगर कुछ एक गीतों को तो यहाँ अवश्य

ही इस अर्थ में देखकर हम सराह सकते हैं– *'प्यार का हिण्डोला यहाँ झूल गये नैना/सपने जो देखे मुझे भूल गये नैना'* (मिला है किसी का झुमका : परख, 1960), *'अजी लाख परदों में छुप जाईयेगा, नज़र आईएगा, नज़र आईएगा'* (अजी रूठकर अब कहाँ जाईयेगा : आरजू, 1965), *'डोली में डोलेगा जिया, कि रानी बेटी राज करेगी'* (महलों का राजा मिला : अनोखी रात, 1968), *'केसरिया धरती लगे अम्बर लालम-लाल रे, अंग लगाकर सायबा कर दे मुझे निहाल रे'* (तू चन्दा मैं चाँदनी : रेशमा और शेरा, 1971), *'मैं जब से उनके साथ बँधी, ये भेद तभी जाना मैंने, कितना सुख है बन्धन में'* (रजनीगन्धा फूल तुम्हारे : रजनीगन्धा, 1974)।

ऐसे लाखों पल हैं, जिसे लता मंगेशकर ने सिरजकर संगीत-प्रेमियों को सौंपा है। यह अब आप पर है कि अपने ढंग से आप कौन सी खिड़की खुद के लिए खोलते हैं, जो कोमलता को आपके लिए व्यक्तिगत बनाती है।

97

वे कला-विदुषी गायिका हैं। उन्होंने जितना कुछ भी पढ़ा है, उससे अधिक उसके लिखे जाने की वेदना और ज़मीन को तलाशने के प्रयास में रहती हैं। उनका तर्क़ है कि गीता को श्री कृष्ण ने अर्जुन को गाकर ही समझाया होगा, क्योंकि बिना संगीत के उसका मर्म अर्जुन तक पहुँचता नहीं। इसी तरह वे इस बात से भी परेशान रहती हैं कि एक स्त्री को जब घर से निकालकर त्याग दिया जाता है, तो उस मनोदशा में मीराबाई कैसे अपना सत्य तलाशती हुई इतना महान साहित्य लिख पायीं?

ऐसे बहुत सारे मौके आते हैं, जब लता मंगेशकर साहित्य की पृष्ठभूमि को अपने कौतूहल-भरे प्रश्नों से कुरेदती हैं। वे जब इतनी संजीदा होती हैं, तब उसी क्षण उनके भीतर मौजूद एक बच्चा भी सक्रिय रहता है, जिसे जीवन की संजीदगी से अलग उसका खिलन्दड़ापन भी पसन्द है। इसी के चलते वे 'टाईम्स ऑफ़ इण्डिया' में छपने वाले आर.के. लक्ष्मण के व्यंग्य-कार्टून को लगातार पढ़ती रही हैं, जिसमें जीवन और समाज की निर्मम पड़ताल होती थी। लता मंगेशकर मिलान कुन्देरा के उस संशय को ज़रूरी मानती हैं, जिसके तहत किसी भी लेखक या कलाकार को खुद पर सन्देह करना मनुष्य होने का प्रमाण माना जाता है। लता जी इस सन्देह को आत्म-चिन्तन के रूप में देखती हैं, जिसने उनके भीतर की वह सहजता बचा रखी है, जिसे धीरे-धीरे मनुष्य खोता चला जाता है।

98

वे किसी गन्धर्व का पुनर्जन्म लगती हैं। यह माना जाता है कि अप्सराएँ नृत्य-प्रवीणा होती हैं और गन्धर्व गायन में अद्वितीय। फिर, कैसे यह सम्भव है कि कोई स्त्री इतने बरसों से संगीत के शिखर पर बैठे हुए अपने सुरों की चोंच से काल को तिनका-तिनका चुनकर सहकार का घोंसला बुन रही है, जबकि आधी से ज़्यादा दुनिया अपने तुमुल कोलाहल में ही उलझी है।

अगर किसी में हौसला हो, तो उसके घोंसले में झाँककर देखना चाहिए, शायद वहाँ इस गन्धर्व चिड़िया का कोई पंख झड़कर गिरा हो। जिस भी दिन यह सुर-पंछी उड़कर अपने गन्धर्व-लोक लौट जायेगी, उस समय हमारे पास सिर्फ़ यही एक पंख बचा होगा, जिसे जतन से रखने पर आने वाली नस्लें यह जान सकें कि हमने एक ऐसे गन्धर्व का जन्म देखा था, जो कभी इस दुनिया में रहकर अपने सच्चे और अचल सुरों से सहकार का घोंसला बुनती थी....

99

छोटी सी गुड़िया की यह, वो लम्बी कहानी है, जिसे आपको सुनाकर कहीं मेरे शब्द भी थोड़ से सुरीले होने के लिए प्रयासरत हैं। लता जी के सांगीतिक जीवन की जो गाथा है, वह इतने भर से पूरी नहीं होती। मुझे अभी भी यह लगता है कि जितना कुछ मैं समझ पाया हूँ और आप सभी को उसका साझीदार बनाया है, उससे कहीं अधिक वह हाथ से फिसल सा गया है।

मेरी यह कोशिश भी नहीं है कि उनके सुर जिस पराकाष्ठा पर पहुँचे हुए हैं, वहाँ तक मेरे शब्द भी पहुँचने की हिमाकत करें। यह एक भावुक बयान नहीं है, बल्कि उस सुर-दात्री के प्रति एक संगीत रसिक का कृतज्ञता ज्ञापन है, जो उन्हें बचपन से सुनते हुए जवान और अब वयस्क हो चुका है। आप भी अगर लता मंगेशकर के हजारों गानों को सुनते हुए मेरी तरह सम्मोहित, कृतज्ञ और आनन्द के किसी छोर पर ठिठका हुआ महसूस करते हैं, तो उसमें आप चाहकर भी कुछ नहीं कर सकते। उस मोहपाश में और अधिक बँधने और उससे छुटकारा पाने की जादूगरी सिर्फ़ लता जी के पास है।

आप उनसे मिलिए और अपने सम्मोहन का इलाज़ वहीं ढूँढिए। इस जतन में बस इतना भर निवेदन है कि इस छोटी सी गुड़िया की लम्बी कहानी में

जितना कुछ भी हल्का, अधूरा और छोटा है, वह गलती से मेरी क़लम की सीमा के चलते हुआ है... और जितना कुछ सार्थक व सुकण्ठी है, उसमें लता दीनानाथ मंगेशकर की उपस्थिति का जादू है।

100

मैं हूँ गुबार या तूफाँ हूँ
कोई बताए मैं कहाँ हूँ
डर है सफर में कहीं खो न जाऊँ मैं
रस्ता नया आ आ आ...
आज फिर जीने की तमन्ना है
कल के अन्धेरों से निकल के
देखा है आँखे मलते-मलते
फूल ही फूल ज़िन्दगी बहार है
तय कर लिया आ आ आ...
आज फिर जीने की तमन्ना है

शैलेन्द्र के लिखे हुए इस गीत में जितने संकेत भरे हैं, उससे कहीं ज़्यादा खुद के जीवन में इस गीत की अर्थ-व्याप्ति को लता मंगेशकर ने कई स्तरों पर साकार व जीवन्त किया है। उनकी महान संगीत-यात्रा के विभिन्न सोपानों में जीवन के ढेरों आशयों को जो स्वर मिला है, उसने कभी गुबार तो कभी तूफान का मौसम बनाया है... और उस पर शर्त यह रही कि कल के अन्धेरों से निकलकर नये ढंग से ज़िन्दगी जीने की कामना का उन्मुक्त इज़हार सम्भव हो सका।

आज में, फिर से जीने की तमन्ना की अदम्य पुकार ही इतने बरसों में जैसे लता मंगेशकर की पहचान का एक पहलू बन गया है। उनके करोड़ों प्रशंसक भाग्यशाली हैं कि वे उसी हवा में खुलकर साँसें ले रहे हैं, जिसमें हम सब की आत्मीय लता मंगेशकर की साँसें भी बसी हुई हैं। आदरणीया लता दीदी से बातचीत का कारवाँ आरम्भ करते हुए उनके सम्मान में यही कहा जा सकता है, जिसे गुलज़ार साहब ने बरसों बरस पहले एक गीत की शक्ल में कह दिया था–

नाम गुम जायेगा, चेहरा ये बदल जायेगा
मेरी आवाज़ ही पहचान है, ग़र याद रहे...

❍

कुछ दिल ने कहा... ऐसी भी बातें होती हैं...

श्रद्धेया लता मंगेशकर जी के आशीष की छाया में यतीन्द्र मिश्र

यतीन्द्र मिश्र

दीदी, आपके संगीत की अप्रतिम यात्रा पर बातचीत शुरू करते हैं....

इस संवाद में मेरा प्रयास यह रहेगा कि मैं संगीत में आकण्ठ डूबे हुए आपके महान जीवन की उन दुर्लभ छवियों से उन करोड़ों प्रशंसकों को मिलवा सकूँ, जो आपको हर दिन सुनते हुए कहीं अपने जीवन को सार्थक ढंग से शुरू करने की प्रेरणा पाते हैं।

आप अगर तैयार हों, तो मैं ऐसे असंख्य शुभचिन्तकों, आपके संगीत के प्रति दीवानगी की हद तक समर्पित श्रोताओं और फ़िल्म-संगीत के प्रति आदर का भाव रखने वाले तमाम देशवासियों की ओर से प्रणाम करते हुए आपसे प्रश्न पूछना चाहूँगा....

लता मंगेशकर

जी, ज़रूर। आपका बेहद शुक्रिया कि आपको ऐसा कुछ करने का मन है। आप पूछिए, मैं आपके प्रश्नों का जवाब देने के लिए तैयार हूँ। मैं कोशिश करूँगी कि जो कुछ भी मैंने संगीत में रहते हुए जाना है, उसे आपको बता सकूँ। आपके माध्यम से ही मैं अपने करोड़ों प्रशंसकों का आभार व्यक्त करती हूँ, जो उन्होंने मुझे इतना प्रेम और सम्मान दे रखा है। मुझे तो यह भी लगता है कि जितना प्रेम मुझे मिला है, शायद गाकर उतना आभार मैं अपने प्रशंसकों के प्रति जता नहीं पायी हूँ....

यतीन्द्र मिश्र

लता मंगेशकर के संगीत का संसार बाहर के दुनियावी संसार से कितना अलग है?

लता मंगेशकर

मुझे तो दोनों एक ही लगते हैं। आप इसे मेरा बड़प्पन न मानें, मैं आपको सिर्फ़ इतना बता रही हूँ कि मैंने गाने की ओर सिर्फ़ इसी नज़र से देखा है, जैसे ईश्वर को पूजा की निगाह से देखते हैं। मैंने कभी कुछ बहुत ज़्यादा पाने के लिये संगीत की दुनिया में कदम नहीं रखा था। मैं संगीत की सेवा से ही अपना जीवन आगे ले जा सकती थी, जो मैंने करने का प्रयास किया। यह उस ईश्वर की देन है कि जो कुछ भी मुझे समाज से मिला, वह संगीत के कारण ही सम्भव हो सका। इस कारण मैं, कम से कम अपने लिये संगीत के संसार को ही बाहर के संसार की तरह मानती हूँ। हो सकता है कि यह आपके प्रश्न का उचित जवाब न हो, मगर मैं ऐसा ही सोचती हूँ।

यतीन्द्र मिश्र

आपके पिताजी पं. दीनानाथ मंगेशकर की वे कौन सी स्मृतियाँ हैं, जो आज भी आपके स्मरण में जीवित हैं? जिनको याद करना आपको सुख से भरता है?

लता मंगेशकर

कई बातें हैं। जैसे हम लोग बचपन में जब बहुत शरारत करते थे, तब पिताजी सबको बुलाकर अपने सामने खड़ा करते थे। वे बस हमको गम्भीरता से देखते थे और इतने में ही हमारा रोना शुरू हो जाता था। मतलब वे कुछ कहते नहीं थे, न ही किसी बात पर डाँट पड़ती थी; मगर हम सभी समझ जाते थे कि हमको बुलाया किसलिए गया है। पिताजी उस समय पूछते थे 'समझ गये न?' इस पर हम लोग कहते थे 'हाँ, हम लोग समझ गये'। इसके बाद वे कहते थे कि 'अच्छा अब जाओ, बाहर जाकर खेलो।' इस तरह हमारे पिताजी का गुस्सा था, जो बिना कुछ कहे ही हम भाई-बहनों को डरा देता था।

मेरे पिताजी कमाल के आदमी थे, जिन्हें मैंने हमेशा अपने काम और संगीत में डूबा हुआ ही देखा। उनकी ड्रामा कम्पनी के नाटक रात नौ बजे शुरू होते थे और देर रात दो से तीन बजे तक जाकर समाप्त होते थे। इतनी देर एक

नाटक में समय इसलिए लगता था कि एक नाटक के पाँच अंक होते थे। फिर उसमें लम्बी-लम्बी रागदारी वाले गायन की भी परम्परा थी। एक बार पिताजी जब गाना शुरू करते थे, तो खूब सीटियाँ, तालियाँ और वन्स मोर मिलता था। बाबा माईक पर थोड़ी तेज आवाज़ में गाते थे, जो सुनने पर बहुत अच्छा लगता था। मेरे पिताजी की एक बड़ी विशेषता यह भी थी कि वे एक राग को गाते हुए उसमें सुर बदलकर भी अपना गायन करते थे। मतलब एक राग गाते समय किसी भी सुर को 'सा' (षडज) बनाकर इस तरह राग को बदल देते थे कि वह कुछ नया हो जाता था और फिर उसी समय नये राग में गाते हुए दोबारा से पहले राग और उसके सुर में वापस लौट आते थे।

मतलब यह कमाल का था उनमें। उस समय म्युजिकल ड्रामा का बहुत चलन था। हमारे यहाँ कभी भी बिना म्युजिक के कोई ड्रामा हुआ ही नहीं। एक नयी बात मेरे पिताजी के नाटकों में यह भी थी कि वे पहली बार मराठी रंगमंच में कर्नाटक और पंजाब का संगीत लेकर आए। मतलब उन्होंने बाकायदा कर्नाटक जाकर वहाँ का कुछ गीत और संगीत सीखा था, जिसे अपने नाटकों में डाला।

मुझे यह भी याद है कि जिस दिन कोई ड्रामा नहीं होता था, उस दिन घर में संगीत की सभा होती थी और बहुत सारे लोग हमारे घर आते थे। फिर वे उसमें नाटक का कोई गीत नहीं गाते थे, बल्कि उस दिन सिर्फ़ शास्त्रीय संगीत होता था। मेरे पिताजी के गाये हुए शास्त्रीय संगीत के कई रेकॉर्ड एच.एम.वी. से रिलीज हुए हैं और जहाँ तक मुझे याद पड़ता है कि एक रेकॉर्ड उन्होंने राग जयजयवन्ती का भी बनाया था, जिसे मेगाफ़ोन कम्पनी ने बाज़ार में उतारा।

यतीन्द्र मिश्र

उनकी पसन्द के कौन से राग रहे, जिनका उन्होंने अपने नाटकों में अधिकाधिक इस्तेमाल किया?

लता मंगेशकर

उनके पसन्द के जो राग मुझे याद हैं, उनमें भूपाली, यमन, दरबारी, दरबारी कान्हड़ा, जयजयवन्ती, शंकरा और हिण्डोल हैं। वे हिण्डोल बहुत मन से गाते थे। (प्रसन्नता से बताती हैं)

यतीन्द्र मिश्र

आपके पिताजी की ड्रामा कम्पनी में जो लोग काम करते थे, वे लोग कहाँ के थे? मेरा आशय यह जानने में है कि कम्पनी में काम करने वाले कलाकारों और अन्य सहयोगियों की टीम किन जगहों से मिलकर बनी थी?

लता मंगेशकर

कम्पनी में ज़्यादातर मराठी लोग थे। ख़ासकर पूना, सातारा, सांगली, मिरज और कोल्हापुर के छोटे-छोटे गाँवों के लोग थे। इन जगहों पर बहुत संगीत होता था। अब जैसे मिरज है, वहाँ तानपूरा और सितार बनते थे और पूरे देश में भेजे जाते थे। वहाँ के कुछ मुसलमान लोग हैं, जो इसे बनाते थे। हालाँकि आजकल यह कम हो गया है क्योंकि अब ज़्यादातर गवैये तानपूरा लेकर नहीं गाते, बल्कि हारमोनियम के साथ कुछ-कुछ करते हैं।

सातारा में तो शिवाजी महाराज के पोते शाहूजी महाराज की गद्दी है, जिसे हम मराठा लोग बहुत आदर से देखते हैं। कोल्हापुर में संगीत का बड़ा पुराना माहौल रहा है। वहाँ तो उस्ताद अल्लादिया ख़ाँ साहब और उनके बेटे भुर्जी ख़ाँ साहब भी रहते थे। ....और कोल्हापुर में ही उस ज़माने में फ़िल्म इण्डस्ट्री का काफ़ी सारा काम होता था। कोल्हापुर एक समृद्ध जगह थी, जहाँ संगीत, सिनेमा और नाटकों की बात होती रहती थी। मुझे अच्छी तरह याद है कि कोल्हापुर में ही सबसे पहले मैंने घरवालों के साथ अशोक कुमार की 'किस्मत' और व्ही. शान्ताराम की जयश्री के अभिनय वाली 'शकुन्तला' देखी थी।

सांगली में तो मेरा बचपन ही गुजरा है। जब तक मैं आठ साल की हुई थी, तब तक मैं सांगली में ही रही हूँ। सांगली और कोल्हापुर के महाराजा के महलों में भी संगीत के प्रोग्राम होते रहते थे। इन जगहों पर मेरे पिताजी की ड्रामा कम्पनी भी बड़े सम्मान के साथ महल में नाटक करने के लिए बुलाई जाती थी।

मेरा मतलब यह है कि मेरे बचपन में इन शहरों में अपने पिता की ड्रामा कम्पनी के साथ घूमते हुए मैंने संगीत की बड़ी इज्ज़त और सेवा होते हुए देखी है। इन्हीं जगहों से निकलकर आने वाले तमाम कलाकार और गायक-वादक ये सब लोग पिताजी के साथ भी काम करते थे।

यतीन्द्र मिश्र

आपके पिता पं. दीनानाथ मंगेशकर ने संगीत की तालीम किससे ली थी? ....और संगीत से जुड़े वे कौन लोग थे, जिनसे उनका आत्मीय रिश्ता रहा?

लता मंगेशकर

मैं तब बहुत छोटी थी, जब पिताजी स्टेज पर गाते थे। इतना मुझे याद है कि वे हमेशा यह कहते थे कि मेरी गायिकी ग्वालियर घराने की गायिकी है। उन्होंने ग्वालियर घराने के ही बड़े संगीतकार पण्डित रामकृष्ण बुवा वझे से अपना गण्डा बँधवाया था। हालाँकि वे खुद ही एक दक्ष संगीतज्ञ थे, फिर भी उन्होंने पण्डित जी से कुछ दिनों तक बाक़ायदा शास्त्रीय संगीत की तालीम ली थी। उनके संगीत और नाटकों के दौर के कई लोग रहे हैं, जिनसे उनका नजदीकी सम्बन्ध था। इनमें प्रमुख रूप से बालगन्धर्व जी और उस्ताद अल्लादिया ख़ाँ साहब का विशेष ज़िक्र करूँगी। इन दोनों ही लोगों से पिताजी के सम्बन्ध बेहद आत्मीय रहे। इनके अलावा अल्लादिया ख़ाँ साहब की शिष्याओं केसरबाई केरकर और मोगूबाई कुर्डीकर के साथ भी पिताजी के रिश्ते दोस्ताना थे। केसरबाई जी तो गोवा में हम लोगों की तरह ही कोंकण क्षेत्र से थीं, इसलिए भी बाबा से उनकी बहुत बनती थी। नरगिस जी की माँ जद्दनबाई भी मेरे पिताजी की अत्यन्त क़रीबी रहीं।

यतीन्द्र मिश्र

क्या पण्डित दीनानाथ मंगेशकर जी का बालगन्धर्व के अलावा उस ज़माने में शीर्ष पर रहे अन्य नाट्यकर्मियों और संगीतज्ञों से कोई सम्पर्क या मैत्री रही, जो उर्दू, हिन्दी, गुजराती और पारसी थियेटर के दिग्गज लोग थे? विशेषकर, नारायण प्रसाद बेताब, अमृतलाल केशव नायक, आग़ा हश्र कश्मीरी, जयशंकर सुन्दरी, राधेश्याम कथावाचक और मास्टर फ़िदा हुसैन नरसी....?

लता मंगेशकर

नहीं, मुझे ऐसा ध्यान नहीं पड़ता है कि आपने जिन उर्दू और हिन्दी नाटकों के इन बड़े लोगों का नाम लिया है, उनमें किसी के साथ पिताजी का कोई सम्पर्क रहा था। कम से कम मुझे याद नहीं है और न ही बाद में कभी माई

ने मुझे इनके बारे में कुछ बताया है। अलबत्ता यह ज़रूर है कि आपने जो उर्दू और हिन्दी के इन लोगों का नाम लिया, तो मुझे ख्याल आया कि मेरे पिताजी 'बलवन्त संगीत कम्पनी' बनाने से पहले 'किर्लोस्कर नाटक मण्डली' के एक उर्दू नाटक में भी काम करते थे, जिसका नाम था 'ताज़-ए-वफ़ा'। उस नाटक में वे लड़की का रोल किया करते थे। वह नाटक उन दिनों कलकत्ता में बहुत चला था। आपको यह जानकर आश्चर्य होगा कि उन्हीं दिनों वहाँ काम करते हुए बाबा ने कथक नृत्य भी सीखा था। ....और कुछ शुरुआती नाटकों में उन्होंने वहाँ नृत्य भी किया है। उर्दू और फ़ारसी का ज्ञान भी उन्होंने वहीं पर अपने शुरुआती दौर में लिया था।

यतीन्द्र मिश्र

बचपन में आप सभी भाई-बहन फ़िल्में देखकर उसकी नकल उतारते थे। किसी ख़ास फ़िल्म को देखकर उसकी नकल का स्मरण करेंगी?

लता मंगेशकर

(हँसते हुए) अरे! यह तो हम सब भाई-बहन बहुत करते थे। फ़िल्में ही थीं, जो मनोरंजन का एक ऐसा माध्यम थीं, जिनको देखकर बच्चे अपने ढंग से कुछ-कुछ करते रहते थे। मुझे याद है कि प्रभात फ़िल्म कम्पनी की एक पिक्चर थी 'सन्त तुकाराम'। फ़िल्म में दिखाया गया है कि तुकाराम सदेह बैकुण्ठ जाते हैं और उन्हें लेने ईश्वर का विमान आता है। वो यह गीत गाते हुए स्वर्ग जाते हैं– *'अमी जातो अमचा गावा, अमचा राम-राम ध्यावा'* (मैं अपने गाँव जा रहा हूँ। सभी लोग मेरा राम-राम ले लीजिए)। हम कमरे में घर भर के गद्दे, तकिये एक के ऊपर एक रखकर ऊँचा स्वर्ग बनाते थे, जिस पर चढ़कर मैं बैठती थी और वहीं से यह गीत गाती थी। नीचे कमरे में मीना, मेरे फूफा का बेटा पण्ढरीनाथ और आशा यह तीनों तुकाराम के अनुयायी बनकर रोते थे और कहते थे– 'हमें भी साथ ले लीजिए। हमें भी साथ ले चलिए।' (खिलखिलाकर हँसती हैं) उस समय उषा बहुत छोटी थीं, इसलिए वो इन नाटकों में नहीं रहती थी। तो यह सब होता था। हम बहुत सारी फ़िल्मों की नकल उतारते थे, जिनमें धार्मिक फ़िल्में ज़्यादा होती थीं क्योंकि पिताजी धार्मिक और देशभक्ति की फ़िल्मों के अलावा दूसरी फ़िल्में नहीं देखने देते थे। उनका सख़्त अनुशासन था और यह सब काम चोरी-चोरी तब होता था, जब पिताजी घर के बाहर हों और यह जान न पाएँ कि घर में फ़िल्मों का खेल खेला जा रहा है।

यतीन्द्र मिश्र

पिताजी के जाने के बाद वो कौन लोग थे, जिन्होंने आप लोगों को उन संघर्ष के दिनों में सम्बल दिया या अपनी उपस्थिति से यह सदाशयता दिखाई कि हम आपके परिवार के साथ हैं?

लता मंगेशकर

ऐसे तो कोई लोग याद नहीं आते। पर, हाँ माँ के एक मुँहबोले भाई थे, जिन्हें हम मामा कहते थे। वे डाक्टर थे और उनका कोंकण क्षेत्र में पालसेत गाँव में एक दवाख़ाना था। हर महीने वे नियम से हम लोगों से मिलने चले आते थे। हम बच्चों के लिए कभी कपड़े, छोटी-मोटी उपहार की वस्तुएँ और कुछ खाने की चीज़ें लाते थे। वे ब्राह्मण थे, लेकिन उनका अंग्रेजों की तरह नाम था डाक्टर रिसवुड। उनको ही मैंने हमेशा परिवार के एक हितैषी के रूप में देखा है। उनका प्यार और बहुत सज्जन ढंग से परिवार की देखभाल करना, मेरी सुखद स्मृतियों का हिस्सा है।

यतीन्द्र मिश्र

जब आपने फ़िल्मों में काम शुरू किया, तब वह कौन लोग थे, जो मदद के लिए आगे आए?

लता मंगेशकर

बाद में जिन लोगों ने थोड़ी मानवता के साथ रिश्ते रखे, उनमें अभिनेत्री नन्दा के पिता मास्टर विनायक का नाम लूँगी। उन्होंने अपनी 'प्रफुल्ल पिक्चर्स' में मुझे काम दिया, तो बिल्कुल आरम्भ के दिनों के संघर्ष को जारी रखने में कुछ हिम्मत मिली और लगा कि चलो दुनिया में कुछ लोग तो ऐसे हैं, जिन्हें दूसरों की तकलीफ़ों के प्रति संवेदना है मन में। उनकी मृत्यु के बाद जब एकाएक मुझे काम मिलना बन्द हो गया, तब एक स्टूडियो से दूसरे स्टूडियो चक्कर लगाते हुए मैं पार्श्वगायिका बनने के लिए संघर्षरत थी, उस समय मुझमें मास्टर गुलाम हैदर ने सबसे ज़्यादा विश्वास जताया। यह मास्टर जी ही थे, जिनके चलते फिर मैं खेमचन्द प्रकाश और अनिल विश्वास के सम्पर्क में आ सकी।

यतीन्द्र मिश्र

आपने जिन फ़िल्मों में अभिनय किया है, उनको आज किस तरह याद करती हैं?

लता मंगेशकर

मेरे बाबा की मृत्यु के तुरन्त बाद मुझ पर घर चलाने की जिम्मेदारी आ गयी थी। घर में माँ और मेरे अलावा चार भाई-बहनों की परवरिश एक ऐसी बड़ी चुनौती थी, जिसके लिए सिनेमा ही तुरन्त पैसा देने वाला माध्यम नज़र आया। बाबा के न रहने के कुछ दिनों के भीतर ही मास्टर विनायक ने 'पहिली मंगलागौर' नाम की फ़िल्म में काम दिलवाया। यह फ़िल्म 1942 में रिलीज़ हुई थी, जिसमें मैंने उस ज़माने की बड़ी मशहूर हीरोईन स्नेहप्रभा प्रधान की छोटी बहन का रोल अदा किया था। बाद में 1943 में 'मांझे बाल' और 1944 में 'गजाभाऊ' प्रदर्शित हुईं। 'गजाभाऊ' मराठी की फ़िल्म थी, लेकिन इसमें मैंने पहली बार हिन्दी का एक गीत गाया था। बाद में 'बड़ी माँ' (1945) आई, जिसकी चर्चा मैंने आपसे की ही है। इस फ़िल्म में नूरजहाँ जी मुख्य किरदार निभा रही थीं। इस तरह मैंने कुल आठ फ़िल्मों में काम किया। बाक़ी फ़िल्मों में 'चिमुकला संसार' (1942), 'जीवन यात्रा', 'सुभद्रा' (1946), 'मन्दिर' (1948) रही हैं। भालजी पेंण्ढारकर की बनाई हुई 'छत्रपति शिवाजी' (1952) में स्वयं एक गीत गाते हुए मैं फ़िल्म में आयी थी। बहुत बाद में अभी हाल ही में दस-पन्द्रह वर्षों पूर्व बनी अनिल कपूर और माधुरी दीक्षित की 'पुकार' में एक देशभक्ति गीत गाते हुए भी परदे पर मैं मौजूद रही।

मुझे फ़िल्मों में काम करना और चेहरे पर मेकअप पोतकर, लिपस्टिक लगाकर काम करना असहनीय लगता था। जब मैंने प्लेबैक सिंगिंग शुरू की, तो ईश्वर को हाथ जोड़कर धन्यवाद दिया कि हे भगवान! तुमने मुझे यह सब करने से बचा लिया। वाकई, मैं आपको सच बात बताऊँ, फ़िल्मों में काम करना न कभी मुझे पसन्द था और न ही उसे जारी रखने का मन हुआ।

यतीन्द्र मिश्र

पिताजी से संगीत के अलावा आपने क्या-क्या और सीखा?

लता मंगेशकर

सबसे ज़्यादा तो स्वाभिमान से जीने की प्रेरणा। उन्होंने जो संस्कार दिए, उससे ज़िन्दगी में सही बातों पर खड़े रहने की हिम्मत मिली। अब जैसे आपको मैं बताऊँ कि यह बात आपको मालूम ही न होगी कि 1947-48 के दौरान राशन पर साड़ियाँ मिलती थीं। जब मैंने काम शुरू किया था और

मेरे हालात अच्छे नहीं थे, तो राशन की जो साड़ियाँ होती थीं, वह मैं पहनने के लिए लाती थी। वे कॉटन की होती थीं और उनके किनारे पर छोटा सा कलर का बॉर्डर होता था। वे बारह रुपये की मिलती थीं और उन्हें खरीदकर मैं घर लाती थी। मैं उन्हें अपने हाथ से खुद धोती थी और उन्हें सूखने के बाद इतनी अच्छी तरह से तह बनाकर अपने सिरहाने रखकर सोती थी कि सुबह होने पर वह साड़ी पहनकर काम पर जाया जा सके। अच्छी तरह से तह बनी होने के चलते और रात भर लगातार तकिये के नीचे दबे रहने से वे इस तरह हो जाती थीं कि लगता था कि जैसे अभी उन्हें इस्त्री कराया गया हो। तब मेरे पास इतने पैसे भी नहीं होते थे कि मैं हर दिन अपने कपड़ों को दुकान पर प्रेस कराकर पहन सकूँ। मतलब मैंने वो दिन भी देखे हैं, जब इस तरह मुझे रहना पड़ता था। आज मुझे इस बात की ख़ुशी है कि मैंने किसी से यह नहीं कहा कि आप मुझे पाँच सौ रुपये दीजिए, फलाँ चीज़ ला दीजिए, मुझे उसकी ज़रूरत है। इस तरह जो चीज़ मैं कर पायी, उसमें मैं अपने बाबा का संस्कार मानती हूँ।

मैंने पिताजी में यह बात देखी थी कि हर हालात में कैसे रहना चाहिए। यह मेरे पिताजी ने ही मुझे सिखाया था कि अगर कोई बात तुम्हें सही लगती है, तो उसे करो और किसी के आगे झुकने की ज़रूरत नहीं है। इस तरह जब मैं याद करती हूँ, तो लगता है कि बाबा ऐसा कहते थे, बाबा ने यह कहा था, बाबा ने उस समय में इस तरह कोई निर्णय लिया था। यह सब मेरे बड़े काम आया है। हमने हर तरह के दिन देखे थे। पिताजी की कम्पनी जब अच्छी चलती थी, तो हम सब लोग बड़े शान से रहते थे। फिर पिताजी की डेथ के बाद हमें यह भी देखना पड़ा कि बुरे हालात में कैसे जीना है। मेरी माँ का भी वही संस्कार था कि कैसे भी स्वाभिमान के साथ जी लेना है, मगर किसी के आगे जाकर हाथ नहीं पसारना है। ....और देखिए, यह सब बातें मेरे कितने काम आई हैं। आज मेरे पास पैसे हैं और नाम है। हम आज जहाँ रहते हैं, वह भले ही इतना छोटा सा घर है, पर उसमें हम लोग बहुत ख़ुश हैं। इस बात के लिए भी ईश्वर को धन्यवाद करते हैं कि बाबा ने जैसा सिखाया था, उस पर हम सभी भाई-बहनों ने चलने का प्रयास किया।

यतीन्द्र मिश्र

आपकी संगीत की तालीम चालीस के दशक में शुरू हो गयी थी, उस समय आपको शास्त्रीय संगीत के पहले गुरु किस तरह मिले?

लता मंगेशकर

देखिए, पिताजी की मृत्यु के बाद मेरा शास्त्रीय संगीत सीखना बन्द हो गया था। मैं खुद से उनकी बतायी हुई बन्दिशें और उनके रागों का रियाज़ करती थी। यह तो मास्टर विनायक थे, जिनके साथ उनके प्रफुल्ल पिक्चर्स में काम के दिनों में एक मर्तबा उन्होंने मुझसे यह कहा कि तुम्हें अपनी पिता की दी हुई शिक्षा को आगे बढ़ाना चाहिए। मुझे अच्छी तरह याद है, वे उस्ताद अमान अली ख़ाँ भेण्डीबाज़ार वाले को अपने घर पर लेकर आए और 11 अगस्त, 1945 के दिन मेरा विधिवत गण्डा बन्धन हुआ। उन्होंने जो पहला राग मुझे सिखाया था, वह हंसध्वनि था। हालाँकि पिताजी के नाटकों से मैं पहले ही हंसध्वनि सीख चुकी थी। शाम के इस राग को उन्होंने बड़ी तन्मयता से सिखाया था, जो आज भी मेरा पसन्दीदा राग बना हुआ है। मुझे इसकी बन्दिश याद है। उन्होंने विलम्बित लय में *'पतिदेवन महादेवन'* और द्रुत लय में *'लागी लगन पति सखी संग'* सिखाया था (द्रुत की बन्दिश गाकर बताती हैं)।

बाद में उन्होंने राग यमन कल्याण, हेम और तोड़ी भी बहुत तैयारी से सिखायी थी। अमान अली ख़ाँ साहब बहुत ही प्यारे इंसान थे और मुझे अपनी बेटी की तरह मानते थे। वे शिवाजी पार्क में मास्टर विनायक के घर 'कुमुद विला' पर ही मुझे सिखाने आते थे क्योंकि उन दिनों कुछ समय के लिए मैं और मीना मास्टर विनायक के घर में ही रह रहे थे। वे जब सिखाने आएँ, तो अपने साथ रोटी में आमलेट लपेटकर लाते थे और मुझे खाने के लिए देते थे। बड़े लाड़ से भरकर बोलते थे कि पहले खाओ, फिर गाना शुरू करेंगे। उनका मानना था कि मैं इतनी पतली हूँ इस वजह से भीतर से कमजोर भी होऊँगी, इसलिए खा-पीकर रियाज़ कराना उन्हें ठीक लगता था। संगीत की तालीम हर दिन लगभग दो घण्टे चलती थी और मैं स्वयं तानपूरा लेकर उनके साथ गाती थी।

आज यह मैं कह सकती हूँ कि जितना मैंने अपने पिता को खोकर उनकी कमी को महसूस किया है, उतना ही मैं अपने उस्तादों को भी गवाँकर महसूस करती हूँ। बाद में कुछ दिनों सिखाकर वे अपने गाँव चले गये और लौटकर नहीं आए। फिर मास्टर विनायक ने ही एक दूसरे उस्ताद अमानत ख़ाँ देवासवाले से मेरी संगीत शिक्षा शुरू कराई। अमानत ख़ाँ साहब प्रसिद्ध गायक उस्ताद रज़ब अली ख़ाँ के भतीजे थे। उनके बारे में यह मशहूर था कि उन्होंने कई फ़िल्मी हस्तियों को भी संगीत सिखाया था, जिसमें जद्दनबाई और नरगिस जी भी शामिल थीं। दुर्भाग्यवश उस्ताद जी को किसी काम से इन्दौर जाना पड़ा

था, जिस वजह से मेरी संगीत की तालीम फिर रुक गयी थी। अगर अमानत ख़ाँ साहब कुछ दिन और रुके होते, तो शायद मैं ज़्यादा बेहतर ढंग से संगीत सीख पाती। इसके बाद 1970 के दशक में मैंने उस्ताद बड़े ग़ुलाम अली ख़ाँ साहब के शिष्य पण्डित तुलसीदास शर्मा जी से सीखा। उस दौरान मेरे पास ज़्यादा वक़्त नहीं होता था। फिर भी जब कभी रेकॉर्डिंग से वक़्त बचाकर मौका मिलता था, तब मैं उनसे बराबर सीखती थी। उन्होंने मुझे राग अहीर भैरव की एक बन्दिश *'गुरु बिन ग्यान नहिं आवत'* सिखाई थी। शर्मा जी की मृत्यु भी असमय हुई और इस तरह मेरी शास्त्रीय संगीत की तालीम छूट गयी। बाद में मैं इन्हीं लोगों द्वारा सिखायी हुई बात को ध्यान में रखकर रियाज़ करती थी। हालाँकि फ़िल्मों में गाने के लिए इतनी व्यस्तता थी कि दिन भर एक स्टूडियो से दूसरे स्टूडियो तक ढेरों गानों की रिहर्सल और तैयारी में एक तरह से मेरा रियाज़ ही होता रहता था।

एक और बात आपको बताऊँ, अपने पिताजी और गुरुओं के अलावा मैंने तमाम सारे बड़े संगीत दिग्गजों से कुछ न कुछ सीखा ज़रूर है। जब भी मैं विलायत ख़ाँ साहब या अली अकबर भाई की कन्सर्ट सुनती थी, उस्ताद बड़े ग़ुलाम अली ख़ाँ साहब को न जाने कितनी बार सामने और रेकॉर्ड व रेडियो पर सुना होगा। इसी तरह उस्ताद अमीर ख़ाँ साहब को भी बम्बई में एक दो मर्तबा पूरे ध्यान से सुना है– तो इन सभी को इस तरह भी सुनती थी कि यह देख सकूँ कि अमीर ख़ाँ साहब ने कैसी तान ली है या विलायत ख़ाँ साहब ने किस तरह आलाप को अपने साज पर उतारा है। यह सब मेरे मन में रह जाता था। सबके गायन-वादन से ऐसे ही कुछ-कुछ पकड़ने की कोशिश भी करती रही हूँ, जिसे अपने लिए एक तरह से तालीम ही मानती हूँ।

यतीन्द्र मिश्र

आपके संगीत कॅरियर की शुरुआत कराने में मास्टर ग़ुलाम हैदर का बड़ा योगदान माना जाता है। फिर आप उनसे प्रभावित भी बहुत रही हैं। कोई ऐसा वाकया जो कभी न भूलता हो?

लता मंगेशकर

आप सही कह रहे हैं। मेरे मन में उनके लिए गहरी श्रद्धा है। मुझे अपने बचपन की एक कहानी याद है, जिसे मैंने कई मर्तबा याद किया है। आपको भी बताती हूँ। हुआ यह था कि 1941 में मास्टर ग़ुलाम हैदर के संगीत-निर्देशन की एक फ़िल्म 'खजांची' प्रदर्शित हुई थी। इसके गीत वली साहब ने लिखे थे

और स्वयं मास्टर जी ने शमशाद बेगम के साथ इस फ़िल्म में एक गीत *'सावन के नजारे हैं'* गाया था। यह फ़िल्म अत्यन्त सफ़ल साबित हुई और घर-घर इसके गीत गूँजे। 'खजांची' के उस समय इतने रेकॉर्ड बिके कि वह आज भी एक मिसाल है। तो उस समय 'खजांची' वालों ने ही एक संगीत प्रतियोगिता आयोजित की थी। उस प्रतियोगिता में उस प्रत्याशी को पुरस्कार दिया जाना था, जो सबसे बेहतरीन ढंग से 'खजांची' फ़िल्म के दो गीतों को निर्णायकों के सामने गा सके। उस दौरान मेरे पिताजी जीवित थे और वे किसी कारण से बम्बई गये हुए थे। यह प्रतियोगिता पूना में हो रही थी। मैंने जाकर इसमें अपना नाम दर्ज़ कराया और 114 लड़कियों की पहले से बनी प्रतियोगिता सूची का मैं भी हिस्सा बन गयी। मुझे आज भी सोचकर हँसी आती है कि स्टेज पर हर लड़की को जब गाने के लिए बुलाया जाता था, तो उसे अपना परिचय देना होता था।

मेरी बारी जब आई, तो मैंने बड़े जोरदार ढंग से तेज आवाज़ में अपना नाम पुकारा 'लता! दीनानाथ मंगेशकर!' (हँसती हैं) सभा में सारे लोगों ने मेरे आत्मविश्वास पर ताली बजाई। कुछ तो इसलिए भी बजाई होगी कि मेरे पिता का महाराष्ट्र में बहुत नाम था और उनकी बेटी किसी प्रतियोगिता का हिस्सा बन रही थी, तो लोग खुश होकर शायद हौसला बढ़ा रहे थे। मैंने प्रतियोगिता की शर्त के लिहाज़ से दो गाने गाए— *'लौट गयी पापन अँधियारी'* और *'नैनों के बाण की रीत अनोखी'*। यह दोनों ही गीत फ़िल्म में शमशाद बाई ने गाए हैं।

मैं पहला पुरस्कार जीतकर घर लौटी और मुझे पुरस्कार के तहत एक दिलरुबा भेंट किया गया था। बाद में जब मैं मास्टर गुलाम हैदर से मिली, तो मुझे बचपन की यह घटना याद थी। मैंने उन्हें यह बात बताई थी और अपने जीवन का पहला पुरस्कार भी। हालाँकि आप यह सुनकर हँसेंगे कि मेरे पिता जी इस बात पर बेहद नाराज़ हुए थे कि मैं इस संगीत प्रतियोगिता में हिस्सा लेने गयी थी। उन्हें इस बात से खुशी हुई या नहीं कि मैंने पहला पुरस्कार जीता है, मैं बता नहीं सकती, पर यह ज़रूर हुआ था कि वे इस बात से आहत थे और थोड़े डर भी गये थे कि अगर मैं यह पुरस्कार जीत न पाती, तो उनका सिर शर्म से झुक जाता। वे यह कतई बर्दाश्त नहीं कर सकते थे कि उनकी बेटी किसी संगीत प्रतियोगिता में गाए और हारकर घर लौटे।

मुझे भी कहीं न कहीं बचपन से ही मन में यह दबा-छिपा एहसास बना रहा है कि मैं सिर्फ़ इसलिए कुछ अलग हूँ कि मैं पण्डित दीनानाथ मंगेशकर की बेटी हूँ।

इसमें गुरुर नहीं है, बल्कि अपने गायक पिता के प्रति गर्व का भाव ही है।

यतीन्द्र मिश्र

मास्टर गुलाम हैदर के साथ फिर किस तरह आपका काम आगे बढ़ा?

लता मंगेशकर

मुझे याद है पहली बार शायद मैंने उनके सामने नूरजहाँ जी का गाया हुआ 'बुलबुलों मत रो यहाँ' (जीनत) या फ़िर शमशाद बाई का 'मैं तो ओढ़ूँ गुलाबी चुनरिया' (हुमायूँ) को बिल्कुल ही बेताला गाया था, क्योंकि मैं बहुत नर्वस थी। मास्टर जी ने इस पर मुझसे एक सवाल किया 'क्या तुमने कभी संगीत सीखा है?' इस पर मेरा जवाब था 'हाँ, अमानत ख़ाँ देवास वाले मेरे गुरु थे, मैंने उनसे शास्त्रीय संगीत सीखा है।' इस पर उन्होंने कहा था 'फिर भी तुम कहीं-कहीं बेताला गयीं, जबकि ख़ाँ साहब ने तुम्हें सिखाया है।' मैं एकदम से डर गयी थी।

बाद में निर्माता शशधर मुखर्जी ने 'शहीद' फ़िल्म के लिए जब मेरी आवाज़ को कामिनी कौशल के लिए रिजेक्ट किया, तो इससे मास्टर गुलाम हैदर बहुत दुःखी हुए। थोड़े नाराज़ भी, मगर उन्होंने मुखर्जी साहब पर इसे ज़ाहिर नहीं किया। अलबत्ता वे मुझसे ज़रूर बोले— 'कोई बात नहीं, तुम मेरी दूसरी फ़िल्म 'मजबूर' के लिए गाओगी। बॉम्बे टॉकीज के लिए मैं यह फ़िल्म कर रहा हूँ मेरे साथ आओ।' मैं उनके साथ गोरेगाँव स्टेशन के लिए चल दी। हम दोनों प्लेटफ़ार्म पर ट्रेन का इंतजार कर रहे थे। वहीं मास्टर जी ने अपने हाथ में 555 सिगरेट का एक डिब्बा लिया हुआ था। वे उसी डिब्बे पर ताल देते हुए मुझे समझाने लगे कि 'लता! इस तरह गाओ'। उन्होंने गाकर बताया *'दिल मेरा तोड़ा कहीं का न छोड़ा, हाए तेरे प्यार ने'।* मास्टर जी के बाद उसी तरह मैंने गाकर सुना दिया। वे ख़ुश होते हुए बोले 'हाँ यही, मुझे ऐसे ही यह गीत चाहिए'।

इस तरह हम गोरेगाँव से मलाड बॉम्बे टॉकीज पहुँचे और जहाँ तक मुझे ध्यान पड़ता है कि दो-तीन दिनों में ही रिहर्सल के बाद यह गीत रेकॉर्ड हो गया। वहीं मैं पहली बार 'मजबूर' के गीतों के लिए ही पार्श्वगायक मुकेश भैया से मिली। मुकेश भैया के साथ मेरा गीत *'अब डरने की कोई बात नहीं अंगरेजी छोरा चला गया, वो गोरा-गोरा चला गया'* रेकॉर्ड हुआ था। मेरे हिसाब से यह मास्टर गुलाम हैदर ही थे, जिनकी वज़ह से मुझे फ़िल्म इण्डस्ट्री में पहचान बनाने में मदद मिली। उन्हीं के चलते मैं खेमचन्द प्रकाश और अनिल विश्वास

के सम्पर्क में आयी। इसके बाद तो मुझे इण्डस्ट्री में पहचाना जाने लगा और काम मिलने लगे। सभी संगीतकार यह कहते थे कि अरे यह लता मंगेशकर है, एक नयी लड़की, जिससे मास्टर गुलाम हैदर और खेमचन्द प्रकाश गवा चुके हैं। (हँसती हैं) मेरे लिए किसी भी नयी फ़िल्म के मिलने का कारण तो मास्टर गुलाम हैदर ही थे।

यतीन्द्र मिश्र

चालीस और पचास के दशक में संगीत की गुणवत्ता फ़िल्मों में असंदिग्ध रही है। मैं इस बात को विस्तार से जानना चाहता हूँ कि आप लोग जब उस दौर में फ़िल्मों के लिए गीत रेकॉर्ड कर रहे थे, तो रेकॉर्डिंग स्टूडियो कैसे होते थे? आपने ख़ुद ही यह बताया हुआ है कि कई बार खुले में और पेड़ों के नीचे भी गाने रेकॉर्ड किये जाते थे। ऐसे में रेकॉर्डिंग की क्या व्यवस्था होती थी?

लता मंगेशकर

उस ज़माने में बहुत ज्यादा रेकॉर्डिंग स्टूडियो नहीं होते थे। आपको जानकर आश्चर्य होगा कि मात्र दो स्टूडियो 'फेमस' और 'सेण्ट्रल' ताड़देव में थे। एक तीसरा स्टूडियो भी 'फेमस' के नाम से ही था, जो महालक्ष्मी में था। इन स्टूडियो में एक छोटा सा हॉलनुमा कमरा होता था, जिनमें रेकॉर्डिंग की जाती थी। गोरेगाँव में फ़िल्मिस्तान में भी एक छोटा स्टूडियो था। फिर भी पता नहीं क्या चक्कर था कि ज़्यादातर हम लोगों को किसी स्टूडियो की ज़मीन पर बैठकर ही गीत रेकॉर्ड करने पड़ते थे। आप सुनकर हँसेंगे, लेकिन यह बात सच है कि फ़िल्मिस्तान की ही दो बड़ी फ़िल्मों 'नागिन' और 'अनारकली' के अधिकतर गाने हम लोगों ने वहाँ शूटिंग स्टूडियो के मंच पर ही रेकॉर्ड किये थे। जब फ़िल्मों की शूटिंग ख़त्म हो जाती थी और ज़्यादातर लोग स्टूडियो से बाहर चले जाते थे, तब देर रात को उन्हीं स्टूडियो में हम लोगों के रेकॉर्ड करने की बारी आती थी। इस कारण अकसर देर रात या जल्दी सुबह तक गाने रेकॉर्ड होते थे। इतनी परेशानी होती थी कि मैं आपसे बता नहीं सकती। कई बार धूल भरी गन्दी जगहों पर बैठकर हमें अपने सुरीले गीतों को गाना पड़ता था। ....और स्टूडियो की लाईट्स के चक्कर में इतनी गर्मी बढ़ जाती थी कि हम बम्बई की उमस और उस गर्मी के ताप से जूझते हुए गानों को बनाने की कोशिश में किसी भी पंखे को हल्के से चला नहीं सकते थे। आप जानते ही हैं कि उस समय रेकॉर्डिंग तकनीकी इतनी विकसित नहीं थी और पंखों के चलने से होने वाली आवाज़ भी गीत के

साथ रेकॉर्ड हो जाती थी। इस कारण यह सब भी देखना पड़ता था। अब आप बताइए कि ऐसी कठिन स्थिति में भी हम सभी ने कई बार राहत देने वाले गाने गाए हैं। (हँसती हैं, जिस पर मुझे भी हँसी आती है।)

बाद में महबूब ख़ाँ साहब विदेशों से नये ज़माने के रेकॉर्डिंग के सामान खरीदकर लाये और अपने महबूब स्टूडियो में ही रेकॉर्डिंग का एक कमरा बनाया। यही स्टूडियो फिर बर्मन दादा, रोशनलाल, और नौशाद साहब का फेवरेट स्टूडियो बन गया। बहुत बाद में यहाँ पर लक्ष्मीकान्त-प्यारेलाल भी अपने गीतों को रेकॉर्ड करते थे। तो आप यह खुद ही देखिए कि इतने बड़े सिनेमा इण्डस्ट्री में जिसमें हर साल सैकड़ों फ़िल्में और हजारों गीत बनते थे, मुश्किल से तीन-चार स्टूडियो ही थे, जहाँ हम सब लोग शूटिंग से बचे हुए समयों में जाकर रेकॉर्डिंग करते थे।

यतीन्द्र मिश्र

उस ज़माने में कई बेहतरीन साउण्ड रेकॉर्डिस्ट हुए। ख़ासकर मीनू कात्रक जैसे लोग। इन लोगों के योगदान को आप कैसे देखती हैं?

लता मंगेशकर

बड़ा वाज़िब सवाल है। हमने अपने दौर में एक से बढ़कर एक बेहतरीन साउण्ड रेकॉर्डिस्ट को देखा ही नहीं, बल्कि उनके साथ काम भी किया है। मीनू कात्रक, जिनका आप नाम ले रहे हैं, वे बड़े ही लाजवाब रेकॉर्डिस्ट थे और ताड़देव के फेमस स्टूडियो में काम करते थे। उसी तरह कौशिक बाबा महबूब स्टूडियो में थे और बी.एन. शर्मा दादर में मौजूद बॉम्बे लैब्स में। बहुत बाद में कौशिक बाबा ताड़देव में ही फ़िल्म सेण्टर में चले गये। यह सब रेकॉर्डिंग की दुनिया में बेहतरीन लोगों के उदाहरण हैं। मीनू कात्रक तो राजकपूर की ज़्यादातर फ़िल्मों के गीतों को रेकॉर्ड करते थे। ऐसा इसलिए था कि राज साहब को गीतों से बड़ा लगाव था और वे अपनी फ़िल्मों के संगीत को लेकर कुछ ज़्यादा ही सतर्क और भावुक रहते थे। उन्हें इसीलिए फ़ेमस स्टूडियो में काम करना पसन्द था, क्योंकि वहाँ पर उन्हें मीनू कात्रक जैसे सहयोगी मिल जाते थे। राज साहब की तरह ही मदन मोहन जी भी अपने गीतों को लेकर अतिरिक्त संजीदा होते थे और उनका भी रेकॉर्डिंग का प्रिय स्थान ताड़देव का फ़ेमस स्टूडियो ही होता था। इसी तरह मिस्टर बोस और दमन सूद भी बढ़िया साउण्ड रेकॉर्डिस्ट हुए हैं।

संगीतकारों में सलिल चौधरी, जयकिशन और प्यारेलाल बड़े शानदार म्युजिक अरेंजर रहे हैं। इनके बनाये गीतों में भी वह काबिलियत आसानी से देखी जा

सकती है। व्यक्तिगत तौर पर मैं अनिल मोहिले का काम भी अरेंजर के रूप में पसन्द करती हूँ। उनके साथ मैंने अपने कई संगीत कार्यक्रम भी किए हैं।

यतीन्द्र मिश्र

उस दौर में आपके काम की परिस्थितियाँ कैसी थीं? क्या वह आपके हिसाब से धीरे-धीरे अनुकूल होती गयीं अथवा वह वैसे ही हमेशा की तरह एक चुनौती का सबब बनी रहीं, जैसे कि वह संघर्ष के दिनों में थीं?

लता मंगेशकर

यह कह पाना मुश्किल होगा कि मेरी परिस्थितियाँ कभी बहुत अच्छी या बुरी रही हों। मैं इन सब बातों पर ध्यान नहीं देती थी। अलबत्ता मैं उस ज़माने से लेकर बाद तक बहुत मेहनत से अपने काम करती थी। मुझे याद है कि मेरी रेकॉर्डिंग सुबह से रात तक चलती रहती थी। एक स्टूडियो से दूसरे और तीसरे स्टूडियो के चक्कर में ही पूरा दिन बीत जाता था। मुझे अपने गाने और रेकॉर्डिंग के अलावा किसी दूसरी चीज़ की सुध नहीं रहती थी।

मैं अकसर रेकॉर्डिंग समाप्त करते-करते थक जाती थी और मुझे बड़ी तेज भूख भी लग जाती थी। उस समय रेकॉर्डिंग स्टूडियो में कैण्टीन तो होते थे, मगर खाने के लिए कुछ बेहतर मिलता हो, ऐसा मुझे याद नहीं। सिर्फ़ चाय और बिस्किट वगैरह मिल जाते थे और एक-दो कप चाय या ऐसे ही दो-चार बिस्किटों पर पूरा दिन निकल जाता था। कई बार तो सिर्फ़ पानी पीते हुए ही दिन बीता और यह ध्यान ही नहीं रहा कि कैण्टीन जाकर चाय भी पी लेनी चाहिए।

मुझे हमेशा यही बात दिमाग़ में घूमती थी कि किसी तरह बस मुझे अपने परिवार को देखना है। फिर वह रेकॉर्डिंग का वक्त हो या घर का खाली समय। किस तरह मैं अपने परिवार के लिए ज़्यादा से ज़्यादा कमाकर उनकी ज़रूरतें पूरी कर सकती हूँ, इसी में सारा वक्त निकल जाता था। आप मेरी परिस्थितियों के बारे में पूछ रहे हैं, तो सच बात तो यही है कि मुझे रेकॉर्डिंग से या उसकी तकलीफ़ों से इतना फ़र्क नहीं पड़ता था, जितना इस बात से कि आने वाले कल में मेरे कितने गीत रेकॉर्ड होने हैं। फ़लाँ फ़िल्म के ख़त्म होने के साथ मुझे नये कॉन्ट्रेक्ट की दूसरी नयी फ़िल्मों के गाने कब रेकॉर्ड करने हैं।

यतीन्द्र मिश्र

इसी समय मैं आपकी आर्थिक स्थिति के बारे में भी जानना चाहता हूँ, जो उन दिनों आपकी सफ़ल फ़िल्मों के कारण बनने लगी थी। क्या सन् 1950 तक आपकी आर्थिक स्थिति में सुधार होने लगा था?

लता मंगेशकर

यह भी बता पाना बड़ा मुश्किल है। मैं सच कह रही हूँ इस तरह मैं उन दिनों को देख ही नहीं पायी कि यह अन्दाज़ा लगा सकूँ कि 1949-50 के दौरान मेरी आर्थिक स्थिति में कोई सुधार हुआ या नहीं। मैं उन दिनों नाना चौक के उन दो कमरों के मकान में ही रहती थी, जिनका भाड़ा तीन सौ रुपये प्रतिमाह की दर से देना पड़ता था। उसे मैंने प्रफुल्ल पिक्चर्स में मास्टर विनायक के साथ काम करते हुए पहली बार किराये पर लिया था। यह स्थिति 1952 तक रही और उसके बाद 1960 तक मेरा घर वाल्केश्वर में हो गया, जहाँ मैंने तीन कमरों का एक फ्लैट खरीदा था। 1960 तक आकर वह फ्लैट बेच दिया था और कुछ पैसे अलग से जोड़कर मैंने पेडर रोड में 'प्रभु-कुंज' के पहले माले पर एक नया फ्लैट लिया, जिसमें आज भी रहती हूँ। मैं जो भी कमाती थी, उसे माई को लाकर दे देती थी। अब वे ही उससे घर चलाती थीं और जो कुछ भी उनसे बन पड़ता था, बचा भी लेती थीं।

आपको यह जानकर आश्चर्य होगा कि हम पार्श्व-गायकों की कड़ी मेहनत के बाद भी कुछ निर्माता हमें समय से पैसे नहीं देते थे। मुझे याद है, 1948 में मैं कई फ़िल्मों के लिए एक साथ काम कर रही थी, जिनमें 'महल', 'बरसात', 'अन्दाज', 'दुलारी', 'बड़ी बहन' और 'गर्ल्स स्कूल' शामिल हैं। यह सब फ़िल्में 1949-50 के दौरान रिलीज़ हुई हैं। तब तक तो काम का बोझ ही सिर पर था और पैसों को लेकर कोई बहुत बड़ी बात मेरे देखे नहीं आई। हाँ पर इतना ज़रूर मानती हूँ कि 1952 के बाद से 1956 तक तो मेरे काम को ठीक से सराहना और पैसे मिलने लगे थे। उस दौरान जब 'अनारकली', 'आवारा', 'बैजू बावरा', 'नागिन', 'अमर', 'नौबहार', 'उड़नखटोला', 'बसन्त बहार' जैसी फ़िल्में प्रदर्शित हुईं। इस समय तक हर दूसरा संगीतकार मुझसे गवाने के लिए उत्सुक दिखने लगा था। 'अनारकली' और 'नागिन' के बाद तो मैंने पीछे मुड़कर नहीं देखा। (प्रसन्नता से बताते हुए)

यतीन्द्र मिश्र

अगर किसी फ़िल्म में आपको अभिनय करने को कहा जाता, तो वह कौन सी फ़िल्म होती जिसमें आप काम करना पसन्द करतीं?

लता मंगेशकर

नहीं, मैंने शुरू में तो फ़िल्मों में काम ही किया था और कुल छह या सात फ़िल्मों में किया था। मैं बहुत छोटी थी उस समय, जब फ़िल्मों की दुनिया में अभिनय के मार्फ़त ही आयी। मुझे कभी अच्छा नहीं लगा मेकअप करना, लाईट के सामने जाना और काफ़ी लोग खड़े हैं, तो उनके सामने कभी रो रहे हैं और कभी हँस रहे हैं। गा भी रहे हैं, मुझे वो कभी अच्छा नहीं लगा। अच्छी फ़िल्मों को देखकर सराहने का जी ज़रूर करता है, मगर अभिनय करने के बारे में तो सोच भी नहीं सकती। एक फ़िल्म हमारे यहाँ हिन्दी और मराठी दोनों में बनी थी 'छत्रपति शिवाजी'। उसमें भालजी पेंढारकर थे, जिन्हें मैं बाबा कहती थी। मैं उनके पास गयी, हालाँकि उस वक्त तक मैंने अभिनय का काम छोड़ दिया था। मैंने उनसे ख़ुद कहा— 'बाबा मैं चाहती हूँ कि इस फ़िल्म का आखिर का जो गाना है, उसमें दो लाईनें मैं भी आकर गाऊँ।' तो फिर मैंने उसके हिन्दी और मराठी दोनों ही संस्करणों में बाद की दो पंक्तियाँ गायी हैं, जिन दृश्यों में मैं मौजूद भी हूँ। मैं छत्रपति शिवाजी को बहुत पसन्द करती हूँ, इसलिए बस इसी फ़िल्म के लिए मेरा मन हुआ कि भले ही एक दृश्य में सही, मगर यहाँ रहा जा सकता है।

यतीन्द्र मिश्र

यह आपकी आखिरी फ़िल्म थी अभिनय के मामले में?

लता मंगेशकर

जी हाँ। यह बात 1952 की है, जब 'छत्रपति शिवाजी' में मैंने काम किया। 1947 में ही मैंने काम छोड़ दिया था उसी वर्ष के बाद से मैंने मुँह पर मेकअप नहीं लगाया। फ़िल्मों के साथ ही यह सब तभी से मैंने छोड़ दिया। मैं बहुत खुश थी, जब मैं पार्श्वगायिका बनी। मैं हमेशा भगवान से हाथ जोड़कर यही कहती थी कि तुमने बचा लिया भगवान! नहीं तो मुझे मालूम नहीं कहाँ, कितने दिन और काम करना पड़ता। ...अच्छा ही हुआ कि मैं प्लेबैक सिंगिंग में चली गयी और इस तरह मैं एक अलग दुनिया में काम करने लगी।

यतीन्द्र मिश्र

पचास के दशक में, जब आकाशवाणी पर आपके गाने भी प्रसारित होने लगे थे और आपकी पहचान धीरे-धीरे घर-घर पहुँचने लगी थी, उस वक़्त को अपने विकास के सन्दर्भ में किस तरह देखती हैं?

लता मंगेशकर

वह तो सब होना शुरू ही हो गया था। ख़ासकर जब 'महल' के गीतों के लिए लोगों ने बार-बार पत्र लिखकर गायिका का नाम जानना चाहा, तो पहली बार एच.एम.वी. ने मेरा नाम प्रसारित किया था कि इस गीत को लता मंगेशकर का स्वर मिला है। आपको एक मजेदार वाकया सुनाती हूँ। यह बात शायद 1945-46 की होगी, जब रेडियो पर 'आपकी फ़रमाईश' नाम से एक कार्यक्रम आना शुरू हुआ था। इसमें पहली बार यह हुआ कि आपके पसन्द के फ़िल्मी और नॉन फ़िल्मी गीत सुनाए जाते थे, जिसमें यह भी पुकारा जाना शुरू हुआ था कि इसे कौन सुनना चाहता है।

इस तरह अपना नाम सुनने के लिए कि रेडियो पर यह प्रसारित हो कि लता मंगेशकर यह गाना सुनना चाहती हैं, मैंने लालच में भरकर बेगम अख़्तर साहिबा की ग़ज़ल *'दीवाना बनाना है तो दीवाना बना दे'* की फ़रमाईश भेजी थी। बड़े उत्साह और कुछ-कुछ रोमांच के साथ मैं रोज रेडियो लगाती थी कि शायद आज मेरा गीत प्रसारित हो और उसके साथ नाम भी। मैं बेगम अख़्तर की यह ग़ज़ल बहुत पसन्द करती थी, पर उस समय इसे सुनने से ज्यादा अपने नाम को सुनने की इच्छा थी मन में (खिलखिलाकर हँसती हैं)। फिर हुआ यह कि जिस दिन मेरे नाम के साथ यह ग़ज़ल बजाई गयी, उस पूरे दिन और आगे के दो-चार दिन तक मैं हवा में उड़ती रही। बाद में 'बरसात' और 'बड़ी बहन' के दिनों में भी कभी-कभी रेडियो पर अपना नाम सुनना अच्छा लगता था। यह सब कोई एक-दो वर्ष चला होगा, मतलब 1949 या 1950 तक।

उसके बाद तो जैसे बहुत अपना नाम सुनने या खुद का कोई गीत सुनने की तमन्ना नहीं रही। मैं आपको सच्ची बताती हूँ कि बेगम अख़्तर की ग़ज़ल के साथ अपना नाम सुनने का जो रोमांच था, वह बाद में ख़ुद के गीतों के साथ कभी महसूस नहीं हुआ।

यतीन्द्र मिश्र

आप और मुकेश जी दोनों ही के.एल. सहगल के भक्त रहे हैं, आप दोनों की पसन्द में यह जो समान रूप से सहगल की उपस्थिति है, उसके बारे में क्या कहना है?

लता मंगेशकर

हम दोनों को ही सहगल साहब के भक्त और प्रशंसक के तौर पर देखा जाता है, तो कम से कम मेरी निग़ाह में यह हमारी इज्ज़त बढ़ाने वाली बात है। सहगल साहब तो इतने ऊँचे पाए के कलाकार थे कि ऐसा कौन कलाकार होगा, जो उनसे प्रभावित न रहा हो। हाँ, यह ज़रूर है कि मेरे और मुकेश भैया की सहगल साहब के प्रति दीवानगी को हमारी सहज बातचीत से दुनिया वालों ने भी यह जाना कि कैसे हम दोनों ही सहगल के संगीत-प्रेमी रहे हैं। बम्बई आने से पहले ही मैं सिर्फ़ अपने पिताजी पं. दीनानाथ मंगेशकर और के.एल. सहगल के गीत सुनती थी। जब मैं बम्बई आई, तो मुझे यह लगा कि अब मुझे सहगल साहब से जाकर मिलना चाहिए, उनसे बात करनी चाहिए और उनको मिलकर प्रणाम करना चाहिए। मेरा यह बहुत मन था कि जब मैं पहली बार उनसे मिलूँगी, तो उनसे रिक्वेस्ट करके कम से कम एक गाना ज़रूर उनके मुख से सामने बैठकर सुनूँगी। यह सब हो नहीं सका और इसी बीच वे चले गये।

मुझे याद है कि जब मैंने अपना पहला रेडियो खरीदा था, उस पर पहली सूचना सहगल साहब की मृत्यु की ख़बर थी। मैं नीचे चटाई डालकर और उस पर सिरहाना लेकर लेटी, फिर रेडियो चलाकर सुन रही थी कि यह बुरी ख़बर आई थी। उसे सुनते ही इतना धक्का लगा कि मैं तुरन्त ही उसे दुकानदार को वापस लौटाने चली गयी। उस ज़माने में मेरे पास बहुत पैसे नहीं होते थे, फिर भी जैसे-तैसे जोड़कर मैंने जो रेडियो लिया था, उसे बेहद कम कीमत पर तुरन्त ही इसलिए वापस कर आई कि मुझे रेडियो ही सुनना फिर उस समय रास नहीं आया। मुझे लगा जैसे एक अपशकुन लेकर वह मेरे घर आया है। वह भी मेरे सबसे प्रिय और आदरणीय कलाकार के देहान्त की सूचना लेकर। ....तो मुझे इतना शॉक लगा कि मैं आपको आज कहकर वह भावना व्यक्त नहीं कर सकती।

मुकेश भैया इस मामले में ख़ुशनसीब थे कि बाद में सहगल साहब ने उनको अपना एक ख़ास हारमोनियम दे दिया था। मैंने यह सुना था कि सहगल साहब

उसी हारमोनियम पर बजाकर गाते थे, जो उनके हिस्से आया। अभी भी वह मुकेश भैया के घर में मौजूद है। आप उनका 'पहली नज़र' फ़िल्म का वह गीत सुनें, जिसे अनिल विश्वास ने बनाया था— *'दिल जलता है तो जलने दे, आँसू न बहा फ़रियाद न कर'*, तो लगेगा जैसे सहगल साहब ही उसे गा रहे हैं। मैं इसे मुकेश भैया पर सहगल के प्रभाव से अधिक आज उनका आदर मानती हूँ, जो उन्होंने अपने कॅरियर का पहला गाना बिल्कुल उनकी स्टाईल में गाकर श्रद्धांजलि दी है। वह उनको कॉपी करते थे, तो सिर्फ़ इसलिए कि वो सहगल साहब के जादू से खुद को निकाल नहीं पा रहे थे। हालाँकि मेरे और उनके अलावा किशोर कुमार भी सहगल साहब के भक्त रहे हैं।

यतीन्द्र मिश्र

क्या आप कभी के.एल. सहगल से न मिलने के अलावा, किसी कन्सर्ट या फ़िल्म समारोह में उन्हें देख भी नहीं पाई थीं?

लता मंगेशकर

नहीं-नहीं, मैं उनको मिल नहीं पायी। मैंने सहगल साहब की जो भी तस्वीर बनाई है, उसे फ़िल्मों में जा-जाकर देखने से ही बनाई है। उनकी फ़िल्मों के और नॉन फ़िल्म रेकॉर्ड्स के गीतों को सुनकर बनाई है। आपको जानकर प्रसन्नता होगी कि मैं ही नहीं, हमारा पूरा परिवार ही सहगल भक्त था। बचपन में जब मैं गाना सीख ही रही थी और पिताजी भी मौजूद थे, उसी समय से मेरे मन में यह बड़ी तीव्र इच्छा पल रही थी कि कभी मौका लगा, तो सहगल साहब के साथ मैं ज़रूर गाऊँगी। ....अगर वह नहीं कर सकी, तो कम से कम उन्हें सामने से देखूँगी और अनुरोध करके कुछ ज़रूर सुनूँगी। अफ़सोस, कि मैं सहगल साहब को मिलने और देखने से वंचित रही हूँ।

यतीन्द्र मिश्र

अगर कभी आपको के.एल. सहगल के साथ गाने का अवसर मिलता, तो आप उनकी किस फ़िल्म का युगल गीत उनके साथ गाने के लिये चुनती और उनका गाया कौन सा एकल गीत स्वयं गाना चाहतीं?

लता मंगेशकर

मुझे सहगल साहब के ढेरों गाने पसन्द रहे हैं, आज भी उन्हें सुनना मुझे व्यक्तिगत स्तर पर अच्छा लगने के साथ-साथ कुछ सीख देने वाला भी लगता

है। मैंने जब अपने समय के बड़े संगीतकारों को श्रद्धा से याद करने के लिए एक रेकॉर्ड 'श्रद्धांजलि' तैयार किया था, तब उनके बहुत सारे गाने चुनकर गाये थे। उसमें मुझे *'सो जा राजकुमारी'*, *'मैं क्या जानूँ क्या जादू है'* (ज़िन्दगी), *'नैनहीन को राह दिखा प्रभु'* (भक्त सूरदास), *'दो नैना मतवारे तिहारे हम पर जुलुम करें'* (मेरी बहन), *'दुख के अब दिन बीतत नाहीं'*, *'बालम आए बसो मोरे मन में'* (देवदास) जैसे गीत सहगल साहब के सन्दर्भ में महत्त्वपूर्ण लगते थे। यह सारे गाने आज भी उतने ही नये और ताज़े लगते हैं। इसके अलावा *सप्त सुरन तीन ग्राम गाओ सब गुणीजन* (तानसेन) भी मुझे अत्यन्त प्रिय है। *सप्त सुरन...* लक्षण गीत है और शुद्ध रूप से राग आधारित है, इसलिए भी यह मेरे दिल के क़रीब का गीत है। सहगल साहब के और दूसरे गाने भी उतने ही शानदार और गायिकी के लिहाज़ से सम्पूर्ण से लगते हैं, जिसमें *'एक बंगला बने न्यारा'* (प्रेसिडेण्ट) *'ग़म दिए मुस्तकिल, कितना नाज़ुक है दिल'* और *'चाह बरबाद करेगी, हमें मालूम न था'* (शाहजहाँ) को याद किया जा सकता है। उनके ग़ैर-फ़िल्मी गीतों में मुझे केदार शर्मा का लिखा हुआ गीत *'पंछी रे, काहे होत उदास'* और अकबर इलाहाबादी की ग़ज़ल *'दुनिया में हूँ, दुनिया का तलबगार नहीं हूँ'* गायिकी के लिहाज़ से सर्वश्रेष्ठ लगते हैं। मुझे उनके जैसा अव्वल दर्ज़े का गायक दूसरा दिखाई नहीं देता। हालाँकि उनके गाए हुए गीतों को इस तरह चुनना भी मुझे थोड़ा ग़लत लगता है, क्योंकि ऐसे महान कलाकार के सुर से रचा हुआ सारा संसार ही सुनने और अनुसरण करने के योग्य है।

यतीन्द्र मिश्र

फिर भी, अगर एक गाना चुनना हो, तो वह कौन सा होगा?

लता मंगेशकर

पंकज मलिक जी के संगीत निर्देशन में 'धरतीमाता' फ़िल्म में उनका गाया हुआ *'अब मैं काह करूँ कित जाऊँ'*।

यतीन्द्र मिश्र

के.एल. सहगल की फ़िल्मों में आपको सर्वाधिक प्रिय फ़िल्में कौन सी लगती हैं?

लता मंगेशकर

'ज़िन्दगी', 'दुश्मन', 'स्ट्रीट सिंगर', 'भक्त सूरदास' और 'देवदास'।

यतीन्द्र मिश्र

गाँधी जी को आपने कभी देखा है?

लता मंगेशकर

देखा तो नहीं, कई मर्तबा सुना ज़रूर है। मुझे याद पड़ता है कि चालीस के दशक में मुम्बई में शिवाजी पार्क और चौपाटी पर उन्हें जनसभा को सम्बोधित करते हुए सुना है। वहाँ बहुत भीड़ होती थी, जहाँ वे भाषण करते थे, इसलिए दूर से खड़े होकर ही उनको सुना और देखा है। इस बात का मलाल भी है मन में कहीं कि मैं व्यक्तिगत रूप से उनसे मिल न सकी।

यतीन्द्र मिश्र

क्या कभी आपको ऐसा लगा कि कोई ऐसा अवसर मिलता, जब आप गाँधी जी की प्रार्थना-सभा में भजन या कोई देशभक्ति का गीत गा पातीं?

लता मंगेशकर

नहीं। उस वक्त मैं बहुत नयी थी। मतलब उनके सामने जाऊँ और उनकी प्रार्थना-सभा में गा सकूँ, इतना नाम नही था मेरा। मैं तो बस काम कर रही थी और आप कह सकते हैं कि बस मैंने शुरुआत ही की थी। वह मेरे संघर्ष के दिन थे और गाँधी जी तो 1948 में यहाँ से प्रस्थान कर गये। अवसर मिलता, तो मैं अवश्य गाती। पर अवसर मिलने जैसा भी मेरा हाल नहीं था उस समय।

यतीन्द्र मिश्र

बाद में कभी यह विचार बना हो कि गाँधी जी के लिए अथवा उनसे सन्दर्भित किसी प्रसंग के तहत कुछ गायन करना चाहिए?

लता मंगेशकर

हाँ, यह बात ठीक है। दरअसल, आपको एक बात बताऊँ, यह जो मेरा 'राम रतन धन पायो' रेकॉर्ड है, उसमें से कुछ गाने गाँधी जी एक किताब से ही लिये गये गये हैं। उस समय यह हुआ था कि 'गाँधी' नाम से एक फ़िल्म बन

रही थी, तो हम लोगों ने सोचा कि गाँधी जी के गाने रेकॉर्ड करने चाहिए। मदन मोहन जी का बेटा संजीव कोहली उन दिनों म्युजिक इण्डिया में काम करता था। इस तरह म्युजिक इण्डिया के लिए एक योजना बनी कि गाँधी जी के प्रिय भजनों का एक एल्बम बनाना चाहिए। पं. नरेन्द्र शर्मा जी ने गाँधी जी एक छोटी-सी प्रार्थना की किताब से चुनकर *'वैष्णव जन तो तेने कहिए'* और *'पायो जी मैंने राम रतन धन पायो'* भजन दिये, जो नरसी मेहता और मीराबाई के हैं। मैंने तुलसीदास जी के दो पद *'ठुमक चलत रामचन्द्र बाजत पैजनिया'* और *'श्रीरामचन्द्र कृपाल भज मन'* भी चुने। इन चार गीतों के साथ पण्डित नरेन्द्र शर्मा जी के चुनाव के तहत हमने रामचरितमानस की कुछ प्रसिद्ध और अर्थपूर्ण चौपाईयाँ भी लीं, जिनसे यह पूरा रेकॉर्ड तैयार हुआ। पण्डित जी का तर्क था कि गाँधी जी रामायण, मानस और गीता का पाठ भी करते थे, इसलिए कम से कम मानस से तो हम भजन और पद चुनकर ले ही सकते हैं। ऐसे गाँधी जी को श्रद्धांजलि देने के रूप में यह 'राम रतन धन पायो' बना। बाद में यह रेकॉर्ड इतना पॉपुलर हुआ कि मुझे देश भर से लाखों पत्र प्रशंसा और आशीर्वाद के मिले। आज भी मेरे पास सराहना के लिए जो पत्र आते रहते हैं, उसमें सबसे ज़्यादा तारीफ़ 'राम रतन धन पायो' और 'मीरा के भजनों' की ही मिलती है।

यतीन्द्र मिश्र

गाँधी जी की जब हत्या हुई तब उस समय के बारे में आपकी क्या स्मृति है? उस समय कैसा लगा था?

लता मंगेशकर

मुझे अच्छी तरह याद है, उस दिन गोरेगाँव में फिल्मिस्तान स्टूडियो में 'शहनाई' फ़िल्म की सिल्वर जुबली की पार्टी हो रही थी। वैसे मैं इस तरह के फंक्शन में कम जाती थी, मगर उस दिन तो मैं वहाँ मौजूद थी। मुझे याद पड़ता है कि वहाँ कई लोग आये थे, जिसमें फ़िल्मिस्तान के मालिक राय बहादुर चुन्नीलाल जी भी मौजूद थे, जो मशहूर संगीतकार मदन मोहन के पिता थे। मैं कार्यक्रम समाप्त भी नहीं हुआ था, जब वहाँ से निकलकर लोकल ट्रेन में सफर के लिए स्टेशन आई। तब मैंने देखा कि स्टेशन पर जल्दी ही अन्धेरा हो गया था, लोग भाग रहे थे इधर-उधर। पूरे स्टेशन और बाहर तक अफरातफरी का माहौल था, लोग चिल्ला रहे थे– 'गाँधी जी की हत्या हो गयी।' मुझे बहुत बुरा लगा, थोड़ा डर भी। मैं चुपचाप जब घर आई, तो बहुत रोई। मन बहुत उदास हो

आया था, उस समय यह बहुत गहरे सदमे की स्थिति थी। एकबारगी लगा कि जैसे अपने भीतर ही कुछ एकदम से खत्म हो गया है। मन बुझ गया था। मेरी माँ जितना मुझे समझाती थीं, उतना ही रोना आता था। गाँधी जी की हत्या से उबरने में भी काफी दिन लगे। आज भी जब वह दिन याद आता है, तो सारा का सारा मंजर दिमाग में बहुत साफ ढंग से घूम जाता है।

यतीन्द्र मिश्र

आपको आज़ादी का दिन 15 अगस्त, 1947 किस तरह लगा था? क्या वह आम दिनों से कुछ अलग था? आपने उस दिन क्या किया, किस तरह स्वाधीन होने का आनन्द मनाया?

लता मंगेशकर

15 अगस्त, 1947 बहुत अच्छी तरह से याद है। हम लोग घर पर ही थे, मगर शाम को पूरे परिवार के साथ बाहर घूमने निकले। जगह-जगह रोशनी और पटाखों का इन्तज़ाम था। हम देर तक उसे देखते रहे और मुम्बई की सड़कों पर घूमते रहे। जहाँ तक मुझे याद है, थोड़ी देर के लिए ट्रकों पर बैठकर भी हम लोग मुम्बई में आज़ादी का नज़ारा ले रहे थे। बहुत सारे ट्रकों पर लोग झुण्ड के झुण्ड बैठकर खुशियाँ मनाते आ जा रहे थे। घर में उत्सव के जैसा माहौल था। मेरी माँ ने उस दिन कुछ मीठा बनाया था, जिसे हम सभी ने स्वतंत्रता की खुशी में मिल बाँटकर खाया। मैं प्रसन्न थी और आज भी ईश्वर का धन्यवाद देती हूँ कि अपने देश की आजादी के दिन को देखने के लिये इतिहास में कहीं मैं भी मौजूद थी।

यतीन्द्र मिश्र

आज़ादी के समय मिली खुशियों की तुलना में विभाजन का दंश भी आपने देखा होगा। उस समय को किस तरह याद करती हैं?

लता मंगेशकर

वह दर्द तो हर एक भारतवासी का रहा है। मुझे विभाजन की तकलीफ है, क्योंकि अधिकांश ऐसे बड़े फ़नकार और संगीतकार भी उससे प्रभावित हुए और एकाएक मुम्बई फ़िल्म इण्डस्ट्री छोड़कर पाकिस्तान चले गये। उसमें *'ख़जांची'* फ़िल्म के निर्माता दलसुख पंचोली, संगीतकार मास्टर गुलाम हैदर साहब और गायिका नूरजहाँ जी की विशेष कमी खलती है। गुलाम हैदर साहब मुझे बहुत

मानते थे, उनके संगीत निर्देशन में मैंने कई गाने गाये। उनका जाना मुझे ख़राब लगा था। मगर एक बात अवश्य कहूँगी कि विभाजन की त्रासदी को दोनों ओर के लोगों ने जिस तरह भोगा और झेला है, उसको सोचकर आज भी अच्छा नहीं लगता। मुम्बई से भी कई लोग गये और वापस मुम्बई लौटकर नहीं आए। कुछ नये लोग भी आये। उन दिनों ऐसा लगता था कि भले ही पार्टीशन हो गया है, मगर हम कलाकारों के मन में तो कोई फाँक किसी पाकिस्तान के कलाकार या नागरिक के लिए नहीं है। कभी आयी भी नहीं, उसके साथ यह भी था कि कभी डर भी नहीं लगा। हमेशा यह लगता था कि सब अपने हैं, और अपनों से कैसा पराया जैसा सोचना?

यतीन्द्र मिश्र

बचपन का कोई ऐसा सपना जिसे पूरा करने की हसरत मन में बहुत दिनों तक पलती रही हो?

लता मंगेशकर

ऐसा कोई सपना तो ख़ास नहीं है, मगर आपको बचपन की एक बात बताती हूँ। मेरे पिताजी उस समय जीवित थे और जब वे अपने कार्यक्रमों के लिए तैयार होते थे, तो उनको जितने मेडल मिले थे, वो अपने कपड़ों पर सीने के बायीं तरफ लगाते थे। वह ज़माना ऐसा था, जिसमें यह प्रचलन रहा कि कलाकार लोग अपने प्रदर्शनों में मिले हुए मेडल पहनकर ही बैठते थे। मुझे जगह तो याद नहीं है, मगर यह ठीक से याद है कि पिताजी के अलावा बाहर के किसी कलाकार को जो सबसे पहले मैंने गाते हुए सुना है, वह पण्डित कुमार गन्धर्व थे। कुमार गन्धर्व जी जब काली शेरवानी पहनकर और अपने ढेर सारे मेडल लगाकर गाने के लिए बैठे, तो वह बात मुझे बहुत पसन्द आई। मुझे तब हमेशा यह लगता था कि जब मैं बड़ी हो जाऊँगी, तब मुझे भी ऐसे ही मेडल मिलेंगे, जिसे लगाकर किसी कार्यक्रम में जाऊँगी।

यतीन्द्र मिश्र

आपके बारे में यह प्रसिद्ध रहा है कि कभी पढ़ाई के लिए स्कूल नहीं गयीं। फिर कैसे आपने पढ़ना-लिखना सीखा?

लता मंगेशकर

नहीं, ऐसा नहीं है। मैं एक दफ़ा स्कूल गयी हूँ। दरअसल हुआ यह था कि

सांगली में हमारे घर के बिल्कुल नजदीक मराठी माध्यम का एक स्कूल 'मुरलीधर पाठशाला' थी। मेरी फुफेरी बहन बसन्ती वहाँ पढ़ने जाती थी। जब वह तीसरी क्लास में थी, तो मैं एक बार उसके साथ चली गयी। उस समय मैं उससे भी छोटी थी। मेरी बहन से उसकी टीचर ने पूछा 'यह कौन है?' इस पर मैंने तपाक से जवाब दिया 'मैं मास्टर दीनानाथ मंगेशकर की बेटी हूँ।' इस पर उस टीचर ने कहा 'वो तो बड़े महान गायक हैं। क्या तुम कुछ गाकर सुना सकती हो'? मैंने उस समय बड़े विश्वास से कहा 'मुझे बहुत सारे राग आते हैं, जैसे मालकौंस, हिण्डोल।' फिर वे मुझे स्टाफ रूम में वहाँ लेकर गयीं, जहाँ अन्य शिक्षक भी बैठे थे। वहाँ उन सब ने मुझसे कुछ गाकर सुनाने को कहा। मैंने हिण्डोल की एक बन्दिश गायी, जिसे सभी ने उस समय बहुत सराहा था।

फिर एक दिन उसी पाठशाला में मेरा नाम लिखवाया गया। मैं अपने साथ अपनी छोटी बहन आशा को लेकर गयी, जो उस समय दस महीने की बच्ची थी। मैंने उसे अपने कन्धों पर ले रखा था और नीचे दरी पर बैठते हुए आशा को मैंने अपनी गोद में बिठा लिया। जब मास्टर साहब आए, तो मुझे देखकर थोड़ी सख्ती से बोले 'यहाँ बच्चों को लाना मना है। कल से इस बच्ची को मत लाना।' इस बात से मैं इतना नाराज़ हुई कि तुरन्त ही तपाक से क्लास से उठ गयी और आशा को लेकर बाहर निकल आई। उसके बाद मैं कभी फिर पाठशाला में नहीं गयी। आप मेरा बचपना या हठ कुछ भी इसे मान सकते हैं, पर पता नहीं क्यों ऐसा हुआ, जो बाद में फिर स्कूल जाना ही नहीं हो सका।

आपको एक बात बताऊँ कि हमारे घर में एक लड़का काम करता था, जो किशोर उम्र का रहा होगा। उसका नाम विट्ठल था। मैंने उससे जाकर कहा कि मुझे मराठी की वर्णमाला सिखाओ, जिससे मैं इस भाषा को जान और समझ सकूँ। इस तरह विट्ठल ने मुझे मराठी घर पर ही सिखाई। धीरे-धीरे वह भाषा मुझे आ गयी। चूँकि हम सभी बाबा के थियेटर ग्रुप के साथ लगातार यात्राओं में रहते थे, तो बचपन में हमारा बम्बई के इर्द-गिर्द के शहरों में ख़ूब जाना होता था। इस तरह कई बार घर की पढ़ाई भी छूट जाती थी। (हँसती हैं) जब मैं कुछ दिनों के लिए कोल्हापुर में थी, तो वहाँ मेरी मौसेरी बहन इन्दिरा ने मुझे हिन्दी सिखाई। हालाँकि वह इन्दौर, मध्य प्रदेश में रहती थी और कभी-कभी हिन्दी की पत्र-पत्रिकाओं में कहानियाँ भी लिखती थी। बाद में जब हम लोग पूरी तरह बम्बई आकर बस गये, तो मास्टर विनायक के बच्चों को लेखराज शर्मा हिन्दी पढ़ाने आते थे। मास्टर विनायक चाहते थे कि मैं हिन्दी भाषा अच्छी तरह

सीख लूँ, इसलिए उन्होंने ही यह व्यवस्था कराई, जिससे मैं शर्मा जी से विधिवत हिन्दी सीखने लगी।

प्रफुल्ल पिक्चर्स में एक डायरेक्टर होते थे राम गबाड़े। उनसे मैंने अंग्रेजी सीखा था। मेरा उस समय यही मानना था कि अंग्रेजी पूरे देश में बोली और समझी जाती है, इसलिए मुझे इस भाषा को तो ज़रूर सीखना है। उन्होंने ही मेरा अंग्रेजी से परिचय कराया। जब मैं अपने शुरुआती दौर में काम के लिए लोकल ट्रेन में सफ़र करती थी, तो उस दौरान ट्रेन में बैठकर हमेशा ही कोई मराठी या हिन्दी का उपन्यास पढ़ती थी। उपन्यासों और कहानियों को पढ़कर ही मैंने अपनी हिन्दी को किसी तरह और बेहतर किया। मुझे याद पड़ता है कि पचास के दशक में एक ब्राह्मण पण्डित जी थे, जिनका नाम हार्डीकर था। उन्होंने मुझे संस्कृत सिखाई थी। मैं संस्कृत सीखने के लिए इसलिए भी बहुत इच्छुक थी कि वह भाषा आपका उच्चारण सुधारती है। फिर मेरा मन शुरू से ही संस्कृत में ही भगवत गीता को पढ़ने का होता था। इसलिए भी प्रयास करके मैंने संस्कृत को सीखा था। ....पर एक सच्ची बात यह बताऊँ कि मैंने थोड़े-थोड़े समयों के लिए भले ही तमाम लोगों से कई भाषाएँ सीखीं हों, मगर मैंने जो कुछ भी ठीक से पढ़ा या जाना है, वह खुद से ही घर पर बैठकर किया है। आज यह मैं विश्वास से कह सकती हूँ कि मेरी मराठी, हिन्दी और उर्दू दुरुस्त है। मुझे थोड़ी-थोड़ी पंजाबी भी आती है। मैं आसानी से संस्कृत समझ सकती हूँ। एक समय मैंने बंगाली सीखा है। विमल रॉय के सहयोगी रहे बासु भट्टाचार्य जो बाद में बड़े फ़िल्म निर्देशक हुए, उन्होंने ही मुझे बंगाली सिखाई थी। सलिल दा ने ही उनको मुझे बंगाली सिखाने के लिए भेजा था। मैंने एक समय तमिल भी सीखने का प्रयास किया है। मैं थोड़ा बहुत तमिल लिख और पढ़ सकती हूँ, मगर उसको बोलना बड़ा कठिन है।

यतीन्द्र मिश्र

उर्दू ज़ुबान को जिस ख़ूबसूरती से सीखकर आपने आत्मसात किया है, वह कैसे सम्भव हुआ?

लता मंगेशकर

(हँसती हैं) जब मैं इण्डस्ट्री में आई थी, तो उस समय फ़िल्मी गीतों में उर्दू बहुत हावी थी। एक हद तक आप कह सकते हैं कि वह ऐसी हिन्दुस्तानी ज़ुबान थी, जिसमें उर्दू और मुहावरेदानी हिन्दी का अच्छा मेल रहता था।

फ़िल्मों के डायलॉग और गीत भी उसी तरह बनते थे। आप बिल्कुल शुरुआत के गीतों में शकील बदायूँनी, क़मर जलालाबादी, आरज़ू लखनवी और साहिर साहब की कलम को याद कर सकते हैं। वह ज़माना ऐसा था, जिसमें किसी भी पार्श्वगायक या गायिका को अपना तलफ्फुज दुरुस्त रखना था। बहुत पहले 'बड़ी माँ' की शूटिंग के सेट पर जिस फ़िल्म को जिया सरहदी साहब लिख रहे थे, ने मुझे बुलाकर कहा 'बेटा! ज़रा अपना तलफ्फुज़ ठीक करो। तुम मेरे पास आकर बैठा करो, मैं तुम्हें सही ज़ुबान सिखाऊँगा' पर यह उस वक्त हो नहीं सका। एक बार इसी बात को लेकर यूसुफ़ भाई (अभिनेता दिलीप कुमार) ने संगीतकार अनिल विश्वास के सामने मुझे यह कह दिया था कि 'मराठी लोगों के मुँह से तो दाल-भात की महक आती है, वह उर्दू का बघार क्या जाने?' इस पर मैंने उनको कोई जवाब तो नहीं दिया था, मगर मैं अन्दर से बहुत दुःखी हो गयी थी। इस बात को मैंने एक चुनौती की तरह लिया और उसी दिन घर लौटकर संगीतकार मो. शफ़ी साहब के पास गयी। मो. शफ़ी, अनिल विश्वास और नौशाद साहब के सहायक रहे थे और बाद में स्वतंत्र संगीतकार के रूप में अच्छी धुनों को बनाने के लिए जाने गये। मैंने उनसे जाकर कहा 'शफ़ी भईया, मुझे अपनी उर्दू ठीक करनी है। आप कोई ऐसा उपाय बताइए, जिससे मैं जल्दी से जल्दी इस भाषा को सीख सकूँ। मुझे अपना उच्चारण दुरुस्त करना है और यह साबित करना है कि मैं उर्दू में गीत और ग़ज़लें भी आसानी से बिल्कुल सही तौर पर गा सकती हूँ।'

इस पर शफ़ी साहब ने मेरे लिए एक मौलवी उस्ताद की व्यवस्था की, जिनका नाम महबूब था। वो फिर मेरे पास रोज आते थे और इस तरह मैंने कुछ दिनों तक उर्दू सीखा और अपनी भाषा को ठीक करने का प्रयास किया। बाद में वे लगातार कई दिनों तक घर आते रहे और मैं उसी तरह उनके बताये हुए नुस्ख़ों को ध्यान में रखकर उसकी एक-एक महीन बात दिमाग में बिठाती रही। आज मैं शुक्रगुजार हूँ कि युसूफ़ भाई ने मुझे मराठन कहकर मेरी उर्दू ज़ुबान के लिए संशय पैदा कर दिया था। वह दिन अगर मेरी ज़िन्दगी में न आता, तो शायद आज मैं ठीक से उर्दू भाषा को जान ही न पाती, जो दुनिया की सुन्दर भाषाओं में से एक है। महबूब साहब मुझसे जितना उर्दू का रियाज़ करवाते थे, उतना ही वह मेरी समझ में बैठता जाता था। उन्हीं के चलते फिर मेरी ऐसी आदत पड़ी कि बाद में मैंने ठीक से ग़ालिब, मीर, मोमिन, ज़ौक़, सौदा और दाग़ जैसे शायरों को पढ़ा और उर्दू शायरी को जान सकी। उन्होंने ही मुझे सबसे पहले इन शायरों और तमाम अन्य लोगों की चुनिन्दा शायरी की किताब 'शेर-ओ-सुख़न'

पढ़ने के लिए दी थी। आज मैं यह कह सकती हूँ कि मेरे गीतों में जहाँ उर्दू के शब्द आते हैं, वहाँ मेरा उच्चारण लगभग सटीक ढंग से उभरता है।

यतीन्द्र मिश्र

आपके जीवन में रियाज़ किस तरह अर्थ ग्रहण करता है?

लता मंगेशकर

रियाज़ बहुत ज़रूरी है, लेकिन गलत रियाज़ घातक होता है। रियाज़ बहुत धैर्य से करना चाहिए, जो आपके गुरु ने बताया है, उस तरह तो ज़रूर ही करना चाहिए। अगर खुद से रियाज़ करना है, तो सुरों पर ठहरकर ठीक से मनन करते हुए करना चाहिए। किसी गीत के रियाज़ की बात हो या फिर शास्त्रीय रागों की, सभी जगह बहुत इत्मीनान से एकान्त में यह होना चाहिए। मेरे उस्ताद तो यह भी कहते थे कि एक कलाकार को इस बात पर भी चिन्तन करना चाहिए कि किस राग का कितना रियाज़ करना है। मतलब यह नहीं कि आप उसे करते ही चले जायें या फिर थोड़ा सा करके छोड़ दें। एक दिन में कितना समय किसी रागदारी को समझने और उसके सुरों पर ठहरने का होता है, इसकी भी तमीज़ कलाकार को थोड़ी-बहुत रखनी चाहिए।

1942 से 1947 तक जब मैं फ़िल्मों में काम करती थी, तब भी मेरा रियाज़ वैसे ही जारी रहता था। अलग-अलग सुरों को लेकर तानपूरे के साथ मैं बहुत देर तक रियाज़ किया करती थी। बाद में जब मास्टर विनायक की मृत्यु हो गयी और उनकी फ़िल्म कम्पनी बन्द हो गयी, तब मेरा बम्बई में ऐसा चक्कर लगना शुरू हुआ कि कभी मैं लोकल ट्रेन पकड़कर अन्धेरी जाती थी, कभी दादर तो कभी मलाड। यह शुरू हुआ, तो भी मैं बहुत सुबह उठकर अपना रियाज़ करती थी। बाद में जब मेरा ज़्यादा काम शुरू हो गया और मैं प्लेबैक सिंगिंग में आ गयी, तब जो दौड़ शुरू हुई, उसमें मेरा रियाज़ कम होने लगा। ....पर ऐसा कभी नहीं हुआ कि मैंने रियाज़ किया ही न हो या शायद ही कोई ऐसा दिन गया हो, जिसमें मेरा थोड़ा-बहुत रियाज़ न हुआ हो। आज मैं गुजरे दिनों में अपनी की हुई मेहनत को देखते हुए यह तो कह ही सकती हूँ कि फ़िल्मों में गायन भी एक तरह से रियाज़ ही था। वह भी अलग-अलग लोगों का, अलग-अलग सुरों में।

आजकल यह बन्द हो गया है क्योंकि नीचे बैठकर तानपूरा लेकर मैं जो रियाज़ करती थी, वह अब नहीं कर सकती। मेरा घुटनों का ऑपरेशन हुआ है, इसलिए मैं नीचे बैठकर न तो रियाज़ कर सकती हूँ और न ही गा सकती हूँ। कुर्सी पर

बैठकर रियाज़ करना या गाना मुझे पसन्द नहीं है। मैं जब भी रेकॉर्डिंग करती हूँ तो खड़ी होकर ही गाती हूँ। भले ही आज खड़े होकर गाने में मुझे कितनी भी तकलीफ़ क्यों न हो, मगर मैं खड़े होकर ही रेकॉर्ड करती हूँ। संगीतकार या गीतकार के साथ गाना समझने के लिए भले ही थोड़ी देर के लिए बैठ जाऊँ, लेकिन गाना एकदम उसी तरह ही होगा, जैसा सत्तर बरस से करती आ रही हूँ।

यतीन्द्र मिश्र

रियाज़ के लिए कोई ख़ास तैयारी या किसी चीज़ की विशेष उपस्थिति आपके यहाँ रही है?

लता मंगेशकर

नहीं, ऐसा कुछ विशेष नहीं। मैं तड़के उठकर सुबह छह बजे तक अपना रियाज़ पूरा कर लेती थी। मैंने हमेशा तानपूरा लेकर रियाज़ किया है। उसके बग़ैर मैं यह नहीं कर पाती थी, जैसा अभी मैंने आपको बताया है। मेरे साथ गुरु जी की बनवाई बन्दिशों की कॉपी रहती थी और पूजा घर में मेरे पिता जी के नोटेशन की कॉपी रखी है, जिसे हर रोज़ पूजा के समय मैं प्रणाम करती थी। कई बार उसमें से ही बन्दिशों को लेकर रियाज़ किया है। मुझे याद है कि जब मेरे पिताजी मुझे कुछ सिखाते थे, तो वे बन्दिशों को नहीं सिखाते थे, बल्कि रागों को लेकर उसके स्वरों पर काम करवाते थे। साथ में बताते चलते थे कि यह राग कैसे गाना है, इसकी तान कैसे लेनी है और यह किस समय गाना चाहिए। ज़्यादातर तो मैंने उनके बताने पर सरगमों का और रागों के स्वरों का ही अभ्यास किया है। तानपूरा के अलावा वे कोई दूसरी चीज़ रियाज़ के वक़्त मौजूद नहीं रहने देते थे।

उनकी सख़्त हिदायत थी कि स्वयं मन में चिन्तन करते हुए आपको ताल पर आना है। साथ में कोई तबला या पखावज वाला हो, यह उन्हें पसन्द नहीं था। उन्होंने सरगम भरना बहुत सुन्दर तरीके से मुझे बताया था। मेरे पिताजी की सिखाने की शैली थोड़ी भिन्न थी। बाद में मेरे उस्ताद अमान अली ख़ाँ साहब ने रागों को सिखाने के साथ बन्दिशों पर भी अभ्यास कराया था। पहला राग उन्होंने शायद हेम सिखाया था। मेरे दूसरे गुरु अमानत ख़ाँ देवासवाले ने तो रागों के अलावा भी मुझे बहुत सारी चीज़ें बताई थीं। उन्होंने कजरी और ग़ज़ल तक सिखाई है मुझे। उनकी सिखाई एक ग़ज़ल मुझे याद आती है, जो शायद कभी बेगम अख़्तर साहिबा ने भी गाई थी। उसके बोल हैं– *'सच-सच बता*

ऐ दिल, तूने कभी कहीं भी सरसब्ज होते देखी, उल्फ़त की सरज़मीं भी।'

यतीन्द्र मिश्र

रियाज़ के समय कौन सा राग ऐसा था, जो आपको कम पसन्द आता था या जिसका अभ्यास करना आपको अच्छा नहीं लगता था?

लता मंगेशकर

(हँसते हुए) आप सुनेंगे, तो हँसेगें कि मैं कैसी औरत हूँ, जिसे राग भैरवी नहीं पसन्द है। दुनिया में ज़्यादातर गाने वालों को भैरवी बहुत अच्छी लगती है, मगर पता नहीं क्यों मुझे इस राग में आनन्द नहीं मिलता है। दरअसल हुआ यह है कि शंकर-जयकिशन के यहाँ मैंने इतनी भैरवी गाई है कि अब उससे ऊब हो गयी है। अगर कोई भैरवी में तर्ज़ बाँधकर मुझे गाने के लिए देता है, तो मैं बहुत दुःखी हो जाती हूँ।

यतीन्द्र मिश्र

रियाज़ के लिए सबसे प्रिय राग?

लता मंगेशकर

उसको सुनकर भी आपको हँसी आयेगी कि मुझे रियाज़ के लिए सबसे अच्छी पहाड़ी लगती है। हालाँकि इस राग में ज़्यादातर ठुमरियाँ मिलती हैं। फिर भी न जाने क्यों मुझे राग पहाड़ी की कोई भी बन्दिश या धुन हो, बहुत ही पसन्द आती है। पहाड़ी को पसन्द करने के पीछे एक बड़ा कारण यह भी है कि मेरे पिताजी सबसे पहले मराठी थियेटर में यह राग लेकर आए। उनसे पहले कोई भी इस राग में बाँधकर नाटकों का संगीत नहीं रचता था। उनका संगीतबद्ध इस राग का एक पद *'छोड़ो-छोड़ो बिहारी हारी'* मुझे आज भी याद है। पहाड़ी जैसे रागों का इस्तेमाल अधिकतर ठुमरी दादरा और चैती-कजरी गाने में होता रहा है। बिस्मिल्ला ख़ाँ साहब भी पहाड़ी में बहुत धुनें बजाते थे, जो मुझे बेहद प्रिय रही हैं। मुझे किसी ने बताया था कि बनारस में अधिकतर गवैये पहाड़ी में बड़ी सुन्दर ठुमरियाँ रचते हैं।

यतीन्द्र मिश्र

जब आपने बनारस का नाम लिया है, तो उस सन्दर्भ में यह जानना चाहता हूँ कि क्या कभी आप बनारस गयी हैं? साथ ही वहाँ के उप-शास्त्रीय

गायन के प्रकार, मसलन– ठुमरी, दादरा, टप्पा, चैती, कजरी और बारामासा सुना है?

लता मंगेशकर

मैं 1950-51 के वर्ष में एक बार बनारस गयी थी। उस समय एक म्युजिक कांफ्रेंस हुई थी वहाँ, जिसमें गाने के लिए मुझे न्यौता मिला था। मैं वहाँ गाना गाकर एक-दो दिनों में वापस आ गयी थी। मुझे याद है कि मैं सिद्धेश्वरी देवी जी के यहाँ गयी थी और उन्होंने बड़े प्रेम से मेरा सत्कार किया था। उस ज़माने में मेरा बस नाम होना शुरू ही हुआ था, लेकिन जिस अन्दाज़ में सिद्धेश्वरी देवी ने मुझे प्यार और आदर दिया, वह आज तक भूलता नहीं हूँ। मुझे अच्छी तरह स्मरण है कि मेरे आग्रह पर उन्होंने बनारस की कोई ख़ास चीज़ सुनाई थी और मैं उनके घर में बैठकर बनारस के गानों का आनन्द ले सकी थी। ....और जहाँ तक मुझे याद है कि उनकी बेटी सविता देवी ने भी कुछ गाकर सुनाया था। मतलब वह बहुत छोटी थीं और कुछ सीखना शुरू ही कर रही थीं। मैं उनके अलावा गिरिजा देवी से मिलने भी गयी थी और बाद में मेरी उनसे बहुत अच्छी मुलाकातें होती रहीं। वे फिर जब बम्बई आती थीं, तब भी कई दफ़ा मेरे घर आई हैं और मेरा उनसे बड़े अच्छे माहौल में मिलना-जुलना हुआ है।

मैंने ठुमरी और दादरा तो बहुत सुना है, लेकिन कजरी और बारामासा ज़्यादा नहीं सुन पाई हूँ। सिद्धेश्वरी देवी और गिरिजा देवी का अधिकतर गायन मैंने बाद में रेकॉर्ड पर भी सुन रखा है। हमारे बम्बई में भी शोभा गुर्टू जी बिल्कुल बनारसी अन्दाज़ का गायन करती थीं, जो मुझे बहुत पसन्द था। मेरी उनसे व्यक्तिगत बहुत सारी मुलाकातें रही हैं। हम जब भी मिलते थे, तो वे बड़े प्यार और रस से भरी हुई गायिका के रूप में सामने मिली हैं। (प्रसन्नता से बताती हैं)

यतीन्द्र मिश्र

आप इतनी महत्त्वपूर्ण पार्श्वगायिका न होतीं, तो किस अकेले शास्त्रीय गायक या गायिका की तरह बनना चाहतीं?

लता मंगेशकर

उस्ताद बड़े गुलाम अली ख़ाँ साहब की तरह।

यतीन्द्र मिश्र

कोई ख़ास वजह उनके साथ का कोई आत्मीय संस्मरण, जो आप बताना चाहें?

लता मंगेशकर

ख़ास बात बस इतनी है कि वे बहुत बड़े और महान गायक थे। हर चीज़ को इतनी खूबसूरती से गाते थे कि बस उसको सुनना अच्छा लगता था। आज भी उतना ही अच्छा लगता है। उनकी गायी हुई ठुमरियों में जैसे जादू था। एक वाकया याद आता है। सन् 1962 में कलकत्ते में एक प्रोग्राम था, जिसमें मुझे भी गाना था और वहाँ ख़ाँ साहब पहले से ही आये हुए थे, उन्हें भी उसी कार्यक्रम में गाना था। हम लोग जब कार्यक्रम के हॉल की तरफ अन्दर गये तो देखा, वहाँ विंग में ख़ाँ साहब बैठे थे। बंगाल की गायिका सन्ध्या मुखर्जी भी मौजूद थीं। उन्होंने जब मुझे देखा तो बोले— *'आओ बेटा, गाओ मेरे साथ'।* मैं सकपकाई और थोड़ा संकोच में कहा— *'मुझे बहुत डर लगता है, मैं आपके बराबर कैसे गा सकती हूँ?'* तब वे बोले— *'अरे इसमें डरने की क्या बात है? मुझे पता है तुम मेरे साथ गा सकती हो। आओ बैठो और मेरे साथ गाओ।'*

वे अपने हाथ से स्वरमण्डल छेड़ रहे थे और इशारे से मुझे बुलाने लगे। डर के मारे मेरी आवाज़ ही नहीं निकल रही थी (हँसती हैं)। मैंने फिर इसरार से कहा— *'ख़ाँ साहब मैं इतनी बदतमीज़ नहीं हूँ कि आपके बराबर बैठकर गाऊँ। मुझे लगता है कि मुझे आपको सुनना चाहिए न कि आपके साथ मिलकर गाना।'* हालाँकि सन्ध्या उनके बगल डरकर बैठ गयी और थोड़ी देर साथ गाती रही। बात यह नहीं है कि मैं उनके साथ गा नहीं सकती थी। मुझे आज भी लगता है कि वे बड़े लोग थे और हम लोगों को उनका पूरा आदर करते हुए कभी भी बराबरी से बैठकर गाना नहीं चाहिए था। जब वे मुम्बई में रहते थे, तो मैं उनके घर अकसर चली जाती थी। उनका बहुत लाड़ मुझे मिला है।

यतीन्द्र मिश्र

आपके बारे में सबसे मुकम्मल और ऐतिहासिक बात तो उस्ताद बड़े गुलाम अली ख़ाँ साहब ने ही कही है कि 'कमबख़्त कभी बेसुरी नहीं होती'।

लता मंगेशकर

(हँसती हैं) यह उन बड़े लोगों की कृपा है कि ऐसा मेरे बारे में सोचते थे। वरना मेरा उनकी गायिकी के आगे वजूद क्या? मुझे ऐसे बड़े लोगों का प्यार और आशीर्वाद मिला है और समय-समय पर सराही गयी हूँ, इसे अपना सबसे बड़ा धन मानती हूँ।

यतीन्द्र मिश्र

मेरा मानना है कि फ़िल्म संगीत की दुनिया में आपकी आमद के बाद 1950 से 1955 के पाँच वर्ष बेहद महत्त्वपूर्ण रहे हैं। इन्हीं वर्षों में 'अलबेला', 'मल्हार', 'आवारा', 'अनारकली', 'बागी', 'आज़ाद', 'देवदास', 'मयूरपंख', 'नौबहार', 'बैजू बावरा' और 'श्री 420' जैसी फ़िल्मों ने आकर फ़िल्मी गीतों का परिदृश्य एकाएक बदल दिया था। जिस तरह की तैयारी और संगीत के साथ 1945 तक फ़िल्में आती रहीं, उनमें पाँच वर्षों के बाद से ही फ़र्क आने लगा, जब इस तरह की फ़िल्मों का आगमन हुआ। इसमें मैं आपकी आमद के सबसे महत्त्वपूर्ण वर्ष 1949 को नहीं जोड़ रहा हूँ, क्योंकि आपकी पहचान बनने के बाद के वर्षों का यह लेखा-जोखा बनता है। क्या आप इस बात से सहमत हैं कि यह पाँच वर्ष नयी लीक रचने में समर्थ और सिनेमा की दुनिया में संगीत के लिहाज से परिवर्तनशील रहे हैं?

लता मंगेशकर

आपका कहना सही है। मैं भी यह मानती हूँ कि जब मैं इण्डस्ट्री में आई थी, तो जिस तरह संगीत का चलन था, वह एकाएक 1950 के साथ ही बदलना शुरू हो जाता है। इन्हीं वर्षों के साथ एक-दो वर्षों के अन्तराल में कुछ और भी महत्त्वपूर्ण फ़िल्में आई हैं, जिनमें हम 'मधुमती', 'पटरानी', 'चोरी-चोरी', 'झनक-झनक पायल बाजे', 'उड़नखटोला', 'कठपुतली' और 'देख कबीरा रोया' को भी ले सकते हैं। इन फ़िल्मों के द्वारा और इनके अलग-अलग म्युजीशियन के कारण वह सीन ही बदल गया, जो पहले ज़ोहराबाई अम्बालावाली, अमीरबाई कर्नाटकी और सुरैया के ज़माने में था। हालाँकि यह बदलाव जिसे आप इस तरह अभी देख पा रहे हैं, उसे हम लोगों ने 1949 के दौरान ही थोड़ा-बहुत जान लिया था, जब शंकर-जयकिशन 'बरसात' और बाद में 'आवारा' का संगीत लेकर आए। यह पूरा बदलाव ही शंकर-जयकिशन, अनिल विश्वास, सी. रामचन्द्र, नौशाद साहब और

मास्टर गुलाम हैदर के कारण सम्भव हुआ। इसी तरह धुनों को लेकर भी यही कुछ वर्ष सबसे काम के रहे हैं, जहाँ हर दूसरा म्युजीशियन कुछ नया करने की चाहत लिए हुए बार-बार एक्सपेरीमेण्ट कर रहा था।

यतीन्द्र मिश्र

पं. कुमार गन्धर्व ने आपके बारे में एक सुन्दर बात यह कही है कि 'यदि तानपूरे से निकलने वाले गन्धार का शुद्ध रूप देखना हो, तो हमें लता मंगेशकर के गाए हुए फ़िल्मी गीत 'आयेगा आनेवाला' को सुनना चाहिए।' इस सन्दर्भ में पण्डित जी की उक्ति को आप अपनी गायिकी के लिए कितना सटीक मानती हैं?

लता मंगेशकर

मेरे लिए पण्डित कुमार गन्धर्व जी ने ऐसा कहा है, यह मेरी खुशनसीबी है। वह इतने बड़े गायक थे कि उनके द्वारा कहे गए सराहना के चन्द शब्द भी बहुत अर्थ रखते हैं मेरे लिए। ....आपको इस सन्दर्भ में एक बात बताऊँ। महाराष्ट्र में यह बात बड़ी प्रचलित रही है कि मेरे पिताजी पण्डित दीनानाथ मंगेशकर ने बचपन में मेरा गाना सुनकर यह कहा था कि 'लता के गले में गन्धार बोलता है'। आप जब तानपूरा मिलाते हैं, तो उसका गन्धार अलग से सुनाई देता है। मतलब यह बिल्कुल मानी बात है कि तानपूरा के मिलाने में गन्धार अलग से नज़र आयेगा। (गले से सरगम गाते हुए तानपूरे के स्वरों को बताती हैं) मेरे पिता जी कहते थे कि जिसके गले में गन्धार एकदम शुद्ध लगता है, उसके यहाँ सरस्वती और लक्ष्मी का स्थाई निवास रहता है।

मतलब वहाँ से उठकर फिर यह दोनों कभी जाती नहीं हैं। यह पिताजी ने कहा था, तो उस बात को मैं उनका अपने लिए आशीर्वाद मानती हूँ। ....पर इसे पण्डित कुमार गन्धर्व ने भी उसी तरह कहा है, तो मैं इसे अपने लिए बहुत बड़ी बात मानती हूँ। वो इतने सुर में गाने वाले सहज गायक थे, कि उनकी कही बात का तो मेरे लिए फिर बड़ा महत्त्व हो जाता है। आपका प्रश्न सुनकर ही मुझे अनायास ही पिताजी की भी वो बात याद आ गयी।

यतीन्द्र मिश्र

किसी बात पर आपको आज भी अफसोस होता है?

लता मंगेशकर

एक बात का अफसोस होता है कि मुझे बहुत बचपन में फ़िल्मों में आना पड़ा और मैं फ़िल्मों में पहले आई, एक बाल कलाकार के बतौर। उस समय मैं फ़िल्म के नायक-नायिकाओं के छोटे भाई-बहनों का रोल अदा किया करती थी। यह मेरे पार्श्वगायन में आने से पहले का समय है, जब मुझे फ़िल्मों में काम करना पड़ा था। इस परिस्थिति में शास्त्रीय संगीत के प्रति मुझे जितना ध्यान देना चाहिए था या कि शास्त्रीय संगीत का रियाज़ और उसका गायन साधना चाहिए था, मैं नहीं कर सकी। और जब मेरा ध्यान इस ओर गया, तब तक मेरा पार्श्वगायन का काम शुरू हो चुका था और दिन भर मुझे इस स्टूडियो से उस स्टूडियो तक रिकार्डिंग के सिलसिले में दौड़ना पड़ता था। मैं चाहकर भी शास्त्रीय संगीत के रियाज के लिये वक्त नहीं निकाल पाती थी। इसका थोड़ा अफसोस मन में ज़रूर है।

यतीन्द्र मिश्र

यह एक सुन्दर बात है कि आप शास्त्रीय संगीत को सम्मान से देखते हुए उस क्षेत्र में न जा पाने की पीड़ा को मन में पाले हुए हैं, मगर यह भी एक दिलचस्प तथ्य है कि अधिकांश दिग्गज शास्त्रीय संगीतज्ञों ने आपके गायन को बहुत गम्भीरता से सराहा है, फिर आपका यह अवसाद किस ढंग से परखा जाये?

लता मंगेशकर

देखिए आपका यह कहना मैं सही मानती हूँ कि बहुत सारे दिग्गज फ़नकारों और शास्त्रीय संगीतज्ञों ने मुझे सराहा और आशीर्वाद दिया है। उन सबके प्रति मैं बेहद आभार से भरी हुई हूँ। फिर भी यह बात मेरे मन में है कि जिस तरह बैठकर मुझे शास्त्रीय संगीत गाना चाहिए था, वह मैं नहीं कर पाई। इसका थोड़ा दुख मन में ज़रूर है और यह रहेगा। मैं संगीत में ही जीवित हूँ और संगीत के पार कुछ भी देख नहीं पाती। मैं संगीत में ही कुछ करते रहना चाहती थी। मैं शास्त्रीय गायन के क्षेत्र में जाना चाहती थी, जो नहीं हो सका और मैं फ़िल्म गायन के क्षेत्र में आ गयी। हो सकता है शास्त्रीय गायन में जाने पर मेरा इतना नाम न होता, जितना फ़िल्म की दुनिया में आने के कारण सम्भव हुआ। और यह भी सम्भव था कि मैं शास्त्रीय संगीत करने के लिए कभी फ़िल्म की दुनिया में आती ही नहीं। पर इससे कोई फ़र्क नहीं पड़ता कि

अगर मैं शास्त्रीय गायिका होती, तो इतनी प्रचलित ही होती, जितना कि मैं पार्श्वगायिका होकर हो सकी। हो सकता है मेरा बिल्कुल ही नाम न होता। मगर जो नहीं हुआ, उसका अफसोस है, जो हुआ और जिसके कारण आज संगीत की दुनिया में मुझे जाना जाता है, उसके लिये ईश्वर की शुक्रगुज़ार हूँ। मैंने सिनेमा की दुनिया में रहते हुए अब यह स्वीकार लिया है कि संगीत के संसार में पार्श्व गायन करना ही मेरा काम था, जिससे आज मैं बेहद सन्तुष्ट भी हूँ। जो मैं नहीं कर सकी, उसका अफसोस भी धीरे-धीरे अब मन से निकाल दिया है।

यतीन्द्र मिश्र

कौन-कौन से राग हैं, जो आपके दिल के क़रीब हैं?

लता मंगेशकर

मुझे दो राग बहुत अच्छे लगते हैं– भूपाली और मालकौंस। मैंने अपने गुरुजी उस्ताद अमान अली ख़ाँ भेण्डी बाज़ारवाले से भूपाली की यह बन्दिश सीखी थी, जो आज भी मुझे बेहद प्रिय है। (गाकर बताती हैं)– *'अब मान ले री प्यारी'*। मुझे भूपाली इसलिए भी बहुत पसन्द है क्योंकि हमारे यहाँ सुबह की शुरुआत जब होती है, तब उस समय भूपाली में ही अकसर भजन वगैरह गाये जाते हैं। मैं बचपन से पिताजी के द्वारा और घर-परिवार में भजन के समय भूपाली सुनती रही हूँ, शायद इसी कारण यह राग मेरे दिल के बहुत क़रीब है। बहुत बाद में मैंने हृदयनाथ के संगीत निर्देशन में *'चला वाही देस'* के लिये भूपाली में ही *'साँवरे रंग राची'* गाया था।

यतीन्द्र मिश्र

आपने 'भाभी की चूड़ियाँ' फ़िल्म में भी भूपाली का बहुत सुन्दर रूप 'ज्योति कलश छलके' गीत में दर्शाया है।

लता मंगेशकर

बिल्कुल। आप सही कह रहे हैं। मेरे अपने गाये हुए गीतों में *'ज्योति कलश छलके'* मुझे बहुत प्रिय है। यह गीत भी उसी तरह बनाया और फ़िल्म में दिखाया गया है, जिसकी चर्चा मैंने अभी आपसे की। हमारे यहाँ सुबह घरों में पानी डाला जाता है, रंगोली सजाते हैं और तुलसी के पास जल देते हुए भजन गाते

हैं। इसे *'सड़ा'* कहते हैं। *'ज्योति कलश छलके'* में यही सड़ा करना दिखाया गया है। चूँकि इस फ़िल्म के संगीत निर्देशक भी सुधीर फड़के जैसे खाँटी मराठी संगीतकार थे, इसलिए उन्हें महाराष्ट्र की इस परम्परा का बहुत अच्छे ढंग से ज्ञान था, जो गीत में भी उतर सका।

रागों के लिहाज़ से यदि आप पूछते हैं, तो एक बात बहुत सच्चे मन से कहना चाहूँगी कि लगभग सभी राग मुझे कहीं न कहीं अच्छे लगते हैं। किसी ख़ास राग को लेकर कभी कोई परेशानी हुई हो, या मुझे कम पसन्द आती हो– ऐसा मुझे कभी नहीं लगा। मुझे यमन, जयजयवन्ती, मधुवन्ती, बहार, मल्हार, दुर्गा, हंसध्वनि और पहाड़ी जैसे राग पसन्द हैं। मैंने रागों पर इतने गाने गाये हैं कि अभी तुरन्त याद कर पाना थोड़ा मुश्किल लगता है कि कौन से गाने फ़िल्मों से चुनकर आपको बताऊँ।

यतीन्द्र मिश्र

वसन्त देसाई ने शान्ताराम जी के लिए मराठी में 'अमर भूपाली' (1951) फ़िल्म के लिए भी सड़ा-दर्शन का एक अत्यन्त महान गीत राग भूपाली में 'घनश्याम सुन्दरा श्रीधरा अरुणोदय झाला' बनाया था। उस गीत को आप किस तरह भूपाली के अर्थ में ग्रहण करती हैं?

लता मंगेशकर

क्या बात याद दिलाई आपने! मन प्रसन्न हो गया। हिन्दी फ़िल्मों के लिए मैं रागों की चर्चा कर रही थी, नहीं तो इस गीत को अवश्य ही बताती। वसन्त देसाई ने *'घनश्याम सुन्दरा श्रीधरा अरुणोदय झाला'* को अत्यन्त मार्मिक ढंग से भूपाली में बनाया था। आप जानते ही होंगे कि यह एक असली ऐतिहासिक कथा पर आधारित फ़िल्म थी, जिसमें कवि होनाजी और बाला का जीवन दिखाया गया है। वे आजीविका से ग्वाला थे और सुबह अपनी गायों को चराने और लोगों के घरों में दूध लेकर जब देने जाते थे, तब इस गीत को गाते थे। इसका पिक्चराईजेशन भी कमाल का हुआ है फ़िल्म में। आप देखिए किस तरह पारम्परिक ढंग से महाराष्ट्र में होने वाले भोर की सड़ा को न केवल इस गीत में दिखाया गया है, बल्कि भारतीयता का आदर्श ढंग से चित्रण करने में यह गीत विस्तार पाता है।

शान्ताराम जी की यह फ़िल्म बेहद काव्यात्मक थी, जिसमें *'घनश्याम सुन्दरा'* के तो कहने ही क्या!

यतीन्द्र मिश्र

यह ठीक बात है कि आपने फ़िल्म संगीत की दुनिया में शिखर पाया है। फिर भी संगीत प्रेमियों के मन में कभी-कभी यह भाव जगता है कि अगर आप थोड़ा समय निकालकर एक रेकॉर्ड ही शुद्ध शास्त्रीय रागदारी का बनातीं, तो कितना बेहतर होता। शायद दुनिया को लता मंगेशकर की आवाज़ में कुछ दूसरी तरह से बिहाग, बागेश्री, बहार, जयजयवन्ती, छायानट, भीमपलासी या भैरवी जैसे किसी राग का आस्वाद मिल पाता?

लता मंगेशकर

मैंने आपसे यह बताया ही है कि मैं शास्त्रीय संगीत में ही जाना चाहती थी, जो परिवार सँभालने के कारण मुझे फ़िल्मों में ले आया। मैं जिस दौर में अपने गुरुओं से सीख रही थी, उस समय मुझे यह भी अच्छी तरह मालूम था कि आखिरकार मुझे ही परिवार को सपोर्ट करना था। मैं चाहूँ या न चाहूँ, मुझे फ़िल्मों में ही गाना था, इसलिए धीरे-धीरे रियाज़ बन्द होता गया। फिर भी मैं आपसे यह कह सकती हूँ कि मैं जितना भी शास्त्रीय संगीत गाती थी, ठीक ही गाती थी।

आप विश्वास नहीं करेंगे, लेकिन जिस दौर में मैंने फ़िल्मों में गाना शुरू किया, उस समय बम्बई में देर रात तक क्लॉसिकल म्युजिक के ढेरों प्रोग्राम होते रहते थे। हमारी सुबह जल्दी रेकॉर्डिंग शुरू हो जाती थी, जो देर शाम तक चलती थी। कभी-कभी रात में भी बड़ी देर तक रेकॉर्डिंग होती थी। फिर भी मैं किसी तरह कोई-कोई दिन रात को समय निकालकर किसी न किसी कन्सर्ट में सुनने अवश्य चली जाती थी। उस समय थकान का कोई नामो-निशान नहीं होता था। देर रात तक शास्त्रीय गायन सुनना और तड़के उठकर थोड़ा बहुत रियाज़ करना, फिर जल्दी से तैयार होकर रेकॉर्डिंग के लिए निकल जाना, यही मेरा जीवन था।

मुझे याद है कि एक बार मैं उस्ताद बड़े गुलाम अली ख़ाँ के यहाँ देर रात तक बैठे हुए राग शुद्ध कल्याण सुनती रही थी। मेरा हाल यह था कि जैसे कोई पागल हो जाता है, उस दीवानगी की हद तक मैंने ख़ाँ साहब को सुना है। मैंने उन जैसा शुद्ध कल्याण गाते हुए आज तक किसी को नहीं सुना। वह भूलता

नहीं है। ख़ाँ साहब चाहे बड़ा ख्याल हो या छोटा ख्याल, ठुमरी हो या दादरा— सभी कमाल का गाते थे। इसी तरह नज़ाकत-सलामत अली की गायी हुई राग कलावती की बन्दिश भी मैं आज तक भूल नहीं पायी हूँ। वह लोग इतना तैयार गाते थे और उनके गले में जो हरकतें होती थीं, वह सब सुनना और खुद के लिए सीखना मेरे लिए रोज की चीज़ थी। इसी तरह शास्त्रीय संगीत के प्रति मेरा प्रेम चलता रहता था, मगर खुद मुझसे वह सब बाद में नहीं हो सका।

यतीन्द्र मिश्र

फिर भी अगर कोई ऐसा लांग प्ले रेकॉर्ड आपको बनाने का अवसर मिलता, जिसमें एक या दो राग अपनी सम्पूर्ण अवधारणा के साथ वहाँ पर रखना हो, तो वह कौन सा होता, जिसको गाकर आपको प्रसन्नता का अनुभव होता?

लता मंगेशकर

सुनने में यह प्रश्न बहुत सुन्दर है। फिर भी आप मेरे मन की बात पूछ रहे हैं, तो मैं यही कहूँगी कि अगर मैं कोई एल.पी. (लांग प्ले) रागों को लेकर तैयार करती, तो वह निश्चित ही राग शुद्ध कल्याण और मालकौंस का होता।

यतीन्द्र मिश्र

आप जब फ़िल्म इंडस्ट्री में आयी ही थीं, उस समय बहुत सारे लोग, बहुत सारी आवाज़ें सक्रिय थीं। मसलन— सुरैया, राजकुमारी, ज़ोहराबाई अम्बालावाली, अमीरबाई कर्नाटकी, कानन देवी, पारुल घोष और शमशाद बेगम जैसी नामचीन आवाज़ें। उस ज़माने में, इन गायिकाओं की गायिकी को ध्यान में रखते हुए क्या आपने यह तय कर रखा था कि मुझे इन लोगों की तरह तो कतई नहीं गाना है। मतलब यह कि पिछले समयों में जो चालीस का महत्त्वपूर्ण दशक रहा, उसमें जिस तरह यह गायिकाएँ अपना गायन सिनेमा के लिये करती रहीं, वैसा आपने न करने की कोई बात मन में रखी थी, एक विभाजन रेखा उन गायिकाओं की कला से सम्बद्ध मन में गहराई से आकार ले रही थी अथवा यह सहज ढंग से ही लता मंगेशकर द्वारा गायिकी का तरीका एकाएक बदलने का मामला था?

लता मंगेशकर

देखिए, एक तो बहुत सारे लोग अभी भी ठीक से जानते नहीं हैं कि उस दौर में गायिकी की जो स्टाईल थी, वह किस हद तक एक ही ढर्रे पर कायम थी। इस बात को जब मैं बहुत गौर से देखती हूँ, तो इन सारे लोगों के बीच में मुझे नूरजहाँ अकेली खड़ी दिखाई पड़ती हैं। मैंने उनको बहुत सुना था और अपने लिये यह पाया कि अगर फ़िल्मों के लिए गाना है, तो वह कैसा गाना होना चाहिए। नूरजहाँ को पहली दफ़ा सुनकर ही मैं यह समझ सकी कि अगर सैड सांग है, तो वह कैसे गाया जाये और वह ख़ुशी का गीत है, तो उसे कैसे गाना चाहिए। यह एक बात उनके गायन से, उस दौर के बारे में मेरी समझ में आती है।

मैं आपको इसे अपने ढंग से अगर बताऊँ, तो मेरे लिये गीत ऐसा होना चाहिए, जिसमें मैं पूरी तरह खो जाऊँ, ख़ुद को पूरी तरह मिटाकर भूल सकूँ। गीत के जो बोल हैं, उसकी जो धुन है, अगर वह दुःख के लिये बनाई गयी है, तो मैं यह कोशिश करती हूँ कि उसका प्रभाव इतना दुःख भरा निकले कि लोगों को हिचकी नहीं सुनाई दे, पर लगे कि वाकई कोई रो रहा है। यह कोशिश मैं ज़्यादा से ज़्यादा करती रही हूँ, ताकि फ़िल्म में जो सिचुएशन काम कर रही है, वह आसान हो जाये। गाते हुए गीत की शक्ल उभरनी चाहिए। यह नहीं हो सकता कि सैड सांग के समय कोई यह महसूस करे कि इसमें तो ग़म की बात ही नहीं दिखाई दे रही।

यतीन्द्र मिश्र

इस लिहाज़ से आपका यह कहना है कि जो भी मनोदशाएँ जीवन में व्याप्त हैं, उसके अनुसार गाया जाना चाहिए और आपके दिमाग़ में इस तरह के अनुसरण के लिये आदर्श नूरजहाँ जी का रहा है।

लता मंगेशकर

आदर्श का मतलब बस इतना ही नहीं। मैंने गानों के बोलों के साथ ये सब भी समझने की कोशिश की है कि एक गाना कैसा होना चाहिए, क्या होना चाहिए, किस तरह बयाँ होना चाहिए। नूरजहाँ जी की स्टाईल को पसन्द करते हुए भी मैंने उनको फॉलो नहीं किया, बल्कि यह सीखा— किस तरह गाने को बरता जाता है, जिसकी तमीज़ मैं ख़ुद के गायन में पैदा कर सकूँ।

यतीन्द्र मिश्र

यह तो ठीक बात है, लेकिन जैसे कलाओं की दुनिया में होता रहा है कि कोई बड़ा से बड़ा फ़नकार, कलाकार किसी दूसरे कलाकार के काम को आदर्श की तरह देखता है या कि उसे बिल्कुल किताब की तरह पढ़ता है। ऐसे में उस ज़माने में क्या आपको सबसे नेचुरल नूरजहाँ जी की आवाज़ ही लगती थी?

लता मंगेशकर

आवाज़ से ज़्यादा उनका एक्प्रेशन। वो उस ज़माने में एकदम नयी बात थी कि गाना ऐसे भी गाया जाता है। सैड सांग या लव सांग ऐसे भी गाया जाता है। नूरजहाँ जी से अलग सहगल साहब एक अलग ही मुकाम पर मौज़ूद थे। हालाँकि सहगल साहब मर्द थे और उनकी स्केल या उनके सिंगिंग टेम्परामेण्ट को पकड़ पाना मामूली बात नहीं है। उनके गाने में मुझे एक ही बात मिलती थी और वह हर तरह से परफेक्शन का मामला था। जैसे, उन्होंने *'दुःख के अब दिन बीतत नाहीं'* (देवदास) गाया है। वह कितना अच्छा और कमाल का गाया है। फ़िल्म में उनका किरदार बहुत दुःखी है और शराब पीकर बैठा हुआ है। वह गा रहा है और बहुत उदास है। अब यह जो उन्होंने एक्सप्रेशन दिया था, वह मुझे गहरे आश्चर्य में डालता है। मुझे बचपन से ऐसा लगता था कि यह गाना उन्होंने कैसे गाया होगा? गाते वक्त तो आदमी सिर्फ़ गाता है और रोता नहीं है। गाते हुए आप रो नहीं सकते या बहुत रो रहे हों, तो सुर में गा नहीं पायेंगे। तो उन्होंने कैसे रोने का आभास दिलाते हुए यह गीत गा दिया, वह कमाल की बात लगती है।

ऐसे तमाम सिचुएशन जो हमें दिये जाते हैं, उसके लिये सहगल साहब की तरह गा पाना या कि नूरजहाँ की तरह उस बात को एक्सप्रेस कर ले जाना मुझे हमेशा ही चुनौती भरा और सीखने वाला लगता रहा है। इसीलिये बिल्कुल शुरुआत से ही, जिसका ज़िक्र आप कर रहे हैं, मैं हमेशा दर्द के, प्रेम के या खुशियों के गीत को उन्हीं लोगों को ध्यान में रखकर सोचकर गाने की कोशिश करती थी।

यतीन्द्र मिश्र

किन लोगों की आवाज़ ऐसी थी, जो आपको बहुत प्रभावित नहीं करती थी। या इसे इस तरह कहें कि बेहद नाटकीय ढंग की कुछ ऐसी आवाज़ें,

जो फ़िल्म के सिचुएशन के साथ मौलिक ढंग के एक्सप्रेशन नहीं दे पाती थीं?

लता मंगेशकर

मैंने इस तरह का अन्दाज़ा नहीं लगाया है, इसलिए कुछ कहना ठीक नहीं होगा। अलबत्ता यह ज़रूर है कि हमसे पहले गायन के क्षेत्र में सिनेमा की दुनिया में सक्रिय आवाज़ों से लगभग एक तरह का ही काम लिया जाता था। जैसे-जैसे संगीत के क्षेत्र में बदलाव आना शुरू हुआ नये संगीतकार कुछ पश्चिम से प्रभाव लेकर, तो कुछ भारतीय लोक संगीत की धुनों को पकड़कर गीत रचने में आगे बढ़े, तो उसी के मुताबिक फ़िल्म की सिचुएशन रखने का और गानों को रेकॉर्ड करने का रिवाज़ प्रचलित हुआ। मेरे आने से पहले जो लोग थे, उनमें से किसी की आवाज़ तो ऐसी नहीं लगी, जो बहुत ख़राब या रिजेक्ट करने के लायक हो। कुछ लोगों का अन्दाज़ मुझे बहुत भाता था, जिनको सुनना तो मुझको पसन्द था ही, वे अलग से मौलिक आवाज़ें भी जान पड़ती थीं। लगभग एक ढर्रे पर विकसित गायिकी को थोड़ी देर के लिए अगर नज़र-अन्दाज़ कर दें, तो भी वहाँ पर तमाम लोग बढ़िया गा रहे थे। जैसे, ज़ोहराबाई अम्बालावाली, अमीरबाई कर्नाटकी, पारुल घोष, सुरैया और राजकुमारी जी जैसी गायिकाएँ।

यतीन्द्र मिश्र

कई बार आपको ऐसा नहीं लगता कि जो गीत आप बहुत पहले गा चुकीं, आज उसको कुछ दूसरे ढंग से गाना पसन्द करेंगी। बहुत सारे ऐसे गीत हैं, जो बहुत मकबूल हुए, सुपरहिट रहे और आज भी बेहद पसन्द किये जाते हैं। एक कलाकार की हैसियत से जो आपने लगातार ग्रो किया है, आपको कभी लगा हो कि मुझे यह पिछला गाना तो ऐसे गाना चाहिए था, जबकि मैंने उसे तो बिल्कुल दूसरी तरह से गा दिया है....

लता मंगेशकर

नहीं, मुझे नहीं लगता है। मेरे मन में यह बात कभी आती ही नहीं। कमी ज़रूर ही दिख जाती है, मगर उसे फिर से गाने या सुनने का मन तो नहीं होता। मुझे ऐसा लगता है कि जो उस समय हो गया, वो हो गया। यह इसलिए भी क्योंकि फ़िल्म म्युजिक में गुंजाइश नहीं होती है कुछ और करने की, तो जो हो जाये, वो अच्छा है। कभी-कभी बहुत अच्छा हो जाता है, तो अकसर

ठीक ही रहता है। जो थोड़ा-बहुत ठीक हुआ है, वह वैसे ही सही लगता है। यह बात और है कि अगर कोई गाना बिल्कुल ठीक नहीं हुआ है, तो अलग बात है। हालाँकि मेरे मामले में ऐसी स्थिति शायद नहीं ही आई है.... और अगर आई हो, या दूसरों को ऐसा लगता है, तो हो भी सकता है क्योंकि कई बार गाने बनाने वाले भी कोई हल्का गाना बना डालते हैं। इस मामले में सिर्फ़ पार्श्वगायक या गायिका ही नहीं, संगीतकार और गीतकार भी जिम्मेदार हैं। इसी तरह मैं यह भी देखती हूँ कि कोई गाना जो हमने गाया हो, अगर वह नहीं चला, तो इसका मतलब है कि उसमें कोई न कोई कमी ज़रूर रही होगी। फिर यह भी देखने में आया है कि गाना बहुत अच्छा था, मगर न जाने किस कारण वो सुना नहीं गया या ऐसे ही बिसरा दिया गया। मुझे हँसी आती है यह देखकर, कि अधिकांश रेकॉर्ड कम्पनियाँ हम सभी के कुछ गानों को जब 'भूले-बिसरे गीतों' के लेबल से प्रसारित करती हैं, उनमें भी अधिकांश गाने सभी को याद होते हैं या कि अपने ज़माने में सुपरहिट रहे होते हैं।

यतीन्द्र मिश्र

मुझे तो आपके सन्दर्भ में यह भी लगता है कि अकसर फ़िल्म नहीं चली है, मगर गाने चले हैं। यह तो मैंने कई बार पाया है और मेरे ख्याल से बहुतेरे संगीत-प्रेमी इस बात से सहमत होंगे कि फ़िल्म पिट गयी, मगर गाने सुपरहिट हुए। मिसाल के तौर पर एक फ़िल्म है 'शंकर हुसैन'। शायद ही इस फ़िल्म को बहुत से लोगों ने देखा हो या इसके बारे में सुना हो... लेकिन इसके दोनों गाने, जो आपकी आवाज़ में हैं और जिसे ख़य्याम साहब ने संगीतबद्ध किया– 'आप यूँ फासलों से गुजरते रहे' व 'अपने आप रातों में चिलमनें सरकती हैं' शायद ही किसी संगीतप्रेमी और आपके प्रशंसकों की निग़ाह से अछूते रहे होंगे। ऐसे में आप क्या सोचती हैं?

लता मंगेशकर

ठीक बात है। व्यक्तिगत तौर पर मुझे भी अपने ये दोनों गाने बेहद पसन्द हैं। ख़य्याम साहब की धुनों और ज़ाँ निसार अख़्तर और क़ैफ़ भोपाली की दिलकश शायरी के कारण भी। आपने जो बात कही है वह बेहद सही है फ़िल्म इण्डस्ट्री के बारे में। हिन्दी सिनेमा में हमने यह बहुत नज़दीक से देखा है कि अच्छे संगीत के बग़ैर कोई फ़िल्म ज़्यादा दिनों तक टिक नहीं पाती।

कई बार 'बी' और 'सी' ग्रेड की फ़िल्में दर्शकों द्वारा आसानी से भुला दी जाती हैं, मगर उनके संगीत का रेकॉर्ड वर्षों बाद तक वैसे ही बिकता रहता है। मैंने ऐसी बहुत सारी फ़िल्मों में गाया है, जिनमें ज़्यादातर धार्मिक और स्टण्ट फ़िल्में शामिल हैं। उनके गाने बहुत चले, मगर फ़िल्म के बारे में कोई जानकारी नहीं मिलती। मेरे ख्याल से यह मेरा तजुर्बा ही नहीं है, बल्कि इसे मुकेश जी, रफ़ी साहब, किशोर दा और आशा भी महसूस करते होंगे। मेरे लिये बस इतना ज़रूरी है कि मैं जो गीत गाऊँ, वह अच्छे हों और बहुत दिनों तक याद किये जाएँ। फ़िल्म कैसी है और कैसी बननी चाहिए, यह मेरे अधिकार क्षेत्र का मामला नहीं है।

यतीन्द्र मिश्र

अगर हम समय के चक्र (टाईम मशीन) को घुमाकर सन् 1949-50 में ले जायें, तो आपके फ़िल्मों से सम्बन्धित सांगीतिक जीवन की शुरुआत में खेमचन्द प्रकाश, शंकर-जयकिशन, हुस्नलाल-भगतराम जैसे म्युजिक डायरेक्टर आते हैं और आपको एक मजबूत ज़मीन बनाने के लिए, 'आयेगा आने वाला' (महल), 'हवा में उड़ता जाए मोरा लाल दुपट्टा मलमल का' (बरसात) और 'चले जाना नहीं नैन मिला के' (बड़ी बहन) जैसे गाने मिलते हैं। इससे एक नये युग का सूत्रपात होता है, जो कहीं आपके कद को बड़ा बनाने में मददगार रहता है। मैं यह जानना चाहता हूँ कि यदि उस ज़माने में ए.आर. रहमान आये होते, जतिन-ललित आये होते, शंकर-एहसान लॉय होते, तो ये सारे गाने कैसे बनते? उस समय 'आयेगा आने वाला' की आमद कैसी होती?

लता मंगेशकर

(हँसते हुए) बड़ा मजेदार प्रश्न है आपका। कहना मुश्किल है इस पर क्या बोलूँ? समझ में नहीं आ रहा है कि वाकई अगर ऐसा हुआ होता, तो ये गाने कैसे बनते। यह विचार और कल्पना तो सुनने में अच्छी लगती है, पर मैं पूरी तरह इसका आकलन नहीं कर सकती कि *'आयेगा आने वाला'* को ए.आर. रहमान ने बनाया होता या *'हवा में उड़ता जाए'* को जतिन-ललित ने, तो कैसा प्रभाव पैदा होता। ... मगर मैं इतना ज़रूर जानती हूँ कि कुछ बहुत बढ़िया होता या बिल्कुल दूसरे अन्दाज़ में सामने आता, जिसकी शायद धुनें और तर्ज़ भी अलग होते। मैं आपसे प्रश्न करती हूँ कि जो मेरे गाने रहमान ने बनाये या जतिन-ललित के लिये मैंने *'मेरे ख़्वाबों में जो आए'* (दिलवाले

दुल्हनिया ले जायेंगे) गाया है, उसे श्याम सुन्दर जी, नौशाद साहब या अनिल विश्वास ने रचा होता, तो आपके लिहाज़ से वह किस तरह बनता? यह वाकई बहुत रोचक और सोचने वाली बात है कि समय के हेर-फेर से हमारे गीतों का स्वभाव कैसा होता? इतना ज़रूर मैं कहना चाहूँगी कि पुराने समयों में, जब मैनें 'महल', 'बड़ी बहन', 'बरसात', 'तराना', 'बाज़ार' और 'संगदिल' जैसी फ़िल्मों के लिये पार्श्वगायन किया था, उस समय तकनीकी रूप से सिनेमा में बहुत तरक्की नहीं हुई थी। *आयेगा आने वाला'* में मुझे हाल में बहुत दूर से चलकर दबे पाँव रेकॉर्डिंग वाले माईक तक आना पड़ता था और उसी अनुपात में रेकॉर्डिंग के माईक पर स्वर का उतार-चढ़ाव क़ैद किया जाता था।

बहुत सारे ऐसे गाने मुझे याद हैं, जिसमें कुछ विशेष प्रभावों को देने के लिये अनिल विश्वास, श्याम सुन्दर, सज्जाद हुसैन, सलिल चौधरी और सी.रामचन्द्र ने कुछ नये तरीके और अजीबोगरीब टोटके आजमाये थे, जिनसे गीतों में वह प्रभाव पैदा हो सका। आज, जो स्थिति है और जिस तरह हमारी तकनीकी विकसित हो चुकी है, उसमें अगर इन लोगों को काम करने का मौका मिलता, तब तो कमाल ही हो गया होता। न जाने कितना और अधिक एडवांस किस्म का ये लोग संगीत रच पाते, आप सोच सकते हैं। ठीक उसी तरह, जैसा सुन्दर और स्तरीय संगीत आज के संगीतकार बना रहे हैं। रहमान, जतिन-ललित और तमाम अन्य लोग, अगर पीछे जाकर काम करते, तो कितनी मुश्किलें आतीं और कितना संघर्ष करते हुए वे सब अपना गाना बनाते, इसका अन्दाज़ा भी लगाया जा सकता है। मेरे लिये भी यह कम चुनौती की बात नहीं कि मैं अनिल विश्वास की धुनों जैसा काम रहमान के साथ कर रही होती और उसी तरह इन नये लोगों की धुनों पर नौशाद साहब के लिये रेकॉर्ड करती, तो कैसा होता?

यतीन्द्र मिश्र

लेकिन, अगर कुछ अलग होता, तो वह भी नायाब ही होता। ऐसा पूर्वानुमान या परिकल्पना तो की ही जा सकती है?

लता मंगेशकर

हो सकता है या नहीं हो सकता था, यह कहना मुश्किल है।

यतीन्द्र मिश्र

आपसे नूरजहाँ की पहली मुलाकात किस तरह हुई थी?

लता मंगेशकर

शायद 1944 का वर्ष होगा, जब मैं पहली बार नूरजहाँ जी से मिली थी। मैं मास्टर विनायक की कम्पनी 'प्रफुल्ल पिक्चर्स' में काम कर रही थी और वे एक फ़िल्म 'बड़ी माँ' बना रहे थे, जिसकी मुख्य अभिनेत्री के रूप में नूरजहाँ जी काम कर रही थीं। वे उस समय कोल्हापुर आई थीं और फ़िल्म के लिए दो गीत वहीं पिक्चराईज होने थे। मुझे याद है कि वहीं स्टूडियो में एक कमरा सजाकर उन्हें रहने के लिए दिया गया था, जिसमें वे अपने छोटे से बेटे अकबर को साथ लेकर आई थीं। मैं वहाँ पर काम करती थी, तो अपने काम में लगी हुई थी और बाहर आउटडोर में एक पेड़ के नीचे नूरजहाँ जी मेकअप कराकर बैठी हुई थीं। मुझे मास्टर विनायक ने बुलाया और नूरजहाँ जी से यह कहकर परिचय कराया 'यह लता है, हमारे यहाँ काम करती है। गाती है, आप इसे सुनें। यह सुन्दर गाती है।' इस पर नूरजहाँ जी ने बड़े प्यार से मुझसे कहा 'कुछ गाकर सुनाओ बेटा!' मैं उनकी आवाज़ और शख़्सियत दोनों को बहुत पसन्द करती थी, इसलिए बहुत डरते हुए उनके सामने गाने बैठी।

मेरी उम्र भी उस समय चौदह साल की रही होगी। मैंने सबसे पहले कुछ ख्याल सा गाया, क्योंकि उस समय मैं सिर्फ़ शास्त्रीय संगीत का रियाज़ करती थी और वैसी चीज़ें ही गाती थी। राग सुनने के बाद उन्होंने मुझसे कहा कि 'तुम कुछ फ़िल्मी गीत भी सुनाओ।' इस पर मैंने उन्हें एक-दो फ़िल्मी गाने भी गाकर सुनाए थे। तब सुनने के बाद वे खुश होकर बोलीं 'माशाअल्लाह बेटा! जीती रहो, खूब प्रसन्न रहो और मेहनत से रियाज़ करती रहो। गाना कभी भी मत छोड़ना, एक दिन तुम बहुत आगे जाओगी।' यह उनसे मेरी पहली मुलाकात थी और उसी दिन से मैं उनके क़रीब हुई और फ़िल्म निर्माण के दौरान भी मेरा उनसे कई दफ़ा मिलना हुआ।

'बड़ी माँ' की शूटिंग के दौरान ही एक दिन मैं उनके सामने बैठी लगातार उन्हें निहारे जा रही थी। वे सब चीज़ों को भूली हुई एक चादर बिछाकर उस पर नमाज़ पढ़ रही थीं। वे नमाज़ पढ़ती थीं और रोती जाती थीं। इस तरह नमाज़ पढ़ने के दौरान लगातार मैंने उनको ग़मगीन देखा। जब नमाज़ ख़त्म हुई, तो उनसे मैंने सहज ही यह कह दिया कि 'आप ईश्वर के सामने बैठकर इतना रो क्यों रही थी? भगवान के आगे रोने का क्या मतलब? क्या आपको कोई तकलीफ़ है?' इस पर बड़ा सुन्दर जवाब नूरजहाँ जी ने दिया। 'बेटा, मुझे कोई तकलीफ़ नहीं है और न ही मैं खुदा से कुछ ऐसा माँग रही थी, जो न मिल

जाने की स्थिति में मुझे दुःख हो। मैं तो सिर्फ़ अपने गुनाहों के लिए उनसे माफ़ी माँग रही थी। मैं बार-बार यह कह रही थी कि ऐ ख़ुदा! मेरी गल्तियों को माफ़ करना, मैं भी एक इन्सान हूँ, जो मुझसे कभी जाने-अनजाने कोई गलती हुई हो। मैंने किसी का दिल दुखाया हो, किसी को नुकसान पहुँचाया हो, किसी को बेवज़ह अनजाने में दर्द दिया हो, तो वह सब माफ़ करना और मेरी दुआ कुबूल करना।' उन्होंने साथ में यह भी कहा 'लता! तुम भी हमेशा अपने ईश्वर से अपनी गल्तियों की माफ़ी माँगती रहना।' यह बात मुझे बहुत गहराई से अन्दर तक भिगो गयी थी। फिर नूरजहाँ जी के प्रति जो मेरे मन में प्रेम और आसक्ति का भाव था, वह और बढ़कर सम्मान में बदलता चला गया। आपको यह जानकर भी अच्छा लगेगा कि 'बड़ी माँ' में मैंने भी एक छोटा-सा रोल किया था। (हँसती हैं)

यतीन्द्र मिश्र

क्या आप ऐसा मानती हैं कि फ़िल्मी धुनों के कारण भी कोई राग समाज में लोकप्रिय और प्रचलित हुआ है?

लता मंगेशकर

(हँसते हुए) ऐसा थोड़ा-बहुत मान लेने में कोई हर्ज़ भी नहीं है। राग तो शुरू से आते रहे हैं फ़िल्मों में। उन्हें जैसा पेश किया जाता है, उस पर बहुत डिपेण्ड करता है कि वह किस तरह लोकप्रिय होगा। फ़िल्मों के गीत गाने के लिए राग मालूम हो, यह अच्छी बात है। इससे ज़्यादा बड़ी बात यह है कि उस राग को फ़िल्म की सिचुएशन और बोलों के हिसाब से किस तरह गाना है। किसी गायक में इतनी शक्ति होनी चाहिए कि वह फ़िल्मी गीत गाते समय सिचुएशन को बिल्कुल सही अर्थों में व्यक्त करते हुए, उस छोटे से गीत के समय में ही राग को भी इस तरह दिखा दे कि पब्लिक को यह लगे कि भई क्या सुन्दर ढंग से भूपाली या भैरवी में बात कही गयी है। आपके पास वहाँ राग के विस्तार का मौका नहीं है और न ही आप कितने भी अच्छे घराने में सीखे हुए क्यों न हों, सारी हरकतें एक बार में दिखा सकते हैं। ....तो थोड़ी देर के लिए ही सही राग की सटीक प्रस्तुति को दर्शाने के लिए आप अपनी सीखी हुए चीज़ में से ही कोई युक्ति लगा सकते हैं। तभी वह गीत सुरीला और रागदारी के हिसाब से नायाब बनेगा। मैं ऐसा ही मानती हूँ। फिर यह भी कहना चाहती हूँ कि हमारे यहाँ कुछ राग बहुत प्रचलित रहे हैं, जिनमें धुनें बनायी गयीं। अब यह तो मैं नहीं कहूँगी कि फ़िल्मी गीतों ने ही राग

को प्रतिष्ठा दिलाई, मगर इतना तो ज़रूर है कि उनकी वजह से आम जन में उन रागों के प्रति उत्सुकता और कुछ और नया सुनने का भाव ज़रूर पैदा हुआ होगा। मेरे देखे कई राग ऐसे हैं, जिनका इस्तेमाल लगातार ही हुआ है, भले ही संगीतकार कोई रहा हो। अब जैसे– भूपाली, यमन, पहाड़ी, तोड़ी, खमाज, झिंझोटी, बसन्त, बहार, यमन कल्याण और भैरवी में न जाने कितने गाने बने हैं, गिनना भी मुश्किल है।

यतीन्द्र मिश्र

आपने सैकड़ों फ़िल्मों के लिए तक़रीबन हज़ारों अप्रतिम गाने गाये हैं। अगर आपसे उनमें से कुछ एक फ़िल्मों को चुनने को कहा जाये, तो वह कौन सी फ़िल्में होंगी, जिनके गीत सबसे ज़्यादा याद रखने लायक आपको आज भी लगते हैं?

लता मंगेशकर

बहुत सारी फ़िल्में हैं, जिनको याद रखना चाहूँगी। कई फ़िल्मों के गाने तो अकसर मन में बने रहते हैं। फिर भी आप पूछ रहे हैं, तो मैं ऐसी फ़िल्मों में 'अन्दाज़', 'मधुमती', 'बैजू बावरा', 'आवारा', 'नागिन', 'परख', 'बसन्त बहार', 'वो कौन थी', 'चोरी-चोरी', 'आज़ाद', 'बीस साल बाद', 'तेरे घर के सामने', 'हम दोनों', 'गंगा जमना', 'मदर इण्डिया', 'गाईड', 'मेरा साया', 'चित्रलेखा', 'ममता', 'मुगल-ए-आज़म' और 'पाकीज़ा' के नाम लूँगी। हाँ एक फ़िल्म और है, जो मुझे बहुत पसन्द है– 'जहाँआरा'। इसके गाने बहुत अच्छे थे, मगर फ़िल्म नहीं चली। कमाल अमरोही की 'महल' फ़िल्म तो हमेशा से मेरे दिल के क़रीब रही है। इसके सारे गाने, जो दूसरों ने भी गाए मुझे आज भी अच्छे लगते हैं। इस फ़िल्म के मेरे तीनों गीत *'आएगा आने वाला', 'मुश्किल है बहुत मुश्किल चाहत का भुला देना'* और *'दिल ने फिर याद किया'* तो हमेशा से ही मेरे पसन्दीदा रहे।

यतीन्द्र मिश्र

इन फ़िल्मों में आपने 'अनारकली' (1953, संगीतकार : सी. रामचन्द्र) का नाम नहीं लिया, जो उसी दौर की फ़िल्म है, जिसने आपके सुरीलेपन को देशव्यापी प्रतिष्ठा दिलाने में एक सशक्त फ़िल्म के तौर पर भूमिका निभाई थी।

लता मंगेशकर

नहीं। यह बात ठीक है कि शुरुआती दौर में 'अनारकली' के गीतों ने मेरी प्रसिद्धि को बहुत बढ़ा दिया था। मगर उस फ़िल्म का विषय गीतों से मेल नहीं खाता था। मतलब मुझे लगता था कि अनारकली जहाँ इतिहास का सब्जेक्ट लेकर एक पुराने समय को दर्शा रही है, वहीं उसका संगीत बेहद मॉडर्न ढंग का बनाया गया था। यह एक ऐसी चीज़ है, जो मेरे सारे गीतों के उस फ़िल्म में बेहतर होने के बाद भी आज तक मुझे खटकती है।

यतीन्द्र मिश्र

आपको शुरुआती दौर में गीतों पर कितना पारिश्रमिक मिलता था?

लता मंगेशकर

(हँसते हुए) जहाँ तक मुझे याद है, बिल्कुल शुरुआत में मुझे एक गीत के लिए दो सौ रुपये से लेकर पाँच सौ रुपये तक मिलते थे। यह 1948 से लेकर बाद में 1955-57 तक की बात होगी। और 1964 से, राजकपूर की 'संगम' के प्रदर्शन के बाद से मुझे एक गीत के लिए दो हजार रुपये मिलने लगे थे। अब आप मेरे सारे गानों को देखते हुए इस बात का अन्दाज़ा लगाइए कि मैंने कितने रुपये कमाए हैं? (जोर से हँसती हैं)

यतीन्द्र मिश्र

गाते समय कभी थकान का अनुभव होता है?

लता मंगेशकर

कभी-कभी होता था, जब मैं एक साथ तीन-चार गाने करती थी। इसमें कोई शक़ नहीं कि किसी गीत में थकान लग जाती थी। शंकर-जयकिशन के गानों में ज़्यादातर ऐसा होता था क्योंकि वो बहुत देर तक रिहर्सल और रेकॉर्डिंग कराते थे। कई बार दूसरे संगीत निर्देशकों के यहाँ भी यह हुआ है। जैसे मुझे याद आता है कि 'ज्वेल थीफ़' का गीत *'होठों में ऐसी बात मैं दबा के चली आई'* इतनी देर चला कि मैं थक गयी थी। सुबह से ही इस गाने की रेकॉर्डिंग के लिए तैयारियाँ चल रही थीं और देव आनन्द साहब भी आकर बैठे हुए थे। आपको जानकर आश्चर्य होगा कि इस गाने की रेकॉर्डिंग में कुछ न कुछ कमी हो जा रही थी। कभी बर्मन दादा को कुछ समझ में नहीं आता था, तो कभी आर.डी. बर्मन को बहुत सारी कमियाँ नज़र आती थीं, जो उस वक़्त उनके असिस्टेण्ट थे।

हम लोग बस गाये जा रहे थे। आप अगर उस गाने पर ग़ौर करें, तो देखेंगे कि उसमें म्युजिक बहुत है और एक स्लो टेम्पो के साथ डांस का वह गीत आगे बढ़ता है।

मुझे याद है कि साथ में भूपेन्द्र भी गा रहे थे और हम दोनों ही गाते हुए थकते जा रहे थे। कभी म्युजीशियन्स कुछ गड़बड़ करते थे, तो अकसर हम लोगों से थोड़ी बहुत चूक होती थी, जो बर्मन दादा को बेचैन कर रही थी। इस तरह शाम होने को आई और फिर देर रात तक गीत रेकॉर्ड नहीं हो पा रहा था। अचानक से देव साहब उठे और उनके ध्यान में शायद यह बात आई कि सारे कलाकार थक चुके हैं और देर भी हो चुकी है, तो इसकी रेकॉर्डिंग को जल्दी से जल्दी समाप्त कराना चाहिए। उन्होंने इस तरह कुछ बर्मन दादा से कहा था कि जब गाना अच्छा हो रहा था, तो क्यों ख़ामख़ा इतनी देर लग रही है? अब जैसा भी हो, गीत भले ही आपको परफेक्ट कम लग रहा हो, पर आप इसे अब पूरा करिए, बहुत देर हो गयी है। इस तरह यह गाना रेकॉर्ड हुआ और मुझे लगता है कि वह ठीक ही हुआ था, लेकिन उस समय थकान आ गयी थी। ....यह सब आए दिन होता था, जिससे बचने का कोई तरीका भी नहीं था।

यतीन्द्र मिश्र

गीत रेकॉर्ड करते समय अकसर कोरस के स्वर देने वाले गायकों-गायिकाओं की टोली कभी गलती करती हो या कि धुन में कोई वादक अपनी बहर से बाहर जाता हो, तब ऐसी स्थितियाँ आती होंगी कि एक गीत बनने में ज़्यादा समय लेता होगा और वह समय अन्तराल थकान ले आता होगा।

लता मंगेशकर

यही होता था। हम गायक लोग अकसर सही ढंग से अपना गीत उठाते थे, मगर म्युजिक अरेंजमेण्ट में यह सब दिक्कतें हो जाती थीं। इसी के चलते देरी हुई है। थकान तो अकसर उस रेकॉर्डिंग को ठीक से निभा ले जाने की चिन्ता में भी घेर लेती थी।

यतीन्द्र मिश्र

ऐसी स्थिति में उस गीत को लेकर उत्साह मद्धम तो नहीं पड़ता था?

लता मंगेशकर

उत्साह कभी-कभी मद्धम पड़ता था, जब कोई गीत बस हुए जा रहा है, लेकिन ख़त्म होने का नाम ही नहीं लेता। ऐसे में मैं अपने गिरे हुए उत्साह को भी परे धरकर उसे सँवार लेती थी। देखिए, क्या होता था कि हमें उस गीत को बिल्कुल सटीक ढंग से पूरी तैयारी के साथ तो गाना ही पड़ता था, इसलिए यह ज़रूरी था कि हम अपनी प्रसन्नता को किसी भी तरह से गवाएँ नहीं, जिससे गीत पर उसका बुरा असर न पड़ सके। जब एक गाना, उस पर दूसरा या तीसरा गाना, इस तरह लगातार रेकॉर्ड होता था, तो किसी-किसी गाने में उत्साह थोड़ा कम भी होता था। यह स्वाभाविक ही था, इसमें अचरज जैसी कोई बात नहीं है।

यतीन्द्र मिश्र

क्या गाते समय गीत की धुन और बोलों के अलावा भी कुछ दिमाग में अलग से चलता था?

लता मंगेशकर

नहीं ऐसा नहीं होता था। गीत जब रेकॉर्डिंग के लिए सामने आता था, तब वही दिमाग में रहता था, बाक़ी चीजें निकल जाती थीं। हाँ, यह ज़रूर था कि वह गीत कैसा बनना चाहिए, उसमें मैं अपनी तरफ से क्या प्रयास करूँ, जिससे उसके सुर कुछ बेहतर ढंग से सुनाई दें या कि और कौन सी चीज़ें हो सकती हैं, जिन्हें जोड़कर इस गीत को कुछ अलग सा बनाया जा सकता है। यह सब मन में रहता था।

यतीन्द्र मिश्र

किसी समस्या, तकलीफ़, परेशानी या अवसाद के कारण कभी किसी गीत को रेकॉर्ड करने में कोई फर्क आया? या अगर नहीं आया, तो उसके पीछे क्या वजह रही?

लता मंगेशकर

कभी ऐसा नहीं हुआ कि तकलीफ़ को मैंने अपने गीतों पर हावी होने दिया है। मैं कितनी भी परेशानी में क्यों न रही हूँ, मगर जब एक बार स्टूडियो पहुँच जाती थी, तो जैसे सब कुछ भूल जाती थी। बस एक संगीत ही याद रहता था। अगर तकलीफ़ ऐसी है कि वह बर्दाश्त से बाहर है या मैं इस तरह परेशान हूँ कि कुछ और सूझ नहीं रहा, तब मैं घर से ही नहीं निकलती थी। उस समय

मैं अपने म्युजिक डायरेक्टरों से यह रिक्वेस्ट कर लेती थी कि आप रेकॉर्डिंग को थोड़ा टाल दें। हालाँकि ऐसा बहुत कम होता था क्योंकि ज़्यादातर कितनी ही बड़ी बात क्यों न हो, कैसी भी हालत हो, मैं गाना छोड़ती नहीं थी।

मुझे लगता था कि वहीं स्टूडियो जाकर गाना गाने से भी शायद मेरी तबीयत सुधर जाये या मन बहल जाये। अवसाद मैंने कभी नहीं पाला और ईश्वर को धन्यवाद करती हूँ कि जीवन में ऐसे पल नहीं के बराबर आए हैं। ....जो छोटी-मोटी बातें अवसाद ग्रस्त करने लायक रही हैं, उनसे भी मेरे संगीत ने ही मुझे उबारा है।

यतीन्द्र मिश्र

कभी बेमन से भी गाया है?

लता मंगेशकर

नहीं, ऐसा बिल्कुल नहीं है। देखिए ज़्यादातर संगीतकार बढ़िया ही होते थे। मेरा प्रयास बस इतना रहता था कि जैसा भी उस म्युजिक डायरेक्टर ने गीत को चाहा है, मैं बिल्कुल वैसा ही करके उसे गाना सौंप दूँ। मुझे कम पसन्द भी है, तो भी चलेगा। मेरा मानना था कि मैं सिर्फ़ गाने के लिए यहाँ हूँ, इसलिए मुझे सिर्फ़ अपने काम पर ध्यान देते हुए बेहतर से बेहतर गाकर रेकॉर्ड करना है।

यतीन्द्र मिश्र

कभी ऐसा भी होता होगा कि पसन्द के संगीतकार की धुन उतनी अच्छी नहीं लग रही है। ऐसे में क्या होता था?

लता मंगेशकर

नहीं कुछ ख़ास नहीं। मैंने पहले भी आपको बताया है कि मैं धुनों को लेकर या उसमें इस्तेमाल हुए रागों को लेकर कोई टिप्पणी नहीं करती थी। मुझे लगता था कि संगीतकार ने जिस तरह धुन बनाई है, उसके काम में दखलन्दाजी ठीक बात नहीं है। इसलिए मैं ज़्यादातर संगीतकारों के लिहाज से अपना सर्वोत्तम देने का प्रयास करती थी। हाँ यह ज़रूर है कि कई म्युजिशियन मुझसे इतने आत्मीय थे और बातचीत में यह बताते रहते थे कि वे अपनी धुन को किस तरह से बनाकर लाये हैं या उनमें कैसा प्रभाव चाहते हैं, तो कभी-कभी मैं भी किसी ख़ास तान, आलाप या ताल की चर्चा उनसे करती थी। इस पर कई लोग मुझसे यह कह

देते थे कि यह आपका गीत है इसे सुन्दर बनाने के लिए आप जैसा भी प्रयोग करना चाहें, कर लीजिए हमें अच्छा लगेगा। ....तो ऐसे में किसी-किसी गीत में अपने मन मुताबिक कोई तान, आलाप या नयी चीज़ डाल देती थी।

यतीन्द्र मिश्र

आप लोगों के अधिकतर गीत समूह में हुई रचनात्मकता और मेहनत का नमूना रहे हैं। अधिकांश गीतों को रेकॉर्ड करने की प्रक्रिया भी लगभग एक जैसी रही होगी। फिर वह कौन से तत्त्व काम करते थे कि सामान्य प्रक्रिया के तहत रेकॉर्ड किये गये गीत भी एकाएक बेहद कामयाब होकर घर-घर बजने लगते थे? उस समय क्या आप लोगों को यह मालूम रहता था कि यह गीत इतना कामयाब होने वाला है?

लता मंगेशकर

नहीं, कई बार तो यह भी होता था कि जिस गीत से हम लोग बेहद उम्मीद लगाये होते थे कि यह तो पुराने सारे रेकॉर्ड तोड़कर सबसे ऊँची पायदान पर बजेगा, वह गीत अकसर फेल कर जाता था। यह समझ में ही नहीं आता था कि बेहतरीन कम्पोजीशन और म्युजिक के बावजूद यह गीत क्यों नहीं चल सका? ठीक इसी तरह कुछ कम मेहनत वाले गाने भी होते थे, जिनको बस हम लोग रुटीन में गाकर रेकॉर्ड कर देते थे; पर न जाने कौन सी चीज़ उसकी लोगों को भा जाती थी कि वह कामयाबी में सबसे आगे निकल जाता था।

यतीन्द्र मिश्र

किसी गीत के उदाहरण से यह बात बतायेंगी?

लता मंगेशकर

बहुत सारे गीत तो याद ही नहीं हैं, जो अपने ज़माने में बहुत चले थे, लेकिन मेरी पसन्द में या मेरे हिसाब से वे चलने लायक नहीं लगते थे। अब जैसे हेमन्त कुमार जी के संगीत वाली 'नागिन' फ़िल्म के सारे गानों को मैंने बहुत मेहनत से गाया था, पर उसमें मुझे बाक़ी गानों की तुलना में *'मन डोले मेरा तन डोले'* कम पसन्द आता था और उतना बेहतर नहीं लगता था, जितना कि उसी फ़िल्म के दूसरे गाने लगते थे। मुझे लगा था कि 'नागिन' का यही एक गाना छोड़कर बाक़ी सब हिट होंगे। .....लेकिन जब रेकॉर्ड आए और

फ़िल्म चली, तो यह गाना सबसे ज़्यादा हिट हुआ और इतना चला कि दूसरे गाने इसकी तुलना में कहीं पीछे रह गये। उस समय मुझे इतना आश्चर्य हुआ था यह देखकर कि *'मन डोले मेरा तन डोले'* कैसे लोकप्रियता के सारे रेकॉर्ड ध्वस्त कर सकता है? मुझे हँसी आती थी, लेकिन यही सच्चाई थी कि 'नागिन' की सफलता भी कुछ हद तक इसी गाने के इर्द-गिर्द सिमटकर रह गयी थी। बाक़ी के गाने, सुन्दर होने के बाद भी और कामयाब होकर भी लोगों की जुबान पर उस तरह नहीं चढ़े। मदन मोहन जी का 'अनपढ़' का *'जिया ले गयो जी मोरा साँवरिया'* भी ऐसा ही एक गीत था, जो मुझे कम पसन्द था, बस मैंने उसे गा दिया। मुझे लगता नहीं था कि वह चलेगा, लेकिन वह गीत ख़ूब चला और मदन मोहन जी के अच्छे गीतों में गिना जाता है।

यतीन्द्र मिश्र

अपने गाये हुए गीतों में लोकप्रिय और उत्कृष्ट गीतों में किस तरह अन्तर करती हैं?

लता मंगेशकर

लोकप्रिय और उत्कृष्ट का आपस में कोई बैर हो, ऐसा नहीं है। कई दफ़ा मेरे बहुत सारे ऐसे गीत बने हैं, जो जितने पॉपुलर हुए, उतने ही वे धुन, बोलों और गायिकी के हिसाब से भी अद्भुत गाने थे। जैसे मदन मोहन जी के कम्पोजीशन के 'वो कौन थी' और 'मेरा साया' फ़िल्मों के गाने। इन दोनों फ़िल्मों में मैंने जितने भी सोलो या डुएट गाए हैं, सब उत्कृष्टता के हिसाब से एक से बढ़कर एक हैं। उतने ही सफल भी। ....तो यह कोई विभाजन नहीं है कि अच्छा गाना लोकप्रिय नहीं हो सकता या कि लोकप्रिय गीत को आप थोड़ा कम स्तरीय कहें। यह बस किसी कम्पोजीशन के बनने की बात है। अलबत्ता यह ज़रूर हुआ है कि कई दफ़ा बहुत अच्छी धुनें और उतनी ही उत्कृष्ट कम्पोज़ीशंस पब्लिक की निगाह में उस तरह नहीं आयीं, जिस तरह आनी चाहिए थीं।

यतीन्द्र मिश्र

गीतों को लेकर कभी कोई सन्देह हुआ है? मेरा आशय यह है कि उनकी बनावट या गायिकी को लेकर कभी यह मन में आया हो कि इसमें कुछ कमी रह गयी और एक गायिका के बतर्ज़ आपको इत्मीनान कम रहा हो उसे लेकर?

लता मंगेशकर

मुझे कभी किसी गाने को लेकर कोई सन्देह नहीं हुआ है। गाने हमेशा ही फ़िल्म की सिचुएशन को लेकर बनते हैं और संगीतकार, गीतकार और गायकों का यह प्रयास रहता है कि उस सिचुएशन से वे पूरी तरह न्याय करें। मैं भी यही करती थी कि गीत की सिचुएशन के हिसाब से ही सारी चीज़ें ढाल लेती थी। ....मगर यह कभी नहीं हुआ कि उसके कारण कोई संशय पैदा हो मन में। यह ज़रूर रहा है कि कोई गाना कभी पसन्द नहीं आया, तो फिर वह कभी अच्छा नहीं लगा। भले ही वह कितना कामयाब और सुपरहिट क्यों न हुआ हो, मगर वह अच्छा नहीं लगा, तो फिर वह कभी भी मेरे मन को यह समझा नहीं पाया कि वह कुछ बेहतर है। यह होता था ....और आज भी होता है। फिर वह सिर्फ़ फ़िल्मी गानों को लेकर ही नहीं, कई बार अच्छे भजनों और पदावलियों की कम सुन्दर धुनों के चलते भी अच्छा नहीं लगा है। इसी तरह कोई गाना अच्छा लगता है, तो वह हमेशा ही अच्छा लगता है। वह गाना फिर चलता है, तो और खुशी मिलती है। कई दफ़ा कोई गीत दोबारा से सुनने पर कुछ ठीक लगता है, जो पहले रेकॉर्डिंग के समय कुछ कम समझ में आया था। यह सब होता है और अपने ही गाये हुए गीतों को लेकर होता है। ....पर वह कोई शक़ पैदा करे, ऐसा तो मैंने शायद ही कभी महसूस किया हो।

यतीन्द्र मिश्र

आपने एक दिन में चार-चार शिफ्टों में गायन किया है। विभिन्न प्रकार के संगीतकारों के यहाँ एक ही दिन में अलग-अलग स्टूडियो में जाकर गीत रेकॉर्ड कराए हैं। क्या कभी ऐसा भी लगता था कि अभी तो मैं जिस संगीतकार के यहाँ गा रही हूँ, इसे किसी तरह ठीक ढंग से निपटा दूँ, क्योंकि अगली शिफ्ट में मेरे पसन्द के संगीतकार के यहाँ मुझे गाना है। ....तो इस तरह आपके भीतर उत्साह या नये ढंग से पसन्द के संगीतकारों के यहाँ गाने का मन होता था?

लता मंगेशकर

नहीं, ऐसा नहीं है। यह बता पाना बड़ा मुश्किल है, किस विशेष संगीतकार के यहाँ गाकर तसल्ली मिलती थी या किसके यहाँ गाकर ज़्यादा आनन्द होता था। मैं तो बस एक से दूसरी रेकॉर्डिंग में जाती थी और भरसक यह प्रयास करती थी कि गीत को कितने बेहतर ढंग से गाकर संगीतकार के मन लायक

रेकॉर्ड करा दूँ। मैं हमेशा यही प्रयास करती थी और सोचती थी कि जिसने यह गाना बनाया है, उसे यह पसन्द आना चाहिए। अगर संगीतकार का मन उस गाने पर बहुत नहीं बैठ रहा, तो उसका कोई मतलब फिर नहीं होता था। कारण यह है कि जिसने वह संगीत बनाने का काम लिया है, उसे ही उस गीत को भी पूरी तरह पसन्द या नापसन्द करने का अधिकार है। वही यह तय करेगा कि यह गीत फ़िल्म में या रेकॉर्ड पर जायेगा या नहीं।

हर गाना अपनी तरह से अच्छा और कुछ अलग होता है। हमारी कोशिश यह रहती थी कि एक फ़िल्म के जितने गाने हम गा रहे हैं, वह सब अलग-अलग अपने ढंग से सुन्दर बन जायें और संगीतकार की दृष्टि में खरे उतरें। यही सोच मन में रहती थी। यह बात कभी मन में नहीं आती थी कि अभी मैं किसी बड़े म्युजिक डायरेक्टर के लिए रेकॉर्ड कर रही हूँ, तो उसमें ज़्यादा मेहनत करूँ और वहाँ समय भी ज़्यादा दूँ। जो बाद में रेकॉर्ड करने वाले हैं, वो नये और पुराने की तुलना में ज़्यादा अनुभवी नहीं हैं, इसलिए उनके यहाँ बस ऐसे ही कुछ गा देना है, तो ऐसा तो मैं नहीं करती थी। मेरे लिए हर संगीतकार का काम एक स्तर पर और एक तरीके का आनन्द देने वाला रहता था।

यतीन्द्र मिश्र

किसी संगीतकार ने कोई ऐसी धुन बनाई, जो पसन्द नहीं आ रही, तब उस परिस्थिति में क्या करती थीं? क्या संगीतकार से यह आग्रह करती थीं कि वे धुन को बदल दें अथवा आप उसे गा देती थीं?

लता मंगेशकर

मेरे साथ ऐसा कभी नहीं हुआ कि मुझे कोई धुन पसन्द न आई हो, तो मैंने सीधे संगीतकार से यह कहा हो कि यह धुन अच्छी नहीं है। मैंने ऐसा कभी इसलिए भी नहीं किया कि आखिरकार वह संगीतकार की मेहनत का मामला है और उसकी कला भी है। ऐसी सिचुएशन में ज़्यादातर मैं उन धुनों को गाने के लिए टाल देती थी, पर साफ़ मना कभी नहीं करती थी। ....अगर कभी संगीतकार का आग्रह बढ़ जाता था कि उसे उस धुन में मेरी आवाज़ चाहिए ही, तब मैं उसे कई बार गा भी देती थी। भले ही उस धुन पर गाते हुए मुझे बिल्कुल अच्छा न लगा हो। मेरा मानना है कि आप किसी कलाकार से सीधे यह कहकर उसका अपमान नहीं कर सकते कि हमें यह धुन या गीत पसन्द नहीं आ रही। बिल्कुल रिजेक्ट कर देना, अच्छी बात नहीं है। हाँ यह बात ज़रूर है कि जहाँ मेरी बात

थोड़ी सुनी जाती थी, जहाँ मुझे कुछ भी करने की अलग से भी छूट रहती थी, वहाँ मैं यह रिक्वेस्ट कर लेती थी कि इस धुन में ऐसे भी गाया जा सकता है। जैसे शंकर-जयकिशन के यहाँ या बर्मन दादा और सलिल दा से मैं कुछ भी कह देती थी। मदन मोहन जी के यहाँ भी कई बार मैं यह सुझाव देती थी कि मदन भैया इसे कुछ अलग करने के लिए इस तरह गाते हैं। हर संगीतकार के यहाँ मैं कोई दखल नहीं देती थी कि वह ऐसा करे और ऐसा न करे। हालाँकि इन लोगों के यहाँ भी मैंने कभी किसी धुन को रिजेक्ट किया हो, ऐसा याद नहीं पड़ता।

यतीन्द्र मिश्र

लेकिन गीतों को लेकर तो आप बहुत सतर्क रही हैं, विशेषकर उनके बोलों को लेकर? वहाँ तो आपने कई बार बदलाव कराए हैं?

लता मंगेशकर

हाँ, यह ठीक बात है। गीतों का क्या है कि अगर मुझे उसमें कुछ दूसरे अर्थ नज़र आते थे, जिनका मामला कुछ फूहड़ और अश्लील रहता था, तो मैं एकदम से उन गीतों को गाने से मना कर देती थी। कई बार कुछ गीतकार इस बात को लेकर मुझसे नाराज़ भी रहे, मगर धीरे-धीरे इण्डस्ट्री में यह बात फैल गयी कि लता वल्गर गाने नहीं गायेगी। फिर भी कई बार जयकिशन और शैलेन्द्र जी से मेरी गीतों को लेकर बहसें हो जाती थीं, जब उनमें मुझे कोई शब्द कम पसन्द आता था। हालाँकि शैलेन्द्र जी हर बार मेरे मन मुताबिक ही गीतों में अर्थपूर्ण शब्द ही रखते थे। ....लेकिन इस बात से कभी-कभी परेशान भी होते थे, जब मैं उनकी पोएट्री में किसी शब्द के लिए बदलाव करने के लिए कहती थी। मैं उनको यही समझाने का प्रयास करती थी कि मेरी ऐसी कोई मंशा नहीं है। आप अगर उचित समझें, तो इन गीतों को ऐसा ही रहने दें, मगर जहाँ मुझे कोई शब्द कम जँच रहा है, उसे एक बार देख लीजिए। वो फिर वैसा ही कर भी दिया जाता था। शंकर-जयकिशन ज़्यादातर अपने मुख्य गीत मुझसे ही गवाना पसन्द करते थे। फिर राजकपूर साहब के यहाँ यह टीम बराबर से काम करती थी, तो वहाँ भी मेरी आवाज़ की ही माँग रहती थी। इसलिए भी इन लोगों से गीतों में बदलाव के लिए चर्चा होती रहती थी। किसी गाने को अन्तिम प्रारूप देने में शंकर-जयकिशन और शैलेन्द्र जी की सहमति से ही ज़रूरी बदलाव किये जाते थे। इसके बाद ही मैं गीत रेकॉर्ड करती थी।

यतीन्द्र मिश्र

हिन्दी फ़िल्मी गीतों में आरम्भिक दौर में मराठी नाट्य संगीत का प्रभाव देखा जा सकता है। हालाँकि उस दौर में जब पंकज मलिक, आर.सी. बोराल, तिमिर बरन, अनिल विश्वास और मास्टर गुलाम हैदर जैसे लोग सक्रिय थे, तो इन लोगों के चलते बंगाल के संगीत और पंजाब स्कूल की लय और लोक-संगीत का होना बड़े प्रभावों के तहत मिलता है। यह गौर करने की बात है कि उस दौर में गोविन्दराव टेम्बे, मास्टर कृष्णराव, केशव राव भोले जैसे बड़े संगीतकार भी इन लोगों से पहले मौजूद थे, जो सिनेमा में नाट्य संगीत का प्रभाव लेकर आए। मैं इस इतिहास के बहाने आपके आगमन के दौर में, मसलन पिछली सदी के पचास के दशक के उत्तरार्द्ध के बाद आए ऐसे किसी प्रभाव को जानना चाहता हूँ, जिसके कारण आपने भी मराठी नाट्य-संगीत के प्रभावों वाले फ़िल्मी गीत गाए हों?

लता मंगेशकर

आपका सवाल बहुत वाज़िब है। हम लोग जब बचपन में पिताजी के ज़माने में 'अयोध्या का राजा' या 'सन्त तुकाराम' जैसी फ़िल्मों के बारे में सुनते थे, तब वह दौर पूरी तरह से मराठी नाटकों के प्रभाव का दौर था। गोविन्दराव टेम्बे इसमें सबसे बड़े संगीतकार के रूप में याद किये जा सकते हैं। वे ऐसे संगीतकार भी रहे, जिनसे मेरे पिताजी ने अपने नाटक 'मानापमान' के गीतों का संगीत-निर्देशन करवाया था। मुझे पृथ्वीराज कपूर जी की फ़िल्म 'सिकन्दर' की याद है, यह 1941 की बात होगी, जब वह फ़िल्म आयी थी, उसके गीतों पर भी कुछ-कुछ मराठी ड्रामों का प्रभाव दिखता था। ख़ासकर एक गीत जो मुझे याद है *'खिलो-खिलो मतवारी कलियों'*, उसको सुनकर ऐसा लगता था। मैंने जब गाना शुरू किया था, तब तक माहौल काफ़ी बदल चुका था क्योंकि टेम्बे और अन्य मराठी संगीतकारों के प्रभावों से अलग मास्टर गुलाम हैदर 'खजांची', नौशाद साहब 'रतन', अनिल विश्वास 'किस्मत' और शंकर-जयकिशन 'बरसात' जैसी फ़िल्मों के माध्यम से बिल्कुल दूसरे तरह का संगीत लेकर आ गये। इसी समय सी.रामचन्द्र ने भी 'शहनाई' जैसी फ़िल्म से कुछ विदेशी संगीत के प्रभावों जैसा काम शुरू कर दिया था। ....तो मेरा कहने का मतलब यह है कि मैंने बहुत तरह के संगीतकारों के साथ अलग-अलग ढंग का गीत गाया था, जिसमें पूरी तरह नाट्य संगीत का प्रभाव मुझे कम दिखता है। मेरे जाने सुधीर फड़के

और वसन्त देसाई दो ऐसे कम्पोजर रहे हैं, जिनके यहाँ मराठी प्रभावों के गीत मिलते हैं। विशेषकर, जैसे सुबह के समय होने वाली भोर की सड़ा का गीत बनाना। वसन्त देसाई ने 'अमर भूपाली' और सुधीर फड़के ने 'मालती माधव' और 'भाभी की चूड़ियाँ' में ऐसा काम किया है।

एक रोचक बात आपको यह बताऊँ कि बहुत बाद में साठ के दशक में शंकर-जयकिशन ने एक गीत 'कठपुतली' फ़िल्म के लिए बनाया था, जिसके बोल हैं *'बागड़ बम, बम, बम, बम बाजे डमरू, नाच रे मयूर झनझना के घुँघरु'*। यह एक नृत्य गीत था, जो उस समय बहुत चला था और मैंने इसे गाया है। ....हुआ यह था कि यह हमारे महाराष्ट्र में एक ड्रामा का गीत था, जिसके वास्तविक बोल ऐसे थे– *'बागड़ बम, बम, बम, बम बाजे डमरू, नाचे सदाशिव जगत गुरु'*। यह शिव की आराधना में गाया जाने वाला भजन था, जिसे मेरा ख्याल है कि किसी ने जयकिशन को बताया होगा। उन्हें गीत का मुखड़ा और उसकी धुन बहुत पसन्द आई। इस तरह उन्होंने इस पूरे नाट्य गीत से पहली पंक्ति को जस का तस लेकर बाक़ी गीत और अन्तरे अपने हिसाब से लिखवाए। यह गीत हसरत जयपुरी ने फ़िल्म के लिए लिखा था। फिर उन्होंने गीत की शुरुआत तो बिल्कुल ड्रामा के स्टाईल में ली, जिसे उनके सबसे प्रिय वादक दत्ताराम ने अपने तबले के अन्दाज़ से और सुन्दर बनाया। ....तो इस तरह 'कठपुतली' का यह नृत्य गीत मराठी संगीत के स्टाईल में बना, जो मुझे याद है।

बाद में अभी हाल में कुछ वर्षों पूर्व जब हृदयनाथ ने 'लेकिन' बनाई, तो उसमें मैंने एक गीत *'मैं एक सदी से बैठी हूँ'* गाया। आप जानते हैं इस गीत की तर्ज़ पिताजी के नाटक 'मानापमान' से सीधे ली गयी, जिसकी पंक्ति थी *'भाली चन्द्र असे धरी ला'*। 'लेकिन' वाले गीत में जिस तरह की तानें मैंने ली हैं, वह बिल्कुल उसी तरह है, जैसा पिताजी ने इस नाटक के गीत में गाते हुए रची थी। यह गीत भी नाट्य संगीत के प्रभाव का गीत है। ....तो यह कुछ-कुछ मुझे याद आता है, बाक़ी बहुत सारे ऐसे गाने ज़रूर रहे होंगे, जिनमें मराठी ड्रामों का प्रभाव रहा होगा और मैंने उसे गाया भी होगा। आगे याद आयेगा, तो आपसे ज़रूर चर्चा करूँगी।

यतीन्द्र मिश्र

वह कौन सा साल था, जिसमें सबसे ज़्यादा रेकॉर्डिंग आपने की है?

लता मंगेशकर

ऐसे बता पाना बड़ा मुश्किल है। 'बरसात' के बाद आप मान लीजिए कि 1950 से जब मैंने गाना शुरू किया, तो बस रेकॉर्डिंग दिन-रात चलती ही रहती थी। मतलब 1960 तक तो बहुत ही ज़्यादा गीत मैंने सुबह-शाम गाए हैं, मगर उसके बाद भी यह सिलसिला 1980-85 तक ऐसे ही चला है। हम लोग सण्डे को भी रेकॉर्डिंग करते थे और यहाँ तक व्यस्तता का आलम था कि दीवाली पर भी करते थे। शुरू-शुरू में तो छुट्टी नाग की कोई चीज़ ही नहीं थी। बाद में हमने दीवाली पर रेकॉर्ड करना बन्द किया। ....और फिर क्या हुआ कि मैंने गाना थोड़ा कम कर दिया था। फिर जब मेरे मन लायक फ़िल्में होती थीं या कोई गीत मुझे मेरे मिजाज़ के मुताबिक जँचता था, तो उसे मैं ज़रूर गाती थी। बाद में भी राजकपूर, राज खोसला, यश चोपड़ा और सुभाष घई मानते नहीं थे। यह लोग हर हाल में मुझसे गवाना पसन्द करते थे, भले ही मैं उनकी किसी फ़िल्म में एक ही गीत क्यों न गाऊँ।

यतीन्द्र मिश्र

एक दिन में सर्वाधिक कितने गीत रेकॉर्ड किये हैं, जिनका फाइनल टेक उसी दिन हो गया और इस तरह सबसे बड़ी संख्या में गीतों की रेकॉर्डिंग हो सकी?

लता मंगेशकर

ऐसा मुझे ख्याल आता है कि एक दफ़ा मैंने सबसे ज़्यादा जो गाने गाकर रेकॉर्ड किए थे, उनकी संख्या सात रही होगी। हर दिन तीन-चार गाने औसतन तो रेकॉर्ड हो ही जाते थे। इसमें नये गानों की तैयारी, रिहर्सल और तैयार किये जाने वाले गीतों पर संगीतकारों व गीतकारों से बातचीत अलग से समय लेती थी।

यतीन्द्र मिश्र

संगीत की परम्परा में कला की देवी होती हैं, ऐसा मानने का कोई आधार स्वीकारती हैं?

लता मंगेशकर

बिल्कुल, कला की देवी हैं, ऐसा हम मानते हैं। मेरे लिए वे सरस्वती के रूप में हैं। ज्ञान और संगीत की देवी। पुस्तक और वीणा धारण किए हुए सफेद

कपड़ों में अभय देती हुई सरस्वती। हम लोग इस तरह मानते हैं कि गाने की देवी हैं वे। इसके अलावा उनके बारे में मैं कुछ बोल नहीं सकूँगी, क्योंकि वे तो देवी हैं, साक्षात ज्ञान की मूर्ति। मैं हमेशा उनसे यही कामना करती हूँ कि जो तुमने दिया है मुझे, वह ऐसे ही रखो, उसमें कभी कमी न आये और अगर कमी हो, तो फिर मैं न रहूँ।

हमारे कुल में मंगेशी भगवान को ही कुल-देवता माना जाता है, जो शिव का एक सुन्दर रूप हैं। हम लोग जहाँ से आये हैं, वहाँ मंगेशी देवता ही सर्वाधिक पूजे जाते हैं। गोवा राज्य में इनका प्रतिष्ठित मन्दिर है। मेरा पूरा परिवार और मैं स्वयं सरस्वती के अलावा माई की ओर से आई हुई हमारी कुल देवी अम्बा और पिता की ओर से माने जाने वाली मंगेशी शिव के उपासक रहे हैं। इन्हें भी हम कला का देवता मानते हैं, क्योंकि शिव ही अकेले ऐसे देवता है, जिन्हें उन्हीं के लिखे हुए ताण्डव स्तोत्र को सांगीतिक रूप से गाकर प्रसन्न किया जा सकता है। यह कथा प्रचलित ही है कि शिव ने ताण्डव किया था, जो स्वयं में एक अनूठी कला मानी जाती है। रावण ने शिव को प्रसन्न करने के लिए भी संगीत के माध्यम से वीणा बजाकर उन्हें मनाया था, ऐसी कई कहानियाँ प्रचलित हैं।

यतीन्द्र मिश्र

संगीत को परम्परा से जोड़कर देखने वाले घराने आम ज़िन्दगी में कम मिलते हैं। अधिकतर संगीत की सेवा और साधना करने वाले परिवारों में ही यह मान्यताएँ बची हुई हैं। आपको क्या लगता है?

लता मंगेशकर

नहीं, देखिए यह तो आप जानते ही हैं कि हमारे हिन्दुओं में धर्म के अन्दर भी संगीत को बड़ी मान्यता मिली हुई है। भक्ति में भी संगीत और नृत्य मौजूद है। हमारे अधिकांश देवी-देवता संगीत के बड़े जानकार माने जाते हैं। जितने भी पुराने वाद्य हैं उनमें कुछ के नाम तो देवताओं की वज़ह से ही पड़े, जैसे नारद वीणा, सरस्वती वीणा और रुद्र वीणा। मैं ऐसे तमाम राजपरिवारों को भी जानती हूँ, जहाँ बच्चों को संगीत की तालीम दी जाती थी। उनके गुरु आते थे राजवाड़ी में और वीणा आदि कुछ सिखाते थे। मैंने संगीत सीखने और उसका सम्मान करने का भाव भारत के तमाम राजवंशों में देखा है, जहाँ यह अनुशासन ज़रूर रहता था कि भले घर की लड़कियाँ अच्छी तरह संगीत सीखें या ड्रामा

आदि में भाग लें, मगर उसका सार्वजनिक प्रदर्शन न हो। बड़े घरानों के बच्चों को संगीत और कला की नफ़ासत सिखाई और बताई जाती रही है। उससे उनका पूरा व्यक्तित्व ही बहुत सुन्दर ढंग से खिलकर सामने आता है। आप देखें कि जब भारत में कला और संस्कृति को लेकर संकटों का दौर रहा है, तब बड़े-बड़े राजाश्रयों के तहत ही संगीत और नृत्य बच पाया।

मुझे नाम तो नहीं याद हैं, मगर दक्षिण में मैंने अधिकांश ऐसे मन्दिर देखे हैं, जहाँ संगीत के विभिन्न वाद्यों और विषयों से सम्बन्धित नक्काशी अंकित है। यह ज़्यादातर महान राजाओं के बनाये हुए मन्दिर हैं। मैं यह मानती हूँ कि इस तरह कलाओं में जुटे रहने से बड़े घरानों के वंशजों में कुलीनता आई है। भले ही वे लोग बाहर जाकर अपने गाने का प्रदर्शन नहीं करते थे। मतलब कोई थियेटर में या हॉल में जाकर सार्वजनिक रूप से नहीं गाते थे, पर वो अपने लिये सीखते थे। यह बड़ी बात है। नये ज़माने के लोगों को इस तरह की परिपाटी से कुछ सीखना चाहिए और सिर्फ़ गाना ही नहीं बल्कि वाद्य बजाना, पेंन्टिग वगैरह भी अपने बच्चों को अच्छे गुरुओं से ज़रूर सिखलाना चाहिए। इससे कला और संस्कृति के सम्पर्क में रहने से एक बेहतर नागरिक बनने में मदद मिलती है। कम से मैं ऐसा ही सोचती हूँ। मैं अगर मास्टर दीनानाथ मंगेशकर जैसे बड़े संगीत उस्ताद की बेटी न होती, तो शायद लता मंगेशकर भी उस रूप में न होती, जैसी आज आपके सामने हूँ।

यतीन्द्र मिश्र

संगीत में शिल्प महत्त्वपूर्ण है या प्रभाव? यदि किसी संगीत घराने में कोई कलाकार पारम्परिक ढंग से तालीम ले रहा है, तो उसके गुरु या घराने का प्रभाव आदर्श स्थिति है या वह कलाकार परम्परा में पाई हुई अपनी कुल पूँजी से एक नयी लीक बनाता है? आप ऐसे में किसी कलाकार का मूल्यांकन किस प्रकार करेंगी?

लता मंगेशकर

जहाँ तक संगीत सीखने का मामला है, वहाँ स्टाईल, जिसे आप शिल्प मानते हैं का होना बहुत बाद में जाकर तय हो पाता है। पहले प्रभाव ही होता है, जो सीधे गुरु की कला से निकलकर हमें मिलता है या फिर वह घराना बिल्कुल अपने ढंग से किसी कलाकार को सिखाते हुए कुछ देना चाहता है। मसलन वह चीज़ बिल्कुल तय और निश्चित रहती है कि हमारे घराने से तो आपको

बिल्कुल इसी तरह तान लगानी है या स्वर पर बढ़त लेनी है। अब जैसे मुझे ध्यान है, शुरू से ही हमारे यहाँ किराना घराने के संगीत का बड़ा सम्मान रहा है। आप वहाँ देखिए कि कैसे उस्ताद अब्दुल करीम ख़ाँ साहब की सारी शिष्य-शिष्याएँ, बिल्कुल उसी तरह ख़ाँ साहब की स्टाईल में गाती थीं। मैंने रोशनआरा बेगम, हीराबाई बड़ोदेकर और सरस्वती राणे सभी को अपने किराना घराने के भीतर से ही गाते हुए देखा है।

यह नहीं हो सकता था कि रोशनआरा बेगम, केसरबाई केरकर की तरह गाने लगतीं, जो अल्लादिया ख़ाँ साहब का जयपुर-अतरौली घराना है। स्वयं केसरबाई, जिनका अब तक बहुत नाम रहा है, की शिष्या ढोढूँताई कुलकर्णी भी जयपुर के अन्दाज़ में ही गाती थीं, ऐसा मैंने सुना है। मैंने व्यक्तिगत तौर पर उनको गाते हुए कभी नहीं सुना, मगर ढोंढूँताई के बारे में यह कहा जाता था कि वे केसरबाई केरकर की तरह ही अपने घराने का पुराने अन्दाज़ में गायन करती थीं। शुरू से ही अल्लादिया ख़ाँ साहब और अब्दुल करीम ख़ाँ साहब के घरानों में गायिकी को लेकर प्रभाव ज़्यादा स्पष्ट दिखते हैं, जो कहीं न कहीं उनकी परम्परा को बिल्कुल उसी पारम्परिक अर्थ में स्थापित भी करते हैं, जैसा कि वे अलग-अलग रूप रंग और तैयारियों में मौजूद हैं। यह अलग बात है कि बाद में हर बड़ा कलाकार अपने अन्दाज़ को विकसित करते हुए अपने घराने से अलग भी कुछ दूसरे प्रभाव लाकर खुद की स्टाईल को बनाता और सँवारता है। तब जाकर वह संगीत, उसकी तरह का गायन या वादन मान लिया जाता है। यह कभी नहीं होता कि बड़े से बड़े कलाकार के काम की चर्चा उसके घराने से बाहर जाकर हो। मैं इसी तरह प्रभावों के मामले को लेती हूँ, जिसमें आपकी तालीम ही आखिरकार उभरकर अपना चेहरा बनाती है।

यतीन्द्र मिश्र

संगीत जैसी आराधना वाली विद्या में गुरु-शिष्य परम्परा या गण्डा-बन्धन तालीम का आज के दौर में क्या महत्त्व रह गया है? क्या आपको लगता है कि यह परिपाटी अभी भी प्रासंगिक बची हुई है?

लता मंगेशकर

देखिए, मैं सोचती हूँ कि संगीत में वही होना चाहिए, जैसा गुरु अपने शिष्य से कहता और चाहता है। गुरु और घराने से सीखकर ही कोई सच्चा कलाकार या गवैया बन सकता है। आपके सामने जब गुरु होता है, तब उसके रहने से

बात ही अलग हो जाती है। हालाँकि आजकल यह परम्परा और गुरु-शिष्य के आपसी सामंजस्य का भाव कम होता जा रहा है। आजकल तो कुछ लोग समझते हैं पैसे से ज्ञान भी खरीदा जा सकता है। यह मानसिकता एक सच्चा कलाकार बनने की राह पर चलने में दुविधा पैदा करती है। कलाओं के संसार के लिए यह घातक है। उस परम्परा की जो पवित्रता है, उसका जो अनुशासन और कड़ाई से पालन करने वाली सख्त बातें हैं, वह बची रहीं, तभी गुरु-शिष्य परम्परा की प्रासंगिकता बचेगी।

यतीन्द्र मिश्र

जितने संगीतकारों के साथ आपने गाया है, उसमें वे कौन से लोग रहे हैं, जिनकी जटिल धुनों पर कुछ मेहनत करते हुए आपको आनन्द आया?

लता मंगेशकर

मेरे लिए जटिल गाने अनिल विश्वास, मदन मोहन, सलिल चौधरी, पं. रविशंकर और सज्जाद हुसैन बनाते थे। यह सारे संगीतकार चूँकि नये-नये प्रयोग करने से चूकते नहीं थे और न ही व्यावसायिक सफलता को दिमाग में रखकर सुरक्षित चलने में विश्वास करते थे, इसलिए धुनें भी इनके यहाँ बड़े जटिल ढंग से सामने आती थीं। उसमें भी यह बात प्रमुख रहती थी कि गीतों की कर्णप्रियता और सुरीलेपन में कोई कमी न आने पाए। सज्जाद साहब की धुन पर *'ऐ दिलरुबा नज़रें मिला'* (रुस्तम सोहराब) जैसा गाना मेरे लिए मेहनत भरा काम था। सलिल चौधरी बहुत काबिल म्युजिक डायरेक्टर थे। उनके निर्देशन में गाते वक्त गायक को ही मालूम हो सकता था कि दरअसल वह क्या गाने जा रहा है। आप उनके तमाम एक्सपेरीमेण्टल गीतों को इन्हीं अर्थों में देख सकते हैं। फिर उनके यहाँ मौलिकता भी अपने शिखर पर थी। इसी तरह की चीज़ मैंने मदन भैया के यहाँ भी देखी। ग़ज़लों को बनाने की जो युक्ति वे इस्तेमाल करते थे, वह सबसे अलग थी। उन्होंने शास्त्रीय संगीत को बेस करके जिस तरह ग़ज़लें बनाई हैं, वह जल्दी से दूसरे किसी संगीतकार के यहाँ देखने को नहीं मिलती। आप उनकी बनाई धुनों में 'बागी', 'अदालत', 'जहाँआरा', 'आपकी परछाइयाँ', 'ग़ज़ल', 'एक कली मुस्काई', 'दिल की राहें' और 'दस्तक' की ग़ज़लों को कठिन मगर सुरीली धुनों के उदाहरण के तौर पर देख सकते हैं। इन सब के अलावा मेरे

भाई हृदयनाथ ने भी मेरे लिए कुछ जटिल धुनों पर बेहद अच्छे गाने तैयार किए, जिसमें 'हरिश्चन्द्र तारामती' का *'रिमिम झिमिमवा'* और 'लेकिन' का *'सुनियो जी अरज म्हारी'* काफ़ी मुश्किल गीत थे।

यतीन्द्र मिश्र

दीदी, आपकी गायिकी को लेकर एक सवाल अकसर मन में उठता है कि क्या कभी आवाज़ के लिए फ़िल्मी दुनिया में गीत लिखे जायेंगे? मसलन, जैसे आपका गाना है या जो आपका पूरा वितान रहा है संगीत को लेकर, उसे देखकर लगता है कि क्या कभी आपकी आवाज़ को ध्यान में रखकर या किसी ऐसे ही दूसरे बड़े कलाकार को केन्द्रित करके गीत रचे जायेंगे?

लता मंगेशकर

अभी जो माहौल है, उससे तो लगता नहीं है। जिस तरह से आजकल म्युजिक बन रहा है या जिस तरह से गायक-गायिकाएँ बिना संगीत सीखे हुए संगीत की तकनीकी के भरोसे आ रहे हैं। कैसी भी आवाज़ हो, बिना रियाज़ की, उसे विज्ञान की सहायता से बढ़िया बना लिया जाता है आजकल। वो सब देखकर लगता नहीं है कि आवाज़ की दुनिया के लिए कभी गाने लिखे जाने के बारे में गम्भीरता से सोचा जायेगा।

यतीन्द्र मिश्र

यह तो खरी बात है। फिर भी कभी आपको ऐसा लगा कि हमेशा सिनेमा ने किरदारों या पटकथाओं को देखकर ही ख़ुद के लिए गीत लिखवाये हैं, मगर आपकी आवाज़ इतनी महत्त्वपूर्ण और हर तरह की मनोदशाओं को सही ढंग से बरतने वाली आवाज़ रही है या फिर आपसे पहले सहगल साहब की रही है, तो क्या आपको कभी थोड़ी देर के लिए ही सही ऐसा लगता है कि कोई ज़माना ऐसा आयेगा जिसमें किसी विशेष आवाज़ की सत्ता का एहतराम करने के लिए गाने लिखे जायेंगे?

लता मंगेशकर

नहीं, ऐसा कभी नहीं लगा। मुझे ऐसा महसूस करने में कठिनाई है कि वाकई कभी सिनेमा, संगीत को लेकर कोई विचार करेगा और उस लिहाज़

से गीत बनने शुरू होंगे। हाँ यह ज़रूर है कि पहले भी गाने लिखे जाते थे, तो पटकथा और किरदारों के आधार पर लिखे जाने के बाद भी म्युजिक डायरेक्टर के मन में यह लगा रहता था कि इस गीत को या इस विशेष धुन को लता ही गायेगी या मुकेश भैया को ध्यान में रखकर ही उसे सोचा गया होगा। मेरे लिए ही नहीं, बल्कि किशोर दा, हेमन्त कुमार या रफ़ी साहब, आशा या गीता ही फलाँ गीत को गा सकते हैं, यह कई बार संगीतकार लोग सोचते थे.... और किसी तरह का कोई पक्षपात या विरोध नहीं होता था उस फैसले में।

सबको पता था कि किसी भी फ़िल्म के पाँच-छह गीतों में से किसके हिस्से कौन सा गीत आने वाला है। मेरा कहने का मतलब यह है कि गीत को बेहतर ढंग से बना लेने के लिए वे लोग ज़्यादा तवज्जो देते थे और उसी के अनुसार किरदार या पटकथा को लेकर भी बात होती थी। आजकल यह हो गया है कि जो बिल्कुल नयी पीढ़ी है, उसे गीतों की सुन्दरता या गायन में दिलचस्पी न रहकर यह हो गया है कि कहीं भी किसी पार्टी में वे सब लड़के-लड़कियाँ किसी गीत पर, थोड़ी देर के लिए मस्ती में झूम सकें। ....तो जैसी डिमाण्ड होगी, गाने भी वैसे ही बनेंगे। ऐसे में आपके सवाल के जवाब में यह कह पाना मुश्किल है कि यह माहौल कब बदलेगा।

यतीन्द्र मिश्र

इसका मतलब यह हुआ कि पूर्व के दशकों में, मतलब आज से चालीस-पचास साल पहले जो साठ या सत्तर वाला दशक था, उस ज़माने में आवाज़ को लेकर गाने लिखे गये?

लता मंगेशकर

एक हद तक आप ऐसा कुछ गीतों के लिए तो कह सकते हैं, जहाँ पहले से यह तय रहता था कि अमुक गीत फलाँ गायक ही गायेगा। फिर भी मेरा मानना है कि गाने तो फ़िल्म की सिचुएशन के हिसाब से ही लिखे गये हैं। जब रॉक एण्ड रोल का ज़माना आया तब या फिर जब वेस्टर्न सिम्फनीज़ से प्रभावित होने का दौर रहा तब और बिल्कुल बाद में डिस्को और पॉप संगीत के दौर में भी संगीत तो पीछे ही रहा है, बाक़ी की सारी चीज़ें आगे जाती रहीं। कई बार हँसी आती थी यह देखकर कि गाना जो भी लिखा जा रहा है, उसे फैशन के मुताबिक ही बनाने का चलन हावी है। आजकल आप देखिए कि एक गाना होना ही चाहिए जिस पर डांस हो सके, तो डाल दो कोई न कोई ऐसा गाना

जिस पर जो भी आए वो डांस करे। पहले सोलो होते थे, जैसे कोई लोरी है या सैड सांग, या कोई भजन अथवा प्रेम में डूबा हुआ एकल गीत। आज यह सब गायब है। ज़्यादातर गीत डुएट हैं, और डुएट में भी युगल आवाज़ें गायब हैं, भारी शोर-शराबा और अतिरिक्त संगीत का जोर है।

यतीन्द्र मिश्र

तो क्या आपको यह लगता है कि पहले की अपेक्षा आज संगीतकारों के लिए संगीत, साधना और कला की चीज नहीं रह गयी?

लता मंगेशकर

हाँ मुझे भी ऐसा ही लगता है। संगीत साधना तो इसमें अब ऐसी रही नहीं। इसको प्रोफेशन ज़्यादा मानने लगे हैं लोग। वे लोग भी आज नहीं रहे, जो स्तरीय संगीत बनाने के पीछे अपनी फ़िल्मों में संगीतकारों और गीतकारों को तरजीह देते थे। फिर, अब वे म्युजिक डायरेक्टर भी नहीं रहे। ऐसे लोग जिनके लिए जीवन ही संगीत था। बहुत सारे ऐसे लोग थे, जो बड़े धैर्य से बैठकर पन्द्रह-बीस दिनों में एक गीत बनाते थे, जैसे नौशाद साहब या रोशन लाल। और कुछ म्युजिक डायरेक्टर ऐसे थे, जो दस मिनट में भी कमाल का संगीत बना देते थे। यह जो दस मिनट में बनता था, वह भी कुछ अलग सा सदाबहार ही बनता था। जैसे, सलिल चौधरी, मदन मोहन, शंकर जयकिशन या आर.डी. बर्मन थे– उनके लिए कोई गीत बनाना बहुत थोड़ी देर की जादूगरी होती थी।

उसी तरह उन धुनों पर लिखने वाले भी ऐसा लिख देते थे, जो हमेशा के लिए याद रखने लायक हो जाता था। मुझे याद है कि मेरा ही एक बंगाली गाना था *'ना जियो ना'*, जिसे सलिल चौधरी ने संगीतबद्ध किया था। उस पर शैलेन्द्र जी ने बेहद जल्दी लिख दिया था *'ओ सजना बरखा बहार आई'*। अब यह गाना एक मिसाल है बेहतर संगीत और उत्कृष्ट बोलों का। मैंने भी पूरे समर्पण के साथ इसे गाया था। शायद आज भी बहुत सारे लोगों को यह गीत अच्छा लगता हो।

इस तरह का कोई माहौल अब देखने के लिए कम मिलता है। हो सकता है कि आज की पीढ़ी की नज़र में हम लोग जो हैं, मतलब मैं और आशा– वे लोगों को गुजरे ज़माने के लगते हों या शायद नयी पीढ़ी के लोग यह समझते हैं कि भाई ये तो पुराने ज़माने के लोग हैं, इसलिए पुराना सब उनको पसन्द होगा और नया सब अच्छा नहीं लगेगा, पर ऐसा नहीं है। यह मैं मानती हूँ

कि हम पुराने ज़माने के लोग हैं, मगर हमने बहुत अलग ज़माना भी देखा है। मैंने और आशा ने जब गाना शुरू किया था, तब अनिल विश्वास, नौशाद, सी. रामचन्द्र, एस.डी. बर्मन, सलिल चौधरी और शंकर-जयकिशन जैसे लोग मौजूद थे और बहुत बाद में उन जगहों पर आर.डी. बर्मन, लक्ष्मीकान्त-प्यारेलाल, बप्पी लाहिड़ी, जतिन-ललित और ए.आर. रहमान सरीखे आधुनिक और नये ज़माने के संगीतकारों को भी देखा और उनके साथ गाया। यह मेरे लिए सुखद बात थी कि मैंने पुराने से लेकर नये लोगों के साथ काम करते हुए कुछ बेहद सुरीली धुनों को बनते हुए देखा है। इसलिए इतना ज़रूर कहूँगी कि जिन लोगों में गीत-संगीत को लेकर श्रद्धा और दीवानेपन का भाव था, उन्होंने तो संगीत रचा है। बाक़ी बहुत सारे ऐसे भी लोग हैं, जो लगन की तरह नहीं, पर काम या व्यवसाय की तरह संगीत बनाते हैं। उनका काम मुझे पसन्द नहीं आता। आप गाना गाने के लिए जायें और वह सिर्फ़ गले से निकले, अन्दर से नहीं, तो उसे न तो मैं संगीत मानती हूँ और न ही आवाज़ की साधना।

यतीन्द्र मिश्र

आपने जो यह कहा है कि ज़माना देखा है, उसमें मैं इतना जोड़ना चाहूँगा कि आपने और आप जैसे तमाम मूर्धन्य लोगों ने ज़माने को देखा ही नहीं, बल्कि उसे बनाया है। मेरे लिहाज से आपने, रफ़ी साहब, मुकेश जी, किशोर कुमार, हेमन्त कुमार, मन्ना डे, तलत महमूद, गीता दत्त और आशा जी... यह कुछ लोग हैं, जिन्होंने हिन्दी सिनेमा संगीत की शताब्दी बनाई है। हाँ इसमें शिखर पर अगर किसी को रखना है, तो वह निश्चित ही के.एल. सहगल होंगे, जिनकी अगुवाई में यह परम्परा बनती है। तो यह पिछली बीसवीं शताब्दी तो आप लोगों ने मिलकर ही रची है, जिसमें हिन्दी फ़िल्म संगीत का पूरा परिदृश्य तैयार होता है...

लता मंगेशकर

सहगल साहब को आप बिल्कुल ठीक ढंग से याद कर रहे हैं। हम सात-आठ लोगों के अलावा, हमसे पहले भी कुछ ऐसी महान हस्तियाँ हुईं, जिन्हें पहले आदर से याद करना ज़रूरी है। मैं सहगल साहब के बाद नूरजहाँ, अमीरबाई कर्नाटकी, कानन देवी, ज़ोहराबाई अम्बालावाली, राजकुमारी, सुरैया और शमशाद बाई को भी गिनती हूँ... इन सबके बाद ही हम लोगों का नम्बर आता है।

यतीन्द्र मिश्र

वो आप बिल्कुल ठीक कह रहीं हैं। मैं इन सभी को जोड़कर कह रहा हूँ कि तीस के दशक के बाद से लेकर अभी तक यदि हम हिन्दी फ़िल्म संगीत शताब्दी का आकलन करें, तो जो सिर्फ़ पाँच-सात नाम एकबारगी उभरते हैं, उसमें के.एल. सहगल, नूरजहाँ, मुकेश, मो. रफ़ी, किशोर कुमार, लता मंगेशकर और आशा भोंसले ही सप्तऋषियों की तरह चमकते नज़र आयेंगे...

लता मंगेशकर

ऐसा लगता है आपको? (हँसती हैं) आप कवि हैं, तो ऐसे सप्तऋषियों की गणना कर रहे हैं। मेरा मानना तो बस इतना है कि श्रद्धा और लगन से डूबे हुए यह सारे फ़नकार फ़िल्म संगीत को जहाँ ले गये हैं, वहाँ आज की पीढ़ी न तो जा रही है और न ही मेहनत करके जाना चाहती है।

यतीन्द्र मिश्र

क्या आपको एक ओर इतनी सुन्दर परम्परा देखते हुए और दूसरी ओर नये ज़माने से तुलना करने पर कोई अफसोस होता है?

लता मंगेशकर

हाँ, थोड़ा अफसोस तो यह है कि क्यों वो ज़माना बदल गया। अगर ऐसा नहीं हुआ होता, तो शायद बहुत सुन्दर होता। कभी-कभी यह भी लगता है कि आज अगर हमारे दौर के वो संगीतकार होते, तो शायद कुछ नयी प्रतिभाएँ ज़्यादा सार्थक रच पातीं। ख़ासकर– सुरेश वाडकर, अलका याज्ञनिक, कविता कृष्णमूर्ति, उदित नारायण और सोनू निगम जैसे लोग। उन लोगों के हिस्से भी कुछ बेहद सुन्दर गीत आये होते। ठीक इसी तरह रहमान, अनु मलिक, जतिन-ललित, विशाल भारद्वाज और शान्तनु मोइत्रा को यदि मुकेश भैया, रफ़ी साहब और किशोर कुमार को गवाने का मौका मिलता, तो सोचिए कितना बेहतर होता?

यतीन्द्र मिश्र

आप बिल्कुल ठीक कह रहीं हैं। यह कहीं न कहीं संगीत में गहरे डूबे हुए श्रोता की टीस भी हो सकती है कि यह स्थितियाँ होने पर कुछ बेहतरीन संजोने के ज़्यादा अवसर मिल सकते थे। इसे इस तरह भी कह सकते हैं कि

आज के समय में 'मधुमती', 'बैजू बावरा', 'मुगल-ए-आज़म', 'अनारकली' या 'आवारा' जैसी फ़िल्मों में मौजूद गानों की शृंखला सामयिक अर्थों में भी रची जा सकती है। भले ही ज़माना और दौर बदल गया है, मगर संगीत तो हमेशा ही नित नया और वर्तमान होता रहता है...

लता मंगेशकर

सही बात है, मुझे भी ऐसा लगता है। ईश्वर से प्रार्थना ही कर सकती हूँ कि कभी ऐसा समय भी आए, जब पुराने और नये के सामंजस्य का कुछ अद्‌भुत देखने और सुनने को मिल सके। पर आज 'मधुमती' या 'बैजू बावरा' जैसा संगीत बन पाएगा, इसमें मुझे गहरा सन्देह है। (धीमे स्वर से उदासी में बोलते हुए)

यतीन्द्र मिश्र

जैसे, मिसाल के तौर पर हम हेमन्त कुमार के संगीत वाली फ़िल्म 'नागिन' को एकबारगी याद करें, तो वैजयन्तीमाला की अभिनेत्री के रूप में इस फ़िल्म की इमेज बाद में याद आती है, पहले 'मन डोले मेरा तन डोले' जैसा गीत ही मन में उभरता है। मतलब यह एक बहुत बड़ी बात है कि किसी भी फ़िल्म को याद करते समय हम उसके संगीत से जुड़ते हुए पहले उसे ही याद कर डालें। यह एक सुन्दर और मजबूत परम्परा रही है भारतीय फ़िल्मों की, विशेषकर संगीतमय फ़िल्मों की...जो बाद में धीरे-धीरे कम होती चली गयी।

लता मंगेशकर

बिल्कुल ठीक। (हँसती हैं) मेरे लिए तो कोई भी फ़िल्म याद करते समय उस वक्त के म्युजिक डायरेक्टर्स और अपने गाये हुए गीत ही पहले ध्यान में आते हैं। अभिनेत्री और बाक़ी चीजें तो उसके साथ ही जुड़कर चले आते हैं। आपको एक बात बताऊँ, उस वक्त फ़िल्मों को बनाने वाले जो लोग होते थे, उनमें से ज़्यादातर ने अपनी फ़िल्मों में कोई सन्देश रख छोड़ा था। वह सन्देश फ़िल्म की स्टोरी में इस तरह मौजूद रहता था, कि देखने वाले को फ़िल्म के समाप्त होने पर घर ले जाने के लिए भी कुछ होता था। आज मैं कह सकती हूँ कि हम लोगों ने भी जो थोड़ा बहुत योगदान उस फ़िल्म के लिए किया होता था, वह संगीत भी दर्शकों के साथ घर-घर जाता था। तो कहने का मतलब यह है कि फ़िल्म का उस समय एक ख़ास तरीका होता था, जिसमें संगीत और

सन्देश मुख्य भूमिका में रहते थे। ऐसे में आपको वैजयन्तीमाला से पहले अगर *'मन डोले मेरा तन डोले'* याद आता है, तो यह एक वाजिब बात है। और यही नहीं... आपको ज़्यादातर फ़िल्मों में उसकी कहानी, डायलॉग, सिचुएशन और अदाकारों से अलग पहले-पहल गीत और संगीत ही ध्यान में आयेगा, जब आप उसका ज़िक्र करेंगे। 'मुग़ल-ए-आज़म', 'अनारकली', 'बैजू बावरा', 'पाकीज़ा', 'चोरी-चोरी' और 'आवारा' जैसी फ़िल्मों को भी अगर याद करें, तो शायद इन फ़िल्मों के बहुत सारे गाने अपने आप याद आने लगेंगे।

यतीन्द्र मिश्र

आप एकदम सही कह रही हैं। मुझे याद आता है कि इस जवाब का एक ज़रूरी उदाहरण व्ही. शान्ताराम जी की फ़िल्म 'दो आँखें बारह हाथ' भी है, जिसमें एक तरफ प्रयोगशीलता के स्तर पर जाकर एक सार्थक सन्देश रचा गया है, तो दूसरी ओर उतना ही सुन्दर संगीत है फ़िल्म में।

लता मंगेशकर

हाँ बिल्कुल। बराबर। आप राजकपूर साहब की 'आवारा' को भी याद कर सकते हैं जिसमें एक बच्चे के घर से अनाथ हो जाने और उसे बुरी सोहबत में पड़ जाने के चलते किस तरह का जीवन मिलता है, यह सन्देश मार्मिक तरीके से उठाया गया है। इस फ़िल्म का सन्देश जितना मुखर है, उतना ही संगीत भी है। *'आवारा हूँ या गर्दिश में हूँ आसमान का तारा हूँ', 'घर आया मेरा परदेसी', 'जब से बलम घर आए, जियरा मचल-मचल जाए'* और *'दम भर जो उधर मुँह फेरे, ओ चन्दा'* जैसे गाने तुरन्त ही याद आते हैं और देर तक साथ बने रहते हैं।

यतीन्द्र मिश्र

इसी समय एक बात यह भी उभरती है कि उत्कृष्ट कथानक और संगीत के सहमेल को फ़िल्म के लिए विकसित करते समय आप यह नहीं कह सकते कि भाई हमें अमुक फ़िल्म से पब्लिक को एक हैवी मैसेज देना है इसलिए संगीत को कहीं दूसरे दर्जे का बना रहे हैं... या यह फ़िल्म संगीतमय है, इसलिए यहाँ सन्देश दिये बगैर भी काम चल जायेगा।

लता मंगेशकर

वाज़िब बात है। उन्होंने (व्ही. शान्ताराम) जब 'झनक-झनक पायल बाजे' बनाई, तो फ़िल्म का कथानक कथक-नृत्य पर आधारित करके रखा था। एक तरह से वह फ़िल्म भारतीय संगीत व नृत्य की धूमिल हो रही पहचान को दोबारा से सम्मान देने के लिए बनाई गयी थी। पर, आप देखिए कि फ़िल्म की पटकथा या कहानी बेहद गैर-मामूली सी थी, बावजूद इसके सन्देश बड़ा था। एक ऐसे समय में जब रॉक एण्ड रोल और लारा-लप्पा के चक्कर में युवा, भारतीय संगीत का उपहास उड़ाने लगे थे, शान्ताराम जी यह गहरा सन्देश लेकर फ़िल्म में आए।

बाक़ी की बात तो सभी जानते हैं कि इस सुन्दर सन्देश को कितनी गहराई से वसन्त देसाई और पण्डित भरत व्यास ने फ़िल्म के लिए रचा और कथक गुरु पण्डित गोपीकृष्ण का नृत्य फ़िल्म का एक मजबूत आधार बन सका। मैं आज भी अपने गाये हुए बेहतरीन फ़िल्मों की सूची में इस फ़िल्म को बहुत ऊँचाई पर रखती हूँ। हेमन्त दा के साथ गाये हुए अपने गीतों की बात छोड़ भी दूँ, तो इसके शीर्षक गीत को उस्ताद अमीर ख़ाँ साहब की आवाज़ में भला कौन भुला सकता है? मुझे लगता है कि 'झनक-झनक पायल बाजे' एक आदर्श उदाहरण है इस बात का, कि बड़े से बड़े सन्देश के साथ संगीत का मेल-जोल भी बड़े स्तर तक बरता जा सकता है।

यतीन्द्र मिश्र

कई बार यह भी लगता है कि कोई फ़िल्म देखते हुए जब उसके अन्त तक पहुँचते हैं, तो पाते हैं कि यहाँ न तो कोई मैसेज ही पूरी तरह मौजूद है, न ही गीत-संगीत सुनने लायक और न ही पटकथा में ऐसी कोई बात है, जिसके लिए यह पूरा ख़ाका रचा गया है। तब आप हताशा में भरकर यह सोचते हैं कि आखिरकार हमें इस फ़िल्म से क्या मिला?

लता मंगेशकर

सही बात है। यह अकसर होता है। इतना मैं अवश्य कहूँगी कि कई बार यह सिर्फ़ फ़िल्मों के साथ ही नहीं होता, बल्कि दूसरी कलाओं को देखते हुए भी लगता है कि भई इसमें ऐसा क्या था, जो हम तक ठीक से नहीं पहुँच सका? कला या साहित्य अपनी बात को ठीक ढंग से सुनने-देखने वाले तक पहुँचा

सके, वही सबसे बड़ी चुनौती है। एक कलाकार को इसके लिए जितना सतर्क रहना चाहिए, उतना ही डरना भी चाहिए।

यतीन्द्र मिश्र

मदन मोहन जी के साथ आपकी पहली मुलाकात कैसी रही?

लता मंगेशकर

बहुत पुरानी बात है, जब फ़िल्मिस्तान स्टूडियो में एक बहुत बड़ी फ़िल्म 'शहीद' की शूटिंग चल रही थी। मुझे मास्टर ग़ुलाम हैदर ने एक गीत गाने के लिए बुलाया था। मैं इस बात से बेहद खुश थी कि इतने बड़े संगीतकार ने बड़े बैनर की किसी फ़िल्म के लिए मुझे गाने के लायक समझा है। जब मैं फ़िल्मिस्तान पहुँची, तब मुझे यह बताया गया कि मेरा एक गाना डुएट की शक्ल में होना है, जिसे मेरे साथ मदन मोहन को गाना है। वहीं पर यह बात भी पहली बार पता चली कि मदन मोहन फ़िल्मिस्तान के मालिक रायबहादुर चुन्नीलाल के बेटे हैं। आपको बिल्कुल सच्ची बात बताती हूँ, एकबारगी मुझे यह लगा कि सिनेमा स्टूडियो के मालिक के बेटे का भला संगीत से क्या काम? मैंने सोचा कि बड़ी मेहनत के बाद इतने बड़े डायरेक्टर ने एक गीत के लिए बुलाया है, वह भी किसी नये गायक के साथ गाना पड़ रहा है, जिसका संगीत बैकग्राउण्ड मुझे बिल्कुल मालूम नहीं। न जाने अब मेरे गीत का क्या होगा? थोड़े उदासी के साथ मैं मास्टर ग़ुलाम हैदर के पास गयी, तो जिस युवक से मास्टर जी ने मुझे मिलाया, वह मदन मोहन थे। दिखने में शरीफ़ और सम्भ्रान्त घर के व्यक्ति जैसे। हो भी क्यों न? आख़िर वह रायबहादुर चुन्नीलाल के बेटे थे।

हमारा जो गाना रेकॉर्ड हुआ, उसके बोल थे *'पिंजड़े में बुलबुल बोले, मेरा नन्हा सा दिल डोले'*। यह भाई-बहन का गीत था, जिसमें उम्मीद से बिल्कुल अलग अत्यन्त सुरीले ढंग से मदन जी ने इसे मेरे साथ गाया था। गाना ख़त्म होने के बाद मैंने कहा 'मदन जी, आपने बहुत अच्छा गाया।' इस पर वे बोले 'हाँ ठीक था, मगर आपने भी कम अच्छा नहीं गाया। देखिए मैं अपना म्युजिक डायरेक्शन शुरू कर रहा हूँ, जिसमें आपको गाना है।' इस तरह हमारी पहली मुलाकात हुई। हालाँकि बाद में प्रोड्यूसर शशधर मुखर्जी ने वो गाना ही फ़िल्म से हटा दिया था।

बाद में मदन मोहन जी ने अपना म्युजिक डायरेक्शन शुरू किया, तो उन्होंने पहली फ़िल्म 'आँखें' के लिए संगीत दिया, उसमें मैं किसी कारण गा नहीं

सकी थी। इस पर मदन मोहन बहुत दुःखी थे। एक दिन वे राखी के त्यौहार के दिन मेरे घर आए और बोले 'लता! तुम्हें याद है जब हम पहली बार मिले थे, तब हमने आपस में भाई-बहन का गीत गाया था। आज राखी है, यह लो मेरी कलाई पर राखी बाँधो। आज से तुम मेरी छोटी बहन लता और मैं तुम्हारा मदन भैया। आज के बाद हमारा रिश्ता ऐसा ही भाई-बहन का जीवन भर रहेगा और एक वचन दो कि अपने भाई की हर फ़िल्म में गाओगी।' इस तरह मदन मोहन जी के साथ मेरा मदन भैया का रिश्ता शुरू हुआ, जो उनके रहने तक वैसे ही बना रहा। आज भी उनका परिवार, मेरे लिए वैसा ही मदन भैया और शीला भाभी के अपने परिवार जैसा ही है। (लता जी थोड़ा भावुक हो जाती हैं)।

यतीन्द्र मिश्र

मदन मोहन की धुनों में वह सबसे बड़ी चीज़ क्या थी, जो दूसरों से उनको बिल्कुल अलग ही बनाती थी?

लता मंगेशकर

मदन भैया के गाने बनाने की एक तरकीब यह बड़ी अनूठी थी कि वे तक़रीबन हर गाने की धुन बनाकर उसे ख़ुद अपनी आवाज़ में रेकॉर्ड करके रखते थे। जब गायक गाने के लिए उनके पास जाता था या वह उस धुन पर उसे बोल समझाने के लिए बुलाते थे, तो उसको वह पूरा गीत सुनाकर रखते थे। फिर उसी गीत के हिसाब से हम लोग वह गाना गाते थे। यह एक ऐसा तरीका था, जो शायद ही मैंने इतने व्यवस्थित रूप में किसी दूसरे संगीतकार के यहाँ देखा होगा। कभी-कभी हमें हँसी भी आती थी कि कैसा भी गाना क्यों न हो, जिसे आप फ़िल्म की सिचुएशन के हिसाब से कभी पुरुष स्वर में सुनना पसन्द नहीं करेंगे, वो उनकी आवाज़ में आपको सुनना ही था। वह भी बाकायदा धुन के हिसाब से रेकॉर्ड किया हुआ। वह इस कारण कभी-कभी थोड़ा अटपटा लगता था, मगर मदन मोहन उस धुन को परफेक्ट बनाने के लिए बिना गीत रेकॉर्ड किए हुए, आपको दे नहीं सकते थे। (मुस्कुराते हुए)

यतीन्द्र मिश्र

सी. रामचन्द्र की संगीत शैली के बारे में आपका क्या कहना है?

लता मंगेशकर

 सी. रामचन्द्र जी बिल्कुल अलग थे। जिस तरह मास्टर गुलाम हैदर और अनिल

विश्वास का काम था, उसी तरह एक बिल्कुल नयी ज़मीन पर सी. रामचन्द्र को आप देख सकते हैं। उनको शास्त्रीय संगीत की बहुत ज़्यादा जानकारी नहीं थी, फिर भी उनको जो सुर अच्छे लगते थे, उसी पर बेस करके वे अपने गीत की पूरी धुन बना डालते थे। उस समय के ज़्यादातर म्युजिक डायरेक्टर धुनों के लिए रागों को आपस में बहुत ज़्यादा मिलाते नहीं थे। ....लेकिन सी. रामचन्द्र जी के यहाँ भले ही राग बदल जाये और वह कई रागों का मिश्रण बनकर एक अलग ही कोई चीज़ तैयार हो, मगर वहाँ धुन को मेलोडियस होना चाहिए, इस पर जोर रहता था।

फ़र्ज कीजिए कि उनको किसी राग में कोई सुर पसन्द आ गया, जैसे 'कोमल धैवत' या 'शुद्ध निषाद', तो वे धुन को इन्हीं सुरों के इर्द-गिर्द डेवलप कर देते थे। उन्होंने वेस्टर्न ऑर्केस्ट्रेशन का काम गीतों में इस तरह डाला है कि एक आम आदमी उनकी धुन पर थिरकने के लिए विवश हो जाये। एक हद तक उनका संगीत मराठी भाव-गीतों और वेस्टर्न म्युजिक से भी प्रेरित था। उनका मानना था कि शुद्ध रागदारी या शुद्ध पश्चिमी संगीत से अधिक बेहतर स्थिति वह है, कि हम कुछ भी आपस में मिलाकर ऐसा तैयार करें, जो सुनने वाले की जुबान पर तुरन्त चढ़ जाये। शायद इसीलिए उस ज़माने में उनका काम लोगों को कुछ नया लगता था।

एक लिहाज से ये उनके हिसाब से ठीक भी था, क्योंकि उनके अलावा जो लोग संगीत बना रहे थे, मसलन नौशाद साहब या अनिल विश्वास, वे लोग बिल्कुल दूसरे ढंग से ही धुनों को अपने यहाँ बरतते थे। सी. रामचन्द्र जी के लिए मैं यह मानती हूँ कि उस दौर में उनका संगीत बहुत नया और आधुनिक किस्म का था, जो युवाओं को अधिक आकर्षित करता था। 'शहनाई' फ़िल्म का उनका दोगाना, जो शमशाद बाई और मीना कपूर के साथ गाया हुआ है– *'आना मेरी जान सण्डे के सण्डे'* आप देखिए एक ज़माने में कितना पॉपुलर हुआ था।

यतीन्द्र मिश्र

नौशाद साहब की स्टाईल में क्या अनूठा था?

लता मंगेशकर

वो एक बिल्कुल दूसरे ही स्तर पर काम करते थे। अपनी धुनों को लेकर थोड़े ज़्यादा सख़्त और सतर्क रहते थे। नौशाद साहब ने जैसा बनाया है, बिल्कुल वैसा ही गाओ– यह अन्दाज़ रहता था। आप चाह कर भी उसमें कोई चेंज

नहीं कर सकते थे। कई बार हम लोगों को वह बड़ा रूटीन वाला काम लगता था, जिसमें चाहकर भी कोई ऐसी बात डाली नहीं जा सकती थी, जो उसे थोड़ा दूसरा डाइमेन्शन दे सके। फिर रेकॉर्ड करते समय यह ठीक भी लगता था कि चलो उनके मन मुताबिक काम हुआ। हालाँकि मैंने आपसे इस बात का ज़िक्र शायद किया भी है कि वे मुझसे और रफ़ी साहब से अकसर राय भी लेते थे। धुन बनाने के बाद बाकायदा धैर्य से सुनाते थे। ....मगर जहाँ तक उसको अन्तिम प्रारूप देने की बात है, तो वह लौटकर फिर वहीं पहुँच जाता था, जो उन्होंने पहले अपनी मूल धुन बनाई होती थी। उनकी यह ख़ास आदत थी, जिससे सभी लोग वाकिफ़ थे। मुझे छूट के स्तर पर कि मैं कैसी भी, कुछ भी हरकत गीत में दिखा सकूँ, यह मौका सिर्फ़ मदन मोहन और जयकिशन देते थे। उन लोगों को हमेशा यह लगता था कि लता अगर इसमें अपने मन से कुछ डालना चाहती है, तो उसका स्वागत है, इससे हमारा गीत और सुन्दर ही बनेगा।

यतीन्द्र मिश्र

इस तरह छूट की रवायत आपको जयकिशन और मदन मोहन की परम्परा में मिली। फिर नये लोगों के साथ क्या आपने इसे सायास लेने का प्रयास किया?

लता मंगेशकर

कभी नहीं। यह मेरा काम नहीं था। यह तो मैं आपको वह बात बता रही थी, जहाँ हमारी मित्रताएँ इतनी प्रगाढ़ थीं कि वह छूट से ज़्यादा आपसी बातचीत का मामला बनती थी। मेरे अधिकतर संगीतकारों ने बड़ी उदारता से मुझसे अपनी धुनों पर गवाया है। कभी अगर मैंने कोई आपत्ति की हो या कोई राय-मशविरा देने का काम कर दिया हो, तो वह सुना भी गया है। आवश्यक बदलाव भी किये गये हैं, मगर यह सब बड़े ख़ुशनुमा माहौल में ही होता रहा है। यह बात तो संगीतकारों के अलावा गीतकारों के साथ भी निभती रही। मुझसे शैलेन्द्र जी, हसरत जयपुरी और साहिर लुधियानवी तक यह पूछते थे कि आपको गीत के बोलों में अगर कोई दिक्कत आ रही है, तो उसे बदल देते हैं। वह सब इतना मुकम्मल और बढ़िया होता था कि जल्दी कुछ बदलवाने की आवश्यकता ही नहीं पड़ती थी। अगर कुछ मेरे जाने ऐसा हुआ भी है, तो वह सब आपस में बातचीत करके ही लागू हुआ है। इधर के नये लोगों के साथ मैंने बहुत कम गाया है। फिर आज जिस तरह से पूरा माहौल बदल गया है, तकनीकी में काफ़ी बदलाव आया है, मैं उसमें कोई राय नहीं देती।

यतीन्द्र मिश्र

शंकर-जयकिशन की जोड़ी में कौन ज़्यादा प्रतिभा और सांगीतिक योग्यता रखता था?

लता मंगेशकर

निश्चित ही जयकिशन। मतलब इसमें कोई दो राय नहीं है कि दोनों मिलकर बहुत शानदार संगीत बनाते थे। फ़िल्मों में काम करने से पहले शंकर जी पृथ्वीराज कपूर के यहाँ *'पृथ्वी थियेटर'* में तबला वादक की हैसियत से नौकरी करते थे। बाद में उनकी जोड़ी जयकिशन के साथ बनी, जो हारमोनियम बजाने में उसी तरह प्रतिभावान थे, जैसे शंकर तबला में। शंकर ही उन्हें थियेटर में हारमोनियम के टीचर की जगह पर लेकर आए और बाद में दोनों ने मिलकर राजकपूर जी के बैनर के तले संगीतकार जोड़ी के रूप में अपना काम शुरू किया। मैं तो उनकी पहली फ़िल्म के साथ ही पार्श्वगायन से जुड़ी रही हूँ।

धीरे-धीरे मुझे इस बात का अन्दाज़ा हो गया था कि अपनी-अपनी धुनों पर दोनों ही बहुत मेहनत करते थे, लेकिन सुरीलेपन और गीत की बनावट के स्तर पर जयकिशन का काम थोड़ा ज़्यादा महीन और सुन्दर था। बाद में तो मुझे बहुत आसानी से यह बात समझ में आ जाती थी कि अगर उनकी किसी फ़िल्म के लिए मैं रेकॉर्ड करने गयी हूँ, तो गाया जाने वाला गीत किसकी धुन पर आधारित है। ...फिर भी मैं इतना अवश्य कहूँगी कि जोड़ी के रूप में शंकर-जयकिशन का कोई तोड़ नहीं है। वे दोनों मिलकर बेहद कर्णप्रिय और कामयाब होने वाली धुनें बनाते थे।

यतीन्द्र मिश्र

किसी उदाहरण से आप इस बात को स्पष्ट करेंगी कि जयकिशन किस तरह शंकर से हुनर के मामले में आगे थे?

लता मंगेशकर

बहुत सारे गीतों से इस बात को समझा जा सकता है, जिसके चलते शंकर जी की तुलना में जयकिशन भारी पड़ता नज़र आयेगा। अब जैसे 'हरियाली और रास्ता' फ़िल्म के दोनों शीर्षक गीतों को देखा जाए, जिन्हें मैंने गाया था, तो उसमें वह बात समझ में आयेगी कि जयकिशन की धुन ज़्यादा कोमल और कर्णप्रिय है। इन दोनों गीतों में *'बोल मेरे तकदीर में क्या है'* को शंकर

जी ने बनाया था और *'ये हरियाली और ये रास्ता'* को जयकिशन ने। सुनकर आप देख सकते हैं कि एक ही फ़िल्म के दो शीर्षक गीतों में धुन के स्तर पर कितना अन्तर है। यह बात हर एक फ़िल्म में नज़र आती थी। फिर यह भी होता है कि संगीतकार का अपना एक स्टाईल होता है, जो गाने वाले या सुनने वाले को सुन्दरता में कम या ज़्यादा लगता है। हो सकता है कि जिस तरह के गीतों को मैं पसन्द करती हूँ, वह स्टाईल जयकिशन की धुनों पर ज़्यादा जँचती हो। यह पसन्द का मामला भी है।

यतीन्द्र मिश्र

उन संगीतकारों के बारे में एक पार्श्वगायिका के बतौर आपकी राय जाननी है, जिसमें कुछ लोगों के साथ आपने बहुत सुन्दर गीत रचे हैं, मगर उनकी संख्या अधिक नहीं है। यह सारे लोग आज बिल्कुल ही चर्चा से बाहर हैं या हम इस तरह कह सकते हैं कि बदलते वक़्त ने एक संगीतकार के रूप में इनकी पहचान को कुछ धीमा किया है। ऐसे में इनके माध्यम से प्राप्त जानकारी आपकी संगीत-यात्रा के लिए कोई महत्त्व की बात दर्शा सकती है।

इस लिहाज से बुलो सी. रानी के बारे में आपका क्या विचार है?

लता मंगेशकर

बुलो सी. रानी बड़े पुराने संगीतकार थे। पर उनके यहाँ मैंने बहुत थोड़ा गाया है। शायद पाँच-दस गीत ही होंगे उनके। वह भी कोई ऐसे गीत नहीं हैं, जो बहुत हिट हुए या जिन्हें बाद तक याद रखा गया। फिर भी यह ज़रूर है कि उनके संगीत में दूसरे गायकों की फ़िल्में ज़्यादा महत्त्वपूर्ण रहीं। जैसे आप गीता दत्त के गाये हुए उनके 'जोगन' के गाने सुनें, तो उसमें उनका काम आपको समझ में आयेगा।

यतीन्द्र मिश्र

मुझे ध्यान है कि आपके लिए बुलो सी. रानी ने जिन फ़िल्मों के लिए संगीत दिया है, उसमें हम 'वफ़ा' (1950), 'गुल सनोबर' (1953), 'मधुर-मिलन', 'वीर राजपूतानी, शिकार (1955), 'जीवन साथी' (1957) और 'रसिया' (1960) को याद कर सकते हैं।

लता मंगेशकर

नहीं, मुझे बिल्कुल याद नहीं है कि उनके यहाँ मैंने इतनी फ़िल्मों के लिए गाया है (हँसती हैं)। हाँ, लेकिन 'मधुर मिलन' मुझे याद आ रही है। इसका कोई गीत क्या मशहूर हुआ था? (उत्सुकता से पूछते हुए)।

यतीन्द्र मिश्र

इसके दो गीत 'दिल प्यार की महफ़िल है दिलदार चले आओ' और 'फ़िज़ा चुप है हवा चुप है नज़ारे कुछ नहीं कहते' पसन्द किये गये थे। साथ ही, गोपाल सिंह नेपाली के लिखे हुए 'वीर राजपूतानी' के दो गीत भी चर्चा में आए थे। इनमें से एक है 'म्हारो छैला भँवर हँस के ताके' और दूसरा 'तरसे जिया बरसे पिया, नैन बारा मास रे'। क्या आपको ध्यान आया?

लता मंगेशकर

कुछ याद आ रहा है। 'मधुर मिलन' का तो गीत ध्यान में आ गया। पर आपको सच बताऊँ, मुझे बिल्कुल भी याद नहीं कि बुलो सी. रानी के निर्देशन में यह सारे गीत मैं गा चुकी हूँ। आपने याद दिलाया है, इसलिए आपको शुक्रिया देना चाहती हूँ (खुश होते हुए)।

यतीन्द्र मिश्र

शुक्रिया की कोई बात नहीं है दीदी। आपको सुनकर अच्छा लगा, जो कि ज़्यादा प्रासंगिक बात है। मैं कुछ दूसरे संगीतकारों के बारे में भी पूछना चाहता हूँ। जैसे, विनोद के यहाँ भी आपने इसी तरह कम गाया है?

लता मंगेशकर

यह सही है कि विनोद के यहाँ मैंने कम गाया है, मगर उन कम गानों में भी मेरे कुछ गीत बहुत चले थे। आपको याद होगा 'एक थी लड़की' फ़िल्म के लिए मैंने विनोद के निर्देशन में गाया था *'लारा लप्पा लारा लप्पा लाई रख दा'*। इस गाने में रफ़ी साहब और जी.एम. दुर्रानी भी साथ थे। उस ज़माने में जब यह गाना रिलीज़ हुआ था तो तहलका मच गया। फ़िल्म में इसे मीना शौरी पर फ़िल्माया गया था। मीना शौरी इस गाने से इतनी मशहूर हुई कि उसे 'लारा

लप्पा गर्ल' कहा जाने लगा था। चूँकि यह फ़िल्म उनके पति शौरी साहब बना रहे थे, इसलिए मीना ने उनसे यह इच्छा जाहिर की थी कि *'लारा लप्पा'* को लता से गवाइए। इस तरह मुझे यह गीत गाने का मौका मिला था, ऐसा मैंने उस समय सुना था। आपको जानकर ताज्जुब होगा कि मीना शौरी भी गाती थीं और उसने एक-दो फ़िल्मों में खुद के लिए प्ले-बैक भी किया था।

'एक थी लड़की' के अलावा विनोद के 'लाहौर' के गाने भी बहुत पसन्द किये गये थे। ....तो मुझे यही लगता है कि कम गाने के बाद भी विनोद के गाने काफ़ी चले थे। हालाँकि उनके यहाँ जो पंजाबी फोक का मामला था, उसके कारण ट्यून बहुत अच्छी और लय-भरी लगने लगती थी। उन्होंने मुझसे पंजाबी गीत भी गवाए थे, जो उस दौर में बहुत हिट हुए। एक गीत तो आज भी मुझे याद आता है, जिसके बोल हैं– *'झिलमिल तारियां जा अक्खां ना मार वे'*। वो मुझे इसलिए भी म्युजिक डायरेक्टर के तौर पर अच्छे लगते थे क्योंकि वे हर समय एक्सपेरीमेण्ट करने के लिए तैयार रहते थे।

यतीन्द्र मिश्र

आपका विनोद के निर्देशन में 'अनमोल रतन' (1950) का एक गाना तलत महमूद के साथ भी अत्यन्त लोकप्रिय हुआ था। इसके बोल हैं 'याद आने वाले फिर याद आ रहे हैं'...

लता मंगेशकर

मुझे यह गाना बिल्कुल याद नहीं है। (कुछ सोचते हुए कहती हैं)

यतीन्द्र मिश्र

आपको लच्छीराम तमर की याद है? खासकर उनका 'मैं सुहागन हूँ' (1964) के लिए बनायी हुयी वह लाजवाब कम्पोजीशन 'ऐ दिल मचल-मचल के यूँ रोता है ज़ार-ज़ार क्या'?

लता मंगेशकर

जी हाँ! लच्छीराम नाम तो याद है, पर गाने याद नहीं हैं। (हँसती हैं) देखिए, मैंने इतने सारे लोगों के लिए गाया है कि सबका नाम और फ़िल्मों को याद रखना बड़ा मुश्किल काम है, मगर वे सारे संगीतकार ही याद रहते हैं, जिनके लिए मैंने अधिक गीत गाये हैं और जो लोग अपने काम से आगे जाकर

प्रसिद्ध हुए। अब जैसे शंकर-जयकिशन, मदन मोहन या एस.डी बर्मन तो बड़े आसानी से याद हैं, मगर जिनके लिए मैंने बहुत थोड़ा गाया है, वह याद रख पाना कठिन है।

यतीन्द्र मिश्र

आपका कहना एकदम सही है। मैं बुलो सी. रानी, लच्छीराम तमर या विनोद जैसे संगीतकारों को इस सन्दर्भ में इसलिए याद कर रहा हूँ क्योंकि इन सभी लोगों ने आपके लिए कुछ न कुछ रचा है। देखने वाली बात यह भी है कि इन लोगों के बनाए एक-दो गीत बेहद मशहूर भी हुए हैं। साथ ही सांगीतिक शिल्प की दृष्टि से भी अनूठे हैं। ऐसे में एक अतिरिक्त जिज्ञासा यह काम करती है कि सभी के ज़िक्र और गीतों के स्मरण से आपको कोई ऐसी घटना, संस्मरण या संगीत की दृष्टि से उस ज़माने में हुई कोई बात याद आ जाये, जो शायद लता मंगेशकर के संगीत को चाहने वाले रसिकों और अध्येताओं के कुछ काम का हो। इसी तर्क के चलते मैं इन भूले-बिसरे संगीतकारों का आपको स्मरण करा रहा हूँ।

लता मंगेशकर

हाँ, यह बिल्कुल ठीक बात है। बहुत सारी चीज़ें ऐसी ही रही हैं, जो कई बार ऐसे संगीतकारों के मार्फ़त सामने आईं, जिन्होंने ज़्यादा काम नहीं किया है। न ही उन लोगों को उस दौर में ढेरों फ़िल्में ही नसीब हुई हैं। पर, यतीन्द्र जी! यह भी तो देखिए कि ऐसे में जब आपको अपने म्युजिक डायरेक्टर और कम्पोजर याद नहीं आ रहे हों, तो कहने में थोड़ा बुरा लगता है कि कैसे आप उनको भूल गये हैं। फिर यह भी अच्छा नहीं लगता कि सवाल पूछने वाला तो आपके हिट हुए गीतों का ज़िक्र कर रहा है और जवाब देने वाले को गीत का मुखड़ा ही दिमाग़ से उतरा हुआ है। तो इन जगहों पर मैं थोड़ा असहज हो जाती हूँ।

यतीन्द्र मिश्र

आपको इस तरह असहज होने की ज़रूरत नहीं है। सवाल पूछने वाले की हर लिहाज से यह जिम्मेदारी बनती है कि वह उन सारी जगहों पर जाकर रोशनी करे, जहाँ समय और इतिहास ने अन्धेरा कर दिया है। यह बहुत कुछ जवाब देने वाले किरदार की अपनी मर्जी, सहूलियत और याददाश्त पर निर्भर है कि वह इन सारी परिस्थितियों के सहमेल से उस

उजाले में मिलने वाली चीज़ों की निशानदेही कराये। अगर इस प्रयास में कुछ छूट भी जायेगा, तो इस बात का इत्मीनान भी तो हमें हासिल है कि उन बिसरा दिये गये किरदारों, चीज़ों और परिस्थितियों को कम से कम हमने अपनी बातचीत में कहीं दर्ज़ कर लिया है।...

लता मंगेशकर

करेक्ट! मैं आपसे सहमत हूँ।

यतीन्द्र मिश्र

दीदी, इसी सूत्र को पकड़े हुए हम बातचीत को आगे ले चलते हैं। हंसराज बहल जैसे उस ज़माने के संगीतकार के बारे में आपका क्या ख्याल है? विशेषकर 'मिलन' (1958) में आपकी आवाज़ के लिए बनायी गयी उनकी सबसे बेहतरीन कम्पोजीशन 'हाए जिया रोये पिया नाहीं आए, एक मैं ही जागूँ सारा जग सोए'... दुःख के अनन्तिम छोर पर रचा हुआ सुरीलेपन का मार्मिक गीत....।

लता मंगेशकर

हाँ, याद है। सुन्दर कम्पोजीशन है यह। यह कम्पोजीशन बहुत शुरुआत की तो नहीं है। बाद में मेरे जिस तरह के तमाम सैड सांग बेहतर ढंग से आए हैं, उसमें यह भी था। हालाँकि बहल साहब पुराने दौर के अच्छे संगीतकारों में थे।

यतीन्द्र मिश्र

उनका 'राजधानी' (1956) का भी एक गाना मशहूर हुआ था, जो लोक-संगीत के प्रभाव वाला एक अद्भुत गीत था। उसे एच.एम.वी. ने अपने 'रेयर जेम्स' में शामिल किया था। 'दे दे मोरा कँगना, तू दे दे मोरा कँगना... लाज के पहरे तोड़ के छलिया आयी हूँ तोरे अँगना'। आपको कुछ याद है इसकी?

लता मंगेशकर

हाँ। मतलब मैंने उनको काफ़ी गाया था, पर मुझे उन सारे गीतों के बारे में अभी याद नहीं है कि कौन सा गाना उस वक्त कितना चला था। हंसराज बहल के लिए मैंने शुरुआत में ख़ूब गाया है। उनका एक पंजाबी गीत भी मेरा गाया हुआ बहुत चला था। वो गीत *'नाले लम्मी ते नाले काली हाय वे चन्ना*

रात जुदाई वाली' आज भी मेरे पसन्द के गीतों में शामिल है। 'मिलन' और 'राजधानी' का ज़िक्र आपने किया ही है। इसके अलावा भी जो अभी मुझे याद पड़ता है, उसमें 'चकोरी' के गाने भी ठीक थे।

यतीन्द्र मिश्र

आपको बिल्कुल सही याद है। 'चकोरी' (1949) उनकी अत्यन्त महत्त्वपूर्ण फ़िल्म है आपके गीतों के सन्दर्भ में। उसका एक गाना तो आज भी सुना जाता है– 'हाए चन्दा गये परदेस, चकोरी यहाँ रो-रो मरे'।

लता मंगेशकर

(हँसती हैं) जी, यह गाना अच्छा था। मैं यह भी कहूँगी कि पुराने ज़माने के जो भी संगीतकार रहे, उन लोगों ने अपनी मौलिकता और हुनर से कभी समझौते नहीं किए। आप शायद ही किसी दूसरे संगीतकार को किसी की राह पर चलता हुआ देख पाये हों या किसी को अपनी पहचान से अलग हटकर दूसरे की तरह कम्पोज करते हुए पकड़ा हो। सबका अपना-अपना स्टाईल था, जो अलग तरीके से दिखाई भी पड़ता था। हंसराज बहल भी इसी तरह के मौलिक म्युजिक डायरेक्टर रहे हैं।

यतीन्द्र मिश्र

नाशाद? 'बारादरी' (1955) के गाने तो अपने समय के सर्वाधिक चर्चित और सदाबहार गीतों में स्थान रखते हैं। 'अबके बरस बड़ा जुल्म हुआ', 'भुला नहीं देना जी, भुला नहीं देना ज़माना ख़राब है', 'तस्वीर बनाता हूँ तस्वीर नहीं बनती' और 'छोड़ो-छोड़ो जी बहियाँ मोरी मैं नाज़ुक छोरी'... इन गीतों के लिए आप क्या कहेंगी?

लता मंगेशकर

हाँ, वो चले थे। दरअसल नाशाद, गुलाम हैदर साहब के असिस्टेण्ट थे। पहले वे शौकत हुसैन हैदरी और शौकत देहलवी के नाम से भी फ़िल्मों में संगीत दिया करते थे। वो 'बारादरी' का संगीत देने के कुछ वर्षों बाद पाकिस्तान चले गये थे। वो मेरा गाना है न *'चुप-चुप खड़े हो ज़रूर कोई बात है'*, उसे मैंने प्रेमलता नाम की लड़की के साथ डुएट में गाया था। नाशाद उसी से शादी करके पाकिस्तान जा बसे थे। 'बारादरी' में सारे गाने ही ख़ूब हिट हुए हैं।

म्युजिक डायरेक्शन भी अच्छा है। कई लोग उनके नाम के कारण संगीतकार नौशाद साहब से भी कन्फ़्यूज करते हैं। देश छोड़कर जाने के बाद पाकिस्तान में उनका काम कैसा चला, यह मुझे मालूम नहीं है।

यतीन्द्र मिश्र

'बारादरी' के गाने इस कारण भी महत्त्वपूर्ण हैं कि उसमें पहली बार इतने बड़े स्तर पर ख़ुमार बाराबंकवी जैसे शायर को एक गीतकार के रूप में प्रतिष्ठा मिली थी।

लता मंगेशकर

ठीक बात है। हालाँकि वे पहले भी कुछ गीतों के लिए चर्चित हो चुके थे। ....मगर इसके गाने तो वाकई ख़ुमार साहब के लिए भी बड़ी प्रसिद्धि लेकर आए।

यतीन्द्र मिश्र

सरदार मलिक का संगीत आपको कैसा लगता था?

लता मंगेशकर

सरदार मलिक के गाने भी एक समय में बहुत हिट हुए थे। ख़ासकर 'सारंगा' का।

यतीन्द्र मिश्र

'सारंगा' (1960) के गानों के अलावा एक फ़िल्म आपको ध्यान होगी 'चोर बाज़ार' (1954)?

लता मंगेशकर

जी हाँ, उसमें एक गाना बहुत ही अच्छा था *'हुई हमसे यह नादानी तेरी महफ़िल में आ बैठे'*।

यतीन्द्र मिश्र

एक गीत उसका बेहद सुन्दर कम्पोज़ीशन का नमूना है 'चलता रहे यह कारवाँ, उम्रे-रवाँ का कारवाँ'... यह गीत भी तो सरदार मलिक की शोहरत में एक बड़ी उपलब्धि की तरह देखा जायेगा।

लता मंगेशकर

इस गीत की रेकॉर्डिंग में फ़िल्म के प्रोड्यूसर ने गुलाम मुहम्मद साहब को भी बुलाया था। मुझे अच्छी तरह याद है कि यह गीत गुलाम मुहम्मद साहब के सामने बना था। हालाँकि यह बात अपनी जगह सही है कि फ़िल्म के म्युजिक डायरेक्टर सरदार मलिक ही थे, पर *'चलता रहे यह कारवाँ'* में तो दूसरे संगीतकार की भी राय शामिल थी।

यतीन्द्र मिश्र

यह एक रोचक बात है, जो फ़िल्मी-गीतों की उत्कृष्ट संगीत-संरचना की ओर भी कई फ़नकारों के योगदान को रेखांकित करती है।

लता मंगेशकर

यह कभी-कभी होता था, पर उसका यह मतलब कतई नहीं कि मूल संगीतकार की धुनों को कोई छेड़ता या बदल देता था। दरअसल होता यह था कि अधिकांश जगहों पर संगीतकार अपनी धुनों को ज़्यादा बेहतर बनाने के लिए दूसरे संगीतकारों की भी सलाह लेते थे। कई मर्तबा प्रोड्यूसर को धुन पसन्द नहीं आई, तो वह भी उन्हें बदलने के लिए या कई दूसरे लोगों की तरह बनाने की सलाह देते थे। अब जैसे नौशाद साहब ही कोई भी धुन बनाते थे, तो हर धुन को लेकर थोड़े सशंकित रहते थे।

हर बार मुझसे और रफ़ी साहब से उस धुन को सुनाकर पूछ लेते थे कि लता बाई यह ठीक बनाया है या नहीं? आपको यह ठीक नहीं लग रहा हो, तो इसको बदल देते हैं। हर बार हम लोग उन्हें यही समझाने का प्रयास करते थे कि नौशाद साहब आपकी धुन बेहद सुन्दर है, इसे कतई न बदलें। रोशनलाल, अनिल विश्वास से अपनी धुनों के लिए सलाह लिया करते थे। बर्मन दादा के बारे में तो मशहूर ही है कि उन्हें हर बार अपने काम से कम तसल्ली होती थी। फिर अगर कोई यह मजाक में भी कह दे कि दादा यह धुन कैसी है, तो उनका आत्मविश्वास डोल जाता था। (हँसती हैं)

यतीन्द्र मिश्र

सुधीर फड़के जैसे अलग लीक पर चलने वाले संगीतकार के बारे में क्या कहेंगी?

लता मंगेशकर

हाँ, उनका काम सबसे अलग है। सुधीर फड़के जितना हिन्दी में संगीत रच पाये हैं, उससे ज़्यादा उनका नाम मराठी फ़िल्मों के लिए चला। वे एक दौर में महाराष्ट्र के जाने-माने म्युजिक डायरेक्टर के रूप में मौजूद थे। बहुत नाम था उनका। उन्होंने बहुत अच्छे-अच्छे गाने बनाये, जिसमें मराठी भाव-गीतों, कीर्तनों और अभंग पदावलियों वाला पारम्परिक ढंग का प्रभाव रहता था। उनके यहाँ, मुझसे ज़्यादा आशा ने गाया है।

यतीन्द्र मिश्र

आशा जी ने सुधीर फड़के के निर्देशन में निश्चित ही कुछ बेहद सुन्दर गीत गाये हैं, मगर फ़िल्मों से सम्बन्धित सबसे हिट गीत 'ज्योति कलश छलके' तो आपके ही हिस्से आया है।

लता मंगेशकर

नहीं, हिन्दी में मैंने उनको उतना नहीं गाया है। फिर भी, 'ज्योति कलश छलके' तो अमर है ही। मुझे उनके सबसे सुन्दर गीत 'मालती माधव' के लगते हैं। उसमें भी *'बाँध प्रीति फूल डोर, मन ले के चितचोर, दूर जाना ना'*। हिन्दी फ़िल्मों में इतने स्तरीय हिन्दी गाने कम देखने को मिलते हैं। सुधीर फड़के के गीतों में यह ख़ास बात थी कि उनके गाने ज़्यादातर शुद्ध हिन्दी में होते थे। आपको 'ज्योति कलश छलके' की शब्दावली भी उतनी ही शुद्ध और संस्कारिक लगेगी। ऐसे गीत बहुत कम बनते हैं, जिनको हिन्दी की ही साहित्यिक शब्दावली पर लिखा जाता है।

यतीन्द्र मिश्र

उनकी संगीतबद्ध 'सजनी' (1956) फ़िल्म का एक गीत भी ऐसा ही है, जिसे 'मालती माधव' और 'भाभी की चूड़ियाँ' के उन दोनों गानों की तरह ही पण्डित नरेन्द्र शर्मा ने लिखा है। आपको याद होगा 'जा रे चन्द्र, जा रे चन्द्र और कहीं जा रे, गोकुल से कृष्ण चन्द्र जायेंगे सकारे'। यह गीत भी उत्कृष्ट कम्पोजीशन, सुन्दर शब्दावली और बेहतरीन गायिकी का नमूना है।

लता मंगेशकर

पण्डित नरेन्द्र शर्मा के गीत ऐसे ही होते थे, उनके बारे में क्या कहना! सभी एक से बढ़कर एक साहित्यिक और मार्मिक अर्थों वाली शब्दावली। मुझे 'सजनी' के इस गीत का तो ध्यान है, पर ऐसा लगता है शायद फ़िल्म नहीं चली थी। होता यह है कि किसी भी फ़िल्म के बारे में यह देखा जाता है कि वह व्यावसायिक रूप से सफल हुई कि नहीं। फ़िल्म के प्रोड्यूसर हमेशा व्यावसायिक सफलता को ही फ़िल्म की सफलता का मापदण्ड मानते हैं, यह आप जानते हैं। आप ऐसा समझें कि संगीत वालों के साथ यह सहूलियत रहती है कि फ़िल्म की व्यावसायिक सफलता में उनका भी एक बड़ा हाथ होता है।

अब जैसे जब सुधीर फड़के या पण्डित नरेन्द्र शर्मा जी का ज़माना था, तो उस वक्त घरों में टेलीविजन वगैरह नहीं था। ज़्यादातर लोग रेकॉर्ड घर में लाकर सुनते थे। जो गाना एक बार सिनेमा हाल में जाकर फ़िल्म देखने पर अच्छा लगा या कि रेडियो पर कभी प्रसारित हुआ, तो उसका रेकॉर्ड खरीद लिया जाता था। इस तरह फ़िल्मों के रेकॉर्ड भी ख़ूब बिकते थे और स्तरीय संगीत वाली फ़िल्मों के रेकॉर्ड चल निकलते थे। एक तरह से फ़िल्म परदे पर सफल न भी हो, तो कई बार उसके रेकॉर्ड इतने हिट होते थे कि संगीत के बहाने फ़िल्म में लगा पैसा निकल आता था।

सुधीर फड़के जी की यह तीनों फ़िल्में 'भाभी की चूड़ियाँ', 'मालती माधव' और 'सजनी' भले ही व्यावसायिक रूप से सफल नहीं रहीं, लेकिन इनके रेकॉर्डों ने भारी मात्रा में बिक्री करके उसे हिट कराया था। मुझे अच्छी तरह से याद है कि *'ज्योति कलश छलके', 'बाँध प्रीति फूल डोर'* और *'जा रे चन्द्र और कहीं जा रे'*, सिर्फ़ इन्हीं तीन गीतों के कारण इन फ़िल्मों के रेकॉर्ड चल निकले थे। यह अकसर होता था और आपको जानकर आश्चर्य होगा कि अधिकतर धार्मिक और पौराणिक फ़िल्मों के रेकॉर्ड इसी तरह खूब बजते थे।

चूँकि हम लोगों का फ़िल्म की व्यावसायिक सफलता में संगीत के बहाने ही दख़ल रहता था और यह सबको पता होता था, इसलिए थोड़ी-बहुत तवज्जो प्रोड्यूसर संगीतकारों को देता था। इन्हीं वजहों से हिन्दी फ़िल्मों में संगीत के लिए अच्छे संगीतकारों को कई बार अभिनेताओं से ज़्यादा पैसे देकर लिया जाता था। उनका होना ही सफलता की गारण्टी थी, जो पूरी तरह व्यावसायिकता पर आधारित थी।

यतीन्द्र मिश्र

आपने वैचारिक बात कही है। उसका असर भी हिन्दी फ़िल्मों में अभी तक निभती चली आयी संगीत की स्तरीयता को देखकर समझ में आती है।

लता मंगेशकर

जी बिल्कुल, यह तो है ही।

यतीन्द्र मिश्र

दीदी, आपको एस.मोहिन्दर एक संगीतकार के रूप में कितना जँचते हैं?

लता मंगेशकर

अच्छे थे वो। मैंने उनके बहुत कम गाने गाये हैं। मुझे लगता है कि शायद एक ही दो हों। एस. मोहिन्दर का एक ही गीत मुझे अभी तक याद है 'शीरीं फ़रहाद' का *'गुज़रा हुआ ज़माना आता नहीं दुबारा हाफ़िज ख़ुदा तुम्हारा'*। यह गाना बहुत चला था और बाद में मेरे जितने भी कलेक्शन हिट गानों के निकलते रहे, उसमें हर दूसरे डिस्क में यह गाना ज़रूर मौजूद रहता था। कम्पोजीशन अच्छी थी, इस कारण आज भी मैं इसे अपने गाये हुए अच्छे गीतों में स्थान देती हूँ। इसके अलावा मुझे ज़्यादा नहीं याद है, मगर वे संगीत के जानकार थे और अपनी धुनों पर ठीक से मेहनत किया करते थे।

यतीन्द्र मिश्र

श्याम सुन्दर को एक बड़े संगीतकार के रूप में सम्मान हासिल है। आपने भी इनके निर्देशन में कुछ बेहद सुरीले व कर्णप्रिय गीतों को गाया है, जिनमें 'बाज़ार' (1949) एवं 'अलिफ़ लैला' (1953) के गाने विशेष चर्चित हैं। इस कारण भी कि इन गानों में श्याम सुन्दर जी ने अनिल विश्वास और सज्जाद हुसैन के संगीत की तरह कुछ अनूठे प्रयोग किये हैं। आपका क्या कहना है?

लता मंगेशकर

ठीक कहा आपने, श्याम सुन्दर जी के इन दोनों ही फ़िल्मों के गीत बड़े ही स्तरीय थे। 'बाज़ार' का *'साजन की गलियाँ छोड़ चले, दिल रोया आँसू बह न सके'* और 'अलिफ़ लैला' का *'बहार आई खिली कलियाँ हँसे तारे चले आओ'*

और *'तुमको भुलाना मेरे बस में नहीं'* काफ़ी मशहूर हुए थे। यह मेरे गायन का शुरुआती दौर है, जब मैं खेमचन्द प्रकाश और शंकर जयकिशन के लिए 'महल' और 'बरसात' जैसी फ़िल्मों से पार्श्वगायन बस शुरू ही कर रही थी। 'बाज़ार' उसी दौर की फ़िल्म है और उसके बाद 'अलिफ़ लैला' उस समय की, जब उसके आगे-पीछे मेरी गायी हुई 'अनारकली', 'संगदिल', 'आगोश', 'आह' जैसी फ़िल्में सामने आ रही थीं। मुझे लगता है कि जब मैं श्याम सुन्दर जी के लिए गा रही थी, तो वह इतनी कम फ़िल्मों के लिए था कि उसे उस तरह याद नहीं किया गया, जिस तरह शुरुआती दौर के शंकर जयकिशन, अनिल विश्वास और नौशाद साहब का मेरा काम याद किया जाता है।

'अलिफ़ लैला' के दो डुएट भी मेरे अच्छे चले थे, जिसे रफ़ी साहब के साथ मैंने गाया था। यह दोनों ही डुएट– *'क्या रात सुहानी है'* और *'ख़ामोश क्यों हो तारों, उम्मीद के सहारों'* अच्छे तो थे ही, उनकी ट्यून भी सुन्दर थी। रफ़ी साहब ने इसमें बड़े मन से गाया है। उनकी एक और फ़िल्म 'ढोलक' थी, उसमें भी मेरे रफ़ी साहब के साथ दो डुएट थे। एक याद आ रहा है *'ऐसे रसिया का क्या एतबार'*। दूसरा मुझे ध्यान नहीं है, पर गाया है मैंने।

यतीन्द्र मिश्र

'ढोलक' (1951) के दूसरे डुएट के बोल हैं 'के इक पल रुक जाना सरकार, झूठे तुम हो तुम्हारा प्यार'...

लता मंगेशकर

अच्छा। मुझे अभी भी याद नहीं आ रहा है। आपने बताया, तो ज़रूर यही होगा।

यतीन्द्र मिश्र

श्याम सुन्दर जी के संगीत के बारे में कोई और ऐसी बात जो आपको पसन्द हो?

लता मंगेशकर

सारी बातें तो मैं कह ही चुकी हूँ, कि वे बड़े अच्छे म्युजिक डायरेक्टर रहे हैं। हाँ एक बात ध्यान है कि उनके बनाए हुए कई गीतों में एक नूरजहाँ जी का गाना मुझे बेहद पसन्द रहा है। 'विलेज गर्ल' फ़िल्म थी और बोल थे *'किस*

तरह भूलेगा दिल उनका ख्याल आया हुआ'। यह ग़ज़ल बहुत सुन्दर है और इसमें नूरजहाँ की गायिकी देखें। उफ़! क्या गाया है उन्होंने। (खुश होते हुए कहती हैं) श्याम सुन्दर जी की बनायी हुई अपनी कोई कम्पोजीशन जो मुझे सबसे ज़्यादा पसन्द आती है, वह 'बाज़ार' की *'साजन की गलियाँ छोड़ चले, दिल रोया आँसू बह न सके'* है।

यतीन्द्र मिश्र

वी. बल्सारा की याद है आपको?

लता मंगेशकर

वी. बल्सारा एच.एम.वी. में पियानो बजाते थे और बहुत अच्छे पियानो-वादक थे। मतलब, बहुत ही अच्छा बजाते थे। बाद में वे कलकत्ता चले गये, तब मैंने कलकत्ता जाकर उनके गानों को रेकॉर्ड किया था।

यतीन्द्र मिश्र

यह एक बात बहुत प्रचलित रही है कि आपने वी. बल्सारा की 'विद्यापति' (1964) फ़िल्म के एक गीत 'मेरे नैना सावन भादों तेरी रह-रह याद सताये' की कम्पोजीशन से प्रसन्न होकर उनसे कोई पारिश्रमिक नहीं लिया था। आज भी उनके संगीत-निर्देशन में आपका गाया हुआ यह गीत ही उनका सबसे प्रमुख गीत माना जाता है।

लता मंगेशकर

हाँ मुझे याद है। वह धुन अच्छी थी। पर इस बात से कोई मतलब नहीं होना चाहिए कि संगीतकार और गायक आपस में मिलकर किसी गीत के लिए क्या तय करते हैं। मैं अकसर यह करती थी कि जिन गीतों को लेकर मेरे मन में संगीतकार व उसके काम के प्रति प्रसन्नता और आदर का भाव आता था, तो उसके लिए, उस विशेष गीत का पारिश्रमिक छोड़ दिया करती थी। (मुस्कुराते हुए) पर यह हमेशा नहीं होता था। कभी-कभी ऐसी स्थिति आती थी। अब जब आपने ज़िक्र कर ही दिया है, तो यह कहना चाहूँगी कि ऐसा करते हुए मेरे मन में कोई बड़प्पन या घमण्ड का भाव नहीं होता था, बल्कि एक सात्विक किस्म का आनन्द मिलता था, जिसके लिए फिर पैसे लेना उस क्षण उचित नहीं लगता था।

यतीन्द्र मिश्र

एक महान संगीतकार आर.सी. बोराल साहब हुए, उनके लिए आपके क्या विचार हैं?

लता मंगेशकर

जी हाँ, उनकी एक फ़िल्म मैंने गायी थी। आर.सी. बोराल को देखिए, कितने पुराने डायरेक्टर थे वो। न्यू थियेटर्स के ज़माने के। वे कम म्युजिक करते थे पर हर बार वह बेहतरीन होता था। उन्होंने सहगल साहब के साथ कितने अच्छे गाने रचे हैं। उनका तलत महमूद साहब के साथ बहुत अच्छा रिश्ता था और तलत महमूद ने उनकी तमाम फ़िल्मों के लिए बहुत ही स्तरीय गाने गाये हैं। मेरी फ़िल्म शायद 'श्री चैतन्य महाप्रभु' थी, अगर मैं गलत नहीं हूँ, जिसके लिए मैंने बोराल साहब के निर्देशन में गाया था। गाना मुझे अच्छी तरह याद नहीं है। क्या आपको याद है वह कौन सा गाना था?

यतीन्द्र मिश्र

आपको फ़िल्म बिल्कुल सही याद है, जो 1953 में प्रदर्शित हुई और उसके गीतकार पण्डित भरत व्यास थे। उसमें तीन गाने आपके सोलो थे, जबकि दो गीतों में पुरुष स्वर भी साथ था। हालाँकि एक ही गाना सर्वाधिक चला, जिसके बोल हैं– 'कजरारे नैना छुप-छुप घात करें'।

लता मंगेशकर

करेक्ट। मुझे याद नहीं था, पर अब ध्यान आ गया है।

यतीन्द्र मिश्र

अभी तक जिन संगीतकारों पर हमने बात की है, मसलन– बुलो सी. रानी, हंसराज बहल, लच्छीराम तमर, विनोद, नाशाद, सरदार मलिक, वी. बल्सारा, और सुधीर फड़के... और जिन लोगों पर बात नहीं की, जैसे पण्डित गोविन्द राम, स्नेहल भाटकर, भोला श्रेष्ठ और धनीराम जैसे संगीतकार। इनमें सबसे ज़्यादा प्रतिभावान संगीतकार आपको कौन लगता था? ऐसा कलाकार, जो इन सबसे अलग और कुछ अतिरिक्त योग्यता रखने व काम पाने का वाज़िब हकदार था?

लता मंगेशकर

वैसे तो सभी की स्टाईल अपनी-अपनी थी, जो अलग से सारे लोगों में ठीक लगती है, पर मुझे इन लोगों में तो विनोद लगता था। वह अच्छा था और थोड़ा अलग सा संगीत बनाता था। हालाँकि विनोद उसी दौर के संगीतकार हैं, जब मेरी भी शुरुआत थी। ऐसे में अकसर मैं सिर्फ़ गाना गाती चली जाती थी। मुझे ध्यान ही नहीं होता था कि किस संगीतकार ने अलग से अपनी एक अनूठी पहचान बनायी हुई है। वह कौन है जो नयी लीक पर चलना चाहता है। मैं ख़ुद ही गा रही थी और सीख रही थी। मेरी स्टाईल बननी बस शुरू ही हुई थी, तब ऐसे में इतने सारे लोगों की कला पर खुलकर कुछ आलोचना कर पाने में स्वयं को मैं समर्थ नहीं मानती हूँ। पर बाद में, अब जाकर इन लोगों के बनाये हुए कामों को देखकर तो यही लगता है कि विनोद इन सब में अलग थे और कुछ नया करने के लिए जोखिम लेने से भी डरते नहीं थे।

यतीन्द्र मिश्र

आपने कई बार यह स्वीकारा है कि 'चाचा ज़िन्दाबाद' का गीत 'बैरन नींद न आये' ही अकेला ऐसा गीत है, जो आपको गायिकी के लिहाज़ से बिल्कुल शुद्ध व सही लगता है। इसके पीछे कोई ख़ास वजह या तर्क?

लता मंगेशकर

नहीं, ऐसी कोई वजह नहीं है, जो मैं आपको दे सकूँ। अपने गाये हुए गानों में मुझे यह सुनकर लगा कि मैंने इसे बिल्कुल ठीक ढंग से अंजाम दिया है। मसलन कई बार मुझे अपने गीतों को सुनकर यह लगा, कि इसमें मैं थोड़ी बेहतर तान ले पाती तो अच्छा होता या सुर को थोड़ा और नीचे से उठाया होता, तो ठीक रहता। यह गीत मुझे इस तरह की दिक्कतों से दूर लगता है, इसलिए मैंने ऐसा कहा था। आपको एक सच्ची बात बताऊँ, जब भी किसी फ़िल्म में मेरा सेमी-क्लासिकल गाना आता है, तो मुझे अच्छा ही लगता है। मतलब कोई अगर उसको तरीके से रखे, ढंग से बनाये, तो वो मुझे अच्छा लगेगा। मदन भैया ने तो इतने सारे अच्छे गीत बनाये हैं, कि उनको गिनाना आसान नहीं। मैं इस बारे में यह भी कहना चाहूँगी कि गाने का मूड और रेकॉर्डिंग का मूड भी कई बार गानों को बड़ा और बेहतरीन बना देता है।

यतीन्द्र मिश्र

आपकी संगीत-यात्रा का जो पूरा बाना है, उस संस्कृति में जो चीज़ अलग से रेखांकित किये जाने योग्य है, उसमें यह बात प्रमुखता से उभरती है कि आपने कभी अश्लील या गलत आशयों को सन्दर्भित गाने नहीं गाये। बहुत हद तक आपने मर्यादा का पुनर्वास किया उस फ़िल्म इंडस्ट्री में, जहाँ कुछ भी चलता था, बस उसके होने की शर्त केवल लोकप्रियता या बाज़ार से निर्धारित होती थी। ऐसे में वह कौन सी बात है, जो आपको ऐसा करने के लिए प्रेरित करती थी?

लता मंगेशकर

जहाँ तक मेरा सवाल है, मैंने हमेशा अपनी शर्तों पर इस इंडस्ट्री में काम किया है। मुझे शुरू से ही जो संस्कार मिले थे, उसमें एक बात पहले से ही तय हो चुकी थी, कि मैं जो भी करूँगी, उसका स्वरूप और सीमाएँ क्या होंगी। जहाँ तक फ़िल्मी गीतों का मामला है, तो वह किसी भी कलाकार से ज़्यादा उसके निर्देशक, संगीतकार व गीतकार पर निर्भर करता है कि वे लोग फ़िल्म की सिचुएशन के हिसाब से हमसे क्या गवाना चाहते हैं। मैंने इस माध्यम के इस सीमित दायरे को बहुत पहले ही समझ लिया था और मुझे कहीं यह लगने लगा था कि जब इस इण्डस्ट्री में मुझे लगातार रहना और काम करना है, तो कुछ चीज़ें अगर शुरू से ही साफ कर ली जायें, तो आसानी रहेगी। इसमें यह अश्लीलता वाला भी मामला था, जिसके खिलाफ मैं डटी रही और अपनी पसन्द के कुछ बेहतर शब्दावली के गीत गा सकी।

यतीन्द्र मिश्र

आपके गाये हुए अनगिनत गीतों में, अब तक का वो कौन सा गीत है, जो फ़िल्मांकन के बाद सिनेमा के परदे पर आपको सबसे ज़्यादा प्रभावी या सम्पूर्ण लगा?

लता मंगेशकर

ऐसे कई गीत होंगे। सबको तो याद कर पाना ज़रा मुश्किल है। फिर भी, मुझे अभी एक गीत याद आ रहा है। 'गाईड' का *'पिया तोसे नैना लागे रे'*। इस गाने पर हमने बड़ी मेहनत की थी, फिर दादा (एस.डी. बर्मन) के द्वारा कराये गये कठोर रिहर्सल और उनके अनूठे संगीत ने इस गाने को पिक्चराइज़ होने से पहले ही हम सभी के लिए कुछ ख़ास बना दिया था। यह नृत्य गीत

सामान्य गीतों से थोड़ा लम्बा था और लगभग सात मिनट का था। फिर जब 'गाईड' रिलीज हुई और वहीदा रहमान को इस गीत के चारों अन्तरों पर इतना सधा हुआ नृत्य करते देखा, तो मन में बड़ी तसल्ली हुई कि चलो मेहनत का रंग कुछ और निखर कर सामने आया। इस गाने को विजय आनन्द ने फ़िल्माया भी बहुत सुन्दर ढंग से था। जैसा आप कह रहे हैं कि प्रभाव पैदा करने वाला, कुछ वैसा ही एहसास मुझे *'पिया तोसे नैना लागे रे'* को देखने पर हुआ था।

विजय आनन्द की यह ख़ासियत थी कि वे गीतों की परिकल्पना बेहद अनोखे तरीके से करते थे और दूसरे निर्देशकों से कुछ अलग करने की तमन्ना रखते थे। मेरे ख्याल से फ़िल्मी गीतों को बेहद ख़ूबसूरती से फ़िल्माने में जो चन्द निर्देशक रहे हैं, उनमें विजय आनन्द के अलावा महबूब ख़ान, बिमल रॉय, राजकपूर, व्ही. शान्ताराम, कमाल अमरोही, ऋषिकेश मुखर्जी और गुरुदत्त याद आते हैं। 'गाईड' के मेरे बाक़ी गीतों *'सैंया बेईमान'* और *'आज फिर जीने की तमन्ना है'* में भी यह चीज़ नज़र आती है।

यतीन्द्र मिश्र

अपनी किसी विशेष प्रिय चीज़, जिससे आपका आत्मीय या पुराना लगाव रहा हो, उसे लकी मानती हों, उसका इस्तेमाल आपने रेकॉर्डिंग के दौरान यह सोचकर किया कि इसे प्रयोग करने से मेरा गाना अच्छा होगा। मसलन कोई ख़ास पहनने की चीज़, मसलन– कोई जेवर, कोई घड़ी या विशेष साड़ी?

लता मंगेशकर

ऐसे मैंने शुरू-शुरू में बहुत किया है। मेरे पिताजी के ड्रामा की एक माला थी, जो बिल्कुल महीन धागे में हाथी दाँत की बनी हुई थी। मैं वो पहनकर जाती थी और मुझे लगता था कि यह पिताजी का है, इसलिए यह मेरे साथ रहे और मेरा काम भी अच्छा हो। बाद में वो टूट गयी, तो उसे मैंने सोने में बनवाकर सम्भाल कर रख दिया। बाक़ी कोई विशेष चीज़ ऐसी नहीं है, जिसे पहनकर मैं रेकॉर्डिंग के लिये जाऊँ। ...पर एक बात ज़रूर है कि मैं अगर गा रही हूँ और कोई नयी चीज़ पहनकर गयी हूँ। फर्ज़ कीजिए कोई घड़ी या चूड़ियाँ या कान के बुन्दे... और अगर उस दिन मेरा गाना ठीक नहीं हुआ, तो फिर वो मैं कभी नहीं पहनती हूँ। मुझे फिर उन चीज़ों से डर लगता है। यह स्वाभाविक है और मेरे हिसाब से यह सबके साथ होता होगा।

यतीन्द्र मिश्र

मुझे लगता है कि यह सब बड़े कलाकारों के साथ होता है। अकसर महान लोगों के साथ भी, जो बहुत खुले विचारों और संकीर्णता से ऊपर होते हैं, उनके यहाँ भी कुछ छोटी-छोटी चीज़ों के शकुन-अपशकुन मानने का चलन गम्भीरता से उपस्थित रहता है।

लता मंगेशकर

हो सकता है। एक मर्तबा अमेरिका में यह मेरे साथ भी हुआ था। मेरे कुल नौ शो थे और मैंने पहले दिन जो साड़ी पहनी थी, उस दिन मेरा शो बहुत अच्छा हुआ। आप कह सकते हैं कि वह बेहद कामयाब गया और शानदार रहा। फिर क्या था, उसके बाद मैं बाक़ी के आठों शो में उसी साड़ी को लगातार ड्रॉयक्लीन कराकर पहनती रही। होता यह था कि मैं उसी को धुल कर लाती थी और दूसरे शो में पहनती थी। बाक़ी की जितनी साड़ियाँ मैं लेकर गयी थी, वे सब वैसे ही भारत वापस लौट आईं। दो-तीन कार्यक्रमों के बाद आयोजकों ने पूछा कि आप बार-बार वही साड़ी पहनकर क्यों आती हैं, तो मैंने कहा इससे प्रोग्राम अच्छा होता है। यह बहुत लोगों में होता है, जिससे मैं भी दूर नहीं हूँ।

आपको एक छोटा सा किस्सा सुनाऊँ। चित्रगुप्त जी थे, एक दिन वे लंगड़ा कर चल रहे थे। मैंने उनको देखा और पूछा– 'आपको क्या हुआ है चित्रगुप्त जी? क्या पाँव में तकलीफ़ है'? कहने लगे– 'कुछ नहीं लता। मेरी चप्पल टूट गयी है और मैं वही चप्पल पहनकर आया हूँ।' इस पर मैंने कहा– 'आप टूटी हुई चप्पल क्यों पहनकर आये हैं? चलिये पहले चप्पल खरीदकर लाते हैं।' उन्होंने झेंपते हुए कहा– 'क्या है, ये चप्पल ऐसे नहीं है, यह एक विशेष चप्पल है, जिसे मैं बहुत सम्हाल कर रखता हूँ और जिस दिन इसे पहनता हूँ, मेरी रेकार्डिंग बहुत अच्छी हो जाती है।' इस पर मैंने चित्रगुप्त जी से पूछा– 'आपका चप्पल पर इतना विश्वास है, हमारे गाने पर नहीं?' तो वे हँसने लगे और मुझे भी हँसी आ गयी। ऐसा होता है और बहुत सारे लोग अपने तरीकों से कुछ न कुछ तो मानते ही हैं। (हँसते हुए)

यतीन्द्र मिश्र

दीदी, कभी दिन का पहर जब बीतता है या बदलता है, तो उस समय गायक की मानसिकता में भी क्या कोई बदलाव होता है? जैसे सुबह

हुई और धीरे-धीरे दोपहर ढलने के साथ शाम और रात आती है। ठीक इसी तरह सुबह जिस मूड के साथ कोई गायक अपना संगीत अभ्यास आरम्भ करता है, क्या दिन ढलने पर उसकी मानसिकता वही बनी रहती है?

लता मंगेशकर

जी हाँ, परिवर्तन बिल्कुल होता है। जिस तरह दिन और रात के राग बदलते हैं और उनकी स्वर-संगतियाँ भी परिवर्तित होती हैं, ठीक उसी तरह गायक की मनोदशा भी बदलती ही है। आपको मालूम होगा कि सुबह का राग अलग है और शाम का राग अलग है, ठीक उसी तरह से रात के राग भी अलग हैं। दिन के आठों प्रहरों में राग और रागिनियों का भी विभाजन बहुत अधिक हुआ है। फ़िल्मों के गाने रेकॉर्ड करने में तो यह हमारी आदत सी बन गयी है कि अकसर रेकॉर्डिंग के समय राग का उचित काल बदल जाता है। अब जैसे अधिकतर रेकॉर्डिंग रात में ही होती थी, तो सुबह के भैरव, देसकार और भूपाली भी हम लोग रात में ही फ़िल्मी धुनों पर गाते थे। दोपहर का सारंग और शाम का यमन भी इसी तरह फ़िल्मी धुनों के आधार पर गाना पड़ता था, न कि राग की समयावधि को देखते हुए। हालाँकि यह अवधारणा फ़िल्मी गीतों और सुगम संगीत पर लागू करना भी एक हद तक उचित नहीं है क्योंकि फ़िल्मों में क्या है कि एक राग कभी पूरी तरह अपना शुद्ध रूप नहीं दर्शाता, अगर वह तीन मिनट के किसी गीत में ढाला गया हो। अलबत्ता यह ज़रूर है कि कोई शास्त्रीय गायक रियाज़ के वक्त या किसी को सुनाने के लिए दोपहर का राग शाम को गा दे, तो बुरा लगता है। सुबह उठकर कोई मालकौंस गाये या शाम को भूपाली, तो मन को कष्ट होता है। यह शास्त्रीय ढंग से उसका सही निर्णय नहीं माना जायेगा। आप कह सकते हैं कि उस समय न तो वह न्यायोचित है और न ही तर्क-संगत।

यतीन्द्र मिश्र

आपके साथ कभी ऐसा हुआ है कि मन में कोई राग इस कदर बस गया कि वह कई दिनों तक आकर्षित करता रहा। इस तरह आप दिन भर उसी राग की खुमारी में रहीं और मन में उसके नोटेशन ऐसे चलते रहे कि लगा अभी इसको गा लेना चाहिए, भले ही वह समय उस राग के गाये जाने का प्रहर नहीं है?

लता मंगेशकर

ऐसा कई मर्तबा होता है। मतलब ऐसा कोई विशेष दिन अभी तुरन्त याद नहीं आ रहा है, पर कई बार ऐसा होता है जब किसी राग पर आधारित कोई धुन या स्वयं राग दिमाग में चलती रहती है। मुझे एक प्रसंग याद आता है कि एक मर्तबा उस्ताद बड़े ग़ुलाम अली ख़ाँ साहब ने राग शुद्ध कल्याण गाया था, तो कई दिनों तक बस शुद्ध कल्याण ही याद रहा। मतलब कुछ ऐसा हुआ था कि वह सुबह भी याद आ जाता था और दोपहर को भी। इसी तरह वह पूरे दिनचर्या में शामिल था और कई बार मैं उसे याद करके गुनगुना लेती थी। (हँसती हैं) एक गायक और संगीतकार के जीवन में ऐसी स्थितियाँ बनती ही हैं। इसमें बस यही देखना चाहिए कि वह क्या बात थी, जो प्रहर और रागों के उचित समय को भुलाकर सिर्फ़ उस अदायगी को आत्मसात किये हुए थी।

यतीन्द्र मिश्र

व्ही. शान्ताराम की फ़िल्मों का जो एक ख़ास तरह का संगीत है, वह बिल्कुल अलग ही लीक रचता है हिन्दी फ़िल्मों की दुनिया में। विशेषकर 'दो आँखें बारह हाथ', 'झनक-झनक पायल बाजे', 'तूफ़ान और दीया', 'जल बिन मछली नृत्य बिन बिजली', 'सेहरा', पिंजरा' और 'नवरंग' जैसी फ़िल्मों का संगीत। आप उनकी फ़िल्मों में संगीत को किस तरह देखती हैं?

लता मंगेशकर

बड़ा वाजिब प्रश्न है। शान्ताराम जी का सिनेमा एक हद तक भारतीय संस्कृति का प्रतिनिधित्व करता है, ऐसा मैं मानती हूँ। उनकी अधिकांश फ़िल्में गहरा सन्देश लिए हुए हैं, जिनमें स्टोरी भी अद्‌भुत ढंग से मिलती है। आप जानते ही हैं कि उनके यहाँ अधिकतर वसन्त देसाई संगीत बनाते थे, जो स्वयं शास्त्रीय संगीत के अच्छे जानकार थे। वसन्त देसाई मराठी सिनेमा के अभिनेता और संगीतकार जो स्वयं शास्त्रीय गायक भी थे, मास्टर कृष्णराव के सहयोगी रहे थे। इसलिए उनके संगीत में एक ख़ास किस्म का एलीमेण्ट सक्रिय था। मुझे मालूम है कि एक ज़माने में अपने समय के सबसे अच्छे तबला और सारंगी के वादकों का इस्तेमाल वसन्त देसाई ने ही अपनी धुनों के लिए किया है। फिर उनके यहाँ मराठी संगीत में अत्यन्त महत्त्वपूर्ण मानी जाने वाली 'भाव-गीत' की छाया भी कई बार दिखाई देती है। इस कारण भी वसन्त देसाई

की कम्पोजीशन्स मुझे शास्त्रीय दर्ज़े की लगती थीं और उनका स्तर भी दूसरे समवयसी संगीतकारों से भिन्न था।

शान्ताराम जी की जिन फ़िल्मों का आपने उल्लेख किया है, उनमें मुझे 'झनक-झनक पायल बाजे' सर्वश्रेष्ठ लगती है। हालाँकि हिन्दी फ़िल्मों से अधिक मराठी में बनी 'अमर भूपाली' का संगीत अविस्मरणीय रहा है। यह फ़िल्म शायद शान्ताराम जी के कॅरियर में मील का पत्थर है। 'दो आँखे बारह हाथ' में उनका संगीत काफ़ी एक्सपेरीमेण्टल था, जिसमें *'तक धुम-धुम, तक धुम-धुम'* जैसा एक बड़ा ही सुन्दर गीत वसन्त देसाई ने बनाया था। इसके अलावा मन्ना डे के साथ मेरा डुएट *'हो उमड़-घुमड़ कर आई रे घटा'* भी नये किस्म का गीत था, जिसमें संगीत की गुणवत्ता को देखा जा सकता है। कहने का मतलब यह है कि शान्ताराम जी अपनी फ़िल्मों के लिए बहुत कर्णप्रिय संगीत बनाते थे। उनका म्युजिक सेंस राजकपूर, गुरुदत्त और बिमल राय की तरह ही कुछ अलग था, जो आज भी नया और बेहतरीन लगता है।

यतीन्द्र मिश्र

आपके लिए यह कहा जाता है कि व्ही. शान्ताराम ने आपके जीवन और चरित्र से प्रेरित होकर 'तीन बत्ती चार रास्ता' जैसी फ़िल्म का निर्माण किया था। उसमें अभिनेत्री संन्ध्या द्वारा अभिनीत 'कोकिला' के किरदार में दरअसल लता मंगेशकर ही मौजूद हैं? आपका क्या कहना है?

लता मंगेशकर

ठीक कह रहे हैं। मुझे भी लोगों ने यह बताया था कि 'तीन बत्ती चार रास्ता' में संन्ध्या का जो रोल डेवलप किया गया है, वह मुझसे प्रेरित है। फिर भी एक बात कहूँगी कि शान्ताराम जी ने मुझसे सीधे ऐसी कोई बात न तो बताई और न ही पूछी थी। उन्होंने जब पूरी फ़िल्म बना ली और वह जब परदे पर देखी गयी, तब लोगों ने कहना शुरू किया कि इस चरित्र में तो मेरी झलक दिखाई पड़ती है। ....मगर आपको एक सच्ची बात कहूँ, पता नहीं क्यों लोगों को यह लगता है कि वह मुझे सामने रखकर बनायी गयी है, मगर जिस तरह का वह करेक्टर था, वैसी तो मैं नहीं हूँ।

हाँ, पर राजकपूर जी ने 'सत्यम शिवम सुन्दरम' की पटकथा मुझको ही आधार बनाकर लिखी थी। बहुत शुरू में वह चाहते थे कि मैं मुख्य किरदार को परदे

पर निभाऊँ, जिसकी आवाज़ ही पूरी पटकथा का सबसे अहम पक्ष है। मुझे यह सही नहीं लगता था, इसलिए मैंने उन्हें फ़िल्म बनाने के लिए तो नहीं रोका, पर अपने ख़ुद के जुड़ाव को साफ मना कर दिया था। मैंने उनसे तब यह कहा था कि फ़िल्म के लिए मैं अपनी आवाज़ दे सकती हूँ, मगर परदे पर आना मुझे गवारा नहीं। वे अनमने थे, लेकिन उस समय मान गये थे। बहुत बाद में अस्सी के दशक में फिर उन्होंने दोबारा से जब इसे बनाने की सोची, तो जीनत अमान से वह रोल करवाया।

यतीन्द्र मिश्र

हाँ, राजकपूर वाला प्रसंग तो सबको पता है। मैं इन दो फ़िल्मों से अलग उस एक गीत के बारे में भी आपसे जानना चाहूँगा, जिसके लिए गुलज़ार साहब हमेशा यह कहते हैं कि आपको जेहन में रखकर ही उन्होंने उसे क़लमबद्ध किया था। क्या गुलज़ार की कलम से उस गीत में पूरी तरह लता मंगेशकर का किरदार उभर सका है?

लता मंगेशकर

(जोर से हँसती हैं) बिल्कुल सही कह रहे हैं। गुलज़ार साहब ने तो कमाल का गीत लिखा है वह। (गीत की कुछ पंक्तियाँ गुनगुनाकर बताती हैं) *'नाम गुम जायेगा, चेहरा ये बदल जायेगा, मेरी आवाज़ ही पहचान है ....गर याद रहे'*। वाकई उन्होंने तो जैसे मेरे मन की भावनाएँ ही लिख दी हैं। यह गीत मेरे व्यक्तिगत पसन्द का गीत भी है। अब आप देखिए, इस गीत की तरह ही हम लोगों की ज़िन्दगी है, जिसमें आवाज़ ही पूरा वजूद बन जाया करती है। मैं उनकी शुक्रगुज़ार हूँ कि उन्होंने इतना सुन्दर गीत मुझे ध्यान में रखकर लिखा और उसे कहते भी हैं। मैं अगर ख़ुद इस गीत के बारे में कुछ कहना चाहूँ, तो इतना ही कहूँगी कि यह मेरे लिए जितना सही है, उतना ही यह सहगल साहब, मुकेश भैया और किशोर दा के लिए भी सटीक होगा।

यतीन्द्र मिश्र

खेमचन्द प्रकाश का नाम आपके साथ 'महल' के गीतों के साथ इस तरह चस्पा हैं कि उनके निर्देशन में आपकी गायी हुई दो फ़िल्मों 'ज़िद्दी' और 'आशा' (1948) के लिए हम बात ही नहीं करते। आपको इन दोनों फ़िल्मों के गीतों के सन्दर्भ में खेमचन्द प्रकाश जी के संगीत के हवाले से कोई उल्लेखनीय बात साझा करने के लिए ज़रूरी लगती है?

लता मंगेशकर

हाँ, क्यों नहीं। मैंने उनकी तीनों फ़िल्मों में गाया था, पर जहाँ तक उनकी सबसे महत्त्वपूर्ण फ़िल्म के ज़िक्र की बात है, तो वह 'महल' ही मानी जायेगी। अलबत्ता 'ज़िद्दी' का *'चन्दा रे जा रे जा रे'* को भी मैं अपने अच्छे गीतों में स्थान देती हूँ। इस गीत के अन्तरों में बिना साँस टूटे हुए जिस तरह स्थाई तक आना था, वह मुझे आज भी चुनौतीपूर्ण लगता है। फिर खेमचन्द जी की म्युजिक का तो कहना ही क्या? वह अपने में इतना दुरुस्त होता था, कि उसकी रिहर्सल भी हम लोग न जाने कितनी बार करते थे। यह सही है कि 'महल' के मेरे तीनों गाने ज़्यादा चले हैं, मगर 'ज़िद्दी' के गीत भी स्तरीयता में कहीं से कम नहीं बैठते। इसका *'जादू कर गये किसी के नैना'* भी अच्छा गीत था और किशोर कुमार के साथ मेरा पहला डुएट भी इसी फ़िल्म के लिए रेकॉर्ड हुआ था, जिसके बोल हैं *'यह कौन आया रे करके यह सोलह सिंगार'*। .... 'आशा' के गीत मुझे अभी ठीक से याद नहीं हैं, इसलिए उस पर कुछ कह नहीं सकती, सिवाय इस बात के कि मैंने इस फ़िल्म के लिए उनके निर्देशन में गाया ज़रूर था।

यतीन्द्र मिश्र

'उषा हरन' (1949) के लिए आपने पहली और अन्तिम बार उस ज़माने की अकेली महिला संगीतकार सरस्वती देवी के निर्देशन में दो गीत गाये थे, जिनमें एक गीत 'मेरे आँगन में चाँदनी चमके चमाचम' राजकुमारी जी के साथ डुएट के रूप में था। क्या सरस्वती देवी और उनकी धुनों के सन्दर्भ में कोई बात आपको महत्त्वपूर्ण लगती है?

लता मंगेशकर

गीत के बोल मुझे ठीक से याद नहीं, पर ऐसा एक गाना मुझे लगता है कि मैंने गाया था। हालाँकि सरस्वती देवी के बारे में मुझे अच्छी तरह से याद है। मतलब बहुत अच्छे ढंग से मैं उनके साथ को याद कर सकती हूँ। उनके साथ एक अच्छा तजुर्बा था क्योंकि वह अकेली महिला संगीतकार उस ज़माने में थी, जब मैं गाने के लिए इस इण्डस्ट्री में आयी। उसके पहले जद्दनबाई भी संगीतकार के तौर पर फ़िल्मों में संगीत दे चुकी थीं, मगर मेरे आने तक उन्होंने काम छोड़ दिया था। सरस्वती देवी बड़े कद्दावर ढंग की पारसी महिला थीं। बातचीत में अत्यन्त शालीन और गरिमा से भरी हुई। वे बहुत अच्छी तरह से बात करती थीं और उनकी उपस्थिति को ठीक से पहचाना जाता था।

उस समय जब अनिल विश्वास, नौशाद साहब और सी. रामचन्द्र इण्डस्ट्री में बढ़िया काम कर रहे थे, उसके पहले पंकज मलिक और आर.सी. बोराल के ज़माने से ही सरस्वती देवी का संगीत बहुत अच्छी तरह स्थापित हो चुका था। उनको संगीत की गहरी समझ थी और वह जो भी करती थीं, उस काम के बारे में उनको विस्तार से मालूम होता था। वह हमारे पिताजी के मराठी ड्रामों का संगीत भी सुन चुकी थीं, ऐसा उन्होंने मुझे बताया था।

...और सबसे बड़ी बात यह है कि मेरी भाषा को लेकर, जो पूरी तरह मराठी थी, उसमें हिन्दी की सुन्दरता लाने के लिए जिस तरह अनिल विश्वास ने भरोसा जगाया था; ठीक उसी तरह सरस्वती देवी भी मेरे दूसरे निर्देशकों के साथ बने हुए गीतों को सुनकर बड़ी बारीक़ी से यह बताती थीं कि तुम ऐसे किया करो। गीत के मुखड़े में इस तरह आगे जाओ और अन्तरे में इस तरह घूमकर स्थाई पर लौटो। मतलब बहुत छोटी-छोटी बातें वह मुझे सिखाती थीं कि ऐसे करो और ऐसे न करो। मेरी एक तस्वीर भी ऐसी है, जिसमें उस समय के लगभग सारे संगीतकार साथ बैठे हैं और सरस्वती देवी भी वहाँ मौजूद हैं।

यतीन्द्र मिश्र

सज्जाद हुसैन ने एक बार कहा था कि नूरजहाँ और लता मंगेशकर को छोड़कर सिनेमा की दुनिया में कोई गायक या गायिका नहीं है। इस पर आपकी क्या प्रतिक्रिया है?

लता मंगेशकर

यह तो उनकी प्रतिक्रिया है, वो ही जानें! अब मैं इस पर क्या कहूँ? उनको ऐसा महसूस हुआ होगा, जिसकी वजह से उन्होंने ऐसा कहा। उनकी नज़र में कोई और नहीं था या हो सकता था, इस पर मैं कुछ नहीं कह सकती हूँ।

यतीन्द्र मिश्र

सज्जाद साहब की एक महत्त्वपूर्ण फ़िल्म है 'सैंया' (1951)। आपके गाये हुए गीतों की दृष्टि से इस फ़िल्म का बड़ा महत्त्व है। आप सज्जाद हुसैन के संगीत को 'सैंया' के सन्दर्भ में किस तरह देखती हैं?

लता मंगेशकर

उसमें मेरा एक गाना बहुत अच्छा था, जिसके बोल हैं *'वो रात दिन वो शाम*

की गुजरी हुई कहानियाँ'। यह सैड सांग था, पर बहुत ही अच्छा था। मैं इतना ही कह सकती हूँ कि ऐसा म्युजिक, जो सज्जाद हुसैन बनाते थे और किसी ने बनाया ही नहीं है। वो अकेले ऐसे म्युजिक डायरेक्टर थे, जो अपने संगीत का हर एक पक्ष ख़ुद से तैयार करते थे। मतलब उनके यहाँ असिस्टेण्ट वगैरह कुछ नहीं होता था। वे अपनी फ़िल्मों में म्युजिक डायरेक्टर के अलावा उसके म्युजिक अरेंजर ख़ुद ही होते थे। यह बात मुझे उनकी बहुत अनूठी लगती है। मतलब काम का ऐसा परफेक्शन, कि जो उनका संगीतकार मन चाहता है, उसे ख़ुद से ही अंजाम देते थे। आपने 'सैंया' के गानों की बात की है, तो उसमें दो-तीन गाने और भी बहुत अच्छे थे, जिसमें *'हवा में दिल डोले मचल कर बोले'*, *'काली-काली रात रे दिल बड़ा सताये'* और *'ए ग़म के सवेरे तू ही बता'* को याद कर सकते हैं।

मैं सज्जाद साहब की 'संगदिल' के गीतों को अपने कॅरियर में एक बड़ी उपलब्धि के रूप में देखती हूँ। इस फ़िल्म के *'वो तो चले गये ऐ दिल, याद से उनकी प्यार कर'* और तलत महमूद के साथ मेरा डुएट *'दिल में समा गये सजन, फूल खिले चमन-चमन'* अत्यन्त बेहतरीन गीतों की मिसाल हैं। मेरे जितने भी दर्द भरे नग़मे अब तक बने हैं और उनको आज भी चाव से सुना जाता है, मेरे ख्याल से 'संगदिल' का मेरा सैड सांग उसमें ज़रूर ही शामिल माना जायेगा। इस गीत को मैं अपने शुरुआती दौर के अन्य दर्द भरे गीतों मसलन 'अन्दाज़' के *'उठाये जा उनके सितम'* और 'बाज़ार' के *'साजन की गलियाँ छोड़ चले'* के बराबर का मानती हूँ। इसके अलावा 'खेल' में भी उनका संगीत था, जिसके दोनों ही गीत *'जाते हो तो जाओ, हम भी यहाँ वादों के सहारे जी लेंगे'* और *'भूल जा ऐ दिल मुहब्बत का फसाना'* बेहद मधुर हैं।

यतीन्द्र मिश्र

वाकई 'सैंया' और 'संगदिल' के गीत तो आपके बेहतरीन गीतों के उदाहरण में आते हैं। ....पर मुझे लगता है कि सज्जाद हुसैन की सिग्नेचर धुन तो आपके सन्दर्भ में 'रुस्तम सोहराब' (1963) की 'ऐ दिलरुबा नज़रें मिला' को ही माना जायेगा?

लता मंगेशकर

करेक्ट, इसमें कोई दो राय नहीं। 'रुस्तम सोहराब' का तो वह सबसे बढ़िया गीत था। फिर मेरे गाए हुए सबसे जटिल गीतों में उसका स्थान है। मुझे 'ऐ

दिलरुबा नज़रें मिला' की थोड़ी ठहरी हुई अरबी शैली पर आधारित धुन ख़ास पसन्द है। हालाँकि सज्जाद साहब के लिए जो कुछ भी मैंने गाया है, वह सब अच्छी धुनों और कड़ी मेहनत व ढेरों रिहर्सलों से बनाये गये गीतों का मामला है। सज्जाद साहब के बारे में एक बात यह भी कहूँगी कि यह उस आदमी की बदनसीबी थी कि ज़्यादातर मौलिक धुनें बनाने और उतने स्तरीय गीत रचने के बाद भी रेकॉर्डिंग के स्तर पर उनकी कुछ फ़िल्मों के साथ कुछ ऐसी तकनीकी दिक्कतें हुई थीं, जिसके चलते गीतों की बेहतरी के बाद भी रेकॉर्ड उसके अच्छे ढंग से बन नहीं पाए। चूँकि वह ऐसा पुराना ज़माना था कि फ़िल्मों के लिए और बाद में रेकॉर्ड पर जारी करने के लिए हमें दोबारा एच.एम.वी. के स्टूडियो जाकर उस फ़िल्म के गीत रेकॉर्ड करने पड़ते थे। इस चक्कर में सज्जाद हुसैन को थोड़ा नुकसान यह हुआ कि एच.एम.वी. वाली रेकार्डिंग में शायद 'सैंया' का रेकॉर्ड कुछ बेहतर नहीं बन पाया था। इसलिए उस दौर में 'सैंया' का संगीत उस तरह उभर नहीं सका, जिस तरह दूसरे मशहूर संगीतकारों की फ़िल्में प्रतिष्ठित हो रहीं थीं। यह मैं उनकी बदनसीबी ही मानती हूँ, अन्यथा उनके जैसा मौलिक संगीतकार ढूँढ़ पाना आज कठिन ही नहीं, बल्कि दुर्लभ हो गया है।

यतीन्द्र मिश्र

कला की एक अलग स्वायत्त दुनिया होती है, जो अपने अर्थों में सम्भव होते हुए लगभग सम्पूर्णता के सीमान्त तक जाती है। आपके अनुसार संगीत जैसी प्राचीन और प्रदर्शनकारी कला के संसार में किन चीज़ों का महत्त्व स्थाई तौर पर बना रहता है और वे कौन सी दुनियावी बातें हैं, जिनका कोई महत्त्व नहीं होता?

लता मंगेशकर

मैंने सिर्फ़ गवैये देखे हैं, जैसे उस्ताद बड़े गुलाम अली ख़ाँ साहब थे। वो जब गाते थे, तो लगता था कि इनकी आँखों के सामने कोई और चीज़ नहीं है सिवाय म्युज़िक के। ये मुझे हमेशा लगता था कि बड़े-बड़े संगीतकारों और गुरुओं के यहाँ इस तरह का समर्पण और अपनी कला के प्रति सम्मान का भाव ही सबसे बड़ी चीज़ थी। मुझे याद है– पण्डित रविशंकर जी के ज़माने में भी ऐसा ही माहौल था, जब वे अपनी प्रसिद्धि के शिखर पर थे। आज भी मुझे यही महसूस होता है कि जब तक आर्टिस्ट ख़ुद अपनी कला में खो नहीं जाता है, तब तक कुछ हो नहीं सकता। मैं आपको अपना एक किस्सा सुनाती

हूँ। यह उस समय की बात है जब मीरा के भजनों का एल्बम 'चला वाही देस' की रेकॉर्डिंग हो रही थी। उन दिनों मैं बहुत बीमार थी और 'चला वाही देस' जब रेकॉर्ड हुआ, तब उसमें पूरे आठ दिन लगे थे। उस दौरान मैंने फ़िल्मों से सम्बन्धित सब काम बन्द कर दिये थे और सिर्फ़ 'चला वाही देस' ही रेकॉर्ड कर रही थी। जिस दिन उसका अन्तिम गाना हुआ, उसके तुरन्त बाद मैं हॉस्पिटल गयी और मेरा दूसरे दिन ऑपरेशन हुआ।

मैं आपको बता नहीं सकती हूँ कि उस दौरान मैं गा रही होती थी और मुझे इतनी मुझे तकलीफ थी, जिसको याद करके सिहरन होती है।... पर आपको मेरे दर्द की कोई एक झलक भी गाने में महसूस नहीं होगी। मैंने इतनी बीमार अवस्था में कभी भी कोई रेकॉर्डिंग या शो नहीं किया है, जिसे मैंने 'चला वाही देस' के दौरान किया। मुझे याद है उस रेकॉर्डिंग में पं. नरेन्द्र शर्मा बैठे थे और गानों को सुन रहे थे। सारी रेकॉर्डिंग हो जाने के बाद, जब मैं पण्डित जी से मिली, तो वे रो रहे थे क्योंकि उन्होंने मुझे तकलीफ़ में कराहते हुए देखा था। मुझसे बोले– 'तुमने किस हालत में गाया बेटा। कोई भी सुनकर यह जान भी न पाएगा कि इतने सुन्दर भजनों के पीछे लता कितनी तकलीफ़ से गुजरी है।' इसलिए मैं यह सोचती हूँ कि किसी कला में रहकर केवल वह कला ही याद रहती है, बाक़ी सब चीज़ें बेमानी हो जाती हैं। कोई आदमी यदि अपनी कला में बड़ा बनना चाहता है, तो उसे बाक़ी की सारी दुनियावी चीज़ों को छोड़ना ही पड़ेगा। बिना उसके कुछ नहीं होगा और यह कुछ-कुछ दैव कृपा पर भी निर्भर है कि वह ऐसा करने की भीतर से शक्ति देता है। यह बहुत नेचुरल सी बात है, जान-बूझकर बनाने से यह बात नहीं बनती।

यतीन्द्र मिश्र

यह आपने अकसर कहा है कि फ़िल्मों के लिये गीत रेकॉर्ड करने से पहले आप फ़िल्म में काम करने वाली अभिनेत्री का नाम पता कर लेती थीं। उसी के लिहाज़ से अभिनेत्री की सम्पूर्ण अदायगी और हाव-भाव को पढ़कर ही गीत को गाना पसन्द करती थीं। यह एक महत्त्वपूर्ण बात है और इसमें मैं यह जानना चाहता हूँ कि शुरुआती समय में पचास से साठ के दशक में दो तरह की अभिनेत्रियों का दौर सक्रिय था। उस समय एक तरफ नरगिस, मधुबाला, मीना कुमारी और नूतन मौजूद थीं, तो दूसरे छोर पर कामिनी कौशल, नलिनी जयवन्त और निरूपा रॉय जैसी अभिनेत्रियाँ। इन दो तरह की अभिनेत्रियों के लिये गाते हुए क्या कोई फ़र्क दिखा आपको,

जो नलिनी जयवन्त को नरगिस से या कि कामिनी कौशल को मीना कुमारी से अलग करता था?

लता मंगेशकर

यह एक वाज़िब सवाल है, क्योंकि अकसर मैं भी अभिनेत्रियों को कई तरह से देखती और समझती थी। कई बार मैंने उन सब को बिना बताए उनके किरदार को पढ़ने का प्रयास किया, जिससे उनकी पर्सनैलिटी को सटीक ढंग से रुचता हुआ गायन कर सकूँ। हालाँकि आपको यह पता होगा कि जबसे मेरा प्लेबैक का काम शुरू हुआ, उसके पहले कई अभिनेत्रियाँ ख़ुद अपने गाने गाती थीं और उन लोगों ने अच्छा गाना सीख रखा था। नलिनी जयवन्त ख़ुद गाने वाली आर्टिस्ट थीं। उन्हें मेरे प्लेबैक देने से पहले वे अपनी फ़िल्मों में ख़ुद गाती थीं। आप आश्चर्य करेंगे यह जानकर कि उनको जो गाना आता था, वह काफ़ी ठीक-ठाक था। मैं भी उस समय नयी-नयी थी, इस कारण भी नलिनी जयवन्त जैसी अभिनेत्री के लिये गाते समय सावधानी से गाने का प्रयास करती थी। कामिनी कौशल को देखिए— वे जब बात करती थीं, तो आवाज़ बहुत पतली हो जाती थी। उस दौर में मेरी आवाज़ भी बहुत पतली थी, इसलिए उन पर मेरी आवाज़ अच्छी लगती थी। बाद की सारी अभिनेत्रियाँ, जिनमें आपने मधुबाला, नरगिस और मीना जी का नाम लिया है, उनके लिये मैंने बाकायदा ध्यान देकर इस तरह गाना शुरू किया कि धीरे-धीरे यह बात संगीत-प्रेमियों के दिलों में बैठ जाये कि रेडियो पर बजने वाला यह गाना ज़रूर ही मधुबाला पर फ़िल्माया गया होगा या इस पर मीनाकुमारी ने काम किया होगा। ...तो मेरा मतलब यह है कि फिर उस हिसाब से मैं यह कोशिश करती थी कि इन सभी को मेरा गाना इस तरह सूट करे कि सुनने वाले को कुछ फ़र्क महसूस हो, तो थोड़ा अच्छा है।

यतीन्द्र मिश्र

यह तो बड़ी बारीक़ी है और इस बात को साध लेना और भी जतन का काम है। मैंने आपके सन्दर्भ में वहीदा रहमान जी का एक उद्धरण यह पढ़ा है, जो उन्होंने इसी ओर इशारा करते हुए कहा था— 'हमने अगर फ़िल्म नहीं भी देखी है, तो लता जी का गाना सुनकर यह बताया जा सकता है कि इस गीत को नूतन गाने वाली हैं या नरगिस।' यह आपकी ही बात पर मुहर लगाने जैसा है...

लता मंगेशकर

वहीदा जी ने ऐसा कहा है, तो यह मेरी ख़ुशकिस्मती है। दरअसल हर अभिनेत्री का लिप मूवमेण्ट बिलकुल भिन्न तरीके का होता है, जिस पर कई मर्तबा लोग ध्यान नहीं देते हैं। मैंने शुरू से इस बात पर ठीक से ध्यान दिया और यह कोशिश की कि कोई हीरोईन सामान्य ढंग से अपने होठों का संचालन करते हुए अगर थोड़ा सा ही मुँह खोलती है, तो गाना ऐसा गाया जाये, कि थोड़े से होठ खुलने से ही उसकी अदायगी स्पष्ट रूप से दिख सके। ठीक उसी तरह अगर कोई अभिनेत्री गीतों के बोलों, तानों और आलाप पर ध्यान देते हुए ज़्यादा बेहतर ढंग से लिप मूवमेण्ट करती है, तो उसके लिये मेरे गाने का रेंज भी बढ़ जाता है। इस लिहाज से मैं ज़्यादा खुलकर और थोड़ी बारीक़ी से भी ऐसा गीत रेकॉर्ड करा सकती हूँ, जो अभिनेत्री अपनी अदायगी से जीवन्त बना दे। बस मैंने इतना भर किया है और उसी कारण अभिनेत्रियों के मिज़ाज के मुताबिक पार्श्वगायन को अंजाम दे सकी।

(हँसते हुए) कई मर्तबा मैंने यह भी देखा है कि कुछ अभिनेत्रियाँ ज़्यादा ध्यान नहीं देतीं थीं और ऊँची पट्टी के गीतों में जहाँ ज़्यादा खुलकर गाने की गुँजाइश छिपी है, बहुत हल्का सा मुँह खोलकर अपने होठों का संचालन करती थीं। ऐसे में ठीक से संगीत जानने वालों को वह हास्यास्पद लगेगा क्योंकि जहाँ मेरा सुर खुलकर तार सप्तक में जा रहा है, वहीं अभिनेत्रियों ने अपना मुँह बन्द कर लिया है।

यतीन्द्र मिश्र

इस बात को अगर एक-दो उदाहरणों से स्पष्ट करें, तो बेहतर हो।

लता मंगेशकर

देखिए, इसके लिये तो क़रीब-क़रीब सारी अभिनेत्रियों के बारे में बात करनी पड़ेगी, तभी इस बात को ठीक से पकड़ा जा सकता है कि गाने का फ़िल्मांकन और पार्श्वगायिका का मेल उस पर सुन्दर लगना कैसे सम्भव हुआ। फिर भी एक-दो उदाहरणों से आपको बताती हूँ, जो मेरे गानों के साथ सबसे ठीक ढंग से न्याय करते हैं। जैसे, 'सीमा' फ़िल्म में नूतन ने *'मनमोहना बड़े झूठे'* को इतनी गहराई से परदे पर जीवन्त किया है कि जहाँ-जहाँ मैंने गीत में तान ली है, वहाँ पर नूतन के गले की नसें भी तान के अनुसार खिंचती और आलाप भरती नज़र आती हैं। वह सुनकर आप अन्दाज़ा ही नहीं लगा सकते कि

किस तरह नूतन ने एक शास्त्रीय गीत के साथ काम किया है। सुनकर ऐसा लगता है, जैसे मेरे गीत पर अलग से नूतन वह गीत अपने अन्दाज़ में उतनी ही शास्त्रीयता के साथ गा रही हों। इसी तरह 'अभिमान' के गीतों को आप जया बच्चन के अन्दाज़ में देखें, तो पाएँगे कि हर गीत में मैंने जिस तरह का मूड अख़्तियार किया है, वे उसी तरह हर गीत की आत्मा में उतर गयी हैं। मैंने हमेशा यह देखा है कि जया बच्चन उन कुछ चुनिन्दा अभिनेत्रियों में से हैं, जिन्होंने अपनी बेहतरीन ऐक्टिंग के अलावा मेरे हर गीत पर भी बड़ी मेहनत से काम किया है। *'अभिमान' का 'पिया बिना पिया बिना'* और *'नदिया किनारे हेराय आई कंगना'* देखिए और फिर इस बात से सहमत होइए कि वाकई वहाँ वे एक गायिका की तरह ही खड़ी नज़र आती हैं।

यतीन्द्र मिश्र

वह कौन सी चीज़ थी, जो आप अपने गानों में कभी नहीं आने देना चाहती थीं?

लता मंगेशकर

मेरी आवाज़ जैसी थी और जिस तरह के गाने मेरे लिए बनते थे, उसमें मैं सिर्फ़ इस बात का ध्यान देती थी कि मैं जो कुछ भी गाऊँ वह बहुत सहज ढंग से व्यक्त हो। कोई भी चीज़ थोड़ी सी भी अतिरिक्त अगर मेरे गीतों में झलकती थी, तो वह मैं पसन्द नहीं करती थी। मतलब मेरा गीत नाटकीयता से दूर हो और लोगों को अपना गाना लगे, इसी का ध्यान रखती थी। बेवजह की वे तमाम चीज़ें, जो कुछ लोग अपने गानों में सिर्फ़ इसलिए डालते हैं कि उससे कुछ चमत्कार जैसा पैदा हो, उसके मैं सख़्त ख़िलाफ़ थी। जितना सहज और साधारण ढंग अपनाया जा सकता है गाने के लिए, उतना ही मैं वह करने का प्रयास करती थी। जो चीज़ मेरे व्यक्तित्व को जँचती नहीं थी, वह मैं कभी भी अपने गीतों में करने का प्रयास नहीं करती थी। गीतों के भाव और बोलों की स्पष्ट वर्तनी का सटीक उच्चारण करना भी मेरे गीतों की प्राथमिकता में शामिल था। मतलब मैं धुन पर ज़्यादा विचार नहीं करती थी क्योंकि मेरा मानना था कि उसे तो ठीक से समझ-बूझकर संगीतकार ने रखा है। इसलिए धुन की सार्थकता पर कोई प्रश्न लगाने का सवाल ही नहीं उठता, लेकिन गीत बनने के बाद सुनने वाले को अगर उसके शब्दों का उच्चारण समझ में नहीं आया या कि उसके बोल गलत ढंग से उभरे, तो उसकी जिम्मेदारी मेरी बनती है। इसलिए मैं इस तरफ़ कुछ अधिक सतर्क होकर रेकॉर्ड करती थी।

यतीन्द्र मिश्र

कभी ऐसी स्थिति भी आई होगी कि कोई गाना आपके स्तर पर सोच के अनुरूप नहीं बना। उस समय क्या आपको हताशा हुई?

लता मंगेशकर

जी हाँ। ऐसा होता है, हालाँकि उसकी कोई दूसरी वजह भी हो सकती है। मतलब यह कि संगीतकार या उस फ़िल्म का संगीत ही उस बात के लिए जिम्मेदार न होकर कुछ दूसरी चीज़ें प्रभावी रही हों। ऐसे में मुझे बहुत दुःख होता है कि अरे! यह गाना तो मुझे ऐसा बताया गया था, जबकि रेकॉर्ड होने के बाद वह बिल्कुल ही बदल गया।

यतीन्द्र मिश्र

कभी जिस विचार के तहत कोई गीत विकसित किया गया है, मगर रिहर्सल व रेकॉर्डिंग के दौरान उसे संगीतकार ने आपसी सहमति से बदल दिया। ....और इस तरह एक ज़्यादा बेहतर व कामयाब गीत आप सभी को सुलभ हो सका?

लता मंगेशकर

हाँ, यह म्युजिक डायरेक्टर पर निर्भर है कि वह जैसा बनाना चाह रहे हैं, उससे अलग भी कुछ दूसरे ढंग से गीत विकसित हो जाये। यह एक सामान्य प्रक्रिया है, जो गीत के अन्तिम क्षणों तक, रेकॉर्डिंग के पहले चलती रहती है। कई बार हम लोगों को अगर कुछ सूझता है, तो सुझाव भी दे देते हैं। हालाँकि ऐसा मैं बहुत कम करती हूँ। मेरी कोशिश यही रहती है कि जैसा उन्होंने बताया है, मैं प्रयास करके वैसा ही हू-ब-हू गाऊँ। कई बार इस तरह की स्थिति में गाना हमें व्यक्तिगत तौर पर पसन्द नहीं भी आता, तो कम से कम मैं उसकी शिकायत नहीं करती हूँ। बस इतना अवश्य करती हूँ कि यह गाना जैसा वह चाहते हैं, अगर उसे थोड़ा अच्छा करके गा सकूँ, तो गाती हूँ। मेरे ख्याल से हर एक को ऐसी कोशिश करते रहनी चाहिए।

यतीन्द्र मिश्र

क्या कभी यह भी दिक्कत आई है कि जिस ढंग से आपने उसे बेहतर बनाने के लिए सोचा है, उस ढंग से संगीतकार को वह पसन्द नहीं आ रहा; तो

उन्होंने पूरी धुन का स्वरूप ही बदल दिया और आपने भी पूर्व मानसिकता को छोड़कर नये में प्रस्थान कर लिया?

लता मंगेशकर

ऐसा बहुत कम हुआ है, पर कोई-कोई म्युजिक डायरेक्टर तो यह भी कर डालते हैं। कई बार वे लोग समझाते हैं कि जैसा उन्होंने बताया था, वह आप कहीं भूल न गये हों, तो इस तरह सुर लगाएँ। अब जैसे सज्जाद हुसैन साहब थे, तो उनके बारे में यह मशहूर था कि वह अपने पार्श्व-गायकों से जो चाहते हैं, उसे पाये बगैर वह गाने की अन्तिम रेकॉर्डिंग नहीं करते थे। मतलब जिस तरह की आवाज़ और धुन की बनावट के साथ गीत की शक्ल चाहिए, उसी के अनुरूप वे अपने गायकों को बड़े धैर्य से समझाते और सिखाते रहते थे। ऐसी स्थितियाँ तो आती ही रही हैं।

यतीन्द्र मिश्र

एक बार आपने मुझसे कहा था कि जिन फ़िल्मों के लिए मैं गाती थी, उन सब के रेकॉर्ड मेरे पास आते रहते थे, लेकिन मैंने उनमें से ज़्यादातर फ़िल्में नहीं देखी हैं। ...ऐसी स्थिति में जिसमें आपने गाने तो गाये हैं लेकिन फ़िल्में नहीं देख पायी हैं, तो क्या कभी ऐसा लगा कि यह फ़िल्में कभी देखनी भी चाहिए। उन फ़िल्मों में मेरे गीत अभिनेत्रियों के किरदारों पर किस तरह फ़िल्माए गये हैं, उसे भी कम से कम एक बार तो देखना ही चाहिए?

लता मंगेशकर

नहीं, ऐसा कभी नहीं लगा। फुरसत ही नहीं होती थी। फिर हर फ़िल्म के लिए तो ऐसी भावना कभी मन में नहीं आई।

यतीन्द्र मिश्र

जैसे कभी कोई बहुत अच्छा गाना रहा हो, जो आपको गाते वक्त उतना ही अच्छा लगा हो और बाद में उसके रेकॉर्ड सुने हों, तो यह ख्याल आया कि फ़िल्म भी देख लेनी चाहिए।

लता मंगेशकर

नहीं, बिल्कुल नहीं (हँसती हैं)

यतीन्द्र मिश्र

थियेटर में जाकर जो फ़िल्में देखी हों, उनके बारे में आपका क्या कहना है?

लता मंगेशकर

हाँ, ऐसी तो बहुत सारी फ़िल्में मैंने देखी हैं। मेरा ख्याल है कि दस-पन्द्रह साल हो गये, जबसे मैंने थियेटर में जाकर देखना बन्द कर दिया है। पहले मैं बहुत जाती थी, ख़ास तौर पर अंग्रेजी फ़िल्में बहुत देखती थी। उस दौर में अपने पसन्द के विदेशी कलाकारों की फ़िल्में देखने मैं पहले शो में ही जाना पसन्द करती थी। मतलब मेरा यह शौक था। उस वक्त कोई टेलीविजन वगैरह तो था नहीं, तो हमारे लिये कोई इस तरह का अलग से मनोरंजन नहीं था। इसलिए थियेटर में जाकर फ़िल्में देखना ही मनोरंजन का एकमात्र साधन था। तब अधिकतर फ़िल्में भी अच्छी आती थीं, हालाँकि उनमें ब्लैक एण्ड व्हाइट ज़्यादा होती थीं। बचपन में पिताजी इतने सख़्त थे कि हमें जल्दी फ़िल्में देखने को नहीं मिलती थीं, पर न्यू थियेटर्स की फ़िल्मों को देखने की इजाज़त थी। उसमें भी सहगल साहब के अभिनय वाली कोई भी फ़िल्म हम आसानी से देखने जा सकते थे।

मैं पाँच-छह साल की रही होऊँगी, जब मैंने सांगली के एक थियेटर में 'माता-हारी' फ़िल्म में ग्रेटा गार्बो को देखा था। उस फ़िल्म में उन्होंने मशहूर युद्ध जासूस का रोल अदा किया था। मैं अल्फ्रेड हिचकॉक की फ़िल्में बहुत देखती थी। इनकी फ़िल्मों में थोड़े मर्डर मिस्ट्री वगैरह होते थे, इसलिए मुझे वे फ़िल्में रोमांचक लगती थीं। अगाथा क्रिस्टी के उपन्यासों पर बनी फ़िल्में भी उस दौर में मुझे अच्छी लगती थीं। विशेषकर उनकी किताब पर बनी 'डेथ ऑन द नाइल'। मुझे इनग्रिड बर्गमेन और यूल ब्राइनर की फ़िल्में काफ़ी पसन्द थीं।

यतीन्द्र मिश्र

किसी ख़ास फ़िल्म की याद है आपको?

लता मंगेशकर

इनग्रिड बर्गमैन और चार्ल्स बॉयर के अभिनय वाली 'गैसलाइट' मैंने कई मर्तबा देखी है। 'गैसलाइट' एक तरह से मेरी ऑल टाईम फेवरेट फ़िल्म है, जिसकी मैंने कुछ वर्षों पहले लन्दन से डी.वी.डी. मँगाकर अपने पास रखी है।

यह फ़िल्म मैं जब भी देखती हूँ, मुझे रोमांच होता है। इसे मैंने मैट्रो थियेटर में देखा था। आपको जानकर आश्चर्य होगा कि विदेशी फ़िल्मों में 'द किंग एण्ड आई' मुझे 'गैसलाइट' की तरह ही बेहद पसन्द है। इसे मैंने बम्बई के थियेटर में लगभग पन्द्रह-सोलह बार देखा होगा। मैं इस फ़िल्म में यूल ब्राइनर के चरित्र पर फ़िदा थी। (हँसती हैं)

मुझे याद है कि एक बार जब मैं स्टेज शो के लिए न्यूयार्क गयी थी, तो वहाँ के एक ओपेरा हाउस में मैंने 'द किंग एण्ड आई' का स्टेज शो भी देखा था। इनके अलावा जो फ़िल्म मुझे पसन्द है, वह 'साउण्ड ऑफ म्युजिक' है। एक और फ़िल्म जिसके पीछे मैं उन दिनों पागल थी, 'सिंगिंग इन द रेन' है। 'टेन कमाण्डमेन्ट्स' भी एक ऐसी फ़िल्म रही है, जिसकी मुझे अभी तक याद है। यह सब बेहद अच्छी फ़िल्मों के उदाहरण हैं, जो मुझे हमेशा से पसन्द रहे। मेरी पसन्द के हॉलीवुड के कलाकारों में पीटर उस्तीनोव, बीटी डैविस, ग्रैगरी पैक और चार्ल्स लॉटन रहे हैं। इनके अलावा मुझे जेम्स स्टीवर्ट, कैरी ग्रॉण्ट और रिचर्ड बर्टन भी पसन्द आते हैं।

मुझे जेम्स बॉण्ड की फ़िल्में हमेशा से ही मनोरंजक लगती रहीं। जेम्स बॉण्ड में भी मुझे सीन कॉनरे और रोजर मूर अच्छे लगते थे। इनके अलावा 'द गन्स ऑफ नेवरॉन', 'द मेग्नीफिसेण्ट-7', 'डा. जिवागो', ए पैसेज़ टू इण्डिया' और बेहद पुरानी 'द थ्री मस्केटियर्स' बहुत ज़्यादा अच्छी लगती हैं, जिन्हें मैंने कई-कई बार देखा है।

यतीन्द्र मिश्र

आपने 'गैसलाइट' की बात की, जो ऐसे निर्देशक जॉर्ज क्यूकॅर की बनाई हुई फ़िल्म है, जिसे 'महिलाओं का निर्देशक' कहा जाता था। उन्होंने इस फ़िल्म के अलावा कुछ और भी महत्त्वपूर्ण फ़िल्में बनाई हैं, जिनमें 'द फिलाडेल्फिया स्टोरी' (1940), 'बॉर्न येस्टरडे' (1950), 'अ स्टार इज़ बॉर्न' (1954) और 'माई फेयर लेडी' (1964) प्रमुख हैं। 'गैसलाइट' तो ऐसी रहस्य-रोमांच कथा है, जो आज भी देखने में लुभाती है....

लता मंगेशकर

आप ठीक कह रहे हैं। जिन फ़िल्मों के आपने नाम लिए, उनमें से शायद मैंने कुछ देखी हों, पर अभी याद नहीं हैं। हाँ यह ज़रूर है कि 'गैसलाइट' में

रहस्य की कथा बहुत सुन्दर ढंग से दिखायी गयी है। मुझे वह देखकर बरबस अपने यहाँ की 'मधुमती' याद आती है।

यतीन्द्र मिश्र

भारतीय फ़िल्मों में आपके पसन्द की कौन-कौन सी फ़िल्में रही हैं?

लता मंगेशकर

मैं जब छोटी थी, तब से फ़िल्में देखती रही हूँ, जो बाद में कम होता गया। पिछले क़रीब दस-पन्द्रह सालों से तो मैं घर पर ही डी.वी.डी. पर फ़िल्में देख लेती हूँ। जब मैं इण्डस्ट्री में आई थी और थोड़ा खाली वक्त मिलता था, तो अकसर अपने परिवार या दोस्तों के साथ थियेटर में जाकर फ़िल्में देखती थी। मैं 'मेट्रो' सिनेमा हॉल में बहुत बार जाती थी। वैसे, अगर कोई अच्छी हिन्दी या अंग्रेजी फ़िल्म किसी छोटे से हॉल में लगती थी, तो मैं वहाँ भी चली जाती थी। मुझे अच्छा लगता था। इस समय तो मुझे बहुत सारे नाम नहीं याद आ रहे, फिर भी जो फ़िल्में पसन्द हैं, उनमें मराठी की व्ही. शान्ताराम की बनायी 'अमर भूपाली' और भालजी पेंण्ढारकर की 'छत्रपति शिवाजी' प्रमुख हैं। मुझे बंगाली सिनेमा भी अच्छा लगता है, जिसमें ख़ासतौर पर सौमित्र चटर्जी और उत्तम कुमार की फ़िल्में मैंने काफ़ी देख रखी हैं। तमिल में शिवाजी गणेशन की कुछ फ़िल्में मुझे अच्छी लगती हैं, जिनके नाम अभी तुरन्त याद नहीं हैं।

हिन्दी फ़िल्मों में जिन्हें कई मर्तबा देखा होगा, उसमें पृथ्वीराज कपूर के अभिनय वाली 'सिकन्दर', अशोक कुमार की 'किस्मत' और दिलीप साहब की 'मधुमती' बेहद पसन्द हैं। अभिताभ बच्चन की तो लगभग सारी ही फ़िल्में अच्छी लगती हैं, जिनमें विशेष तौर पर 'त्रिशूल' का नाम लूँगी। यह जब कभी भी टी.वी. पर आती है, तो उसे देखने के लिए मैं फिर से बैठ जाती हूँ। उनकी 'शोले', 'आनन्द', 'डॉन', 'दीवार' और 'कभी-कभी' भी मुझे अच्छी लगती हैं।

अमिताभ जी के सारे काम, जो भी रोल उन्हें दिया जाये; हर तरह से वे बहुत स्वाभाविक ढंग से निभाते हैं। अब जैसे 'शोले' में उनको देखिए, तो उनकी अभिनय प्रतिभा के कायल हो जायेंगे। 'शोले' में अमिताभ जी के अलावा संजीव कुमार, धर्मेन्द्र, हेमा मालिनी और जया बच्चन– चारों ने जबर्दस्त काम किया है। ....और विलेन तो उसका था ही पूरी फ़िल्म में अलग से दिखने वाला। गब्बर सिंह के रूप में तो अमज़द ख़ान ने अमर रोल किया है। मतलब

क्या है कि यह पूरी फ़िल्म ही बहुत अच्छी थी, जिसे जितनी बार देखो, नयी लगती है और हम उस पर कितनी भी बातें कर सकते हैं।

ऋषिकेश मुखर्जी की बनाई फ़िल्मों को मैं कभी नहीं छोड़ती थी, उनकी हर फ़िल्म को एक बार से अधिक ही देखा है। मुझे उनकी 'अनुराधा' और 'अनुपमा' बेहद पसन्द हैं। लीला नायडू और बलराज सहानी के अभिनय वाली 'अनुराधा' बहुत सुन्दर फ़िल्म थी। वह फ़िल्म जितनी अच्छी थी, उसका म्युजिक भी उतना ही अच्छा था। उस फ़िल्म का सब्जेक्ट ऐसा था, कि उसका मैसेज भी मुझे बड़ा अच्छा लगता है। वह फ़िल्म एक गायिका के संघर्ष की कहानी भी है, इसलिए भी मुझे विषय के लिहाज से अपने बड़े क़रीब लगती है। ऋषि दा की 'ख़ूबसूरत' भी बड़े अच्छे सन्देश वाली फ़िल्म थी। उसमें रेखा भी बहुत ख़ूबसूरत लगी हैं। फ़िल्म का सब्जेक्ट अच्छा था और सबसे बड़ी बात है कि ऋषि दा की फ़िल्में वल्गर नहीं होतीं थीं। मुझे बिमल राय का काम बहुत पसन्द है। उनकी 'सुजाता', 'बन्दिनी' और 'देवदास' बड़ी मार्मिक फ़िल्में लगती हैं। विशेषकर, अछूत स्त्री के जीवन पर संवेदनशील ढंग से बनाई हुई 'सुजाता'। इस फ़िल्म में हरिजन लड़की के माध्यम से जो सन्देश उन्होंने दिया है, वह कमाल का है। 'बन्दिनी' में भी कल्याणी का रोल बहुत एक्सपेरीमेण्टल और संवेदना से भरा है। उनकी 'परख' फ़िल्म में भी बहुत अच्छे ढंग से लालची लोगों के बर्ताव का चित्रण किया गया है। इस फ़िल्म की स्टोरी सलिल चौधरी ने लिखी थी। सलिल दा की स्टोरी और म्युजिक दोनों ही इस फ़िल्म को बहुत सुन्दर बनाते हैं। मतलब मेरा क्या है कि कई बार सब्जेक्ट के लिए फ़िल्म अच्छी लगती है, तो कई बार म्युजिक अच्छा लगता है, इसी तरह कई बार फ़िल्म के हीरो-हीरोईन के लिए भी मैं कुछ फ़िल्में देखना पसन्द करती हूँ।

अपने यूसुफ़ भाई (दिलीप कुमार) का काम मुझे व्यक्तिगत स्तर पर बेहतरीन लगता है। उनकी 'देवदास' और 'मधुमती' के अलावा 'मुगल-ए-आज़म' को मैंने थियेटर में तीन-चार बार जाकर देखा है। उनकी एक फ़िल्म 'कोहिनूर' है, उसका संगीत देखिए! आप हैरत में पड़ जायेंगे कि किस तरह *'मधुबन में राधिका नाचे रे'* पर युसूफ़ भाई ने गले की हरकतों को दिखाने के लिए इस तरह ऐक्टिंग की है कि जब वे गीत में तान लेते हैं, तो फ़िल्म के पर्दे पर गले में नसें खिंचती हुई अपने आप दिखाई देती हैं। इस गाने में उन्हें सितार बजाना था, तो बाक़ायदा उन्होंने एक महीना तक सितार के उस्ताद को बुलाकर उसे बजाना सीखा था। 'कोहिनूर' इसलिए भी अलग से पसन्द है कि उसमें दिलीप

कुमार की कॉमेडी बहुत मार्के की है। कॉमेडी फ़िल्मों में 'पड़ोसन' ऑल टाईम फेवरेट है। इस फ़िल्म में महमूद और किशोर कुमार का जवाब नहीं। (हँसती हैं) जब भी मेरा मन हल्का करने को होता है, तो मैं 'पड़ोसन' निकालकर देखती हूँ।

मुझे हल्की-फुल्की फ़िल्में, जिसमें दुःखान्त न होता हो, ज़्यादा अच्छी लगती हैं। 'सीता और गीता', 'दिलवाले दुल्हनिया ले जायेंगे' भी मेरी पसन्द की फ़िल्मों में शामिल हैं। अभी यश जी की कुछ वर्षों पहले आई 'वीर-ज़ारा' भी मुझे पसन्द आई है। इस फ़िल्म का सब्जेक्ट अच्छा था और बड़ी संवेदना के साथ यश चोपड़ा ने इस फ़िल्म को बनाया। बाक़ी बहुत सारी और फ़िल्में भी हैं, जो अभी तुरन्त याद नहीं आ रही हैं। फिर भी यह कुछ फ़िल्में हमेशा ही मेरी पसन्द रही हैं।

यतीन्द्र मिश्र

आपने दिलीप कुमार का ज़िक्र किया, मगर आपकी पसन्द की सूची में क्या उस दौर के दो और बड़े अभिनेता राजकपूर और देवानन्द शुमार नहीं हैं?

लता मंगेशकर

नहीं, ऐसा नहीं है। राजकपूर साहब की तो हर फ़िल्म ही मील का पत्थर है। मुझे तो उनकी शुरुआत की सारी फ़िल्में, विशेषकर 'बरसात', 'आवारा', 'श्री 420', 'जागते रहो', 'बूट पॉलिश' सभी बड़ी भावना-प्रधान और मार्मिक लगती हैं। उनका 'आवारा' का सब्जेक्ट तो बहुत सधा हुआ और गहरा सन्देश रखने वाला है। फ़िल्मों में गीतों को लेकर उनके जैसा संवेदनशील व्यक्ति मैंने दूसरा नहीं देखा। वे हर फ़िल्म के एक-एक गीत के लिए कथानक से ज़्यादा मेहनत करते थे। कभी-कभार मैं हँसकर उन्हें और जयकिशन जी को चिढ़ाती थी कि सिर्फ़ हमारे गानों से ही यह फ़िल्में चलने वाली हैं क्या? (हँसती हैं)

मतलब यह कि राज साहब अपने संगीत टीम से इतनी मेहनत करवाते थे कि लगता था जैसे स्टूडियो में फ़िल्म न बनकर म्युजिक रूम में ही पूरी फ़िल्म तैयार कर ली जायेगी। उनका बाद का काम भी, ख़ासकर 'प्रेम रोग' शानदार है। जिन फ़िल्मों में उन्होंने अभिनय किया, मगर उसका निर्माण नहीं किया, उनमें भी वे बड़े संवेदनशील ढंग से उभरे हैं। आप 'छलिया', 'अनाड़ी', 'दिल ही तो है' और 'तीसरी कसम' को राजकपूर के अभिनय के लिए याद कर सकते हैं।

देव साहब भी बड़े मंजे हुए और फ़िल्मों में पूरी तरह डूबे हुए कलाकार थे। उनका काम मुझे पसन्द था। वे बेहद ख़ूबसूरत थे और अकसर बर्मन दादा के साथ हमारे रेकॉर्डिंग में आकर बैठा करते थे। हम लोग भी इस चक्कर में रहते थे कि कब देव साहब बर्मन दादा के यहाँ आकर बैठते हैं। उनको सामने से देखना भी एक ख़ूबसूरत अनुभव था उन दिनों (हँसते हुए बताती हैं)। उनका अगर मन होता था, तो अकसर म्युजिक के रिहर्सल में भी मौजूद रहते थे। वैसे तो मैंने उनके लिए कई सुरीले गाने बर्मन दादा के निर्देशन में गाए हैं, पर उन्हें मेरा गाया 'प्रेम पुजारी' का गीत *'रंगीला रे तेरे रंग में यूँ रंगा है मेरा मन'* बहुत पसन्द था। मुझे उनकी 'जब प्यार किसी से होता है', 'गाईड', 'ज्वेल-थीफ', 'हम दोनों' और 'तेरे घर के सामने' अच्छी लगती हैं। 'गाईड' तो खैर अपने समय की एक बड़ी और बेहतरीन फ़िल्म के रूप में याद की ही जाती है, पर 'जब प्यार किसी से होता है' और 'तेरे घर के सामने' का संगीत भी मुझे बहुत नये ढंग का लगता है। 'तेरे घर के सामने' के तो सारे गाने पिक्चराईजेशन के लिहाज से बहुत अलग और सुन्दर हैं। इस फ़िल्म के दो गीत– *'तेरे घर के सामने एक घर बनाऊँगा'* और *'दिल का भँवर करे पुकार'* गायिकी और फ़िल्मांकन के तौर पर मुझे बार-बार सुनने और देखने के लिए प्रेरित करते हैं। *'दिल का भँवर करे पुकार'* को तो मैंने रफ़ी साहब के सम्मान में अपने 'श्रद्धांजलि' एल्बम में भी रखा है।

देव साहब बहुत मिलनसार व्यक्ति थे। उनकी एक बात मुझे कमाल की लगती है। एक बार उनसे किसी ने पूछा– 'देव साहब! आप इतनी तेजी से चलते हैं? इसकी वजह क्या है?' इस पर वो कहने लगे– 'जब मेरी दुनिया ही बहुत फास्ट चलती है, तो हमको उसके साथ चलना चाहिए, नहीं तो हम पीछे रह जायेंगे।' यह सुनकर मुझे बड़ा ताज्जुब हुआ था। उनमें एक यह बात थी कि जब तक मैं जिन्दा हूँ, तब तक मुझे काम करना है; यह लगन बराबर बनी रहती थी। यह मुझे अच्छा लगता था। देव साहब म्युजिक के लिए ज़्यादा से ज़्यादा बर्मन दादा को ही लेते थे हर बार। उन्होंने मुझे एक बात बतायी थी कि उनके साथ बर्मन दादा कैसे काम करते थे। कहने लगे कि मुझे एक गाना बनाना था और बर्मन दादा को कोई ट्यून सूझ नहीं रही थी, तो उन्होंने ऐसा कहा कि 'देव अब हम कल मिलेंगे, कल बात करेंगे।' मतलब ऐसे कहकर वो चले गये। और आप जानते हैं क्या हुआ? बर्मन दादा का रात को दो बजे उसी दिन फ़ोन आया देव साहब के पास। उन्होंने कहा– 'देव! उठो मेरा गाना हो गया है। मैंने बहुत अच्छी धुन बनायी है। तुम्हें अभी ही यह धुन सुननी

है।' ....तो देखिए काम करने का शौक कैसा होता है लोगों का! कोई और होता तो कहता अरे कल देखेंगे, फिर सोचेंगे। ....पर उन्होंने उसी दिन रात के दो बजे तक अपनी धुन बनाकर चैन लिया। इस तरह के कितने फ़नकार होते हैं? मुझे देव साहब भी बर्मन दादा की तरह ही अपने काम में डूबे हुए और सही अर्थों में एक सच्चे फ़िल्मकार लगते थे।

यतीन्द्र मिश्र

आपने बेहद सधे हुए ढंग से साठ के दशक के इन तीनों ही महानायकों को याद किया है। इसी समय विषय परिवर्तन करते हुए आपसे कुछ व्यक्तिगत सवाल पूछने का मन हो रहा है। इस सन्दर्भ में आपके व्यक्तित्व को देखते हुए यह बात दिमाग में आती है कि आपने रंगों से हमेशा परहेज किया है। विशेषकर अपने पहनावे में भी इस बात का ध्यान रखा कि कहीं से भी रंगों की कोई भी दर्शना अभिव्यक्त न हो सके। आपकी सफेद रंग की साड़ियों पर मौजूद रंगीन धारियाँ, गुलबूटों और पल्लों का रंग छोड़कर कहीं भी रंग से दोस्ताना निभता नहीं दिखता। ऐसे में एक ख्याल मन में आता है कि आप रंगों का त्यौहार होली कैसे मनाती होंगी? होली को लेकर कोई संस्मरण या व्यक्तिगत रुचि की कोई बात जो आप यहाँ साझा करना चाहें।

लता मंगेशकर

हम तो पागलों की तरह होली खेलते थे। यह बहुत पहले की बात है, जब मेरे पिताजी जीवित थे। आजकल तो मैंने होली खेलना ही बन्द कर दिया है। पहले सारा दिन रंग खेलना और भीगना और बाद में जाकर देर शाम तक नहाना, अब यह सब सालों से अच्छा नहीं लगता है। यह जो होली पूरे देश में प्रचलित है, हम उसे होली की तरह नहीं मनाते थे। मेरा मतलब यह है कि होली के एक दिन पहले जब होली जलाते हैं और उस समय होलिका की पूजा होती है। उसमें जो प्रसाद चढ़ाया जाता है, उन तमाम तरह की मिठाइयों को होलिका में डालते हैं। नारियल भी होलिका में आखिरी में जलाया जाता है, जिसे जल जाने के बाद उसे आग से निकालकर उसे तोड़कर प्रसाद लेते हैं। वो जो राख बनती है, उसे उठाकर दूसरे दिन एक दूसरे पर डालते हैं। इसे हम लोग गुड़वड़ कहते हैं। होली के बाद पाँचवें दिन रंग पंचमी आती है, उस दिन मेरी माँ और पिताजी हम सब भाई-बहनों पर केसर घोलकर थोड़ा छिड़कते थे। माँ घर में कुछ मीठा बनाती थीं, जो भगवान को चढ़ाकर

हमें प्रसाद में खाने को मिलता था। हम सभी की अलग-अलग आरतियाँ भी माँ उतारती थीं और इस तरह हमारे घर में बचपन में होली का त्यौहार मनता था। यह होली जो आजकल प्रचलित है, इसका कोई प्रभाव हमारे घर में नहीं था।

हमारे यहाँ दशहरा और दीवाली का ज़्यादा महत्त्व था। नवरात्रि भी बहुत धूमधाम के साथ हम लोगों के यहाँ मनती है। नवरात्रि के पहले दिन हम गुड़ि पड़वा मनाते हैं, जिसका विशेष महत्त्व है। इसमें हम घर में बाहर गुड़ि बाँधते हैं और कलश स्थापना करते हैं। सूर्योदय के समय ही गुड़ि पर बताशों की माला या हार बनाकर चढ़ाई जाती है, जिसे सूर्यास्त होने तक उतार लिया जाता है और प्रसाद के रूप में घर के सभी सदस्य उसे लेते हैं। यह एक बहुत महत्त्वपूर्ण आयोजन है हमारी तरफ और ऐसी मान्यता है कि भगवान राम चौदह वर्ष बाद जब अयोध्या लौटे थे, तो हर घर में ऐसे ही बताशों की लड़ी सजाकर गुड़ि बाँधी गयी थी। महाराष्ट्र में ऐसा ही कहा जाता है। पहले दिन गुड़ि बाँधने के बाद नौ दिन तक उत्सव मनाया जाता है, जिसके अन्त में नवमी पर राम जी के जन्म की तिथि रामनवमी आती है। .....तो यह त्यौहार हम राम आगमन मानकर मनाते हैं, जबकि बाक़ी जगहों पर दुर्गा की आराधना में नवरात्र होता है। महाराष्ट्र में उस तरह नवरात्र नहीं मनता, जिस तरह गुजरात, उत्तर प्रदेश और राजस्थान में दुर्गा की आराधना में यह त्यौहार मनाया जाता है।

यतीन्द्र मिश्र

यह एक नयी तरीके की परिपाटी की मान्यता है महाराष्ट्र में, जहाँ रामजन्म को लेकर यह नवरात्र और गुड़ि पड़वा मनता है। हमारे यहाँ अयोध्या में, जिसे रामचन्द्र के जन्म का शहर भी माना जाता है में रामनवमी तो बहुत धूमधाम से मनती है, परन्तु चैत्र से अधिक शारदीय नवरात्र में राम आराधना की परम्परा निभती है। उसका एक विशेष कारण यह भी है कि इसी नवरात्र में रामलीला मंचन होता है और दसवें दिन दशहरा के रोज रावण-वध का प्रतीकात्मक पर्व, रावण के पुतले को जलाकर किया जाता है।

लता मंगेशकर

आप सही कह रहे हैं। अब सभी जगह दोनों नवरात्र में भगवती का ही पूजन का विधान प्रचलित है, जबकि हम मराठी लोग चैत्र की नवरात्र को

राम के आने के रूप में मनाते हैं और जाड़े वाली नवरात्र को भगवती की उपासना के रूप में। इसी नवरात्र में दसवें दिन दशहरा भी हम लोग उसी तरह मानते हैं।

यतीन्द्र मिश्र

हम लोग जब होली और उसके बाद पड़ने वाले नवरात्र की बात कर रहे हैं, तो मुझे फ़िल्म इण्डस्ट्री के सन्दर्भ में राजकपूर के स्टूडियो में होने वाली उस ज़माने की बम्बई की सबसे मशहूर होली का ज़िक्र ज़रूरी लग रहा है। आपकी आर.के. बैनर से लम्बे जुड़ाव के सन्दर्भ में राजकपूर की होली के बारे में कोई दिलचस्प संस्मरण सुनना चाहता हूँ।

लता मंगेशकर

उनकी होली तो बहुत मशहूर रही है। जहाँ तक मुझे याद है, मैं बहुत सालों पहले उनके लगातार हर बरस इसरार करने के चलते एक-दो मर्तबा गयी हूँ। राजकपूर जी जानते थे कि मुझे होली के रंग पसन्द नहीं हैं, फिर भी उनका बेहद मन रहता था कि उनसे जुड़े हुए लोग और मित्र होली के अवसर पर चेम्बूर उनके स्टूडियो ज़रूर पहुँचें। (हँसते हुए) मैं इस शर्त पर ही उनके यहाँ गयी थी कि राज जी आप मुझ पर रंग नहीं डालेंगे और न ही अपने बड़े से रंग खेलने वाले पौंड में कूदने को ही कहेंगे। दरअसल उनका होली मनाने का एक ख़ास स्टाईल था, जिसमें उनके स्टूडियो में मौजूद एक बड़े पौंड में रंग घोल दिया जाता था और यह एक नियम जैसा था कि रंग खेलने के अलावा बारी-बारी से हर एक आदमी उसमें कूदेगा और जो ऐसा करने से बचता या भागता था, उसे राज जी या बाक़ी के लोग जबरदस्ती उसमें फेंककर भिगोते थे।

मुझे याद है कि ऐसे ही सितारा देवी के बचकर भागने पर राज जी ने उनको जबरन उठाकर पौंड में फेंका था। सितारा जी भी क्या कमाल की महिला हैं, वे खूब नाचती थीं और होली के हुडदंग में राजकपूर के साथ बराबरी से शामिल होती थीं। मुझे उनकी होली का सबसे मजेदार पक्ष वहाँ परोसे जाने वाले तमाम प्रकार के व्यंजन लगते हैं। मैं तो जिन एक-दो होली में वहाँ गयी वहाँ सबसे मिलकर सिर्फ़ खाने के मेज की तरफ ही जाना मुझे याद है। बाप रे! कितने तरह के पकवान राजकपूर बनवाते थे। मुझे याद है कि शायद ही फ़िल्म इण्डस्ट्री का कोई छोटा-बड़ा ऐसा न रहा हो, जो वहाँ होली में मिला न हो। मैं राजकपूर को एक जिन्दादिल मेजबान के रूप में अकसर याद करती हूँ।

यतीन्द्र मिश्र

त्यौहारों की ऐसी कोई ख़ास बात, जो आपके शुरुआती जीवन में परम्परा की तरह निभती रही हो, और जिसे आपने बाद में भी पूरी आत्मीयता के साथ निभाना जारी रखा।

लता मंगेशकर

ऐसी कोई ख़ास बात मुझे याद नहीं आती। अलबत्ता इतना जरूर कहूँगी कि पचास का दशक रहा होगा, जब मैं फ़िल्म इण्डस्ट्री में नयी-नयी आई थी और मेरा काम कुछ चल निकलना शुरू हुआ था। उस दौरान मैंने कुछ सालों तक दीवाली के दिन अपने सीनियर म्युजिक डायरेक्टर्स के यहाँ मिठाई लेकर जाने का चलन शुरू किया था। आप सुनकर हैरान होंगे कि मैं ऐन दीवाली के दिन तड़के पाँच बजे ही नहा-धोकर बहुत सारे संगीतकारों के घर मिठाई लेकर पहुँच जाती थी।

एक बार बड़ा मजेदार वाकया हुआ कि मैं नौशाद साहब के घर सुबह क़रीब साढ़े पाँच बजे पहुँच गयी और जब कॉलबेल बजाया, तो उनींदे से नौशाद साहब मुझे गेट पर खड़ा देखकर डर गये। चूँकि उनके यहाँ दीवाली मनती नहीं थी, इसलिए उनको इस बात का अन्दाजा नहीं रहा कि मैं उन्हें प्रणाम करने और सौगात देने आई हूँ। वे डर कर पूछने लगे– 'लता बाई सब ख़ैरियत तो है, इतने सबेरे क्या मुसीबत आन पड़ी।' मैंने उन्हें हँसकर कहा कुछ नहीं नौशाद साहब, आज दीवाली है तो आपको बधाई देने और मिठाई पहुँचाने चली आई। इस पर वे बोले अरे इतनी सुबह क्यों परेशान हुईं। तब मैंने उनको हँसते हुए जवाब दिया कि नौशाद साहब आपके अलावा मुझे अभी दो-तीन जगह– अनिल विश्वास जी, रोशनलाल, मदन भैया और बर्मन दादा के यहाँ भी जाना है। इस पर वे लाड़ से भरकर बोले– 'हाँ। मैं बिल्कुल भूल गया लेकिन पहले बैठो चाय पियो और मुँह मीठा करो, फिर जाने देंगे।' फिर बोले 'लता तुम हम सब को मिठाई बाँट रही हो, लेकिन हम सारे संगीतकारों को मिलकर तो तुम्हें मिठाई खिलानी चाहिए, जो तुमने हमारी धुनों में इतनी मिठास घोली है।' नौशाद साहब से मैंने यही इतना भर कहा कि आप आशीर्वाद दीजिए कि आगे भी जीवन में हर दीवाली के साथ मैं और मधुर से मधुर गीत गा सकूँ।

मुझे याद है कि हमारे यहाँ पहले थाल में भरकर मिठाई और नमकीन को पड़ोस और मिलने-जुलने वालों के घरों में भेजने का रिवाज था। हमारे घर में

भेजने के लिए लड्डू बनते थे, चकरी (फीकी मांठ) व चूड़ा का नमकीन थाल में सजाकर और उसे कपड़े से ढककर भेजा जाता था। अभी यह सब बन्द हो गया है। आजकल तो थाल की जगह डिब्बे आ गये हैं और दीवाली पर बस मिठाई का या ड्राईफ्रूट्स का डिब्बा आ जाता है। जैसे-जैसे समय बीता है मेरे देखते हुए, दीवाली भी अब वैसी नहीं रही जैसी हमने बहुत सादगी के साथ बरसों पहले मनाई है। मुम्बई में दीवाली मनाने का बस एक ही तरीका है कि दे दनादन पटाखे। भड़ाभड़-भड़ाभड़। इतना कि आदमी थक जाये ऐसी हालत हो जाती है।

यतीन्द्र मिश्र

जब आप अपने कॅरियर में बेहद व्यस्त हो गयी थीं, तब दीवाली को मनाने के तरीके में कोई फर्क आया, त्यौहार को लेकर आपके पास समय उतना ही बचता रहा या नहीं?

लता मंगेशकर

जब मैं बहुत व्यस्त हो गई न, तो मैं त्यौहार के दिन भी रेकॉर्डिंग करती थी। तब इतना होश ही नहीं रहता था कि कौन सा त्यौहार आया और निकल गया। यहाँ तक कि मैं दीवाली पर भी रेकार्डिंग करती थी। अकसर संगीतकारों का दबाव रहता था कि बहुत जल्दी है, प्रोड्यूसर को भी गाने जल्दी चाहिए होते थे और त्यौहार तो याद नहीं रहता था, सिर्फ़ अपने गाने ही याद रहते थे कि आज फलाँ संगीतकार के लिए गाना है और आज फलाँ हीरोइन के लिये सैड सांग करना है। तो ये अक़सर होता था। बहुत बाद में, अरसे बाद मैं कोल्हापुर में एक किला है, जहाँ मेरा एक पैतृक घर है, वहाँ जाकर अपने बचपन के पुराने दोस्तों के साथ मिलकर दीवाली मनाती थी। और दीवाली मनाने का मतलब घर को सिर्फ़ दीयों से सजाना और ख़ूब मस्ती करना।

यतीन्द्र मिश्र

इसी से मिलता-जुलता एक मजेदार प्रश्न आपसे करना चाहता हूँ। आपने लगातार फ़िल्मों के लिए गीत गाते हुए भारतीय त्यौहारों पर आधारित गीत भी खूब गाये हैं जो बेहद मशहूर भी हुए। मसलन– जन्माष्टमी, रक्षाबन्धन, नवरात्र, भाई-दूज, होली आदि के गीत। हिन्दी पट्टी के प्रदेशों ख़ासकर उत्तर प्रदेश, मध्य प्रदेश, राजस्थान और बिहार आदि में इन पर्वों पर ये गीत पारम्परिक रूप से लगातार सालों से चौक-चौराहों और घरों

में बजते रहे हैं। क्या कभी ऐसा भी आपके मन में हुआ कि चलो आज जन्माष्टमी है और मैंने तो कृष्ण के इतने सारे भजन गाए हैं, तो उनमें से किसी को आज रेकॉर्ड पर बजाकर सुनते हैं, या घर में उत्सव का माहौल बनाने के लिए एक बार दोबारा से याद करते हैं। कभी ऐसी सहज इच्छा हुई या नहीं?

लता मंगेशकर

नहीं, मैं अपने गाने बहुत कम सुनती हूँ। कोई बजा ही रहा हो और आप वहाँ हों, तो सुनना पड़े, वह बात अलग है। मैं कोई मेरा गाना ख़ास अपने लिये बजाकर कभी नहीं सुनती हूँ।

यतीन्द्र मिश्र

कभी किसी त्यौहार पर किसी परिचित या दोस्त के घर गयी हों और वहाँ आपका वैसा ही कोई गाना बज रहा हो, ऐसा कोई अनुभव आपके जीवन में अवश्य आया होगा....

लता मंगेशकर

ऐसा कई मर्तबा हुआ है। मतलब मुझे कोई ख़ास दिन याद नहीं है कि उस बार ऐसा हुआ था, मगर मेरे साथ यह अकसर होता है कि मेरा कोई गाना बज रहा है और मैं वहाँ गयी हूँ या किसी की गाड़ी में बैठी और वहाँ मेरा गाना बज रहा हो। लोग सुनते हैं यह तो ठीक है, मगर मैं अपना गाना बहुत खुश होकर कभी नहीं सुनती हूँ। हाँ यह बात ज़रूर है कि जब कोई गाना बजता है, तो यह याद आता है कि जब इसकी रेकॉर्डिंग हुई थी, तो उस वक्त क्या हुआ था। कौन-कौन से लोग आये थे। इस गाने में रिहर्सल के दौरान मैं बहुत थक गयी थी या इस गाने में हम लोगों ने बहुत मस्ती की थी.... तो इस तरह वह रेकॉर्डिंग का दिन याद आता है। मैं उन संस्मरणों में खो जाती हूँ और यह बात मन से निकल जाती है कि वह गाना सामने बज भी रहा है।

यतीन्द्र मिश्र

यह तो एक महत्त्वपूर्ण बात है कि आपको गीत की सिचुएशन और रेकॉर्डिंग के सारे वाकये याद रहते हैं, जो एक कलाकार के लिए उसकी अपनी कला के सन्दर्भ में अनूठी बात है।

लता मंगेशकर

हाँ। (एक छोटी सी चुप्पी के बाद) सब याद तो नहीं रहता, मगर जिसने समझाया है, किसी गीत पर बहुत मेहनत करवाई है और हमने उसमें मन लगाकर अलग से कुछ काम किया है, तो वह सब गीत और उनकी ज़मीन याद रहती है। अगर भूल भी जाये, तो गीत के कान में पड़ते ही सब कुछ याद आ जाता है। अब इतने गाने गाये हैं, तो वह सब गाने याद आना मुश्किल हो जाता है। कुछ गाने ऐसे होते हैं, जो गाते वक्त मुझे पसन्द नहीं थे। वे गाने जब बजते हैं, तो मुझे बिल्कुल अच्छे नहीं लगते। मतलब कोई गाना मुझे बस यूँ ही पसन्द नहीं है, तो उसे सुनना ख़राब लगता है और अगर वह मेरे सामने बज रहा होता है, तो मैं कोशिश करके उसे बन्द करा देती हूँ। इसके पीछे किसी प्रकार का कोई वाज़िब तर्क नहीं है, बस वे मुझे पसन्द नहीं हैं।

यतीन्द्र मिश्र

त्यौहारों के सन्दर्भ में एक बात और ध्यान में आती है कि अधिकांश प्रदेशों में पर्वों व अनुष्ठानों से सन्दर्भित घर-घर गीत गाये जाने का प्रचलन रहा है। उदाहरण के लिए होली के मौके पर फाग और धमार, बिहार में छठ पूजा पर छठ के गीत, जन्माष्टमी और रामनवमी में ईश्वर के जन्म के कारण सोहर और बधावा आदि गाने का मामला। यह गीत ज़्यादातर घर और मोहल्ले की स्त्रियाँ ही गाती हैं भले ही उनमें से अधिकांश बेसुरी और बेताली हों, मगर गायन एक रिवाज़ की तरह कायम है। ऐसे में महाराष्ट्र के सन्दर्भ में आपके देखे ऐसे कौन से अवसर आए हैं?

लता मंगेशकर

(हँसते हुए) हमारे यहाँ होली और दीवाली पर तो इस तरह घरों में गीत नहीं होता। यह ज़रूर है कि विवाह के बाद जब नयी बहू घर में आती है, तब एक पूजा होती है घरों में, जिसमें पास-पड़ोस की बहुत सारी औरतें आती हैं। यह मंगलागौर कहलाता है। सारी औरतें बिल्कुल मुग्ध भाव से गीत गाती हैं और नाचती भी हैं। बिल्कुल ठेठ गँवई अन्दाज़ में यह मंगलागौर का उत्सव मनाया जाता है, मगर आहिस्ता-आहिस्ता वह भी अब ख़त्म हो रहा है। मुझे अच्छी तरह से याद है जब मैं बहुत छोटी थी, तब घर-परिवार या पड़ोस में किसी की भी शादी के बाद यह मंगलागौर मनाया जाता था और हम सभी लोग उसमें ख़ूब नाचते-गाते थे। उनमें स्त्रियाँ नौटंकी

और तमाशा की तरह भी कुछ-कुछ करती थीं। मतलब कोई कुछ भी रूप धरकर नाचता था।

यतीन्द्र मिश्र

किसी गीत में गायक को कितना दिखना चाहिए और उसे कितना छिपा रहना चाहिए। मेरा मतलब है कि क्या किसी गीत को गाते समय आपके दिमाग़ में यह रहता रहा है कि इसमें आपका कितना वजूद दिखाई पड़े और कितना हिस्सा छुपा रहे?

लता मंगेशकर

हाँ यह तो होता ही है। यह एक महीन बात है, जो आपकी निगाह में आई है। मैं भी ऐसा ही सोचती हूँ। गीत को हमेशा एक आकार या स्वरूप देकर उसे विजुअलाईज करती हूँ। अक़सर वो गाने पर भी डिपेण्ड करता है। मतलब गाना जैसा बना हो, उसमें कोशिश तो यह होती ही है कि भई हम ज़्यादा नज़र आएँ। मेरा गाया हुआ गीत आख़िरकार फ़िल्म से परे, सुनने के स्तर पर लता मंगेशकर का ही गीत लगना चाहिए।

इस लिहाज़ से अपना दिखना और थोड़ी शालीनता से दिखना ज़्यादा असरकारी होता है। पर, साथ-साथ यह भी बहुत होता है कि गीत का जो मूड है, उसे फ़िल्माए जाने की जो स्थिति-परिस्थिति है और कोई कलाकार जो फ़िल्म में एक्टिंग कर रहा है, इन सब चीज़ों पर उसको फबना चाहिए। यह लगना चाहिए कि वही कलाकार यह गाना गा रहा है, जिसे हम अभिनय करता हुआ देख रहे हैं। इस पर थोड़ा ध्यान देना पड़ता है। इसी में ख़ुद को छुपाना भी पड़ता है, जिसकी ओर आप इशारा कर रहे हैं।

यतीन्द्र मिश्र

मतलब जिस समय आपने रेकॉर्डिंग करायी है या बाद में उसे डब किया है, तो यह हमेशा दिमाग में बात चलती रही होगी कि इस तरह की प्रक्रिया के अनुसार मुझे गीत रेकॉर्ड करना है। इसमें सोचने की कई तहें और परतें काम करती होंगी। क्या कभी यह भी दिमाग में आया कि अमुक गीत को कलाकार या सिचुएशन के अनुसार नहीं वरन् अपने वजूद की प्रतिध्वनि देखने के लिए उसे बिल्कुल दूसरे ही धरातल पर ले जाकर सम्भव किया जाये। ऐसी भी सोच कभी आई आपके सामने?

लता मंगेशकर

ऐसी सोच तो नहीं आई कि मेरे वज़ूद के हिसाब से परदे पर कभी लता मंगेशकर दिखें, क्योंकि फ़िल्म माध्यम का गाना आख़िरकार वहाँ पर किरदार निभाने वाले कलाकार का ही होता है। इसलिए परदे पर इसे कौन निभाने वाला है, निम्मी, मधुबाला, नरगिस या फिर वहीदा रहमान... यह सोचकर ही हम लोग गाते रहे हैं। लेकिन यह भी इच्छा कहीं मन के भीतर मौजूद रहती है कि जब यह गीत रेडियो से प्रसारित होगा, तब फ़िल्म-गीतों को सुनने वाले कद्रदानों को वहाँ कोई अभिनेत्री नज़र नहीं आयेगी, बल्कि वह लता मंगेशकर, मो. रफ़ी या गीता दत्त को ही सुनना चाहेगा। ऐसे में हर गीत में यह सोच उसके भीतर ही मौजूद रहती है कि गाने वाला जो है, उसे थोड़ा तो नज़र आना ही चाहिए।

आपके सवाल के जवाब में एक उत्तर मुझे यह भी सूझता है कि कलाकार को पूरी तरह दिखने के लिए फ़िल्म माध्यम से अलग दूसरी विधाओं के गायन में स्वतंत्रता मिलती है। मैं भले ही अपनी फ़िल्मों के गीतों में अभिनेत्रियों के मार्फत भी जानी जाती हूँ, मगर मेरे मीरा भजन के रेकॉर्ड, ज्ञानेश्वरी, गीता और उन जैसे तमाम अल्बमों में तो पूरी तरह से लता मंगेशकर ही दिखाई व सुनाई पड़ती हैं।

यतीन्द्र मिश्र

फ़िल्म गीतों के उदाहरण से बतायेंगी इस बात को, जहाँ लता मंगेशकर से ज़्यादा प्रभावी उपस्थिति में वहाँ कोई दूसरा मौजूद है, मसलन फ़िल्म का किरदार या कोई नामचीन अभिनेत्री?

लता मंगेशकर

लगभग हर दूसरा गीत ही इसका उदाहरण होगा। लेकिन कई बार हम लोग थोड़ा एक्सपेरीमेण्ट भी करते हैं। जैसे देखिए 'मधुमती' का गीत था *'आ जा रे परदेसी'*। इसमें मैंने यह सोचा ही नहीं था कि कौन हीरोइन है और वह क्या करने वाली है। उसकी एक्टिंग वहाँ कैसी होगी, यह भी मैंने दिमाग से निकालकर अपनी एक सोच लिए हुए इस गीत को रेकॉर्ड किया था। वहाँ मैंने बस इतना किया था कि मुझे एक ख़ास तरीके से इस गीत को गाना चाहिए, भले ही वह आगे चलकर वैजयन्तीमाला पर फ़िल्माया जाने वाला है। अगर वह उन्हें छोड़कर किसी दूसरी अभिनेत्री पर भी फ़िल्माया जाता, तो उस गीत की शैली और गाने की तैयारी मेरे मूड को बदलने वाले नहीं थे। मगर ऐसे उदाहरण कम होंगे, मेरे खुद के गाये गीतों में।

यतीन्द्र मिश्र

यह बात जो आप कह रही हैं कि एक विचार के तहत किसी ख़ास ढंग से आपने 'मधुमती' का यह गीत गाया था। मैं आपसे पूछना चाहता हूँ कि यह प्रक्रिया क्या आपके रहस्य-प्रधान गीतों (हॉन्टिंग सांग्स) पर लागू नहीं होती? उदाहरण के तौर पर– 'कोहरा', 'बीस साल बाद' और 'वो कौन थी' के गीतों में, जहाँ अभिनेत्री के मनोभावों को समीप से नहीं फ़िल्माया गया है, बल्कि रहस्य का वातावरण संजोने में नायिका के लांग शॉट लिये गये हैं?

लता मंगेशकर

ठीक पकड़ा आपने। एक हद तक किरदारों से अलग हटकर सिचुएशन को दिखाने वाले गीतों में पार्श्व गायकों-गायिकाओं को यह आज़ादी रहती है कि वे अपनी तरफ से भी अलग से गीतों में कुछ जोड़ सकें, भले ही वह अभिनेता या अभिनेत्री के किरदार से मेल खाता हो या नहीं। 'कोहरा' के गाने में मुझे सिचुएशन मालूम थी कि वो गाना *'झूम-झूम ढलती रात'* जो औरत गा रही है, वो शराब पीकर गाते हुए जा रही है अपने घर में। इस तरह वह रास्ते में गा रही है। फ़िल्म में वह औरत दूर से सिर्फ़ नज़र भर आती है। उसकी शक्ल और चेहरे के भाव वगैरह दिखते नहीं हैं परदे पर... यह मुझे पहले से मालूम था। अब यहाँ मुझे पर्याप्त छूट मिल गयी कि मैं गीत को किसी भी दिशा में कैसा भी मनोभाव रचते हुए मोड़ सकती हूँ। फिर वह गाना मैंने थोड़ा ऐसा गाया है कि वह शराब पी हुई औरत का गीत लगे, जो पास से दूर होती जा रही है। तो, यह प्रभाव डालने के लिहाज़ से और अभिनेत्री के चेहरे पर अपने पसन्द का भाव रचने के फेर में मैंने 'कोहरा' का यह गीत गाया है।

ठीक इसी तरह, 'बीस साल बाद' के *'कहीं दीप जले कहीं दिल'* में अभिनेत्री दिखती नहीं है, बस उसका अक्स है या फिर सिचुएशन की एक रहस्य भरी कड़ी रची गयी है। ऐसे में पूरे गीत में ही मैं दिखाई पड़ूँगी आपको, अभिनेत्री नहीं। वहाँ भी इसी तरह से मैंने गीत को विस्तार दिया था। *'नैना बरसे'* (वो कौन थी) में भी अभिनेत्री दूर पहाड़ों में खड़ी है, जहाँ से गायिका की आवाज़ आती है। तक़रीबन यही बात मैंने बाद में 'पूनम की रात' के गीत *'साथी रे तुझ बिन जिया उदास रे'* और 'टावर हॉउस' के *'ऐ मेरे दिले-नादां, तू ग़म से न घबराना'* में भी डालने का प्रयास किया था, जो मैं इस तरह के गीतों में पहले करती रही थी।

रही बात 'महल' के *'आयेगा आने वाला'* की, तो वह पूरा मामला ही अलग था। उस वक़्त मैं नयी-नयी थी। मुझे यह बिल्कुल मालूम नहीं था कि कौन हीरोईन है और क्या गाना चाहिए? उस समय मैंने अपने हिसाब से उसको गाया था और वैसा ही एक्सप्रेशन देने का प्रयास किया, जैसा संगीतकार ने मुझे बताया था। दरअसल आप जिन हॉन्टिग सांग्स की बात कर रहे हैं, उसमें यह देखना चाहिए कि उन गीतों में हीरोईन का कोई अस्तित्व नहीं होता, बल्कि पूरे फ़िल्म को एक रहस्य से बाँधे रखने के लिए ऐसे गीतों को बनाया जाता है। यही इन सारी फ़िल्मों में रहा है, जितना मैं समझ पायी।

यतीन्द्र मिश्र

ये आपने सुन्दर बात कही है कि रहस्य-प्रधान गीतों में अभिनेत्री का कोई अस्तित्व नहीं होता, जिससे वह पूरा परिवेश ही एक किरदार बनकर गीतों में उभर आता है।

लता मंगेशकर

जी। मुझे तो ऐसा ही लगता है।

यतीन्द्र मिश्र

इस लिहाज़ से बहुत सारे ऐसे गीत भी बने हैं, जिनको अक़सर पार्श्व (बैकग्रॉउण्ड) में फ़िल्माया गया। ...अगर यह सिचुएशन आपको बता दी जाती रही होगी, तो वहाँ भी आपने गाने की वही प्रक्रिया अपनाई होगी?

लता मंगेशकर

जी हाँ। मतलब मुझे फिर यह नहीं सोचना है कि यह किस पर फ़िल्माया जाना है, बल्कि एक बात मुझे यह ज़रूर सोचनी पड़ती है कि गीत के बोल क्या हैं? बोलों में क्या मनोदशा रची गयी है, जिसे दिखाया जाना है। गीत अगर बैकग्राउण्ड में जायेगा, तो यह पता करके गाना दुरुस्त होगा कि यह परिस्थिति दुःख और वेदना की है या फिर ख़ुशी और आनन्द की। यह ज़रूर देखना पड़ता है कि सिचुएशन क्या दी जा रही है और उसके अनुसार गीत में मौजूद कोई शब्द कैसे कहना चाहिए। किस अनुपात में कहाँ कितना जोर देना है और कितने हल्के से शब्द को छूकर निकल जाना है।

यतीन्द्र मिश्र

कई बार यह भी होता होगा कि मनःस्थिति दूसरी है, पर गीत की रेकॉर्डिंग को बिल्कुल उलट धरातल पर सम्भव करना है। जैसे, मन बहुत उदास है। उस दिन मूड किसी बात से ख़राब है लेकिन रेकॉर्डिंग जिस गीत की होनी है, उसमें अपार प्रसन्नता दिखाना है या कि बेहद शोख़ ढंग से प्रेम का इजहार करना है। ऐसे में आपने कौन सी युक्तियाँ अपनाईं कि गीत उसी धरातल पर सम्भव हुआ, जैसा अपेक्षित था।

लता मंगेशकर

मैं जैसा गीत सामने आता है, उसी तरह का परिदृश्य मन में बुनने लगती हूँ। एक बात आपको बताऊँ मैं ज़्यादातर प्रसन्न ही रहती हूँ। मेरा मूड जल्दी किसी बात से ख़राब नहीं होता और न ही मैं किसी अवसाद को बहुत देर तक खुद के ऊपर हावी होने देती हूँ। आप जानकर हँसेंगे कि मेरे ज़्यादातर दर्द-भरे गीत बेहद ख़ुशी के वातावरण में सम्भव हुए और जिन गीतों में सर्वाधिक वेदना उतरी है, उनकी रेकॉर्डिंग के समय भी मैं लगभग प्रसन्न ही रही हूँ।

मेरा क्या होता है न, आपको बताऊँ– जब गाना मेरे सामने आता है, तो मैं उस गाने के साथ अपने आपको बिल्कुल मिला देती हूँ। मैं उस वक्त यह नहीं सोचती हूँ कि बहुत खुश हूँ और अभी मुझे दुःख का गीत गाना है। जो गाने के बोल हैं या जो भी मनोदशा बोल पढ़कर बन रही है, मैं वैसा ही गाने की कोशिश करती हूँ और उस परिस्थिति को अपनी मानसिक बुनावट में गाते वक्त रच लेती हूँ।

यतीन्द्र मिश्र

उस्ताद बिस्मिल्ला ख़ाँ की शहनाई पर तिरता हुआ एक सुन्दर गीत है 'दिल का खिलौना हाए टूट गया' (गूँज उठी शहनाई, 1959)। इस गीत के सन्दर्भ में उस्ताद के साथ आपके सहकार को जानना चाहूँगा, हालाँकि फ़िल्म के संगीतकार वसन्त देसाई रहे हैं। यह भी प्रश्न स्वाभाविक ढंग से उठता है कि उत्सव, मंगलाचरण और प्रभाती की मंगल-धुन बिखेरने वाली शहनाई के साथ इस दर्द-भरे गीत का भला क्या रिश्ता हो सकता है?

लता मंगेशकर

यह तो यादों का कारवाँ है.... आप जितना पूछते जायेंगे, मुझे उतनी ही पुरानी चीज़ों को याद करके अच्छा लगेगा। बहुत सारी बातें तो अब मैं भूल गयी हूँ, मगर कुछ यादें तो आज भी बिल्कुल तरोताजा हैं। जहाँ तक मुझे ध्यान है बिस्मिल्ला ख़ाँ साहब ने शायद मेरे साथ बजाया नहीं था इस गीत में, बल्कि उनकी धुन पर यह गीत रचा गया था। यह उनका अपना बनाया गीत था, जो फ़िल्म में लिया गया। दरअसल इस फ़िल्म के पूरे संगीत में वसन्त देसाई ने ख़ाँ साहब से टुकड़ों-टुकड़ों में कई नायाब चीज़ें बजवाई थीं और गीतों के लिए भी शहनाई का प्रयोग और उनकी धुनों को आधार बनाया गया था।

हाँ यह ज़रूर है कि ख़ाँ साहब इस बात से बहुत खुश हुए थे कि लता बाई ने उनकी धुन पर गाना गाया था। यह सही है कि गीत बहुत दर्दीला और ऊँची पट्टी पर जाता है, मगर इस सवाल का जवाब तो ख़ाँ साहब ही दे सकते हैं कि शहनाई से उन्होंने दर्द-भरी धुन ही क्यों बनाई? मैं यह मानती हूँ कि यह गाना जितना मेरा है, उतना ही वह उनका भी है। (तरन्नुम में गीत की कुछ पंक्तियाँ गाती हैं)–

दिल का खिलौना हाए टूट गया
कोई लुटेरा आ के लूट गया... हाए
दिल का खिलौना हाए टूट गया...
हुआ क्या कुसूर ऐसा सैंया हमारा
जाते हुए जो तूने हमें न पुकारा
उल्फ़त का तार तोड़ा
हमें मझधार छोड़ा
हम तो चले थे ले के तेरा ही सहारा
साथी हमारा हमसे छूट गया
दिल का खिलौना हाए टूट गया...।

यतीन्द्र मिश्र

इसी समय पं. पन्नालाल घोष को भी याद करना चाहिए, जिनकी जुगलबन्दी में आपने 'बसन्त बहार' (1956) का वह अप्रतिम गीत स्वरबद्ध किया है– 'मैं पिया तेरी तू माने या न माने'।

लता मंगेशकर

जी बिल्कुल। वह गीत तो मेरी भी पसन्द में शामिल है। पण्डित जी ने इतने सुन्दर ढंग से इस गीत की धुन में मेरा साथ दिया था कि बहुत प्रसन्न भाव से यह गाना मैं रेकॉर्ड कर पाई। उस गीत में लगता है जैसे दो गायिकाएँ मौजूद हैं। एक मैं और दूसरी पन्ना बाबू की बाँसुरी। (थोड़ा भावुक होते हुए)... यतीन्द्र जी, मैं कितनी भाग्यवान हूँ कि इतने बड़े-बड़े फ़नकारों के साथ गाने का अवसर पा सकी हूँ। इन सबका मुझे इतना आशीर्वाद मिला है कि बता नहीं सकती। कई बार मुझे यह भी लगता है कि मैं जितनी पुरस्कृत हुई हूँ, उससे ज़्यादा ऐसे बड़े कलाकारों की सोहबत में उपकृत भी हुई हूँ। मुझे याद पड़ता है कि अली अकबर भाई ने 'सीमा' फ़िल्म के गीत *'सुनो छोटी सी गुड़िया की लम्बी कहानी'* में मेरे गाने के बोलों के साथ सरोद बजाया था। सोचकर मन खिल जाता है कि गये ज़माने में कितने सुन्दर ढंग से एक-एक गीतों पर इस तरह मेहनत और सजावट का काम होता था। यह दोनों गीत ही जिन्हें हम याद कर रहे हैं, शंकर-जयकिशन ने बनाई थी, जिनके लिए मशहूर था कि वे लोग बहुत ज़्यादा रागों के चक्कर में नहीं पड़ते। फिर भी आप देखिए कि दोनों ही जगहों पर शास्त्रीय संगीत के दिग्गज उस्तादों को लेकर उन्होंने कितना बड़ा प्रयोग कर डाला था। मेरे लिए यह सब ईश्वर की कृपा सरीखा है। आज जो मैं बन पाई हूँ, उनमें इन उस्तादों की भी साधना का कुछ फल तो अवश्य मिला हुआ है।

यतीन्द्र मिश्र

आप इतने भावपूर्ण ढंग से इन मूर्धन्यों को याद कर रही हैं, यह सब सुनना बेहद सुखद है। इसलिए भी कि मेरी पीढ़ी के लोग यह सब जान और समझ सकें कि कैसे अपने काम की सुगन्ध बढ़ाने के लिए कृतज्ञ होना पड़ता है।

इस क्रम में तो बहुतेरे अन्य शास्त्रीय संगीतज्ञ भी रहे हैं, जिन्होंने आपके साथ संगत की है अथवा आपको अपने संगीत-निर्देशन में गवाया है। मुझे बरबस अली अकबर ख़ाँ की 'आँधियाँ', पं. रामनारायण और सामता प्रसाद 'गुदई महाराज' की 'झनक-झनक पायल बाजे', पं. रविशंकर की 'अनुराधा', ज़रीन दारुवाला की 'चित्रलेखा', पं. शिवकुमार शर्मा की संगत में 'गाईड' और तमाम फ़िल्मों के लिए उस्ताद अब्दुल हलीम जाफ़र ख़ाँ, उस्ताद रईस ख़ाँ, पं. हरिप्रसाद चौरसिया जैसे कलावन्त खड़े नज़र आते हैं।

लता मंगेशकर

सच बात है। मैं अभिभूत हूँ कि इन सब के साथ कुछ गा सकी हूँ। मुझे कई बार बेहद तसल्ली मिलती है कि फ़िल्म माध्यम में गीतों की निश्चित सीमा होते हुए भी बड़े कलाकारों के सहयोग से मैं कुछ शास्त्रीयता का अंश गाते हुए दे पाई। यह सारे नाम जो आपने लिए हैं, मेरे लिए तो बहुत बड़े स्तर पर हैं ही, फ़िल्मों को भी यह सब सुलभ हो सके, यह महत्त्वपूर्ण बात है। रईस ख़ाँ साहब का सितार बहुत सुन्दर और मीठा था। उन्होंने मेरे साथ फ़िल्मों में बहुत बार बजाया है। जब भी वे रेकॉर्डिंग में होते थे, मुझे गाते हुए अच्छा लगता था। यही बात उस्ताद अब्दुल हलीम जाफ़र ख़ाँ के साथ भी थी। पण्डित रामनारायण जी की सारंगी तो अद्भुत रही ही है, सुल्तान ख़ाँ साहब ने भी क्या ख़ूब सारंगी बजाई है फ़िल्मों में। जब भी इन सब की सोहबत के गीतों को कभी स्टेज वगैरह पर गाना पड़ा है, तो वही डर और घबराहट महसूस हुई है, जो इनके निर्देशन में उस समय रेकॉर्डिंग के वक्त गाते समय हुई थी।

यतीन्द्र मिश्र

शास्त्रीयता के ठीक उलट इसी समय नौशाद साहब के हुनर की उन धुनों को भी अलग से याद करना चाहिए, जो सीधे लोक-संगीत का आस्वाद रचती हैं। यह देखना दिलचस्प है कि एक ही समय में लता मंगेशकर जहाँ शास्त्रीय कलाकारों के साथ रागदारी के महीन शिल्प में विन्यस्त हैं, वहीं दूसरी ओर लोक-धुनों का संसार भी उनकी आवाज़ में उपस्थित नज़र आता है। आप नौशाद साहब की ऐसी तमाम धुनों को किस तरह देखती हैं?

लता मंगेशकर

नौशाद साहब चूँकि लखनऊ के थे और वहाँ अपने संघर्ष के दिनों में बरसों तक साजों की दुकान पर काम करते थे, इसलिए उनके यहाँ तो उत्तर प्रदेश का फोक मिलना बहुत लाजमी है। उन्होंने छोटी-छोटी चीज़ों से और साजिन्दों के गलों में उतरी हुई तमाम प्रचलित लोक-गीतों की बंदिशों और नोटेशन से अपने फ़िल्म संगीत को ख़ूब सजाया है। वैसे तो वो मेरे मित्र भी रहे और मैंने उनसे बहुत कुछ नया भी सीखा, पर यहाँ यह भी कहना चाहूँगी कि नौशाद साहब को सिर्फ़ लोक-संगीत के संगीतकार के तौर पर देखना अधूरी बात होगी। शास्त्र पक्ष भी उनका इतना पक्का था कि बहुतेरी फ़िल्मों में शुद्ध रागदारी के गीतों को बनाने में उनके आस-पास कोई नहीं

टिकता था। आप ग़ौर से उनकी फ़िल्मों को देखें, तो हर दूसरी फ़िल्म में एक राग आधारित गीत बहुत सुरीले ढंग से आपको मिल जायेगा। मैं उनकी इस प्रतिभा की कायल हूँ।

जहाँ तक लोक-संगीत पर आधारित धुनों की बात है, तो उसमें मुझे उनकी सबसे ज़्यादा अच्छी फ़िल्म 'गंगा-जमना' लगती है। उस फ़िल्म के दो गीत *'ढूँढों-ढूँढो रे साजना मोरे कान का बाला'* और *'ना मानूँ, ना मानूँ रे... दग़ाबाज तोरी बतियाँ ना मानूँ रे'* मुझे फोक के सबसे आदर्श गीत लगते हैं। ....और अलग से 'मुग़ल-ए-आज़म' का *'मोहे पनघट पे नन्दलाल छेड़ गयो रे'* पसन्द आता है। आपको जानकर आश्चर्य होगा कि गुलाम मुहम्मद साहब की मृत्यु के बाद 'पाकीज़ा' का बचा हुआ जो संगीत नौशाद साहब ने बनाया था, वह लोक-धुनों पर आधारित वही संगीत था, जिसमें कोठे की गलियों से आने वाली बैकग्राउण्ड ट्रैक की वे आवाज़ें थीं, जिसमें उन्होंने अवध की कजरी, ठुमरी और दादरों का रंग दिखाया था।

यतीन्द्र मिश्र

यह सही है, 'पाकीज़ा' की उन पार्श्व-ध्वनियों को ही यदि हम नौशाद साहब के लोक-संगीत का मानक बनाएँ, तो उसमें ढेरों ऐसी परतों वाली अन्तर्ध्वनियाँ शामिल हैं, जिसमें शोभा गुर्टू, बेगम परवीन सुल्ताना, शमशाद बेगम, वाणी जयराम, सुमन कल्याणपुर और मो. रफ़ी के बहाने वे कजरी, क़व्वाली, विदाई का गीत, बन्ना और दादरा रच रहे थे।

लता मंगेशकर

आपने याद किया, तो मुझे अच्छा लगा कि नौशाद साहब के इस तरह के काम का एक स्थायी महत्त्व रहा है। मैंने नौशाद साहब के लिए ही अवध की प्रचलित लोक-धुन पर वह विदाई का गीत *'प्यारे बाबुल तुम्हारी दुहाई'* गाया था 'पाकीज़ा' में, जो सिर्फ़ रेकॉर्ड पर ही रिलीज किया गया था। इसके अलावा मेरे कुछ और गीत भी उसमें शामिल थे, जिसमें *'पी के चले ये चले हम हैं शराबी'* भी मुझे पसन्द है।

नौशाद साहब के गीतों को गाते हुए यह विभाजन अपने आप समझ में आता था कि वे गायक कलाकार से क्या चाहते हैं। एक बात मुझे याद है जो मैं आपको बता रही हूँ। नौशाद साहब ने 'अन्दाज़' फ़िल्म की एक धुन बनाते समय मुझसे कहा– 'लता बाई, आपकी सहेली की तरह गाना बनाया

है, इसलिए आप उन्हीं की तरह इसे गाएँ।' मैं हँस पड़ी और जान गयी कि नौशाद साहब क्या चाहते हैं।.... और इस तरह उस फ़िल्म के लिए मैंने *'तोड़ दिया दिल मेरा'* को नूरजहाँ जी की शैली में गाया। यह उनकी बड़ी खूबी थी कि वे जो चाहते थे, गायक-गायिकाएँ उसी तरह उनको अपना अच्छा करके देने की कोशिश करते थे।

यतीन्द्र मिश्र

नौशाद साहब की बात चल रही है, तो उनकी कम्पोज़ीशन का मेरा सर्वप्रिय गीत भी आपको स्मरण कराना चाहूँगा, जो हर लिहाज़ से फ़िल्म संगीत के इतिहास का एक अनमोल मोती है। मुझे जब भी नौशाद साहब याद आते हैं, तो आपका गाया हुआ 'शबाब' (1954) फ़िल्म का गीत 'जो मैं जानती बिसरत हैं सैंया घुँघटा में आग लगा देती' याद आता है। *आपका इस पर क्या कहना है?*

लता मंगेशकर

'शबाब' के सारे गाने ही अच्छे थे। मतलब, बड़े करीने से नौशाद साहब ने शास्त्रीय रागों पर इन गीतों की धुनों को रचा था। *'जो मैं जानती बिसरत हैं सैंया'* तो मुझे भी बहुत भाता है। राग माँड को बेस करते हुए कितने बढ़िया ढंग से यह रचा गया है। मुझे दूसरे गाने, ख़ासकर *'जोगन बन जाऊँगी सैंया तोरे कारन'* और *'मरना तेरी गली में'* भी पसन्द हैं। 'शबाब' का एक गाना हेमन्त दा के साथ डुएट था, जिसके बोल मुझे बढ़िया लगते हैं। *'चन्दन का पलना रेशम की डोरी, झूला झुलाऊँ निन्दिया को तोरी'*, इस गीत की कम्पोजीशन बहुत अच्छी है। कुल मिलाकर 'शबाब' फ़िल्म के गीत जितने सुन्दर थे, उतने ही वे लोकप्रिय भी हुए। ....और अच्छी बात यह भी है कि मेरी पसन्द की ऐक्ट्रेस नूतन के ऊपर सारे गाने फ़िल्माए गये हैं, जो बोलों पर विशेष ध्यान देते हुए बड़ा ही नेचुरल एक्सप्रेशन गीतों में देती थीं। लगता था जैसे किसी और ने नहीं, खुद नूतन ही परदे के पीछे स्टूडियो में भी यह गीत रेकॉर्ड कराकर आई हों। आपसे मैं सहमत हूँ कि नौशाद साहब को 'अन्दाज़', 'बैजू बावरा', 'मुगल-ए-आज़म', 'मदर इण्डिया' और 'गंगा-जमना' के लिए तो याद किया जाता ही है, पर संगीत के लिहाज़ से उनको 'शबाब', 'अमर', 'सोहनी महीवाल' और 'उड़न खटोला' के लिए भी उतनी ही ख़ूबसूरती से हमेशा याद किया जायेगा।

यतीन्द्र मिश्र

शुद्ध रागदारी के सन्दर्भ में यदि हम संगीतकारों की बात करें, तो आप किनको शुरुआती पायदान पर रखती हैं। विशेषकर पहली, दूसरी और तीसरी सीढ़ी पर... ।

लता मंगेशकर

अनिल विश्वास, एस.डी. बर्मन, मदन मोहन, नौशाद साहब ये सब लोग... और किसी हद तक ख़य्याम साहब को रखना चाहूँगी, जो रागदारी को गम्भीरता से बरतते हैं।

यतीन्द्र मिश्र

मुझे लगता है कि एक नाम, रोशन साहब का भी इसमें होना चाहिए।

लता मंगेशकर

हाँ! रोशनलाल को मैं भूल गयी। वे बेहद अच्छे संगीतकार थे, उनकी रागदारी पर पकड़ इसलिए भी दिखाई देती है कि उन्होंने मैहर के विख्यात बीनकर उस्ताद अलाउद्दीन ख़ाँ साहब से भी सीखा हुआ था। वे इतनी बढ़िया दिलरुबा बजाते थे, जिसका जवाब नहीं। हालाँकि उन्हें सारंगी और हारमोनियम का भी बख़ूबी ज्ञान था। वे अकेले ऐसे संगीतकार हैं, जिन्होंने मुझसे रागों की बन्दिशों को भी जस का तस गवाया। जैसे यमन की बन्दिश *'सखी ए री आली पिया बिन'* को 'राग-रंग' में और गौड़ मल्हार की बन्दिश *'गरजत बरसत भीजत अइलो'* को 'मल्हार' में। इसी तरह 'चित्रलेखा' का गीत *'ए री जाने न दूँगी'* को साहिर साहब से लिखवाकर गवाया था, जो राग कामोद की बन्दिश को आधार बनाकर लिखी गयी और उसी राग में कम्पोज़ भी हुई।

यतीन्द्र मिश्र

रोशन साहब ने और भी बहुत सुन्दर गाने आपके लिये बनाये हैं।

लता मंगेशकर

जी। बेहद सुन्दर गाने। ख़ासकर– 'नौबहार', 'ममता', 'ताजमहल', 'ज़िन्दगी और हम', 'बहू बेगम', 'चित्रलेखा', 'राग-रंग', 'टकसाल', 'आरती', 'मल्हार' और 'अनोखी रात' के गाने।

यतीन्द्र मिश्र

मुझे लगता है कि वे बड़े मुकम्मल संगीतकार रहे हैं, जिनका एक बड़ा पक्ष ग़ज़ल कम्पोजीशन को भी जाता है। हमारे यहाँ ग़ज़ल बनाने के लिए नौशाद साहब और मदन मोहन जी को ही अधिक श्रेय दिया जाता है, जबकि यदि गम्भीरता से आकलन किया जाये, तो रोशन साहब और ख़य्याम भी उसी श्रेणी में खड़े नज़र आयेंगे। रोशन की संगीतबद्ध फ़िल्मों, विशेषकर– 'बरसात की रात', 'ताजमहल', 'बहू बेगम', 'दिल ही तो है', 'ममता' और 'बाबर' आदि में उनकी ग़ज़लों का मेयार देखने लायक है। आपका इस बारे में क्या सोचना है?

लता मंगेशकर

बिल्कुल ठीक कह रहे हैं। उनकी ग़ज़लें उतनी ही महत्त्वपूर्ण हैं, जितनी कि मदन भैया या नौशाद साहब की। इनमें उन क़व्वालियों को भी जोड़ना चाहिए, जो उनको अलग से एक बड़े संगीतकार का दर्जा देती हैं। 'बरसात की रात', 'ताजमहल', 'बहू बेगम' और 'दिल ही तो है' की उनकी कम्पोज़ की हुई क़व्वालियों को भुलाना मुश्किल है। यह एक संयोग ही है कि इन सारी फ़िल्मों में मैंने उनके लिये गाया है, पर एक भी क़व्वाली में, मैं मौजूद नहीं हूँ।

यतीन्द्र मिश्र

दीदी, आपको क्या लगता है कि आने वाला समय... मतलब आगे पचास साल बाद का जो समय होगा, अगर वह सिनेमा के लिए बेहतर हुआ, तो उसमें किस तरह की आवाज़ों के लिए जगह होगी। मेरा अर्थ यह है कि वह गम्भीर या पाटदार आवाज़ का समय होगा या कि गमकदार या नितान्त सुरीली आवाज़ का? यह पूर्वानुमान लगाने जैसा है, फिर भी आपसे पूछना तो हर लिहाज से जायज ठहरता है।

लता मंगेशकर

यह तो यतीन्द्र जी, वो समय ही बतायेगा कि किन आवाज़ों का दौर होगा! यह मेरा अनुमान है कि वह समय इस चीज़ को बदल देगा और वो ही बतायेगा कि इस वक्त के लिए यह आवाज़ें चाहिए। खैर... उस वक्त तक हम तो नहीं होंगे, जिसके लिए मैं आज कुछ कह सकूँ। फिर भी मुझे लगता है कि आगे आने वाला समय अच्छा ही होगा और उस पर ईश्वर की कृपा होगी। किस तरह की आवाज़ें आयेंगी या कैसी आवाज़ को लोग पसन्द

करेंगे, यह तो कहना बड़ा मुश्किल है। मैं यही प्रार्थना कर सकती हूँ कि सच्चे सुर और गहरी साधना वाले लोगों का समय आए और उन्हें लोगों का भरपूर प्यार भी मिले।

यतीन्द्र मिश्र

अगर आपसे पूछा जाये कि आप किस तरह की आवाज़ को प्रश्रय देना चाहेंगी, यदि आप पचास बरस बाद कोई गायक-गायिका चुनती हैं। आपकी निगाह में उस समय वह कौन होगा, जिसकी तरह की आवाज़ को आप नये समयों में आने देना चाहेंगी?

लता मंगेशकर

देखिए, जहाँ तक स्त्री-स्वर की बात है, तो उस आवाज़ के लिए तो मैं यह निर्णय आप पर छोड़ती हूँ। आप चुनें कि किस आवाज़ को पचास साल बाद भी यहाँ मौजूद होना चाहिए। (हँसती हैं)। रही पुरुष-स्वर की बात, तो आगे आने वाले समय के लिए मैं किशोर कुमार की आवाज़ चाहूँगी। लड़कों की आवाज़ है, तो निश्चित ही किशोर कुमार टाईप आवाज़ पर मेरा ज़्यादा जोर रहेगा।

यतीन्द्र मिश्र

आपने मुझ पर एक निर्णय छोड़ा है, तो अपनी छोटी हैसियत की गुस्ताख़ी की मुआफ़ी माँगते हुए यही चाहूँगा कि हर नयी शताब्दी, लता मंगेशकर की आवाज़ से नित नूतन और सुरीली होती रहे। मेरे लिए... और मेरे जैसे लाखों करोड़ों प्रशंसकों के लिए एक आपकी आवाज़ ऐसी है, जिसमें हम जीवन के तमाम पलों में उसका भरा-पूरा होना महसूस करते हैं। आपकी आवाज़ की उपस्थिति से शायद कोई भी शताब्दी वंचित रहना नहीं चाहेगी। वह उसका भी दुर्भाग्य होगा...

लता मंगेशकर

शुक्रिया। आपका और मेरे तमाम चाहने वालों का, जिनके लिए मैं कोई खुशी देने में सक्षम रही हूँ। मगर मैंने यह प्रश्न आप पर इसलिए नहीं डाला था कि आप मेरा ही नाम लें। मुझे आज भी यह लगता है कि ईश्वर ने मुझे बहुत कुछ दिया है, मगर मेरे अलावा भी कई आवाज़ें ऐसी हैं, जिसके लिए हर एक को शुक्रगुज़ार होना चाहिए।

यतीन्द्र मिश्र

इसी समय एक प्रश्न यह भी मन में उभरता है कि समय से पहले कुछ लोगों की आवाज़ें गुम हो गयीं। उनका विस्तार उस तरह नहीं हो पाया, जिसके लिए वे पूरी तरह समर्थ थे। फ़िल्मी संगीत की दुनिया में विशेष तौर पर मेरा यह प्रश्न है, जिसमें– के.सी. डे, सी.एच. आत्मा, पारुल घोष और जी.एम. दुर्रानी जैसी आवाज़ें। इनके बारे में आपका क्या कहना है?

लता मंगेशकर

देखिए, यह सब ऐसी आवाज़ें हैं, जिनकी अपनी एक ख़ास शैली रही है। मतलब यह सब कुछ विशेष आवाज़ें थीं और इन्होंने अपनी गायिकी का एक अलग ही मुकाम बनाया था। जिन आवाज़ों की आप बात कर रहे हैं, उन सब की प्रकृति इतनी विशिष्ट रही कि वह सामान्य ढंग से फ़िल्मों में नायकों के ऊपर रुचने वाली आवाज़ें शायद नहीं थीं। अगर कोई भजन है, टिपिकल भटियाली स्टाईल लिए हुए बंगाली गीत है, दर्द भरे पुकार का नग़मा है या फिर कुछ बैकग्राउण्ड में बजने वाले सिचुएशन का गीत है, तब तो ऐसे में के.सी. डे, एस.डी. बर्मन जैसे लोगों को बहुत सुन्दर ढंग से फ़िल्म में इस्तेमाल किया गया है। दादा बर्मन को देखिए, आप उनके गाए हुए 'सुजाता', 'बन्दिनी', 'अमर-प्रेम' और 'आराधना' के गीतों को देखें, तो मुग्ध हुए बग़ैर नहीं रहेंगे कि कैसे फ़िल्म की पटकथा को विस्तार देता हुआ इन तमाम फ़िल्मों का उनका हर एक गीत विशिष्ट बन गया। यही बात दुर्रानी साहब और के.सी. डे पर भी लागू होती है।

एक अलग ही स्तर पर पारुल घोष थीं, जो लाज़वाब ढंग से सुरीली गायिका थीं। वह ज़माना और था... मुझे लगता है कि उनको थोड़ा और गाना चाहिए था। उनके खाते में कुछ अधिक गीत आने चाहिए थे। मेरे पसन्द के लोगों में वे अद्भुत हैं। आज भी मैं जब 'किस्मत' (1943) के गाने सुनती हूँ, तो *'पपीहा रे मेरे पिया से कहियो जाये'* मुझे किसी दूसरी ही दुनिया में ले जाता है। आपने एक और नाम लिया है सी. एच. आत्मा। सी.एच. आत्मा का क्या था कि दरअसल वो के.एल. सहगल को कॉपी करते थे। अब, कॉपी जो होती है वो मुझे पसन्द नहीं है। इस लिहाज से मुझे सी.एच.आत्मा का काम बहुत मुफीद नहीं लगता।

यतीन्द्र मिश्र

विशिष्टता के सन्दर्भ में नयी आवाज़ों के लिए आपको क्या बात नज़र आती है?

लता मंगेशकर

देखिए! जैसे, मेरी जैसी बहुत सी आवाज़ें आईं। इस पर लोग यही कहते हैं कि इसकी आवाज़ लता से मिलती है या फिर इसकी आवाज़ यहाँ जाकर लता जैसी लगती है... और यह तो लता को कॉपी करती है। लता की कॉपी है, तो वह कॉपी जैसी ही चलेगी, ओरिजनल की तरह नहीं। रफ़ी साहब के जाने के बाद, मुझे लगता है कि तीन-चार ऐसे लोग आये, जो रफ़ी साहब की कॉपी करते थे। पर वो ज़्यादा देर तक टिके नहीं। बहुत जल्दी वे सब लोग निकल गये। आज भी कई लड़कियाँ हैं, जो आशा की कॉपी करती हैं। ये मेरा अपना मानना है और मैं यह समझती हूँ कि आप अच्छा लिखते हैं और मैं पढ़-पढ़कर आपके कुछ शब्द लेकर अगर लिखूँ, तो लोग यही कहेंगे कि अरे ये तो यतीन्द्र जी की कॉपी हो रही है। तो वो कॉपी अच्छी नहीं होगी, भले ही आपके कुछ शब्द लेकर मैं स्वयं ही अपनी कोई भावना क्यों न व्यक्त करूँ?

आप अपना कुछ सोचकर लिखिए, वह जैसा भी हो, तभी वह दूर तक असर करने वाला बन सकेगा। आप इस पर बहुत ध्यान दीजिए कि आपको खुद की सोच द्वारा क्या नया और अलग करना है। अगर कोई मेरी कॉपी करता है, तो उसको ठहरकर यह भी सोचना चाहिए कि लता गाने के शब्द कैसे कहती है, लता के गाने के शब्द साफ-साफ कैसे सुनाई देते हैं... तो मैं भी वैसे ही करूँ, जैसे लता सोचकर गीतों को गाती है। यह सोचकर, उस पर बराबर मनन करते हुए अपनी आवाज़ से निकालिए, तो जो बातें आपने सीखी हैं वो अपने आप ही नये ढंग से उभर जायेंगी, क्योंकि उसमें आपका विचार भी शामिल रहेगा। यह नहीं करना चाहिए कि जो भी आवाज़ आप अपने मुँह से निकालें और गाएँ वह दूसरे की नकल की चुगली करता हो। तो, वो गाना ज़्यादा टिकता नहीं है। मेरा तो यही मानना है कि विचार को शामिल किये बगैर और ख़ुद की आवाज़ को तराशे बिना संगीत, बिना आत्मा का संगीत होता है।

यतीन्द्र मिश्र

आपने भगवत गीता, ज्ञानेश्वरी, अन्नमाचार्य के भक्ति पद, मीराबाई के भजन, गुरुबानी और तुकाराम के अभंग पद गाये हैं। भक्ति साहित्य के विभिन्न

सोपानों को आपने अपनी गायिकी का आधार बनाया है, मगर क्या वजह है कि आपने कभी वाल्मीकि रामायण से कुछ नहीं गाया?

लता मंगेशकर

वाल्मीकि रामायण को गाने के लिये कभी सोचा नहीं। रामचरितमानस इतना ज़्यादा लोकप्रिय है कि वही अच्छा लगता था। मैंने एक एल.पी. (लाँग प्ले रेकॉर्ड) 'राम रतन धन पायो' नाम से अस्सी के दशक में तैयार किया था, जिसमें तुलसीदास जी के कुछ लोकप्रिय पदों के अलावा रामचरितमानस से कुछ चौपाईयाँ चुनकर गायी थीं। इस चुनाव में मेरी मदद पण्डित नरेन्द्र शर्मा जी ने की थी। हालाँकि मैं मानती हूँ कि मुकेश जी का रामचरितमानस का सम्पूर्ण गायन बहुत लोकप्रिय हुआ और वह बेहद ऊँचे दर्ज़े का गायन भी है। मैं मुकेश भईया के उस रेकॉर्ड की बड़ी भारी प्रशंसक हूँ। वह रेकॉर्ड बहुत सुन्दर है और एक हद तक रामचरितमानस के साथ न्याय करता है। ऐसे में जब आपके बीच के एक बड़े गायक ने उसे इतने सुन्दर ढंग से गा दिया है, तो मुझे नहीं लगता कि वही चीज़ फिर पूरी की पूरी मुझे या दूसरों को भी करनी चाहिए। इसलिए मैंने मानस को सम्पूर्ण ढंग से गाने का विचार त्याग दिया था। रही बात वाल्मीकि रामायण की, तो एक तो वह संस्कृत में है, दूसरा मानस के मुकाबले कम प्रचलित है, शायद इन्हीं वजहों से मैं उसे गाने के लिए बहुत उत्साहित नहीं हुई।

मैंने जब गीता गायी, तब उस समय हम लोग चाहते थे कि भगवत गीता के सारे अध्याय करें, मगर वह रेकॉर्ड में समाने वाले समय के हिसाब से हो नहीं सकता था। इसलिए हमने गीता के मात्र दो अध्यायों का एल.पी. बनाया, जबकि स्टूडियो में मैंने उसके तीन अध्याय रेकॉर्ड किये थे। उस वक्त मैंने संस्कृत के बड़े विद्वान और लेखक गोनी दाण्डेकर जी से बाक़ायदा उसका पाठ और उच्चारण सीखा था। आपको सुनकर ताज्जुब होगा कि जैसे एक बच्चा सीखता है, उसी तरह से दाण्डेकर साहब ने मुझे बैठकर संस्कृत बोलना और गीता का उच्चारण सिखाया था। रेकॉर्डिंग के समय भी वे मौजूद थे और देखते रहते थे कि कहीं संस्कृत की शुद्धता में कोई कमी न रह जाये। आपने भक्ति गायन की चर्चा की है, तो मुझे याद आता है कि जब मैंने इस तरह के रेकॉर्ड तैयार किये थे, उस दौरान मैं फ़िल्मों के गीतों की रिकॉर्डिंग से अवकाश लेकर इसकी रिकॉर्डिंग करती थी। और मुझे अच्छी तरह याद है कि जब भी एच.एम.वी. के स्टूडियो में जाकर 'भगवत गीता', 'ज्ञानेश्वरी', 'चला वाही देस' या 'गुरुबानी' रेकॉर्ड हुआ, तो हम सभी रेकॉर्डिंग के पहले पूजा करके गायन शुरू करते थे। आज

भी 'भगवत गीता', 'चला वाही देस' और 'राम रतन धन पायो' जैसे रेकॉर्ड मेरे दिल के बेहद क़रीब हैं। जब भी मुझे समय मिलता है, तब मैं अपने गाये हुए में से मीरा के भजन निकालकर सुनना पसन्द करती हूँ। हालाँकि मैं अपना गायन बहुत कम सुनती हूँ। (हँसती हैं)

आपने वाल्मीकि रामायण के बारे में पूछा तो मुझे याद आया कि एक समय मेरी बहुत इच्छा थी, त्यागराजा के भक्ति पदों को गाने की। वह साध मन में अभी भी कहीं है, मगर आज तक पूरी न हो सकी। हालाँकि मैंने अन्नमाचार्य की पदावली को तिरुपति देवस्थानम ट्रस्ट के लिये गाया है। इसे गाने के लिये मैंने कोई पैसे नहीं लिये और अपनी रॉयल्टी भी मन्दिर सेवा में अर्पित कर दी।

यतीन्द्र मिश्र

भगवत गीता को गाने का विचार किस तरह आपके मन में आया?

लता मंगेशकर

भगवत गीता से मैं शुरू से प्रभावित रही हूँ। मुझे वर्ष नहीं याद है, लेकिन एक बार फ़िल्म डायरेक्टर वसन्त जोगलेकर जी ने मुझसे कहा था कि 'लता! कब तक तुम फ़िल्मों के लिए ही गीत गाती रहोगी? कुछ ऐसा करो जो शाश्वत हो, पीढ़ियों बाद तक याद रखा जाये। तुम्हें गीता गाकर रेकॉर्ड करना चाहिए।' तब से यह ख़्याल मन में था कि मुझे कभी तो ज़रूर ही गीता से चुनकर कुछ गाना है। बाद में जब हृदयनाथ ने मुझसे यह कहा कि हम लोग 'ज्ञानेश्वरी' और 'भगवत गीता' दोनों रेकॉर्ड करते हैं, तब एकाएक मुझे जोगलेकर साहब की वह बात याद आ गयी। इस तरह मैंने अपने हृदय के सबसे क़रीब ग्रन्थ भगवत गीता गाने का विचार बनाया। उसको करने में जितनी सात्विकता और आनन्द की अनुभूति हुई थी, उसे आज तक महसूस करती हूँ।

यतीन्द्र मिश्र

भजन, संस्कृत श्लोक, मंत्र व सूक्तियों के गायन में कैसे अन्तर करती हैं?

लता मंगेशकर

अन्तर तो हमेशा गीत की धुन और उसके स्टाईल का होता है। बाक़ी कोई ख़ास अन्तर मुझे समझ में नहीं आता। फ़िल्मी गीतों से अलग, भजन, श्लोक-मंत्रों

और भाव-गीतों को एक अलग ही धरातल पर बनाया जाता है। वहाँ चूँकि कोई तय सिचुएशन नहीं रहती, इसलिए भावनाओं को व्यक्त करने का एक बड़ा पूरा आसमान खाली रहता है। आप जैसा चाहें, वैसा भाव उसमें गाते हुए व्यक्त कर सकते हैं। हालाँकि यह एक जिम्मेदारी भी है कि फ़िल्मी भजनों को ग़ैर फ़िल्मी भजनों से या ग़ैर फ़िल्मी भजनों को भाव-गीतों और मंत्रों से किस तरह अलग करके हम गा सकते हैं। यह एक ऐसी चीज़ है, जो मन में उस पूरे गीत और उसकी तर्ज़ को ध्यान में रखकर पहले ही तय कर लेनी होती है।

यतीन्द्र मिश्र

नॉन फ़िल्म एल्बमों के सन्दर्भ से अलग, फ़िल्मी गीतों को बनाने में संगीतकार जोड़ियों में सबसे बेहतरीन काम किसका था?

लता मंगेशकर

निश्चित ही शंकर-जयकिशन का। उनसे पहले हुस्नलाल-भगतराम का म्युजिक भी बहुत पॉपुलर हो गया था। फिर भी बाद में दोनों एक जैसा म्युजिक करने लगे थे, जिससे एकरसता आ गयी थी। उन्हीं के बाद शंकर-जयकिशन एक संगीतकार जोड़ी के रूप में बहुत प्रसिद्ध हुए। 'एस.जे.' के बाद मैं उतनी ही लोकप्रियता और काम के लिहाज से लक्ष्मीकान्त-प्यारेलाल को मानती हूँ। लक्ष्मी-प्यारे के बहुत बाद की संगीतकार जोड़ी जतिन-ललित ने अच्छा काम किया है। हालाँकि मैं यह भी कहूँगी कि शंकर-जयकिशन के बाद बहुत लोगों ने उनको कॉपी किया है, जिनमें कल्याणजी-आनन्दजी, दत्ताराम और लक्ष्मीकान्त-प्यारेलाल शामिल हैं।

यतीन्द्र मिश्र

पश्चिमी आर्केस्ट्रेशन का भारतीय ढंग से संगीत तर्जुमा करने में कौन संगीतकार सबसे अग्रणी रहा?

लता मंगेशकर

देखिए, वैसे तो हर संगीतकार ही अपने ढंग से कुछ न कुछ पश्चिमी संगीत का प्रभाव लेकर संगीत बनाते थे। ...मगर मुझे लगता है कि आर्केस्ट्रेशन को भारतीय वाद्यों से सँवारने में सबसे सुन्दर ढंग से काम आर.डी. बर्मन के यहाँ हुआ है। शंकर-जयकिशन भी इस तरह के काम को बहुत ख़ूबसूरती से बनाते थे। हालाँकि सलिल चौधरी और सी. रामचन्द्र का भी काम पश्चिमी संगीत

को इस्तेमाल करने में बेहतर ढंग से उभरकर सामने आया है। बर्मन दादा के यहाँ भी म्युजिक में काफ़ी ऐसे वाद्य होते थे, जिनसे वेस्टर्न म्युजिक का प्रभाव लिया जाता था। यह बहुत स्वाभाविक है क्योंकि उनके यहाँ तो पंचम (आर.डी. बर्मन) ही असिस्टेण्ट के बतौर सहयोग करते थे।

यतीन्द्र मिश्र

भारतीय ढंग का विशुद्ध संगीत रचने वाले कौन संगीतकार रहे हैं?

लता मंगेशकर

मेरे हिसाब से जयदेव जी, ख़य्याम साहब और हृदयनाथ मंगेशकर। इन लोगों के काम में आप हिन्दुस्तानी संगीत की छाप देख सकते हैं। जयदेव जी और हृदयनाथ का राग आधारित काम बेहद सुन्दर है। हृदयनाथ तो उस्ताद अमीर ख़ाँ साहब का गण्डा-बन्ध शिष्य रहा है। ....तो उसके काम में ख़ाँ साहब का भी असर दिखता है। अनिल दा (अनिल विश्वास) ने शास्त्रीय संगीत के प्रभाव वाले कुछ बेहद सुन्दर गीत बनाये हैं और चित्रगुप्त जी के यहाँ भी कुछ-कुछ वैसा ही भारतीय रंग दिखाई पड़ता है।

यतीन्द्र मिश्र

इसमें एक नाम वसन्त देसाई का क्या नहीं होना चाहिए?

लता मंगेशकर

हाँ, ज़रूर। उनका संगीत भी भारतीय था। राग आधारित और बेहद उल्लेखनीय, मगर उनके काम में मराठी संगीत और संस्कृति का गहरा प्रभाव था। वे मराठी ढंग का संगीत रचने में समर्थ थे। यदि आप इसे इस तरह कहें कि वे भारतीय संगीतकारों में मराठी संगीत और नाट्य संगीत के बड़े रचनाकार हैं, तो यह ज़्यादा मुनासिब होगा। उन्हीं की तरह हम भारतीय अर्थों में सुधीर फड़के का भी नाम ले सकते हैं। हालाँकि यह बात भी अपनी जगह है कि जिस तरह आप भारतीय ढंग के संगीत की बात कर रहे हैं, उसमें हर संगीतकार कहीं न कहीं अपने प्रान्त का काम दिखलायेगा। मसलन अगर हम नौशाद साहब का नाम लें, तो वहाँ अवध की लोक-धुनें और लखनऊ-बनारस का रंग दिखेगा। जयकिशन गुजराती थे, इसलिए उनके यहाँ संगीत में कई बार गुजरात की लोकधुन सुनाई पड़ती है। ख़य्याम साहब के यहाँ भी जिस तरह पंजाबी का रंग और पहाड़ी धुनें मौजूद हैं,

वो कमाल की हैं। इस तरह हर एक में किसी प्रान्त विशेष की रंगत को भारतीय संगीत के अर्थ में देखा जा सकता है।

यतीन्द्र मिश्र

भारतीय समाज और राजनीति में जिस तरह गाँधी और नेहरू युग था, क्या हिन्दी फ़िल्म संगीत के समाज में उसी तर्ज़ पर आप नौशाद, शंकर-जयकिशन या एस.डी. बर्मन युग का होना मानती हैं?

लता मंगेशकर

बहुत अच्छा सवाल है। यह सोचने वाली बात है कि हम संगीत को भी समाज में इस तरह देख और समझ सकें। मैं आपको बताती हूँ कि सिनेमा के गये सौ सालों में मेरी मौजूदगी पिछले सत्तर सालों से रही है। इस बात का तो मैं अन्दाज़ा लगा ही सकती हूँ कि पहले का संगीत, आज के संगीत से कितना बदला है और किन प्रभावों ने उस पर असर डाला है। मैं यह मानती हूँ कि पहले का संगीत बिल्कुल अलग ही था, जिसको आप किसी एक स्टाईल या व्यक्ति के इर्द-गिर्द नहीं देख सकते। मतलब मैं आपको 1930 से 1940 के समय की बात बता रही हूँ, जब उस समय कुछ बंगाली प्रभाव, कुछ मराठी और कुछ गुजराती स्टाईल का संगीत मिल-जुलकर इस इण्डस्ट्री को बना रहे थे। एक छोर पर सहगल साहब थे और पार्टीशन के पहले तक नूरजहाँ जी की मौजूदगी ने काफ़ी कुछ सुधार किया था। संगीत भी स्तरीय ढंग से सोचा और बनाया जा सकता है, उसकी शुरुआती मिसाल के तौर पर मुझे सिर्फ़ यही दोनों नाम समझ में आते हैं।

प्रभावों की बात अगर हम करें, तो मुझे दो-तीन नाम समझ में आते हैं, जिन्होंने आकर पूरा सीन ही बदल दिया। उसमें चालीस के दशक में मास्टर गुलाम हैदर की 'खजांची', पचास के दशक में शंकर-जयकिशन की 'बरसात' और साठ के उतरते हुए दशक में आर.डी. बर्मन की 'तीसरी मंजिल' को ट्रेंड सेटर के तौर पर देखती हूँ। 'खजांची' ने आकर ऐसा बड़ा काम कर दिया था कि एकबारगी पंजाबी ढंग का संगीत हिन्दी फ़िल्मों में दिखने लगा। हालाँकि बीच-बीच में अनिल विश्वास, नौशाद साहब, सी. रामचन्द्र, रोशनलाल, हेमन्त कुमार, मदन मोहन और एस.डी. बर्मन जैसे लोगों ने अपने ढंग से बहुत स्तरीय फ़िल्मों का संगीत दिया। अलग-अलग समयों में आई हुई इन लोगों की फ़िल्मों में 'किस्मत', 'रतन', 'बैजू बावरा', 'अनारकली', 'बावरे नैन', 'नागिन', 'वो कोन थी' और 'गाईड' जैसी फ़िल्मों का संगीत देख सकते हैं, जो कुछ बदलाव लेकर आया था।

शंकर-जयकिशन इसमें अकेले ऐसे संगीतकार हुए, जिन्होंने, 'बरसात' के साथ पिक्चर का सारा माहौल ही बदल दिया। उसके बाद थोड़ा-थोड़ा सबने अपना स्टाईल दिखाया है, मगर मैं बड़े बदलाव को उनके आने के बाद बहुत देर तक नहीं देख पाती हूँ। शंकर-जयकिशन के बाद मुझे वह काम काफ़ी हद तक सत्तर के दशक में जाकर आर.डी. बर्मन के यहाँ दिखता है। यह दो-तीन प्रभाव ऐसे हैं, जिनको मैं हिन्दी सिनेमा के संगीत में एक बड़े परिवर्तन के रूप में देखती हूँ।

यतीन्द्र मिश्र

शंकर जयकिशन की 'बरसात' (1949) के बाद आपको सबसे बड़ा परिवर्तन कहाँ दिखता है, जिसके आने से पूरा परिदृश्य ही बदल गया हो?

लता मंगेशकर

नहीं, मुझे ऐसा कुछ नहीं लगता है कि केवल शंकर-जयकिशन ही थे। मतलब मैं यह कहना चाहती हूँ कि शंकर-जयकिशन ने जिस तरह का संगीत देना शुरू किया, वह बहुत वर्षों तक उसी स्टाईल में फ़िल्मों में चलता रहा है। बाद की दो बड़ी संगीतकार-जोड़ी– कल्याणजी-आनन्दजी और लक्ष्मीकान्त-प्यारेलाल पर इनका बहुत असर है। कई बार तो यह भी लगता है कि जैसे यह दोनों जोड़ियाँ शंकर-जयकिशन को कुछ न कुछ कॉपी करती हैं। इसलिए मुझे 'बरसात' के बाद एक बिल्कुल बदलता हुआ ट्रेंड आर.डी. बर्मन में दिखाई देता है। आप उनकी साठ से सत्तर के दशक की तमाम फ़िल्मों को देखें, तो वैसा संगीत जल्दी कोई नहीं दे रहा था। फिर चाहे वह 'तीसरी मंजिल' हो, 'कारवाँ', 'अमर प्रेम' या 'आँधी'। सभी जगह आर.डी. की अलग सी छाप मौजूद है। अभी लेटेस्ट जो है, आर.डी. के बाद, वह निश्चित ही रहमान ने अपने संगीत से दिया है।

यतीन्द्र मिश्र

मतलब आप यह मानती हैं कि जो पूरा ट्रेंड बना है, उसमें शंकर-जयकिशन के बाद आर.डी. बर्मन का युग आता है और फिर सीधे उतना बड़ा परिवर्तन ए.आर. रहमान करते हैं?

लता मंगेशकर

नहीं, परिवर्तन तो सभी ने थोड़ा बहुत अपने-अपने ढंग से किया ही है, जिसकी अभी मैंने आपसे चर्चा की है। जब शंकर-जयकिशन आए, तो उस समय पुराने लोग भी मौजूद थे। अनिल विश्वास, गुलाम मुहम्मद साहब, नौशाद साहब तो बहुत पुराने थे ही, एस.डी. बर्मन, रोशन साहब, सी. रामचन्द्र, सलिल चौधरी, चित्रगुप्त, जयदेव, ख़य्याम सभी ने बहुत स्तरीय संगीत दिया है। मेरा सिर्फ़ इतना कहना है कि शंकर-जयकिशन, आर.डी. बर्मन और ए.आर. रहमान जैसे संगीतकार जिस तरह की मौलिकता लेकर आए हैं और पॉपुलर हुए; उसकी बाद में बहुत नकल हुई है।

यतीन्द्र मिश्र

यह एक बड़ी उल्लेखनीय बात है कि पिछले दौर के दिग्गज संगीतकारों में मिलने वाली सुन्दरता, नये लोगों में आपको केवल ए.आर. रहमान में दिखाई पड़ी है। इस तर्क की कोई ख़ास वजह?

लता मंगेशकर

उस तरह मैं कहूँगी कि रहमान का एक अलग ही स्टाईल है, जो दूसरों से उसे बिल्कुल नयी ज़मीन पर खड़ा करता है। वो अरेंजमेण्ट बहुत अच्छी करते हैं। धुन पर उनकी पकड़ और बोलों के साथ उसे मिलाने की तमीज़ उनमें कमाल की है। निश्चित ही वो आर.डी. बर्मन के बाद सबसे ज़्यादा प्रयोग करने वाले संगीतकार ठहरते हैं। हालाँकि बीच-बीच में अच्छे संगीतकार आए हैं, जिन्होंने बढ़िया काम किया है। इनमें मैं जतिन-ललित और विशाल भारद्वाज के नाम लूँगी, जिन लोगों के गाने मुझे अच्छे लगते हैं। कुछ और नाम मुझे अभी याद नहीं हैं, इसलिए मैं कोई और बात नहीं कह सकती।

यतीन्द्र मिश्र

आर.डी. बर्मन के बाद, एक समय वह भी आया, जब हमारे यहाँ डिस्को का फैशन चला था। संगीत के लिहाज से वह दौर डिस्को और पॉप म्युजिक के तरजीह का रहा। ऐसे में, इस तरह के प्रयोगों में सर्वाधिक योगदान बप्पी लाहिड़ी का रहा है। उनके इस योगदान को आप म्युजिक में आए अस्सी के दशक में बदलावों के लिहाज से किस तरह आँकती हैं?

लता मंगेशकर

बप्पी लाहिड़ी का म्युजिक ठीक था। मतलब वह और अच्छा हो सकता था। डिस्को और पॉप संगीत से अलग उसने कुछ अच्छे गीत भी बनाए हैं, जो मेरे ख़्याल से उसकी ज़्यादा अच्छी पहचान बनाते हैं। इसमें कुछ गीत मेरे हिस्से भी आए हैं, जिन संजीदा गीतों को मैं उसकी बेहतर कम्पोज़ीशन मानती हूँ।

यतीन्द्र मिश्र

यह देखना भी इस अर्थ में दुर्भाग्यपूर्ण है कि कुछ ऐसे म्युजिक डायरेक्टर भी हुए, जिन्होंने अपनी बिल्कुल अलग राह बनाई थी और उनका संगीत उतना ही एक्सपेरीमेण्टल भी था। फिर भी उनके खाते में बेहद कम फ़िल्में आईं, जिसके चलते उन सब का वैसा स्वरूप नहीं बना, जैसा कि किसी ट्रेंड सेटर का होता है। मेरा इशारा जयदेव जी और ख़य्याम साहब की तरफ़ है....

लता मंगेशकर

हाँ। बाक़ी लोगों के मुकाबले में काम उनको कम मिला है। ....पर इस बात में कोई दो-राय नहीं कि अपने समय में ये दोनों बिल्कुल अलग ही लाईन में खड़े हुए संगीतकार नज़र आते हैं।

यतीन्द्र मिश्र

इसी तरह क्या आपको सपन जगमोहन, रघुनाथ सेठ, कनु राय और वनराज भाटिया के बारे में भी यह नहीं लगता कि इनको भी मुख्यधारा के फ़िल्म संगीत में उचित जगह नहीं मिली?

लता मंगेशकर

एक हद तक आप यह कह सकते हैं। ....पर यह सारे संगीतकार बड़े विलक्षण और सुन्दर काम करने वाले लोग थे। हालाँकि इन सभी ने समानान्तर सिनेमा या आर्ट सिनेमा के लिए तो कुछ बहुत ही बेहतरीन काम किया है। इनके लिए भी पॉपुलर सिनेमा में उतनी जगह शायद इसलिए नहीं दिखाई देती क्योंकि इन सब के हिस्से काम कम आया है। फिर उस समय जैसा दौर था, तो एक हद तक कॉमर्शियल रूप से सफ़ल संगीतकारों को ही निर्माता-निर्देशक अपनी फ़िल्मों के लिए लेते थे। ऐसा बहुत बार हुआ है और यह फ़िल्म इण्डस्ट्री में आम बात रही है।

यतीन्द्र मिश्र

मुझे लगता है कि गणना के लिहाज से सबसे ज़्यादा काम लक्ष्मीकान्त प्यारेलाल ने किया है...

लता मंगेशकर

हाँ ज़रूर! मेरे हिसाब से लक्ष्मीकान्त-प्यारेलाल के अलावा उतनी ही संख्या में शंकर-जयकिशन ने भी किया है। 'एल.पी.' तो शंकर-जयकिशन के बाद ही उभरे हैं।

यतीन्द्र मिश्र

एक कलाकार के बतौर किसी फ़िल्म के लिए गायन करते हुए आप किसी प्रेम या दर्द-भरे गीत और भजन या ग़ज़ल में किस तरह विभाजन करती हैं? मेरा आशय इस बात से है कि जब आपको एक सिचुएशन दी जाती है कि अभी फ़िल्म के लिए आपको भजन रेकॉर्ड करना है अथवा लोरी गानी है, तो उस समय विभिन्न मनोदशाओं का प्रदर्शन एकाएक रचने के क्रम में दिमाग में किस प्रकार की तैयारी को तुरन्त ही अंजाम देती हैं?

लता मंगेशकर

मैं आपको इसके लिए यह कह सकती हूँ कि दिमाग में ही पहले से इस बात को बिठा लेती हूँ कि गीत की सिचुएशन क्या है। एक तरह से आपका पूछना सही है कि सिचुएशन के अनुसार मन में विभाजन करके चलना पड़ता है। अब चूँकि गानों का मूड अलग-अलग होता है। लव सांग हो, डुएट हो या भजन हो– तो उसकी मानसिक संरचना भी अलग-अलग हो जाती है या आपको पूरे प्रयास के साथ करनी पड़ती है। अब जैसे, उदाहरण से मैं आपको बताऊँ, तो जब मैंने हृदयनाथ के संगीत निर्देशन में मीरा के भजन रेकॉर्ड किये थे, तब उन दिनों मैं एक तरह से मीरामय ही हो गयी थी। मुझे कुछ और समझ में नहीं आता था। मैं इस विचार की तह तक चली गयी थी कि किन हालात में उन्होंने ऐसे भजनों का लेखन किया होगा। मीरा की अपनी परिस्थितियाँ क्या थीं? उस समय का राजनीतिक, सामाजिक दृश्य कैसा था? खुद उनकी व्यक्तिगत ज़िन्दगी में क्या हलचलें चल रही होंगी? कैसे उनको अपना घर छोड़कर बाहर जाना पड़ा होगा? ....तो उस समय यह सब चीज़ें दिमाग़ में चल रही थीं। इन्हीं बातों के बीच में यह भी सोचना पड़ता था कि इन गीतों को मीरा ने कैसे गाया होगा? मतलब अगर

मुझे अपना घर छोड़ना पड़े और उस हालात में मुझे अपनी ही लिखी किसी कविता को स्वयं गाना हो, तब मैं उसे कैसा गाऊँगी... यह सब समझकर मैंने मीरा को गाने का प्रयास किया था।

फ़िल्म के गानों में जब डुएट आता था, तो उसका एक अलग माहौल होता था। वहाँ ज़्यादा सोचना नहीं पड़ता था, सिर्फ़ गीत के बोल और उसके फ़िल्माए जाने की सिचुएशन का ध्यान रखना पड़ता था। हालाँकि यह भी देखना थोड़ा ठीक रहता था कि उस डुएट में आपके साथ कौन गाने वाला है। ठीक इसी तरह सैड सांग में पूरी सिचुएशन बदल जाती थी। व्यक्तिगत तौर पर मुझे सैड सांग गाना अच्छा लगता था, इसलिए कि उस माहौल में भले ही फ़िल्म की कहानी कुछ भी कह रही हो, मगर इतना तय रहता था कि गाने वाले का किरदार दुःखी है और उसे किसी मानवीय परिस्थिति ने गहरे कष्ट में डाला है। ऐसे में अपनी ओर से अतिरिक्त भावनाएँ या संवेदना डालने का काम ज़रूरी हो जाता था। ....और आप जब किसी गीत में मानवीय भावनाओं को भावुक स्तर पर कुछ अलग ढंग से प्रदर्शित करने के लिए संवेदनशील होते हैं, तो वहाँ अभिव्यक्ति अकसर कोमल हो जाती है। शायद इसी कारण आपको मेरे दर्द भरे गीतों में कुछ अलग मिठास नज़र आयेगी।

आपको जो सबसे ज़रूरी बात बताऊँ, वह बस इतनी सी है कि मैं किसी भी गीत को गाते समय उसकी धुन, बोलों और फ़िल्म में फ़िल्माए जा रहे अभिनेत्री के व्यक्तित्व और किरदार को दिमाग़ में रखकर ही गाने का प्रयास करती थी। इसके अलावा मेरे मन में कुछ भी नहीं रहता था, न ही किसी तरफ़ ध्यान जाता था। जब मैं गाती हूँ, तो मुझे दुनिया की कोई दूसरी बात समझ में नहीं आती है। उन बोलों में, सुरों में, धुनों में और गीत में डूब जाती हूँ। मतलब तभी भीतर से कोई चीज़ जागती है। फ़र्ज करिए कि आप गीत गाने के लिए जाएँ, मगर वहाँ दिमाग़ में यह बात चल रही हो कि आज मुझे कितने पैसे मिलने वाले हैं। मुझे दूसरी जगह भी गाने के लिए जाना है, तो इस तरह गीत रेकॉर्ड होने पर भी उसकी आत्मा उभर नहीं सकती।

यतीन्द्र मिश्र

गीतों के लिए दी गयी सिचुएशन पर अभिनेता या अभिनेत्री के मनोभावों को सटीक ढंग से रचने का काम तो आखिरकार आप लोग ही करते हैं। क्या आप इस बात से सहमत हैं?

लता मंगेशकर

ऐसा है। मैं सहमत हूँ आपसे। गीत की सिचुएशन में कभी हीरोईन बहुत खुश है या दुःखी है या रो रही है, यह बताये जाने पर हमें वैसा ही सोचकर गाना पड़ता था। मतलब क्या है कि गीत बनने से पहले तो उसका कोई रूप नहीं होता। शब्द अलग हैं और धुन भी अलग है। आप बैकग्राउण्ड म्युजिक बजाकर तो अभिनेता-अभिनेत्री के मूड को दिखाने के लिए पूरी तरह उन पर डिपेण्ड कर सकते हैं कि वह जैसा चाहें, वैसा रंग अपने अभिनय से भरें। ....लेकिन जहाँ तक गीतों की बात है, उसका काफ़ी सारा क्रेडिट तो हम गायकों पर ही जाता है क्योंकि मूड बनाने का काम तो गाते वक्त हम लोग ही तय कर देते हैं। यह एक तरह से हमारे लिए बड़ी जिम्मेदारी है कि कैसे उसे निभा पाते हैं और उसी समय एक बड़ी चुनौती भी। हालाँकि इसमें थोड़ी सी जिम्मेदारी म्युजिशियन के हिस्से भी आती है कि कैसे वह ग़म या आनन्द के माहौल को उसके अनुरूप अपनी तर्ज़ में बाँधता है।

अकसर रोने की सिचुएशन पर हीरोईन कितना रोएगी या कितनी देरी तक वैसे ही दुःखी रहेगी, वह हमारे गाने पर निर्भर करता है। हालाँकि सोचने की बात है कि रोते हुए इंसान कभी गा नहीं सकता। यह हास्यास्पद होगा क्योंकि आप देखिए कि रोते हुए गला रुँध जाता है, आँखों में पानी आ जाता है। लगातार रोते हुए आप ठीक से बोल ही नहीं सकते, तो गायेंगे कैसे? उसी तरह बेहद प्रसन्न मन हों या खिलखिलाकर हँसने की स्थिति में हों, तो भी आप गा न पायेंगे। यह सब मैं सोचती थी, तो अकसर मेरा संगीतकारों से झगड़ा हो जाता था, जब वे लोग कहते थे कि गाते हुए इस गीत में एक दो जगह हिचकियाँ लीजिए (हँसती हैं)। मैं इस सब पर मना कर देती थी।

मैं हमेशा यह बात कहती थी कि बेहद खुशी और बेहद दुःख के पलों को थोड़ी देर के लिए छोड़ दीजिए। कुछ ऐसी सिचुएशन लीजिए, जो बीच की हो और जिसमें कोई इमोशन दिखाया जा सके। एकदम नेचुरल लगना चाहिए, जब आप कोई सैड सांग गा रहे हों। एक तरह से मैंने यह प्रथा ही बन्द कर दी, जिसमें बड़े नाटकीय अन्दाज़ में गाने में रोने का भाव या हिचकियाँ लेते हुए दिखाया जाता था। कम से कम मैं ऐसा नहीं गाती थी। किशोर दा भी इस बात पर बेहद नाराज़ होते थे, कि ऐसा कैसे किया जा सकता है? यह नार्मल नहीं है। गाते हुए इसमें पागलपन लगेगा।

यतीन्द्र मिश्र

हिन्दी फ़िल्म संगीत की दुनिया में एक रोचक बात यह देखी जाती है कि संगीतकारों के यहाँ कोई यह नहीं कहता कि इस गीत के लिए दादरा या कहरवा ताल बजाना है। वहाँ अकसर पूर्व प्रचलित फ़िल्मों में इस्तेमाल हुए इन्हीं तालों और ठेकों को फ़िल्मों के नाम से जोड़कर संगत कलाकारों से बजाने के लिए कहा जाता है। मसलन, 'पाकीज़ा वाला ठेका', 'सरगम वाला ठेका' या 'अनारकली वाला ठेका' बजाना। स्वयं शंकर-जयकिशन के सहयोगी रहे और बाद में संगीतकार बने दत्ताराम की नये ढंग से कहरवा बजाने की शैली एक समय में बड़ी प्रचलित थी। उनका वह बाज सिनेमाई भाषा में आज भी 'दत्ताराम-ठेका-कहरवा' कहलाता है। आपका इस पर क्या कहना है?

लता मंगेशकर

देखिए, गाना तो अलग-अलग तालों में बनता है। यह अलग बात है कि हमारे यहाँ फ़िल्मी गीत ज़्यादातर दादरा या कहरवा ताल पर बनते रहे हैं। ....मगर कई मर्तबा वहाँ तीन ताल भी होता है और झपताल भी। यही देखा जाता है कि जो ताल लेकर धुन बनी है, उसमें बोल को ठीक से बैठना चाहिए। कई बार ठीक से बोल न बैठ पाने के चक्कर में ताल को म्युजिशियन बदल भी देता है। ....यह एक ऐसी प्रक्रिया है, जिससे संगीतकार को गुजरना ही पड़ता है। दत्ताराम जी की स्टाईल मशहूर थी, इसमें कोई शक़ नहीं, मगर फ़िल्म म्युजिक में केवल एक वो ही नहीं थे। कई और भी लोग थे, जो बहुत अच्छे ढंग से संगत करते थे। एक लाला करके मराठी आदमी था, जो बहुत बढ़िया नाल बजाता था। सिर्फ़ वो ही था, जो नाल बजाना जानता था, इसलिए हर म्युजीशियन नाल बजवाने के लिए उसे ही बुलाते थे। एक सत्तार थे, जो तबला बहुत सुन्दर बजाते थे। उन दोनों ने मिलकर 'लाला-सत्तार' नाम से फ़िल्मों में म्युजिक भी दिया है। कुछ बिमड़ी बजाने वाले कलाकार होते थे, जो महाराष्ट्र में बहुत प्रचलित वाद्य रहा है। बिमड़ी एक तरह से ढफली जैसा वाद्य होता है। यह हमारे यहाँ तमाशा और भजन गाने में इस्तेमाल होता है। बिमड़ी बजाने वाले अधिकतर गाँवों के लोग होते थे, जो शायद पूना के आगे से बुलाए जाते थे।

डेविड नाम के एक बड़े अच्छे वादक थे, जो शंकर-जयकिशन के यहाँ बहुत बढ़िया मैण्डोलिन बजाते थे। वो आदमी बहुत पॉपुलर था। सलिल दा के यहाँ,

उनके संगीत ग्रुप में एक मराठी आदमी काम करता था, जिसका नाम सुरवे था। ओबो नाम का एक बाजा होता है, वह उसे बजाता था। आपको सलिल चौधरी के तमाम गीतों में ओबो की ध्वनि सुनाई पड़ेगी। इस तरह बहुत सारे लोग हैं, जो कुछ न कुछ बजाने में समर्थ लोग थे। मुझे अच्छी तरह याद है कि अस्सी के दशक तक हमारी फ़िल्मों की धुनों में दक्षिण का मटका भी ख़ूब बजाया गया है। साठ के दशक तक हारमोनियम जैसा मिलता-जुलता वाद्य क्ले-वॉयलिन भी प्रयोग में लिया जाता था। कुछ नये ढंग से बीट देने के लिए वुड-स्टिक्स का इस्तेमाल होता था। गरबा में जिस तरह लकड़ी की स्टिक लेकर बजाते हैं, उस तरह के छोटे-छोटे गोल लकड़ी के पॉलिश किये हुए कई आकारों के स्टिक भी इस्तेमाल किये जाते थे। आपको गीतों में अकसर जो 'टक-टक' की आवाज़ सुनाई देती है, वह इन्हीं से निकाली जाती थी। वहाँ इस काम के लिए तबला या नाल का सहारा नहीं लिया जाता था। सभी संगीतकारों के यहाँ कोई न कोई ऐसा कलाकार अवश्य मौजूद रहता था, जो अपने काम में महारत रखता था। इसी तरह धुनों को बनाने का काम चलता था। आपने फ़िल्मों के नाम से जुड़े हुए ठेकों का जो ज़िक्र किया है, उसे मैंने किसी संगीतकार को कहते हुए नहीं सुना है। यह अलग बात है कि एक साथ कई वादक बैठकर जब किसी धुन के लिए बजाते थे, तो उन लोगों ने अपनी सहूलियत के लिए भले ही ऐसे नाम रख लिये हों। हो सकता है कि वे आपस में समझने के लिए ऐसा कहते रहे हों।

यतीन्द्र मिश्र

पिछली शताब्दी के पचास और साठ के दशक में संगीतकारों के यहाँ जो वाद्य बेहद पॉपुलर थे, उसमें मैण्डोलिन, एकॉर्डियन, पियानो, क्लैरोनेट और ऑर्गन प्रमुख हैं। इसके बारे में आपका क्या सोचना है?

लता मंगेशकर

देखिए, मैंने आपको अभी बताया ही है कि शंकर जयकिशन के यहाँ मैण्डोलिन बहुत इस्तेमाल होता था। नौशाद साहब तो अपना हर गाना ही पियानो पर बनाते थे। उनकी ज़्यादातर धुनों में आपको पियानो का इस्तेमाल मिल जायेगा। क्लैरोनेट और एकॉर्डियन भी ख़ूब इस्तेमाल हुआ है, इसमें कोई शक़ नहीं। जहाँ तक मुझे मालूम है सबसे ज़्यादा ऑर्गन का प्रयोग होता था। वह भी उस तरह नहीं, जिस तरह पियानो या हारमोनियम बजता है, बल्कि उससे हम लोगों को म्युजीशियन सिर्फ़ सुर देते थे। जिस तरह कॉर्ड मिलता है गाने

के लिए, वह दिया जाता था। यह बड़ा अच्छा था क्योंकि इससे हमारा गाना बढ़िया बनता था और हमें गाने में मदद मिलती थी।

यतीन्द्र मिश्र

दीदी, कोरस में गाने वाली लड़कियों के साथ आपके कैसे रिश्ते रहे? क्या वे सब भी आप लोगों की गायिकी में कोई सहयोग करती थीं या उनका एक अलग ही विभाग होता था, जो मुख्य पार्श्वगायक-गायिकाओं से अलग रहता था?

लता मंगेशकर

उस वक़्त एक ऐसा ग्रुप था, जो सब जगह जाता था। नौशाद साहब के यहाँ, मदन मोहन जी के यहाँ। शंकर-जयकिशन, एस.डी. बर्मन, आर.डी. बर्मन, लक्ष्मीकान्त-प्यारेलाल— ये जितने भी लोग थे; सभी के यहाँ एक ही ग्रुप की लड़कियाँ थीं, जो कोरस में गाने जाती थीं। इसलिए सबसे मेल-मुलाकात भी गहरी पहचान में बदल गयी थी। मेरा कोरस की लड़कियों के साथ बहुत अच्छा था। मतलब जितनी भी लड़कियाँ थीं वो बिल्कुल मेरे घर जैसी थीं। सबका ही घर में आना-जाना होता था। मीना की शादी जब कोल्हापुर में हुई, तो कोरस की सारी लड़कियाँ और लड़के वहाँ आये थे और उन लोगों ने वहाँ ख़ूब गाने गाये और डांस किया था। जहाँ तक मुझे याद पड़ता है, सन् 1960 में जो ग्रुप कोरस गाने वालों का हमें मिला था, वह लगभग अस्सी तक वैसे ही चला है। 1980 के पास जाकर वह बदला गया। फिर उनमें कुछ लड़कियों ने गाना बन्द कर दिया था और कुछ लोगों ने छोड़ दिया।

फिर अस्सी के बाद तो यह भी हो गया था कि कोरस वालों का म्युजिक पहले रेकॉर्ड हो जाता था। बाद में हम लोग जाकर अपने गाने गा आते थे। उससे पहले के दौर में पुरुष और स्त्री आवाज़ों के कोरस हम लोगों के गीतों के साथ ही रेकॉर्ड होते थे। भले ही वह गाना डुएट हो या फिर कोई सोलो सांग। अकसर मुकेश भैया और मेरे गाने या किशोर कुमार और मेरे गानों में कोरस की लड़कियाँ साथ ही गाती थीं। उनमें से कुछ के नाम तो मुझे अभी भी याद हैं। कुछ एक लड़कियाँ बहुत सुरीला गाती थीं, जिनमें कविता, गान्धारी, कल्याणी, सुमन और रेखा थीं। यह सब मुझे बड़ी भली और अच्छी लगती थीं। कविता और गान्धारी बहनें थीं और दोनों साथ ही कोरस में गाती थीं। रेखा शादी-शुदा बाल-बच्चों वाली औरत थी, जो अच्छी तरीके से कोरस

में साथ देती थी। कल्याणी की भी आवाज़ सुन्दर थी। यह सब इतनी भली थीं कि जब रेकॉर्डिंग के लिए आती थीं, तो अकसर वहाँ स्टूडियो में ज़्यादा कुर्सियाँ नहीं होती थीं। वे सब बड़े मजे से ज़मीन पर बैठती थीं और अकसर मैं भी रेकॉर्डिंग में आकर वहीं ज़मीन पर बैठकर उन सभी के साथ बातें करती थी। यह मैं उन कोरस गाने वाली लड़कियों की बात कर रही हूँ, जो बहुत शुरुआती दौर में लगभग पचास और साठ के दशक में संगीतकारों के यहाँ कोरस गाने के लिए जाती रही हैं। आजकल का मुझे कुछ मालूम नहीं है। अब कौन-कौन से लोग हैं और उनका सिंगर्स के साथ में गाना रेकॉर्ड होता है या अलग से? यह मुझे मालूम नहीं है। मुझसे मिलने वाले जितने लड़के और लड़कियाँ थीं, उन सब ने बहुत बाद तक सम्पर्क बनाया हुआ था।

यतीन्द्र मिश्र

रेकॉर्डिंग के समय संगतियों और वादकों द्वारा जब गलती हो जाती थी और फिर से नया टेक करना पड़ता था, तो कैसा लगता था? कई बार ऐसा अवश्य होता होगा कि रेकॉर्डिंग बिल्कुल ठीक ढंग से शुरू हुई, लेकिन कोई संगतकार वादक आगे-पीछे अपना साज बजा गया, जिससे लय भंग हुई हो और गाना धुन की बहर से बाहर चला गया हो....

लता मंगेशकर

ज़्यादातर ऐसा नहीं होता था, पर म्युजिक डायरेक्टर को अगर कभी ऐसा लगता था, तो वह कहते थे कि भाई फिर से एक बार इसे लेते हैं। यह कभी-कभी होता था और उस समय तकलीफ़ होती थी कि हमने एक अन्तरा इतना बढ़िया गा दिया और दूसरे अन्तरे में जाकर बात बिगड़ गयी। जब मैंने पार्श्वगायन शुरू ही किया था, मतलब 1947 के आस-पास; उस समय क्या था कि टेप नहीं होते थे, बल्कि डायरेक्ट फ़िल्म पर ही रेकॉर्डिंग होती थी। ऐसे में फ़िल्म पर रेकॉर्डिंग होने के बाद, ये लोग फ़िल्म लेकर सुनते थे और तब डिसाईड करते थे कि इस गीत को लेना है या नहीं। इस चक्कर में कभी-कभी हम लोगों को दोबारा से जाकर रेकॉर्डिंग करनी पड़ती थी। यह शुरू-शुरू में बहुत होता था। फिर उस समय यह भी था कि एच.एम.वी. के कॉपीराईट्स के लिए जो रेकॉर्डिंग होती थी, वह हमको अवश्य ही करनी पड़ती थी। फ़र्ज कीजिए कोई गाना है, जैसे नौशाद साहब का *'उठाये जा उनके सितम'* जैसा गाना। .... अब ध्यान से देखने पर आपको पता लगेगा कि पिक्चर में वह गाना बड़ा है और एच.एम.वी. में

जाकर इसे तीन मिनट का किया गया है। मतलब यह हमेशा होता था कि फ़िल्म की रील पर तो गाना बड़ा जा रहा है, मगर तवों के हिसाब से उसे दो-तीन मिनट का ही करना पड़ता था। अब इसे इस तरह काटते थे कि कभी कोई स्थाई काटा, तो कभी बीच में एकदम से म्युजिक (इण्टरल्यूड) आया, तो उसे काट दिया, इस तरह से करना पड़ता था। इसके लिए हमें फिर स्टूडियो जाकर दोबारा से गीत गाना पड़ता था।

मतलब यह थोड़ी तकलीफ़ होने वाली बात थी, मगर मजबूरी भी थी। 'बरसात' के सारे गाने हमको ऐसे ही करने पड़े। 'अन्दाज़' के भी करने पड़े और भी एक-दो फ़िल्में थीं, जो अभी तुरन्त नहीं याद हैं। बाद में जब हमारे यहाँ टेप आया, तो यह मुसीबत टली। अब यह सहूलियत हो गयी थी कि सारे ही टेक, टेप पर सुरक्षित रहते थे, जिससे म्युजीशियन दोबारा-तिबारा सुनकर डिसाइड करते थे कि भई पहला टेक अच्छा है या दूसरा। इस तरह जो भी टेक समझ में आता था और अच्छा होता था, उसे ही रखते थे।

यतीन्द्र मिश्र

इस लिहाज से तो यह बड़ी चुनौती रही होगी क्योंकि फिर उसी तरह से एक गीत को दोबारा से गाना और इस बात का भी दिमाग में अन्दाजा रखना कि स्थाई और अन्तरों में मैंने इस तरह से सुर लगाया है, तो यहाँ भी वैसे ही करना है। साथ ही, जो अन्तरा या म्युजिक तीन मिनट के लिहाज से डिस्क से हटाया जा रहा है, वहाँ उतना नहीं गाना है?

लता मंगेशकर

जी हाँ, वो तो करना ही पड़ता था। यह बहुत थकाऊ और तकलीफ़देह प्रक्रिया थी। फिर यह होता था कि अन्तरे में जो कट हुआ है या म्युजिक में भी जो थोड़ा इधर-उधर किया गया है, उसके साथ किस तरह सन्तुलन बनाकर हमें गाना है। यह शुरुआती दौर में जब होता था, तो पहले टेक को गाते समय हम लोगों को जितना मजा आता था, उतना ही दूसरे टेक में जाते समय घबराहट होती थी। हमेशा यह डर लगा रहता था कि कहीं हम कोई चीज़ दिखाने में गलती न कर बैठें। बाद में कुछ फ़िल्मों की रेकॉर्डिंग के साथ इसकी भी आदत सी पड़ गयी थी।

यतीन्द्र मिश्र

आपके हिसाब से वह कौन सा परफेक्ट म्युजीशियन है, जिसने सबसे सही ढंग से आपका संगीत बनाया है? मेरा आशय यह जानने में है कि वह कौन सा अकेला संगीतकार है, जिसने लता मंगेशकर को बिल्कुल सही अर्थों में लतामय बनाकर सिरजा है?

लता मंगेशकर

सवाल जरा मुश्किल है और जवाब देना और भी मुश्किल है। मेरे लिए तो मेरा हर म्युजिक डायरेक्टर मुझसे बेहतर से बेहतर ही गवाने का प्रयास करता था। इसमें कौन कितना सफल रहा, इसका अन्दाज़ा मैं नहीं लगा पाऊँगी। अलबत्ता यह ज़रूर है कि हर एक की एक ख़ास स्टाईल थी, जिसको मैंने उसी तरह देने का प्रयास किया है। अनिल विश्वास, नौशाद साहब, सज्जाद हुसैन, हुस्नलाल-भगतराम, श्याम सुन्दर, सलिल चौधरी, एस.डी. बर्मन, रोशन, पण्डित रविशंकर, शंकर-जयकिशन, मदन मोहन, जयदेव, ख़य्याम, आर.डी. बर्मन और हृदयनाथ मंगेशकर सभी ने अपने-अपने ढंग से जैसा मुझसे चाहा है, वैसा ही कोशिश करके मैं उन सबके लिए गाती थी। मुझे मालूम था कि किस संगीतकार के लिए क्या गाकर देना है। मैं यह बात बहुत अच्छे ढंग से समझती थी कि किसकी क्या स्टाईल है और वे लोग आखिर चाहते क्या हैं? मैं यही कह सकती हूँ कि ईश्वर ने मुझे वह शक्ति दी, जिसके चलते मैं यह जान जाती थी कि कौन सा संगीतकार अपने गीत में मुझसे क्या निकलवाना चाहता है। अब जैसे, जब मैं आर.डी. बर्मन का गाना गाती थी, तो इस बात का ध्यान रखती थी कि आर.डी. को क्या पसन्द है, जो मुझे गाना है। उस समय मैं यह बिल्कुल भूल जाती थी कि वह बर्मन दादा का बेटा है। उस समय सिर्फ़ उसके म्युजिक को जानती थी और बाक़ी सब कुछ को भुला देती थी।

इसी तरह एक ही दिन तीन तरह के संगीतकारों के यहाँ गाते हुए मेरे ख़्याल में यह बात हमेशा चलती रहती थी कि यह तीन लोग, तीन तरह से मुझसे गवाना चाहते हैं। एक ही दिन में जयदेव जी या ख़य्याम साहब के लिए गाते वक्त मुझे बिल्कुल जयदेव जी की स्टाईल और ख़य्याम साहब के मूड का ध्यान रखना पड़ता था। इसलिए एक संगीतकार को अपने लिए चुनना, मुझे थोड़ा कठिन और ग़ैरज़रूरी लगता है।

यतीन्द्र मिश्र

सलिल चौधरी के संगीत-शिल्प के बारे में आपका क्या कहना है, जो उनके समवयसी संगीतकारों से थोड़ा दूरी बरतकर खड़ा नज़र आता है?

लता मंगेशकर

सलिल दा की अपनी एक अनूठी शैली थी, जिसमें उनकी ज़्यादातर रचनाएँ कानों को सुनने में तो सरल लगती थीं, मगर उनको गाना अत्यधिक कठिन होता था। फिर चाहे वह राग पर आधारित कम्पोज़ीशन हो अथवा किसी लोकधुन से प्रेरित रचना; हर उस जगह वे अपना अनूठा रंग बिखेर देते थे। उनकी ज़्यादातर धुनों के पीछे पश्चिम के संगीत की कॉर्ड आधारित संरचना काम करती थी। संगीत के प्रति समर्पित कोई भी व्यक्ति तमाम सारी धुनों में से चुनकर यह आसानी से जान सकता था कि इनमें सलिल चौधरी की रची हुई धुन कौन सी है। जैसे आप 'छाया' के गीत *'इतना न मुझसे तू प्यार बढ़ा कि मैं एक बादल आवारा'* को देख सकते हैं। यह गीत उन्होंने मोत्जार्ट की चालीसवीं सिम्फनी को आधार लेकर बनायी थी, जो पश्चिमी स्केल में 'जी-माईनर' पर रची गयी है। 'परख' का *'मेरे मन के दीए'* में चर्च में एक निश्चित पैटर्न पर गाये जाने वाले *'क्वॉयर सांग'* की झलक मिलती है। ....तो ऐसे बहुत सारे गीत आप उनके संगीत में से चुन सकते हैं, जिनमें पश्चिम के संगीत का कोई रूप आपको दिखाई दे जाये।

मुझे पश्चिमी शास्त्रीय संगीत के प्रति दिलचस्पी पैदा करने में सलिल दा का ही हाथ रहा है। वे मुझे बॉम्बे में 'रिद्म हाऊस' दुकान पर ले जाते थे और मोत्जार्ट, बीथोवन, शोपेन और ताईकोवस्की के एल्बम चुनकर खरीदवाते थे। धीरे-धीरे मुझे इस संगीत की ऐसी आदत हुई कि मैंने बहुत सारा पश्चिमी संगीत संग्रह किया।

यतीन्द्र मिश्र

किन फ़िल्म निर्देशकों को आप संगीत के जानकार के तौर पर याद करती हैं? मेरा आशय यह है कि वे कौन से फ़िल्मों से सम्बन्धित निर्माता-निर्देशक रहे, जिनको संगीत की गहरी समझ थी?

लता मंगेशकर

ऐसे बहुत सारे लोग तो नहीं हैं। मुझे जिन लोगों में संगीत के प्रति आदर

का भाव नज़र आता है, उनमें मैं महबूब ख़ाँ साहब, कमाल अमरोही, राजकपूर, विजय आनन्द और यश चोपड़ा के नाम लूँगी। इन सभी को गाना समझ में आता था। यह सारे लोग यह जानते थे कि बेहतरीन संगीत और उत्कृष्ट गायिकी क्या होती है? आप आसानी से इनकी फ़िल्मों के संगीत को सुनकर या परदे पर देखकर यह समझ सकते हैं कि संगीत की बारीक़ से बारीक़ बात का भी कितनी सुन्दरता के साथ इन लोगों ने सिनेमा में इस्तेमाल किया है।

यतीन्द्र मिश्र

गुरुदत्त की फ़िल्मों में आपने सिर्फ़ पाँच गीत गाए हैं। चार गीत, 'जाल' (1952, संगीतकार : सचिन देव बर्मन) के लिए एवं पाचवाँ गीत 'बदले-बदले मेरे सरकार नज़र आते हैं', 'चौदहवीं का चाँद' (1960, संगीतकार : रवि) के लिए। संगीत को लेकर संवेदनशीलता के स्तर पर सन्तुलित गुरुदत्त जैसे महत्त्वपूर्ण फ़िल्म मेकर के यहाँ आपके गीतों का कैटलॉग इतना छोटा क्यों है? कोई ख़ास वज़ह?

लता मंगेशकर

नहीं कोई ख़ास वजह नहीं है। यह सही है कि मैंने ज़्यादा गीत गुरुदत्त की फ़िल्मों में नहीं गाए हैं, मगर वह कोई सायास न गाए जाने का निर्णय हो, ऐसा नहीं है। दरअसल हुआ यह था कि गुरुदत्त के घर में ही एक बेहतरीन गायिका गीता दत्त मौजूद थीं। ....तो उस समय उनकी फ़िल्मों के प्रमुख किरदारों के लिए गीता ही गाती थीं। इसीलिए मेरे गाने की वहाँ कोई ज़रूरत नहीं थी। फिर उनकी जिन फ़िल्मों में दूसरे किरदारों या सहायक अभिनेत्रियों की आवाज़ की ज़रूरत होती थी, तो उसमें अकसर शमशाद बाई या आशा जी गाती थीं। यही एक कारण मुझे समझ में आता है। ....और आप यह भी देखिए कि गीता ने गुरुदत्त की सारी फ़िल्मों में कितना कमाल का गाया है। 'प्यासा', 'कागज़ के फूल', 'साहब बीबी और गुलाम' तो जैसे बिल्कुल से याद आने वाले स्तरीय संगीत के उदाहरण हैं। मुझे गुरुदत्त के निर्देशन का एक वह पक्ष भी लुभाता था, जिसमें वे किसी गीत को फ़िल्माने का बड़ा ही स्वाभाविक ढंग अख़्तियार करते थे। मुझे आज भी याद है कि उन्होंने अपने अभिनय वाली फ़िल्म 'मिस्टर एण्ड मिसेज 55' में कैसे *'अजी दिल पर हुआ ऐसा जादू'* गाने में बेहद सहज ढंग का अभिनय किया था। वे प्रबुद्ध निर्देशक थे और उसकी बानगी उनके सिनेमा के हर एक पक्ष से झलकती थी। मैंने स्वयं *'बदले-बदले मेरे सरकार*

नज़र आते हैं' को गाते हुए और रेकॉर्डिंग के समय उनकी संगीत पर सूक्ष्म पकड़ को देखा और महसूस किया है।

यतीन्द्र मिश्र

संगीत के स्तर पर फ़िल्मों के लिए राजकपूर के निर्देशकीय कौशल को आप किस तरह देखती हैं?

लता मंगेशकर

राजकपूर साहब का तो जवाब ही नहीं है। वे संगीत में डूबे हुए व्यक्ति थे। मतलब वे वायलिन बजाना जानते थे, पियानो बजाना जानते थे, मैण्डोलिन और तबला भी उनको आता था। लगभग सारे वाद्यों के सुरों की समझ उनको भली-भाँति थी। स्वयं शम्मी कपूर साहब भी संगीत के अच्छे जानकार रहे हैं। फिर मैंने यह भी सुना है कि शम्मी कपूर ने कुछ दिनों तक शास्त्रीय संगीत भी सीखा था। राज साहब को संगीत के लिहाज़ से मैं परफेक्शनिस्ट मानती हूँ। वे अपने गीतों के लिए बहुत मेहनत कराते थे। राज साहब अपनी धुनों में काफ़ी चेंज करवाते थे, मतलब मुझे ऐसा चाहिए, मुझे वैसा चाहिए। मुझे याद है कि 'आवारा' के लिए हम सभी *'घर आया मेरा परदेसी'* गीत की रेकॉर्डिंग कर रहे थे। इस गीत में मन्ना डे साहब का थोड़ी देर के लिए सोलो भी आता है। अब हुआ यह था कि शंकर-जयकिशन की पूरी टीम सुबह नौ बजे इस गीत को रेकॉर्ड करने के लिए तैयार हो गयी। मैं भी नियत समय पर पहुँचकर पूरी टीम के साथ इस गाने में रम गयी। राज साहब को कुछ खटक रहा था या शायद उन्हें मन्ना दा का सोलो ठीक से उतरता हुआ नहीं लग रहा था। अब उसमें राज साहब बराबर गीत के बीच-बीच में टोकते जा रहे थे और हम लोग लगातार बस गाये जा रहे थे और गाये जा रहे थे। इस तरह पूरा दिन बीता और गाना था कि एक के बाद एक कई री-टेक के बाद भी फ़ाईनल नहीं हो रहा था। आप जानकर हँसेंगे कि सुबह नौ बजे शुरू हुआ यह गीत *'घर आया मेरा परदेसी'* दूसरे दिन सुबह तीन बजे जाकर पूरा हुआ। ....तो इस तरह राजकपूर एक-एक गीत की आत्मा तक पहुँचने के लिए गायकों और वादकों की जान निकाल लेते थे। (हँसती हैं)

यह देखने वाली बात है कि उनकी फ़िल्मों में ज़्यादातर संगीत शंकर-जयकिशन ने दिया है, जिसमें बाद में जाकर लक्ष्मीकान्त-प्यारेलाल और रवीन्द्र जैन जैसे लोग भी शामिल हुए, मगर संगीतकार से अलग उनका अपना एक ख़ास एलीमेण्ट

उनकी फ़िल्मों के संगीत में मौजूद रहता था। मतलब क्या था कि राज कपूर जो चाहते थे, उसी को पाने के लिए संगीतकार उनके लिए धुनें बनाते रहते थे। यह नहीं हो सकता था कि कोई भी धुन संगीतकार अपने ढंग से बना दे और राज साहब उससे सहमत हुए बग़ैर जस का तस अपना लें। ....तो यह एक ख़ास बात राज कपूर की फ़िल्मों के संगीत में देखी जा सकती है।

यतीन्द्र मिश्र

हिन्दी फ़िल्मों के संसार में महबूब ख़ाँ की 'मदर इण्डिया' (1957) स्त्री की मुक्ति और उसके संघर्ष का एक ऐसा प्रतिनिधि उदाहरण बनकर खड़ी है, जिसकी तमाम सारी ख़ूबियों में संगीत भी एक निहायत मजबूत पक्ष की तरह वहाँ उपस्थित है। आपके स्वर के दो प्रमुख गीत 'नगरी-नगरी द्वारे-द्वारे ढूँढू रे साँवरिया' और 'ओ मेरे लाल आ जा तुझको गले लगा लूँ' के अलावा आशा जी और मीना मंगेशकर के साथ आपका गाया हुआ सदाबहार गीत 'दुनिया में हम आए हैं तो जीना ही पड़ेगा' जैसे कामगर औरत की प्रगतिशील आवाज़ का दस्तावेज़ सरीखा है। मेरा आशय यह है कि 'मदर इण्डिया' के गीत फ़िल्म के कथानक को अलग से पूरी संवेदनशीलता के साथ व्यक्त करने में सक्षम रहे हैं। आपकी आवाज़ के सन्दर्भ और 'मदर इण्डिया' जैसी महान फ़िल्म की ऐतिहासिकता के सहकार में इस फ़िल्म के गीतों का आस्वाद आप कैसे ग्रहण करती हैं?

लता मंगेशकर

जहाँ तक 'मदर इण्डिया' के गीतों की बात है, यह सही है कि वे फ़िल्म के कथानक के साथ-साथ ही नहीं चलते, बल्कि उन्हें आगे बढ़ाते हैं। आपने जिन गीतों का ज़िक्र किया है, वह फ़िल्म के सबसे मार्मिक गीतों में आते हैं। हालाँकि फ़िल्म में कुछ और भी सुन्दर गीत हैं, जो कहानी के साथ उतनी ही सुन्दरता के साथ न्याय करते हैं। ख़ासकर *'उमरिया घटती जाए रे'* और *'दुःख भरे दिन बीते रे भईया'* जैसे गाने। 'मदर इण्डिया' के गानों को अगर मैं संगीत के लिहाज़ से देखूँ, तो उसमें फोक एलीमेण्ट ज़्यादा है। वह भी गुजरात के लोक-संगीत का तत्त्व क्योंकि महबूब साहब ने कहानी का पूरा दृश्य ही गुजरात के एक गाँव को आधार मानकर रचा था। इसलिए वह लोक-संगीत एक तरह से 'मदर इण्डिया' में पूरी तरह जँच गया। फिर गीतों को शकील बदायूँनी साहब ने इतने सुन्दर ढंग से लिखा था कि हम लोगों ने पूरे मन से उसे गाया भी।

'मदर इण्डिया' एक तरह से संगीतमय फ़िल्म है, जिसमें मेरे कई गानों के अलावा शमशाद बाई के भी उतने ही गाने मौजूद हैं। ....तो कहने का मतलब यह है कि इस फ़िल्म के गीतों की सिचुएशन, उन पर किरदारों का जीवन्त अभिनय और सबसे बढ़कर नौशाद साहब का अनूठा व मार्मिक संगीत इसको एक बड़ी फ़िल्म का विस्तार देते हैं। मतलब इस बात में दो-राय नहीं है कि 'मदर इण्डिया' के गाने न सिर्फ़ लाजवाब हैं, बल्कि अपना गहरा सन्देश रखते हैं। मुझे स्वयं *'ओ मेरे लाल आ जा तुझको गले लगा लूँ'* और *'नगरी-नगरी द्वारे-द्वारे'* बहुत पीड़ा देने वाला गीत लगता है। जब मैंने इसे रेकॉर्ड किया था, तब ही मेरा गाते हुए मन ख़राब हो गया था और बाद में भी कभी जब यह गीत मेरे कान में पड़े हैं, तब उनको सुनना दुःख भरा था। बाक़ी इतना मैं और कहना चाहूँगी कि भारत में होने वाली जिस तरह की आदर्शवादी माँ की छवि को दिखाने का बीड़ा महबूब ख़ाँ ने इस फ़िल्म में उठाया था, उसके किरदार के लिए रचे जाने वाले गीत हल्के हो ही नहीं सकते थे।

यतीन्द्र मिश्र

शंकर-जयकिशन ने आपके लिए बेहद ऊँची पट्टी पर गाये जाने वाले गीत बनाए हैं। उनकी लगभग हर दूसरी फ़िल्म में कम से कम एक ऐसा गीत अवश्य ही रहता था, जो आपकी आवाज़ में ही होता था। उदाहरण के तौर पर 'रसिक बलमा' (चोरी-चोरी, 1956), 'ओ बसन्ती पवन पागल' (जिस देश में गंगा बहती है, 1960), 'ओ मेरे शाहे ख़ुबाँ' (लव इन टोक्यो, 1966), 'बेदर्दी बालमा तुझको मेरा मन' (आरज़ू, 1965), 'एहसान तेरा होगा मुझ पर' (जंगली, 1961) एवं 'जाओ रे जोगी तुम जाओ रे (आम्रपाली, 1966) जैसे गीत देखे जा सकते हैं। यह एक बड़ी और अन्तहीन सूची है। आप इस तरह के गीतों को किस रूप में लेती हैं?

लता मंगेशकर

यह उनकी स्टाईल थी। आप इसे उनकी खूबी के तौर पर भी देख सकते हैं। मुझे ऐसे गीत ठीक लगते थे, मतलब मेरा मानना है कि मैं इन गीतों को गा तो देती थी, मगर मुझे थोड़ी तकलीफ़ भी होती थी। दरअसल होता यह था कि ऊँची पट्टी के गीतों को बहुत सम्भलकर गाना पड़ता था, नहीं तो स्वर के ऊपर जाने पर आवाज़ के खिंचने या थोड़ा कर्कश होने का खतरा बना रहता था।

इसलिए मुझे इन सब बातों को भी देखना पड़ता था। मुझसे जितना हो सकता था, मैं उन गीतों के साथ न्याय देने की कोशिश करती थी। ....लेकिन इतने भर से भी जयकिशन मानता नहीं था, उसे हमेशा यह लगता था कि जितना ऊँचा जाकर मैंने गा दिया है, अगर मैं कोशिश करूँ, तो और भी ऊँचे स्वरमान पर इसे गाया जा सकता है। इस तरह ऐसे गीतों को लेकर हममें कई बार बहसें भी होती थीं। कभी-कभी मुझे बहुत तकलीफ़ होती थी और तब मैं शंकर जी से कहती थी कि इतने ऊँचे पिच पर इस धुन को बनाने की आखिर ज़रूरत क्या है? इससे थोड़े कम में भी यह गाना सुरीला और बढ़िया बन सकता है।

(हँसती हैं) मुझे याद है कि जब मैंने उनके लिए 'आरजू' का गीत *'अजी रूठकर अब कहाँ जाइएगा'* रेकॉर्ड किया, उस दिन जयकिशन से कहा कि आप लोग ऐसे गाने क्यों बनाते हैं, जिसमें हम गायकों के गले के प्रति थोड़ी भी सहानुभूति आपके मन में नहीं रहती। यह ठीक है कि यह गीत बहुत सुन्दर कम्पोजीशन है, मगर इसे गाते हुए मुझे कितनी तकलीफ़ों से गुजरना पड़ा है, इसका भी तो थोड़ा अन्दाज़ा लगाइए। इस पर जयकिशन थोड़े खफ़ा हो गये और बोले– 'लता जी आपकी आवाज़ पर ऐसे गाने ऊँची पट्टी पर जाकर सुन्दर ढंग से खिलते हैं, इसलिए हम ऐसी धुनें बनाते हैं। नहीं तो हमारा आपको परेशान करने का कोई मकसद नहीं रहता। मुझे तो यह लगता है कि आप तो इससे भी ऊँचा गा सकती हैं।' ....पर मैं आपको अपने मन की बात बताऊँ, मुझे ऐसे हाई पिच के गीत थोड़े कम अच्छे लगते हैं। किसी गीत में सहज ही कोई स्वर ऊँची पट्टी पर जाकर लग जाए, तो वह सुन्दर लगता है। पूरा गीत ही एक ढर्रे पर बेहद ऊँचे स्वरों में अगर गाया जाए तो वह मुझे जटिल होने के बावजूद सुरीला कम लगता है। यह मेरी व्यक्तिगत राय है, जिससे मेरे श्रोताओं और आपका सहमत होना ज़रूरी नहीं। ....और ताज्जुब इस बात का होता है कि अधिकांश कार्यक्रमों में या फरमाईश पर ऐसे ऊँचे स्वरमान के गीतों को सुनने की लोग अधिक ख़्वाहिश रखते हैं।

यतीन्द्र मिश्र

आप सही कह रही हैं। यहाँ यह भी देखना चाहिए कि ऊँचे स्वरमान वाले गीतों की फ़िल्म संगीत में जैसे एक परम्परा ही कायम रही है, जिसमें कई बार हमें मो. रफ़ी, किशोर कुमार और आशा भोंसले के गीत भी मुहैया होते हैं। आपके सन्दर्भ में शंकर-जयकिशन ने तो ऐसे गीत ज़्यादा संख्या में बनाए ही हैं, मगर मदन मोहन और एस.डी. बर्मन

भी कहीं पीछे नहीं रहे। मदन मोहन की अधिकांश ग़ज़लें और बर्मन दादा की राग आधारित कम्पोजीशन्स ऊँची पट्टी के गीतों की ही मिसालें हैं।

लता मंगेशकर

सच बात है। बर्मन दादा और मदन मोहन जी ने ऐसे बहुत सारे गीत बनाए, जो हाई पिच पर जाकर सम्भव हुए हैं। मुझे तो लगता है कि सभी ने मेरे लिए कभी न कभी ऐसे गीत कम्पोज किए हैं। लक्ष्मीकान्त-प्यारेलाल भी शंकर-जयकिशन की तर्ज़ पर तमाम गीतों में बहुत ही हाई पिच की धुनें लेकर मेरे पास गाने के लिए चले आते थे। एक बार जयदेव जी ने भी ऐसी ही एक कम्पोजीशन बनाई– *'प्रभु तेरो नाम जो ध्याये फल पाए'* (हम दोनों)। इस पर मैंने उनसे कहा कि जयदेव जी आप यह क्या कर रहे हैं? इस गीत का अन्तरा इतना ऊँचा जाता है कि कुछ तो हमारे गले का लिहाज कीजिए। आपको मालूम नहीं कि ऐसे गीतों को पूरा करने में कितनी मेहनत और परेशानी से दो-चार होना पड़ता है। इस गीत में स्थाई नीचे है और अन्तरा ऊपर जाता है। ऐसे में मुझे बार-बार ऊपर-नीचे के खेल में अपने गले को बहुत तकलीफ़ देनी पड़ती है। जयदेव जी ने हँसकर यह बात टाल दी। कहने लगे– 'अरे! लता जी, आप तो बस ऐसे ही कह रही हैं। मुझे मालूम है कि आप यह सब बहुत आसानी से गा लेगीं। बस आपको लगता भर है, लेकिन जब गाना रेकॉर्ड कर रही होती हैं, तो हमें जितना ऊँचा स्वर चाहिए, उससे भी कितना आगे निकल जाती हैं। आप तो बस गाना लेकर गा दिया करिए। ऊँचे स्वर वाले गीत जब आप ही नहीं गायेंगी, तब हम किससे गवायेंगे फ़िल्मों में?' (हँसती हैं)

यतीन्द्र मिश्र

ऊँचे स्वरमान के आपके गाए हुए कौन से गीत आपको सर्वाधिक प्रिय हैं?

लता मंगेशकर

बहुत सारे गाने ऐसे होंगे, जो इस तरह के गीतों में अच्छे बने हैं। मैं शंकर-जयकिशन के गीतों को ख़ासकर इस श्रेणी में रखती हूँ। सबसे ज़्यादा पसन्द तो *'रसिक बलमा'* (चोरी-चोरी) था। यह बहुत ही ऊँची पट्टी पर जाकर गाया हुआ गीत है। इसके अलावा जो दो-एक गाने मुझे तुरन्त याद आते हैं, उनमें शंकर-जयकिशन का *'जाओ रे जोगी तुम जाओ रे'* (आम्रपाली), मदन मोहन का *'सपनों में अगर*

मेरे तुम आओ' (दुल्हन एक रात की) और रोशन साहब का *'ए री जाने न दूँगी'* (चित्रलेखा) हैं।

यतीन्द्र मिश्र

जब गीत रेकॉर्ड करने की मल्टी-ट्रैक तकनीकी नहीं थी और आप लोगों के ज़्यादातर गीत सिंगिल ट्रैक पर ही वाद्यों के संयोजन के साथ ही रेकॉर्ड होते थे, उस समय उन गीतों में आप लोग कैसे तालमेल बिठाते थे, जिनमें गीत की शुरुआत और बीच के अन्तरालों में डायलॉग भी ख़ुद ही बोलना पड़ता था। मेरा मतलब यह है कि सामान्य स्तर पर डायलॉग बोलते हुए उसके तुरन्त बाद ही दिये गये नोटेशन के अनुसार स्वरों में उतर जाना और फिर उसी तरह यदि ज़रूरत है, तो डायलॉग में लौटना। ऐसे कई गीत आपके कैटलॉग में सम्मिलित हैं। ऐसा आप कैसे कर पाती थीं?

लता मंगेशकर

आपका यह प्रश्न बहुत अच्छा है। जहाँ तक मेरी बात है, मुझे डायलॉग से गीत के नोटेशन में आने में या गीत गाते हुए डायलॉग बोलने में कभी दिक्कत महसूस नहीं हुई। बस मैं इतना करती थी कि अगर किसी गीत की शुरुआत में कुछ बोलना है, तो उस गीत की स्वर-संगति को डायलॉग की टाईमिंग के साथ ठीक तरह से मन में बिठा लेती थी। इस तरह मुझे कभी भी यह करने में मुश्किल नज़र नहीं आई, न ही मैं कभी ऐसा करते हुए बेसुरी हुई हूँ। ....और जो आप कह रहे हैं कि उस समय सिंगिल ट्रैक पर रेकॉर्ड होता था, तो यह भी दिमाग में बात बनी रहती थी कि हमें गीत की नोटेशन, साथ में सह-गायक और ढेरों वाद्यों के साथ सभी कुछ एक बार में ही कर लेना है। धीरे-धीरे हम लोगों को ऐसा अभ्यास हो चला था कि यह सब करने में कभी दिक्कत नहीं आई, बल्कि इस तरह की चीज़ें आने पर गाना थोड़ा रोचक बन जाता था। ....तो रेकॉर्ड करने में भी एक अलग ही आनन्द मिलता था। मुझे याद है कि मैंने मीनाकुमारी जी के लिए एक गाना आर.डी. बर्मन के संगीत निर्देशन में 'चन्दन का पलना' फ़िल्म के लिए रेकॉर्ड किया था। उसके बोल हैं *'शराबी-शराबी मेरा नाम हो गया'*। अब इस गीत को अगर आप ध्यान से सुनें, तो बीच में जो छोटे-छोटे एक-दो डायलॉग आए हैं, वह मैंने बिल्कुल मीना जी के अन्दाज़ में कहा है। आप सुनकर थोड़ी देर के लिए भ्रम में पड़ेंगे कि कहीं ऐसा तो नहीं उस समय रेकॉर्डिंग

में मीनाकुमारी साथ रहीं हो और उन्होंने यह डायलॉग बोला हो। ....मगर वह काम मैंने ही किया है और गीत भी उसी तरह आगे बढ़ा है। कई बार गीतों के बीच में हँसने या खिलखिलाने का दृश्य रचने के लिए हमें हँसना व खिलखिलाना भी पड़ता था, लेकिन यह नहीं होता था कि हँसी के साथ गाना कभी किसी गलत सुर से उठे या बोल धुन से बाहर चली जाये।

यतीन्द्र मिश्र

एक थोड़ा सा तीखा सवाल है, मगर यह आपकी संगीत-यात्रा के लिहाज से ज़रूरी लगता है। मैं यह जानना चाहता हूँ कि लगातार साठ-सत्तर वर्षों तक गाते हुए आपके तमाम संगीतकारों से व्यावसायिक स्तर पर बेहतर सम्बन्ध रहे हैं। फिर भी कुछ कारणों के चलते कई बार ऐसी स्थितियाँ भी आई हैं, जिसमें कुछ प्रमुख संगीतकारों के लिए आपने पार्श्वगायन नहीं किया या कुछ दिनों तक वह स्थगित रहा। ऐसे में सी. रामचन्द्र, एस.डी. बर्मन, वसन्त देसाई, जयदेव, शंकर-जयकिशन जैसे लोगों के साथ मतभेद के चलते दूर होना और फिर उन लोगों का आपकी ओर लौटना और नये सिरे से संगीत-यात्रा को देखा जा सकता है। मैं इस बात को जानने के लिए इच्छुक हूँ कि वह अकेला कौन सा संगीतकार रहा है, जिसने कभी भी आपका साथ नहीं छोड़ा और गीत गवाने को लेकर कोई दूसरा विकल्प नहीं तलाशा। मतलब वह कौन रहा, जिसने हमेशा आपकी कला पर भरोसा जताया?

लता मंगेशकर

अच्छा हुआ जो आपने यह सवाल पूछ लिया। इसमें तीखा जैसा कुछ भी नहीं है (हँसती हैं)। ऐसे में मुझे सिर्फ़ मदन मोहन जी याद आते हैं, जिन्होंने कभी भी मेरा साथ नहीं छोड़ा। एक बार जो उनके साथ गायिकी को लेकर सम्बन्ध शुरू हुआ, तो वह उनके जीवन के अन्तिम दिन तक वैसे ही निभा। ....पर ऐसा नहीं था कि वो सिर्फ़ मुझसे ही गवाते थे। उनके यहाँ गीता दत्त और आशा जी ने भी बहुत सुन्दर गाने गाए हैं, मगर मेरी जो उपस्थिति उनके संगीत में पहले दिन थी, वही जीवन के अन्तिम दिन तक वैसी ही बनी रही। कई बार मुझे तकलीफ़ भी होती थी कि किन्हीं कारणों के चलते मेरा गाना रेकॉर्ड नहीं हो पाता था, तो मदन भैया बड़े धैर्य से मेरे ठीक हो जाने और स्टूडियो लौटने का इंतजार करते थे। मैंने अकेला उनको ही ऐसा संगीतकार पाया है, जिसके लिए लता का विकल्प भी लता

मंगेशकर ही थीं। इस बात के लिए मैं उनकी बहुत इज़्ज़त करती हूँ और अपना आभार कहकर भी पूरे तौर पर बयाँ नहीं कर सकती।

यतीन्द्र मिश्र

आपने बड़ी ईमानदारी से यह स्वीकारा है, जो बिल्कुल सही लगता है। शंकर-जयकिशन में शंकर ने शारदा के कारण आपसे दूरी बनाई है, तो बर्मन दादा को कभी गलतफ़हमी हुई, जिसके चलते उन्होंने बुझे मन से कुछ वर्षों तक आपसे किनारा कर रखा था। जयदेव जी से मन मुटाव भी शायद एस. डी.बर्मन के प्रसंग के तहत ही रहा है और सी.रामचन्द्र इसलिए बाद के दिनों में आपसे खफ़ा रहने लगे थे कि उनको लगता था कि आप नौशाद साहब या शंकर-जयकिशन को ज़्यादा समय और तवज्जो दे रही हैं और उनकी धुनों के प्रति उतनी समर्पित नहीं हैं। क्या यह सब बातें आपको रचनात्मक स्तर पर परेशान करती थीं?

लता मंगेशकर

क्यों नहीं? मैं भी इंसान हूँ। जितने प्रसंग आपने गिनाये हैं, उनमें अधिकांश में मेरी ओर से कोई अवहेलना का भाव रहा हो, ऐसा नहीं था। फिर भी कुछ परिस्थितियाँ ऐसी बनीं, जिनमें यह सारी बातें हुईं। मुझे लगता है कि जीवन में बहुत सारी चीज़ों पर आपका वश नहीं होता। आपके काम को लेकर होने वाले विवाद और गलतफहमियाँ भी उसका एक पक्ष होती हैं, जिसके लिए आप उस समय कुछ नहीं कर सकते। मैं बस इतना कहूँगी कि बाद में बर्मन दादा और जयदेव जी के साथ की सारी गलतफ़हमियाँ दूर हो गयी थीं, क्योंकि दोनों तरफ़ ही किसी प्रकार की कोई दुर्भावना या गलत बात नहीं हुई थी। बाद में मैंने उन दोनों के साथ लगातार गायन भी किया।

शंकर-जयकिशन वाले प्रकरण में यह दुर्भाग्यपूर्ण था कि जयकिशन इन सब बातों से नाराज़ होता था और शंकर जी को बोलता था कि जिन गीतों के लिए लता की ज़रूरत है, उसके लिए हमें दूसरे नामों पर विचार ही नहीं करना चाहिए। ....पर क्या था कि जब तक जयकिशन जीवित रहा, तब तक तो ऐसी स्थितियाँ उन दोनों द्वारा सम्भाल ली जाती थीं। उसके जाने के बाद तो फिर वह जोड़ी ही टूट गयी और शंकर जी की संगीत और सिनेमा में वह पकड़ भी कम होती गयी, जिसके लिए वो 'एस.जे.' के नाम

से जाने जाते थे। मैं उन्हें 'एस.जे.' की जगह 'सिल्वर जुबली' कहती थी, जिसका मतलब ही था कि उनके संगीत वाली फ़िल्में बिना सिल्वर जुबली किए थियेटर से उतरेंगी नहीं। बाद में आर.डी. बर्मन, कल्याण जी-आनन्द जी और लक्ष्मीकान्त-प्यारेलाल ने उनकी जगह ले ली। शंकर-जयकिशन दौर ही समाप्त हो गया। बाद के जिन संगीतकारों का मैनें नाम लिया है उन सभी के लिए मैंने हमेशा गाया और ईश्वर की कृपा है कि यहाँ कोई सम्बन्ध ख़राब होने वाली या बुरी बात नहीं हुई। मैंने लगातार सबके लिए गाया और अपना सहयोग दिया।

यतीन्द्र मिश्र

आपसे अभी जो प्रश्न पूछ रहा हूँ, उसमें आपको अपने सह-गायकों- गायिकाओं के साथ एक गीत डुएट के रूप में चुनना है। आप एक से अधिक विकल्प इन गीतों के सन्दर्भ में यहाँ नहीं चुन सकतीं हैं। इसमें सबसे पहले मैं ये जानना चाहता हूँ कि मुकेश जी के साथ वाला युगल-गीत कौन सा है, जो सर्वाधिक प्रिय रहा?

लता मंगेशकर

(हँसती हुए जवाब देती हैं) 'सावन का महीना पवन करे सोर' (मिलन)

यतीन्द्र मिश्र

मो. रफ़ी?

लता मंगेशकर

'आवाज़ दे के हमें तुम बुलाओ' (प्रोफेसर)

यतीन्द्र मिश्र

हेमन्त कुमार?

लता मंगेशकर

'छुपा लो यूँ दिल में प्यार मेरा' (ममता)

यतीन्द्र मिश्र

तलत महमूद?

लता मंगेशकर

'दिल में समा गये सजन, फूल खिले चमन-चमन' (संगदिल)

यतीन्द्र मिश्र

मन्ना डे?

लता मंगेशकर

'चुनरी सँभाल गोरी उड़ी चली जाये रे' (बहारों के सपने)

यतीन्द्र मिश्र

किशोर कुमार?

लता मंगेशकर

'कोरा काग़ज था ये मन मेरा' (आराधना)

यतीन्द्र मिश्र

महेन्द्र कपूर?

लता मंगेशकर

'छोड़कर तेरे प्यार का दामन' (वो कौन थी)

यतीन्द्र मिश्र

शमशाद बेगम?

लता मंगेशकर

'बचपन के दिन भुला न देना' (दीदार)

यतीन्द्र मिश्र

आशा भोंसले?

लता मंगेशकर

'मन क्यूँ बहका री बहका आधी रात को' (उत्सव)

यतीन्द्र मिश्र

गीता दत्त?

लता मंगेशकर

'ता थैया करते आना, मोरे जादूगर मोरे सैंया' (पंचायत)

यतीन्द्र मिश्र

उषा मंगेशकर?

लता मंगेशकर

'दग़ाबाज हो बाँके पिया' (बर्मा रोड)

यतीन्द्र मिश्र

किस भारतीय अभिनेत्री का काम आपको बेहतरीन लगता है?

लता मंगेशकर

मुझे मीनाकुमारी और नरगिस की फ़िल्में बहुत अच्छी लगती थीं। मीना जी तो इतनी समर्थ अभिनेत्री रहीं, कि उनकी तो आँखें और चेहरा ही अभिनय से कुछ अधिक ही परदे पर दिखा देते थे। क्या आपने मीना जी की 'शारदा' देखी है? उन्होंने कितना बढ़िया काम किया था इस फ़िल्म में। अपने किरदारों की अदायगी को लेकर वे बहुत ही संजीदा थीं। आप उनकी 'चित्रलेखा', 'आरती' और 'बहू बेगम' जैसी फ़िल्मों को देखें, तो जान सकेंगे कि वे कितनी बड़ी अभिनेत्री हैं। मुझे उनकी 'दिल एक मन्दिर', 'दिल अपना और प्रीत पराई' और 'बैजू बावरा' भी बहुत पसन्द हैं। उनसे आप पर्सनल तौर पर मिलिए, तो भी आपको वे उतनी ही गम्भीर और भली महिला के रूप में मिलेंगी। वह हर समय अपने साथ डायरी वगैरह रखे रहती थीं और उस डायरी में ख़ुद के कहे शेर और दूसरों की पसन्दीदा शायरी नोट किया करती थीं। मतलब वह कमाल की औरत थीं और तबीयत से भी बड़ी भली।

मुझे व्यक्तिगत तौर पर भी यह लगता है कि मेरी आवाज़ मीनाकुमारी, नरगिस, मधुबाला, सायरा बानो और नूतन पर बहुत जँचती थी। मीना जी के लिए मेरा गाया हुआ 'बहू बेगम' का गीत *'दुनिया करे सवाल तो हम क्या जवाब दें'* हमेशा से दिल के क़रीब रहा है।

यतीन्द्र मिश्र

यह आपने सही कहा है कि आपकी आवाज़ इन पाँच बड़ी अभिनेत्रियों, मसलन– मीनाकुमारी, नरगिस, मधुबाला, नूतन और सायरा बानो पर बेहद सटीक ढंग से उभरती है। पर क्या आपको यह नहीं लगता कि इस सूची में हमें कम से कम पाँच और प्रमुख अभिनेत्रियों के नाम जोड़ने चाहिए, जिनमें– वहीदा रहमान, वैजयन्ती माला, माला सिन्हा, साधना और नन्दा भी आती हैं?

लता मंगेशकर

देखिए आप सही कह रहे हैं कि बाक़ी की ये अभिनेत्रियाँ भी उतने ही सुन्दर ढंग से मेरे गीतों पर लिप-मूवमेण्ट करती थीं। विशेषकर वहीदा रहमान, वैजयन्ती माला और साधना। ....लेकिन यहाँ मैंने उस लिहाज से उन अभिनेत्रियों के नाम लिए, जिनकी परदे पर वास्तविक आवाज़ भी बहुत कोमल या पतली लगती है। अब जैसे नूतन को देखिए, वो जब बात करती थीं, तो वह आवाज़ कितने सॉफ्ट ढंग से उभरती थी। इसलिए मुझे लगता है कि नूतन पर मेरी आवाज़ सूट करती थी। यही बात मैं हमेशा सायरा बानो के सन्दर्भ में भी कहती हूँ कि उनकी बेहद नाजुक और महीन आवाज़ में मेरी आवाज़ मिल जाती है। फिर आपका कहना भी एकदम सही है कि वहीदा जी, वैजयन्तीमाला, माला सिन्हा, साधना और नन्दा की आवाज़ें भी परदे पर गाते व अभिनय करते हुए मेरी आवाज़ के क़रीब की आवाज़ें लगने लगती हैं। इसमें मैं साधना का अलग से ज़िक्र करूँगी, जिन्हें मैं बेहद पसन्द करती हूँ। वे बहुत अच्छी आर्टिस्ट थीं, सिनेमा के परदे पर वे प्यारी लगती थीं और उतना ही बेहतर काम भी करती थीं। साधना भी एक ऐसी अभिनेत्री हैं, जिसने मेरे गानों के साथ काफ़ी न्याय किया है। उनका लिप-मूवमेण्ट बहुत सधा हुआ रहता था।

यतीन्द्र मिश्र

इस लिहाज़ से आपकी आवाज़ के सन्दर्भ में कौन सी अभिनेत्री सम्पूर्ण ढंग से सिनेमा के परदे पर उभरती है।

लता मंगेशकर

इस तरह तो मैं यह जवाब नहीं दे सकती कि अकेली कौन-सी अभिनेत्री ऐसी है, जो वाकई मतलब परफेक्ट ढंग से मेरी आवाज़ के तहत स्क्रीन पर अच्छी

लगती हो। ....पर मेरा मानना है कि यह तीन नाम– मीनाकुमारी, नरगिस और नूतन को आप हर लिहाज़ से बेहतर कह सकते हैं।

यतीन्द्र मिश्र

वहीदा रहमान का काम कैसा लगता है आपको?

लता मंगेशकर

वहीदा जी बहुत अच्छी थीं। वे हर तरह के रोल बखूबी निभाती थीं। कोई सीरियस रोल हो, कहीं किसी नर्तकी का रोल हो– हर जगह वहीदा जी बड़े ख़ूबसूरत ढंग से उभरती हैं। एक 'गाईड' फ़िल्म ही उनके अभिनय का लोहा मानने के लिए काफ़ी है। मैंने उनके और वैजयन्ती माला जैसी बेहतरीन डांसर अभी तक नहीं देखी हैं। किसी भी गीत में चाहे नृत्य का कोई अंश भले ही न हो, मगर यह दोनों अभिनेत्रियाँ अगर उसमें नृत्य के हल्के-फुल्के अन्दाज़ भी दिखा देती थीं, तो वह डांस के लिहाज से एक बढ़िया गीत लगने लगता था। वाकई, जिसे हरफ़नमौला अभिनेत्री कहते हैं, हम वहीदा जी को ऐसी अभिनेत्री कह सकते हैं।

यतीन्द्र मिश्र

आपने नृत्य में पारंगत दो अभिनेत्रियों की चर्चा की है, तो ऐसे में उसी दौर में एक और महत्त्वपूर्ण नाम उभरता है आशा पारेख का। उनके बारे में एक अभिनेत्री और नर्तकी के बतौर आपका क्या कहना है?

लता मंगेशकर

आशा पारेख भी अच्छा काम करने वाली अभिनेत्री रही हैं। कुछ ख़ास किस्म के रोल वे बहुत बेहतर ढंग से करती थीं। मेरे गाए हुए कुछ सुन्दर गीत आशा पारेख पर फ़िल्माए गये हैं। जैसे 'छाया' का *'छम-छम नाचत आई बहार'*, 'ज़िद्दी' का *'रात का समां झूमे चन्द्रमा'* और 'लव इन टोक्यो' का *'कोई मतवाला आया मेरे द्वारे'*। इन गानों में उनका डांस काबिलेतारीफ़ है। हालाँकि मेरा मानना है कि आशा पारेख अकेली ऐसी अभिनेत्री हैं शायद, जिनके फ़िल्मों में निभाए हुए शोख किरदारों पर आशा जी (आशा भोंसले) की आवाज़ ज़्यादा अच्छी लगती है। फिर भी यह मानने में कोई संशय नहीं है कि वहीदा जी, वैजयन्ती माला और अन्य प्रमुख अभिनेत्रियों की तरह आशा पारेख भी भाव से भरी हुई एक कुशल अभिनेत्री रही हैं।

यतीन्द्र मिश्र

अगर एक अभिनेत्री का नाम नृत्य के लिए चुनना हो, तो सिनेमा के परदे पर आपकी पसन्दीदा कौन होगी?

लता मंगेशकर

वैजयन्तीमाला।

यतीन्द्र मिश्र

इसी समय यह पूछना भी लाजमी होगा कि नृत्य गीतों में आपके गाये हुए कौन से गीत आपको सबसे ज़्यादा प्रिय हैं?

लता मंगेशकर

कई हैं, लेकिन कुछ एक बहुत ज़्यादा पसन्द हैं। जैसे, *'होंठों पे ऐसी बात मैं दबा के चली आई'* (ज्वेल थीफ़), *'पिया तोसे नैना लागे रे'*, *'सैंया बेईमान'* (गाईड), *'रात का समां झूमे चन्द्रमा'* (ज़िद्दी), *'कोई मतवाला आया मेरे द्वारे'* (लव इन टोक्यो) और *'रात भी है कुछ भीगी-भीगी'* (मुझे जीने दो)। मुझे लगता है कि मैं कुछ गाने भूल रही हूँ, आप कुछ याद दिलायेंगे? (हँसती हैं)

यतीन्द्र मिश्र

आपने बहुत सुन्दर गीतों की लड़ी पिरोई है। बेशक आपके गाए हुए हज़ारों गीतों में से इतने कम गीत तो नृत्य के अविस्मरणीय गीतों की सूची में नहीं समा सकते, जो उत्कृष्ट हैं। कुछ और गीत भी याद किये जा सकते हैं। मसलन– 'झन-झन, झन-झन पायल बाजे' (बुजदिल, 1951), 'पवन दीवानी न माने, उड़ावे मोरा घुँघटा' (डा. विद्या, 1962), 'जुल्मी हमारे सँवरिया हो राम' (मिस्टर एक्स इन बॉम्बे, 1964), 'राधा न बोले न बोले रे' (आज़ाद, 1955), 'घड़ी-घड़ी मोरा दिल धड़के' (मधुमती, 1958), 'न मारो नजरिया के बान' (पहली झलक, 1954), 'जाओ जाओ नन्द के लाला तुम झूठे' (रंगोली, 1962), 'आ, आ भी जा रात ढलने लगी' (तीसरी कसम, 1966), 'कजरा लगा के बिन्दिया सजा के' (जल बिन मछली नृत्य बिन बिजली, 1971), 'लुक छुप बदरा में चमके जैसे चन्दा' (गंगा मइया तोहे पियरी चढ़इबो, 1962), 'हो रे हो रे झनन घुँघर बाजे' (गंगा जमना, 1961), 'आया आया अटरिया पे कोई चोर'

(मेरा गाँव मेरा देश, 1971), 'ये गलियाँ ये चौबारा' (प्रेम रोग, 1982), 'निन्दिया से जागी बहार' (हीरो, 1983), 'मोरनी बागाँ मा बोले आधी रात माँ' (लम्हे, 1991) और 'माई नी माई मुँडेर पे तेरी' (हम आपके हैं कौन, 1994) जैसे नृत्य-गीत। हालाँकि इस पूरी बानगी में मैंने मुजरा गीतों को नहीं लिया है। उस पर हम अलग से चर्चा करेंगे।

लता मंगेशकर

(हँसती हैं) आप ठीक कह रहे हैं। इनमें से कुछ गीत तो अत्यन्त सुन्दर हैं और उन पर बहुत अच्छे ढंग से नृत्य भी किया गया है। बस आपसे एक गुज़ारिश है कि इनमें से एक गीत निकाल दीजिए– 'मेरा गाँव मेरा देश' वाला *'आया-आया अटरिया पे कोई चोर'*। वो मुझे बिल्कुल पसन्द नहीं। (इस बात पर हम दोनों हँसते हैं)

यतीन्द्र मिश्र

हम फिर से अभिनेत्रियों की चर्चा में लौटते हैं। आप पुरानी पीढ़ी की जिन अभिनेत्रियों की बात कर रही हैं, उसमें एक शोख अभिनेत्री का ज़िक्र छूट गया है, जिन पर आपके संगीत कॅरियर का पहला हिट गीत फ़िल्माया गया। मैं मधुबाला के बारे में जानना चाहता हूँ?

लता मंगेशकर

मधुबाला बहुत सुन्दर थीं, मुझे उनकी हर चीज़ में यही लगता रहा कि वे जो कुछ भी करती थीं, बहुत सुन्दर ही करती थीं। मधुबाला ही अकेली ऐसी पहली अभिनेत्री थीं, जिन्होंने बाक़ायदा अपने कॉण्ट्रैक्ट में यह लिखवाना शुरू किया था कि उनका प्लेबैक मैं ही दिया करूँगी। वे इस बात से सन्तुष्ट होकर ही फ़िल्में साईन करती थीं। बाद में यह काम कुछ और लोगों ने भी शुरू कर दिया था। मैं इस बात से पूरी तरह इत्तेफाक़ रखती हूँ कि मेरे शुरुआती दौर में अगर मधुबाला ने ऐसा कुछ न किया होता, तो मुझे इतनी आसानी से उनके सारे गीत न मिले होते।

यतीन्द्र मिश्र

बाद की पीढ़ी में कौन-सी अभिनेत्री आपको जँची, जिन्हें अपनी वरिष्ठ पीढ़ी की अभिनेत्रियों की तरह ही आप याद करती हैं?

लता मंगेशकर

रेखा। इसमें कोई शक नहीं कि उनकी ऐक्टिंग कमाल की है। डांसर तो वो है ही, 'उमराव जान' में उनके जैसा काम आज भला कितने लोग कर सकते हैं? उन्होंने अपने किरदार के साथ पूरा न्याय किया था। आज भी 'उमराव जान' मेरी पसन्द की फ़िल्मों में शामिल है। ....और सबसे बड़ी बात यह है कि वो साउथ इण्डियन होते हुए भी उर्दू बहुत अच्छा बोलती हैं। वे लाजवाब ढंग से सुन्दर हैं और यह सवाल ही नहीं उठता है कि वे किसी फ़िल्म में कम अच्छा काम करें। वह जिस भी फ़िल्म में होती हैं, वह फ़िल्म अपने आप ऊपर उठ जाती है। आप उनकी 'उत्सव' देखें, तो उसमें जिस तरह वे राजनर्तकी बनकर अपना पूरा किरदार सँभाल रही हैं, वह बहुत सुन्दर है। उनका 'सिलसिला' का रोल भी मुझे पसन्द है। उनकी हर फ़िल्म देखकर यह लगता है कि वह अपने किरदार को समझकर करती हैं। मुझे रेखा जैसी समझदार अभिनेत्री जल्दी दूसरी नहीं दिखाई पड़ती।

यतीन्द्र मिश्र

अब यहाँ, एक सवाल अपने आप वजूद पाता है। आपने पुरानी अभिनेत्रियों की परम्परा को याद करते हुए सीधे रेखा जी पर आकर विराम लिया है। ऐसे में उनकी समकालीन और अपने समय की दक्ष अभिनेत्री हेमा मालिनी के बारे में भी आपके विचार जानना ज़रूरी हो जाता है। विशेषकर उनके अभिनय और नृत्यों को लेकर?

लता मंगेशकर

हाँ। एकदम सही बात है। जिस तरह हम मीनाकुमारी, नरगिस और मधुबाला को एक साथ याद करते हैं, उसी तरह कुछ यह बात भी चलन में है कि हम हेमा जी का नाम लें, तो रेखा बहुत स्वाभाविक ढंग से याद आती हैं। (प्रसन्न होते हुए)

उनका अभिनय थोड़ा अलग ढंग का है। ठहरा हुआ और शान्ति जगाने वाला। वो सिनेमा के परदे पर बहुत भली लगती हैं। मुझे हमेशा से हेमा मालिनी के सन्दर्भ में यह बात लगती रही कि वे किसी शरीफ़ घर की इज्जतदार महिला ज़्यादा लगती हैं, अभिनेत्री कम। मतलब उनको कभी कोई इस तरह का रोल दिया गया है कि जैसे वे कोठे पर रहने वाली तवायफ़ बनी हों, तो वो उसमें जमती नहीं। उनकी शक्ल-सूरत और बातचीत, वह सब एक सम्भ्रान्त

महिला होने का परिचय देता है। वह इतनी गरिमा से भरी हुई नज़र आती हैं कि फिर बाक़ी किरदारों से ऊपर उनका व्यक्तित्व उठ जाता है। मेरा कहने का मतलब यह है कि हेमा जी को देखकर आपको किसी फ़िल्म का चरित्र याद नहीं आता, बल्कि हेमा मालिनी का समूचा वजूद ही उभरता है। हालाँकि उन्होंने फ़िल्मों में जो कुछ भी अभिनय किया है, वह ठीक लगता है और वे बहुत सुन्दर नज़र आती हैं।

यतीन्द्र मिश्र

कुछ ऐसी भी अभिनेत्रियाँ हुईं, जिन्हें दो-चार फ़िल्में ही मिलीं, लेकिन उन्होंने उन फ़िल्मों में बाद तक याद रह जाने लायक अभिनय किया है। इन अभिनेत्रियों के गाने भी अपने समय में अत्यन्त मशहूर हुए, जिन अधिकांश गीतों में बतौर पार्श्वगायिका आप मौजूद रही हैं। मेरा इशारा लीला नायडू और सुचित्रा सेन की तरफ़ है। आपका इन दोनों के बारे में क्या कहना है?

लता मंगेशकर

देखिये! लीला नायडू की तो एक अभिनेत्री के तौर पर तो मैं सिर्फ़ एक ही फ़िल्म को याद रखती हूँ, जो बतौर मुख्य अभिनेत्री शायद उनकी अकेली फ़िल्म भी होगी। इस लिहाज से मुझे 'अनुराधा' बहुत इम्पोर्टेण्ट फ़िल्म लगती है। ऋषिकेश मुखर्जी के निर्देशन और पण्डित रविशंकर जी के संगीत के अर्थ में तो मैंने आपसे उस पर अलग से बात भी की है। ....मगर लीला नायडू के अभिनय के बारे में बहुत कुछ कह पाना सम्भव इसलिए नहीं है कि एक ही फ़िल्म के आधार पर आप उसकी अभिनेत्री पर क्या बात कर सकते हैं? उनको एक्टिंग करने का पूरा मौका ही नहीं मिला है, बावजूद इसके 'अनुराधा' के गानों में उनका अभिनय भला लगता है।

सुचित्रा सेन को मैंने बांग्ला फ़िल्मों में ज़्यादा देखा है। बहुत बढ़िया आर्टिस्ट थीं। उन्होंने 'देवदास' में, दिलीप कुमार के सामने पारो का रोल इतना अच्छा किया है कि ताज्जुब होता है कि हिन्दी सिनेमा की मुख्य धारा में सुचित्रा सेन की तरह इतनी समर्थ अभिनेत्री दूसरी क्यों नहीं नसीब हुई। हालाँकि अभिनय से अलग, उनके हिन्दी बोलने का लहजा थोड़ा कमजोर था। वे हिन्दी बोलती थीं, तो लगता था जैसे कोई बंगाली लड़की बोल रही है। यह बात पता चलती थी, जो सुचित्रा सेन के इतने बेहतरीन अभिनय के बाद खटकती है। उनकी 'ममता'

मुझे कुछ मामले में एक महत्त्वपूर्ण फ़िल्म लगती है। इस फ़िल्म में उनका जो सेकेण्ड रोल है, तवायफ़ की बेटी वाला, उसे आप ग़ौर से देखिए। इस फ़िल्म में माँ बेटी के चरित्र को जिस तरह दो अलग-अलग धरातलों पर जाकर उन्होंने सम्भव किया है, वह लाजवाब है। 'ममता' का संगीत भी इतना अलग किस्म का था, कि वह भी फ़िल्म के कथानक को आगे बढ़ाने में असरदार लगता है। रोशनलाल ने इस फ़िल्म के लिए जितनी सुन्दर धुनें बनाई हैं, वह सुचित्रा सेन के किरदार पर भी अलग-अलग गीतों में खिलकर उभरी है। उनकी गुलज़ार साहब की एक फ़िल्म 'आँधी' भी अच्छे सिनेमा का उदाहरण है। इस फ़िल्म के मेरे सारे गाने मुझे बेहद पसन्द हैं, विशेषकर– *'इस मोड़ से जाते हैं'*।

यतीन्द्र मिश्र

जब आप फ़िल्मों में आई ही थीं, तो उसके पहले से सक्रिय और शीर्ष पर स्थापित रहीं तीन प्रमुख अभिनेत्रियों– देविका रानी, दुर्गा खोटे और सुलोचना (रूबी मायर्स) के बारे में जानना चाहता हूँ। इन लोगों से क्या कभी आपकी मुलाकात हुई या उनकी फ़िल्मों को लेकर आपकी पसन्द का कोई मामला बनता है, जिसे आप याद करना चाहेंगी?

लता मंगेशकर

देखिये! मैं जब आई हूँ, तब उस समय तक देविका रानी फ़िल्म इण्डस्ट्री छोड़ चुकी थीं। हालाँकि मैंने अपने शुरुआती दौर के कुछ गीतों की रेकॉर्डिंग उनके बॉम्बे टॉकीज़ में ही की है। मेरी उनसे व्यक्तिगत मुलाकात कभी नहीं रही। ....पर हाँ मैंने बचपन में उनकी कुछ फ़िल्में ज़रूर देखी थीं। इसी तरह मुझे याद पड़ता है कि मैं कभी रूबी मायर्स से भी नहीं मिली हूँ। दुर्गा खोटे से हमारा बड़ा आत्मीय व पारिवारिक रिश्ता रहा। उनसे मिलना-जुलना और बातचीत होती थी, मुझे याद है कि मैंने उनको प्लेबैक भी दिया है। मैंने 'मालती माधव' के लिए *'बाँध प्रीति फूल डोर मन लेके चित चोर दूर जाना ना'* गीत में उनको स्वर दिया था। इसे सुधीर फड़के जी ने बनाया है, जो बहुत ही सुन्दर संगीत रचते थे। दुर्गा खोटे बड़ी सभ्य और बेहतरीन महिला थीं। उनसे मुलाकातों की स्मृति मेरे मन में बहुत अच्छी रही है।

इन तीनों अभिनेत्रियों के अलावा मेरी बहुत ही घरेलू मुलाकात उस दौर की शोभना समर्थ से भी थी। वे बहुत ही अच्छी अभिनेत्री रहीं, मगर उन्होंने अपनी बेटियों नूतन और तनूजा के फ़िल्मों में आने के बाद फ़िल्मों में काम करना बन्द

कर दिया था। आप जिन अभिनेत्रियों के बारे में अभी पूछ रहे हैं, उन सब का एक ज़माने में बहुत बड़ा मुकाम था और वे सब बड़ी ही सभ्य महिलाएँ थीं।

यतीन्द्र मिश्र

बिल्कुल नयी पीढ़ी की किस अभिनेत्री को आप सर्वाधिक पसन्द करती हैं? मेरा आशय यह जानने से है कि भाव-प्रवण अभिनेत्रियों की लम्बी व प्रशस्त परम्परा में नये कौन से लोग महत्त्वपूर्ण हैं?

लता मंगेशकर

इधर की हीरोईनों में मुझे माधुरी दीक्षित की फ़िल्में अच्छी लगती हैं। उनका ज़्यादातर काम बढ़िया है। वे बड़े संजीदा ढंग से अभिनय करती हैं। व्यक्तिगत तौर पर भी वे बड़ी भली महिला हैं। उनके बाद मुझे जूही चावला, काजोल और रानी मुखर्जी अच्छी लगती हैं। तीनों बहुत अच्छा काम करती हैं। यह तीनों अभिनेत्रियाँ जानती हैं कि दरअसल वे क्या कर रही हैं। मुझे यह देखकर भी बड़ा अच्छा लगता है कि जहाँ माधुरी, वहीदा जी की तरह ही एक समर्थ नर्तकी और अभिनेत्री के तौर पर फ़िल्मों में उभरती हैं, वहीं काजोल अपनी माँ और मौसी– तनूजा और नूतन की तरह एक संवेदनशील और विचारवान अभिनेत्री की तरह पेश आती हैं। उसने अपने परिवार परम्परा को बहुत ढंग से आगे बढ़ाया है। रानी मुखर्जी भी एक समर्थ अभिनेत्री की तरह अपनी पहचान बनाने में सफ़ल रही हैं। उसकी अदाकारी में संजीदगी और भाव-प्रधानता बहुत अच्छी तरह से मिलती है। अमिताभ बच्चन के साथ वाली उनकी 'ब्लैक' फ़िल्म को ही ले लीजिए, क्या कमाल का काम किया है रानी ने उसमें! (प्रसन्नता से बताती हैं)।

यतीन्द्र मिश्र

इधर की अभिनेत्रियों में श्रीदेवी का नाम भी आता है। विशेषकर उनके द्वारा अभिनीत नृत्य गीतों को लेकर। आपने उनके लिए दो प्रमुख फ़िल्मों 'चाँदनी' (1989) और 'लम्हे' (1991) में बेहतरीन गीत गाए हैं। श्रीदेवी के नृत्य और अभिनय के बारे में आपका क्या ख्याल है?

लता मंगेशकर

निश्चित ही श्रीदेवी एक अच्छी अदाकारा रही हैं। आपने जिन दो फ़िल्मों का नाम लिया, वो मेरी भी पसन्द की फ़िल्में हैं, जिसमें श्रीदेवी ने काम किया है।

मुझे 'चाँदनी' में उनका वो डांस बहुत पसन्द आया था, जिसे उन्होंने सिर्फ़ म्युजिक पर बेहद सधे ढंग से किया था। कुछ-कुछ शास्त्रीय नृत्य के स्टेप्स में किया गया उनका डांस। उसमें उनकी मेहनत और महारत दोनों ही दिखाई पड़ती है। इसके अलावा 'लम्हे' के मेरे गाने *'मोरनी बागाँ मा बोले आधी रात मा'* पर उनका नृत्य भी बहुत सुन्दर है। इसमें कोई शक़ नहीं कि श्रीदेवी गीत और उसके बोलों को समझकर नृत्य करती थीं। इन दोनों ही फ़िल्मों में उनकी एक्टिंग भी तारीफ़ के क़ाबिल रही है।

यतीन्द्र मिश्र

अपने गाये हुए गीतों को लेकर कभी तसल्ली हुई?

लता मंगेशकर

देखिए, मैं जो भी गाती थी, उसे पूरी तन्मयता और तैयारी के साथ गाती थी। मैंने कभी यह नहीं किया कि किसी गीत को लेकर थोड़ी कम मेहनत करूँ या ऐसे ही पूरा करने के लिहाज से निपटा दूँ। इसलिए अपने गाने को लेकर मुझे तसल्ली रही है कि जैसा संगीतकार चाहता था, वैसा मैंने करने की कोशिश की। यह अलग बात है कि अपने गाए हुए गीतों को लेकर मुझमें कोई उत्साह नहीं होता है।

एक बार की बात है, मैं मीनाकुमारी जी से मिलने उनके घर गयी थी, तो देखती हूँ कि वे 'पाकीज़ा' के गीत *'मौसम है आशिकाना'* पर डांस के स्टेप्स करती हुई प्रैक्टिस कर रही हैं। मेरे आने पर उन्होंने गाना रोककर मुझे बिठाया और कहने लगीं 'लता जी, आपके गीतों में हम कुछ भी करें, कैसे भी थोड़ा-बहुत कुछ भी दिखा दें, तो उसमें वह बात आ ही जाती है, जो एक अभिनेत्री को अभिनय के हिसाब से करने के लिए ज़रूरी हैं। आपके गीतों में इतना एक्सप्रेशन और इमोशन पहले से ही मौजूद रहता है कि हम लोगों को कुछ अतिरिक्त करने के लिए नहीं होता। मैं आपके गीतों से इसलिए निश्चिन्त भी रहती हूँ कि वहाँ ज़्यादा मेहनत के लिए गुंजाइश ही नहीं रहती।' यह सुनकर थोड़ी देर के लिए इस बात की तसल्ली हुई थी कि चलो हमारे गाए हुए गीतों पर एक समर्थ अदाकारा इस तरह भी सोचती हैं।

यतीन्द्र मिश्र

दीदी, बहुत प्रसन्नता की स्थिति में क्या करना पसन्द करती हैं?

लता मंगेशकर

ऐसा सोचकर तो कुछ नहीं किया है, लेकिन मैं जल्दी अपने ऊपर अप्रसन्नता को हावी नहीं होने देती। मुझे लगता है कि जो कुछ भी हो रहा है, वह वैसे ही चलता रहेगा। हमको किसी भी तरह की परिस्थिति में पड़कर निराश नहीं होना चाहिए। हाँ बहुत पहले यह ज़रूर होता था कि मुझे बाहर जाने की बेहद तीव्र इच्छा होती थी। मतलब बाहर का कहें तो इण्डिया के बाहर नहीं, बल्कि इण्डिया में ही ऐसी-ऐसी जगहें जाकर देखें, जहाँ पर कुछ बहुत सुन्दर हो देखने के लिए। जिस वक्त मैं ख़ुश रहती थी, तो मेरा मन करता था कि चलो अब जयपुर जाकर देखें या उदयपुर जाकर देखें या मदुरै चलें या कश्मीर चलना चाहिए। इस तरह मेरे मन में बातें आती थीं। ....और आपको जानकर आश्चर्य होगा कि काम की इतनी व्यस्तता रही कि मैंने बहुत जगह जाने के बाद भी हिन्दुस्तान की कुछ अच्छी जगहों को आज तक देखा नहीं है। सफलता की यह कीमत मैंने ज़रूर चुकाई है कि दुर्भाग्य से अभी भी भारत की कुछ सुन्दर जगहों को देख पाने से वंचित रही हूँ।

यतीन्द्र मिश्र

किस तरह के लोगों को आप नापसन्द करती हैं और उनसे दूर रहना चाहती हैं?

लता मंगेशकर

मैं दो-तीन तरह के लोगों से दूर रहना पसन्द करती हूँ। जैसे बहुत चापलूसी करने वाले होते हैं, वो मुझे अच्छे नहीं लगते। दूसरा, किसी के सामने बहुत झूठ बोलने वाले हों और बहुत बन-बन कर बातें करते हों, तो मुझे पसन्द नहीं आते। तीसरे वे लोग, जो गाने का बड़े से बड़ा दावा करते हैं और जिद करके अपना गाना सुनाकर दम लेते हैं, मगर एकदम ही बेसुरा गाते हैं, तो वह बात मुझे बड़ी बुरी लगती है। उनको इस बात का एहसास ही नहीं होता कि संगीत जैसी पूजा की चीज़ को उन्होंने कितना हल्का और स्तरहीन बना दिया है। इस तरह के लोगों से मैं दूर रहना पसन्द करती हूँ। एक बार कोई व्यक्ति बेसुरा हो, लेकिन सच्चा हो। वह अपनी कला की सच्चाई जानता हो और सुधारने के लिए तैयार रहे, तो मुझे वह इंसान के रूप में भला लगता है। मेरा क्या है कि जो लोग अपने को बहुत बढ़ा-चढ़ा कर पेश करते हैं, लेकिन ख़ुद में वे अपनी सोच में बहुत छोटे होते हैं, ऐसे लोगों को मैं बर्दाश्त नहीं कर पाती।

यतीन्द्र मिश्र

दीदी, आपके लिए किसी व्यक्ति को परखने की क्या कसौटी है?

लता मंगेशकर

मुझे लगता है कि किसी भी व्यक्ति को देखकर आप जो धारणा बनाते हैं, वह उसके संस्कार को देखकर ही आपके भीतर पैदा होती है। किसी भी मनुष्य में बचपन में जो नैतिक गुण डाले जाते हैं, जिससे उसका संस्कार बनता है, वही किसी इंसान को सही या गलत ढंग से परखने की कसौटी होनी चाहिए। बचपन में एक कहानी सुनी थी कि एक बच्चा बाज़ार से कुछ चोरी करके लाता है, तो उसकी माँ उसे डाँटती है और वह सामान वापस करने की बात करती है। वह उस बच्चे को उस दुकानदार तक ले जाती है और उससे न सिर्फ़ माफ़ी माँगने को कहती है, बल्कि यह सीख भी देती है कि चोरी का कुछ भी जीवन को नष्ट करता है, बड़ा नहीं बनने देता।

हम लोग बचपन में जब ऐसी बहुत सारी शिक्षाप्रद कहानियाँ सुनते थे, तो शायद उसके पीछे हममें संस्कार डालने की बात ही की जाती होगी। कैसे किसी बच्चे में यह भाव आए कि वह जीवन में कभी गलत रास्ते पर न चले। ....तो मुझे यही लगता है कि जो संस्कारवान है और बचपन में सिखाई हुई नैतिक बातों को मानता है और उस पर चलने का प्रयास करता है, वह मेरे लिए बहुत बड़ी चीज़ है। मेरे हिसाब से जो व्यक्ति अपने माँ और पिता की कद्र करता है, वह हर हाल में एक बेहतर इंसान ज़रूर होता है। भले ही वह दुनियावी अर्थों में उतना सफल न हो, लेकिन मेरे लिए वह एक बड़ा इंसान है।

यतीन्द्र मिश्र

माइक्रोफ़ोन के सामने होने पर, जब आप किसी गीत को रेकॉर्ड करा रही होती हैं, किन-किन चीज़ों का विशेष ध्यान रखती हैं?

लता मंगेशकर

देखिए, माइक्रोफ़ोन के सामने जब हम गाते हैं, तो कुछ चीज़ों का ध्यान रखना ठीक रहता है। अब जैसे मैं गाती हूँ, तो माईक को थोड़ा क्रॉस करके गाती हूँ एमदम सीधे या बिल्कुल नज़दीक से नहीं गाती हूँ। जैसे 'प', 'फ़', 'भ' जैसे शब्दों की आवाज़ें बहुत नज़दीक से माइक्रोफ़ोन के अन्दर जाकर फटती है।

(बोलकर शब्दों के उच्चारण से समझाती है कि 'भ' से 'भयानक' या 'भरपूर' जैसे शब्दों को थोड़ा सावधानी से गाने के लिए लेना पड़ता है)। ...और कई मर्तबा कोई अनुभवी म्युजिक डायरेक्टर भी यह कहते हैं कि माईक के बहुत ज़्यादा नज़दीक न रहिए, माईक से थोड़ी दूर होकर खड़ी होइए। या इन शब्दों को थोड़ा सॉफ्ट ढंग से कहिए, कुछ शब्दों को थोड़े हल्के ढंग से गीत में उठाइए। संगीत निर्देशकों से अलग हमारे साउण्ड रेकॉर्डिस्ट भी इन बारीक़ चीज़ों पर ध्यान देते हैं और हम लोगों को बताते हैं।

यतीन्द्र मिश्र

यह एक रोचक तकनीकी मामला है, जिसे आप इस ढंग से बयाँ कर रही हैं। जैसा कि आपने बताया कि सीधे माईक पर न आकर थोड़ी दूरी से क्रॉस करते हुए गाना पसन्द करती है। तो क्या यह जल्दी ही आपको समझ में आ गया था कि किस गीत पर कितनी अपेक्षित दूरी लिये हुए माइक्रोफ़ोन पर अपनी आवाज़ को प्रक्षेपित करना है?

लता मंगेशकर

(हँसते हुए) जी हाँ। मैं जल्दी ही वह सब ठीक से समझ गयी थी कि किस तरह किसी गीत को मुझे माईक पर जाकर गाना है। मैंने शायद ही कभी माइक्रोफ़ोन को बहुत नज़दीक से गाने के लिए इस्तेमाल किया हो। रेकॉर्डिंग की बात हो या सीधे किसी स्टेज पर गाना, मैं माइक्रोफ़ोन के सामने थोड़ी दूरी के साथ ही गाना पसन्द करती हूँ। इससे गाने कुछ अधिक सुरीले ढंग से व्यक्त होते हैं।

यतीन्द्र मिश्र

यह तो बेहद रचनात्मक तरीका हुआ अपने गीत को यथा सम्भव और सुन्दर बनाने का। क्या नये गायक-गायिकाएँ भी आपसे कुछ इस तरह के संकेत लेने के लिए आपके पास आते हैं? यह जानना चाहते हों कि कैसे आपने इतने सुरीले गीतों को अंजाम दिया है?

लता मंगेशकर

(बेहद जोर से हँसते हुए) नहीं, नहीं। ऐसा कोई नहीं है, जो मुझसे यह सीखने आया हो कि आप जैसा गाती हैं, वो कैसे पैदा होता है। या आपने किससे क्या सीखा, इसमें किसी की कोई दिलचस्पी मेरे देखे तो नहीं आई है। हाँ यह बात ज़रूर है कि मैंने अपने सीनियर आर्टिस्टों, म्युजिक डायरेक्टरों और

साथ वालों से सीखा है। हर एक की जो बात मुझे अपने काम की लगती थी, उसे पूछने में मुझे कभी संकोच नहीं हुआ। आज भी नहीं होता है।

मैंने तो मास्टर ग़ुलाम हैदर से सीखा। अनिल विश्वास से सीखा। नौशाद साहब से बहुत सारी चीज़ें सीखीं। कुछ बातें मुझे बर्मन दादा ने बताईं। मास्टर ग़ुलाम हैदर हमेशा दो-तीन चीज़ों के लिए टोकते थे। उनका कहना था कि तुमको इस बात का ध्यान रखना चाहिए कि गीत के बोल साफ़ हों। जिस गीत की पंक्तियाँ रेकॉर्ड कर रही हो, उसमें हिन्दी और उर्दू का उच्चारण बिल्कुल साफ़ और स्पष्ट होना चाहिए। एक संगीत से भरी बात उन्होंने मुझे यह बताई थी, जो आज भी मेरे काम आती है और जिसे मैंने अभी बताया है कि जब भी किसी धुन में कोई बीट आती है, तो वहाँ जो बोल आए, उसे माईक पर क्रास करके गाया करो। इससे बीट की जगह आने वाली आवाज़ सॉफ्ट टोन में सुनाई देगी। मतलब जिसे हम 'सम' कहते हैं, वहाँ पर स्वर को थोड़ा हल्का करके गाओ, तो वह कमाल का लगता है बाद में सुनने पर। वे यह भी कहते थे कि इसकी जिम्मेदारी गायक के ऊपर है कि कैसी भी रेकॉर्डिंग हो, आवाज़ फटनी नहीं चाहिए। इसका ख्याल रखना ज़रूरी है।

मास्टर ग़ुलाम हैदर ने यह भी सिखाया था कि फ़िल्मी गीतों के लिए कैसे तान लेते हैं। उनका कहना था कि तान कभी भी शास्त्रीय संगीत की तरह नहीं लेनी चाहिए, अगर आप सिनेमा में गा रहे हों। उसी तरह नौशाद साहब बोलों की तरफ़ ख़ास ध्यान देते थे। अनिल दा के लिए तो मैंने कई बार ज़िक्र किया है। गाने के बीच वह कौन से अन्तराल हैं जब हमें साँस लेनी और छोड़नी है, जिससे गीत में वह सुनाई न दे। आपको कभी भी मेरी आवाज़ में साँस सुनाई नहीं देगी। उन्होंने यह भी बताया था कि माइक्रोफ़ोन से कितनी दूरी से गाना है या कि फलाँ-फलाँ शब्दों के लिए कितना पास जाकर माईक में गाना है। ....तो इस तरह मैंने माईक से सन्तुलन बनाना भी सीखा। एक हद तक माइक्रोफ़ोन पर अपनी आवाज़ का थ्रो (प्रक्षेपण) कैसा हो, यह अनिल विश्वास का ही सिखाया हुआ है। यह सब मेरे बड़े काम आया है। ....इसी तरह सभी से कुछ न कुछ सीखकर मैंने उसमें कुछ अपनी तरफ़ से जोड़ते हुए यह सब किया है।

जो कुछ भी आप मेरी आवाज़ से सुनते हैं, उसमें इन लोगों से सीखा हुआ तो मौजूद है ही, मैंने अपनी तरफ़ से भी बड़ी मेहनत करके उसे बनाया है, जिसमें मेरी यह सोच भी शामिल रही है कि किस तरह मैं उस्तादों से सीखी हुई चीज़ों का सही और सटीक इस्तेमाल अपने गीतों में कर सकूँ। मैंने न जाने कितनी

चीज़ों को आपस में एक साथ पिरोते हुए अपने गले को इस तरह तैयार किया है कि सुनने वाले को उसमें हर समय नया और कुछ बेहतर नज़र आये। अब जैसे एक उदाहरण से आपको यह बात बताती हूँ कि पण्डित भीमसेन जोशी के साथ गाये हुए मेरे भजन *'राम का गुणगान करिए'* में मैंने गाते हुए बीच में एक तान ली थी, जो उस्ताद बरकत अली ख़ाँ साहब की तान का हू-ब-हू इस्तेमाल था। मैं इस तरह तानों, पलटों को इस्तेमाल करने की कोशिश करती थी। यह सब मुझे इसलिए भी उचित लगता था कि कैसे मैं अपने गायन को थोड़ा अलग करते हुए उसे सुन्दरता दे सकती हूँ।

मुझे अच्छा लगता था, जब नूरजहाँ या ज़ोहराबाई अम्बालावाली मुझसे कुछ कहती थीं कि 'बेटा इस तरह तुम कुछ कहो।' या 'वह गीत तुमने बहुत सुन्दर ढंग से गाया है।' आपको जानकर आश्चर्य होगा कि मैं अपने छोटे भाई हृदयनाथ मंगेशकर को भी अपना गुरु ही मानती हूँ, क्योंकि मैंने उससे भी बहुत कुछ सीखा है। मगर यह देखकर मुझे आश्चर्य होता है कि मुझसे पूछने और सीखने के लिए तो कोई भी नहीं आया। कई बार नये गायक-गायिकाएँ जब मुझसे मिलकर मेरे किसी गीत की तारीफ़ करते हैं और उसमें मेरे द्वारा इस्तेमाल किये गये किसी प्रभाव को देखकर खुशी जताते हैं। यह सब सुनकर अच्छा तो लगता है, मगर यह सोचकर अजीब भी लगता है कि यह सब मैंने कैसे किया है, इसे जानने के लिए किसी भी गायक-गायिका को कोई दिलचस्पी नहीं होती। लगता है जैसे सब पहले से ही सीखे-सिखाए हैं, जिनको कुछ भी नया जानना या अपने हुनर के लिए कोई हिदायत लेने की इच्छा नहीं है।

हालाँकि मुझे यह भी लगता है कि उन सब को उनके म्युजिक डायरेक्टर ज़रूर सिखाते होंगे कि उन लोगों को कैसा गाना है। यह बात ज़रूर है कि हमारे समय में हम लोग जिस तरह सीखते और दूसरे फ़नकारों से पूछकर कुछ नया जोड़ लेते थे, उस चीज़ की कमी हुई है अभी। आज मुझे यह नहीं मालूम है कि नये लोग कैसा गाते हैं? नये लोग माईक के सामने किस तरह की युक्तियाँ अपनाते हैं, जिससे उनका गायन और सुरीला बन सके। इस बारे में भी मैं आज कुछ नहीं बता सकती कि वे सब दरअसल क्या करते हैं?

यतीन्द्र मिश्र

इस लिहाज़ से आपके समकालीन पार्श्वगायकों मुकेश, मो. रफ़ी, हेमन्त कुमार, मन्ना डे और किशोर कुमार को याद करें, तो उन लोगों में ऐसी कौन

सी बारीक़ चीज़ आपको नज़र आती थी, जिसे आपने ख़ुद के लिए सीखा या पार्श्वगायन के दौरान उन सब की कायल हुईं?

लता मंगेशकर

यह सब लोग ही बहुत अच्छा गाते थे। बड़े फ़नकार थे सब। इन सब के साथ ही गाते हुए मेरा संगीत जीवन भी आगे बढ़ा है। बिल्कुल कोई ख़ास चीज़ तो इस तरह नहीं याद आती है कि जिससे मैं यह अभी बता सकूँ कि मुकेश भैया या रफ़ी साहब से मैंने क्या लिया। मगर इतना ज़रूर है कि डुएट सांग के दौरान हम आपस में यह तय कर लेते थे कि कौन किस तरह गीत की पंक्तियाँ उठाएगा। मुखड़े या अन्तरे में कैसे आलाप भरनी है, वह सब आपसी बातचीत और तैयारी के दौरान ही हम बड़े आसानी से तय कर लेते थे। हाँ किशोर दा का यह अन्दाज़ ज़रूर था कि वे सब बातें बड़े संजीदा ढंग से सुनते हुए भी और उनका रेकॉर्डिंग के समय हू-ब-हू पालन करने के बावजूद भी उछल-कूद, हल्ला-गुल्ला जारी रखते थे। उन सब का अपना स्टाईल था। हर एक साथी की स्टाईल को समझकर उसी तरह का मूड बनाना मेरी समझ में आ गया था।

उस समय यह माहौल अच्छा था कि म्युजिक डायरेक्टर आर्टिस्ट को बराबर यह समझाता था कि तुम्हें यह गीत किस तरह गाना है। जैसे, इस लाईन पर तुम जरा पीछे हो जाना क्योंकि पिच (स्वरमान) काफ़ी ऊँची है। इस जगह पर तुम थोड़ा आगे आना, जब नीचे की लाईन गाओगे। यह सब हम लोगों को बताया जाता था और इस तरह हम अपने गीतों को उसी तरह बरतते थे।

यतीन्द्र मिश्र

किसी गीत के निर्माण की प्रक्रिया में जब संगीतकार उसके विन्यास को रचते हुए उसके संगीत-वाद्य संयोजन (आर्केस्ट्रेशन) को तय कर देता था कि अब वह गीत इसी तरह रेकॉर्ड होगा, तब क्या ऐसी स्थितियाँ भी कभी आई हैं, जिसके चलते आपको यह लगा हो कि इस संयोजन से अलग भी गीत को बेहतर ढंग से रचा जा सकता है? इस पर आपने कोई राय दी हो या कि संगीतकार के आगे अपना पक्ष यह कहकर रखा हो कि इस तरह भी इस गीत को रेकॉर्ड करके देखते हैं?

लता मंगेशकर

यह मेरा विषय नहीं है। मैं हमेशा ही एक अनुशासित गायिका रही हूँ। कौन

सा गीत किस तरह बनेगा या फिर उसे किस तरह का संयोजन देना है, वह पूरी तरह म्युजिक डायरेक्टर पर निर्भर रहता था। मैंने कभी कोई दखलन्दाजी नहीं की। उसमें हमें बोलने की ज़रूरत नहीं है। यह ज़रूर होता था कई मर्तबा ढ़ेरों वॉयलिन एक साथ सुर में नहीं होते थे। कई बार किसी ताल का मामला रहता था कि एक साथ बजाने पर कहीं वह टूटती थी या फिर क्लैरोनेट बजाने वाले अकसर धुन से बाहर की बहर में निकलकर बजाते थे, तो उस समय मैं म्युजिक डायरेक्टर को कहती थी कि इसे सुर में करा दीजिए। धुन अभी ठीक से बैठ नहीं रही। यह थोड़ा बेसुरा लग रहा है, आप देख लीजिए। यह होता था और हर बार ही इसे सुधार भी लिया जाता था। (हँसते हुए) अब चालीस वॉयलिन एक साथ बज रहे हैं, तो कोई न कोई तो बेसुरा होगा ही। यह नहीं हो सकता कि चालीस के चालीस वॉयलिन एक साथ बिल्कुल सुर में उठें और सटीक ढंग से एक साथ समय पर छूटें। यह होता था, तो हम लोग म्युजिक डायरेक्टर को कहकर धुन को सटीक बनाने के लिए राय देते थे।

यतीन्द्र मिश्र

वे कौन से संगीत निर्देशक रहे, जिनके यहाँ आर्केस्ट्रेशन का काम सबसे अधिक सधा हुआ और सम्पूर्णता की ओर लगता था। आप इनमें किनका उल्लेख करना चाहेंगी।

लता मंगेशकर

उस ज़माने में कोई छोटा-बड़ा म्युजिक डायरेक्टर जैसी बात नहीं थी। हर चीज़ सटीक होने के अन्दाज़ से लगभग सभी में होती थी। मतलब यह बताना आसान है कि हर दूसरा संगीतकार अपने धुनों के संयोजन को बहुत ही परफेक्ट ढंग से अंजाम देता था। मदन मोहन थे और शंकर जयकिशन, सभी लोग अपने सहायक संगीतकारों को समझा देते थे कि वह किस तरह धुन को बजाना चाहते हैं। असिस्टेण्ट म्युजिक डायरेक्टर भी उसी तरह वाद्यों को बजवाते थे, जिस तरह यह लोग चाहते थे।

यतीन्द्र मिश्र

उन पुरानी गायिकाओं के बारे में आपसे जानना चाहता हूँ, जो सही अर्थों में आज भूली-बिसरी गायिकाओं की पंक्ति में नज़र आती हैं। उदाहरण के तौर पर, एक तरफ तो हम ज़ोहराबाई अम्बालावाली, अमीरबाई कर्नाटकी, सुरैया और शमशाद बेगम के बहाने पुराने दौर के संगीत पर अकसर बात

करते रहे हैं, जो अपने समय की बेहद प्रसिद्ध गायिकाएँ हुईं और आज भी उनको याद किया जाता है। ...मगर दूसरी तरफ मैं उन लोगों की चर्चा आपसे करना चाहता हूँ, जिनका एक समय में तो बहुत नाम हुआ, फिर धीरे-धीरे वे लोग परिदृश्य से ओझल हो गयीं और बदलते दौर ने उनकी पहचान को भी धूमिल पड़ जाने दिया। मेरा ताल्लुक इस समय ऐसी ही गायिकाओं से है।

ऐसे में, सबसे पहले मैं सुरिन्दर कौर के बारे में जानना चाहता हूँ? उनका गाना आपको कैसा लगता है?

लता मंगेशकर

सुरिन्दर कौर अच्छा गाती थीं। आवाज़ उनकी थोड़ी भारी थी, पर उस वक्त ऐसा ही होता था। मतलब भारी आवाज़ होना उस दौर में बड़ी मामूली सी बात थी। (कुछ सोचते हुए) आपको सुनकर ताज्जुब होगा कि 'शहीद' (1948) फ़िल्म के लिए शशधर मुखर्जी ने कामिनी कौशल की आवाज़ के लिए मुझे रिजेक्ट किया था। उन्होंने सुरिन्दर कौर की आवाज़ ली थी और मुझसे यह कहा था कि आपकी आवाज़ उन पर नहीं जँचेगी। हालाँकि इसी गीत के लिए मास्टर गुलाम हैदर ने मुझे कई मर्तबा रिहर्सल भी करवाया था।

यह गाना *'बदनाम न हो जाये मुहब्बत का फसाना'* बाद में सुरिन्दर कौर से गवाया गया। यह एक अलग मामला है, जिस पर किसी पार्श्व-गायक, गायिका का कोई दखल नहीं होता। यह पूरी तरह से निर्माता-निर्देशक और संगीतकार पर ही निर्भर करता है कि वह कैसे और किसकी आवाज़ को फ़िल्म के लिए इस्तेमाल करते हैं। जितना मैंने उन्हें पर्सनल तौर पर जाना, उस लिहाज़ से मैं यह कह सकती हूँ कि वे बड़ी अच्छी औरत थीं। बातचीत में शालीन और दिल से भली औरत। वे काफ़ी दिनों तक इस इण्डस्ट्री में रहीं। मेरी उनके साथ ज़्यादा बातचीत तो नहीं थी, पर हम जब भी कभी मिले हैं, तो मुझे वे बहुत अच्छी महिला और पार्श्वगायिका के रूप में याद हैं।

यतीन्द्र मिश्र

एक गायिका और एक इन्सान दोनों के तौर पर ही वे आपको पसन्द थीं?

लता मंगेशकर

जी हाँ। दोनों ही स्तरों पर वह बहुत भली महिला थीं। उनका एक नॉन फ़िल्म रेकॉर्ड था, जो पंजाबी में था और बहुत चला। मुझे अभी तुरन्त उसका नाम नहीं याद आ रहा है, पर उस ज़माने में मतलब पचास के दौर में बहुत चला था। (सोचते हुए) मैं आपको बताती हूँ। शायद *'दुपट्टा सिलेटी रंग दा'* ऐसे ही कुछ बोल थे उसमें एक गीत के, जो मुझे आज भी पसन्द है। पंजाबी फोक में उनकी आवाज़ और गले की हरकतें अच्छी लगती थीं।

यतीन्द्र मिश्र

एक दूसरा नाम मैं ले रहा हूँ राजकुमारी जी का?

लता मंगेशकर

राजकुमारी बड़ी पॉपुलर थीं। काफ़ी अच्छा गाती थीं, मेरा मतलब बहुत ही अच्छा गाती थीं। मैंने उनके साथ कई गीत गाये हैं। मुझे अभी फ़िल्म नहीं याद आ रही, बहुत पहले उनके साथ मैंने एक क़व्वाली गायी थी, जिसमें कुछ उनके बोल थे और कुछ मेरे हैं। वो क़व्वाली उस वक्त बहुत लोकप्रिय भी हुई थी, मगर बोल और फ़िल्म याद नहीं आ रहे।

यतीन्द्र मिश्र

वो क़व्वाली 'वफ़ा' (1950) फ़िल्म से है, जिसे संगीतकार विनोद ने कम्पोज किया था। हसरत जयपुरी की लिखी क़व्वाली के बोल हैं 'नज़र से लूट लिया मुस्कुराने वाले ने'। आप इसी की बात कर रही हैं न?

लता मंगेशकर

(हँसते हुए) जी बिल्कुल। यही क़व्वाली थी, जिसे गाते हुए राजकुमारी जी के साथ मुझे बहुत अच्छा लगा था। उनके बारे में एक ख़ास बात बताना चाहूँगी। यह उस समय की बात है, जब उनकी काफ़ी उम्र हो गयी थी और उन्होंने गाना भी छोड़ दिया था, मैं एक मर्तबा टी.वी. पर उनका एक इण्टरव्यू देख रही थी, उसमें अनिल विश्वास जी ने कहा कि 'राजकुमारी! कुछ सुना दो'। उन्होंने तब इस इसरार पर जो गाया था, वह मुझे आज भी अच्छी तरह याद है। लगता ही नहीं था उनकी इतनी उम्र हो गयी है। मुझे वे इसलिए कुछ ज़्यादा ही भातीं थीं, क्योंकि मुझे उनके गाने का अन्दाज़ और आवाज़ दोनों ही अलग से लगते थे। उनका एक गीत 'बावरे नैन' का बहुत चला था *'सुन बैरी बलम*

सच बोल रे', वह बहुत अच्छा था। एक और गाना उनका 'महल' का मुझे आज भी अच्छा लगता है। वह सैड-सांग है, मगर पूरी तैयार और ख़ूबसूरती से गाया गया है। वह गाना *'घबरा के जो हम सर को टकराएँ तो अच्छा हो'* कितना सुन्दर है! (खुश होते हुए)

यतीन्द्र मिश्र

मेरे ख्याल से राजकुमारी जी का गाना शमशाद बेगम की तरह ही अपने ज़माने में पॉपुलर था?

लता मंगेशकर

नहीं! वो वैसे गाने नहीं गाती थीं, जैसी शमशाद बाई गाती थीं। वे इतनी पॉपुलर थीं कि जब मैं फ़िल्मों में आई थी, तो पूरी फ़िल्म के गाने शमशाद बाई की तरह राजकुमारी जी को भी दिये जाते थे। हालाँकि उस समय राजकुमारी से ज़्यादा पॉपुलर तो शमशाद बाई ही थीं। फिर भी, संगीत में प्रभाव के स्तर पर गायिकी का मामला मुझे राजकुमारी का ज़्यादा समझ में आता है। आप बाद की 'पाकीज़ा' में उनकी एक ठुमरीनुमा बन्दिश *'नजरिया की मारी'* सुनें, तो लगता है कि जैसे इस तरह का गाना तो सिर्फ़ वे ही कर सकती थीं। मेरे ख्याल से शमशाद बाई, सरस्वती राणे, सुरिन्दर कौर और अन्य गायिकाओं में सबसे ज़्यादा सुरीली और तैयार गायिका राजकुमारी ही थीं।

यतीन्द्र मिश्र

जब आप 'पाकीज़ा' की ठुमरीनुमा बन्दिश को याद कर रही हैं, तो उसी समय पचास के दशक में राजकुमारी जी का गाया उतना ही सलोना और ठुमरी की तरह पेचीदा, महफ़िली संगीत का स्वाद रचने वाला गीत 'कजरारी मतवारी मदभरी दो अखियाँ' (नौबहार-1952, संगीतकार : रोशन) भी इस समय याद करना प्रासंगिक होगा।

लता मंगेशकर

यतीन्द्र जी, मुझे माफ़ कीजिएगा। वह मुझे याद नहीं है। 'नौबहार' के मुझे अपने गाने तो याद हैं। ख़ासतौर पर मीरा का भजन *'ए री मैं तो प्रेम दीवानी'*। पता नहीं कैसे यह गाना मेरे जेहन से उतरा हुआ है। आपने याद दिलाया है, तो उसे ढूँढ़कर सुनती हूँ। मुझे पक्का यकीन है कि वह गाना तो ज़रूर आला दर्ज़े का

होगा, क्योंकि राजकुमारी जी की आवाज़ ही बड़ी मौलिक थी। फिर, रोशनलाल के म्युजिक के क्या कहने! वे हर फ़िल्म में अपनी आत्मा उड़ेल देते थे।

यतीन्द्र मिश्र

वो आप ज़रूर सुनिएगा दीदी। 'नौबहार' के रेकॉर्ड में वह अच्छी तरह से मौजूद है। उसे आप यू-ट्यूब पर भी सुनना चाहें, तो वहाँ भी वह मिल जायेगा। उस गीत में ठुमरी के शिल्प का बेहतरीन इस्तेमाल देखने को मिलता है।

लता मंगेशकर

सही कह रहे हैं आप। मतलब उनके बहुत सारे गाने ऐसे ही सुन्दर निकल सकते हैं, अगर हम उन्हें ठीक से याद करें। एच.एम.वी. को यह पहल करनी चाहिए। उन लोगों को राजकुमारी जी की पुरानी चीज़ों को फिर से सीडीज बनाकर बाज़ार में उतार देना चाहिए।

यतीन्द्र मिश्र

उमा देवी के बारे में आपका क्या कहना है?

लता मंगेशकर

अरे! उमा देवी! कितना बढ़ियाँ गाती थीं, वे भली महिला थीं। सबसे मजाक करना और सबको छेड़ना उनके स्वभाव में था। वे जैसे फ़िल्मों में अभिनय करती थीं, वैसे ही उनका खुला हुआ सरल मिजाज भी था। मैंने उनके साथ 'नया ज़माना' के लिए कानू घोष के निर्देशन में एक गीत गाया था– *'जैसी करनी वैसी भरनी'*। हम लोगों के आने से पहले उनके कुछ-एक गाने नौशाद साहब की फ़िल्मों में ख़ूब चले थे। एक तो आज भी याद है– *'अफ़साना लिख रही हूँ दिले बेकरार का'*।

यतीन्द्र मिश्र

वो, तो बहुत हिट हुआ था।

लता मंगेशकर

बहुत चला था उनका वह गाना। पता नहीं इतनी अच्छी आवाज़ होने के बाद भी उन्होंने बाद में अपना गायन क्यों नहीं जारी रखा। मुझे लगता है

नौशाद साहब के ही कहने पर शायद वो कामेडी फ़िल्मों में चली गयीं, जहाँ उनका नाम उमा देवी से 'टुनटुन' कर दिया गया। वो नौशाद साहब को इतना मानती थीं कि जो उन्होंने कह दिया, उसे बिल्कुल अपने लिए सच मानकर बैठ गयीं। और देखिए न!, कॉमेडी फ़िल्मों में उन्होंने कितना नाम कमाया। अगर गाती रहतीं, तो शायद उतना ही नाम पार्श्व-गायन की दुनिया में भी कर जातीं। उनके हिस्से कितने कम गीत आये हैं, फिर भी अगर हम लोगों को आज वे अच्छी गायिका के तौर पर याद हैं, तब ऐसे में कल्पना की जा सकती है कि ज़्यादा गीत गाने पर वे ज़्यादा दिनों तक संगीत-प्रेमियों के दिलों में एक गायिका के तौर पर भी वैसे ही ज़िन्दा रहतीं, जैसी फ़िल्मों में अपनी अदायगी को लेकर अमर हैं।

यतीन्द्र मिश्र

आपकी बात में वजन है क्योंकि यह बात तो देखने पर पता चलती ही है कि उमा देवी अपने अभिनय कॅरियर और पार्श्व-गायन की दुनिया में कोई सामंजस्य ठीक से बना नहीं पाईं। शायद इसी कारण उनका गायन का जीवन सीमित और कम समय वाला रहा। फिर भी, क्या आपको यह नहीं लगता कि एक तरह से गाना छोड़कर एक्टिंग में जाना उनका सही निर्णय था क्योंकि जिस दौर में वे नौशाद साहब के लिए गाना गा रही थीं, उस समय सुरैया मौजूद थीं, शमशाद बेगम थीं। अभी हमने राजकुमारी जी की चर्चा की ही है और फिर आपकी और आशा जी की भी आमद हो गयी थी। मेरा मानना है कि उमा देवी के संगीत का इतना बड़ा जीवन नहीं बन सकता था, जितना कि एक हास्य और चरित्र कलाकार के तौर पर बना। क्या आपको यह बात सही लगती है?

लता मंगेशकर

मुझे लगता है कि एक हद तक वह सही निर्णय था। आज तो यह हम कह ही सकते हैं कि उमा देवी से ज़्यादा टुनटुन ही अमर हैं। आपके इस तर्क से तो ज़रूर मेरी सहमति है कि अगर वे केवल गायन के क्षेत्र तक मौजूद रहतीं, तो भी उन्हें ज़्यादा गाने पाने के लिए संघर्ष करना पड़ता। सुरैया बहुत अच्छा गाती थीं और उनका ऐसा ग्लैमर था, जिसके चलते कोई भी प्रोडक्शन हाऊस उन्हें एक अभिनेत्री और गायिका, दोनों ही तौर पर उस ज़माने में नज़रअन्दाज़ नहीं कर सकता था। यही हाल लगभग सभी गायिकाओं का था। शमशाद बाई का अपना रुतबा था। नौशाद साहब के लिए तो यह मैं कह सकती हूँ

कि यदि उन्हें किसी फ़िल्म के गाने के लिए शमशाद बाई या उमा देवी में से किसी एक को चुनना होता, तो उसमें वे शमशाद बाई को ही तवज्जो देते। तो आप ठीक ही कह रहे हैं कि गायिका से ज़्यादा चरित्र-अभिनेत्री बनने का उनका चुनाव एकदम सही था।

यतीन्द्र मिश्र

मुबारक बेगम के बारे में आपके क्या विचार हैं?

लता मंगेशकर

मुबारक बेगम अच्छा ही गाती थीं, पर हर तरह का गाना नहीं। मेरा मतलब यह है कि उनकी जैसी अलग सी आवाज़ थी, उसमें कुछ गाने उन्होंने बहुत ही अच्छे ढंग से गाये हैं। बातचीत में वे बड़ी अच्छी थीं, पर हम लोगों का मिलना कम ही होता था। मैं यही कहूँगी कि जब कहीं किसी गाने की रेकॉर्डिंग साथ होती थी, तब हम लोग मिलते थे, नहीं तो मिलना नहीं होता था।

यतीन्द्र मिश्र

आपको उनका कोई ऐसा गाना स्मरण हो, जो आपको याद आता हो?

लता मंगेशकर

'हमराही' का *'मुझको अपने गले लगा लो ऐ मेरे हमराही'* और 'हमारी याद आएगी' फ़िल्म में *'कभी तन्हाईयों में यूँ हमारी याद आएगी'* उन्होंने अच्छा गाया था। एक फ़िल्म थी कमाल अमरोही की 'दायरा'। उसमें मो. रफ़ी साहब के साथ उन्होंने बहुत ही सुन्दर डुएट *'देवता तुम हो मेरा सहारा, मैंने थामा है दामन तुम्हारा'* गाया था। मतलब यह गाना बहुत ही सुन्दर था और मुबारक बेगम ने इसमें कुछ कमाल कर दिया था।

यतीन्द्र मिश्र

सुधा मल्होत्रा?

लता मंगेशकर

अपने दौर की बाक़ी की बड़ी गायिकाओं की तुलना में उन्हें मैं उतनी बड़ी सिंगर नहीं कह सकती हूँ। ...पर वो जितना गाती थीं, ठीक गाती थीं।

यतीन्द्र मिश्र

...मगर आपके साथ तो उनके कई युगल-गीत आए। मसलन– 'आगोश', 'बराती', 'नाता', 'सुवर्ण सुन्दरी', 'चन्द्रमुखी' जैसी फ़िल्मों में। एक साथी कलाकार के बतर्ज़ आपका क्या मानना है?

लता मंगेशकर

हाँ नाम हुआ उनका। देखिए, इण्डस्ट्री में एक साथ काम करना और बात है, अलग से काम का मूल्यांकन करना बिल्कुल दूसरी बात। हालाँकि मैं कौन होती हूँ, जो दूसरे कलाकारों पर अपना कोई निर्णय दूँ? यह मेरा काम नहीं है। फिर मैं ख़ुद एक कलाकार हूँ, जिस पर दूसरे लोग भी अपनी कोई ऐसी राय रख सकते हैं। हालाँकि सुधा मल्होत्रा को मैं एक क़ाबिल गायिका के रूप में ही देखती हूँ।

मैं सिर्फ़ एक गायिका के तौर पर जो गीतों में देख पाती हूँ, वह आपसे शेयर कर रही हूँ। इस लिहाज से सुधा मल्होत्रा की गायिकी के बारे में मेरे विचार यह रहे हैं, जो मैंने आपसे कही हैं। रही बात, मैंने कितने गाने किस साथी कलाकार के साथ गाये– उससे मेरी और उस कलाकार की संगीत गुणवत्ता से कोई बहुत लेना-देना नहीं है। फिर भी, यह बहुत वाज़िब है कि जो गीत ख़ुद के गाये हुए हैं या सुधा मल्होत्रा के साथ डुएट की तरह गाये हैं– मुझे सामान्य लगते हों, पर वह सुनने वालों को कहीं बेहतर और कुछ दिलचस्प जान पड़ते हों।

यतीन्द्र मिश्र

ठीक कह रही हैं आप। इसी शृंखला में एक महत्त्वपूर्ण नाम मीना कपूर का भी है, जिन्हें हमने अब लगभग भुला ही दिया है।

लता मंगेशकर

मीना कपूर की आवाज़ जरा पतली थी, अन्यथा वे बड़े कौशल व स्टाईल से गाने वाली गायिका थीं। उनके गले की तान, हरकत– यह सब गाने में अच्छा जाता था। ...पर आवाज़ इतनी नाज़ुक थी कि उनके जैसी तैयारी वाले गले की अदायगी भी कई बार अभिनेत्रियों के स्वरों से मेल नहीं खाती थी। जैसे, नरगिस के लिए जो उनका गाया मशहूर गाना *'रसिया रे मन बसिया रे'* 'परदेसी' फ़िल्म का है, वह अलग से तो सुनने में अच्छा लगता है, मगर उसे फ़िल्मी परदे पर नरगिस के साथ देखते हुए जँचता नहीं, थोड़ा अटपटा लगता है।

यतीन्द्र मिश्र

आपका और मीना कपूर का एक लाजवाब डुएट 'अंगुलिमाल' फ़िल्म से है, जिसे अनिल विश्वास ने संगीतबद्ध किया था। बोल इस तरह हैं, जब मीना कपूर पूछती हैं– 'तेरे मन में कौन, नैनन में कौन, जीवन में कौन डोले? प्राणों में कौन, सपनों में कौन, साँसों में कौन बोले? ... फिर आपका संवादपरक अन्तरा आता है– जा रे न बताऊँ मैं तो नाम चितचोर का/छुपा-छुपा प्यार है ये चन्दा-चकोर का'। क्या इस सलोने गीत की याद है आपको?

लता मंगेशकर

(हँसती हैं) बिल्कुल याद है। जितना सुरीला है, उतना ही एक्सपेरीमेण्टल भी। आपको शुक्रिया करने का मन करता है कि कैसे आप वे सुन्दर स्मृतियाँ कुरेद देते हैं, जब हम लोगों ने ऐसे गीतों के लिए स्वर दिया था। वैसे भी अनिल दा का गीत हमेशा ही कुछ विशेष होता था। फिर, मैं उनसे हर बार कुछ नया ही सीखती थी और अपने गीतों में उतारने की कोशिश करती थी। मीना कपूर से तो उनकी शादी ही हुई थी, तो एक जो आत्मीय रिश्ता बनता है उन दोनों का– उसमें भी एक संगीतकार और मेरी सह-गायिका के तौर पर मीना कपूर लाजवाब ढंग से सुरीली थीं। आपको एक और गीत याद दिलाती हूँ, जो मीना जी के साथ मैंने अनिल विश्वास के संगीत निर्देशन में गाया है। वह गीत 'सौतेला भाई' फ़िल्म से है, जिसके बोल हैं *'अब लागी नाहीं छूटे रामा, चाहे जिया जाये'*। यह गीत बहुत अच्छा था। मेरे डुएट गीतों में, मैं इसको ख़ास पसन्द करती हूँ। इस गाने को आप सुनिए, तो मीना कपूर की आवाज़ का भी रेंज देखने को मिलेगा। यह मेरा उनके साथ ऑल-टाईम फेवरेट है। (हँसते हुए) इसी फ़िल्म का शास्त्रीय ढंग का, *'जा मैं तोसे नाहीं बोलूँ'* भी मुझे बहुत भाता है।

यतीन्द्र मिश्र

'लागी नाहीं छूटे रामा' तो शास्त्रीयता और मुज़रा शैली के मिश्र प्रभाव का बेहतरीन उदाहरण गीत है। आपकी पसन्द के साथ-साथ, अनिल विश्वास के संगीत निर्देशन का भी एक प्रस्थान-बिन्दु है यह कम्पोजीशन।

लता मंगेशकर

बिल्कुल सही। यह गीत हर लिहाज से एक बेहतरीन कम्पोजीशन का नमूना है।

यतीन्द्र मिश्र

आपको सुमन कल्याणपुर की गायिकी कैसी लगती है? विशेषकर उन सन्दर्भों में भी, जिसके लिए यह कहा जाता है कि वे आपके लिए एक समय में चुनौती बन सकती थीं या कि व्यावसायिक अर्थों में ख़तरा पैदा कर सकती थीं।

लता मंगेशकर

ठीक थीं, मतलब ज़्यादातर लोगों को ऐसा लगता था कि वो मेरी तरह गाने का प्रयास करती थीं। मुझे कभी नहीं लगा कि वे एक ख़तरा थीं। मैं जब इण्डस्ट्री में आई थी, तब एक से बढ़कर एक दिग्गज कलाकारों का ज़माना था। मैं अपने संगीत को एक ओर जहाँ सुन्दर और बेहतर बनाने में लगी रही, वहीं दूसरी ओर नूरजहाँ, ज़ोहराबाई अम्बालावाली, अमीरबाई कर्नाटकी, पारुल घोष, राजकुमारी आदि को सुनकर बहुत कुछ सीखती भी रही। इन सब के साथ मैंने गाया भी।

पूरी विनम्रता से यह स्वीकारती हूँ कि जब यह लोग मुझे अपने लिए कभी ख़तरा नहीं लगीं, तो बाद में तो मुझे ऐसा कुछ भी नहीं महसूस हुआ। अलबत्ता यह ज़रूर है कि मैं नूरजहाँ से बेहद प्रभावित थी, लेकिन मास्टर गुलाम हैदर और अनिल विश्वास हमेशा यह कहते थे कि जो कुछ भी गाओ, वह लता मंगेशकर की तरह लगना चाहिए। लता मंगेशकर की आवाज़ में लगना चाहिए। सुमन कल्याणपुर के साथ यही दिक्कत थी कि उन्होंने कभी सुमन कल्याणपुर की तरह नहीं गाया।

यतीन्द्र मिश्र

आपके आवाज़ की बहुत छाया है उन पर। एक समय तो उन्हें गरीब संगीतकारों एवं निर्माता-निर्देशकों की लता मंगेशकर भी कहा जाता था...

लता मंगेशकर

हाँ। उसके कई गानों से तो ऐसा ही लगता था, जैसे लता ही गा रही हों। वह लड़की बहुत अच्छी थी, मतलब इसमें कोई शक़ नहीं कि वह सुरीली थी और भली औरत थी। बाद में जाकर उसका संगीत इसीलिए ख़ारिज़ हो गया क्योंकि उसकी आवाज़ मेरी जैसी लगती थी।

यतीन्द्र मिश्र

आपका कहना एक हद तक ठीक है। फिर भी बहुत वर्षों तक यह प्रचारित रहा कि आपके कारण ही उसे गाने कम मिलते थे, क्योंकि आपके वर्चस्व का दौर था। ऐसे में सुमन कल्याणपुर के करने के लिए कुछ विशेष नहीं बचा था। उनका नाम भी शायद इसीलिए उतना नहीं हुआ कि अकसर संगीतकारों को उनकी आवाज़ से आपकी गायिकी का भ्रम पैदा होता था। वह आवाज़ आपकी आवाज़ के आगे कहीं दब सी गयी।

लता मंगेशकर

हाँ। ऐसा ही कुछ हुआ है, मतलब कॉपी तो कॉपी ही होती है। हालाँकि मैं इससे सहमत नहीं हूँ कि मेरे कारण उनको गाने कम मिले होंगे। आप देखिए, जिस दौर में मैं सक्रिय थी और लगभग हर दूसरी फ़िल्म में मुख्य अभिनेत्री के सारे गीत गा रही थी। उस समय भी मेरे अलावा शमशाद बाई, गीता दत्त और आशा खूब गाने गा रही थीं। यह सब बेहद पॉपुलर भी थीं। कई मर्तबा ऐसा होता था कि इन सारी गायिकाओं को मिलने वाले गीत मुझे नहीं मिलते थे, क्योंकि संगीतकार वही आवाज़ चाहते थे, जो आशा या गीता उन्हें दे सकती थीं। उन सब म्युजिक डायरेक्टर्स को जब लता मंगेशकर की आवाज़ चाहिए होती थी, तभी मुझे बुलावा आता था। एक समय तो मेरे अलावा आशा और गीता ने कई फ़िल्मों के पूरे-पूरे गीत मुख्य अभिनेत्रियों के लिए गाये हैं।

दरअसल मेरा मानना यह है कि यह सब लोग अपनी आवाज़ों में गा रही थीं, मतलब आशा, आशा ही थीं— लता या शमशाद बाई नहीं। संगीत की दुनिया या कला के क्षेत्र में प्रतिभा के साथ आपका मौलिक होना बेहद ज़रूरी होता है। मैं अगर नूरजहाँ जी की तरह या अमीरबाई कर्नाटकी की तरह गा रही होती, तो शायद वह सब न गा पाती, जो खुद की आवाज़ को बनाकर मैंने पाया है। मुझे यही लगता है, बाक़ी और मैं क्या कह सकती हूँ?

यतीन्द्र मिश्र

कोई गाना उनका, जो आपको मकबूल लगता हो या पसन्द आया हो?

लता मंगेशकर

मुझे अभी तुरन्त याद नहीं आ रहे हैं उसके गाने। ...मगर उसके एक-दो नहीं,

मतलब बहुत सारे गाने अच्छे हैं, जो सुनने पर मुझे पसन्द आते हैं। मुझे इस बात का अफसोस है कि उसकी आवाज़ अच्छी थी, लेकिन उसे निखारने और अलग तरीके से डेवलप करने के लिए उसने ध्यान नहीं दिया। अगर सुमन कल्याणपुर ऐसा कर पातीं, तो निश्चित ही उनका एक अलग और बड़ा मुकाम बनता।

यतीन्द्र मिश्र

मीनू पुरुषोत्तम?

लता मंगेशकर

अच्छी थीं और गाती भी अच्छा थीं। मेरे साथ उसने तीन-चार डुएट गाये थे, जो सब हिट हुए हैं। यशराज बैनर की एक फ़िल्म 'दाग़' थी, उसमें हमारा गाया एक गाना बहुत चला था— *'मैं यार मनाना नीं चाहे लोग बोलियाँ बोलें'*। मीनू पुरुषोत्तम मेरी साथी गायिकाओं में ऐसी गायिका रही हैं, जो मुझसे बहुत प्यार करती थीं और हम अकसर बड़े आत्मीय ढंग से मिलते-जुलते थे। मुझे उनकी तरह मिलनसार औरत जल्दी दूसरी नहीं दिखी।

यतीन्द्र मिश्र

आप दोनों का एक डुएट मदन मोहन जी की कम्पोजीशन में 'ग़ज़ल' फ़िल्म का 'उनसे नज़रें मिलीं और हिज़ाब आ गया' भी सुन्दर गीत की एक बानगी लगती है।

लता मंगेशकर

हाँ बिल्कुल। वो मेरे पसन्द का गाना है। उनके साथ मेरे डुएट बेहतर ढंग से खिलते थे। मुझे लगता है कि हम दोनों के बीच गायिकी में ऐसा कुछ कॉमन था, जिसके चलते साथ गाने पर एक संगति बनती थी, जिसे मैंने एंज्वॉय किया है। उनकी आवाज़ अलग तरह की थी और उनके कुछ एकल गीत भी हैं, जो मुझे अच्छे लगते हैं। मगर अफ़सोस कि वे बेहतर गाते हुए भी अपने काम को लेकर बहुत संजीदा नहीं थीं और जल्दी ही फ़िल्म इण्डस्ट्री छोड़कर चली गयीं।

यतीन्द्र मिश्र

कमल बारोट के बारे में आपका क्या कहना है?

लता मंगेशकर

मेरा उनका सम्बन्ध वैसे तो अच्छा रहा है, मगर वो सबसे ज़्यादा क़रीब रही हैं आशा जी के। आज भी, वे आशा जी से मिलने आती हैं और उन दोनों में ख़ूब प्यार है। शुरुआती दौर में, उनको मैं ही फ़िल्म इण्डस्ट्री में लेकर आई, जब कल्याणजी भाई ने मुझसे कहा था– 'एक लड़की है कमल, अच्छा गाती है। आप सुन लें और वो फ़िल्मों में गाना चाहती है।' इस पर मैंने कल्याण जी भाई से कहा था कि फिर उससे गवाना चाहिए। मैंने उन्हें सुझाव दिया कि मुकेश भैया के साथ जो मेरा डुएट आप गवाना चाहते हैं, उसे आप मेरी जगह कमल के साथ गवाइए। इसी के बाद कल्याणजी भाई ने वो डुएट मुकेश भैया और कमल बारोट की आवाज़ में रेकॉर्ड किया था। हालाँकि, इस तरह शुरुआत होने के बाद भी कमल का नाम मेरे साथ के गाये हुए 'पारसमणि' फ़िल्म के डुएट *'हँसता हुआ नूरानी चेहरा'* के बाद चला।

यतीन्द्र मिश्र

वाकई, 'हँसता हुआ नूरानी चेहरा' तो इतिहास है...

लता मंगेशकर

वो गाना चला नहीं, बल्कि यह कहना चाहिए कि बस तूफ़ान हो गया था उस समय, जब वह गाना आया। (खिलखिलाकर हँसती हैं) आप ताज्जुब करेंगे कि सालों बाद तक लोग *'हँसता हुआ नूरानी चेहरा'* सुनते रहे, मुझे प्रशंसा के पत्र भेजते रहे और जब कभी मैं परफॉरमेंस के लिए जाती थी, तो इस गाने की बहुत डिमाण्ड होती थी। आज भी इस गाने को नये लोग भी याद करते हैं। कमल ने भी इस गाने में बड़ी मेहनत की थी और बड़े सुरीले ढंग से गाया और मेरा साथ दिया था। कमल बारोट गायिका से अलग भी बहुत अच्छी लड़की है और उतनी ही शरीफ़ भी।

यतीन्द्र मिश्र

जब इस तरह के गाने हिट होते थे और घर-घर बजने लगते थे, तब आपको कैसा महसूस होता था? अब जैसे, 'हँसता हुआ नूरानी चेहरा' के ही हिट होने पर आपको क्या लगा था?

लता मंगेशकर

नहीं! मुझे ताज्जुब होता था कि अरे! यह गाना चल गया। पता ही नहीं लगता था कि दरअसल कौन सा गाना कब कितना चलेगा? किसी गाने के बहुत हिट होने पर उतनी ख़ुशी नहीं होती थी, जितना कि यह बात बुरी लगती थी कि भई ये बढ़िया वाली कम्पोजीशन क्यों नहीं चली? यह तो होता ही था कि कोई गाना बहुत अच्छा लगता है, पर वह पब्लिक को कम पसन्द आया और जो गाना कम पसन्द आता था या साधारण लगता था, उसे दुनिया हाथों-हाथ उठा लेती थी।

यतीन्द्र मिश्र

दीदी, एक नाम आरती मुखर्जी का भी था पार्श्व-गायन की दुनिया में?

लता मंगेशकर

वो उतना नहीं चलीं, जितना कि कमल बारोट या मीनू पुरुषोत्तम का नाम हुआ। मालूम नहीं क्या हुआ, मगर थोड़े दिन गाकर वे चली गयीं। एक बार मरफी रेडियो वालों ने युवा प्रतिभाओं की खोज के लिए एक प्रतियोगिता आयोजित की थी, जिनमें पुरुष स्वर के लिए महेन्द्र कपूर का चुनाव हुआ था और महिलाओं में आरती चुनकर आईं थीं। मगर देखिए, बाद में महेन्द्र कपूर कितने बड़े सिंगर बने? ....और उस लिहाज़ से आरती नहीं चल सकीं।

यतीन्द्र मिश्र

जगजीत कौर का गायन कैसा रहा?

लता मंगेशकर

बहुत अच्छा गाती थीं। बाद में ख़य्याम साहब के साथ शादी हो जाने के बाद उन्हीं के संगीत-निर्देशन में गीत गाये हैं। वे बहुत कम गाती थीं, बमुश्किल इक्का-दुक्का गीत, मगर सब एक से बढ़कर एक लाजवाब। मुझे उनके गाने बहुत पसन्द हैं।

यतीन्द्र मिश्र

'बाज़ार' (1982) का ख़य्याम साहब के ही संगीत-निर्देशन में 'देख लो आज हमको जी भर के' गीत अत्यन्त सुन्दर और मार्मिक है। आपको कैसा लगता है?

लता मंगेशकर

जी हाँ, बहुत बढ़िया। उसके पहले भी उन्होंने जो गाने गाये हैं, सब अच्छे गाने गाये हैं। मुझे उनका 'शगुन' का *'तुम अपना रंजो ग़म, अपनी परेशानी मुझे दे दो'* और 'उमराव जान' का *'काहे को ब्याही बिदेस'* अधिक पसन्द है।

यतीन्द्र मिश्र

एक और नाम बचा रह गया है... सुलक्षणा पण्डित।

लता मंगेशकर

सुलक्षणा अच्छा गाती थीं, पर उनको हमारी इण्डस्ट्री में ज़्यादा चांस नहीं मिला। बाद में वो हीरोइन बन गयीं और उसके बाद जब वे हीरोइन बनीं, तो मैंने उसको प्लेबैक दिया। (हँसती हैं) सुलक्षणा और उसकी छोटी बहन विजयेता सब छोटे-छोटे बच्चे थे, जब हमारे घर आते थे। उसके दोनों भाई जतिन और ललित बाद में बड़े अच्छे और कामयाब म्युजिक डायरेक्टर बने। एक बात इन चारों भाई-बहनों के लिए ज़रूर कहूँगी कि सभी संगीत में डूबे हुए बच्चे थे और सुरीले होने के साथ-साथ संगीत को ठीक तरीके से सीखने के लिए भी उतावले रहते थे।

यतीन्द्र मिश्र

इस तरह जो पीढ़ी गायक-गायिका के रूप में बड़ी हुई, उनमें किसका गाना सुनकर आपको ऐसा लगा कि ईश्वर ने उसे बहुत अच्छा गला और सुर दिया है... और वह आगे चलकर बड़ा नाम करने वाला है?

लता मंगेशकर

पहले तो मुझे सुरेश वाडकर बड़ा अच्छा लगा, चूँकि सुरेश बहुत छोटे थे जब इण्डस्ट्री में आए। उसके पहले, जब वे गाना सीख रहे थे, तभी से वे बेहद अच्छा गाते थे। आज भी उतना ही सुरीला और कर्णप्रिय गाते हैं। मेरे साथ के उसके कई डुएट हैं, जो सुन्दर कम्पोजीशन की मिसाल हैं। मुझे सुरेश वाडकर को सुनना हमेशा ही भाता है। वे जितना एकल गीतों में खिलते हैं, उतना ही उनका गला डुएट में भी देखने लायक बनता है।

एक बात मैं आपको और बताऊँ। इसी तरह मेरी छोटी बहन है उषा मंगेशकर। वह बहुत छोटी थी, जब मेरे साथ इस इण्डस्ट्री में आई। 'आज़ाद' (1955) के

लिए सी. रामचन्द्र के म्युजिक डायरेक्शन में उसने मेरे साथ उस ज़माने का बड़ा मशहूर डुएट *'अपलम चपलम चपलाई रे'* गाया था। तब मुझे लगता ही नहीं था कि वह गाने गायेगी, क्योंकि बहुत छोटी थी। फिर उसने आहिस्ता-आहिस्ता गाना शुरू किया और बाद में जाकर वह काफ़ी पॉपुलर सिंगर हुई। हिन्दी फ़िल्मों से ज़्यादा आज उसका नाम मराठी फ़िल्मों के संगीत में चल ही रहा है। मराठी में एक फ़िल्म 'पिंजरा' बनी, तो उसमें सारे गाने उषा ने गाए और वे आज तक इतने पॉपुलर हैं कि हर कोई सुनना चाहता है। वह उस समय की एक सुपर-डुपर हिट फ़िल्म थी। वह फ़िल्म हिन्दी में बाद में जब शान्ताराम जी ने बनाई, तो मैंने उसमें प्ले-बैक दिया था। उषा की गाई हुई हिन्दी की 'जय संतोषी माँ' भी अपने समय की बड़ी कामयाब फ़िल्म है। मेरे हिसाब से यह दो बच्चे उषा मंगेशकर और सुरेश वाडकर ऐसे थे, जो मेरे देखे बड़े हुए हैं और बाद में जाकर अपना उतना ही बड़ा नाम भी कर सके।

यतीन्द्र मिश्र

आप चारों बहनों ने मिलकर कोई गाना साथ नहीं गाया है?

लता मंगेशकर

मुझे ऐसा नहीं लगता। याद भी नहीं आता है कि हम चारों बहनों ने मिलकर किसी फ़िल्म के लिए गाया है। मैंने, उषा और मीना ने साथ गाया है। मैंने, आशा और उषा ने साथ गाया है, मगर चारों ने एक साथ तो नहीं।

यतीन्द्र मिश्र

आपके, मीना जी और उषा जी के गाने तो 'पटरानी' (1956) के लिए 'अरे कोई आओ री, पिया को बुलाओ री' और 'मदर इण्डिया' (1957) का 'दुनिया में हम आए हैं तो जीना ही पड़ेगा' में साथ थे, जबकि आपके, आशा जी और उषा जी के साथ 'गृहस्थी' (1963) का 'खिले हैं सखी आज फुलवा मन के', 'बेनज़ीर' (1964) 'मुबारक है वो दिल जिसको किसी से प्यार हो जाए', 'तीन बहुरानियाँ' (1968) 'हमरे आँगन बगिया, बगिया में दो पंछी', 'मनोरंजन' (1974) 'दुल्हन मैके चली' और 'रास्ते प्यार के' (1981) 'किसी ने प्रेम का अमृत चाखा' रहे हैं। साथ ही, आपका, मीना जी और आशा जी का एक गीत 'चाँदनी चौक' (1954) का 'बन्नो के हाथ भरी मेंहदी' भी अलग से चमकता हुआ हिन्दी फ़िल्म संगीत के इतिहास में मौजूद है।

लता मंगेशकर

करेक्ट। बिल्कुल सही। इन सारे गीतों का तो मुझे भी ध्यान है। मगर मुझे याद नहीं पड़ता कि हम चारों ने मिलकर कोई एक गीत में आवाज़ दी हो, या पाँचवाँ सदस्य हृदयनाथ मंगेशकर के संगीत में कोई फ़िल्मी गीत साथ में रचा हो।

यतीन्द्र मिश्र

इसकी कोई ख़ास वजह रही या ऐसे ही संयोग नहीं बना?

लता मंगेशकर

कोई ख़ास वजह तो नहीं थी। बस ऐसे ही हो गया होगा। मतलब आज जब आप इस तरह पूछ रहे हैं, तब लगता है कि एक गाना तो गाना ही चाहिए था (हँसती हैं)। ख़ास वजह होने की कोई गुंजाइश नहीं थी क्योंकि हम सभी अपने ढंग से गायन में व्यस्त थे। किसी वजह से ही यह संयोग नहीं बना होगा या कोई उस समय मौजूद नहीं रहा होगा। अब जैसे, आशा उस समय बहुत काम करती थीं, तो हो सकता है कि उसे ही वक्त न मिला हो और म्युजिक डायरेक्टर को जल्दी रही रेकॉर्डिंग की, कि गाना तो करना ही था.... इसलिए वह एक के बग़ैर कर लिया गया होगा।

मुझे तो यही याद पड़ता है क्योंकि आप देखें, कि मैं, मीना और उषा एक साथ गा रहे हैं, तो कहीं मैं, आशा और मीना गा रहे हैं। कहीं उषा अनुप. स्थित हैं तो कहीं आशा। इसलिए यही लगता है कि चारों बहनों को ज़माने के चक्कर में किसी की व्यस्तता के चलते ही सम्भव नहीं हुआ है। अब जो नहीं हुआ उसे छोड़िए, जो गाने बन सके हैं, उसमें तीन गीतों को मैं बहुत पसन्द करती हूँ, जिसमें *'बन्नो के हाथ भरी मेंहदी'*, *'दुनिया में हम आए हैं तो जीना ही पड़ेगा'* और *'दुल्हन मैके चली'* शामिल हैं। वैसे मैंने, मीना, उषा और हृदयनाथ ने साथ में एक प्राइवेट रेकॉर्ड के लिए गाया था। हम लोग अधिकतर स्टेज में भी साथ में गाते थे।

यतीन्द्र मिश्र

ठीक बात है, मगर एक प्रशंसक और संगीत अध्येता की निग़ाह से मुझे यह आवश्यक लगता है कि आप चारों बहनों ने मिलकर अगर कुछ गाया होता, तो उसका कम से कम एक ऐतिहासिक महत्त्व तो अवश्य ही बनता, जिससे सिनेमा संगीत संसार वंचित रहा।

लता मंगेशकर

जीवन में बहुत कुछ छूट जाता है। उसका अफ़सोस बचा रह जाता है। उसमें से यह भी एक बात है... जीवन अगर कभी दोबारा मौका देगा, तो आपकी यह इच्छा ज़रूर पूरा करने के बारे में सोचूँगी।

यतीन्द्र मिश्र

आपने और हृदयनाथ जी ने साथ में कितने गाने गाये हैं?

लता मंगेशकर

मैंने और हृदयनाथ ने तो मराठी में एक-दो गाने गाये थे, लेकिन हिन्दी फ़िल्मों में नहीं गाये हैं। मतलब, हिन्दी फ़िल्म में हम लोग साथ में अगर कहें, तो मेरी ही फ़िल्म 'लेकिन' में गाया है, जिसमें हृदयनाथ पहले मेरे पिताजी की शास्त्रीय बन्दिश *'रसूल अल्लाह'* को गाते हैं, जो राग पूरिया धनाश्री पर आधारित है। हालाँकि यह रेकॉर्ड या डिस्क पर जारी नहीं हुआ, बल्कि फ़िल्म के फ्रेम में ज़रूर आता है। फिर उसके बाद, उसी सिचुएशन को पूरा करने के लिए मैं और हृदयनाथ मिलकर एक गीत शास्त्रीय बन्दिश की तरह ही गाते हैं, जिसके बोल हैं– *'जा जा रे पथिकवा'*। यह भी राग आधारित रचना है जो सम्भवतः राग गुर्जरी तोड़ी पर बना है।

यतीन्द्र मिश्र

बहुत सुन्दर है वो बन्दिश....।

लता मंगेशकर

क्लॉसिकल है न, इसीलिए। फ़िल्म की सिचुएशन ही ऐसी थी, जिसमें गुरु और शिष्या दोनों साथ गा रहे हैं, तो उस सिचुएशन को देखते हुए हमें लगा कि यहाँ पर वह गुंजाइश बन सकती है, जिसमें मैं और हृदयनाथ साथ में कम से कम एक गीत गा सकते हैं।

यतीन्द्र मिश्र

'लेकिन' का संगीत अविस्मरणीय है, मील के पत्थर सरीखा....।

लता मंगेशकर

 बहुत अच्छे गाने थे। फ़िल्म नहीं चली पर गाने चले हमारे (प्रसन्न भाव से)। पर

मुझे इसका कोई अफ़सोस नहीं है। आज भी इस फ़िल्म के गीत मुझे सुकून और आनन्द देते हैं, इतना काफ़ी है। इस फ़िल्म के गीतों को जो इज्ज़त मिली है, वह मैं अपने पिता से पाई हुई तालीम और आशीष का ईनाम मानती हूँ।

यतीन्द्र मिश्र

आप ठीक कह रही हैं। 'लेकिन' के संगीत ने आपकी सांगीतिक यात्रा में मान और गौरव की वृद्धि ही की है। फिर, उस पर आपको गायन के लिए नेशनल अवॉर्ड का दिया जाना भी एक तरह से व्यापक स्तर पर उत्कृष्ट संगीत की स्वीकृति का मामला ही बनता है।

लता मंगेशकर

मैं भी ऐसा ही सोचती हूँ। 'मधुमती', 'मुग़ल-ए-आज़म' और 'पाकीज़ा' के गीतों को गाने के बाद मेरे मन में हमेशा यह विचार रहा कि कभी मौका मिला, तो ऐसी फ़िल्म का निर्माण करूँगी, जिसमें संगीत की उत्कृष्टता और शास्त्रीयता का पक्ष अत्यन्त समृद्ध ढंग से उभर सके। 'लेकिन' ऐसा कुछ कर पाई है, यह मेरे लिए प्रसन्नता की बात है।

यतीन्द्र मिश्र

शास्त्रीय संगीत गायकों के बारे में तो हमने विस्तार से चर्चा की ही है, फ़िल्म संगीत के सन्दर्भ में। मैं ऐसी शास्त्रीय गायिकाओं के बारे में आपसे जानना चाहता हूँ, जिन्होंने फ़िल्मों में थोड़ा-बहुत गायन किया है। इनमें प्रमुख रूप से शोभा गुर्टू और बेगम परवीन सुल्ताना के फ़िल्म संगीत के बारे में आपकी राय जानना चाहता हूँ।

लता मंगेशकर

मेरी राय यह है कि फ़िल्म की सिचुएशन देखकर म्युजिक डायरेक्टर ने उनको बुलाया होगा कि हमें यहाँ पर शास्त्रीय ढंग से कुछ उभारना है या एक विशिष्ट ठुमरी या ख्याल वाली आवाज़ की ज़रूरत है, इसलिए आप लोग यहाँ उपयुक्त लगती हैं। अब जैसे 'कुदरत' का परवीन सुल्ताना का गाया हुआ *'हमें तुमसे प्यार कितना'* बढ़िया अदायगी का गीत है, जिससे परवीन सुल्ताना ने ठीक से न्याय किया है। आप फ़िल्म की सिचुएशन देखिए, तो उसमें यह गीत अरुणा ईरानी पर फ़िल्माया गया है, जिसके लिए यह सिचुएशन थी कि वह शास्त्रीय

संगीत गाने वाली महिला थीं, ऐसे में उन पर यह गीत अच्छे ढंग से अभिव्यक्त हो सका है। शोभा गुर्टू में देखिए, तो उनकी गायिकी में अवध का एक ख़ास ढंग भी दिखता है, जो बेगम अख़्तर की याद दिलाता है। वे तो हर चीज़ अच्छा गाती थीं। उनकी 'पाकीज़ा' वाली बन्दिश सुन्दर है।

यतीन्द्र मिश्र

दीदी, थोड़ा विषय परिवर्तन करते हैं और आपसे जीवन और समाज से जुड़े हुए कुछ बुनियादी प्रश्नों पर आपकी राय जानते हैं। आपके लिए जीवन में धर्म की क्या महत्ता है?

लता मंगेशकर

मेरी नज़र में हमारे यहाँ जिनको भगवान मानते हैं, मसलन राम और कृष्ण। इनको मैं ईश्वर मानती हूँ क्योंकि इन लोगों ने इस धरती पर आकर कुछ ऐसा मनुष्यता का काम किया, जिससे बाद में उनको भगवान का स्वरूप मिला। ....और घर-घर उनकी पूजा होने लगी, उनके नाम पर त्यौहार मनाये जाने लगे। ....तो मैं भी उनको मनुष्य से देवत्व के रूप में जाने गये स्वरूप में ही देखती हूँ और वैसे ही मानती हूँ। वैसे ही नमस्कार करती हूँ और मेरी पूजा में उनकी मूर्ति विराजमान होती है। बहुत मामूली सा मेरा निवेदन है कि मुझे धर्म का मतलब यही समझ में आता है।

धर्म का मतलब अपनी आस्था से किसी सत्य के पथ पर बढ़ते चलना। धर्म की महत्ता भी मैं इस रूप में स्वीकारती हूँ कि वह सबसे प्रेम करने और शान्ति का सन्देश देता है। जो चीज़ें ढकोसला और रुढ़ि हो जाते हैं, और जिनसे धर्म का सकारात्मक पक्ष नहीं उभरता, उनको मेरे हिसाब से त्याग देना चाहिए। उन चीज़ों का मेरे लिए कोई मायने नहीं रहता। मेरा धर्म मुझे आस्थावान बनाता है, जो जीवन और मनुष्य में भी आस्था का भाव भीतर से पैदा करता है।

यतीन्द्र मिश्र

दीदी, आस्था बड़ी चीज़ है कि विश्वास या दोनों? दोनों का अर्थ आपकी निगाह में क्या है?

लता मंगेशकर

विश्वास तो मेरी नज़र में बहुत बड़ी चीज़ है। विश्वास से ही आस्था को बल मिलता है। हालाँकि आस्था के बगैर तो कुछ भी नहीं होता। आजकल

ज़िन्दगी में ऐसे इंसान मिलना मुश्किल है, जो जीवन में आस्थावान हों और साथ-साथ लोगों पर, रिश्तों पर और दूसरों की कही हुई बातों पर विश्वास भी करते हों। मुझे लगता है कि किसी इंसान की यह मजबूरी नहीं है कि वह किसी पर आस्था रखे ही, मगर विश्वास करना एक उदार व्यक्ति का स्वभाव होता है, जो हर एक में होना चाहिए।

यतीन्द्र मिश्र

क्या आपको लगता है कि विश्वास के माध्यम से आस्था को भी पैदा किया जा सकता है?

लता मंगेशकर

जी हाँ, बिल्कुल। मैं ऐसा ही मानती हूँ। यदि आप में किसी के प्रति सच्चे मन से विश्वास का भाव है, तो कहीं न कहीं भीतर उसके लिए आस्था भी अवश्य मौजूद होगी। यह मैं स्पष्ट करना चाहती हूँ कि मैं आस्था को बहुत प्रचलित अर्थों में किसी धार्मिकता से जोड़कर नहीं कह रही हूँ, बल्कि उसे मनुष्य में मौजूद भरोसे और आदर के अर्थ में देखकर कह रही हूँ। अन्दर की जो पवित्रता है, उससे जुड़ना ज़्यादा बड़ी सात्विकता और आस्था का मामला है।

यतीन्द्र मिश्र

आज किन चीज़ों की कमी आपको खलती है, जो पहले थी लेकिन अब नहीं है या घट रही है?

लता मंगेशकर

समाज से धीरे-धीरे सच्चाई, नैतिकता और ईमानदारी निकलती जा रही है। पहले जैसे सहज लोग होते थे और जीवन में कोई दिखावा नहीं था, सिर्फ़ प्रेम था और एक-दूसरे के लिए सुख-दुःख का भाव था, अब दिखाई नहीं पड़ता। मुझे कहते हुए डर लगता है, कि कहीं लोगों को यह न लगे कि मैं किसी उपदेशक की भूमिका में बोल रही हूँ। फिर भी मुझे इस बात पर दुःख होता है और अच्छा नहीं लगता कि जिन अच्छाईयों को लेकर हम चले थे, जिन चीज़ों को बचपन में बहुत आसानी से अपने आस-पड़ोस में देखा है, वह सब जैसे गुजरे ज़माने की बात हो गयी है। सब एकाएक बदल गया है। वो बातें, जिनसे एक-दूसरे का भला होता था, ईमानदार ढंग से दूसरे को समझने की भावना थी, मेरे देखे समाज में अब वह नहीं रही है।

हो सकता है मैं थोड़ी तल्ख लगूँ, मगर वह चीज़ें घटती हुई नहीं दिखी हैं, बल्कि एकाएक गायब हो गयी हैं। इधर समाज में कुछ नयी चीज़ें देखने में आई हैं, जो और भी तकलीफ़ देती हैं। जिस तरह अब खून-खराबा, दंगे-फ़साद, हत्याएँ, बलात्कार की घटनाएँ बढ़ी हैं और आतंकवादी गतिविधियों ने मनुष्यता से विश्वास उठा दिया है, वह तो असह्यनीय है। हमने तो कभी सोचा भी नहीं था कि ऐसा भी वक्त आयेगा, जब समाज में इतनी गिरावट आ जायेगी।

मैंने जब इस इण्डस्ट्री में काम शुरू किया था, तब मेरी उम्र चौदह-पन्द्रह साल की रही होगी। मैं कहीं भी आती-जाती थी। देर रात तक इस स्टूडियो से दूसरे स्टूडियो तक जाना, वह भी लोकल ट्रेन पकड़कर या पैदल ही स्टेशन से कुछ दूर तक; मगर मुझे कभी भी असुरक्षा महसूस नहीं हुई। एक भरोसे का ज़माना था वह। मेरे साथ भी जो लोग काम करते थे, उसमें कुछ बहुत ही गरीब होते थे, लेकिन उनकी मिलनसारिता में कमी नहीं थी। वे लोग कभी छोटी-मोटी चीज़ें लेकर आते थे, जैसे कोई घर से लड्डू बनाकर लाता था, तो हम सभी मिल बाँटकर खाते थे। वह बहुत अच्छा समय था, एक दूसरे के प्रति प्रेम से भरा हुआ। आहिस्ता-आहिस्ता वह गुम हो गया है। साथ ही मुझे तो ऐसा भी नहीं लगता है कि आज बहुत शान्ति है चारों तरफ़।

यतीन्द्र मिश्र

उदासी के क्षणों में वो कौन सी चीज़ है जो आपको सुकून देती है और जिससे उदासी थोड़ी कम हो जाती है?

लता मंगेशकर

दो चीज़ें हैं। पहला संगीत और दूसरा भगवान पर अटूट विश्वास।

यतीन्द्र मिश्र

किस तरह का संगीत?

लता मंगेशकर

उस वक्त अगर अच्छा लगे तो किसी का भी संगीत सुनना सुकून देता है। मतलब कभी मुझे अपना ही संगीत सुनना है, तो ऐसा बहुत कम होता है। एकाध मर्तबा सुन लिया तो सुन लिया, नहीं तो और भी लोग हैं जिनका म्युजिक सुनकर अच्छा लगता है और तबीयत कुछ सँभलती है। जैसे, पं. डी. वी. पलुस्कर, बड़े

गुलाम अली ख़ाँ साहब का गायन। अमीर ख़ाँ साहब को सुनकर थोड़ी शान्ति मिलती है। थोड़ा सा उत्साह भी बढ़ जाता है उनको ऐसे समयों में सुनने पर, जब मूड बिल्कुल ठीक न हो। इन लोगों का संगीत सुनकर राहत मिलती है। फिर ईश्वर में विश्वास भी मेरे काम आता है। मुझे लगता है कि उदास रहने से कोई फायदा नहीं, चूँकि जो परिस्थिति होती है उस वक्त, वह तो बदल नहीं सकती है। फिर इसका तो यही लोग इलाज़ हैं, जिन्हें मैं सुकून और शान्ति पाने के लिए सुनती हूँ।

यतीन्द्र मिश्र

दीदी, यह बताइए कि जीवन में कभी आपने झूठ बोला है? ...अगर बोला है, तो कब और क्यों?

लता मंगेशकर

मैं झूठ तब बोलती हूँ, जब उसमें किसी का अच्छा होने वाला हो। फ़िजूल में बातें बना-बनाकर मैं कभी नहीं कहती हूँ। मैंने यदि गलत किया है, तो मैं मानती हूँ कि वह मुझसे हुआ है। हम सभी इंसान ही हैं, तो भूल हो ही जाती है। गल्तियाँ करना इंसान का एक बहुत स्वाभाविक गुण है। यह नेचुरल है, सभी करते हैं। मतलब इसमें कोई बहुत बड़े साधु-सन्त हों, तो मैं उनके बारे में नहीं कह सकती, पर मेरे हिसाब से मनुष्य की प्रवृत्ति ही ऐसी है कि वो जीवन में कभी न कभी झूठ बोलता है।

यतीन्द्र मिश्र

अकसर मनुष्य परिस्थितिजन्य ढंग से भी झूठ बोलता है...

लता मंगेशकर

जी, सही बात है। कभी-कभी क्या होता है कि झूठ बोलने से अगर किसी का अच्छा होना हो, तो उसे बोलना चाहिए। झूठ बोलकर किसी का भला करना, सच बोलकर किसी को नुकसान पहुँचाने से बेहतर है। कम से कम मैं ऐसा ही सोचती हूँ, भले ही यह लोगों को पसन्द न आये। आप अगर किसी के भले के लिए झूठ नहीं बोल रहे हों और ऐसी परिस्थिति में पड़े हों कि आपसे सच भी नहीं कहा जा रहा... या सच कहना मुनासिब नहीं है... या सच कहने की हिम्मत नहीं, तो वहाँ चुप रहना ज़्यादा ठीक है। गलत चीज़ की पैरवी के लिए झूठ बोलने से बेहतर विकल्प चुप रहने का है।

यतीन्द्र मिश्र

ईश्वर से यदि आपको एक प्रश्न पूछने का मौका मिले तो वह क्या होगा?

लता मंगेशकर

(हँसती हैं) यह बड़ा कठिन सवाल है। मुझे अगर ईश्वर से कुछ पूछने का मौका मिला, तो मैं उनसे यह कहूँगी कि हे प्रभु! जब आपने यह दुनिया और संसार के लोग बनाए हैं, तो सबको एक तरह से ही होना चाहिए था। आपने ऐसे लोग इस धरती पर क्यों भेजे, जो दूसरे इंसानों से घृणा करते हैं और उन्हें मारकर सुख मनाते हैं। हम लोग रोज ही पढ़ते हैं कि आज यहाँ, तो कल वहाँ विस्फोट हुआ और उसमें सैकड़ों लोग मारे गये। ऐसे लोगों को ईश्वर ने क्यों बनाया, जो इंसानों को मारने में ही अपना सबसे बड़ा धर्म समझते हैं?

यतीन्द्र मिश्र

ईश्वर से आपको शिकायत करने का मौका हाथ लगा, तो वह क्या होगा?

लता मंगेशकर

यह शिकायत ही थी, जो मैंने अभी आपके प्रश्न के सन्दर्भ में की है। हम ईश्वर को डाँट तो नहीं सकते, लेकिन उनसे अनुरोध ही कर सकते हैं कि आप ऐसे इंसान पैदा करो, जो दूसरे इंसानों के प्रति संजीदा हों, उनसे प्रेम करें और दूसरों के दुःख को समझने वाले हों। ....और यह भी शिकायत ही है कि ईश्वर के विधान में ऐसा क्यों है कि यह छोटा है और वह बड़ा? यह गरीब है और वह अमीर? यह बात मुझे बहुत अखरती है।

यतीन्द्र मिश्र

भारत की तीन महान नृत्यांगनाओं– रुक्मिणी देवी अरुण्डेल, बालासरस्वती और इन्द्राणी रहमान के बारे में आपका कोई संस्मरण या नृत्य देखने का व्यक्तिगत अनुभव हो, तो वह जानना चाहता हूँ।

लता मंगेशकर

आपने जिन बड़ी नृत्यांगनाओं के नाम लिए हैं, दुर्भाग्य से मैंने नृत्य करते हुए इन तीनों को ही नहीं देखा है। मुझे अफ़सोस है कि मैं इनके नृत्य देखने के

अनुभव से वंचित रही हूँ। मैं व्यक्तिगत रूप से कभी रुक्मिणी देवी जी या इन्द्राणी रहमान से नहीं मिली हूँ। हालाँकि मैंने इन्द्राणी जी की सुन्दरता के बहुत चर्चे सुने हैं। वे जितनी ख़ूबसूरत महिला थीं, उतनी ही शालीन भी थीं, ऐसा मैंने बहुत सारे मित्रों की बातचीत से जाना है। बालासरस्वती जी से मेरी एक मुलाकात है। बहुत बाद के दिनों में जब वे अपना नृत्य छोड़ चुकी थीं। हम दोनों को एक साथ खैरागढ़ संगीत विश्वविद्यालय की डॉक्टरेट की उपाधि दी जा रही थी। मुझे यह कहते हुए थोड़ा बुरा लग रहा है, लेकिन न जाने किस कारण वे मुझसे अच्छे ढंग से मिली नहीं थीं। वे दूर बैठी हुई थोड़ी नाराजगी से मुझे देख रही थीं। मुझे उनसे मिलकर ऐसा लगा, जैसे वे एक बड़ी ऊँचाई पर हों और मैं बहुत नीचे खड़ी हूँ। यह स्थिति मुझे अच्छी नहीं लगी। मैंने व्यक्तिगत तौर पर उनकी कला की महानता के बारे में सुन रखा था, तो थोड़ी उत्सुकता भी थी कि उनसे मिलकर कुछ बात होगी, मगर वह उनके खिन्न व्यवहार के चलते हो न सकी। ....मगर आज मुझे इस बात का कोई अफ़सोस नहीं है, क्योंकि मुझे लगता है कि कोई दूसरी वजह भी हो सकती है, जिससे उनका व्यवहार उस दिन मिलनसार नहीं था। मेरी पहले उनसे कोई व्यक्तिगत मुलाकात या बात नहीं हुई थी, जो किसी मतभेद का कारण बनती।

यतीन्द्र मिश्र

आपने किन शास्त्रीय नृत्यों को देखा है? ....और वे कौन से कलाकार हैं जो आपको नृत्य-विधा के सबसे गुणी कलावन्त लगते हैं?

लता मंगेशकर

मैंने ज़्यादातर कथक देखा है। उनमें मैंने पण्डित बिरजू महाराज, सितारा देवी, रोशन कुमारी और पण्डित गोपीकृष्ण के नृत्य देखे हैं। यह सब बड़े और बेहतरीन कलाकार रहे हैं। ख़ासकर मुझे पण्डित बिरजू महाराज और पण्डित गोपीकृष्ण का नृत्य बहुत ज़्यादा पसन्द है। उम्र हो जाने के बाद आज भी बिरजू महाराज जी का नृत्य बढ़िया लगता है। उनकी लोच और अद्‌भुत ढंग का उनका शरीर संचालन मुझे हैरत में डालता है। यह मैंने खुद देखा है कि पण्डित बिरजू महाराज जी का नाम लो, तो सितारा देवी जी अपने कानों को आदर से हाथ लगाती थीं। उन्होंने कई योग्य शिष्य भी बनाए हैं। मतलब मैं उनको एक बड़े नर्तक कलाकार के रूप में गहरे सम्मान से देखती हूँ। उनमें एक कमाल बात यह भी रही कि वे गाते भी अच्छा हैं। स्टेज पर बाक़ायदा नृत्य करते हुए उतने

ही सुरीले ढंग से गाना, बड़ी क्रेडिट की बात है। पण्डित बिरजू महाराज ऐसा कर पाते हैं, यह देखकर हैरत होती है। एक और नृत्यांगना दमयन्ती जोशी थीं, जिनसे मेरा व्यक्तिगत परिचय था। मुझे वे बड़ी भली महिला लगती थीं।

मैंने भरतनाट्यम और कथक ही ज़्यादा देखा है। कथकली, कुचिपुड़ी और मोहिनीअट्टम मैंने नहीं देखा है। मुझे ऐसा कोई अवसर नहीं मिला और न ही इतनी फुर्सत निकाल पायी कि इन नृत्यों को इत्मीनान से बैठकर देख सकूँ। मैंने कुचिपुड़ी के वेदान्तम सत्यनारायण शर्मा जी का नाम बहुत सुना है, मगर न उनको मिल पायी और न ही उनकी परफॉरमेन्स ही देख सकी। इसका अफ़सोस है।

यतीन्द्र मिश्र

अगर किसी एक शास्त्रीय नृत्य कलाकार का नाम लेना हो, तो वो कौन होगा?

लता मंगेशकर

यामिनी कृष्णमूर्ति। मैंने उनके नृत्य कार्यक्रम कई बार देखे हैं। वह मुझे बहुत अच्छी लगती थीं। उनका डांस भी इतना अद्भुत और सुन्दर था कि आज तक भूलता नहीं है। मुझे वे एक बड़ी विचारवान नृत्यांगना नज़र आती हैं। उनके भरतनाट्यम में जिस तरह की गति और भंगिमाएँ हैं, वह दूसरे कलाकारों में जल्दी देखने में नहीं आतीं। मुझे उनके कुछ एक्सप्रेशन इतने भाए थे कि ताज्जुब होता था कि नृत्यरत रहते हुए वे अभिनय को भी कितने सुन्दर ढंग से सँवार लेती थीं।

यतीन्द्र मिश्र

फ़िल्मों में जिन अभिनेत्रियों ने नृत्य-विधा को गरिमा दिलाई है, उनमें कौन लोग आपको बेहतर नृत्यांगनाएँ लगती हैं?

लता मंगेशकर

वैजयन्तीमाला और पद्मिनी। यह दोनों ही बड़ी नृत्यांगनाएँ थीं। फ़िल्मों में वैजयन्तीमाला के भरतनाट्यम का कम इस्तेमाल हुआ है। फ़िल्मों के ज़्यादातर जिन नृत्यों में उन्होंने अपना हुनर दिखाया है, वह नृत्य-निर्देशक के अनुसार बनाया गया है। मुझे वैजयन्तीमाला का एक नृत्य याद आता है, जिसे मैंने ही

फ़िल्म में गाया था। 'नयी दिल्ली' फ़िल्म के इस गीत *'कन्हैया तोरी मुरली बैरन भई'* में वे कथक नृत्य के स्टेप्स को आधार बनाकर बहुत शालीन ढंग का नृत्य करती हैं। उनका पहनावा भी कथक नृत्यांगना जैसा ही लहंगा और चुनरी वाला है। इस गीत के अन्त में दो-तीन मिनट के लिए उन्होंने भरतनाट्यम भी किया है, जो पूरे गीत के संयोजन में देखने पर सुन्दर लगता है। हालाँकि आप उनकी कला का सही आकलन फ़िल्मों के नृत्य-गीतों के सन्दर्भ से नहीं कर सकते। उसके लिए उनका शास्त्रीय ढंग का नृत्य अलग से देखना होगा। यही बात पद्मिनी पर भी लागू होती है। पद्मिनी, रागिनी और ललिता, यह तीनों बहनें साथ में मिलकर मंच पर भरतनाट्यम करती थीं और 'त्रावणकोर सिस्टर्स' के नाम से मशहूर थीं। यह सभी नृत्यांगनाएँ बाकायदा भरतनाट्यम सीखी हुईं थीं। वैजयन्तीमाला भी फ़िल्मों से अलग शास्त्रीय-नृत्यों की सभाओं में अकसर फ़िल्मों से अलग जाकर प्रदर्शन करती थीं।

अपने ज़माने में इन अभिनेत्रियों के अलावा कुछ दूसरी फ़िल्म-नर्तकियों को भी याद कर सकते हैं, जिनमें संन्ध्या, कुमकुम और पद्मा खन्ना के नाम भी हैं। शान्ताराम जी की फ़िल्मों में संन्ध्या ने कई तरह के नृत्य-प्रयोग किये हैं, जिसका अपना महत्त्व है। ख़ासकर, 'झनक-झनक पायल बाजे' जैसी फ़िल्म के उनके कुछ नृत्य-दृश्यों में। पण्डित गोपीकृष्ण ने उनको कथक सिखाकर इस फ़िल्म में अच्छा नृत्य करवा लिया था।

अलग से मुझे कुमकुम ज़्यादा बेहतर नृत्यांगना लगती थीं। उनमें लोच भी थी और उनकी शैली भी कुछ अलग सी थी, जो नृत्य-गीतों पर पूरी तरह जँचती थी। वे अभिनेत्री भी बढ़िया थीं और सहज अभिनय करती थीं। यह अलग बात है कि वे फ़िल्मों में ज़्यादा चली नहीं और उनको अधिकतर अच्छे रोल नहीं मिले। मैं उनके नृत्य को पसन्द करती हूँ। पण्डित गोपीकृष्ण ने भी कई कुशल नर्तक तैयार किए, जिनमें सम्भवतः पद्मा खन्ना भी शामिल हैं। हालाँकि उन्होंने फ़िल्मों में ज़्यादा नृत्य किया है और छोटे-मोटे रोल भी किए हैं। वे बाकायदा क्लॉसिकल डांस में कभी नहीं गयीं, मगर बहुत ही सुन्दर नृत्य करती थीं। इन लोगों के अलावा साईं सुब्बालक्ष्मी नाम की दो बहनों ने भी फ़िल्मों में एक-दो अच्छे नृत्य किये हैं, जिनमें हम 'चोरी-चोरी' का *'मनभावन के घर जाए गोरी'* और 'आज़ाद' का *'अपलम चपलम चपलाई रे'* विशेष तौर पर याद कर सकते हैं।

इन सबसे अलग, एक बिल्कुल दूसरे ही धरातल पर मैं हेमा मालिनी जी को एक नृत्यांगना के तौर पर बहुत आदर से देखती हूँ। आप देखिए कि वे भरतनाट्यम करने वाली कलाकार रही हैं, मगर उन्होंने फ़िल्मों में बड़े सुन्दर ढंग से जो नृत्य किया है, वह भरतनाट्यम की शैली में न होकर कथक की तरह का नृत्य रहा है। मेरी फ़िल्म 'लेकिन' के एक गीत *'जूठे नैना बोलें सांची बतियाँ'* में उन्होंने बड़े कमाल ढंग से कथक नृत्य किया है, जिसे देखकर लगता है कि जैसे उन्होंने बाक़ायदा कथक नृत्य की दीक्षा ली हो। ....जबकि कथक जैसी शास्त्रीय नृत्य विधा से उनका कोई लेना-देना नहीं था, बावजूद इसके वे बड़े आदर्श ढंग से इस नृत्य को कुशलता से निभाती हैं। वे आज उसी तरह एक बेहतरीन डांसर हैं, जिस तरह पहले के ज़माने में वैजयन्तीमाला जी थीं।

यतीन्द्र मिश्र

एक नाम हेलेन का छूट रहा है....

लता मंगेशकर

(हँसते हुए) अरे उनको कोई कैसे छोड़ सकता है? उनका नाम तो सबसे पहले आना चाहिए। वो एक सम्पूर्ण नर्तकी हैं, जिनके यहाँ आपको भारतीय और पश्चिमी हर तरह का नृत्य पूरी गरिमा के साथ मिल जायेगा। वे कैबरे ज़्यादा करती थीं, मगर हर तरह के डांस में अच्छी थीं। हेलेन अकेली ऐसी अभिनेत्री होंगी, जो कैबरे जैसे डांस को भी इज़्ज़त दिलाने में कामयाब रही हैं। हालाँकि मेरा मानना है कि उनसे कैबरे के अलावा भारतीय ढंग के नृत्य भी कुछ अधिक कराये जाने चाहिए थे, क्योंकि उन्हें नृत्य की समझ अद्‌भुत थी। उनका अंग संचालन और गीतों की धुनों पर झूमने का अन्दाज़ इतना परफेक्ट था कि वह गाने से बढ़कर देखने की चीज़ हो जाती थी। मतलब हेलेन के गानों को लेकर आपको गीत बाद में याद आता है, जबकि पूरा नृत्य पहले ही आँखों के सामने आ जाता है, अगर आप उनके किसी डांस नम्बर को याद कर रहे हों। वाकई वह कमाल की कलाकार हैं। महमूद के साथ 'गुमनाम' में *'हम काले हैं तो क्या हुआ दिलवाले हैं'* गीत में आप हेलेन का डांस देखिए, तो आपको यह लगेगा कि वे कितनी लय से भरी हुई महिला थीं। उन्होंने नृत्य के अलावा कई फ़िल्मों में सह-अभिनेत्रियों के जो रोल अदा किए, वह भी बहुत नेचुरल लगते हैं। शोख और नटखट अन्दाज़ में जिस तरह हेलेन अपना किरदार बुनती थीं, वह बहुत अनूठा और मजेदार लगता था।

यतीन्द्र मिश्र

नृत्य आधारित फ़िल्मों में आपको किन फ़िल्मों में नृत्य से न्याय हुआ है, ऐसा लगता है?

लता मंगेशकर

(हँसते हुए) अरे! मैं कोई नृत्यांगना तो हूँ नहीं, जो इस तरह का कोई निर्णय दूँ। मेरी अपनी पसन्द के लिहाज से जो फ़िल्में मुझे डांस को लेकर बढ़िया लगती हैं, उनमें 'गाईड' और 'पाकीज़ा' आयेंगी। राजकपूर साहब की ज़्यादातर फ़िल्मों में एक न एक डांस सीक्वेंस ज़रूर होता था, जो उतने ही परफेक्शन के साथ वे फ़िल्माते थे। *'घर आया मेरा परदेसी'* (आवारा), *'रमैया वस्तावैया'* (श्री 420) और *'ये गलियाँ ये चौबारा'* (प्रेम रोग) जैसे गीतों में नृत्य भी उतने ही स्तरीय ढंग से बन सका है। बाद में यही काम यश चोपड़ा की फ़िल्मों में भी हुआ है। उनके यहाँ भी नृत्य गीत के फ़िल्मांकन में ध्यान रखा जाता था। इधर की फ़िल्मों में मुझे संजय लीला भंसाली की 'हम दिल दे चुके सनम' में ऐश्वर्या का *'निबुड़ा-निबुड़ा'* बहुत पसन्द आया। उन्हीं की 'देवदास' में माधुरी दीक्षित ने ग़जब का डांस किया है। ख़ासकर जिसे पण्डित बिरजू महाराज ने निर्देशित किया था। उस फ़िल्म का *'डोला रे डोला'* भी अच्छे ढंग से फ़िल्माया गया है और माधुरी और ऐश्वर्या ने अपने डांस स्टेप्स को बड़े अच्छे ढंग से निभाया है।

आजकल का क्या हुआ है कि मुझे नहीं लगता कि अब कोई डांस सब्जेक्ट को लेकर फ़िल्म बनायेगा। अब वह रुझान ही नहीं रहा कि हम नृत्य को देखते हुए पूरी कहानी पर काम करें। फिर मुझे यह भी लगता है कि वैसे समर्पित लोग नहीं रहे, जैसे शान्ताराम थे या राजकपूर थे, जिन्होंने हर एक चीज़ पर सबसे बहुत मेहनत करवाई थी। कभी-कभी यह भी लगता है कि आज जैसे संजय लीला भंसाली हैं या कुछ और लोग भी होंगे, जो ऐसा बढ़िया काम कर सकते हैं, तो उनके आगे सबसे बड़ी चुनौती यह होगी शायद कि अब वैसे कलाकार नहीं रहे, जिनको लेकर वैसा सब्जेक्ट चुना जा सके।

यतीन्द्र मिश्र

कोई और ऐसा नृत्य जो आपको शिल्प की दृष्टि से अच्छा लगा हो?

लता मंगेशकर

मुझे पण्डित उदयशंकर की एक प्रस्तुति याद है, जिसमें उन्होंने बुद्ध पर

आधारित बैले किया था। यह बहुत पुरानी बात है। उस बैले में 'लाईट एण्ड शैडो' तकनीकी का प्रयोग था, जिसमें वे पर्दे के पीछे से अभिनय-प्रधान नृत्य नाटिका प्रस्तुत करते थे। दर्शकों को पर्दे के दूसरी तरफ़ रोशनी और परछाईं के आभास से वह देखने को मिलता था। उनके यहाँ कोरियाग्रॉफी की यह जो भी नयी स्टाईल थी, वह मुझे बहुत अच्छी लगी थी और उस ज़माने में एक बिल्कुल नयी चीज़ मालूम देती थी। मुझे लगता है कि पण्डित उदयशंकर के बैले को एक नये अनुभव की तरह याद किया जा सकता है, जो नृत्य की दुनिया में मैंने पहली बार देखा।

यतीन्द्र मिश्र

दीदी, आपके गाए हुए गीतों के तहत कुछ ऐसे प्रश्न पूछ रहा हूँ, जिसमें सिर्फ़ एक ही गीत के उदाहरण से आपको अपनी बात कहनी है। उसमें आप दूसरा विकल्प नहीं चुन सकतीं। क्या आप तैयार हैं?

लता मंगेशकर

जी, बिल्कुल। आप पूछिए, मैं तैयार हूँ। (हँसती हैं)

यतीन्द्र मिश्र

सबसे प्रिय भजन?

लता मंगेशकर

'प्रभु तेरो नाम जो ध्याये फल पाए' (हम दोनों)

यतीन्द्र मिश्र

ऊँचे स्वर-मान (हाई पिच) का अतिप्रिय गीत?

लता मंगेशकर

'अजी रूठकर अब कहाँ जाइएगा' (आरज़ू)

यतीन्द्र मिश्र

मनपसन्द लोरी?

लता मंगेशकर

'आ जा री आ निन्दिया तू आ' (दो बीघा ज़मीन)

यतीन्द्र मिश्र

दिल के क़रीब का शास्त्रीय राग आधारित गीत?

लता मंगेशकर

'मनमोहना बड़े झूठे हार के हार नहीं माने' (सीमा)

यतीन्द्र मिश्र

उतने ही निकट का लोक-संगीत की छाया लिए हुए विकसित गीत?

लता मंगेशकर

'ढूँढो-ढूँढो रे साजना मोरे कान का बाला' (गंगा जमना)

यतीन्द्र मिश्र

किसी फ़िल्म का पसंदीदा शीर्षक गीत?

लता मंगेशकर

'गुमनाम है कोई बदनाम है कोई' (गुमनाम)

यतीन्द्र मिश्र

ऑफ बीट गीत का सबसे बेहतरीन उदाहरण?

लता मंगेशकर

'रातों के साये घने' (अन्नदाता)

यतीन्द्र मिश्र

पसन्दीदा होली?

लता मंगेशकर

'तन रंग लो जी आज मन रंग लो' (कोहिनूर)

यतीन्द्र मिश्र

मुजरा-गीतों से एक सुन्दर उदाहरण?

लता मंगेशकर

'जा मैं तोसे नाहीं बोलूँ' (सौतेला भाई)

यतीन्द्र मिश्र

सबसे आकर्षक नृत्य गीत?

लता मंगेशकर

'प्यार किया तो डरना क्या' (मुग़ल-ए-आज़म)

यतीन्द्र मिश्र

समूह गीत, जिसमें कई लोगों ने साथ गाया है?

लता मंगेशकर

'रमैया वस्तावैया, मैंने दिल तुझको दिया' (श्री 420)

यतीन्द्र मिश्र

दर्द भरा नगमा?

लता मंगेशकर

'ऐ दिले नादाँ, आरजू क्या है' (रजिया सुल्तान)

यतीन्द्र मिश्र

सबसे महत्त्वपूर्ण क़व्वाली?

लता मंगेशकर

'कभी ऐ हक़ीक़त-ए-मुन्तज़िर नज़र आ लिबास-ए-मज़ाज़ में' (दुल्हन एक रात की)

यतीन्द्र मिश्र

प्रिय रहस्य-प्रधान गीत?

लता मंगेशकर

'आयेगा आनेवाला आयेगा' (महल)

यतीन्द्र मिश्र

सबसे मजेदार कॉमेडी गीत?

लता मंगेशकर

किशोर कुमार के साथ 'वो इक निग़ाह क्या मिली' (हॉफ टिकट)

यतीन्द्र मिश्र

देशभक्ति गीत?

लता मंगेशकर

'ऐ मेरे वतन के लोगों' (संगीतकार : सी. रामचन्द्र, गीतकार : पं. प्रदीप)

यतीन्द्र मिश्र

पसन्दीदा कैबरे?

लता मंगेशकर

'आ जाने जाँ, मेरा यह हुस्न जवाँ' (इन्तकाम)

यतीन्द्र मिश्र

बच्चों के लिए गाया हुआ सर्वश्रेष्ठ गीत?

लता मंगेशकर

'एक दो तीन चार, भैया बनो होशियार' (सन्त ज्ञानेश्वर)

यतीन्द्र मिश्र

ऐसी कौन सी फ़िल्में हैं, जिनके सारे गाने विशेषकर ख़ुद के गाये हुए आपको हमेशा अच्छे लगते हैं? इस बात को इस तरह भी रखा जा सकता है कि संगीत और उसमें होने वाली कलाकारी के लिहाज़ से कौन सी फ़िल्म के सारे गीत सम्पूर्णता के क़रीब लगते हैं?

लता मंगेशकर

यह बड़ा कठिन सवाल है। वैसे तो मेरी कुछ फ़िल्में हमेशा ही पसन्द में रहीं। जैसे, 'मधुमती', 'मुग़ल-ए-आज़म', 'पाकीज़ा' और 'लेकिन' के गीत। मगर

यदि एक फ़िल्म चुननी हो, तो शायद मैं सलिल चौधरी के संगीत निर्देशन की 'परख' को चुनुँगी। 'परख' के जो चारों ही गाने हैं– *'मिला है किसी का झुमका', 'मेरे मन के दीये', 'ये बंसी क्यूँ गाए'* और *'ओ सजना बरखा बहार आई'* यह मुझे एक स्तर पर ठीक और बेहतर लगते हैं। हालाँकि *'ओ सजना बरखा बहार आई'* को मैंने पहले बंगाली वर्जन में गाया था। फिर भी इस तरह के गाने कम बने हैं, जहाँ आपको अलग-अलग शास्त्रीय संगीत, लोक-पक्ष और विदेशी प्रभावों की धुन मिल सके। आप 'परख' के इन गानों को सुनकर वह देख सकते हैं।

यतीन्द्र मिश्र

यह आपने बहुत अनूठा उदाहरण चुना है। इस फ़िल्म के गीतों की ऐतिहासिकता और कर्णप्रियता का कोई जोड़ ढूँढ़ पाना मुश्किल है। इसी समय मैं उस एक फ़िल्म का नाम भी जानना चाहता हूँ, जिस फ़िल्म में आपने नहीं गाया है, मगर वह संगीत और गीतों के लिहाज़ से आपको सर्वाधिक प्रिय फ़िल्म लगती है। वह भी दूसरे गायकों की अदायगी के सन्दर्भ में?

लता मंगेशकर

ऐसी एक फ़िल्म अगर चुनना हो, तो मैं आर.डी. बर्मन के संगीत वाली 'तीसरी मंजिल' को लेना चाहूँगी। मुझे इस फ़िल्म का संगीत कमाल का लगता है। उसमें बहुत ही अलग तरीके का संगीत आर.डी. ने दिया था, जिसमें एक अलग ही एलीमेण्ट नज़र आता है। इस फ़िल्म के लिए रफ़ी साहब और आशा जी की जितनी तारीफ़ की जाए, वह कम है।

यतीन्द्र मिश्र

फ़िल्मों में जितनी क़व्वालियाँ बनी हैं, उनमें वे कौन सी क़व्वालियाँ हैं, जो आपको उत्कृष्ट लगती हैं? खासकर वे, जिनमें आपका स्वर नहीं है?

लता मंगेशकर

ऐसे में मुझे एक बहुत पुरानी क़व्वाली याद आती है, *'आहें न भरी शिकवे न किए'*। इसे नूरजहाँ, ज़ोहराबाई अम्बालावाली और कल्याणी ने मिलकर गाया था 'जीनत' फ़िल्म के लिए। यह सम्भवतः 1945 की फ़िल्म है। मुझे यह क़व्वाली गायन के सबसे नजदीक लगती है और उसमें नूरजहाँ और

ज़ोहराबाई का गाना कमाल का है। बाद में 'बरसात की रात' के लिए रोशन साहब की *'न तो कारवाँ की तलाश है'* भी मुझे बहुत पसन्द आई। इसमें भी कई लोगों ने गाया था, जिसमें मन्ना डे, रफ़ी साहब, आशा जी और सुधा मल्होत्रा मौजूद थे। आपको जानकर आश्चर्य होगा कि पचास के दशक में पाकिस्तान से एक क़व्वाल जोड़ी मुबारक और फतेह अली की यहाँ बम्बई आई थी। उनके कन्सर्ट हम लोगों ने सुने थे। क्या कमाल का गाते थे वे दोनों! रोशन साहब ने उनकी ही एक क़व्वाली की धुन लेकर 'बरसात की रात' की दूसरी क़व्वाली *'ये इश्क़, इश्क़ है, इश्क़ इश्क़'* को तैयार किया था। दरअसल यह मुबारक और फ़तेह अली की ही मूल क़व्वाली की धुन थी। फ़िल्मों से अलग मुझे हमेशा से शंकर-शम्भू जोड़ी का क़व्वाली-गायन पसन्द आता था।

यतीन्द्र मिश्र

क्या आपका कभी श्यामा संगीत गाने का मन हुआ है?

लता मंगेशकर

मैंने कभी इसे गाया तो नहीं है, पर अगर मौका मिला तो शायद गाना चाहूँगी। इधर क्या हुआ है कि बंगाल की संस्कृति को समझने वाले फ़िल्म इण्डस्ट्री में जो लोग थे, मसलन अनिल विश्वास, सलिल चौधरी, एस.डी. बर्मन, और हेमन्त कुमार जैसे संगीतकार, वो आज नहीं रहे। इन लोगों को मालूम था कि श्यामा संगीत और रवीन्द्र संगीत की कलात्मकता और ऊँचाई। काली पूजा के दौरान होने वाले बंगाल के ढेरों भजन-कीर्तन को भी इन लोगों ने बहुत गहराई से समझा और रचा था। ....तो आप जो कह रहे हैं, मेरा यह मानना है कि अगर इनमें से कोई संगीतकार मौजूद होता, तो शायद मुझे चुनकर बिल्कुल प्रामाणिक ढंग से श्यामा संगीत के पद देता और उसे उतनी ही उत्कृष्टता से कम्पोज भी करता। इसलिए डर लगता है कि आज अगर मैं इस तरह के गायन का कोई मन बनाऊँ, तो वैसे कम्पोजर नहीं हैं। फिर एक बात मुझे और भी ज़रूरी लगती है कि हमारे यहाँ रवीन्द्र संगीत और श्यामा संगीत को गाने के लिए जो पद्धतियाँ और नियम रच दिये गये हैं, आपको उसी के अनुसार गाना है। मतलब कोई कलाकार अपनी तरफ़ से इनोवेशन नहीं कर सकता। एक हद तक वहाँ बड़े अनुशासन का मामला है। इस कारण भी मन में यह बात रहती है कि बेहतर और जानकार कम्पोजर होने चाहिए, तभी इस तरह का गायन सम्भव है। व्यक्तिगत रूप से मैं गुरुदेव के रवीन्द्र संगीत को बहुत सम्मान से देखती हूँ और फ़िल्म

इण्डस्ट्री में पंकज मलिक जैसे दिग्गज संगीतकार के उनके संगीत के प्रति योगदान को भी जानती हूँ। अब ऐसे लोग कहाँ? बात फिर वहीं आकर रुकती है कि कौन है जो उस अनुशासन और कला में एक साथ सन्तुलन करके हम लोगों से ऐसे काम करवाए?

यतीन्द्र मिश्र

आपका गाया हुआ 'हे हिन्दू नृसिंहा' गीत अद्भुत है। इस गीत की पृष्ठभूमि क्या है?

लता मंगेशकर

यह गीत वीर सावरकर का लिखा हुआ है, जो उन्होंने छत्रपति शिवाजी की वन्दना में गाया है। यह मेरे पसन्द का गीत इसलिए भी है क्योंकि मैं शिवाजी के चरित्र से बहुत प्रेरित रही हूँ, जिसका रोचक वर्णन सावरकर जी ने इसमें किया है। मैंने एक पूरा एल्बम ही *'शिव कल्याण राजा'* नाम से मराठी में बनाया था, जिनमें सारे गीत छत्रपति शिवाजी पर आधारित हैं। इसमें समर्थ गुरु रामदास, जो शिवाजी के गुरु थे, उनके पद भी गाये हैं। बाक़ी के गीतों में अधिकतर गाने वीर सावरकर और कुसुमाग्रज के लिखे हुए हैं। मराठी के एक बड़े रचनाकार और इतिहासकार हुए बाबा साहब पुरन्दरी, उन्होंने शिवाजी महाराज पर काफ़ी अध्ययन कर रखा था। उन्होंने ही मेरे इस एल्बम, जिसका यह गीत है– *'हे हिन्दू नृसिंहा'*, में कमेण्ट्री की थी।

यतीन्द्र मिश्र

कोई ऐसा फ़िल्मी गीत गाते हुए आपको आध्यात्मिक सुख मिला हो या कि सात्विक ढंग से आप अध्यात्म के किसी अंश तक जाकर लौटी हों?

लता मंगेशकर

ऐसे कम गीत होंगे। सबसे ज़्यादा प्रिय गीत, जिसे गाकर मैं अपनी सुध-बुध भूल बैठी थी, वह पण्डित नरेन्द्र शर्मा का लिखा हुआ *'सत्यम शिवम सुन्दरम'* है। यह गीत जब बना था और बाद में जब कभी मैंने इसे अपने कार्यक्रमों में गाया है, तो जैसा आप कह रहे हैं एक अजीब सी सात्विक खुशी से मन भर जाता था। मुझे लगता था जैसे इस गीत के माध्यम से मैं अपने भारतीय होने पर गर्व कर सकती हूँ। इस गीत के अन्तरे में जब *'राम अवध में, काशी में शिव, कान्हा वृन्दावन में/दया करो प्रभु देखूँ इनको हर घर के आँगन में'* आता

था, तो गाते वक्त रोमांच का अनुभव होने लगता था। पण्डित जी ने इस गीत को इतनी सार्थक ऊँचाई दी है कि वह सिर्फ़ एक भजन न बनकर बड़े अर्थों वाला गीत बन जाता है, जिसे आप आध्यात्मिक अर्थों में भी रचा हुआ गीत कह सकते हैं।

यतीन्द्र मिश्र

क्या आपको लगता है कि संगीत इबादत के नजदीक है इसलिए वह अपने शिखर पर पहुँचकर ईश्वर के समकक्ष हो जाता है? या ईश्वर तक पहुँचने के लिए उसमें अमरत्व की धारणा होने लगती है.....

लता मंगेशकर

मैं तो संगीत को ही साक्षात ईश्वर मानती हूँ और आपसे इस बात के लिए सहमत हूँ कि वह अपने शिखर पर मोक्ष या अमरता की बात करता है। हमारी भारतीय आराधना पद्धति में जिस नवधा भक्ति का विधान है, उसमें संगीत सेवा शायद इसीलिए रखी गयी होगी कि वह ईश्वर को प्रिय है। वह भी अपने भक्तों में किसी न किसी तरह सांगीतिक गुण को विकसित होता हुआ देखना चाहता है।

यतीन्द्र मिश्र

संगीत करते हुए कभी कुछ ऐसा अलग सा महसूस हुआ हो, जो सामान्य जीवन अनुभव में नहीं आया। मेरा मतलब संगीत में रमे हुए या गाते हुए कुछ ऐसा हुआ हो, जिसका अनुभव दैनिक दिनचर्या से भिन्न था?

लता मंगेशकर

आपको अपना एक व्यक्तिगत अनुभव बताती हूँ, शायद वह इस प्रश्न का जवाब हो सकता है। हुआ यह था कि साठ के दशक के शुरुआती दिनों में मैं सुबह नौ बजे तैयार होकर लगभग रोज रेकॉर्डिंग के लिए घर से निकल जाती थी। एक दिन उसी समय जब मैं घर से निकल रही थी, तब कुछ लोग घर पर आए और मुझसे बोले कि हम आयकर विभाग से आए हैं और आपके टैक्स के कागज़ातों में कुछ गड़बड़ है, इसलिए आपकी सम्पत्ति का ठीक से ब्यौरा चाहते हैं। मैंने फिर उनसे कहा कि मेरे पास गाने से कमाए हुए जो पैसे हैं, उसका सारा हिसाब आपके पास है। सम्पत्ति के नाम पर सिर्फ़ यह घर और मेरी कुछ गाड़ियाँ हैं। आप उन

गाड़ियों का ब्यौरा ले लें। इस तरह मैंने उन्हें अपनी गाड़ियों के बारे में सारी जानकारी दे दी। फिर रेकॉर्डिंग पर जाने से पहले मैंने पूछा कि क्या मैं अपनी गाड़ी से स्टूडियो तक जा सकती हूँ? इस पर उन लोगों ने कहा कि आप बेशक अपनी गाड़ी ले जा सकती हैं। हमें सिर्फ़ जानकारी करनी थी, जो हमने कर ली है।

मैं आपको बताऊँ कि इसके बाद मैं सीधे शंकर-जयकिशन के गाने की रेकॉर्डिंग के लिए स्टूडियो पहुँची और पूरी तसल्ली से उनके गाने को रिहर्सल करते हुए रेकॉर्ड कराया। इसमें पूरा दिन जाता रहा। शाम को जयकिशन ने मुझसे कहा कि आपने बहुत सुन्दर गाया है और हमारी रेकॉर्डिंग भी आज बेहद अच्छी तरह से हो सकी है। ....तो मैं आपसे यही कहना चाहती हूँ कि यह संगीत ही था, जिसने मुझे रेकॉर्डिंग के पहले घर में हुई सारी घटना को भुला दिया था। गाते वक्त मुझे एक सेकेण्ड के लिए भी इस बात का ख्याल नहीं था कि आज सुबह ही मेरे घर इनकम टैक्स वाले कुछ नोटिस लेकर आए थे और वे अपने काग़ज़ात पूरा करने के फेर में मेरी गाड़ियों को दर्ज़ करके उसके कागज़ साथ ले गये हैं। हो सकता है किसी सामान्य दिन या दूसरे व्यक्ति के साथ यह घटना हुई होती, तो वह दिन भर अपना सिर पकड़कर बैठा रहता कि अरे आज तो इनकम टैक्स वालों से पाला पड़ा। मुझे इस बात से कोई फ़र्क नहीं हुआ कि सुबह हुआ क्या था या वे लोग मेरी चीज़ों को ले भी जा सकते थे। सिर्फ़ मेरे पास संगीत बचा रहा और इस बात ने मेरे मन को जरा सा भी नहीं छुआ। यह बात मुझे ऐसी लगती है, जो शायद संगीत में रहने के अनुभव का एक दिलचस्प उदाहरण है।

यतीन्द्र मिश्र

फ़िल्मी दुनिया में अदब के लोगों का भी आना-जाना रहा है। ख़ासकर उर्दू शायरों का, जिन्होंने एक लम्बी परम्परा फ़िल्मी गीत लिखने की बनाई है। इसी सन्दर्भ में अली सरदार जाफ़री साहब से आपकी मुलाकात के बारे में कुछ जानना चाहता हूँ।

लता मंगेशकर

वो तो उनके साथ बहुत बार मिलना हुआ था। कारण कि वो बॉम्बे में ही रहते थे और अकसर मुझसे मिलने घर भी आते थे। उन्होंने ग़ालिब के दीवान को कितने सुन्दर ढंग से सम्पादित किया है और उसका अर्थ भी लिखा है। वह बहुत बड़ी किताब है, जिसे मैं ग़ालिब के ग़ज़लों का एक

प्रामाणिक अध्ययन भी मानती हूँ। मैंने जब एच.एम.वी. के लिए 'ग़ालिब' रेकॉर्ड किया था, तब सरदार जाफ़री साहब की ही किताब से ग़ज़लें चुनी थीं। वो, उनकी पत्नी और बहनें सब हमारे यहाँ आती रहती थीं। फ़िल्मों में मुझे मालूम नहीं है कि उन्होंने कुछ लिखा होगा, पर फ़िल्मों के लिए लिखने वाले शायर मसलन ज़ाँ निसार अख़्तर, कैफ़ी आज़मी, मज़रूह सुलतानपुरी, शकील बदायूँनी सभी का सरदार जाफ़री साहब के यहाँ बहुत आना-जाना था। यह सब लोग आपस में काफ़ी करीब थे और उनके यहाँ घर में इन शायरों की महफ़िलें खूब जमती थीं।

यतीन्द्र मिश्र

कैफ़ी आज़मी साहब के बहुत सारे गाने आपने गाये हैं?

लता मंगेशकर

जी हाँ, लेकिन उतने नहीं, जितने शकील बदायूँनी, साहिर साहब और मजरूह सुलतानपुरी के। कैफ़ी साहब की हमारी बात सिर्फ़ रेकॉर्डिंग में होती थी। वो जब आते थे, तब हमारी बात होती थी। कैफ़ी साहब की वाईफ (शौकत कैफ़ी) से भी, जो फ़िल्मों में काम करती थीं शायद मेरा मिलना काफ़ी कम हुआ है, ऐसा याद पड़ता है। मुझे उनके लिखे कई गीत बहुत अच्छे लगते हैं, विशेषकर 'अनुपमा' का *'कुछ दिल ने कहा'* और 'बावर्ची' का *'मोरे नैना बहायें नीर'*। मुझे आश्चर्य होता है यह देखकर कि खाँटी उर्दू के आदमी होने के बाद भी वह कितनी अच्छी तरह शुद्ध हिन्दी के गीत लिखते थे।

यतीन्द्र मिश्र

और मजरूह साहब?

लता मंगेशकर

एक्चुअली शायरों में मजरूह साहब से मेरा सबसे ज़्यादा मिलना हुआ है। बाक़ी शायरों की तुलना में मजरूह साहब मेरे बहुत क़रीब थे। शायद एक शायर से ज़्यादा मैं उन्हें एक पारिवारिक मित्र की हैसियत से अधिक याद करती हूँ। क्या कमाल के आदमी थे वे। बहुत शरीफ़ और नेकदिल इन्सान। उन्होंने एक दिन मुझे कहा था कि मैं भगवत गीता इसलिये पढ़ रहा हूँ कि मैं जानना चाहता हूँ कि इस धर्म में क्या है? इस किताब में क्या है? हिन्दू संस्कृति में ऐसी कौन सी सबसे महत्त्वपूर्ण बात इस किताब में लिखी गयी है, जिसे लोग अब तक मानते चले आये हैं। उसे जानने की तमन्ना है। ...तो इसीलिये भी

वो पढ़ते थे, जिससे दूसरे लोगों के धर्म और विचारों को भी सही अर्थों में जान सकें। एक बात मुझे मजरूह साहब की भूलती नहीं है। हुआ यह था कि एक मर्तबा मैं बहुत बीमार हो गयी थी, जो काफ़ी दिनों तक खिंच गया। ....तो उस बीमारी में मजरूह साहब रेकॉर्डिंग के लिए हमारे पैडर रोड के क़रीब स्टूडियोज में बड़े सुबह जाकर अपना गाना और न रह पाने की चिट्ठी दे आते थे। इस तरह फिर वो सीधे मेरे घर आ जाते थे और पास में बैठे रहते थे। मुझे कहते थे 'दीदी कुछ खाना मिलेगा?' इस पर मैं उनसे कहती थी 'क्या मजरूह साहब! आप कहें और खाना न मिले, यह भी कोई बात हुई भला!' इस तरह वे दिन भर मेरे घर बैठे हुए मेरी तबीयत बहलाने का प्रयास करते रहते थे और भूख लग जाने पर वहीं खाना खा लेते थे। थोड़ी देर के लिए घर जाएँ और फिर शाम को वापस लौट आते थे। तब तक मेरे पास बैठकर बातें करना, वह भी शायरी पर, यह आज भी याद करके मुझे प्रसन्नता होती है। वे ज़हीन शायर तो थे ही, उन्हें फ़ारसी के दूसरे शायरों की शायरी भी बहुत अच्छी तरह याद थी। इस तरह हम दोनों का वक्त शायरी पर बात करते हुए बीतता था। मैं आपसे यही बताना चाहती हूँ कि उनसे एक पारिवारिक लगाव था, जिसके चलते हम सभी, मतलब मेरी माँ, मीना, उषा और हृदयनाथ भी पूरा मजमा लगाए हुए उनके घर जाते थे, फिर वहीं दिन भर मस्ती और खाना होता था। आपको बताऊँ कि मैंने पसन्दा और चिकन करी बनाना मजरूह साहब की पत्नी से सीखा था। वे एक बहुत अच्छी मेज़बान और गृहिणी थीं।

यतीन्द्र मिश्र

आपने शकील बदायूँनी को भी ख़ूब गाया है। ख़ासकर उनके द्वारा फ़िल्मों के लिए लिखे हुए गीतों और ग़ज़लों को। कोई ख़ास बात जो आप शकील साहब के बारे में साझा करना चाहें।

लता मंगेशकर

नौशाद साहब के म्युजिक डायरेक्शन में मैंने शकील बदायूँनी के ढेरों फ़िल्मी गीत गाये हैं। कहाँ तक सबको याद करूँ (हँसती हैं) ....मगर उनकी एक ग़ैर फ़िल्मी ग़ज़ल *'आँख से आँख मिलाता है कोई'* जिसे के. महावीर जी ने संगीतबद्ध किया था, मुझे बहुत सुन्दर लगती है। उसकी धुन बनाकर जब मुझे महावीर जी ने सुनाई थी, तब मुझे वह इतनी जँची कि हमने उसे बड़े आनन्द के साथ रेकॉर्ड किया था। वे हारमोनियम बहुत अच्छा बजाते थे और उनके संगीत में

कुछ राजस्थान के लोक-संगीत का एलीमेण्ट दिखाई देता है, जो मुझे आकर्षित करता है। मुझे खुशी है कि इतने बड़े शायर की एक ग़ज़ल को इस तरह मैं गा सकी। हालाँकि मुझे उनकी लिखी फ़िल्मों की ग़ज़लें भी बेहद प्रिय हैं।

यतीन्द्र मिश्र

अभी आपने राजस्थान का नाम लोक-संगीत के सन्दर्भ में लिया है। मैं इस समय यह सवाल भी आपसे पूछना चाहता हूँ कि आपने बहुत सारे प्रान्तों के लोक-संगीत पर आधारित धुनों पर फ़िल्मी गीत गाये हैं। कौन से प्रान्त की लोक-धुन आपको सर्वाधिक आकर्षित करती रही?

लता मंगेशकर

मुझे दो-तीन जगह का बहुत आकर्षित करता है। वह हमेशा ही जब कानों में पड़ता है, तब मुझे वहाँ का ओरिजनल फोक तुरन्त सुनने का मन होता है। मुझे, एक तो राजस्थान का लोक-संगीत बहुत पसन्द है। विशेषकर वहाँ के मुसलमान गवैये, जो हाथों में कुछ पारम्परिक लोक-वाद्यों को लेकर बहुत कमाल का गाते हैं। उनके बच्चों की साथ में ट्रेनिंग और अदायगी भी मुझे चकित करती है। जब मैं 'लेकिन' फ़िल्म की शूटिंग के लिए जैसलमेर गयी थी, उस दौरान मैं चार-पाँच दिन वहाँ रही थी। उस समय हमारी पूरी यूनिट दिन भर शूटिंग करती थी और शाम को यह लोक-कलाकार आते थे और गा-बजाकर सुनाते थे। वह मुझे आज तक भूला नहीं है। इसी तरह बंगाल का फोक भी बहुत समृद्ध है और अलग से असर करता है। उनका भटियाली संगीत हो या रवीन्द्र संगीत, सभी कुछ बहुत अच्छा है। एक मुझे असमी का भी लोक-संगीत पसन्द है। असमी में मैंने थोड़ा-सा फोक एक बार भूपेन हजारिका जी के लिए गाया है। 'मधुमती' फ़िल्म में जिस तरह सलिल चौधरी ने असमी लोक-धुनों का इस्तेमाल किया था, वह आपको भी बखूबी याद होगा। यह सब संगीत बहुत अच्छा है।

यतीन्द्र मिश्र

हमारी तरफ का लखनऊ और बनारस वाला अवध का लोक-संगीत कैसा लगता है आपको?

लता मंगेशकर

बहुत अच्छा लगता है। मैं उसका ज़िक्र करना भूल गयी थी। मैंने गाया भी है फ़िल्मों में। ख़ासकर नौशाद साहब की अधिकतर धुनें अवध के लोक-संगीत

को ही आधार बनाकर बनती थीं। उसे गाने में मजा आता था। ....पर एक सच बात मैं यह बताऊँ आपको, उसे मैंने बहुत सुना नहीं है। इसीलिए मुझे ज़्यादा मालूम भी नहीं है, जितना मैं जानती हूँ, उसे फ़िल्मी धुनों के बहाने ही समझ पायी हूँ।

यतीन्द्र मिश्र

नौशाद साहब की ज़्यादातर धुनें अवधी की ख़ास महफ़िली संगीत पर आधारित होती थीं। विशेषकर पूरब अंग के ठुमरी और दादरों पर। उन्होंने यहाँ पर गायी जाने वाली तमाम प्रकार की कजरियों का इस्तेमाल भी बड़ी कुशलता से फ़िल्मों के लिए किया है। एक 'गंगा-जमना' (1961) इसका सबसे बड़ा उदाहरण है।

लता मंगेशकर

जी हाँ, आप बिल्कुल ठीक कह रहे हैं। 'गंगा-जमना' में तो ज़्यादातर गीत बिल्कुल पूरब में गाये जाने वाले ठेठ अन्दाज़ में ही रखे गये थे। मुझे *'दग़ाबाज़ तोरी बतियाँ न मानूँ रे'* अभी भी अच्छा लगता है।

एक उनका बहुत मशहूर गाना था *'छोड़ बाबुल का घर मोहे पी के नगर अब जाना पड़ा'*, जिसे शमशाद बाई ने 'बाबुल' के लिए गाया था, मुझे नौशाद साहब के फोक का सबसे बेहतरीन नमूना लगता है। मुझे लगता है कि वे अवध की धुनों को सीधे उठाकर फिर यहाँ पश्चिम के वाद्यों के सहयोग से सजाते थे। वे कोशिश करते थे कि उनकी धुनें फोक की तरह तो दिखें, मगर पूरी तरह ठेठ लोक-धुनें भी न लगें। वह कुछ अलग करते थे। शायद इसीलिए वह अलग से सुनने में भी मधुर लगता था। फिर वह गाना आर्केस्ट्रेशन के साथ खिल जाता था। नौशाद साहब अपनी अधिकतर धुनों को पियानो पर ही बनाते थे। यह आप सही कह रहे हैं कि अकसर मैंने उनको पियानों पर आपकी तरफ़ की धुनों को बजाते हुए देखा है। पूछने पर वह हम लोगों से बहुत राय-मशविरा भी करते थे। फिर वह बताते भी थे कि यह बनारस की कजरी बजा रहा हूँ या यह लखनऊ का ठेठ विदाई गीत है, जो शिया लोगों के यहाँ निकाह के बाद गाया जाता है। ....तो जैसा मैं जानती हूँ कि वह गाना बिल्कुल फोक में हो ऐसा नहीं लगता था, बल्कि फिर वह गाना अलग लगता था।

यतीन्द्र मिश्र

आपका आकलन एकदम सही है। उदाहरण के तौर पर हम 'मुग़ल-ए-आज़म' (1960) का पूरब अंग के दादरा से उठाया हुआ राग गारा पर बना हुआ गीत 'मोहे पनघट पे नन्दलाल छेड़ गयो रे' को देख सकते हैं। वह कुछ इस तरह से कलात्मक तकनीकी का मामला बनता है कि फ़िल्म में वह पूरी तरह दादरा नहीं रहता, बल्कि उस पर इधर के लोक-रंग की एक परछाँई सी गिरती हुई दिखाई पड़ती है। फ़िल्म-संगीत के व्याकरण में लोक-संगीत, उपशास्त्रीय-गायन और आर्केस्ट्रेशन के इण्टरल्यूड्स (मध्यवर्ती संगीत) से सजाया हुआ एक कर्णप्रिय और सलोना गीत। ...आपका क्या कहना है?

लता मंगेशकर

बिल्कुल सही। आपने बहुत अच्छी तरीके से नौशाद साहब की स्टाईल को इस गीत के बहाने समझाया है। मैं सहमत हूँ आपसे। नौशाद साहब का यह पक्ष ही शायद उनको दूसरे संगीतकारों से एकदम अलग करता है। इस लिहाज़ से भी कि उसी समय एस.डी. बर्मन बंगाल का फोक रचते हैं और रोशनलाल भी लखनऊ के उस संगीत को अपने म्युजिक का आधार बनाते हैं, जो वहाँ की सबसे पक्की पहचान है। मेरा मतलब अवध में गाये बजाये जाने वाले शुद्ध शास्त्रीय संगीत से है। हालाँकि नौशाद साहब के यहाँ भी हम शास्त्रीय संगीत को बड़े अच्छे अर्थ में देख सकते हैं। नौशाद साहब के संगीत में अवध के लोक और शास्त्रीय संगीत को बिल्कुल अलगाकर देखा जा सकता है, जो कि एक काबिलेतारीफ़ बात है।

यतीन्द्र मिश्र

ठीक बात है। यह नौशाद साहब ही हैं, जिनके यहाँ हम इस्लाम में प्रचलित बेहद महत्त्वपूर्ण माने जाने वाले नात-गायन को 'बेकस पे करम कीजिए सरकार-ए-मदीना' (मुगल-ए-आज़म : 1960) में देखते हैं, तो दूसरी ओर फोक संगीत की छाया लिए हुए उतना ही मधुर 'तुम्हारे संग मैं भी चलूँगी पिया जैसे पतंग पीछे डोर' (सोहनी महीवाल : 1958) को पाते हैं। आपका इस सन्तुलन के बारे में क्या कहना है?

लता मंगेशकर

यही ख़ास बात है नौशाद साहब की। मुझे याद है कि मैंने अपने जीवन में फ़िल्मों में सिर्फ़ तीन नातें ही गायी हैं, जिन तीनों को ही नौशाद साहब ने ही संगीतबद्ध किया था। (प्रसन्नता से बताते हुए) एक मेरी पसन्द की नात का ज़िक्र तो आपने कर ही दिया है। बाक़ी की दो नातें *'दिल की कश्ती भँवर में आई है'* (पालकी) और *'मेरा बिछड़ा यार मिला दे सदका रसूल का'* (सोहनी महीवाल) हैं। यह भी संयोग है कि तीनों ही फ़िल्मों की इन नातों को शकील बदायूँनी साहब ने लिखा था।

यतीन्द्र मिश्र

कोई और गीत, जिसे आप लोक-संगीत का आदर्श उदाहरण मानती हों...?

लता मंगेशकर

पता नहीं आपको यह गाना कैसा लगता है, मगर जयदेव जी ने 'आलाप' में मुझसे एक बेहद ख़ूबसूरत गीत गवाया था, जिसके बोल हैं– *'काहे मनवा नाचे हमरा'*। यह मुझे कुछ अलग लगता है। अपनी शब्दावली के कारण सुनने में मीठा नज़र आता है। मुझे यह यू.पी और बिहार के बीच मतलब अवधी और भोजपुरी के मिश्र प्रभाव वाला गीत लगता है। चित्रगुप्त जी ने मुझसे भोजपुरी के जो गीत गवाए हैं, ख़ासकर 'गंगा मईया तोहे पियरी चढ़इबो' का टाईटिल सांग *'हे गंगा मईया तोहे पियरी चढ़इबो, सैंया से कर दे मिलनवा हाए राम'* वह मुझे गजब का गीत लगता है। यह बहुत मार्मिक है और सुन्दर भी। शायद लोक-संगीत के प्रभावों वाला यह सबसे बेहतर उदाहरण होगा, मेरे गाये हुए गीतों में।

यतीन्द्र मिश्र

एकदम सटीक उदाहरण चुना है आपने। इसी समय मैं आपके गाए हुए और चित्रगुप्त जी की संगीतबद्ध एक दूसरी भोजपुरी फ़िल्म 'भौजी' के गीत का उल्लेख करना चाहता हूँ, जिसकी कोमलता और कर्णप्रियता के पाए का दूसरा भोजपुरी गीत ढूँढ पाना जल्दी सम्भव नहीं है। मेरा इशारा 'ए चन्दा मामा आरे आव, पारे आव, नदिया किनारे आव सोना के कटोरिया में दूध भात ले ले आव, बबुआ का मुँहवा में घुटुक' की ओर है।

लता मंगेशकर

(हँसती हैं) जी मुझे याद है। यह मधुर गीत था, क्या है कि मुझे अब भी यही लगता है कि *'गंगा मईया तोहे पियरी चढ़इबो'* के बाक़ी गीत भी इतने ही सुन्दर थे।

यतीन्द्र मिश्र

फ़कीरों और सूफ़ियों की टोली कुछ निर्गुणी भजन गाती है, कुछ कबीरपन्थी गायन करती है और कुछ सबद और कीर्तन रचती है। यह सारे गीत के प्रकार आपको कैसे लगते हैं? क्या यह संगीत आपको प्रचलित शास्त्रीय व अर्द्धशास्त्रीय संगीत से कुछ अलग लगता है?

लता मंगेशकर

एक तो देखिए, सबसे पहली बात इसमें यह है कि आप चाहे भगवान की स्तुति कर रहे हों, जो कि सगुण रूप में मौजूद है। फिर चाहे आप निराकार को आवाज़ दे रहे हों, मैं तो इस तरह के संगीत को भजन ही कहूँगी। मैं इसे पूरी तरह शास्त्रीय नहीं कह सकती, क्योंकि इसमें लोक संगीत का झुकाव या आप प्रभाव कहें— वह ज़्यादा होता है। जो लोग सीधे सूफ़ी गाते हैं या सूफ़ी संगीत कहते हैं, वह मैंने कम सुना है... पर आबिदा परवीन का गाया हुआ कलाम मुझे बहुत अच्छा लगता है। अगर आप नुसरत फ़तेह अली ख़ाँ की क़व्वाली को इसी में रखकर निराकार ईश्वर से उनका भक्ति संगीत कहें, तो वह भी मुझे अच्छा लगता है।

सबसे ज़्यादा मुझे निर्गुणी ढंग से भजन गाने में पण्डित कुमार गन्धर्व भाते हैं। क्या कमाल का गायन है वह, जिसमें उन्होंने मालवी लोक धुनों को शास्त्रीय संगीत के साथ रखकर गाया है। उसको उन्होंने इस तरह अपनाया कि शास्त्रीय और लोक-संगीत का फ़र्क मिटा दिया है। एक तरह से वह एक नया ही प्रकार है, जिसमें सुरीलापन और भाव सबसे ज़रूरी एलीमेण्ट की तरह उभर सके। हम लोग चूँकि फ़िल्मों में भी लोक संगीत और शास्त्रीय संगीत को आपस में मिलाकर अकसर कुछ करते रहते हैं, इसलिए भी मुझे व्यक्तिगत तौर पर पण्डित कुमार गन्धर्व का ऐसा गायन बढ़िया लगता है। ....और यह भी देखिए कि वह पूरी तरह पारम्परिक नहीं है। मतलब मेरा यह मानना है कि हमारे संगीत जगत में जिस तरह पारम्परिक ढंग से भजन गाने का चलन है, उससे कुमार गन्धर्व आगे जाते हैं।

यतीन्द्र मिश्र

बहुत सुन्दर बात कही है आपने। परम्परा से आगे जाते हुए निर्गुण गाने का पण्डित कुमार गन्धर्व का प्रयोग। इसी समय परम्परा के अनुरूप अभंग पद व भजन गाने के लिए पण्डित भीमसेन जोशी को आप कहाँ रखेंगी?

लता मंगेशकर

हाँ, यह आप ठीक कह रहे हैं कि पण्डित कुमार गन्धर्व को याद करते समय पण्डित भीमसेन जोशी के भजन और अभंग को भी देखना चाहिए। पण्डित जी का तो अभंग गायन बिल्कुल मराठी के भाव-गीत की तरह पारम्परिक ढंग का गायन है। वे अपनी आवाज़ और किराना घराने की तैयारी से उसे नये तरीके का बना देते हैं, जो मराठी में दूसरे भजन गाने वालों से थोड़ा भिन्न है। फिर स्तर का भी मामला होता है। आप भीमसेन जोशी या कुमार गन्धर्व के गुरुओं और घराने को देखिए? किस तरह वहाँ शास्त्र और लोक-पक्ष को अलग करना और उसी समय तालमेल बिठाना सिखाया जाता रहा है। मैं इतने बड़े गायकों के बारे में कुछ कहने में खुद को अक्षम ही पाती हूँ। फिर भी मेरा मानना है इन दोनों ने अपनी तैयारी और घराने को जिस तरह अपने संगीत में दिखाया है, वह कमाल का है। अगर यह लोग एकदम से सिर्फ़ भजन गाने वाले होते, तो वह बिल्कुल सीधा-सीधा होता और उसमें कोई अतिरिक्त रस हम नहीं देख सकते थे। यह जो नया तरीका और अलग राह पकड़ने का मामला है, उसी कारण पण्डित भीमसेन जोशी के यहाँ तुकाराम और भगवान विट्ठल की प्रार्थना के पद और पण्डित कुमार गन्धर्व के यहाँ कबीर गायन इतना मजबूत और अनूठा दिखाई पड़ता है।

यतीन्द्र मिश्र

बहुत सारे रंगों, भावनाओं, आकृतियों और दृश्यों के साथ जिस तरह वान गॉग विश्व चित्रकला के शिखर हैं, क्या आप उन अर्थों में ढ़ेरों मानवीय भावनाओं को व्यक्त करने वाली आवाज़ की दुनिया की वान गॉग नहीं हैं? इस लिहाज़ से अपने बारे में क्या कहेंगी?

लता मंगेशकर

आपका बेहद शुक्रिया। आप जैसे प्रशंसक और मेरा संगीत सुनकर मुझे सराहने वाले तमाम लोगों ने जो कुछ भी मेरे बारे में कहा है, उसके बारे में मैं कोई

टिप्पणी कैसे कर सकती हूँ? यह उचित भी नहीं है। साथ ही, मैं आपसे पूरी ईमानदारी के साथ कह रही हूँ कि इस तरह मैं अपने बारे में कभी सोचती भी नहीं। जो कुछ भी मुझे मिला– प्यार, सम्मान, सत्कार और ढ़ेरों लोगों द्वारा कहे गये मान के शब्द– उन सभी के प्रति आभार और धन्यवाद के शब्दों में ही कुछ कह सकती हूँ। हाँ इतना अवश्य कहूँगी कि एक गायिका के बतौर या एक कलाकार की हैसियत से हम लोगों को गाते वक़्त, ख़ासकर फ़िल्मी गीतों के लिए पार्श्व गायन करते समय बहुत सारी भावनाओं को अपने सुरों के माध्यम से ही व्यक्त करना पड़ता है, जिससे कि उस गीत का अर्थ और स्वरूप ठीक से खुल सके। अब इसमें किसी को ढ़ेरों रंग, आकृतियाँ या दृश्य दिखाई पड़ते हैं, तो यह थोड़ा बहुत स्वाभाविक भी है। फ़िल्म माध्यम में किसी भी गीत को दर्शाने के लिए जिस सिचुएशन या मूड की ज़रूरत निर्देशक के मन में रहती है, उसका ख्याल हर एक पार्श्व गायक को गायन के समय रखना होता है। यह मैंने भी हमेशा से किया है, जो कि मेरी गायिकी का ही एक हिस्सा है। आप उसे इतनी सार्थकता के साथ देखते हैं, तो अपने द्वारा किये हुए मेहनत के प्रति मन में सन्तोष होता है।

यतीन्द्र मिश्र

उपशास्त्रीय संगीत गायन के प्रकारों– ठुमरी, दादरा, टप्पा, चैती और कजरी में कौन सी गायन की विधा आपको सर्वाधिक प्रेरित करती है?

लता मंगेशकर

ठुमरी। वैसे तो सभी अच्छे हैं, मगर ठुमरी मेरी पसन्द में सबसे ऊपर है। उस्ताद बड़े गुलाम अली ख़ाँ की गायी हुई सारी ठुमरियाँ मुझे कमाल की लगती हैं। उनकी गायी एक ठुमरी *'सैंया बिना घर सूना'* तो भूलती ही नहीं, वह सीधे मन में कहीं गहरे बसी है। इसके अलावा *'आये न बालम'* और *'पैंया परूँ तोरे श्याम'* भी मुझे बेहद प्रिय हैं। वैसे मुझे दादरा और कजरी भी पसन्द हैं, मगर ठुमरी का ज़वाब नहीं। फ़िल्मी गीतों में अवध की ठुमरी और कजरियों का इस्तेमाल नौशाद साहब बहुत करते थे और उनकी कई प्रचलित धुनों पर मैंने और आशा ने कई बार फ़िल्मों में गाया भी है। इस कारण भी उत्तर प्रदेश की कजरी से एक लगाव सा बना रहा है। आप नौशाद साहब के संगीत निर्देशन की फ़िल्मों में ठुमरी, दादरा और कजरियों के धुनों के प्रभाव को बहुत असरदार ढंग से सुन सकते हैं। मुझे इस तरह की शैली में बनाये हुए गीतों में *उड़नखटोला* का *'मोरे सैंया*

जी उतरेंगे पार' और 'आन' का *'आज मेरे मन में सखी बाँसुरी बजाये कोई'* याद आते हैं।

यतीन्द्र मिश्र

बेगम अख़्तर को आपका एक फ़िल्मी गीत 'मार दिया जाए कि छोड़ दिया जाए' (फ़िल्म : मेरा गाँव मेरा देश, 1971) बहुत पसन्द था, जिसकी चर्चा भी अकसर वे किया करती थीं। आपको बेगम साहिबा की गायी हुई चीज़ों में क्या पसन्द रहा है, जिसका ज़िक्र यहाँ करना चाहेंगी?

लता मंगेशकर

उनकी तो ढेरों चीज़ें अच्छी लगती हैं। मुझे उनकी गायी हुई ग़ज़लों के अलावा दादरा और कजरियाँ भी बहुत पसन्द हैं। सब तो इस समय याद नहीं आ रहे, मगर कुछ तो अभी भी मन में बिल्कुल ताज़ा हैं। जैसे, उनकी ग़ज़लें— *'ऐ मोहब्बत तेरे अंजाम पे रोना आया', उल्टी हो गयीं सब तदबीरें'* और *'वो जो हममें तुममें करार था'*। उनकी गायी कजरी 'छा रही काली घटा' बहुत अच्छी लगती है और एक ठुमरी *'देखे बिना नाही चैन'*। वे कमाल का गाती थीं और उनकी आवाज़ परम्परागत आवाज़ से थोड़ी अलग थी, इसलिए भी वह कुछ अलग सा असर पैदा करती थी।

यतीन्द्र मिश्र

स्वामी हरिदास, बैजू बावरा, तानसेन, चैतन्य महाप्रभु, मीराबाई एवं अमीर ख़ुसरो जैसे महान संगीतज्ञों-वाग्गेयकारों में से यदि किसी को वर्तमान में आकर अपनी गायन व कला प्रदर्शन का मौका मिले, तो आप किसका संगीत सुनना चाहेंगी और क्यों?

लता मंगेशकर

यह बहुत ही सुन्दर प्रश्न है। इतने सारे महान लोगों का नाम आपने लिया, तो सभी को प्रणाम करती हूँ। व्यक्तिगत तौर पर मैं यदि एक कलाकार को आमंत्रित कर सकने का सौभाग्य पाऊँ, तो निश्चित ही वह मियाँ तानसेन होंगे, जिनका गाना ज़रूर सुनना चाहूँगी। इसकी बस इतनी ही वजह है कि बचपन से ही सुनती आई हूँ कि तानसेन से बड़ा इस संसार में कोई गायक-कलाकार नहीं हुआ। कई बार संगीत की दुनिया में और बाहर के लोग भी अकसर मजाक और

जुमलों में यह बात कहते हैं कि क्या तानसेन बन रहे हो? अकसर यह कहते हुए पाए जाते हैं कि अपने को बहुत बड़ा तानसेन समझता है। (हँसते हुए)

कहने का मतलब यह है कि हम संगीत में यदि कोई मानक या शिखर पाते हैं, तो वह ऊँचाई तानसेन के ऊपर नहीं जाती। इसी कारण तानसेन को सुनने की बेहद जिज्ञासा होती है। यह देखना दिलचस्प होता कि वे कैसी तान लेते या कैसा आलाप भरते? जब मैंने सहगल साहब की फ़िल्म 'तानसेन' देखी थी और उनके गाये हुए उस फ़िल्म के अद्‌भुत गीतों को उन्हीं की आवाज़ में सुना था, तब भी कुछ-कुछ सहगल साहब के संगीत के प्रति समर्पण के कारण और कुछ मियाँ तानसेन के ऐतिहासिक चरित्र के कारण मुझे यह संगीत-पुरुष बहुत अद्‌भुत लगता था। मैं अपनी ज़िन्दगी में अगर मौका मिले, तो यह ज़रूर जानना चाहूँगी कि जिस व्यक्ति को संसार के सबसे महान गायक की पदवी मिली हुई है, वह वास्तव में गाता कैसा था?

यतीन्द्र मिश्र

आपको क्या लगता है कि संगीत वह अकेली चीज़ है, जिससे जीवन में आनन्द और खुशी के पल संजोये जा सकते हैं?

लता मंगेशकर

हाँ बिल्कुल। कई मर्तबा ऐसा हुआ कि कुछ ऐसी घटना हुई, जिससे मन विचलित हो गया या कि किसी समस्या में पड़कर हम परेशान हुए, तब अच्छा संगीत सुनकर या जितनी देर अच्छे संगीत के कारण बाक़ी चीज़ों से कटे रहे, उतने भर अवधि के लिये अपनी किसी तकलीफ, परेशानी या समस्या की ओर ध्यान ही नहीं गया। हम उसी में ऐसा खो गये कि कुछ भी याद नहीं रहा।

यतीन्द्र मिश्र

आपके लिए जीवन में हताशा के क्षण कौन से रहे हैं?

लता मंगेशकर

संगीत के सन्दर्भ में ही हताशा को भी देखती हूँ। कई बार ऐसा हुआ है कि संगीत में मैं जो करना चाहती हूँ या वह स्वर जिस तरह मुझसे व्यक्त होने की माँग करता है, वह नहीं हो पाता, तो घोर निराशा होती है। यह आपके साथ कई बार होता है जीवन में, जब आपकी तबीयत खराब होती है या किसी

काम में मन नहीं लगता है या वैसे ही किन्हीं परिस्थितियों के चलते आप पूरी तन्मयता से अपने काम पर एकाग्र नहीं हो पाते। ऐसे में हताशा बढ़ती है। गाने को लेकर मुझे कई बार लम्बी तकलीफ़ों से भी गुजरना पड़ा है। मुझे शुरुआती दिनों में साइनस की समस्या रही थी, जिसके चलते चौदह साल तक मुझे उसकी तकलीफ़ों से परेशान होना पड़ता था, मगर उस समय भी मैं गाती थी और अपने कॅरियर का सर्वाधिक गायन मैंने उसी दौर में किया है। हालाँकि उस समय गाते समय न जाने कौन सी शक्ति का एहसास भीतर से होने लगता था और मैं उस तकलीफ़ में भी बेहतर ढंग से अपना गायन कर पाती थी। कई बार गाते समय मेरी नाक से खून भी निकला, मगर गाना अच्छा रेकॉर्ड हुआ इसकी खुशी में सारी तकलीफ़ जाती रही। जबकि कई बार तबीयत बिल्कुल ठीक है और किन्हीं कारणों से गाना ठीक नहीं हो पाया या हम रिकॉर्डिंग स्टूडियो जाकर लौट आये, बात नहीं बनी— तो ऐसे में मेरी हताशा कई गुना बढ़ जाती है।

यतीन्द्र मिश्र

जीवन का सबसे आत्मीय और मार्मिक क्षण आपके लिए क्या रहा है?

लता मंगेशकर

कई दफ़ा जब हम लोग स्टेज पर गाते हैं और ऑडियन्स में बैठे हुए तमाम लोग बहुत सहज और नेचुरल ढंग से सराहते हैं, तब वही क्षण हमारे लिए बहुत अहम और बड़ा होता है। वही शायद मेरे लिए सबसे मार्मिक क्षण भी है।

यतीन्द्र मिश्र

खाली समय में अपना गाया हुआ कौन सा गाना सुनना पसन्द करती हैं?

लता मंगेशकर

जब अकेले होती हूँ, तब मीरा के भजन सुनना अच्छा लगता है। मैंने *'चला वाही देस'* के गानों को बहुत डूबकर गाया था। आज भी मुझे *'साँवरे रंग राची'*, *'उड़ जा रे कागा'* और *'माई-माई कैसे जिऊँ री'* भाते हैं। इन्हीं गीतों को सुनकर खाली वक्त गुज़ारती हूँ।

यतीन्द्र मिश्र

बेसुरा और बेताला गाना सुनकर आपकी क्या प्रतिक्रिया होती है?

लता मंगेशकर

(हँसते हुए) मैं आपको सच्ची बात बताऊँ, एक बार बेताला तो सुन सकती हूँ, मगर बेसुरा नहीं सुन सकती। बेसुरा गाना, जैसे मुझे ईश्वर को नाराज़ करने जैसा लगता है। अगर कभी बेसुरे गायन के चक्कर में पड़ती हूँ, तो बहुत पीड़ा होती है। गुस्सा भी आता है।

यतीन्द्र मिश्र

आपके संगीत का अगर इम्तिहान होना तय हो, तो परीक्षक किसे चुनना पसन्द करेंगी?

लता मंगेशकर

जो चीज़ मैं गाती हूँ, उसके लिए तो किसी गायक को ही लूँगी। मैं हमेशा यही समझती हूँ– जब भी फ़िल्म के लिए गाती हूँ, माईक के सामने होती हूँ, प्राईवेट रिकॉर्डिंग्स में या मंच और कन्सर्ट में मेरा गाना हो रहा होता है, वही मेरा एग्ज़ाम है। अगर सुनने के बाद लोगों ने कहा कि बहुत अच्छा गाया, तो लगता है कि मैं पास हो गयी। यह हर बार होता है और हर बार यही लगता है कि मेरा इम्तिहान हो रहा है, जिसमें मुझे पास होना है। जब-जब गाती हूँ, तब-तब लगता है कि मेरी परीक्षा हो रही है। लोग तो बी.ए., एम.ए. करते हुए डिग्री लेकर स्वतंत्र हो जाते हैं, मगर हमारे लिए तो हर प्रोग्राम और हर रिकॉर्डिंग में पास या फेल होने की डिग्री जारी होती है।

यतीन्द्र मिश्र

एक कलाकार के लिए उसका सबसे बड़ा सत्य क्या होता है?

लता मंगेशकर

अगर कोई सच्चा कलाकार है, तो वह अपनी कला से प्यार करे। ज़्यादा से ज़्यादा समय रियाज़ के लिए दे। अपनी कला के मूल्यों के प्रति बड़े से बड़ा बलिदान देने से पीछे न हटे। यही शायद सबसे बड़ी सच्चाई होगी, जिसको एक गुणवन्त कलाकार के अन्दर होना चाहिए। सिर्फ़ तालियाँ बजवाने के लिए कला का कोई मूल्य नहीं है। अगर कोई ऐसा करता है, तो मेरे हिसाब से वो बेकार बात होगी।

यतीन्द्र मिश्र

सच्चाई की राह कैसी लगती है आपको?

लता मंगेशकर

सच्चाई की राह हमेशा ही अच्छी है। सच्चाई की राह जिसने भी अपनाई है उसको भले ही बहुत तकलीफ़ उठानी पड़ी हो, पर उसका अन्त तो हमेशा ही सुन्दर और अच्छा ही होता है। झूठ के सन्दर्भ में इतना ही कहूँगी कि अगर आपके पास दो चीज़ें हैं, सच और झूठ... और झूठ से बचने का कोई विकल्प नहीं है, आप सच का सामना नहीं कर रहे, तो एक तीसरा विकल्प है चुप रह जाना। सच बोलना और चुप रहना बेहतर है बनिस्बत झूठ बोलकर उसे छुपाने और बचाने के लिए हर बार एक नया झूठ गढ़ने की। मैंने देखा है कि जीवन में सच्चाई हमेशा अच्छा ही करती है और उससे मिलने वाली शान्ति बहुत अलग होती है।

यतीन्द्र मिश्र

कभी डुएट गाते हुए सह-गायक के साथ हुए किसी पुराने मतभेद या खिन्नता के भाव क्या गीत को प्रभावित करते हुए अपनी छाया उन पर डाल पाए हैं? आपका कोई अनुभव ऐसा रहा है, जब सामने वाले के साथ आपकी मैत्री या बातचीत न रही हो और आपने उस लव सांग में कुछ असहज होकर उसे गाया हो?

लता मंगेशकर

मेरे साथ ऐसा कभी नहीं रहा है। मैं कभी भी कोई बुरी बात अपने काम पर हावी नहीं होने देती थी। एक बार किसी से खिन्नता हो भी गयी, तो सारी बात साफ़ हो जाने पर और दोबारा से वह रिश्ता कायम हो जाने पर मैंने सब कुछ भुला दिया है। संगीत को लेकर मैंने कभी यह गलती नहीं की कि अपने सह गायक के साथ या संगीतकार के सामने असहज होकर पेश आऊँ। रेकॉर्ड हो रहे गीत पर किसी पुरानी खिन्नता को हावी होने दूँ, यह मैंने कभी नहीं किया और न ही दूसरे को असहज होने का अवसर ही दिया है।

यतीन्द्र मिश्र

कभी हँसी-खुशी के माहौल से एकाएक गम्भीर माहौल में आकर डुएट गाने में कोई समस्या हुई?

लता मंगेशकर

(हँसती हैं) हाँ, यह ज़रा मुश्किल काम था। हम लोग हँसते हुए बहुत ज़्यादा प्रसन्न स्थिति में जब होते थे, तब एकाएक सीरियस मूड में लौटना कठिन था। मुझे सबसे ज़्यादा ऐसे में किशोर कुमार के साथ डुएट गाने में दिक्कत होती थी। मेरा मतलब गाते समय, संगीत या गायन को लेकर कोई समस्या नहीं थी, मगर वे जिस तरह हँसाते-हँसाते पेट में दर्द करा देते थे, उसको सम्भालना पड़ता था। गाते हुए भी, भले ही वह कितना रोमांटिक या सीरियस सांग क्यों न हो, उनकी अजीब-गरीब हरकतें, उछल-कूद और मजेदार इशारे– इन सब को भी देखते हुए गाना पड़ता था। मतलब आप कितना भी सीरियस क्यों न हों, आपके गाते समय, जब आप अन्तरों में कोई तान ले रहे हों या हरकत दिखा रहे हों, किशोर दा झट से कोई ऐसा बेवकूफ़ी-भरा इशारा करते थे, जिससे आपका ध्यान गाने से हट जाए।

हम लोग कई बार कुछ गीतों को बीच में रुकवाकर उनसे मिन्नतें करते थे कि दादा पहले शान्ति से गाना रेकॉर्ड करा दो, फिर यह सब होगा। ....और आप जानकर आश्चर्य करेंगे कि कितना भी वे उछल-कूद, बदमाशी और हँसोड़ हरकतें क्यों न कर रहे हों, वे ख़ुद उन सब से बाहर रहकर एकदम गम्भीर मुद्रा में गाते थे। यह देखकर और भी हँसी आती थी। ...तो इस तरह उस माहौल में रहकर भी हम लोगों ने कुछ गम्भीर किस्म के गाने गाए हैं, जिसे सुनने वालों को जरा सा भान भी नहीं हो सकता कि इस गीत के बीच में हम लोग कितनी बार हँस-हँस कर दोहरे हुए होंगे।

यतीन्द्र मिश्र

आपको डुएट गाने में किसके साथ सबसे ज़्यादा आनन्द आता था?

लता मंगेशकर

किशोर दा के साथ सबसे ज़्यादा मजा आता था। वे अकेले ऐसे गायक थे, जिनकी सोहबत में गाना हमेशा ही आनन्द का कारण बनता रहा। उनके अलावा मुझे हेमन्त कुमार और मन्ना डे के साथ भी डुएट गाना पसन्द था। एक किशोर दा को छोड़कर सभी के साथ कोई भी डुएट गाते हुए हम लोग सीरियस रहते थे। मतलब यह भी एक कमाल की बात है कि अगर कोई गाना हँसी-खुशी का है या उसमें कुछ आनन्द के पल दिखाने हैं, तो उसमें सामने वाला गायक

अगर किशोर कुमार नहीं है, तो हम लोगों का गाना एक निश्चित ढंग से बहुत गम्भीर माहौल में सम्पन्न होता था।

यतीन्द्र मिश्र

आपके गाए हुए कुछ ऐसे गीत हैं, जिन पर अलग से बात करनी चाहिए। इन गीतों की धुनों से अलग, उनके शब्द और गायन का मामला भी बिल्कुल अलग ही धरातल पर विकसित होता हुआ दिखाई देता है। ऐसे आठ-दस गीत हैं, जिनकी बनावट, वैचारिकी और आपके अनुभवों को जानना चाहूँगा....

लता मंगेशकर

ज़रूर। आप पूछिए। मैं ख़ुद उत्सुक हूँ कि आपने ऐसे किन गीतों को बातचीत के लिए चुना है।

यतीन्द्र मिश्र

इनमें सबसे पहले मैं साहिर लुधियानवी साहब का लिखा हुआ और एन. दत्ता की म्युजिक का 'साधना' (1958) फ़िल्म का गीत 'औरत ने जनम दिया मरदों को मरदों ने उसे बाज़ार दिया' पर बात करना चाहता हूँ। यह एक ऐसा गीत है, जिसे आपने एक नज़्म की शक्ल में पढ़ते हुए मार्मिक ढंग से गाया है....

लता मंगेशकर

दरअसल इस गाने के लिए मैं ख़ास खुश नहीं थी। मतलब मुझे उसके जो बोल थे, वह बहुत अख़र रहे थे। मुझे लगता था कि यह कैसा गाना मुझे साहिर साहब ने दिया है, जो मैं गा रही हूँ। उस वक्त मुझे इस गीत के बोलों ने आहत किया था क्योंकि वह एक बड़े ही डिप्रेसिव मूड का गीत है। हालाँकि उसमें इतना कड़वा यथार्थ है, कि एकबारगी पढ़कर तकलीफ़ हो रही थी। मेरा जो नेचर है, उसके हिसाब से इसे गाते हुए मजा नहीं आया था। फिर भी दत्ता साहब जैसा प्रभाव चाहते थे, वह मैंने पूरी मेहनत के साथ इस गीत में गाते हुए देने की कोशिश की है। गीत के बोल एक स्तर पर बहुत अच्छे थे, जो फ़िल्म से ज़्यादा एक शायर की नज़्म के रूप में पढ़े जाने पर असर करते हैं। जैसे आप साहिर साहब की कोई दूसरी गम्भीर ग़ज़ल या नज़्म पढ़ें, तो वैसा ही प्रभाव इस गाने का था। ....पर यह मेरी व्यक्तिगत राय है। फ़िल्म की सिचुएशन के लिए जो

ज़रूरी था, वह गीतकार ने यहाँ देने की कोशिश की थी। वह ठीक बात भी है। मुझे मालूम नहीं कि वैजयन्तीमाला पर वो गाना कैसा फ़िल्माया गया है, क्योंकि उसी गाने की वजह से मैंने आज तक वह पिक्चर नहीं देखी।

यतीन्द्र मिश्र

एक दूसरा गीत शैलेन्द्र जी की कलम से निकला है, जिसके बोल हैं 'मिट्टी से खेलते हो बार-बार किसलिए'। इसे शंकर-जयकिशन ने 'पतिता' (1953) के लिए बनाया था।

लता मंगेशकर

गाना बहुत अच्छा था। मतलब बहुत ही सुन्दर गाना था। उसे उषाकिरन पर पिक्चराईज भी ठीक ढंग से किया गया था। शंकर-जयकिशन की म्युजिक का तो कोई जवाब ही नहीं है इस गीत में। अलग से शैलेन्द्र की कविता भी बहुत फिलॉसफी के अन्दाज़ में व्यक्त होती है। कभी-कभी लगता है जैसे शैलेन्द्र कुछ निर्गुण कवियों की तरह का गीत लिखते हैं। मुझे इस गाने में कबीर दास की कविता की आवाज़ सुनाई पड़ती है। मैं इस गाने को शंकर-जयकिशन के अच्छे गीतों में गिनती हूँ। (दो-चार पंक्तियाँ गुनगुनाकर बताती हैं)–

'मिट्टी से खेलते हो बार-बार किसलिए
टूटे हुए खिलौनों से प्यार किसलिए
बना के ज़िन्दगानियाँ बिगाड़ने से क्या मिला
मेरी उम्मीद का जहाँ उजाड़ने से क्या मिला
आई थी दो दिनों की ये बहार किसलिए
मिट्टी से खेलते हो बार-बार किसलिए'

यतीन्द्र मिश्र

एक गाना जिया सरहदी की फ़िल्म 'हम-लोग' (1951) का है, जिसके म्युजिक डायरेक्टर रोशन साहब थे और गीत उद्धव कुमार ने लिखा था। इस गीत के बोल हैं– 'चली जा चली जा छोड़ के दुनिया, ग़मों की दुनिया, आहों की दुनिया'...

लता मंगेशकर

इस गाने को लेकर मुझे बस इतना याद है कि जब मैंने यह गाना रेकॉर्ड किया था, तो उस समय सुनकर यह बहुत ही अच्छा लगा था। हालाँकि यह थोड़ा

विचलित करने वाला गाना है और बहुत दुःख की सिचुएशन बनाने के लिए फ़िल्म में रखा गया था। रोशन साहब ने मुख्य तौर पर इस गीत में बिल्कुल अलग अन्दाज़ का संगीत दिया था। उनकी जो स्टाईल रही है, उससे इसकी धुन बिल्कुल अलग है। यह गाना बहुत चला था और उस ज़माने में जब फ़िल्म आई थी, तो अलग से क्रिटिक्स ने इसकी तर्ज़, बोलों और गायिकी के लिए बड़ी तारीफ़ पत्र-पत्रिकाओं में लिखी थीं। मुझे इस फ़िल्म का एक गीत और भी बहुत पसन्द आता है, जो उस समय इसी के साथ मशहूर हुआ था। उसके बोल हैं *'गाए चला जा, गाए चला जा, इक दिन तेरा भी ज़माना आएगा'*। इसे मैंने जी.एम. दुर्रानी साहब के साथ गाया था।

यतीन्द्र मिश्र

'सीमा' (1955) के लिए हसरत जयपुरी ने एक अमर गीत रचा है 'सुनो छोटी सी गुड़िया की लम्बी कहानी'। शंकर-जयकिशन के बनाए हुए इस गीत पर आपका क्या कहना है?

लता मंगेशकर

(प्रसन्न होते हुए) इस गाने की सबसे बड़ी ख़ासियत मेरे लिए यह थी कि इसमें उस्ताद अली अकबर ख़ाँ साहब ने बजाने के लिए हाँ की थी। इस गीत की रेकॉर्डिंग मुझे अच्छी तरह याद है। जब मैं गाने के लिए खड़ी थी, तो वे बिल्कुल पास ही बैठकर इसकी धुन बजा रहे थे। यह गीत लिखा भी बड़ा सुन्दर गया है, इसलिए गाते वक्त मुझे इतना आनन्द आया था कि मैं बता नहीं सकती। फिर जिस तरह डूबकर अली अकबर भाई ने इसमें सरोद बजाया है, वह इसे कुछ अलग बनाता है। मैं आज भी यह मानती हूँ कि इस गीत को बड़ा बनाने में उस्ताद अली अकबर ख़ाँ की सरोद का कमाल है।

यतीन्द्र मिश्र

इसी क्रम में जयदेव जी के संगीत निर्देशन और साहिर लुधियानवी की कलम से निकला हुआ 'हम दोनों' (1961) का देशव्यापी भजन 'अल्लाह तेरो नाम ईश्वर तेरो नाम...'

लता मंगेशकर

वाकई, इसमें कोई शक़ नहीं कि यह पूरे देश का भजन है। उसमें सबसे कमाल बात यह है कि गाँधी जी के भजन *'रघुपति राघव राजाराम, पतित*

पावन सीताराम' की पंक्तियों को लेकर साहिर साहब से इस गीत को लिखवाया गया। उसे इन्होंने बड़ा शानदार लिखा है। आपको मालूम ही होगा कि एक समय जयदेव जी से कुछ मतभेद के चलते मैंने उनके लिए गाना बन्द कर दिया था। इस गीत के लिए विजय आनन्द और देव आनन्द ने जयदेव जी से कहा कि 'इस गीत के लिए तो हमें लता ही चाहिए'। बाद में वे दोनों मेरे पास आए और देव साहब ने कहा कि 'लोगों से गलती हो जाती है। आप जाने दीजिए, आप आइए और इसे गाइए। अगर आप नहीं आईं, तो हम संगीतकार ही बदल देंगे।' फिर मुझे भी लगा कि नाहक ही हम अपना सम्बन्ध बिगाड़ रहे हैं। मैं ना गाऊँ, ये तो चलेगा, मगर मेरी वजह से जयदेव जी को बदल दिया जाये, यह बात ठीक नहीं है। जो बात बीत गयी है, उसे जाने देते हैं।

फिर ऐसी कोई बड़ी चीज़ हमारे बीच नहीं हुई है, जिसके चलते सम्बन्ध को हमेशा के लिए ख़राब कर लिया जाये.... और इस तरह मैं यह गाना गाने गयी। आपको जानकर ताज्जुब होगा कि जिस समय *'अल्लाह तेरो नाम'* की रेकॉर्डिंग हो रही थी, उस समय मेरी जयदेव जी से बात नहीं हो रही थी। मुझे अच्छी तरह याद है कि इसकी रेकॉर्डिंग में काफ़ी वक्त लगा था। बहुत देर तक हम इस गीत की तैयारी, रिहर्सल और रेकॉर्डिंग में लगे रहे। देव साहब और विजय आनन्द दोनों को ही जल्दी से इसकी धुन समझ में नहीं आ रही थी, इसलिए हम लोगों ने लगातार बड़ी मेहनत के साथ इसको रेकॉर्ड किया। इस गीत के बनने के दौरान ही मेरा जयदेव जी से मनमुटाव भी ख़त्म हो गया। बाद में वे फिर बड़े प्रसन्न थे और उन्हीं के कहने पर मैंने फ़िल्म का दूसरा भजन *'प्रभु तेरो नाम जो ध्याये फल पाए'* भी गाया। बाद में जयदेव जी के साथ मैंने न जाने कितनी फ़िल्मों के लिए गाने गाए हैं।

आज *'अल्लाह तेरो नाम'* मेरे कॅरियर में मील का पत्थर जैसा गीत बन चुका है। मतलब मैंने जितनी जगह शो किए हैं, सब जगह मैंने इसे गाया है। इस गीत को गाना ही पड़ता है। मैं जैसे इसे शुरू करती थी, तालियों से पूरा हाल गूँजता था। साहिर साहब ने भी इतना मार्मिक लिखा है कि अगर गौर से इसके शब्दों पर थोड़ी देर ठहर कर सोचें, तो आँखों में आँसू आ जाते हैं। यह गीत प्रेरणा देने का काम करता है, साथ ही इंसानों को आपस में जोड़ने की बात भी करता है, जो चीज़ मुझे बहुत पसन्द आती है।

यतीन्द्र मिश्र

रोशन साहब की धुन और साहिर लुधियानवी के गीत 'संसार से भागे फिरते हो, भगवान को तुम क्या पाओगे', 'चित्रलेखा' (1964) पर आपकी क्या प्रतिक्रिया है?

लता मंगेशकर

गाना बहुत अच्छा है। वैसे मैं आपको एक बात ज़रूर कहना चाहूँगी कि रोशनलाल मेरी नज़र में बहुत ऊँचे कलाकार थे। वे शास्त्रीय संगीत तो जानते ही थे, उसका इस्तेमाल फ़िल्मी धुनों में कैसे करना चाहिए, वह भी उन्हें ठीक से पता था। मैं सिर्फ़ 'चित्रलेखा' के इसी एक गाने को ही नहीं, बल्कि सारे गानों को बेहतर मानती हूँ। इस गीत में जो फिलॉसफी वाला टोन है, वह तो गीतकार के कारण आया है। जहाँ तक तर्ज़ की बात है, वह संगीतकार के कारण सम्भव हुई है। रही बात मेरे गाने की, उसके बारे में मेरा कहना उचित नहीं है। बस इतना कह सकती हूँ कि जब यह फ़िल्म आई थी, तब से आज तक इस गीत को लोगों का बहुत प्यार मिला है। कई बार मुझसे जो फरमाईशें होती थीं, उसमें 'चित्रलेखा' का यह गाना और *'ए री जाने न दूँगी'* शामिल रहता ही था।

यतीन्द्र मिश्र

इसी क्रम में 'आरती' (1962) के लिए रोशन साहब की धुन पर मजरूह सुलतानपुरी का लिखा हुआ 'कभी तो मिलेगी, कहीं तो मिलेगी, बहारों की मंजिल, राही!' जैसे गीत का आकलन आप किस तरह करती हैं?

लता मंगेशकर

धुन बहुत अच्छी थी। थोड़े हाई पिच पर ले जाकर रोशन साहब ने मुझसे यह गवाया था। यह गाना भी अपने समय में बहुत चला था। मैंने देखा है कि इधर आप जितने गीतों के बारे में बात कर रहे हैं, वो कुछ-कुछ विचार के स्तर पर प्रभावी ढंग के बोलों वाले गीत हैं। एक स्तर पर इन्हें सामाजिक गीतों की तरह देखा जा सकता है। ....जो सब के सब बड़े अच्छे और सुन्दर गीत हैं। मुझे लगता है कि इंसान की ज़िन्दगी में जिस तरह की परिस्थितियाँ आती हैं और वह उनसे लड़कर आगे बढ़ता है, तो गीत भी उस तरह की सिचुएशन में कुछ अलग से ही लिखे जायेंगे। ऐसे में उनका लिखा जाना ज़्यादा मेहनत का काम है। अगर गीत के बोल अच्छे है और वह सामाजिक

ढंग से असर करने वाले हैं, तो कोई भी बढ़िया संगीतकार और गायक उन्हें बिल्कुल अलग ढंग का एक नया ही गीत बना सकता है। मुझे भी इस तरह के गीत व्यक्तिगत तौर पर इसलिए भाते हैं कि उनमें कुछ बात होती है, जो गाते समय भावनाओं द्वारा व्यक्त की जा सकती है। कम से कम मैं तो यह कह सकती हूँ कि मैं भाग्यशाली रही कि मेरे लिए कुछ बेहतरीन गीतों को बड़े संगीतकारों ने अपनी उत्कृष्ट धुनों से सँवारकर कुछ अच्छे गीत गाने के लिए दिए। इनमें 'आरती' का यह गीत भी शामिल है।

यतीन्द्र मिश्र

आपने बिल्कुल ठीक आकलन किया है, जिस तरह सामाजिक गीतों की श्रेणी मानकर आपने इन गीतों को देखा है, वह गीतों के सन्दर्भ में उनकी सही व्याख्या है। इसी तर्ज़ पर एक और अन्तिम गीत के उल्लेख के साथ आपकी टिप्पणी चाहता हूँ। यह गीत 'मदर इण्डिया' (1957) के लिए नौशाद साहब के संगीत निर्देशन में शकील बदायूँनी जी ने लिखा था। गीत के बोल हैं– 'दुनिया में हम आए हैं, तो जीना ही पड़ेगा, जीवन है अगर जहर तो पीना ही पड़ेगा'....

लता मंगेशकर

क्या बात है! बहुत सुन्दर। देखिए, मैंने कहा न आपसे कि हर इंसान की ज़िन्दगी में आने वाला एक सत्य यह भी है कि इंसान को जीना ही पड़ता है। हर हाल में, मतलब उसे कभी खाना मिलता है, कभी नहीं मिलता है। कभी अपने लोग साथ होते हैं, कभी साथ छोड़ देते हैं। कभी प्रियजन बिछड़ जाते हैं, तो कभी जीवन में कुछ पाने के लिए तमाम सारे कष्टों का ज़हर पीना पड़ता है। कई बार यह भी लगता है कि इस पीड़ा और दुःख की स्थिति से तो बेहतर होता कि यह जीवन ही न होता। मैंने कई बार यह देखा है कि जब आप गहरी तकलीफ़ में हों और कुछ सूझ न रहा हो, तो मौत भी ज़िन्दगी से बेहतर लगती है। ....तो, ज़िन्दगी का जो दर्शन है, उसे निभा ले जाने की जो सच्चाई है, उसमें हर हाल में ज़िन्दा रहना और लड़ना ज़रूरी है। ऐसी परिस्थिति में पड़ी हुई कोई औरत, जिस तरह अपने बच्चों को लेकर सारे झंझटों से बाहर निकलने के लिए इस गीत की सिचुएशन में उतरती है, 'मदर इण्डिया' में वही दिखाया गया है। आप यकीन मानिए, 'मदर इण्डिया' के इन गीतों को गाते हुए मुझे जितनी तकलीफ़ और अवसाद से गुजरना पड़ा है, वह कहकर बता

नहीं सकती। मतलब मैं इस बात की तह तक चली गयी थी कि एक औरत पर समाज का जो ज़ुल्म और दबाव है, उससे वह कैसे उबर सकती है?

इसी फ़िल्म का एक गीत *'ओ मेरे लाल आ जा तुझको गले लगा लूँ'* भी मुझे स्त्री के दायरे से थोड़ा ऊपर उठकर माँ के दृष्टिकोण से बड़ा मार्मिक लगता है। एक तरह से आपने वह मर्म छूने की बात कही है, जिसमें दुनिया के साथ लड़ने की बात दिखाई पड़ती है। आज इस गीत पर बात करते हुए तो यह मैं कह रही हूँ कि वाकई, दुनिया में चाहे कितना भी कष्ट हो जाये, मगर हमें अपनी ज़िन्दगी को बचा कर रखना है, जिन्दा रहना है। ....लेकिन जिस समय नौशाद साहब ने इस गीत को तर्ज़ पर बाँधकर मुझे, मीना व उषा को गाने के लिए दिया था, उस समय तो यह बड़ा दर्दीला और हताशा से भरा लगा था। ...पर आज रुककर सोचने पर ऐसा लगता है कि यहाँ इस गीत में तो जीवन-संघर्ष के लिए बड़ी प्रेरणा दी गयी है।

यतीन्द्र मिश्र

किन गीतों की रेकॉर्डिंग को लेकर आपको सबसे अधिक कठिनाई हुई है? मेरा आशय यह जानने में है कि आपके गाए हुए हजारों गीतों में कुछ गीत तो ऐसे अवश्य होंगे, जिनकी बनावट में तकलीफ़ भरे अनुभवों से गुजरना पड़ा होगा? ऐसे एक-दो मंजर अगर आप याद करती हैं, तो वह सुनना बेहतर होगा....

लता मंगेशकर

पता नहीं कितने ऐसे गीत होंगे, जहाँ मुझे कठिनाई का सामना करना पड़ा है। आज याद करने पर वह तकलीफ़ नहीं, बल्कि मजेदार संस्मरणों की तरह याद आते हैं। मैंने आपको यह बताया ही है कि ऊँची पट्टी के गाने बनाने में मुझे अकसर शंकर-जयकिशन बहुत परेशान करते थे। ऐसे गीतों को गाने में होने वाली दिक्कतों में अकसर गले में तकलीफ़ भी बढ़ जाती थी। अब जैसे मुझे याद है कि जब शम्मी कपूर साहब की 'जंगली' के लिए मो. रफ़ी की आवाज़ में *'एहसान तेरा होगा मुझ पर'* रेकॉर्ड होकर पिक्चराईज हुआ, तो उनको लगा कि यह गाना तो हीरोईन का भी होना चाहिए। चूँकि उस समय शूटिंग अपने अन्तिम दौर में थी, इसलिए सायरा बानो को रफ़ी साहब की ही आवाज़ पर लिप मूवमेण्ट कराकर गीत पिक्चराईज कर लिया गया। बाद में मुझसे जयकिशन ने कहा 'लता जी, हम सायरा जी पर यह गाना बना चुके हैं और उन्होंने रफ़ी साहब की आवाज़ पर इसकी ऐक्टिंग की है।

आप गीत को सामने स्क्रीन पर देखते हुए, सायरा जी की लिप मूवमेण्ट के हिसाब से गाना रेकॉर्ड करा दीजिए।' यह सुनकर मुझे कुछ अटपटा लगा, पर मैंने कुछ कहा नहीं और उसी तरह गीत को देखकर गाने के लिए खड़ी हो गयी। आप विश्वास नहीं करेंगे, चूँकि गाना रफ़ी साहब की आवाज़ में था, इसलिए उनके स्केल से जो ऊँची पट्टी पर यह गीत बना था, उसे सायरा जी ने उतने ही अनुपात में गाते हुए थोड़ा अधिक ही मुँह खोलकर गाया था। मतलब क्या है कि मेल स्केल से एक औरत गा रही है, तो जाहिर सी बात है कि उसमें लिप मूवमेण्ट कुछ अधिक ही खुला हुआ व्यक्त होगा। अब, जब मैंने सायरा बानो के लिप मूवमेण्ट को देखकर इसे गाना शुरू किया, तो मुझे उसका सुर बहुत ऊँचा लगा। फिर यही हुआ कि मुझे इस गाने को बहुत चिल्लाकर गाना पड़ा और वह मैंने गाया भी।

बाद में जयकिशन इस पर बहुत ख़ुश हो गये और आकर मुझसे कहने लगे कि 'आपने तो इतना अच्छा गाया कि पहले जो गाना हुआ है, उसको तो हम भूल ही गये।' ....पर मैंने जयकिशन से कहा कि आप लोग यह नयी-नयी अजीब हरकतें करवाते हैं, जिसमें गाने में बड़ी दिक्कत होती है। रफ़ी साहब के सुर के हिसाब से गाने में मुझे अपने स्केल को छोड़कर सायरा जी के लिप मूवमेण्ट को देखना पड़ा। यह सब बड़ी थकाऊ चीज़ें हैं।

इसी तरह 'वो कौन थी' में साधना पर फ़िल्माया गया *'नैना बरसे रिमझिम-रिमझिम'* भी मदन मोहन की आवाज़ में फ़िल्माया गया था। वहाँ भी मुझे यही मशक्कत करनी पड़ी कि मदन भैया की आवाज़ पर अपनी आवाज़, साधना की ऐक्टिंग की मुताबिक रेकॉर्ड करानी पड़ी। हालाँकि *'नैना बरसे रिमझिम-रिमझिम'* में एक अच्छी बात यह थी कि साधना बहुत दूर-दूर खड़ी थीं और उनके ज़्यादातर लांग शॉट लिये गये थे। इसलिए मुझे इस गीत को गाने में ज़्यादा तकलीफ़ नहीं हुई। यह एक-दो बातें ऐसी हैं, जिसमें मुझे गीत रेकॉर्ड करने में दिक्कत हुई है। बावजूद इसके अलग से मेल और फ़ीमेल वॉयस में बनने वाले गीतों को मैंने भी गाया ही है। वहाँ ऐसी कोई तकलीफ़ नहीं हुई, क्योंकि एक औरत और मर्द की आवाज़ का जो फ़र्क होता है, उसे देखकर ही हमने अपनी-अपनी स्टाईल में उन्हें गाया था। ऐसी कोई बात नहीं है कि वहाँ गाते हुए मैंने कुछ कमाल कर दिया हो। वो दूसरे गीतों की तरह मेरे लिए एक रूटीन गाना ही होता था।

यतीन्द्र मिश्र

ऐसे कुछ गीतों के उदाहरण बताना चाहेंगी?

लता मंगेशकर

'मुनीम जी' का *'जीवन के सफ़र में राही'*, 'सरस्वतीचन्द्र' का *'चन्दन सा बदन चंचल चितवन'*, 'जब प्यार किसी से होता है' का *'जिया हो, जिया हो, जिया कुछ बोल दो'*, 'रात और दिन' का *'रात और दिन दिया जले'* और 'लव इन टोक्यो' का *'ओ मेरे शाहे ख़ुबाँ'* जैसे गाने हमने अलग-अलग गाये और रेकॉर्ड किए। इन गीतों में आप यह देख सकते हैं कि पुरुष और स्त्री स्वर अलग-अलग तरीके से व्यक्त हुए हैं। इन गानों में मेरे अलावा मुकेश भैया, रफ़ी साहब और किशोर कुमार की आवाज़ें मौजूद रही हैं।

यतीन्द्र मिश्र

आपके स्वर से निकले हुए कुछ ऐसे भी गाने होंगे जो बेहद लोकप्रिय हैं मगर आपकी पसन्द में शुमार नहीं। ऐसे कुछ गानों के बारे में बतायेंगी?

लता मंगेशकर

(हँसती हैं) ऐसे गाने आपको बहुत पसन्द हैं। आपने कई बार कुछ गीतों की चर्चा की है, वो मुझे बिल्कुल पसन्द नहीं हैं।

यतीन्द्र मिश्र

जैसे, दीदी कुछ गाने बताइए?

लता मंगेशकर

आपकी पसन्द का– 'मन डोले मेरा तन डोले' मुझे बिल्कुल अच्छा नहीं लगता। इस गीत को जब भी मैं फरमाईश पर स्टेज पर गाती थी, तो बहुत दुःखी होकर गाती थी। एक गाना और था– अनीता फ़िल्म का *'मैं देखूँ जिस ओर सखी री सामने मेरे साँवरिया'*। 'नागिन' का एक और गीत है– *'जादूगर सैंया छोड़ो मोरी बैयाँ'*, वह भी मुझे कम पसन्द है।

यतीन्द्र मिश्र

दीदी.... यह सब बेहतरीन गीतों की बानगियाँ हैं, जिसे आप भला क्यों ख़ारिज कर रही हैं, सहमत होना मुश्किल है...।

लता मंगेशकर

आपको पसन्द है। आपके मुँह से प्रशंसा सुनी है, इसलिए मुझे कहने में जरा हिचक हो रही है। फिर भी, जब मुझे यह गाने पसन्द नहीं आते हैं, तो मैं क्या करूँ? (हँसते हुए समझाने के भाव से कहती हैं)। अब जैसे, बाद के समय में मेरा एक गीत बहुत मशहूर हुआ– *'बिन्दिया चमकेगी चूड़ी खनकेगी'* (दो रास्ते), तो वो गाना भी मुझे बिल्कुल अच्छा नहीं लगता है। उसे सुनकर तो न जाने क्या होता है मन में, बता नहीं सकती। बस यही लगता है, जैसे कोई इस गीत को तुरन्त बन्द कर दे, या मेरे सामने से उठाकर कहीं दूर ले जाये। ऐसा ही एक गाना 'जॉनी मेरा नाम' का *'ओ बाबुल प्यारे'* है, जिसे सुनना मुझे कतई गवारा नहीं। आपकी पसन्द का एक गाना *'आया आया अटरिया पे कोई चोर'* (मेरा गाँव मेरा देश) भी मुझे अच्छा नहीं लगता है।

ऐसे बहुत से गाने हैं, किन-किन को याद करूँ, जो मेरे पसन्द के नहीं रहे, मगर लोगों का प्यार उन गीतों को भी ख़ूब मिला। अब इसमें मेरी कोई गलती नहीं है कि मैं ऐसे कुछ गीतों को नापसन्द करती हूँ, जो आपको भी बहुत भाते हैं। पर, यह भी तो देखिए आप कि हमारी पसन्द के कुछ गीत कॉमन भी हैं, जिन पर आपसे चर्चा होती रहती है। आप उन गीतों को याद करें, तो मेरा भी मन प्रसन्न होगा।

यतीन्द्र मिश्र

आप ऐसे गीतों को इस समय ज़रूर याद करिए, जिससे आपकी सहमति रही है और जिस पर कोई बात करना आपको हमेशा अच्छा लगता है।

लता मंगेशकर

देखिए यतीन्द्र जी! मैंने हजारों गाने गाये हैं और आप लगातार बात करते हुए मुझसे सैकड़ों गीतों के बारे में पूछते रहे हैं, तो मुझे यह जानकर आश्चर्य होता है कि आप जैसे युवा लोग, इतने पुराने गीतों को दिलों में संजोये हुए हैं और आज भी उन्हें सुन रहे हैं। शायद यही उन गीतों की सबसे बड़ी प्रशंसा हो। मुझे अच्छा लगता है यह जानकर कि नयी पीढ़ी पुराने संगीत के साथ भी अपना संवाद बनाये हुए है। आप जैसे लोगों से बात करने के बाद यह बात समझ में आती है कि कुछ भी पुराना नहीं पड़ता, नया ज़माना भी उसको नये नज़रिए से देखता और प्यार करता है।

यतीन्द्र मिश्र

यह बिल्कुल वाजिब है, मेरी तरह आपके और आपके समकालीनों के पुराने गीतों को सराहने वाली संख्या भी लाखों-करोड़ों में है। यह मेरा सौभाग्य है कि आपके सान्निध्य में इस तरह की चर्चा करने का अवसर मुझे मिल सका है। शायद इसलिए भी आपके पसन्द के गीतों के साथ मैं अपनी सूची भी साझा कर पा रहा हूँ। अब आप सीधे उन गीतों को बताइए, जो पसन्द के तौर पर आपको हमेशा ही बेहतर लगते रहे?

लता मंगेशकर

कई गीत हैं, जिसमें से कुछ को मैं हमेशा याद करती हूँ। यह सब आपकी भी पसन्द रही है, जो आप मुझसे इन गीतों के बारे में इतना पूछते रहे। हालाँकि बहुत गीत मैं इस समय याद भी नहीं कर पा रही, मगर जो याद आ रहे हैं, वे हैं–

1. ओ सजना बरखा बहार आई (फ़िल्म : परख, संगीतकार : सलिल चौधरी), 2. बेकस पे करम कीजिए सरकार-ए-मदीना (फ़िल्म : मुगल-ए-आज़म, संगीतकार : नौशाद), 3. लग जा गले कि फिर ये हँसी रात हो न हो (फ़िल्म : वो कौन थी, संगीतकार : मदन मोहन), 4. मैं पिया तेरी तू माने या माने (फ़िल्म : बसन्त बहार, संगीतकार : शंकर जयकिशन), 5. वो चुप रहें तो मेरे दिल के दाग़ जलते हैं (फ़िल्म : जहाँआरा, संगीतकार : मदन मोहन), 6. रुला के गया सपना मेरा (फ़िल्म : ज्वेल थीफ, संगीतकार : एस.डी. बर्मन), 7. कुछ दिल ने कहा (फ़िल्म : अनुपमा, संगीतकार : हेमन्त कुमार), 8. पिया तोसे नैना लागे रे (फ़िल्म : गाईड, संगीतकार : एस.डी. बर्मन), 9. नयनों में बदरा छाये (फ़िल्म : मेरा साया, संगीतकार : मदन मोहन), 10. दिल का दिया जला के गया (फ़िल्म : आकाशदीप, संगीतकार : चित्रगुप्त), 11. रस्म-ए-उलफत को निभाएँ (फ़िल्म : दिल की राहें, संगीतकार : मदन मोहन), 12. काहे मनवा नाचे हमरा (फ़िल्म : आलाप, संगीतकार : जयदेव), 13. चलते-चलते यूँ ही कोई मिल गया था (फ़िल्म : पाकीज़ा, संगीतकार : गुलाम मोहम्मद), 14. बड़ा नटखट है रे किशन कन्हैया (फ़िल्म : अमर प्रेम, संगीतकार : आर.डी. बर्मन), 15. तुझसे नाराज़ नहीं ज़िन्दगी हैरान हूँ (फ़िल्म : मासूम, संगीतकार : आर.डी. बर्मन), 16. सुनियो जी अरज म्हारी (फ़िल्म : लेकिन, संगीतकार : हृदयनाथ मंगेशकर)

 अभी इतने ही गाने याद आ रहे हैं। कुछ और भी होंगे, जो एकाएक याद कर

पाना सम्भव नहीं। आगे जैसे ध्यान में आता जायेगा, मैं आपको बताऊँगी।

यतीन्द्र मिश्र

यह तो प्यास जगाने वाली बात हुई... इतने गीतों से, जिन्हें हम अपनी हथेली पर गिन सकें, आपके प्रशंसकों का काम नहीं चलेगा। कुछ और गीतों को भी इनके साये में याद करना ज़रूरी है। इसलिए भी कि आपके पसन्द के ढेरों संगीतकार अभी बाक़ी हैं, जिनके गीतों को आपने ध्यान न होने की वजह से चुना नहीं है।

लता मंगेशकर

(आश्चर्य से पूछती हैं) बाप रे! यह सब भी मुझे करना है। आप ऐसा करिए, मेरे पसन्द के और उस दौर के सभी महत्त्वपूर्ण संगीतकारों के मेरे गाए हुए गीतों की सूची बनाकर मुझे दीजिए, तब शायद मैं ज़्यादा बेहतर ढंग से उन गीतों को पढ़कर, हर संगीतकार के लिए अपने गीतों को चुनकर आप सब को दे सकूँ। हालाँकि आपको जानकर थोड़ी निराशा भी होगी, कि अधिकतर मेरे लोकप्रिय और हिट गीत मुझे बहुत कम पसन्द हैं और कम प्रचलित या किसी भी तरह से लोगों की जुबान पर न चढ़ने वाले गीत मुझे ज़्यादा भाते हैं।

यतीन्द्र मिश्र

मिसाल के तौर पर कुछ एक का ज़िक्र कीजिए...

लता मंगेशकर

ऐसे गीतों में मुझे पसन्द आने वाले गीत हैं– *'रातों के साये घने'* (फ़िल्म : अन्नदाता, संगीतकार : सलिल चौधरी) *'ओ बेकरार दिल'* (फ़िल्म : कोहरा, संगीतकार : हेमन्त कुमार) *'ओ मोरा नादान बालमा'* (फ़िल्म : उजाला, संगीतकार : शंकर जयकिशन) *'प्रभु तेरो नाम जो ध्याये फल पाये'* (फ़िल्म : हम दोनों, संगीतकार : जयदेव) और *'क्या जानूँ सजन होती है क्या ग़म की शाम'* (फ़िल्म : बहारों के सपने, संगीतकार : आर.डी. बर्मन)।

यतीन्द्र मिश्र

ये सब उत्कृष्ट गानों की बानगियाँ हैं। आपका बेहद आभार कि इस तरह अपनी मनपसन्द सूची यहाँ पर साझा की। मैं ज़रूर ही कुछ और गीत भी आपके स्मरण के लिए अलग से भेजता हूँ....

इसी समय यह जानना चाहता हूँ कि आपकी मुलाकात कभी उस्ताद अलाउद्दीन ख़ाँ साहब से हुई है?

लता मंगेशकर

मुलाकात तो नहीं हुई है, मगर मैंने सामने बैठकर उनका सरोद ज़रूर सुना है। इस बात को बहुत साल हो गये हैं। मतलब मैं बात कर रही हूँ 1946-47 की, जब मैं खुद बहुत छोटी थी और इस इण्डस्ट्री में बिल्कुल नयी थी। वे यहाँ बम्बई में देवधर म्युजिक स्कूल में आये थे और उन्होंने उसी के हॉल में बैठकर बजाया था। उस समय तो मुझे यह भी जानकारी नहीं थी कि वे कितने बड़े उस्ताद हैं और उनका बाज कितना अधिक समृद्ध है। मुझे अच्छी तरह याद है कि उन्होंने कार्यक्रम के पहले वहीं सामने बैठकर नमाज़ पढ़ी और फिर बजाया था। वह संगीत भी थोड़ा-बहुत याद है, जो उस वक्त बेहद सुरीला लगा था।

उसके बहुत बाद में मैंने यह जाना कि पण्डित रविशंकर, अन्नपूर्णा जी, उस्ताद अली अकबर ख़ाँ और पण्डित निखिल बनर्जी के वे उस्ताद रहे थे। आप देखिए कि यह चारों कितने दिग्गज कलाकार हैं। अब ऐसे योग्य शिष्य-शिष्याओं के गुरु का होना, तो और भी बड़ी बात है। मैं इसे अपना सौभाग्य मानती हूँ कि उनको एक दफ़ा देख और सुन पायी थी। मैंने सुना था कि वो बहुत गुस्सा भी करते थे। हमारे संगीतकार रोशनलाल जी उनसे सीखने भी गये थे, जो खुद बहुत अच्छी दिलरुबा बजाते थे। ....तो वे अकसर अलाउद्दीन ख़ाँ साहब के गुस्से के बारे में हम लोगों को कुछ न कुछ सुनाते रहते थे। (प्रसन्नता से बताती हैं)

यतीन्द्र मिश्र

कमला देवी चट्टोपाध्याय से कोई आत्मीय मुलाकात या संस्मरण?

लता मंगेशकर

मैं उनसे एक-दो दफ़ा मिली हूँ। उनके पति हरीन्द्रनाथ चट्टोपाध्याय से भी मेरी मुलाकातें रही हैं, जो फ़िल्मों में भी काम करते थे। आपको शायद यह बात पता न हो कि कमला देवी जी ने फ़िल्मों में भी काम किया है। एक फ़िल्म तो उन्होंने के. एल. सहगल साहब के साथ 'तानसेन' भी की है, जिसमें खुर्शीद हीरोईन थीं।

यह शायद 1965 के बाद की बात है। मैं कलकत्ते में एक संगीत समारोह में गाने के लिए गयी थी। वे उस प्रोग्राम में आयी थीं और पूरे कार्यक्रम के दौरान वे चुपचाप बैठी हम लोगों का गायन सुन रही थीं। मुझे बहुत अच्छी तरह से

स्मरण है कि जब मैंने अपना गायन समाप्त करते हुए *'ऐ मेरे वतन के लोगों'* गाया, तो गीत के बीच में ही उसे सुनते हुए वे रोने लगी थीं। बाद में वे मुझसे मिलने ग्रीन रूम में आईं, तो बहुत ही प्यार और सद्भावना से भरकर मिलीं। उन्होंने मुझसे कहा 'आपने यह गीत पूरे दिल से गाया है। ऐसे गीतों को सुनकर मन भर आता है। मैं आप जैसे कलाकारों से यही चाहती भी हूँ कि समाज को प्रेरणा देने वाले एक-दो गीत अपने हर कार्यक्रम में अवश्य ही गाया करें। आप लोगों को लगभग पूरा देश ही फॉलो करता है। ऐसे में, आप लोगों के गाए हुए सन्देश-भरे गीतों का कुछ न कुछ सकारात्मक प्रभाव सुनने वाले पर ज़रूर पड़ेगा। ....और मैं आपकी प्रशंसक भी हूँ, क्योंकि आपका गाया हुआ सुनकर ऐसा लगता है जैसे कोई दिल की गहराईयों से बड़े पवित्र भाव से कुछ गा रहा है।' फिर उन्होंने मुझे अपने गले से लगाया था। उन्होंने अपने यहाँ चाय पर आमंत्रित भी किया था, जिसमें शायद मैं बम्बई लौटने की जल्दी में जा नहीं पाई थी।

वे बड़ी शालीन और दमदार पर्सनैलिटी रखने वाली महिला थीं। उनसे मिलना निश्चित ही सुखद था। मैंने उस समय यह भी सुना था कि कमला देवी जी ने कलाओं और थियेटर के बढ़ावे के लिए बड़े सारे प्रयास किये थे और उनके कलाकारों के हित के लिए भी कुछ ठोस कामों को अंजाम दिया था। आज ऐसे लोग मिलना कम हो गये हैं, जो ख़ुद में इतने बड़े होते हैं, लेकिन दूसरों को इस तरह इज्ज़त देते हैं कि जैसे उनके आगे उनका वजूद कुछ न हो। मैं ऐसे कई लोगों से व्यक्तिगत तौर पर मिल पाई हूँ, इसे अपने संगीत जीवन की एक बड़ी सार्थकता के रूप में देखती हूँ।

यतीन्द्र मिश्र

आपने भारत के पहले प्रधानमंत्री पण्डित जवाहरलाल नेहरू को 'ऐ मेरे वतन के लोगों' के गायन से रुला दिया था, जो कहानी अब इतिहास है। इस इतिहास के बनने के सुनहरे दिन की यादें ताजा करेंगी।

लता मंगेशकर

यह तो मेरे साथ जुड़ी हुई ऐसी घटना है, जो इतिहास से कहीं अधिक मेरे जीवन का हिस्सा है। मैं खुशनसीब हूँ कि पं. जवाहरलाल नेहरू के सामने मैं देश के शहीदों को श्रद्धांजलि देने वाले इस महान गीत को गाने का अवसर पा सकी। हुआ यह था कि 1962 में चीन द्वारा भारत पर आक्रमण के बाद

पूरे देश में एक अजीब ढंग से हताशा का भाव फैला हुआ था। एक कलाकार और नागरिक के तौर पर भी हम लोग इस बात से आहत थे कि किस तरह चीन ने देश के साथ इतना घृणित बर्ताव किया है। इसी उधेड़बुन में पं. प्रदीप जी ने एक देशभक्ति का लम्बा गीत *'ऐ मेरे वतन के लोगों'* लिखा, जिसे अपने ज़माने के मशहूर संगीतकार सी. रामचन्द्र जी ने अपनी धुन पर बाँधा था। इस गीत को गाने के लिए सी. रामचन्द्र जी ने मुझसे गुज़ारिश की थी कि इसे मैं 26 जनवरी, 1963 को गणतंत्र दिवस के अवसर पर गाऊँ। मैं उन दिनों अपनी बहन की शादी में व्यस्त थी, बावजूद इसके इतने सम्मानजनक काम के लिए तैयार हो गयी। मुझे याद है कि मेरे पास इतना कम समय था कि मैं एक टेपरिकॉर्डर पर इसे उतारकर दिल्ली ले गयी थी और हवाई-यात्रा में ही इसको सुन-सुनकर थोड़ा-बहुत अभ्यास कर पायी थी।

गणतंत्र दिवस पर जब मैं यह गीत प्रधानमंत्री के सामने गा रही थी, बम्बई से भी बहुत सारे बड़े कलाकार इस समारोह के लिए पहुँचे थे। इनमें संगीतकार शंकर-जयकिशन, मदन मोहन, दिलीप कुमार और राजकपूर मौजूद थे।

मैंने जब यह गाना गाकर ख़त्म किया और मंच के पीछे जाकर बैठी, तो महबूब ख़ाँ साहब मुझे वहाँ ढूँढ़ते हुए आए। आकर बोले 'लता, पण्डित जी तुम्हें बुला रहे हैं।' मैं महबूब साहब के साथ पण्डित जी के पास गयी, जहाँ पहले से ही इन्दिरा गाँधी और कुछ अन्य राजनेता मौजूद थे। महबूब ख़ाँ साहब ने मेरा परिचय पण्डित जी से करवाया, तो वे बोले– 'बेटा तुमने आज मुझे रुला दिया। मैं घर जा रहा हूँ, तुम भी साथ आओ और मेरे घर पर चलकर चाय पियो'। हम सभी पण्डित जी के साथ उनके निवास तीन-मूर्ति भवन गये, जो उन दिनों प्रधानमंत्री का घर होता था। वहाँ मैं जाकर एक कोने में चुपचाप बैठ गयी, तब मेरे पास इन्दिरा जी आईं और बोलीं– 'आप यहीं रुकिए, मुझे दो ऐसे लोगों से आपको मिलाना है, जो आपके सही अर्थों में कद्रदान हैं। आपके गाने सुनते रहते हैं और आपको मिलकर प्रसन्न होंगे।' मुझे याद है वे थोड़ी देर में अपने दोनों बच्चों का हाथ थामे मेरे पास लौटीं और बोलीं– 'यह दोनों मेरे बेटे राजीव और संजय आपके जबर्दस्त फैन हैं'। मैं उन दोनों बच्चों से प्यार से मिली और औपचारिक मुलाकातों और चाय-नाश्ते के बाद हम सभी वहाँ से पण्डित जी को मिलकर वापस लौटे।

यतीन्द्र मिश्र

पण्डित जवाहर लाल नेहरू और श्रीमती इन्दिरा गाँधी के साथ आपके सम्बन्ध कैसे रहे?

लता मंगेशकर

पण्डित जी से तो मेरी ज़्यादा मुलाकातें नहीं हुईं हैं, पर जितना भी वे दो-चार बार मिले हैं, पूरी आत्मीयता और बड़प्पन के साथ पेश आए हैं। मुझे याद है कि शायद 1964 का शुरुआती महीना रहा होगा, जब मैं किसी सामाजिक कार्य के लिए होने वाले चैरिटी कार्यक्रम में ब्राबोर्न स्टेडियम में गाने गयी थी। उस दिन मैंने 'आरजू' फ़िल्म का गीत *'अजी रूठकर अब कहाँ जाइयेगा'* गाया था। इतने में मुझे सूचना मिली कि पण्डित जी आए हैं और वे मुझसे *'ऐ मेरे वतन के लोगों'* सुनना चाहते हैं। इस पर मैंने यह गीत भी गा दिया था। उन दिनों पण्डित जी थोड़ा अस्वस्थ थे, इसलिए ज़्यादा देर कार्यक्रम में रुक नहीं सके थे। वे जब लौट रहे थे तो मुझसे कहा गया कि पण्डित जी आपसे मिलना चाहते हैं और अपनी गाड़ी में आपको बुला रहे हैं। मैं पण्डित जी के पास गयी, तो उन्होंने अपनी गाड़ी का शीशा उतारकर मेरे दोनों हाथ अपने हाथ में लेकर आशीर्वाद देते हुए कहा, 'बेटा मैं आपसे *'ऐ मेरे वतन के लोगों'* ही सुनने यहाँ आया था। मुझे बेहद खुशी है कि आपने मेरे लिए यह गीत गाया'। उस समय उनके साथ गाड़ी में उनकी बहन विजयलक्ष्मी पण्डित भी मौजूद थीं। हमारी संक्षिप्त सी बात के बाद वे पूरी उदारता से आशीर्वाद देने के बाद एयरपोर्ट लौट गये थे, जो मेरी उनसे आखिरी मुलाकात रही।

वे मेरे लिए हमेशा आत्मीयता और लाड़ से भरे हुए थे। मुझे इस बात की प्रसन्नता और गर्व दोनों है कि मैं अपने जीवन में पण्डित जवाहर लाल नेहरू जैसे बड़े इंसान से व्यक्तिगत तौर पर मिल पाई। मुझे गाँधी जी से न मिल पाने का जो दुःख है, वह नेहरू जी तथा दूसरे बड़े राजनेताओं से मिलने पर याद आ जाता है। इन्दिरा जी मुझसे हमेशा बड़ी गर्मजोशी से मिलती थीं। एक हद तक मैं यह कह सकती हूँ कि जब वे प्रधानमंत्री बनीं, तो उनका व्यवहार एक प्रधानमंत्री के ओहदे से अलग हमेशा ही एक कलाकार को आदर देने वाला रहता था। मतलब मैंने हमेशा यह पाया कि श्रीमती इन्दिरा गाँधी अपने पद, राजनीतिक कद और व्यक्तित्व से ऊपर उठकर अत्यन्त शालीन ढंग से व्यक्तिगत स्तर पर सम्बन्ध रखती थीं। उनमें भारतीय संस्कृति के प्रति

आदर का भाव था और कलाकारों को इज़्ज़त देने का गुण बेहद सुन्दरता से उन्होंने अपने पिता से पाया था। मैं उनको आज भी याद करती हूँ और पूरे मन से सम्मान करती हूँ।

यतीन्द्र मिश्र

राजनीतिक क्षेत्र से कौन सा व्यक्ति ऐसा रहा है, जो आपको सर्वाधिक पसन्द है या फिर उस व्यक्ति की शख़्सियत आपको सर्वाधिक हार्दिक लगती है?

लता मंगेशकर

मुझे श्रीमती इन्दिरा गाँधी व्यक्तिगत रूप से बेहद पसन्द हैं। पण्डित जवाहरलाल नेहरू जी की भी मैं दिल से इज़्ज़त करती हूँ और उनके योगदान को पूरे आदर से याद करती हूँ। लोकमान्य बाल गंगाधर तिलक जी को भी मैं एक बड़े राजनेता के तौर पर देखती हूँ। सक्रिय राजनीति से अलग, मगर देशप्रेम में डूबे हुए यदि किसी राजनीतिक चरित्र की बात करें, तो मैं वीर सावरकर को गहरे सम्मान से याद करती हूँ। उनसे हमारे घरेलू सम्बन्ध रहे हैं और उनके अधिकांश लेखन का इस्तेमाल भी पिताजी ने अपने नाटकों आदि में किया था। ....तो मैं उनको बहुत ज़्यादा आदर से याद करती हूँ। हालाँकि राजनीति से मेरा कोई सीधा सम्बन्ध नहीं रहा और न ही मैं उसके बहुत नज़दीक रही हूँ। बस जितने थोड़े से लोगों को मैं जानती हूँ, उनमें यही लोग ऐसे हैं, जिनके प्रति मेरे मन में गहरा सम्मान का भाव है।

यतीन्द्र मिश्र

राजनीति से दूरी की कोई ख़ास वजह?

लता मंगेशकर

मैं न राजनीति को समझती हूँ और न ही उसे समझना चाहती हूँ। मैंने राजनीति को अपनी समझ से जितना जाना है, उसमें यही कह सकती हूँ कि राजनीति और कला एक नदी के दो किनारे हैं। एक में बहुत झूठ है और एक में बहुत सच है। यह फाँक ही दोनों को अलग करती है। एक राजनीतिक को अपना देश चलाने के लिए कभी सच तो कभी झूठ बोलना पड़ता है, जबकि कला में ऐसा नहीं होता। कला में सिर्फ़ सच की ही चलती है, वहाँ झूठ और फ़रेब का

कोई स्थान नहीं है। एक कलाकार के लिए सच्चाई और आनन्द का रास्ता ही उसका सुख है, जिसमें राजनीति के लिए कोई जगह नहीं है।

कला में भी संगीत-कला ऐसी चीज़ है, जहाँ न तो कोई नाटक चलता है। न कोई झूठ चलता है। न ही बन-ठन कर या बनाव सिंगार से कोई बात बनती है। वहाँ सिर्फ़ समर्पण और आपकी कला है, जो भगवान की तरह पवित्र है। अगर एक सच्चा सुर लगा है, तो वह आपके हृदय तक सीधे पहुँच जाता है। इसलिए मुझे लगता है कि हमारे यहाँ संगीत पूजा की तरह पवित्र है और शायद इसीलिए सबसे ऊपर है। मैं ऐसा मानती हूँ कि जब भगवान कृष्ण ने महाभारत के युद्ध में अर्जुन को गीता सुनाई होगी, तो उसे गाकर या मंत्रों के सांगीतिक पाठ की तरह ही बताई होगी। उसे ऐसे सीधे-सीधे नहीं कहा होगा। गीता पढ़ने से ऐसा महसूस होता है कि उसके साहित्य का जो पूरा बनाव है, वह गाकर ही व्यक्त हुआ होगा।

यतीन्द्र मिश्र

राजनीतिक लोगों में किन लोगों ने आपको सर्वाधिक प्रेम और आदर दिया है?

लता मंगेशकर

इन्दिरा गाँधी, अटल बिहारी वाजपेयी और लालकृष्ण आडवाणी। एक दफ़ा मैं किसी कार्यक्रम के सिलसिले में लन्दन गयी थी, जहाँ मेरा सम्मान किया गया था। उस समय इन्दिरा जी प्रधानमंत्री थीं। वहाँ मैंने अपने भाषण में जो बातें कही थीं, उसमें यह बात भी कही कि मेरे लिए सबसे बड़े सम्मान की बात यह है कि मैंने भारत में जन्म लिया है और मुझे अपने भारतीय होने पर गर्व है। यह बात उस समय पत्र-पत्रिकाओं में ख़ूब प्रसारित हुई थी। ऐसे में जब मैं लन्दन से लौटकर बम्बई आई, तो इन्दिरा जी का एक बहुत प्यारा ख़त आया, जिसमें वो इस बात से बेहद प्रसन्न थीं कि मैंने अपने भारतीय होने को पूरी गरिमा के साथ विदेश की धरती पर रखा था। वो मेरे प्रति बहुत प्यार और सद्‌भाव से भरी हुई महिला थीं। मुझे आज तक जो थोड़े से अत्यन्त आत्मीय पत्र मिले हैं, उसमें इन्दिरा जी का वह पत्र भी शामिल है। उसी तरह अटल जी भी बड़े प्रेम और आदर से भरे हुए राजनेता रहे हैं। एक बार मैंने उनसे मजाक में कहा कि अटल जी, आपके नाम की अंग्रेजी की स्पेलिंग को उलटकर पढ़िए, तो मेरा नाम लता होता है। इस बात पर वे खिलखिलाकर हँस पड़े थे।

आडवाणी जी भी अत्यन्त विनम्र और प्यारे इंसान हैं, जो मुझे हमेशा ही बड़े प्यार और आदर के साथ मिलते रहे। इन तीन बड़े राजनेताओं के बारे में तो मैं यह अवश्य कहूँगी कि इन्होंने ही मुझे सर्वाधिक मान दिया है।

आज के समय में प्रधानमंत्री नरेन्द्र मोदी जी मुझसे बहुत प्यार और आदर के साथ मिलते हैं। मेरे हिसाब से उनमें एक बड़े राजनेता के गुण तो हैं ही, वे बड़े विनम्र, विचारवान और इच्छाशक्ति से दृढ़ व्यक्ति हैं। मुझे उम्मीद है कि वे इस देश को प्रगति के रास्ते पर ले जायेंगे और गरीबों के विकास के लिए कुछ सार्थक योजनाएँ लागू करने का जतन करेंगे। मैं उनका दिल से सम्मान करती हूँ।

यतीन्द्र मिश्र

क्या आपने कभी संगीतकारों को अपने रुतबे के चलते परेशानी में भी डाला है। विशेषकर उन परिस्थितियों में, जब किसी गीत की रेकॉर्डिंग बहुत अहम रही हो और आपने उसे टलवा दिया या समय पर पूरा नहीं किया?

लता मंगेशकर

ऐसा नहीं है। मैंने कभी अपने को इस तरह नहीं लिया कि दूसरे संगीतकारों या प्रोड्यूसर को मेरी वजह से परेशानी महसूस हुई हो। अलबत्ता यह ज़रूर है कि अगर मुझे लगता था कि मेरा गला ख़राब है, तो मैं म्युजिक डायरेक्टर से रिक्वेस्ट कर लेती थी कि रेकॉर्डिंग को अभी टाल दें। अकसर वह टाल भी दी जाती थी, मगर कई मर्तबा ऐसा नहीं भी होता था। जैसे, एक बार मेरे एक डुएट के चक्कर में मदन मोहन जी ने कहा कि प्रोड्यूसर जल्दी में है, इसलिए रेकॉर्डिंग टल नहीं सकती। ऐसे में तब मैंने उनसे कहा था कि किसी और को ले लीजिए। वे फिर उस फ़िल्म (आखिरी दाव) में उस डुएट के लिए आशा को लेकर आए और रफ़ी साहब के साथ वह डुएट रेकॉर्ड हुआ, जिसके बोल थे *'हमसफ़र साथ अपना छोड़ चले'*। यही बात फिर 'दुल्हन एक रात की' फ़िल्म के दौरान हुई, जब मुझे और आशा को मिलकर *'कभी ऐ हक़ीकत-ए-मुंतज़िर'* क़व्वाली गानी थी। आशा उस समय कहीं फँसी हुई थीं, इसलिए उसने माफ़ी माँग ली कि वह नहीं आ पायेगी। गाने की रेकॉर्डिंग बेहद ज़रूरी थी, इस कारण वह क़व्वाली फिर अकेले ही मैंने गायी, जबकि उसमें तय यह हुआ था कि एक अन्तरा मैं गाऊँगी और दूसरा आशा। इस तरह हम बारी-बारी से एक-एक अन्तरा गायेंगे, मगर यह हो न सका।

यतीन्द्र मिश्र

शंकर-जयकिशन के साथ आपका फ़िल्मफ़ेयर पुरस्कारों को लेकर मतभेद हुआ था। उसके बारे में आज सोचकर कैसा लगता है?

लता मंगेशकर

हाँ, उसे मतभेद न कहकर झगड़ा कहना चाहिए। हुआ दरअसल यह था कि उस ज़माने में गायक और शायर दोनों को ही फ़िल्मफ़ेयर पुरस्कार नहीं देते थे। उस समय 1956 में शंकर-जयकिशन को 'चोरी-चोरी' के संगीत के लिए यह पुरस्कार दिया गया था। उस वक्त जयकिशन ने आकर मुझसे कहा कि आप पुरस्कार के मंच से 'चोरी-चोरी' का गाना *'रसिक बलमा'* गा दीजिए क्योंकि हमें इसकी धुनों के लिए अवॉर्ड मिल रहा है। तब मैंने उनसे यह कहा था कि यह गाने के लिए मुझे नहीं मिला है, इसलिए मेरा इस पुरस्कार समारोह में गाने का क्या काम? आपको म्युजिक के लिए मिला है, तो आप उसका म्युजिक बजा दीजिए। हमारी क्या ज़रूरत है। इस पर मेरा जयकिशन से बहुत झगड़ा हो गया था।

उसी वक्त टाईम्स ऑफ़ इण्डिया में जे.सी. जैन साहब, जो एडीटर थे, उनका मेरे पास फ़ोन आया कि लता जी आप गा दीजिए और हमारे समारोह में 'चोरी-चोरी' के संगीत का प्रदर्शन हो जाये। उनसे भी मैंने फिर यही कहा कि मैं क्यों गाऊँ? आपने किसी सिंगर को तो दिया नहीं है। इस पर उन्होंने मुझे ऑस्कर अवॉर्ड का हवाला दिया और बोले कि देखिए वहाँ भी पुरस्कारों में संगीत के लिए तो ऑस्कर मिलता नहीं है। इस पर मैंने उन्हें समझाते हुए जवाब दिया कि वो ऑस्कर है, जहाँ म्युजिक पर फ़िल्में नहीं बनतीं। विदेशी फ़िल्मों में गाना कम होता है, ज़्यादातर बैकग्रॉउण्ड स्कोर होता है, जबकि हमारे यहाँ फ़िल्में म्युजिक पर चलती हैं। हमारे यहाँ म्युजिक के बग़ैर फ़िल्मों की कोई कल्पना ही नहीं करता। हम लोग प्लेबैक सिंगर हैं और हमारे गानों पर यहाँ फ़िल्में सिल्वर जुबली मनाती हैं। इसी तरह संगीत के लिए एक शायर ज़रूरी होता है क्योंकि उसी के शब्दों को हम लोग गाते हैं और लोग उस शायरी को समझते व पसन्द करते हैं। आप यह फ़र्क नहीं समझते हैं, इसीलिए फ़िल्मफ़ेयर पुरस्कारों से पार्श्वगायन और गीतकारों की श्रेणियों को पुरस्कृत नहीं करते। आप इन दोनों विधाओं को कमतर समझते हैं, इस कारण मैं कभी भी आपके मंच से गाना पसन्द नहीं करूँगी। आप लोग जब तक संगीत को सिनेमा के दूसरे क्षेत्रों की तरह इज़्जत नहीं देगें, तब तक मैं गाने के लिए तैयार नहीं

होऊँगी। इस पर उन्होंने कहा कि हम आगे से इसका विचार करेंगे और गायन व गीत-लेखन के क्षेत्र में भी पुरस्कार शुरू करेंगे। तब जाकर उन्होंने 1958 में पार्श्वगायन और सर्वश्रेष्ठ गीतकार की श्रेणियों में यह अवॉर्ड शुरू किया। इस तरह मुझे 'मधुमती' के गीत *'आ जा रे परदेसी मैं तो कब से खड़ी इस पार'* के लिए फ़िल्मफ़ेयर दिया गया और उसी वर्ष शैलेन्द्र को 'यहूदी' के गीत *'ये मेरा दीवानापन है'* के लिए सर्वश्रेष्ठ गीतकार का पुरस्कार मिला।

यतीन्द्र मिश्र

एस.डी. बर्मन के साथ आपका मनमुटाव किस बात को लेकर हुआ था, जिसके चलते आपने वर्षों तक उनके लिए गायन नहीं किया?

लता मंगेशकर

मैंने उनके निर्देशन में 'मिस इण्डिया' का एक गीत नरगिस जी पर फ़िल्माए जाने के लिए गाया था। इस गीत की रेकॉर्डिंग के बाद बर्मन दादा ने मुझसे कहा कि इस गाने को थोड़ी और कोमलता के साथ गाना चाहिए था। फ़िल्म की सिचुएशन के हिसाब से इसमें कुछ अधिक ही मिठास की ज़रूरत है। इसके कुछ दिनों बाद उन्होंने मुझसे कहा कि इसे दोबारा से रेकॉर्ड करते हैं। इस पर मैंने उनसे कहा कि कोई बात नहीं, इसे फिर से कर लेते हैं, लेकिन अभी मैं कुछ व्यस्त हूँ इसलिए कुछ दिन रुककर इसे रेकॉर्ड करना चाहिए। तीन-चार दिनों के बाद उन्होंने मेरे पास किसी को भेजा और रेकॉर्डिंग की डेट तय करने की बात की। बहुत दिनों बाद मुझे यह पता लगा कि जो आदमी मुझसे यह पूछकर दादा के पास गया था कि मैं अभी काफ़ी व्यस्त चल रही हूँ, इसलिए इसकी रेकॉर्डिंग कुछ दिन और टाल दें– यह कहने के बजाय उसने बर्मन दादा को बताया कि मैंने दोबारा से रेकॉर्ड करने के लिए मना कर दिया है। इस पर एस.डी. बर्मन दुःखी और नाराज दोनों हो गये। उनको भी शायद लगा हो कि मैंने ऐसा कुछ कहा होगा, क्योंकि दोबारा से रेकॉर्ड करने की डेट्स को लेकर आगे-पीछे करने की बात तो हो ही रही थी। इस पर वे बोले 'आगे से मैं अब कभी लता के साथ काम नहीं करूँगा।' मैंने भी इस पर उन्हें फ़ोन करके कह दिया कि आप नाहक ही परेशान हो रहे हैं दादा, मैं ही अब कभी आपके लिए नहीं गाऊँगी।

इस तरह वह एक विवाद न होकर गलतफ़हमी का मामला ज़्यादा था। बाद में कुछ सालों तक हम लोगों ने एक साथ काम नहीं किया। फिर जब पंचम (आर.डी. बर्मन) ने अपने म्युजिक डायरेक्शन में पहली फ़िल्म 'छोटे नवाब'

साईन की, तो वो मेरे पास गाने का ऑफर लेकर आया। यह 1960 के आस-पास की बात है। पंचम के साथ मेरा कोई मनमुटाव या झगड़ा नहीं था, इसलिए मैंने ख़ुशी-ख़ुशी उसकी फ़िल्म में गाना शुरू किया। बाद में आर.डी. और बिमल रॉय के बीच में पड़ने से हमारी गलतफ़हमी दूर हुई और मैंने फिर से दादा के लिए गाना शुरू किया।

यतीन्द्र मिश्र

नये सिरे से जब एस.डी. बर्मन के लिए आपने गाना शुरू किया, तो इस दूसरी पारी का पहला गीत कौन सा था?

लता मंगेशकर

बिमल रॉय की फ़िल्म 'बन्दिनी' का *'मोरा गोरा अंग लई ले, मोहे श्याम रंग दई दे'*।

यतीन्द्र मिश्र

रॉयल्टी को लेकर होने वाले विवाद को आप किस रूप में आज देखती हैं?

लता मंगेशकर

(हँसती हैं) मेरा वो झगड़ा भी कुछ इस तरह मशहूर हुआ है कि हर बार मुझे उसके बारे में कहना पड़ता है। मैं उसको विवाद या झगड़े से ज़्यादा एक सिद्धान्त की लड़ाई के तौर पर देखती हूँ। जब मैंने यह मुद्दा उठाया था, तो उस समय मेरे मन में भविष्य को लेकर चिन्ता होने लगी थी। मुझे लगता था कि आज तो हमारा गला चल रहा है, तो हमें काम भी मिल रहा है। कल का क्या पता? अगर हम ठीक से नहीं गा पाये, तब तो काम भी मिलना बन्द हो जायेगा और आज के काम की जमा पूँजी पर कोई कितने दिन ठीक से जी सकता है?

इसी सब को लेकर मैंने यह प्रस्ताव किया था कि म्युजिक कम्पनियों को हमारे गाए हुए गीतों की एवज़ में उनके रेकॉर्ड की बिक्री पर कुछ लाभ का अंश देना चाहिए। धीरे-धीरे इसने एक बड़े विवाद का रूप लिया और सबसे ज़्यादा रफ़ी साहब इस बात के विरोध में थे कि जब हमने एक बार गाने के पैसे ले लिए, तो दोबारा से उस पर पैसे मिलने का क्या मतलब है। मेरा अपना तर्क यह था कि एक बार हमने ज़रूर गा दिया है, लेकिन उन फ़िल्मों के रेकॉर्ड तो साल

दर साल लगातार बनते और बिकते रहते हैं, जिनका मुनाफ़ा रेकॉर्ड कम्पनियों और फ़िल्म निर्माताओं को जाता है, जबकि उसके पीछे की मेहनत तो हमारी ही है। हमारे देखते-देखते कम्पनियाँ अधिक से अधिक धन कमाती हैं और उन गीतों को गाने वाले गायक बदहाली की ज़िन्दगी जीते हैं। हालाँकि इस लड़ाई में मेरे साथ मुकेश भैया, मन्ना डे, तलत महमूद और किशोर दा समर्थन में खड़े थे। सिर्फ़ आशा जी, रफ़ी साहब और कुछ सिंगर्स को यह बात ठीक नहीं लग रही थी। मुझे लगता है कि रफ़ी साहब को इस पूरे मुद्दे के बारे में ठीक से जानकारी नहीं थी और वे गलतफ़हमी का शिकार थे। ....और देखिए, उसका नतीजा तो यही हुआ ना कि बाद में बहुत सालों तक मैंने रफ़ी साहब के साथ और राजकपूर जी के लिए गायन नहीं किया। रफ़ी साहब के साथ, मेरे कुछ वर्षों तक साथ में फिर डुएट ही नहीं आए।

यतीन्द्र मिश्र

बाद में रफ़ी साहब के साथ आपके सम्बन्ध किस तरह सामान्य हुए और आपने दोबारा से उनके साथ गाना शुरू किया?

लता मंगेशकर

वह तो बर्मन दादा के कारण सम्भव हुआ था। वे ही हमारे बीच में पड़े, तब जाकर हम दोनों ने साथ में गाना शुरू किया। मुझे अच्छी तरह याद है कि 1967 में एक बार एस.डी. बर्मन नाईट का आयोजन बम्बई के षणमुखानन्द हॉल में होने जा रहा था। वहीं उस कार्यक्रम में मंच पर हम लोग दोबारा से साथ आए। रफ़ी साहब और मैंने मिलकर 'ज्वेल थीफ़' का डुएट *'दिल पुकारे आ रे आ रे आ रे'* गाया था। नरगिस जी ने इस गीत और बर्मन दादा के बारे में मंच पर जाकर एनाउंसमेण्ट किया था। उसी दिन उस कार्यक्रम में यह घोषणा भी की गयी थी कि अब आगे से लता मंगेशकर और मो. रफ़ी साथ में गीत गायेंगे।

यतीन्द्र मिश्र

निर्माता-निर्देशक दलसुख पंचोली की 'आसमान' (1952) फ़िल्म के लिए पहली बार म्युजिक डायरेक्टर के बतौर ओंकार प्रसार नैय्यर (ओ.पी. नैय्यर) ने अपना संगीत निर्देशन शुरू किया था। जहाँ तक मुझे मालूम है, इसमें पहले आप एक गीत 'मोरी निन्दिया चुराय गयो' गाने वाली थीं। ऐसा क्या हुआ था, जो एक रिश्ता बनने से पहले ही हमेशा के लिए

समाप्त हो गया? वह भी सदा के लिए एक लता मंगेशकर बनाम ओ.पी. नैय्यर विवाद का रूप देकर....

लता मंगेशकर

मुझे नहीं लगता कि वह कोई इतनी बड़ी बात है, जिसे आज किसी विवाद की तरह देखना चाहिए। दरअसल हुआ यह था कि इस फ़िल्म के लिए उन्होंने मुझे गाने के लिए अनुबन्धित किया था। मैंने उन्हें हाँ की थी और रेकॉर्डिंग की डेट तय हुई। आपको पता ही होगा कि उन दिनों मैं साइनस की मरीज़ हुआ करती थी। दुर्भाग्य से रेकॉर्डिंग के एक-दो रोज पहले मेरी इसी के चलते तबीयत गड़बड़ा गयी। मैं काफ़ी बीमार महसूस कर रही थी और लग रहा था कि ठीक से गा न पाऊँगी। इस पर मैंने उनसे माफ़ी माँगते हुए यह कहा कि आप रेकॉर्डिंग की डेट आगे बढ़ा दीजिए, मैं नियत दिन उसे रेकॉर्ड न कर सकूँगी। इस पर न जाने क्या हुआ, मुझे पता नहीं है। फिर उन्होंने रेकॉर्डिंग ही कैंसिल कर दी। मुझे भी यह बात ठीक लगी कि अगर कोई संगीत-निर्देशक किसी गायक की परेशानी को ध्यान न देते हुए सिर्फ़ अपने काम का अनुशासन ही निभाना जानता है, तो वहाँ गाने की ज़रूरत नहीं है। इस तरह बाद में कभी उनके साथ गाने का कोई मौका ही नहीं आया।

....पर मैं इतना अवश्य कहूँगी कि उनकी जो स्टाईल थी, वह मेरी गायिकी के लिए शायद नहीं बनी थी। मतलब मैं जिस तरह के गाने गाती थी, उसके लिए नैय्यर साहब की धुनें मेरे काम के अनुरूप नहीं थीं। वह भी यही कहते थे कि 'मेरा जो स्टाईल है वह गीता दत्त और आशा भोंसले के गाने के लिए है।' यह ठीक भी है। बाद में मजरूह साहब ने बहुत कोशिश की कि हम दोनों साथ में काम करें। मजरूह साहब के लाख चाहने पर भी मैंने उनकी बात नहीं मानी और न ही नैय्यर साहब ने सुनी। ...तो यह मामला इस तरह कभी आगे नहीं बढ़ा।

यतीन्द्र मिश्र

यह दुर्भाग्यपूर्ण है....। एक बार राजकुमारी जी ने अपने एक साक्षात्कार में कहा था कि 'पता नहीं नैय्यर साहब ने 'आसमान' का यह गाना 'मोरी निन्दिया चुराय गयो' मुझसे क्यों गवाया? उन्होंने शायद लता जी के लिए ही इसे बनाया था। जिस तरह का यह गाना था, मुझे लगता है कि वह लता जी के लिए ही बना था।' ....इसका मतलब है कि आपसे न गवाकर राजकुमारी जी को जब यह गाना दिया गया, तब तक

यह बात फ़िल्म इण्डस्ट्री में प्रसारित हो चुकी थी?

लता मंगेशकर

जी हाँ, वो गाना तो मेरा ही था। हो सकता है कि यह बात स्वयं नैय्यर साहब ने सबसे कही हो, पर ऐसा मुझे कुछ मालूम नहीं है कि उनके यहाँ क्या हुआ था। राजकुमारी जी तो बड़ी गायिका रही हैं, उन्होंने निश्चित ही इसे सुन्दर गाया होगा, पर मैं उस पर कोई टिप्पणी नहीं कर सकती क्योंकि मैंने उसे आज तक सुना नहीं है।

यतीन्द्र मिश्र

आपको हिन्दी फ़िल्मों में संगीत देने के लिए किन-किन लोगों के ऑफ़र आए?

लता मंगेशकर

ज़्यादा ऑफ़र तो नहीं आए क्योंकि मैं खुद यह करना नहीं चाहती थी। उस वक्त मैं बहुत काम कर रही थी, इसलिए यह सवाल ही नहीं उठता था कि अपनी प्ले-बैक सिंगिंग को छोड़कर म्युजिक देने के लिए आगे आऊँ। मुझे ऋषिकेश मुखर्जी ने 'आनन्द' फ़िल्म के लिए संगीत रचने का ऑफ़र दिया था, जिसे मैंने उनसे यही कहकर मना कर दिया था कि दादा मैं यह सब नहीं कर पाऊँगी। मैं एक वक्त पर एक ही काम कर सकती हूँ। मुझे याद है कि बहुत पहले मुझसे व्ही. शान्ताराम जी ने भी पूछा था कि क्या मैं उनकी फ़िल्म के लिए संगीत बना सकती हूँ। इस पर भी मैंने उनको अपनी व्यस्तता बताकर मना कर दिया था। होता यह था कि जिस ज़माने में मुझे यह सब ऑफ़र आए थे, उस समय म्युजीशियन बहुत मेहनत करते थे और हफ्तों, महीनों की सिटिंग के बाद फ़िल्म के निर्माता-निर्देशक कोई-कोई धुन पसन्द करते थे। अधिकतर धुनें उनमें कैंसिल हो जाती थीं, जिससे म्युजिक डायरेक्टर फिर से नयी धुन बनाने में जुट जाता था। अब आप ही बताइए, जब मैं इतनी व्यस्त थी कि खुद का काम करने में पूरा दिन निकल जाता था, तो यह सब मैं कहाँ बैठकर करती?

यतीन्द्र मिश्र

इससे सम्बन्धित एक तथ्य का आपसे खुलासा चाहता हूँ, जो मेरे देखने में तो नहीं आया है लेकिन ऐसा सुना जाता है कि बाबूराव पटेल की प्रतिष्ठित फ़िल्म मैग़जीन 'फ़िल्म इण्डिया' में एम.वी. रामन साहब ने

कोई विज्ञापन 'झुकी-झुकी अँखियाँ' नाम की फ़िल्म का दिया था, जिसके लिए यह प्रचारित किया गया था कि आप उस फ़िल्म के लिए संगीत देने जा रही हैं...

लता मंगेशकर

ऐसी बहुत सारी ग़लत बातें मैंने भी सुन रखी हैं। जहाँ तक मेरी जानकारी है कि रामन साहब ने ऐसा कोई विज्ञापन कहीं नहीं दिया था। ....और अगर ऐसा कोई विज्ञापन छपा होगा, तो न तो वह मेरी जानकारी में है और न ही मैंने उसके लिए कोई सहमति दी होगी। रामन साहब हमेशा सी. रामचन्द्र जी से ही अपनी फ़िल्म के लिए म्युजिक लेते थे। मुझसे लेने का कोई मतलब नहीं था। फिर भला वो क्यों मुझसे ऐसा कहते या कोई इश्तिहार देते?

मैंने संगीत देने की जगह, संगीत को विषय बनाकर एक मराठी पिक्चर बनाने की सोची थी, जो हिन्दी में भी बनाई जाती, ऐसा विचार था। उसके लिए हमने रोशन साहब को बतौर संगीतकार लिया था, जिसमें नलिनी जयवन्त और ओमप्रकाश जी अभिनय करने जा रहे थे। फ़िल्म का नाम 'भैरवी' था। इसके लिए मराठी में स्क्रिप्ट लिखने का काम जो व्यक्ति कर रहे थे, वह हमें कुछ जँच नहीं रहा था। इसलिए बाद में हम लोगों ने परेशान होकर फ़िल्म का आईडिया ही ड्रॉप कर दिया। हालाँकि इस फ़िल्म के गीतों की कुछ धुनें बन गयी थीं। एक धुन तो मुझे याद है कि रोशन साहब ने उस्ताद अमीर ख़ाँ साहब की कोई बन्दिश लेकर बनाई थी, जिस पर बोल को डुएट की शक्ल में तैयार किया गया था। वह धुन भी शायद राग कलावती को बेस करके बनाई गयी थी, जिसे बाद में रोशन साहब ने 'चित्रलेखा' फ़िल्म में इस्तेमाल कर लिया। वो गाना *'काहे तरसाए जियरा, यौवन ऋतु सजन जा के न आए'* फिर 'चित्रलेखा' के लिए आशा जी और उषा ने गाया था, जो हमारी फ़िल्म का गीत था। आपको सुनकर अच्छा लगेगा कि 'भैरवी' फ़िल्म का मुहुर्त वीर सावरकर जी ने अपने हाथों से सम्पन्न किया था।

यतीन्द्र मिश्र

विवादों से अलग, जिनके आपने बड़े सटीक जवाब दिए हैं; मैं इस समय आपके सांगीतिक चरित्र को एक दूसरे ही परिप्रेक्ष्य में देखना चाहता हूँ। इसलिए आपसे यह प्रश्न है कि देश के किन मन्दिरों में आपने संगीत द्वारा राग-सेवा की है?

लता मंगेशकर

मैंने ज़्यादा जगहों पर तो नहीं, मगर तीन-चार जगह गाया है। एक तो मैंने तिरुपति बालाजी के मन्दिर में तब गाया था, जब मुझे वहाँ 'अस्थान-विद्वान' की पदवी दी गयी थी। उसके अलावा मुझे याद पड़ता है कि दक्षिण भारत के मीनाक्षी मन्दिर में दर्शन के समय भूपाली राग में कोई गीत गाया था। उसके साथ कोई मराठी भजन भी गाया था, जिसके बोल अभी याद नहीं हैं। एक बार कोल्हापुर के महालक्ष्मी मन्दिर में मेरी पूजा थी, तो वहाँ के लोग आकर मुझे कहने लगे कि आपकी पूजा है, इसलिए आपको गाना ही चाहिए। वहाँ भी मैंने मराठी का कोई गीत गाया था। जब मैं वैष्णो देवी गयी, तब वहाँ मुझे देखकर मन्दिर के पुजारी कहने लगे 'आपको थोड़ा सा तो गाना पड़ेगा। यहाँ आकर सभी को गाना पड़ता है, अगर वह गाने वाला है। कुछ गाइए मगर बिना गाए हुए आप यहाँ से नहीं जायें।' इस तरह जब वे लोग बहुत जिद करने लगे, तो फिर मैंने वहाँ भगवती को मीराबाई का भजन *'करम की गति न्यारी सन्तों'* गाकर अर्पित किया था। यही कुछ अवसर हैं, जो मुझे मन्दिरों में संगीत सेवा के तहत याद आते हैं।

यतीन्द्र मिश्र

क्या कभी गंगा के तट पर जाकर कोई गीत या भजन गाने का मन हुआ है?

लता मंगेशकर

नहीं, ऐसी कोई भावना कभी नहीं आयी। मुझे बड़ा अच्छा लगा था जब मैं हरिद्वार और ऋषिकेश गयी थी। गंगा के तट पर वहाँ जाकर मैं बस उसका सौन्दर्य ही देखती रही हूँ, बाक़ी सब कुछ भूल गया था। बहुत ही सुन्दर जगह है हरिद्वार। मैंने फ़िल्मों में तो गंगा के बहुत सारे गीत गाये हैं। आप सच मानिए, जब मैं हरिद्वार और ऋषिकेश में गंगा जी के सामने थी, तो अपने ही गाये हुए सारे गीतों को भूल गयी थी। मुझे कुछ भी याद नहीं आया और न ही यह सूझा कि कुछ गाना चाहिए। बस मैं उनकी सुन्दरता को निहार रही थी।

यतीन्द्र मिश्र

भारत का कोई ऐसा स्थान, जहाँ जाकर स्वतः ही कुछ गाने का मन हुआ हो?

लता मंगेशकर

मैं जब अजन्ता और एलोरा देखने गयी थी, तो आर्ट के हिसाब से वह मुझे बहुत बढ़िया जगह लगी। वहाँ की सुन्दरता, पेन्टिंग और मूर्तियों की ख़ूबसूरती देखकर गाने का मन हुआ था। वहाँ कुछ खम्भे हैं, जिन पर आप हाथ मारिए, तो उसमें से सुर निकलता है। मतलब इस तरह तन्न-तन्न करके 'सा रे गा मा' बजता है, कि आपका मन प्रसन्न हो जाये। ....तो वहाँ मैं गा रही थी और बहुत खुलकर मैंने कुछ चीज़ें अपनी खुशी के लिए गायीं।

इसी तरह एक बार मैं, हृदयनाथ, मीना, उषा सभी लोग ताजमहल देखने गये थे। वह दिन भी पूरी चाँदनी रात का था, जिसमें ताजमहल बहुत ही सुन्दर लग रहा था। फिर हम लोग अन्दर गये, तो अन्दर जाने के बाद जब हम बातें करते थे, तो वहाँ आवाज़ गूँजती थी। इस पर हृदयनाथ ने कहा 'यहाँ अगर हम कोई राग गाएँ, तो कैसा लगेगा?' इस पर हम दोनों ने जोर-जोर से गाना शुरू किया। मुझे लगता है कि हम लोग शायद राग यमन गा रहे थे और इतनी जोर-जोर से गा रहे थे कि कभी हृदयनाथ तान मारता था, तो कभी मैं तान लेती थी। इतने में थोड़ी देर के बाद दरवाजे के मेन गेट से एक आदमी आया और उसने चिल्लाकर कहा कि यहाँ गाना मना है, यह कौन है जो जोर-जोर से आवाज़ देकर गा रहा है। इस पर हम दोनों चुप हो गये और अपना राग आधा ही छोड़कर बाहर निकल आए। (हँसती हैं)

यतीन्द्र मिश्र

दक्षिण भारत के तीन महान कम्पोजर त्यागराज, मुत्तुस्वामी दीक्षितर और श्याम शास्त्री के किसी पद या बन्दिश को कभी गाने का अवसर आया? यदि ऐसा कोई अवसर नहीं मिला, तो कभी आपका मन इन्हें गाने के लिए हुआ?

लता मंगेशकर

ऐसा कोई अवसर तो नहीं मिला, जिसमें इन लोगों की कोई बन्दिश गा पाती। एक समय मेरा बहुत मन था कि मैं त्यागराजा की कृतियों में से कोई बन्दिश गा पाती। पता नहीं क्यों जब भी मैं दक्षिण भारतीय शास्त्रीय संगीतज्ञों का गायन सुनती थी और उसमें अकसर त्यागराज का कोई पद सुनने को मिलता था, तो सहज ही मन में यह जिज्ञासा हुई कि मुझे भी अपने तरीके से कम से कम कुछ बन्दिशों को तो ज़रूर ही गाना चाहिए। बाद में बताने वाला या निकालकर देने

वाला ऐसा कोई मुझे मिला नहीं, जो त्यागराज को मुझसे बिल्कुल शुद्ध शब्दावली में गवा सकता, इसीलिए मैंने चाहकर भी यह रेकॉर्ड नहीं किया।

यतीन्द्र मिश्र

एम.एस. सुब्बुलक्ष्मी जी का संगीत कैसा लगता था आपको?

लता मंगेशकर

मुझे बहुत पसन्द था, ख़ासकर उनका भक्ति-संगीत। पुरुषों में पण्डित डी.वी. पलुस्कर और महिलाओं में एम.एस. सुब्बुलक्ष्मी जी से बेहतर भक्ति का गायन कोई और नहीं कर सका है। मुझे उनका क्लॉसिकल भी बहुत अच्छा लगता था। उनकी 'मीरा' फ़िल्म के जो गाने थे, वे मुझे बहुत प्रिय हैं। एक अजीब सी सात्विकता के दर्शन हमें उनके संगीत में होते हैं।

एक दफ़ा मैं उनसे मिली और बड़े डरते हुए उनसे कह पाई कि 'सुब्बुलक्ष्मी जी! मुझे आपके भजन बहुत प्रिय हैं। जब मैं आपका 'विष्णु सहस्रनाम' और सुबह के समय गाये जाने वाले स्तोत्र पाठ सुनती हूँ, तो मेरे कान पवित्र हो जाते हैं। मुझे लगता है जैसे किसी बड़े मन्दिर परिसर से उठकर मैं तुरन्त आई हूँ।' इस पर उन्होंने धन्यवाद दिया और मुझसे बोलीं– 'लता जी, मैं भी आपका फ़िल्म संगीत सुनती हूँ। मैंने आपके 'मीरा भजन' भी सुने हैं और मुझे पसन्द आये हैं। मैं यह जानना चाहती हूँ कि आप तीन-चार मिनट के गीतों में क्या करती हैं, जिससे उसका पूरा असर बहुत सुरीला और भावों वाला बन जाता है।' सुनकर मैं दंग रह गयी थी कि वाकई उन्होंने मुझे सुन रखा है और मेरी इस तरह तारीफ़ कर रही हैं।

यतीन्द्र मिश्र

क्या आपको ऐसा लगता है कि दूसरे ग्रहों पर जहाँ जल भी है या हो सकता है, मसलन मंगल या चाँद पर, तो अगर वहाँ जीवन होना चाहिए, तो क्या वहाँ संगीत भी होगा?

लता मंगेशकर

(हँसती हैं) आप बहुत सुन्दर प्रश्न पूछते हैं। मेरा कई दफा मन होता है कि इस तरह के प्रश्नों का बहुत इत्मीनान से आनन्द लेते हुए आपके ही अन्दाज़ में वैसा ही उत्तर दूँ। मुझे लगता है कि यदि किसी ग्रह पर जल या जीवन होगा,

तो शर्तिया वहाँ संगीत भी होगा। यदि किसी कारणवश वहाँ संगीत नहीं हुआ, तो धीरे-धीरे वह जीवन के उत्साह के साथ विकसित भी हो जायेगा। अगर दुर्भाग्य से वह नहीं हो सका, तो मेरा पक्का यकीन है कि जीवन भी धीरे-धीरे वहाँ घट जायेगा या समाप्त हो जायेगा। जल और जीवन की संगति में संगीत भी वहाँ होगा, क्योंकि वह भी संसार की एक जीवन्त उपस्थिति है।

यतीन्द्र मिश्र

संगीत की प्राचीन परम्परा में बहुत सारी जनश्रुतियाँ और कहानियाँ संगीत को गरिमा और शिखर देने के सन्दर्भ में कही जाती रही हैं या हम इस तरह कह सकते हैं कि परम्परा में व्याप्त रही हैं। मसलन स्वामी हरिदास और तानसेन के युग की बहुत सारी कथाओं में यह मान्यताएँ भी प्रचलित रहीं कि तानसेन के दीपक राग गाने से दीये जल उठे या कि उनकी पुत्रियों ताना-रीरी के मेघ राग गाने से वर्षा होने लगी। इस तरह की अवधारणाओं पर आप किस तरह सोचती हैं?

लता मंगेशकर

यह जिस ज़माने की कथाएँ हैं, जिसमें हरिदास बाबा और तानसेन जैसे महान संगीतकारों के लिये ऐसा कहा गया, तो हो सकता है कि उनकी कला में कोई सच्चा सुर या आत्मा की आवाज लगी होगी, तो ऐसा कुछ घट गया होगा, ऐसा हम आदर में मान लेते हैं। परन्तु यह निश्चित ही हुआ होगा, यह कम से कम मैं नहीं कह सकती क्योंकि ऐसा मेरा कोई अनुभव नहीं है। हालाँकि मैं यह मानती हूँ कि संगीत में वह असीम शक्ति है कि कुछ अप्रत्याशित वह ज़रूर रच देता है, जिसका अनुभव भी कई बार हमें हुआ है। कई बार अपने बाबा पण्डित दीनानाथ मंगेशकर को सुनते हुए भी मैं कुछ अप्रत्याशित अनुभव करती थी।

आपको एक वाकया बताती हूँ। मैं मुम्बई में उस्ताद अली अकबर ख़ाँ और पण्डित रविशंकर का एक कन्सर्ट सुन रही थी। मैं श्रोताओं की पंक्ति में बिल्कुल आगे बैठी अली अकबर भाई का वादन सुन रही थी और वे अत्यन्त मंत्रमुग्ध किस्म का वादन कर रहे थे। तभी कुछ समय बीता होगा, मसलन पचास-साठ मिनट कि 'ठन' से उनके सरोद का एक तार टूटा और उन्हें बजाना बन्द करना पड़ा। जब वे उठकर पीछे ग्रीन रूम में गये, तो उनसे मिलने मैं भी वहाँ गयी। मैंने बोला 'आप बहुत सुन्दर बजा रहे थे, काश कि यह तार न टूटता और हम पूरी तरह राग को अन्त तक सुन पाते'। इस पर अली अकबर भाई

ने एक बड़ी मार्मिक बात कही, जो आज तक मुझे भूलती नहीं। वे बोले– 'बहन, जब बहुत सुर में तार लगता है, तो टूट जाता है'। उन्होंने अपने सुर को इतने पवित्र भाव से इतना डूबकर लगाया कि सरोद का तार टूट गया। इस प्रसंग से मुझे यह लगता है कि संगीत की सीमा इतनी अनन्त है कि तार भी शुद्ध स्वर के आघात को सह नहीं पाता, टूटकर अलग हो जाता है। आज जब उस्ताद अली अकबर ख़ाँ या पण्डित रविशंकर के सन्दर्भ में इन बातों को सोचती हूँ, तो इस बात पर विश्वास करने का मन होता है कि हो सकता है मियाँ तानसेन से कोई ऐसा सच्चा सुर ज़रूर लगा होगा कि बारिश हो गयी या दीपक जल उठे!

यतीन्द्र मिश्र

दीदी, क्या ख़ूबसूरत बात सुनायी आपने।

एक नयी और अच्छी आवाज़ को और अधिक मधुर और बेहतर बनाने के लिए क्या करना चाहिए? ऐसी कौन सी तरकीब या तकनीकी का सहारा लेना चाहिए, जिससे वह आवाज़ और भी बेहतरीन होकर निकले?

लता मंगेशकर

देखिए, मैं आपको एक बात बताऊँ कि ख़ूबसूरत आवाज़ यह भगवान की देन होती है। यह बनायी नहीं जाती। अगर आपकी आवाज़ अच्छी है, तो उसको एक ही चीज़ बना सकती है.... और वह है कि आप मेहनत करें। सही तरीके से अपने संगीत का रियाज़ करें और इस तरह रियाज़ करें कि जितना गुरु ने बताया है उतना तो अवश्य ही करें। इसके साथ भगवान ने आपको जैसी आवाज़ दी है, उसको सही और दुरुस्त रखने की कोशिश करते रहें, तो अपने आप वह बात उभर आयेगी, जो आप मुझसे पूछ रहे हैं।

आजकल क्या हुआ है, कोई लड़की आती है तो लता मंगेशकर बनना चाहती है, आशा भोंसले बनना चाहती है। लड़के आते हैं, तो रफ़ी ही बनना चाहते हैं या किशोर कुमार बनना चाहते हैं। वे एक सेकेण्ड के लिए यह नहीं सोचते कि जो वो कॉपी करते हैं, वो तीन मिनट की ही कॉपी होती है। उनका जो गाना होना चाहिए, वह उनकी पहचान को अलग से दिखा सके, तभी कोई गीत रेकॉर्ड करें और उसे मार्केट में लाएँ। इसी से पता चलता है कि यह फलाने की आवाज़ है और अपनी पहचान बनाने के लिए एकदम नये तरीके से सामने

आयी है। कॉपी सिर्फ़ तीन मिनट तक ही चलती है, जिसमें आप लता मंगेशकर या किशोर कुमार बन तो जाते हैं, फिर बाद में जाकर वहीं पहुँच जाते हैं जहाँ से आपने शुरू किया था। मैं इस बात को सभी से कहती हूँ और आपके प्रश्न के जवाब में नये बच्चों से भी कहना चाहती हूँ कि अपनी आवाज़ की तरह गाने का प्रयास करें। यह तो ठीक है कि आप मुझे या किशोर कुमार को सुनते हैं और वह आपको बहुत अच्छा लगता है। ....इस पर थोड़ी देर ठहरकर आप सोचिए और थोड़ा अमल कीजिए कि किशोर कुमार, मो. रफ़ी या लता मंगेशकर ने ऐसा क्या किया है, जो यह गाना इतना ख़ूबसूरत लग रहा है। यह ध्यान देना चाहिए कि यहाँ हमने आवाज़ कैसी लगायी या यह शब्द कैसे गाया या वो कठिन उर्दू का शब्द किस तरह बोला? इन सब चीज़ों पर बहुत धैर्य से ध्यान देना चाहिए, तब जाकर आप किसी गीत में कुछ कर सकते हैं।

मैं अपनी बात बताती हूँ, जब मैं गाने के लिए आई थी और नूरजहाँ जी को रेकॉर्ड पर बजाकर बहुत ध्यान से सुनती थी, तो मैंने यह सीखा कि उस समय फ़िल्मों में ज़्यादातर लोग 'मोहब्बत' कहते थे और थोड़ा जोर देकर कहते थे। नूरजहाँ जी इसी शब्द को बहुत हल्के से उठाती थीं और 'मुहब्बत' कहती थीं। ....तो इस तरह मैंने भी 'मुहब्बत' कहना शुरू किया और बाद में देखा कि ज़्यादातर सिंगर फिर मुहब्बत ही गाने लगे। इस तरह हजार मर्तबा कोई शब्द आपके दिमाग में आता है और निकल जाता है, पर यह पता नहीं चलता कि उसका सही प्रयोग क्या है और गीतों में किस तरह उसकी अदायगी होनी चाहिए। यह अगर मैंने सीखा, तो वह आज तक मेरे काम आया है। इस तरह बहुत सारे शब्द होंगे, उर्दू के शब्दों के सही उच्चारण होंगे, जो मैंने सीखने का प्रयास किया। नये लोग अगर यह सब ध्यान दें, तो उनका गायन कुल मिलाकर वैसा बन सकता है, जैसा होना चाहिए। कॉपी करते जाना या किसी म्युजिक कम्पटीशन में जाकर ट्रॉफ़ी ले आना, तो गायिकी नहीं है। उसके लिए समर्पण, तपस्या और त्याग तीनों ही चाहिए। आप कर सकते हों, तो यह निश्चित बात है कि आपकी आवाज़ लता मंगेशकर और किशोर कुमार से भी बेहतर बन सकती है।

यतीन्द्र मिश्र

इस तरह देखें, तो आपने नूरजहाँ जी को बिल्कुल किताब की तरह पढ़ा है....

लता मंगेशकर

सिर्फ़ नूरजहाँ जी ही नहीं, मेरे पिताजी का क्लॉसिकल म्युजिक भी मेरे काम आया है। फिर मेरे गुरु थे, उन लोगों ने भी जो सिखाया और रागदारी का अभ्यास करवाया; सभी कुछ ने मेरी आवाज़ को बेहतर बनाने में मदद की है। हालाँकि यह बात सच है कि मैं नूरजहाँ जी की आवाज़ की स्टाईल और गानों को बहुत फॉलो करती थी। मैं एक-एक चीज़ पर ध्यान देती थी कि वे 'हाए' कैसे करती हैं, उनकी आवाज़ से 'उफ़' कैसे निकलती है। ....वो सब मेरे दिमाग में बचपन से था और मैं कोशिश करती थी कि जब मेरे गानों में उस तरह के बोल कभी आएँ, तो मैं वैसे ही कहूँ, जैसा कि नूरजहाँ ने पहले कहा है।

यतीन्द्र मिश्र

नूरजहाँ के आपके पसन्द के कौन से गाने हैं, जो आपको हमेशा सदाबहार लगते हैं?

लता मंगेशकर

(हँसते हुए) मुझे तो नूरजहाँ जी ही सदाबहार लगती हैं, उनके कहने ही क्या? मुझे उनके ज़्यादातर गीत पसन्द हैं। इसलिए भी कि उनके गाने की जो ख़ास अदायगी थी, उसमें साधारण चलताऊ गीत भी बेहतर बन जाते थे। मुझे उनके 'अनमोल घड़ी', 'बड़ी माँ' और 'जुगनू' के सारे ही गाने पसन्द हैं। 'अनमोल घड़ी' का उनका *'जवाँ है मुहब्बत, हँसीं है ज़माना'*, 'विलेज गर्ल' का *'किस तरह भूलेगा दिल उनका ख़्याल आया हुआ'*, 'जीनत' का *'आँधियाँ ग़म की यूँ चलीं'*, *'बुलबुलों मत रो यहाँ'* और 'जुगनू' का *'आज की रात, साज़े दिले पुरदर्द न छेड़'* बहुत अच्छे गीत हैं। आज भी इनको सुनकर मन में अजीब सी हरारत होती है कि कैसे वे उस दौर में, जब रेकॉर्डिंग की तकनीकी उतनी विकसित नहीं थी, कमाल का गायन कर गयीं। 'बड़ी माँ' में उन्होंने *'दिया जलाकर आप बुझाया, तेरे काम निराले'* गाया था, जो आज तक मेरा उनका फेवरेट गीत रहा है। उनका बोल कहने का ढंग और फिर धुन के साथ उसकी टाईमिंग अद्‌भुत है।

'मिर्ज़ा साहिबाँ' में उन्होंने पंजाब की एक लोक-शैली का गीत *'मिरजा'* गाया था, जो आज तक भूलता नहीं। उनकी कुछ ग़ैर-फ़िल्मी कम्पोजीशन भी मुझे बहुत भाती हैं, जिनमें *'गुल खिले चाँद रात'* और *'मुझसे पहले सी मुहब्बत मेरे महबूब न माँग'* को विशेष तौर पर याद करती हूँ। मुझे याद है कि पाकिस्तान

की एक फ़िल्म में उनका एक बहुत अच्छा गाना आया था, जिसके बोल हैं *'बचपन की यादगारों'*। यह मुझे भूलता नहीं है। फ़िल्म का नाम मैं भूल गयी हूँ, मगर वह गायिकी अभी भी मेरे ज़ेहन में वैसे ही ताज़ा है।

यतीन्द्र मिश्र

यदि ऐसा होता कि कोई ऐसा मौका आपके सामने होता, जिस समय आपके गाये हुए गीतों में से किसी गीत को नूरजहाँ की आवाज़ में सुनना चाहतीं, तो ऐसे में कौन सा गीत आप उनसे सुनना पसन्द करतीं?

लता मंगेशकर

'ऐ दिले नादां'। मुझे ख़य्याम साहब की बहुत मधुर धुन के कारण भी यह गीत अच्छा लगता है। नूरजहाँ जी की आवाज़ में इसे सुनना अवश्य पसन्द करती। एक बात आपको बताऊँ, एक बार मैं और वे दोनों लन्दन में थे। मैं उनसे मिलने उनके घर पर गयी हुई थी, जब वे मुझे बाद में वापस दरवाज़े तक छोड़ने आईं, तो मुझसे बोलीं– *'बेटा! मुझे ऐ दिले नादां सुना दो'*। तब मैंने जल्दी में ही लिफ्ट में गाने का मुखड़ा और एक अन्तरा गाया। वे बहुत खुश हो गयीं और मुझसे बोलीं– *'बेहद सुन्दर गाया तुमने। जीती रहो, अल्लाह तुमको लम्बी उम्र दे'*।

यतीन्द्र मिश्र

के.एल. सहगल और नूरजहाँ के अतिरिक्त जिनसे आप अत्यन्त प्रभावित रही हैं, आपके समवयसी कलाकारों में से किसी एक गायक कलाकार को चुनना हो, तो वह कौन होगा, जिसे आप सर्वाधिक पसन्द करती हैं?

लता मंगेशकर

बड़ा कठिन सवाल है। मेरे साथ के सारे कलाकार बड़े प्रतिभाशाली और उच्च कोटि के गायक रहे हैं। एक नाम चुनना उस अर्थ में ज़्यादती होगी कि हम बाक़ी के कलाकारों को कहीं कम मान रहे हैं। जबकि मेरा यह मानना है कि मेरे साथ के सभी कलाकार एक ही पायदान पर खड़े थे और कुछ तो बिल्कुल दुनिया के महान कलाकारों की सूची में आते हैं। मुकेश भइया, रफ़ी साहब, किशोर दा, मन्ना डे, हेमन्त कुमार, तलत महमूद और गायिकाओं में गीता दत्त, आशा भोंसले व उषा मंगेशकर को मैं एक ही धरातल पर देखती हूँ। यह सभी

मेरे अत्यन्त प्रिय और सम्मानित गायकों-गायिकाओं की सूची है। इनमें से किसी एक को मैं अलग करके नहीं देखती।

सहगल साहब के ज़माने की गायिकाओं में, जो मेरी पहली की पीढ़ी के लोग हैं, उनमें अमीरबाई कर्नाटकी, कानन देवी, पारुल घोष, राजकुमारी और ज़ोहराबाई अम्बालावाली– सब एक से बढ़कर एक कलाकार थे। इनमें से किसी एक को भी छोड़ने का गुनाह कौन कर सकता है?

यतीन्द्र मिश्र

आपने मराठी संगीत के प्रमुख संगीतकार वसन्त प्रभु के निर्देशन में पचास के दशक के बिल्कुल आरम्भ में मीराबाई का एक भजन 'मैया मोरी मैं नहीं माखन खायो' गाया था। यह भजन आपकी गायिकी का एक सुन्दर रूप दर्शाता है। वसन्त प्रभु के सन्दर्भ में इस गीत को आप किस तरह देखती हैं?

लता मंगेशकर

यह आपने बहुत पुराने भजन की याद दिलाई, जिसे मैंने अपने कॅरियर के शुरुआती दौर में ही गाया था। एक दिन वसन्त प्रभु मेरे पास आए और उन्होंने मीरा की पदावली से यह पद ढूँढ़कर रखा हुआ था। फिर मुझसे आग्रह किया कि उनके संगीत पर मैं यह भजन अवश्य गाऊँ। इस तरह इस गीत की रचना हुई थी। हालाँकि वसन्त प्रभु जी के साथ मैंने मराठी के बहुत सारे भजन, भाव-गीत और फ़िल्म संगीत के लिए गायन किया है। मेरा उनके साथ एक गाना पी. सावलाराम का लिखा हुआ *'गंगा जमुना डोल्यात उभ्या का'* इतना मशहूर हुआ था, कि मैं आपको बता नहीं सकती। यह गीत माँ की ओर से विवाह के बाद ससुराल जा रही अपनी बेटी को समर्पित है, जिसमें माँ अपनी बेटी से कहती है कि जाओ बेटी अपने घर जाओ और सुखी रहो। आपको जानकर ताज्जुब होगा कि उस दौर में, पचास के दशक में लगभग कई वर्षों तक महाराष्ट्र में यह गाना हर शादी में बजता था.... और इसे सुनकर घर के हर लोग रोते थे।

मुझे कितने लोगों ने यह बताया है कि किसी भी लड़की की शादी जब उस समय होती थी, तो उसे घर वाले इस गीत का रेकॉर्ड भी अवश्य भेंट करते थे। मतलब क्या था कि उस भाव-गीत को इतने मार्मिक ढंग से वसन्त प्रभु

ने बनाया था कि एक समय में वो घर-घर बजा है। मैंने सावलाराम जी का उन्हीं के संगीत-निर्देशन में एक प्रसिद्ध गीत *'आलिंगुनी अंगिकारा'* भी बहुत मन से गाया था। वसन्त प्रभु जी ने भा.रा. ताम्बे जी की भी कुछ कविताएँ मुझसे मराठी में गवाई हैं, जो मेरे दिल के बेहद क़रीब हैं। वसन्त प्रभु को मैं एक बड़े संगीतकार और कविता की मार्मिक समझ वाला फ़नकार मानती हूँ। एक ज़माना वह भी था, जब मैं मराठी की कोई भी कविता वसन्त प्रभु या हृदयनाथ मंगेशकर के संगीत-निर्देशन में गाती थी.... और हर गाना मेरा चलता था।

यतीन्द्र मिश्र

आपने एक बार 'अॅवे मारिया' (ईसाईयत में प्रभु ईशु की माँ मरियम के प्रति प्रार्थना में चर्च में गाये जाने वाले गीत) भी गाया है। उसको गाने का अनुभव कैसा रहा?

लता मंगेशकर

आपने क्या सुन्दर चीज़ याद दिला दी। दरअसल गोवा के एक बड़े काबिल म्युजिक अरेंजर थे, एन्थोनी गोन्सॉल्विस। वे लक्ष्मीकान्त-प्यारेलाल जोड़ी में प्यारेलाल के गुरु थे। उन्होंने ही प्यारेलाल को सिखाया था कि म्युजिक अरेंजमेण्ट कैसे किया जाता है। शायद इसीलिए लक्ष्मीकान्त-प्यारेलाल का आर्केस्ट्रेशन वाला पक्ष बहुत मजबूत और सुन्दर रहा है। उन्होंने ही मुझसे और मन्ना डे साहब से गोवन भाषा में एक-दो गीत और कुछ सिम्फनीज़ पर आधारित गाने गवाकर रेकॉर्ड किए थे। मुझसे 'अॅवे मारिया' भी उन्होंने ही गवाकर रेकॉर्ड किया था। मैंने पहले भी सलिल चौधरी के निर्देशन में चर्च में होने वाले क्वॉयर सांग गाये हैं, इसलिए इसे गाने में मुझे दिक्कत नहीं हुई, बल्कि बड़े दिनों बाद अच्छा लगा था।

हालाँकि बाद में उसके शायद कॉमर्शियल रेकॉर्ड नहीं बने थे, बल्कि हमने शो के दौरान जो आय हुई थी, उसे भी वहीं चर्च की सेवा में दे दिया था। आपको ध्यान होगा लक्ष्मी-प्यारे ने 'अमर अकबर एन्थोनी' में जो गाना अमित जी के लिए किशोर कुमार से गवाया था *'माई नेम इज़ एन्थोनी गोन्सॉल्विस'*, वह एक तरह से उनका अपने गुरु के प्रति श्रद्धा में बना गीत है, जिसे प्यारेलाल जी ने मुझे बताया था कि हमने इसे उनके सम्मान में बनाया है।

यतीन्द्र मिश्र

आपने फ़िल्मों के लिए सम्भवतः पहला गरबा-नृत्य का गीत 'कान्हा बजाये बंसरी और ग्वाले बजाये मंजीरे' गाया था, जिसे सी. रामचन्द्र ने 'नास्तिक' (1954) के लिए रचा था। इस गीत के गरबा गायन को किस तरह देखती हैं?

लता मंगेशकर

आपने बहुत सुन्दर गीत याद किया है। मुझे भी *'कान्हा बजाये बंसरी'* की कम्पोजीशन पसन्द आती है। इसे भले ही सी. रामचन्द्र जी ने बनाया था, मगर यह गाना गीतकार पं. प्रदीप जी की धुन पर आधारित था। हुआ दरअसल यह था कि इस फ़िल्म के लिए सी. रामचन्द्र ने प्रदीप जी की धुन को आधार बनाकर थोड़ा अपना ऐलीमेण्ट डाला था। चूँकि यह लिखा हुआ भी प्रदीप जी का था, इसलिए दोनों ने आपसी सहमति से इस गाने को बनाया था। प्रदीप जी गुजराती थे, इसलिए गुजरात के फोक उनको काफ़ी याद थे। उनकी यह आदत थी कि जो भी गीत वे लिखते थे, फिर उसको गाकर उसकी धुन बनाते थे। यही आदत भरत व्यास की भी थी। अनिल विश्वास जी कभी भी प्रदीप जी को धुन बनाने नहीं देते थे। उनके आपस में कई मर्तबा झगड़े होते थे। अनिल दा को अपने काम में कोई भी दखलन्दाजी पसन्द नहीं थी। इसी तरह नौशाद साहब के साथ भी एक मर्तबा महबूब ख़ाँ साहब की छोटी-मोटी बात हो गयी थी। मैं वहाँ थी, जब 'अन्दाज़' के *'उठाये जा उनके सितम'* की रिहर्सल चल रही थी। महबूब ख़ाँ ने नौशाद साहब से कहा था कि 'इस गीत में अन्तरा एक-एक बार आता है, आप उसे दो-दो बार कर दीजिए।' नौशाद साहब ने उनसे तो कुछ कहा नहीं, लेकिन उनका चेहरा बिगड़ गया था। इस तरह से छोटे मोटे किस्से हो जाया करते थे।

मुझे याद है कि जिस दौर का यह गाना है, उस समय एक-एक ट्यून पर गीतकार और संगीतकार बहुत मेहनत करते थे। सी. रामचन्द्र जी की जो टिपिकल स्टाईल है, वह इस गीत में देखने को कम मिलती है। उसका एक कारण यही रहा होगा कि यह दूसरे की धुन पर विकसित गीत था, जिसे फ़िल्म की सिचुएशन में गरबा दिखाने के लिए रचा गया था। धुन और गायिकी के हिसाब से यह एक शानदार गाना बना है। मुझे यह भी याद पड़ता है कि *'कान्हा बजाये बंसरी'* ही वह गीत था, जिसमें मैंने पहली बार नलिनी जयवन्त को प्ले-बैक दिया था।

यतीन्द्र मिश्र

सलिल चौधरी ने जिया सरहदी की फ़िल्म 'आवाज़' (1960) के लिए बहुत हल्के ढंग से मिठास की ओर बहती हुई एक लोरी बनाई थी– 'झुनझुना-झुनझुना, झूमे गगन झूमे पवन'। मुझे लगता है ये लोरी आपकी गायी हुई बाक़ी लोरियों से एकदम अलग है। इस पर आपका क्या कहना है?

लता मंगेशकर

बड़ी अच्छी बात कही आपने। देखिए, सलिल दा को लोरी बनाने में महारत थी। उन्होंने जितनी भी लोरियाँ बनायी हैं, सब एक से बढ़कर एक हैं। मैंने उनके निर्देशन में अपनी पहली लोरी 'दो बीघा ज़मीन' के लिए गायी थी। वह भी मेरे पसन्द की लोरियों में शामिल है। उसके बोल थे *'आ जा री निन्दिया तू आ'*। इसे मीनाकुमारी जी पर फ़िल्माया गया था। उसमें भी आप देखिए कि बड़े सॉफ्ट टोन में उन्होंने गवाया था। मुझे उनकी एक-दो लोरियाँ और भी याद हैं, जिसकी ट्यून उन्होंने बड़े सुन्दर ढंग से बनायी थी। इनमें 'चारदीवारी' फ़िल्म की *'नींद परी लोरी गाए माँ झुलाए पालना'* और 'एक गाँव की कहानी' का *'चले ठुमक-ठुमक तारे, मीठे सपनों के द्वारे'* भी शामिल हैं। ....और आपने *'झुनझुना-झुनझुना'* को याद किया, तो वह तो बहुत मीठे ढंग से रची गयी है। यह सब सलिल चौधरी की अपनी स्टाईल का मामला है, जो लोरी गीतों में भी नाज़ुक ढंग से उभर सका।

यतीन्द्र मिश्र

शास्त्रीय संगीत की छाया लेकर 'मुनीम जी' का एक गीत एस.डी. बर्मन ने बनाया है– 'घायल हिरनिया मैं बन-बन डोलूँ, किसका लगा बान मुख से न बोलूँ'। इस गीत के बारे में क्या विचार है आपका?

लता मंगेशकर

यतीन्द्र जी, इस तरह के कई मधुर गीत मेरे हिस्से आये हैं। बर्मन दादा, नौशाद साहब, रोशनलाल, मदन मोहन, जयदेव और ख़य्याम मेरे लिए इसी तरह के ढेरों गीत बनाते थे। यह गीत जिसकी आप चर्चा कर रहे हैं, वह बहुत ही अच्छा था। फ़िल्म में इसे नलिनी जयवन्त पर फ़िल्माया गया है। नलिनी जयवन्त ख़ुद गाने वाली औरत थीं और बढ़िया गाती थीं। नलिनी जयवन्त से जब एक बार

फ़िल्म के प्रोड्यूसर ने कहा कि अब आपके लिए आगे से लता गायेगी, तो वे बहुत ख़ुश हुई थीं। बिना किसी ना नुकुर के उन्होंने मेरे गाए हुए गीतों पर अभिनय करना स्वीकार कर लिया था और ख़ुद का प्लेबैक भी ख़ुशी-ख़ुशी छोड़ दिया था। यह बात मुझे भीतर से बहुत छू गयी थी। आज भी मैं उनको एक अच्छी अभिनेत्री और इंसान के तौर पर याद करती हूँ।

यतीन्द्र मिश्र

मुजरा गीतों को लेकर आपको सहजता महसूस नहीं होती। अकसर यह देखा गया है कि इस तरह के गीतों को गाने के लिए आपकी रजामन्दी लेना मुश्किल काम है। इस धारणा के पीछे कोई ख़ास वज़ह?

लता मंगेशकर

कभी नहीं गाया है, ऐसा तो मैं नहीं कहूँगी। मुझे कई मर्तबा मुजरा की सिचुएशन वाले गीत इसलिए गाने पड़े थे, क्योंकि वहाँ सिचुएशन को बहुत ही गरिमापूर्ण बताया गया था। जैसे 'देवदास' और 'पाकीज़ा' के मुजरा गीतों में मुझे किसी भी तरह का कोई हल्कापन नज़र नहीं आया, बल्कि वह फ़िल्म के कथानक को ठीक ढंग से इन गीतों के मार्फ़त ही आगे बढ़ाने में कामयाब था। *'अब आगे तेरी मर्जी बेदर्दी'* और *'ठाढ़े रहियो ओ बाँके यार'* जैसे गीतों को आप मेरे किसी भी स्तरीय गीत के समकक्ष रख सकते हैं। अब इस तरह के गीत यदि मुजरा की सिचुएशन में मुझे मिले हैं, तब मैंने उसे गाया भी है। इन दो फ़िल्मों के अलावा मुझे याद पड़ता है कि मैंने 'ममता' में *'चाहे तो मोरा जिया लई ले साँवरिया'* भी मुजरा की ही शैली में गाया है, जो कि उतना ही अर्थपूर्ण है। मुझे यह स्वीकारने में कोई परेशानी नहीं है कि मुजरा गाना मुझे पसन्द नहीं था। सिर्फ़ मुजरा दिखाने के लिए हल्के बोलों और थोड़े वल्गर सिचुएशन के लिए तो मैं कभी भी कोई गीत नहीं गा सकती।

यतीन्द्र मिश्र

आपने सही उदाहरण दिये हैं। मुझे इस समय चार-पाँच ऐसे मुजरा गीत याद आते हैं, जो आपके तर्क के समर्थन में खड़े होने की काबिलियत रखते हैं। उदाहरण के तौर पर 'बहारों की महफ़िल सुहानी रहेगी' (बेनज़ीर), 'इंतजार और अभी, और अभी' (चार दिल चार राहें), 'चुरा के दिल बन रहे हैं भोले' (छोटे नवाब), 'कहो जी तुम क्या-क्या ख़रीदोगे'

(साधना) और 'चाहे तो मोरा जिया लइ ले साँवरिया' (ममता)। इन मुजरा गीतों के बारे में क्या कहेंगी?

लता मंगेशकर

(प्रसन्न होते हुए) आपने जितने भी उदाहरण दिये हैं, सब बिल्कुल सटीक हैं। जैसे 'बेनज़ीर' के जिस गाने का आपने उल्लेख किया है, उसके बोल बहुत अच्छे थे। यही बात 'साधना' और 'छोटे नवाब' के मुजरा के लिए भी कह सकते हैं। यह सारे गीत बेहद सुरीले ढंग से बनाये गये थे। हालाँकि *'बहारों की महफ़िल सुहानी रहेगी'* थोड़े ग़ज़लनुमा अन्दाज़ में बर्मन दादा ने बनाई थी। वह एक बहुत ही कर्णप्रिय धुन है, जिसको गाकर मुझे आनन्द आया था।

यतीन्द्र मिश्र

यह बिल्कुल सही कहा आपने। वह गाना, ग़ज़ल की शक्ल में है और उसे सिर्फ़ मुजरा के सन्दर्भ में नाच का गीत कहकर, उसकी गम्भीरता को हल्का नहीं किया जा सकता। वह कुछ-कुछ उसी तरह का मामला है, जिस तरह पहले के समयों में उप-शास्त्रीय गायिकाएँ मसलन— अख़्तरीबाई फ़ैज़ाबादी (बेगम अख़्तर), रसूलनबाई, बड़ी मोतीबाई, वहीदन बाई आदि ने 'खड़ी' और 'बैठकी' महफ़िलों के अन्तर्गत दादरा और ठुमरी की शक्ल में महफ़िलों का संगीत रचा था। क्या आप इस बात से सहमत हैं कि इस तरह के गीतों के पीछे इन्हीं महफ़िलों में होने वाली ठुमरी और ग़ज़ल की महफ़िलों का एलीमेण्ट भी संगीतकारों ने थोड़ा-बहुत डालने का प्रयास किया है।

लता मंगेशकर

एक हद तक आप ऐसा कह सकते हैं। 'बेनज़ीर' के उदाहरण से जो बात आपने कही है, वही बात मुझे 'ममता', 'अदालत' और 'पाकीज़ा' के गीतों के सन्दर्भ में भी सही लगती है। *'रहते थे कभी जिनके दिल में', 'उनको यह शिकायत है कि हम कुछ नहीं कहते', 'चलते-चलते यूँ ही कोई मिल गया था'* को महफ़िल के संगीत की तरह देखा और समझा जा सकता है। कोई भी इस बात से इन गीतों को सुनते हुए या फ़िल्मों में इसे देखते हुए इस बात से राजी होगा कि यह सिर्फ़ कोठे पर गाने वाली बाईयों का ही गाना नहीं है, बल्कि उसे एक संगीत सीखी हुई थोड़े अलग माहौल में पली-बढ़ी लड़की भी गा सकती है। बिल्कुल ठेठ अर्थों में भी अगर इसे ठुमरी या दादरा की तरह का प्रयोग माना

जाये, तो वहाँ भी यह सारे गीत खरे उतरेंगे। 'चार दिल चार राहें' का अनिल विश्वास का बनाया हुआ *'इन्तज़ार और अभी और अभी'* को मैं महफ़िलों के लिए रचे गये मुजरा गीतों या दादरा जैसे प्रभावों वाले गीतों में सबसे ऊपर रखूँगी। व्यक्तिगत तौर पर मुझे 'देवदास' के दोनों मुजरा गीत– *'अब आगे तेरी मर्जी बेदर्दी'* और *'जिसे तू कबूल कर ले'* और 'सौतेला भाई' का *'जा मैं तोसे नाहीं बोलूँ'* विशेष पसन्द हैं।

यतीन्द्र मिश्र

ऐसे कौन से मुजरा गीत होंगे, जिनको आप पूरे तौर पर मुजरा गीत नहीं मानती हैं, भले ही वे इन्हीं सिचुएशन के लिए रचे गये हों। ख़ासकर, जो महफ़िली संगीत का हिस्सा नहीं बन सकते।

लता मंगेशकर

मेरे ख़्याल से बहुत सारे ऐसे गीत होंगे। एक-दो जो मुझे याद आते हैं, उसमें *'सनम तू बेवफ़ा के नाम से मशहूर हो जाए'* (खिलौना) और *'सलाम-ए-इश्क़'* (मुकद्दर का सिकन्दर) को आप 'देवदास', 'साधना', 'ममता' और 'पाकीज़ा' के मुजरा गीतों के स्तर का तो नहीं ही मान सकते।

यतीन्द्र मिश्र

गीतों की चर्चा से अलग, अब कुछ सवाल साहित्य की दुनिया से करते हैं। साहित्य के प्रति अपने लगाव के बारे में कुछ बताएँ। कौन सा साहित्य ऐसा है, जो रुचिकर लगता है?

लता मंगेशकर

मैंने किताबें बहुत पढ़ी हैं। पर मैं आपको कैसे बताऊँ कि पसन्द मेरी बहुत अलग-अलग है। सबसे ज़्यादा दिल के क़रीब *शरतचन्द्र* का साहित्य लगता है। उनका *श्रीकान्त* और *देवदास* उपन्यास मैंने कई बार पढ़ा है, मगर सबसे ज़्यादा उत्कृष्ट मैं उनके उपन्यास *विप्रदास* को मानती हूँ। प्रेमचन्द बाबू की किताबें भी पसन्द हैं। मराठी का अधिकांश साहित्य पढ़ा है, जिसमें भजन और अभंग पद मुझे भाते हैं। उसमें भी *ज्ञानेश्वरी* सबसे ज़्यादा अच्छा लगता है, हालाँकि उसकी ज़ुबान कम समझ में आती है। वह थोड़ी जटिल मराठी में है, बावजूद इसके मुझे बेहद पसन्द है और इसीलिए मैंने उसे गाया भी है। हिन्दी का भक्ति

साहित्य, ख़ासकर *मीराबाई, सूरदास* और *कबीर* मुझे बेहद सुन्दर लगते हैं। *तुलसीदास* भी पसन्द हैं। और सबसे ज़्यादा मुझे *ग़ालिब, मीर, ज़ौक़* और *दाग़* की शायरी अच्छी लगती है। मैं इन बड़े शायरों को अकसर पढ़ती रहती हूँ।

फ़िल्मों में भी मुझे कुछ लोगों का काम साहित्य के स्तर का लगता है, जिसमें *साहिर लुधियानवी* और *मजरुह सुलतानपुरी* की नज़्में बेहद प्रिय हैं। इसके अलावा *शकील बदायूँनी* और *हसरत जयपुरी* की भी शायरी अच्छी लगती है। एक बात मुझे आकर्षित करती है कि शैलेन्द्र जी हिन्दी के बड़े कवि थे और उसी के साथ उर्दू में भी बहुत सुन्दर लिखते थे, इसी तरह *साहिर साहब* और *मजरुह सुलतानपुरी* उर्दू के बड़े शायर रहे, मगर हिन्दी में भी गीत लिखते वक्त उन्होंने कमाल की कलम चलाई है। यह चीज़ मुझे ख़ासतौर से भाती है। आजकल *गुलज़ार साहब* हैं, जिनकी शायरी और कविता बहुत शानदार है। इसमें कोई शक़ नहीं कि पुराने समय से लेकर आज तक वे उतनी ही कमाल की शायरी करते रहे हैं।

अलग से मैं पण्डित नरेन्द्र शर्मा का नाम लूँगी, जो मेरे लिए पिता समान रहे हैं। वे मुझे बेटी मानते थे और मैं उनकी बेटियों की तरह ही उनके घर में आती-जाती थी। मेरा आत्मीय रिश्ता उनसे जीवन भर निभा। मैंने उनके बहुत सारे फ़िल्मी और ग़ैर फ़िल्मी गीत गाये हैं। मुझे उनका लिखा *'सुबह'* फ़िल्म का प्रार्थना गीत *'तुम आशा विश्वास हमारे रामा'* सबसे ज़्यादा पसन्द है। इसी के साथ मुझे *'सत्यम शिवम सुन्दरम'* का टाईटिल सांग व्यक्तिगत तौर पर अद्भुत लगता है। *'सत्यम शिवम सुन्दरम'* के साथ की एक घटना है कि जब राजकपूर यह फ़िल्म बना रहे थे, तब वे पण्डित नरेन्द्र शर्मा के पास गये और उनसे कहा– 'पण्डित जी मैं 'सत्यम शिवम सुन्दरम' नाम से एक फ़िल्म बना रहा हूँ, जिसमें मुझे एक ऐसा गीत चाहिए, जिसमें एक साथ ही सत्य, शिव और सुन्दर का अर्थ तथा परिभाषा मिल सके।' तब उस फ़िल्म का शीर्षक गीत पण्डित जी ने लिखा, जिसे मैंने गाया है। आज भी इस गीत को मेरा गाने का मन करता है।

आपको जानकर खुशी होगी कि मैंने शायरी के अलावा हिन्दी कविताएँ बहुत पढ़ी हैं। मुझे आज भी जयशंकर प्रसाद की 'कामायनी' और 'आँसू', मैथिलीशरण गुप्त का 'भारत-भारती' बेहद प्रिय है। एक समय था, जब मुझे इसकी बहुत सारी लाईनें याद थीं। मैंने 'भारत-भारती' को 1950 के दौरान

खरीदा था। मुझे उनका खण्ड-काव्य 'साकेत' भी बहुत मार्मिक लगा था। एक स्त्री के दृष्टिकोण से जो सुन्दरता मैथिलीशरण गुप्त ने अपनी इस किताब में पैदा की है, वह लाजवाब है। मैंने नागर जी को बहुत कम पढ़ा है, लेकिन उनके उपन्यासों की बहुत तारीफ़ सुनी है।

यतीन्द्र मिश्र

हिन्दी साहित्य के वे कौन से रचनाकार रहे हैं, जिनसे आपकी आत्मीय मुलाकातें होती रहीं?

लता मंगेशकर

मैंने आपको पहले भी बताया है कि फ़िल्म इण्डस्ट्री में मौजूद शायरों और गीतकारों के अलावा मेरी सबसे आत्मीय पहचान पण्डित नरेन्द्र शर्मा जी के साथ रही है। वे कभी-कभी साहित्य की दुनिया के अपने मित्रों का ज़िक्र करते थे, जिनके संस्मरण सुनना मुझे अच्छा लगता था। वे हमेशा मैथिलीशरण गुप्त, सुमित्रानन्दन पन्त और अमृतलाल नागर के नाम लेते थे। मेरी व्यक्तिगत मुलाकात नागर जी से उन्हीं के घर पर हुई थी। एक मर्तबा मैं रामधारी सिंह दिनकर से भी पद्मा सचदेव के घर में मिली हूँ। बच्चन साहब (डॉ. हरिवंशराय बच्चन) से मेरी दो-तीन बार मुलाकात हुई है, जो पण्डित नरेन्द्र शर्मा के घर पर ही हुई थी। वे दोनों आपस में गहरे दोस्त थे। मुझे ऐसा याद पड़ता है कि मैं एक-दो दफ़े धर्मवीर भारती से भी मिली हूँ। सिनेमा की दुनिया में रहकर साहित्यकारों से मुलाकातें कम हुई हैं, लेकिन लेखकों से मिलना मुझे हमेशा पसन्द आया। कुछ इसलिए भी कि पप्पा (पण्डित नरेन्द्र शर्मा) कुछ बहुत मजेदार और अच्छी-अच्छी बातें अपने तमाम मित्रों के बारे में सुनाते थे।

यतीन्द्र मिश्र

कोई और लेखक जिससे आपकी पहचान रही हो?

लता मंगेशकर

एक ज़माने में फ़िल्मों के लिए बड़ी मशहूर पटकथाएँ लिखने वाले गुलशन नन्दा से मेरी मुलाकात कई बार हुई है। ज़्यादातर स्टूडियो में रेकॉर्डिंग के समय या कभी अगर मैं किसी फ़िल्म के सेट पर गयी हूँ। उनके बहुत सारे नॉवेल पर हमारे यहाँ हिन्दी में बड़ी हिट फ़िल्में बनी हैं। मुझे याद है कि मैंने उनकी पटकथाओं पर आधारित क़रीब-क़रीब सभी फ़िल्मों में गाया है। 'पत्थर के सनम', 'कटी

पतंग', 'महबूबा', 'खिलौना', 'झील के उस पार', 'शर्मीली' और 'नया ज़माना' यह कुछ फ़िल्में तुरन्त याद आती हैं। मुझे आज भी उनका चेहरा अच्छी तरह याद है। वे जब भी मिलते थे, बड़ी शालीनता से पेश आते थे और हम एक दूसरे का हालचाल लेकर अपने-अपने कामों में आगे बढ़ जाते थे।

यतीन्द्र मिश्र

आपने किसी विदेशी कवि को पढ़ा है, ख़ासकर अनुवाद की सूरत में? मैं यह प्रश्न इसलिए भी कर रहा हूँ कि आप कविता प्रेमी रही हैं और हिन्दी व उर्दू के तमाम कवियों को आपने पढ़ रखा है।

लता मंगेशकर

नहीं, मैंने विदेशी कविताएँ नहीं पढ़ी हैं। वह कुछ व्यस्तता के कारण भी और कुछ उस दौर में जानकारी के अभाव के चलते भी हुआ होगा, क्योंकि ऐसा कोई मित्र साथ में नहीं था, जो मुझे विदेशी भाषा के उत्कृष्ट कवियों की कविता पढ़ने के लिए देता या प्रेरित करता। अलबत्ता मैंने रूस के महान कवि पुश्किन को थोड़ा पढ़ा है और अधिकतर उनकी कविताएँ सुनी हैं। वो ऐसे कि अकसर रेकॉर्डिंग और रिहर्सल के दौरान शैलेन्द्र जी पुश्किन को पढ़ते रहते थे। मुझे पढ़कर अकसर वे उन्हें सुनाते थे और उनकी कविता का मर्म समझाते थे। वे विचारधारा से कम्युनिस्ट थे, लेकिन कविता को समझाने के लिए कभी भी उन्होंने अपनी विचारधारा को सुनने वाले पर जबरन नहीं थोपा। मुझे बड़ा मजा आता था, जब वे पुश्किन की कविताएँ सुनाते हुए बताते थे कि इस कवि ने ऐसा लिखा है और उसका अर्थ यह होता है। यह सब मैं सुनती थी, तो मुझे कविता में कुछ नया भी लगता था। इसके अलावा अगर मैंने कुछ विदेशी कविता और भी सुनी होगी, तो वह शर्तिया शैलेन्द्र जी के मुँह से ही सुनी होगी। वे कुछ बड़े विचारकों और नाज़िम हिकमत आदि का भी नाम लेते थे, जो उस समय मैंने बहुत चलते फिरते ढंग से सुना होगा।

यतीन्द्र मिश्र

आपको कबीर कैसे लगते हैं?

लता मंगेशकर

मुझे अच्छे लगते हैं। कबीर मुझे फक्कड़ नहीं लगते, बल्कि चुपके से बहुत कुछ कह देने वाले लगते हैं। मुझे उनका एक गाना, जो मैंने ख़ुद रेकॉर्ड

किया है *'दीनानाथ अब बारी तुम्हारी'* बड़ा मार्मिक लगता है। इस गीत में वो सीधे भगवान से कह रहे हैं कि अब तुम्हारी बारी है। वह भी एक जुलाहा कह रहा है कि 'हे! ईश्वर अबकी तुम्हारी बारी है।' यह बड़ी बात है कि वे बड़े सहज शब्दों में कितनी बड़ी बात कह गये। मैं व्यक्तिगत तौर पर यह मानती हूँ कि कबीर एक बहुत ही सुलझे हुए कवि थे।

यतीन्द्र मिश्र

मैं बीच-बीच में आपसे छोटे-छोटे प्रश्न भी आपकी पसन्द-नापसन्द को लेकर कर रहा हूँ। यह कहीं न कहीं आपकी वैचारिकी के अनछुए पहलुओं को आपके प्रशंसकों के सामने खोल रहा है, जिन्हें वे अवश्य ही जानने के इच्छुक रहे हैं। इसी क्रम में अब मैं संगीतकारों से सम्बन्धित सर्वाधिक प्रिय गीतों के बारे में जानना चाहूँगा। इस प्रश्न शृंखला के जवाब में भी आपको एक ही विकल्प चुनना है। इसे मैंने आपकी स्वर-यात्रा के विभिन्न कालखण्डों में आए हुए प्रमुख संगीतकारों को चुना है।

इसमें सबसे पहले मास्टर गुलाम हैदर का गीत?

लता मंगेशकर

'बेदर्द तेरे दर्द को सीने से लगा के' (पद्मिनी)

यतीन्द्र मिश्र

हुस्नलाल भगतराम के संगीत का सबसे नायाब मोती?

लता मंगेशकर

'वो पास भी रहकर पास नहीं, हम दूर भी रहकर दूर नहीं' (अफ़साना)

यतीन्द्र मिश्र

अनिल विश्वास के निर्देशन का पसन्दीदा गाना?

लता मंगेशकर

'तुम्हारे बुलाने को जी चाहता है' (लाडली)

यतीन्द्र मिश्र

नौशाद साहब के बड़े संगीत फलक से चुना हुआ सबसे चमकता गीतों का सितारा?

लता मंगेशकर

'बेकस पे करम कीजिए सरकार-ए-मदीना' (मुग़ल-ए-आज़म)

यतीन्द्र मिश्र

सी. रामचन्द्र का सुरीलेपन में भीगा अत्यन्त कर्णप्रिय गीत?

लता मंगेशकर

'ये ज़िन्दगी उसी की है, जो किसी का हो गया' (अनारकली)

यतीन्द्र मिश्र

सज्जाद हुसैन का सबसे अनूठा गाना?

लता मंगेशकर

'ऐ दिलरुबा नज़रें मिला' (रुस्तम सोहराब)

यतीन्द्र मिश्र

श्याम सुन्दर की धुन का एक अनमोल गीत?

लता मंगेशकर

'साजन की गलियाँ छोड़ चले' (बाज़ार)

यतीन्द्र मिश्र

मदन मोहन की अकेली नायाब ग़ज़ल?

लता मंगेशकर

'रस्म-ए-उल्फ़त को निभाएँ तो निभाएँ कैसे' (दिल की राहें)

यतीन्द्र मिश्र

मदन मोहन की ग़ज़ल से अलग कोई मनोहारी कम्पोजीशन?

लता मंगेशकर

'लगा जा गले कि फिर ये हँसी रात हो न हो' (वो कौन थी)

यतीन्द्र मिश्र

एस.डी. बर्मन का सर्वोत्तम गीत?

लता मंगेशकर

'रुला के गया सपना मेरा' (ज्वेल थीफ)

यतीन्द्र मिश्र

रोशन की सुरीली कम्पोजीशन?

लता मंगेशकर

'दुनिया करे सवाल तो हम क्या जवाब दें' (बहू बेगम)

यतीन्द्र मिश्र

ख़य्याम साहब की सबसे नायाब धुन और उस पर आपकी आवाज़?

लता मंगेशकर

'अपने आप रातों में चिलमनें सरकती हैं' (शंकर हुसैन)

यतीन्द्र मिश्र

शंकर जयकिशन का सबसे सुरीला गीत?

लता मंगेशकर

'मैं पिया तेरी तू माने या न माने' (बसन्त बहार)

यतीन्द्र मिश्र

वसन्त देसाई की यादगार कम्पोजीशन?

लता मंगेशकर

'ऐ मालिक तेरे बन्दे हम' (दो आँखें बारह हाथ)

यतीन्द्र मिश्र

हेमन्त कुमार के संगीत की अनुपम बानगी?

लता मंगेशकर

'कुछ दिल ने कहा, ऐसी भी बातें होती हैं' (अनुपमा)

यतीन्द्र मिश्र

गुलाम मुहम्मद का दिल के सबसे क़रीब का गाना?

लता मंगेशकर

'चलते-चलते यूँ ही कोई मिल गया था' (पाकीज़ा)

यतीन्द्र मिश्र

एस.एन. त्रिपाठी का सबसे सुन्दर गीत?

लता मंगेशकर

'आ जा, आजा भँवर सूना डगर' (रानी रूपमती)

यतीन्द्र मिश्र

पण्डित रविशंकर के संगीत-निर्देशन का सर्वश्रेष्ठ गीत?

लता मंगेशकर

'जाने कैसे सपनों में खो गयी अँखियाँ' (अनुराधा)

यतीन्द्र मिश्र

दत्ताराम के संगीत-निर्देशन का सबसे कर्णप्रिय गीत?

लता मंगेशकर

'लुटी ज़िन्दगी और ग़म मुस्कुराए' (परवरिश)

यतीन्द्र मिश्र

जयदेव के कोमल संगीत का उदाहरण?

लता मंगेशकर

'ये दिल और उनकी निग़ाहों के साये' (प्रेम पर्बत)

यतीन्द्र मिश्र

चित्रगुप्त का सबसे पसन्दीदा गीत?

लता मंगेशकर

'दिल का दिया जला के गया, ये कौन मेरी तन्हाई में' (आकाशदीप)

यतीन्द्र मिश्र

एन. दत्ता के संगीत-निर्देशन में सबसे अनूठा गाना?

लता मंगेशकर

'मैं तुम्हीं से पूछती हूँ, मुझे तुमसे प्यार क्यूँ है' (ब्लैक कैट)

यतीन्द्र मिश्र

सुधीर फड़के के पारम्परिक संगीत पर आधारित सर्वश्रेष्ठ रचना?

लता मंगेशकर

'ज्योति कलश छलके' (भाभी की चूड़ियाँ)

यतीन्द्र मिश्र

उषा खन्ना के खजाने का गीत की शक्ल में एक अनमोल मोती?

लता मंगेशकर

'एक सुनहरी शाम थी, बहकी-बहकी ज़िन्दगी राह में' (आओ प्यार करें)

यतीन्द्र मिश्र

रवि के गीतों में सर्वप्रिय?

लता मंगेशकर

'वो दिल कहाँ से लाऊँ, तेरी याद जो भुला दे' (भरोसा)

यतीन्द्र मिश्र

कल्याण जी आनन्द जी का सबसे मकबूल गीत?

लता मंगेशकर

'कंकरिया मार के जगाया, कल तू मेरे सपने में आया' (हिमालय की गोद में)

यतीन्द्र मिश्र

लक्ष्मीकान्त-प्यारेलाल की सबसे सुरीली रचना?

लता मंगेशकर

'जीवन डोर तुम्हीं संग बाँधी' (सती सावित्री)

यतीन्द्र मिश्र

आर.डी. बर्मन का मनपसन्द गाना?

लता मंगेशकर

'तुझसे नाराज़ नहीं ज़िन्दगी, हैरान हूँ' (मासूम)

यतीन्द्र मिश्र

राजेश रोशन के संगीत से सजा सबसे मधुर गाना?

लता मंगेशकर

'ये रातें नयी पुरानी, आते, आते-जाते कहती हैं कोई कहानी' (जूली)

यतीन्द्र मिश्र

बप्पी लाहिड़ी के गीतों में सर्वश्रेष्ठ?

लता मंगेशकर

'तुम्हें कैसे कहूँ मैं दिल की बात' (आँगन की कली)

यतीन्द्र मिश्र

शिव-हरि के संगीत निर्देशन का सबसे प्रिय गीत?

लता मंगेशकर

'ये कहाँ आ गये हम यूँ ही साथ-साथ चलते' (सिलसिला)

यतीन्द्र मिश्र

रवीन्द्र जैन का रचा सबसे मनोहारी गाना?

लता मंगेशकर

'चिट्ठिए दर्द फिराक वालिए, लै जा-लै जा संदेसा सोणे यार दा' (हिना)

यतीन्द्र मिश्र

भूपेन हजारिका का सबसे अप्रतिम गीत?

लता मंगेशकर

'दिल हुम-हुम करे घबराए' (रुदाली)

यतीन्द्र मिश्र

राम-लक्ष्मण का अकेला सदाबहार गीत?

लता मंगेशकर

'दिल दीवाना बिन सजना के माने ना' (मैंने प्यार किया)

यतीन्द्र मिश्र

जतिन-ललित का बनाया सर्वप्रिय गीत?

लता मंगेशकर

'मेरे ख़्वाबों में जो आए' (दिलवाले दुल्हनिया ले जायेंगे)

यतीन्द्र मिश्र

विशाल भारद्वाज के संगीत निर्देशन का पसन्दीदा गाना?

लता मंगेशकर

'भेज कहार पिया जी बुला लो' (माचिस)

यतीन्द्र मिश्र

ए.आर. रहमान का बनाया सबसे अनूठा और बेजोड़ गीत?

लता मंगेशकर

'सो गये हैं, खो गये हैं दिल के अफ़साने' (ज़ुबैदा)

यतीन्द्र मिश्र

सबसे प्रिय अभंग का पद?

लता मंगेशकर

मराठी में तुकाराम का 'रुणु-झुणु- रुणु-झुणु रे भ्रमरा' (संगीत : हृदयनाथ मंगेशकर)

यतीन्द्र मिश्र

ग़ैर-फ़िल्मी पसन्दीदा ग़ज़ल?

लता मंगेशकर

'हज़ारों ख़्वाहिशें ऐसी' (संगीत : हृदयनाथ मंगेशकर, ग़ज़ल : मिर्ज़ा ग़ालिब)

यतीन्द्र मिश्र

ग़ैर-फ़िल्मी सर्वश्रेष्ठ भजन?

लता मंगेशकर

'माई-माई कैसे जियूँ री' (संगीत : हृदयनाथ मंगेशकर, रचना : मीराबाई)

यतीन्द्र मिश्र

दूसरी भाषाओं से सर्वाधिक प्रिय एक गीत?

लता मंगेशकर

'ओ मोर मयना गो' (बंगाली, संगीत-सलिल चौधरी, ग़ैर-फ़िल्मी), *'लटपट लटपट तुझ चालण'* (मराठी, संगीत : वसन्त देसाई, फ़िल्म : अमर भूपाली), *'मेंहदी ते वावी माणवे ऐने रंग गयो गुजरात रे'* (गुजराती, संगीत : अविनाश व्यास, फ़िल्म : मेंहदी रंग लाग्यो), *'रस्सी उत्ते टंगिया दुपट्टा मेरा डोलदा'* (पंजाबी,

संगीत : अल्लारखा कुरैशी, फ़िल्म : मदारी), *'पला सेपइया डोगरिया'* (डोगरी, संगीत : प्रीतम सिंह, ग़ैर-फ़िल्मी), *'भगवत-गीता का नवाँ अध्याय'* (संस्कृत, संगीत : हृदयनाथ मंगेशकर, ग़ैर-फ़िल्मी), *'जोना कोरे राति, आख़ो मी रे माटी'* (असमी, संगीत : भूपेन हजारिका, फ़िल्म : एरा बातार सुर) और *'हे गंगा मईया तोहे पियरी चढ़इबो'* (भोजपुरी, संगीत : चित्रगुप्त, फ़िल्म : गंगा मईया तोहे पियरी चढ़इबो)

यतीन्द्र मिश्र

पूरे लता-समग्र से अकेला एक फ़िल्मी-गीत, जो आपके गाये हुए हज़ारों गीतों में सबसे ऊँची पायदान पर आपके अनुसार आयेगा? सिर्फ़ एक गीत!

लता मंगेशकर

(कुछ देर तक सोचते हुए) नहीं, ऐसा एक गीत नहीं चुन पाऊँगी। यह बड़ा मुश्किल होगा। इतने सारे गीत हैं, कि वाकई सिर्फ़ एक गाने को सर्वोपरि मानना मेरे बस में नहीं है। इसका जवाब जाने दीजिए।

यतीन्द्र मिश्र

मुकेश के गाये हुए एकल गीतों में वे कौन-कौन से गीत हैं, जो आपको पसन्द हैं और जिनकी वजह से आप उनको एक बड़े फलक का गायक स्वीकारती हैं?

लता मंगेशकर

उनके बहुत सारे गाने हैं। मुकेश जी की आवाज़ में ही कुछ ऐसा था, जो उनको दूसरे सहगायकों से थोड़ा अलग बनाता था। गम्भीर और संयत आवाज़ के धनी मुकेश भैया के गाए हुए कुछ गम्भीर क़िस्म के गानों को मैं सबसे ऊँचे पाए का मानती हूँ। उनकी आवाज़ में मुझे हमेशा एक ऐसी मनोदशा के दर्शन होते थे, जो मनुष्य की ज़िन्दगी का मर्म खोलने वाली बात लगती थी। उदाहरण के तौर पर आप *'किसी की मुस्कुराहटों पे हों निसार'* (अनाड़ी), *'सजनवा बैरी हो गए हमार'* (तीसरी कसम) और *'जाने कहाँ गये वो दिन'* (मेरा नाम जोकर) को देख सकते हैं। सैड सांग में उनका कोई जवाब नहीं था। उनकी तरह का दर्दीला गीत जल्दी कोई नहीं गा पाया है। मुझे उस तरह के गीतों में *'आँसू भरी हैं ये जीवन की राहें'* (परवरिश), *'भूली हुई यादों मुझे इतना न सताओ'*

(संजोग), *'झूमती चली हवा याद आ गया कोई'* (संगीत सम्राट तानसेन), *'ये मेरा दीवानापन है'* (यहूदी), *'बहारों ने मेरा चमन लूटकर'* (देवर) और *'चल री सजनी अब क्या सोचे'* (बम्बई का बाबू) बहुत पसन्द हैं।

उनके एक-दो गीत ऐसे भी हैं, जो आपको सोचने पर विवश कर देते हैं। उसमें उनकी आवाज़ से पैदा हुई शान्ति की स्थिति, रोचक लगती है। जैसे, 'रात और दिन' का शीर्षक गीत, *'रात और दिन दिया जले मेरे मन में'*, 'पूरब और पश्चिम' का *'कोई जब तुम्हारा हृदय तोड़ दे'* और 'आनन्द' का *'कहीं दूर जब दिन ढल जाए'*। यह कुछ ऐसे ख़ास गीत हैं, जो मुझे मुकेश भैया की आवाज़ में सर्वाधिक पसन्द आते हैं। बाद के दिनों में उन्होंने जो 'रामचरितमानस' गाया है, वह अद्‌भुत है। वह सुनकर अन्दर से एक अजीब किस्म की शान्ति महसूस होती है। यह कुछ तो मानस की वजह से है और कुछ उनकी सुन्दर आवाज़ के चलते सम्भव हुई है।

यतीन्द्र मिश्र

इसी लीक पर चलते हुए मो. रफ़ी के गीतों का जायजा आप किस तरह लेती हैं?

लता मंगेशकर

रफ़ी साहब कमाल के गायक थे। बेहद सुरीले और उतने ही भाव-प्रवण। उनकी शराफ़त भी उनकी आवाज़ से टपकती थी। हिन्दी फ़िल्मों में जो चन्द अत्यन्त सुरीले लोग हुए हैं, उनमें रफ़ी साहब का अपना एक मुकाम है। हर तरह के गीत गाने में वह माहिर थे। मुझे व्यक्तिगत तौर पर उनके ज़्यादातर गीत पसन्द आते हैं। बस एक नृत्य गीतों के लिए मुझे लगता है कि उनकी आवाज़ को ऐसे गीत कम जँचते हैं। एक नौशाद साहब का 'कोहिनूर' के लिए बनाया हुआ *'मधुबन में राधिका नाचे रे'* को छोड़कर नृत्य-गीत उनकी आवाज़ में उस तरह नहीं खिलते, जिस तरह मन्ना डे के यहाँ सुनाई देते हैं। बाक़ी रोमांटिक और दर्द-भरे गीतों में उनकी आवाज़ ग़जब की लगती है। मुझे उनके गाए हुए एकल गीतों में 'हम दोनों', 'तेरे घर के सामने' और 'गाईड' के गीत बेहद पसन्द हैं। इनके अलावा नौशाद साहब के संगीत निर्देशन में *'कोई सागर दिल को बहलाता नहीं'* (आदमी), ख़य्याम साहब की धुन पर *'है कली-कली के लब पर तेरे हुस्न का फ़साना'* (लाला रुख़), बर्मन दादा के बनाए हुए *'ऐसे तो न देखो कि हमको नशा हो जाए'* (तीन देवियाँ), *'हम बेख़ुदी में तुमको पुकारे चले गये'* (काला पानी)

और रोशन साहब का बनाया हुआ राग यमन कल्याण पर आधारित *'मन रे तू काहे न धीर धरे'* (चित्रलेखा) शानदार गीतों की मिसाल लगते हैं। मदन भैया के लिए भी रफ़ी साहब ने बहुत अच्छे-अच्छे गाने गाए हैं, जिसमें मुझे 'दुल्हन एक रात की' का *'इक हसीं शाम को दिल मेरा खो गया'* बहुत पसन्द है।

एक बात और है कि शम्मी कपूर के लिए शंकर-जयकिशन और आर.डी. बर्मन ने जिस तरह उनसे मस्ती-भरे गाने गवाए हैं, वो बहुत पॉपुलर होने के बाद भी मुझे अपनी मिजाज़ के मुताबिक कम पसन्द आते हैं। शम्मी कपूर के लिए रफ़ी साहब ने जो संजीदा गाने गाए हैं, मैं उनको अधिक पसन्द करती हूँ। जैसे, *'इस रंग बदलती दुनिया में'* (राजकुमार) और *'तुमने मुझे देखा होकर मेहरबाँ'* (तीसरी मंजिल) कहीं अधिक कर्णप्रिय गीत लगते हैं। उनके ऊँची पट्टी के गीत भी बहुत सुरीले हैं, ख़ासकर जिन्हें शंकर-जयकिशन ने बनाया है। ऐसे गीतों में उनका *'ओ मेरे शाहे ख़ुबाँ'* (लव इन टोक्यो) अच्छा लगता है। उन्होंने 'प्यासा' के लिए साहिर साहब के कलाम को जिस ख़ूबसूरती से गाया है, वह तारीफ़ से ऊपर की चीज़ है। ख़ासतौर पर *'जिन्हें नाज़ है हिन्द पर वो कहाँ हैं'* जैसा गाना। लक्ष्मीकान्त-प्यारेलाल ने भी रफ़ी साहब से कई ख़ूबसूरत एकल-गीत गवाए हैं, जिनमें से अधिकांश मुझे अभी याद नहीं आ रहे हैं। मगर उन गीतों में कुछ ख़ास बात है, जो आज भी सुनने पर रोमांच से भरती है।

उनका 'इन्तकाम' का एक गाना बहुत प्यारा था, जो मुझे उनके गाए हुए गीतों में कुछ अलग लगता है। इसके बोल हैं *'जो उनकी तमन्ना है बरबाद हो जा'*। इस तरह देखें तो कई बार यह लगता है कि रफ़ी साहब जिस पाए के गायक रहे हैं, उनमें दस-बीस गीतों को याद करके वह बात पूरी नहीं कही जा सकती। उसके लिए उनके ज़्यादातर गीतों की और संगीतकारों के लिहाज़ से एक पूरी सूची लेकर बैठना पड़ेगा, तब कुछ ऐसे गीत चुने जा सकते हैं, जो उनकी आवाज़ के साथ न्याय करे। मैं व्यक्तिगत तौर पर उनकी बड़ी प्रशंसक रही हूँ और इस बात पर मुझे ख़ुशी होती है कि मेरे अधिकांश अच्छे युगल-गीत रफ़ी साहब के साथ मेरे हिस्से आए हैं।

यतीन्द्र मिश्र

तलत महमूद के गीतों की भी आपकी एक पसन्द की सूची होगी, जिसे जानने में मेरी रुचि है।

लता मंगेशकर

तलत महमूद साहब बड़े सुरीले और कामयाब गायक थे। यह अलग बात है कि इतनी अच्छी आवाज़ के कलाकार होने के बाद भी वे उस तरह अपने गीतों का संग्रह नहीं बना सके, जो मुकेश, मो. रफ़ी और किशोर कुमार के हिस्से आए हैं। उनके कई गीत मुझे बहुत पसन्द हैं, जिसमें 'तराना' फ़िल्म के मेरे उनके साथ के दोनों डुएट *'सीने में सुलगते हैं अरमाँ'* और *'नैन मिले नैन हुए बावरे'* को मैं विशेष तौर पर याद करती हूँ। मुझे अनिल विश्वास के संगीत निर्देशन में गाया हुआ उनका 'दोराहा' का गाना *'मुहब्बत तर्क की मैंने, गरेबाँ सी लिया मैंने'* बहुत पसन्द हैं। इसे साहिर लुधियानवी ने बड़ी स्तरीय शब्दावली में रचा था।

ठीक इसी तरह मजरूह साहब ने तलत महमूद के लिए एक सुन्दर गीत लिखा था, जिसे उन्होंने उतनी ही सुन्दरता से गाया भी है। यह गीत *'ऐ दिल मुझे ऐसी जगह ले चल जहाँ कोई न हो'* (आरजू, 1950) भी अनिल विश्वास ने ही बनाया था। अनिल दा के ही निर्देशन में 'वारिस' फ़िल्म का सुरैया के साथ का उनका डुएट *'राही मतवाले'* भी मेरी पसन्द में शामिल रहा है। तलत महमूद के अन्य गीतों में *'शाम-ए-ग़म की कसम'* (फुटपाथ), *'फिर वही शाम वही ग़म वही तन्हाई है'* (जहाँआरा), *'जलते हैं जिसके लिए'* (सुजाता) और *'जाएँ तो जाएँ कहाँ'* (टैक्सी ड्राइवर) आज भी सुनने में उतने ही नये और अनूठे लगते हैं।

यतीन्द्र मिश्र

सदाबहार किशोर कुमार के यहाँ आपके पसन्द के चुनिन्दा गीत?

लता मंगेशकर

किशोर दा के बहुत सारे गीत हैं। उन सबको याद कर पाना मुश्किल होगा। मुझे लगता है कि उन्होंने एस.डी. बर्मन और आर.डी. बर्मन के लिए जितने गीत गाए हैं, उनमें से अधिकांश गानों को उनके सर्वश्रेष्ठ गीतों की तरह याद किया जा सकता है। मुझे हमेशा से पसन्द आने वाले उनके गीतों में आर.डी. बर्मन के साथ की उनकी जोड़ी कुछ अलग ही नायाब सा करती हुई दिखाई पड़ती है। जैसे आप 'अमर प्रेम' के दोनों गीत *'कुछ तो लोग कहेंगे, लोगों का काम है कहना'* और *'चिंगारी कोई भड़के'* को देखें या 'पड़ोसन' में *'मेरे सामने वाली खिड़की में'* सुनें या 'प्यार का मौसम' का *'तुम बिन जाऊँ कहाँ'* को याद करें। 'बुढ्ढा मिल गया' का *'रात कली एक ख़्वाब में आई'* को सुनें

या फिर 'कटी पतंग' के दोनों गीत *'ये शाम मस्तानी, मदहोश किए जाए'* और *'ये जो मुहब्बत है'* को लें, सभी जगह आर.डी. और किशोर दा की जुगलबन्दी ग़जब ढाती है।

ठीक उसी समय आप बर्मन दादा के गीतों को भी सुनें, तो वहाँ भी किशोर कुमार के शोखी भरे रोमांटिक गीतों का कोई जवाब नहीं है। *'ये दिल न होता बेचारा'* (ज्वेल थीफ़), *'ख़्वाब हो तुम या कोई हक़ीकत'* (तीन देवियाँ) और *'फूलों के रंग से दिल की कलम से'* (प्रेम पुजारी) में जैसी सुन्दरता वे बर्मन दादा के साथ पैदा करते हैं, वैसी ही ख़ूबसूरती उन्होंने बाद में पंचम के साथ भी निभाई है। उनके दर्द-भरे नग़मे भी उतने ही सुरीले और दिल के क़रीब लगते हैं, जितने कि प्रेम-भरे गीत भाते हैं। आप *'कोई लौटा दे मेरे बीते हुए दिन'* (दूर गगन की छाँव में), *'जीवन के सफ़र में राही'* (मुनीम जी), *'कोई हमदम न रहा, कोई सहारा न रहा'* (झुमरू) और *'वो शाम कुछ अजीब थी'* (ख़ामोशी) में वो दर्द देखिए, जो किशोर कुमार जैसा खिलन्दड़ा, हँसोड़ और प्रसन्न-मन गायक पैदा कर रहा है? उसी तरह *'मुसाफिर हूँ यारों'* (परिचय) और *'मेरे सपनों की रानी कब आयेगी तू'* (आराधना) जैसे गीत भी सिर्फ़ किशोर दा ही गा सकते थे। आशा जी के साथ उनका एक डुएट मुझे शिल्प और गायिकी के स्तर पर बिल्कुल नये ढंग की कम्पोजीशन का उदाहरण लगता है। उसे मैं किशोर कुमार और आशा भोंसले दोनों के ही सर्वश्रेष्ठ गीतों में गिनती हूँ। यह गीत *'मैं सितारों का तराना ....पाँच रुपइया बारह आना'* (चलती का नाम गाड़ी) बहुत अधिक सुन्दर है। एस.डी. बर्मन ने इसे बड़ी महारत के साथ कम्पोज किया है। गीत के हर अन्तरे में जिस तरह किशोर कुमार नया-नया प्रयोग करते हैं, वह बस उनके ही बस की बात थी।

बाद में जब वे अमिताभ बच्चन के लिए तेज गति वाले गीत गाने लगे, तब भी वह किशोर कुमार टाईप पूरी तरह उन कम्पोजीशन्स में मौजूद मिलती हैं। इसके उदाहरण के लिए मैं सबसे सटीक गीत 'डॉन' फ़िल्म के *'खइके पान बनारस वाला'* को मानती हूँ। जिस स्टाईल में यह गीत गाया गया है, वह बहुत मुश्किल है। आप ग़ौर करें, तो किशोर कुमार को इस तरह गाते हुए देखेंगे कि गीत में लम्बे अन्तराल तक साँसें टूटती नहीं हैं। एक गायक के तौर पर मैं यह कह सकती हूँ कि कठिन प्रयोगों वाले गीतों को गाकर उतना ही लोकप्रिय बना ले जाना, जल्दी आसान नहीं होता है। किशोर कुमार ऐसी बहुत जगह अगर यह कर पाए हैं, तो वह उनकी काबिलियत और गम्भीर कलाकारी का ही मामला बनती है।

यतीन्द्र मिश्र

मन्ना डे के गीतों का भी चयन यहाँ लाजिमी है, जो एक बेहद समर्थ और शास्त्रीय ढंग से पगे हुए गायक रहे हैं।

लता मंगेशकर

आप ठीक कह रहे हैं। मन्ना दा सबसे ज़्यादा शास्त्रीय ढंग से सीखे हुए गायक थे, जिन्हें रागदारी और शास्त्र का गहराई से ज्ञान था। वे शास्त्रीयता का इस्तेमाल इतनी ख़ूबसूरती से अपने गीतों में करते थे कि एकबारगी यह लगता ही नहीं था कि कोई गायक लोकप्रिय फ़िल्मी धुनों में इतने अद्‌भुत ढंग से अपनी शास्त्रीय तैयारी को भी दिखा सकता है। मतलब कमाल का काम करते थे वे, जिसे सुनना हमेशा ही सुखद रहा है। *'लागा चुनरी में दाग़'* (दिल ही तो है), *'सुर न सजे क्या गाऊँ मैं'* (बसन्त बहार), *'फुलगेंदवा न मारो, न मारो लगत करेजवा पे चोट'* (दूज का चाँद), *'कौन आया मेरे मन के द्वारे'* (देख कबीरा रोया) और *'तू प्यार का सागर है'* (सीमा) जैसे सदाबहार अमर गीतों को सुनकर मन्ना दा की गायिकी की ऊँचाई को देखा जा सकता है।

वे हरफ़नमौला कलाकार थे, जिनके यहाँ आपको कॉमेडी सांग भी ढेरों संख्या में देखने को मिल सकते हैं। ख़ासकर महमूद के लिए उनके द्वारा किया गया पार्श्वगायन। मुझे आज भी 'पड़ोसन' में किशोर दा के साथ का उनका युगल-गीत *'एक चतुर नार कर के सिंगार'* हास्य-प्रधान गीतों में सर्वोत्तम लगता है। क्या कमाल की कम्पोजीशन है, जिसमें कॉमिक तत्त्व भी सुन्दर ढंग से पिरोए गये हैं। वो जो कुछ भी गाते थे, सब में कोई न कोई अलग एलीमेण्ट मौजूद होता था।

उनका पहला मशहूर हुआ गीत *'ऊपर गगन विशाल, नीचे गहरा पाताल'* (मशाल) जितना मधुर है, उतना ही *'दिल का हाल सुने दिलवाला'* (श्री 420) और *'चलत मुसाफिर मोह लियो रे'* (तीसरी कसम) भी कर्णप्रिय लगता है। शंकर-जयकिशन ने मेरे जितने डुएट बनाए हैं, उनमें मन्ना डे के साथ के मेरे अधिकतर गीत मुझे बहुत प्रिय हैं और कुछ अलग लगते हैं। ख़ासकर 'चोरी चोरी', 'बसन्त बहार', 'श्री 420' और 'रात और दिन' के युगल-गीत। मन्ना डे ने जितनी भी कलाकारी संगीत सीखने के दौरान अर्जित की थी, मुझे लगता है वह सब उन्होंने फ़िल्मी गीतों में डालकर हम लोगों के लिए लौटा दी है।

यतीन्द्र मिश्र

हेमन्त कुमार के कौन से गाने आपको हमेशा से भाते रहे हैं?

लता मंगेशकर

हेमन्त दा जितने बड़े गायक थे, उससे भी बड़े कम्पोजर रहे हैं। बहुत ही संयत ढंग से खुलने वाली उनकी आवाज़, एक सन्त गायक की आवाज़ लगती है। गीत के बढ़ने के साथ उनका गला भी उसी तरह सुन्दर ढंग से खुलता जाता है। मेरे साथ के कुछ बहुत ही अच्छी धुनों वाले युगल-गीत हेमन्त दा के साथ बने हैं, जिनमें अधिकांश फ़िल्मों का संगीत भी ख़ुद उनका दिया हुआ है। हेमन्त कुमार के एकल गीतों में मुझे उनकी स्वयं कम्पोज की हुई धुनें ज़्यादा पसन्द हैं, जिनमें *'ये नयन डरे-डरे'* (कोहरा), *'जरा नज़रों से कह दो जी'* (बीस साल बाद), *'या दिल की सुनो दुनिया वालों'* (अनुपमा) और *'तुम पुकार लो तुम्हारा इन्तज़ार है'* (ख़ामोशी) विशेष तौर पर याद आते हैं। सी.रामचन्द्र के निर्देशन में 'अनारकली' का उनका एक गीत *'ज़िन्दगी प्यार की दो-चार घड़ी होती है'* भी उनकी गायिकी का एक सुन्दर उदाहरण है। मैंने जब 'श्रद्धांजलि' एल्बम बनाया था, तो उसमें हेमन्त दा के जिन गीतों को ख़ुद गाने के लिए चुना था, वह मेरे उनके गाये हुए प्रिय गानों में रहे हैं। इनमें मैंने *'तेरी दुनिया में जीने से तो बेहतर है कि मर जाएँ'* (हाऊस नम्बर 44) और *'रुलाकर चल दिए'* (बादशाह) का चयन किया था।

यतीन्द्र मिश्र

आशा जी के गाये हुए गीतों में वे कौन से गीत हैं, जो आपको पसन्द के तौर पर तुरन्त याद आते हैं?

लता मंगेशकर

मैंने आशा जी के कई गीतों का ज़िक्र आपसे कुछ दूसरे प्रश्नों के सन्दर्भ में भी किया है, जिन्हें सुनकर हमेशा ही प्रसन्नता होती है। ....मगर यहाँ कुछ ऐसे गीतों का उदाहरण देना चाहूँगी, जो उतने पॉपुलर नहीं हैं, बावजूद इसके उनकी उत्कृष्टता आशा जी के गाए हुए हिट गीतों से कहीं भी कम नहीं है। आप इन गीतों को भी उतने ही सुन्दर ढंग से आशा जी की आवाज़ में खिलता हुआ देख सकते हैं, जिस तरह उनके सैकड़ों लोकप्रिय गीत हैं। इनमें मैं पाँच-सात ऐसे गीतों को याद करना चाहूँगी, जिनमें नौशाद साहब की 'अमर' के लिए *'राधा के प्यारे कृष्ण कन्हाई'*, जयदेव जी की 'मुझे जीने दो' का *'माँग में भर*

ले रंग सखी री', बर्मन दादा का 'बन्दिनी' के लिए गाया हुआ *'ओ पंछी प्यारे सांझ सकारे'*, रवि का 'काजल' के लिए बनाया हुआ भजन *'तोरा मन दरपन कहलाए'*, शंकर-जयकिशन का 'तीसरी कसम' के लिए *'हाए गजब कहीं तारा टूटा'* और उस्ताद विलायत ख़ाँ साहब की 'कादम्बरी' के लिए कम्पोज किया हुआ *'अम्बर की इक पाक सुराही'* कुछ ख़ास मगर चुनिन्दा गीत माने जा सकते हैं। अलग से ख़य्याम साहब की 'उमराव जान' के सारे ही गीतों को मैं आशा जी के सर्वश्रेष्ठ फ़िल्मी गीतों में रखकर देखती हूँ।

यतीन्द्र मिश्र

आशा भोंसले द्वारा गाये हुए किस गाने पर आप रश्क करती हैं, जो आप अपने संगीत कॅरियर में खुद गाना चाहतीं?

लता मंगेशकर

आशा के ढेरों ऐसे गाने हैं, जो कमाल के हैं। मुझे तक़रीबन कई गाने उसके ऐसे लगते हैं, जिन्हें बार-बार सुनने का मन होता है। कई सारे गाने तो एकाएक याद नहीं कर पा रही हूँ, मगर 'मेरे सनम' का *'ये है रेशमी ज़ुल्फ़ों का अन्धेरा'*, 'दिल ही तो है' का *'निग़ाहें मिलाने को जी चाहता है'*, 'हावड़ा ब्रिज' का *'आइए मेहरबान'* और 'उमराव जान' का *'दिल चीज़ क्या है..'* जैसे गाने तो भूलते ही नहीं। एक गाने का ज़िक्र अवश्य करना चाहूँगी, जिसे आर.डी. बर्मन ने कम्पोज किया था। वह 'तीसरी मंजिल' फ़िल्म में रफ़ी साहब के साथ गाया हुआ वेस्टर्न आर्केस्ट्रेशन पर *'आजा आजा मैं हूँ प्यार तेरा'* है। मैं बेहिचक बहुत खुशी से स्वीकारना चाहती हूँ कि आशा ने जिस सुन्दरता और लोच से इस गाने को गाया है, वह शायद मैं कभी भी उस तरह गा न पाती।

यतीन्द्र मिश्र

आशा जी के साथ युगल-गीतों को गाने में कैसा महसूस किया? एक परिवार की सदस्य के साथ सहज ढंग से गाने का मामला या फिर एक दूसरी समकालीन और बेहद कलात्मक ढंग से गाने वाली सहयोगी गायिका के रूप में? अपने इस अनुभव को किस तरह देखती हैं?

लता मंगेशकर

आपको सच्ची बात बताऊँ, आशा जी और गीता दत्त के साथ कोई भी डुएट गाना बेहद अच्छा लगता था। ऐसा महसूस होता था जैसे हम साथ में किसी

खुशी के मौके पर कुछ गा रहे हैं। आशा के साथ मेरे बहुत सारे गाने हैं, मगर दिल के क़रीब जो गाने हैं, उसमें 'मयूरपंख' फ़िल्म का *'ये बरखा बहार सौतनिया के द्वार'* बहुत बढ़िया गाना था। आज भी अच्छा लगता है। इसके लिए शंकर जयकिशन की जोड़ी के शंकर जी ने हमसे कहा था 'आप दोनों इस गीत को अपने-अपने ढंग से गाएँ। गीत में जहाँ चाहें उसमें अपनी मनचाही हरकतें दिखा सकती हैं और आलाप को भी जैसा चाहें, वैसा स्वरूप दें।' यह सुनकर हम दोनों ने ही उसे ज़्यादा से ज़्यादा मेहनत करके गाया था, जिसके कारण वह गीत भी अलग ही बन गया। सी.रामचन्द्र के निर्देशन में 'शारदा' के लिए हम दोनों ने *'ओ चाँद जहाँ वो जाएँ'* गाया है, जो बड़ा ही शानदार गाना है। आप इसे गौर से सुनने पर इस बात का अन्दाज़ा लगा सकते हैं कि दो लड़कियाँ अलग-अलग मूड के साथ एक ही गाने को गा रही हैं। मुझे तैयारी और अदायगी दोनों के लिहाज-से यह गाना एकदम दुरुस्त लगता है। इसी तरह मदन भैया का 'जहाँआरा' के लिए *'जब-जब तुम्हें भुलाया तुम और याद आए'* और नौशाद साहब का *'जानेमन इक नज़र देख ले'* (मेरे महबूब) भी बेहतरीन गाने हैं, जो हम दोनों के बीच गायिकी के चलते बने हैं।

राजकपूर साहब की 'जिस देश में गंगा बहती है' में *'क्या हुआ अरे ये क्या हुआ'* को भले ही हम दोनों बहनों ने साथ गाया था, पर इस गाने पर हम दोनों बहुत हँसते थे, क्योंकि यह हमारी पसन्द का गाना नहीं था। बावजूद इसके हमने बहुत मेहनत करके इसे सँवारा था, फिर भी अगर आप इस गाने को गौर से सुनें, तो लगेगा कि जैसे हम दोनों ही इसे बेमन से गा रहे हैं। यही हाल 'मिस मेरी' के गाने *'सखी री सुन बोले पपीहा उस पार'* के साथ भी हुआ है। मुझे वह व्यक्तिगत तौर पर बड़ा ही साधारण गाना लगता है। फिर भी न जाने क्यूँ वह एक समय में बहुत चला था और उसे हम दोनों के गाए हुए बेहद अच्छे गीतों में गिना जाता है। बाद में लक्ष्मीकान्त-प्यारेलाल के संगीत में *'छाप तिलक सब छीनी रे मोसे नैना मिलाय के'* (मैं तुलसी तेरे आँगन की) मुझे बहुत अच्छा लगा था। यह गीत अमीर ख़ुसरो के प्रसिद्ध पारम्परिक गीत को बदलकर फ़िल्म में लिया गया था, बस मुखड़ा ही जस का तस अमीर ख़ुसरो का है। मेरी ख़ास पसन्द के गीतों में यह शामिल है और आशा के साथ गाए हुए डुएट्स में मुझे यह काफ़ी महत्त्वपूर्ण लगता है। अवधि के हिसाब से भी यह गाना थोड़ा लम्बा था और लक्ष्मी-प्यारे का संगीत भी इसे एक नयी ज़मीन देता है। इसी तरह लक्ष्मी-प्यारे ने ही शशि कपूर की 'उत्सव' का *'मन क्यूँ बहका री बहका आधी रात को'* को भी बिल्कुल नये तरीके से डेवलप किया

था। आशा के साथ गाए हुए अपने गीतों में इस गीत को मैं सबसे ऊपर के स्थान वाला गीत मानती हूँ।

आपको जानकर आश्चर्य होगा कि हम सभी भाई-बहन घर में कभी किसी फ़िल्मी गाने का अभ्यास नहीं करते थे। उन गीतों का अभ्यास रेकॉर्डिंग स्टूडियों में संगीतकारों के सामने ही होता था, बाक़ी घर में तो हमेशा रागों और पुरानी बन्दिशों का रियाज़ ही किया है। मुझे लगता है कि आशा और मैं इसी तरह तैयारी करके आगे बढ़े हैं। आशा के साथ कभी किसी प्रतिद्वन्द्विता का भाव मन में नहीं रहा है, पर मुझे लगता है कि यह सब मीडिया की बनायी हुई कुछ ऐसी कहानियाँ हैं, जिन पर न बोलना ही बेहतर है। हम दोनों बहनें हैं और ईश्वर की मर्जी से एक ही दुनिया से जुड़ी रहीं, जो संगीत की दुनिया है। आज यह बात मैं पूरे गर्व से कह सकती हूँ कि इस इण्डस्ट्री में आशा भोंसले जैसी बेहतरीन गायिका मेरी छोटी बहन ही है। ....और हम दोनों ने मिलकर या अलग-अलग दुनिया को कुछ सुन्दर गीतों से प्रसन्न ही किया है। रही बात गीता की, तो उसके साथ तो मेरी इतनी पटती थी कि गाने में भी वो खुशियाँ नज़र आती हैं। मुझे कभी उसके साथ ऐसा महसूस नहीं हुआ कि जैसे मैं परिवार के बाहर के किसी व्यक्ति के साथ मिल रही हूँ। हमेशा प्रसन्न रहने वाली और थोड़ी हड़बड़ी में व्यस्त गीता दत्त की सारी प्यारी स्मृतियाँ मेरे जीवन का अहम हिस्सा हैं। मुझे अभी उसके साथ के दो गीत ऐसे याद आ रहे हैं, जिनको सुनने पर लगता है जैसे आपस की दो सखियाँ बेहद खुश होकर किसी पारिवारिक समारोह में शामिल होकर गा रही हों। इसमें 'पंचायत' का *'ता थैया करते आना मोरे जादूगर मोरे सैंया'* और 'यहूदी' का *'बेचैन दिल खोई सी नज़र, तनहाइयों में शामों-सहर'* प्रमुख हैं।

यतीन्द्र मिश्र

उषा मंगेशकर के सहकार वाले गीतों के बारे में आपका क्या कहना है?

लता मंगेशकर

(हँसती हैं) जब मैं इण्डस्ट्री में आई थी, तो उस समय मैं ही एकदम नयी थी। मुझे याद है कि जब सी.रामचन्द्र ने 'आज़ाद' के दो गीतों के लिए मुझे कहा कि उषा भी इस फ़िल्म में आपके साथ गायेगी, तो मुझे आश्चर्य हुआ था कि उषा इतनी छोटी है, वह बेचारी कैसे यह सब सँभालेगी। 'आज़ाद' के गीतों की रेकॉर्डिंग के समय मैं ख़ुद बाईस-तेईस साल की थी और उषा मेरे हिसाब से

सोलह-सत्रह की रही होगी। हम दोनों ने *'अपलम चपलम चपलाई रे'* और *'ओ बलिए चल चलिए'* साथ गाया था। *'अपलम चपलम'* तो बेहद हिट हुआ और बाद में मेरे उषा के साथ कई मधुर गीत बने, जिनमें संयोग से अधिकतर को चित्रगुप्त जी ने बनाया था। मसलन 'गंगा मईया तोहे पियरी चढ़इबो' का टाईटिल सांग और 'बर्मा रोड' का *'दग़ाबाज हो बाँके पिया'*। चित्रगुप्त जी के मेरे दूसरे गीत, मसलन– *'हम तो ख़राब हुए सनम तेरी मतवाली आँखों से'* (सैमसन) और *'डगर चलत छनके बिछुआ'* (एक राज) भी अच्छे गीत थे। लक्ष्मी-प्यारे का 'आया तूफ़ान' का *'तोहार नाम लई के छोड़ा है ज़माना'* जितना अच्छा गीत बना था, उतनी ही अच्छी उसकी धुन भी थी। यह गाना बहुत हिट हुआ था। लक्ष्मीकान्त-प्यारेलाल की म्युजिक का ही 'अनीता' फ़िल्म का गाना *'है नज़र का इशारा सँभल जाइए'* भी अच्छा गाना था। व्यक्तिगत तौर पर मुझे *'दग़ाबाज हो बाँके पिया'* के अलावा जी.एस. कोहली साहब की 'शिकारी' का गाना *'तुमको पिया दिल दिया कितने नाज से'* बहुत ही ज़्यादा पसन्द है। बाद में अलग से हम दोनों ने भजनों और मंत्रों के कई अल्बम साथ में गाए और रेकॉर्ड किये। उषा के साथ गाते समय भी वैसा ही अनुभव होता था, जैसा उसको बचपन से अपनी गोदी में लेकर टहलने से होता रहा है। (हँसती हैं)।

यतीन्द्र मिश्र

दुनिया जिस लता मंगेशकर की दीवानी है, स्वयं लता जी मिस्र की गायिका उम्म कुलसुम की। कुलसुम की गायिकी में ऐसा क्या है, जो आपको इतना प्रभावित करता है?

लता मंगेशकर

एक समय था, जब मैं उम्म कुलसुम को बेहद पसन्द करती थी। उनकी आवाज़ बुलन्द थी और जिस तरह के गीत उन्होंने गाये हैं, वह मुझे कुछ दूसरे ढंग के बहुत मौलिक लगते थे। शायद इसीलिए उम्म कुलसुम को सुनना मेरी पसन्द की गायिकी में शुमार था। उनके अलावा लेबनीज़ की फ़ैरूज़ भी मुझे अच्छी लगती थीं। उनकी आवाज़ कुछ अलग दमखम लिए हुए थोड़ी भारी सी थी। आपको यह सुनकर अच्छा लगेगा कि शंकर जयकिशन द्वारा कम्पोज़ किया गया *आवारा* फ़िल्म का गीत *'घर आया मेरा परदेसी'* कुलसुम के एक प्रचलित गीत *'अला बलाड एल महबूब'* की धुन पर रचा गया था, जिसे उन्होंने 1936 में प्रदर्शित मिस्र की फ़िल्म *'वीदाद'* से लिया था। मुझे *'घर आया मेरा परदेसी'* गाते हुए

अलग किस्म का आनन्द आया और जब मुझे पता लगा कि यह असल में कुलसुम की धुन पर आधारित है, तो मैंने बाद में ढूँढ़कर उनकी ढेरों ऐसे मधुर गीतों को बहुत ध्यान से सुना। एक महत्त्वपूर्ण बात इसी सन्दर्भ में यह भी याद आती है कि अब्दुल वहाब नाम से एक बहुत सम्मानित संगीत निर्देशक मिस्र में हुए, जिनकी ढेरों धुनों का भारत के फ़िल्म संगीत में इस्तेमाल हुआ। खुद मैंने उनकी एक प्रचलित धुन पर नौशाद साहब द्वारा बनाया हुआ *'उड़नखटोला'* फ़िल्म का गीत *'मेरा सलाम ले जा दिल का पयाम ले जा'* गाया था।

मुझे एक मजेदार बात यह ध्यान में आती है कि मैंने विदेशों में भ्रमण के दौरान यह पाया है कि हमारे भारतीय फ़िल्म संगीत की बहुत लोकप्रियता वहाँ रही है। उसका शायद एक प्रमुख कारण यह भी रहा होगा कि विदेशी लोग हमारे फ़िल्म संगीत पर इसलिए उत्साह से प्रतिक्रिया जताते हैं कि उन्हें लगता है कि जिन धुनों पर हम अपना हिन्दी गीत गा रहे हैं, वह कहीं उनका गाना ही है, जिसे हम अपनी भाषा में गा रहे हैं। (हँसती हैं)

यतीन्द्र मिश्र

कोई ख़ास मित्र, पड़ोसी या आपकी संगीत दुनिया का कोई व्यक्ति, जिसे गंवाने का दुःख मन में हो। उसकी कमी हमेशा अखरती हो?

लता मंगेशकर

कई लोग ऐसे हैं, जिनका जाना मैं आज तक भुला नहीं पाई हूँ। कुछ लोगों को खोने का मुझे बहुत दुःख है। यह सोचना और भी कष्टप्रद है कि उसका कोई इलाज भी नहीं है हमारे पास। मेरी दो सहेलियाँ थीं, जिनकी मृत्यु ने मुझे गहरा आघात दिया। मतलब मैं आपको जो बता रही हूँ, यह 1946 की बात है। उस समय की मेरी एक सहेली थी, जिससे मैं सारी बातें साझा करती थी। उसका जाना मेरे खुद के जीवन के लिए ऐसा था कि बहुत वर्षों बाद तक मैं अपने मन की बात भी किसी से नहीं कह पाती थी। उसका नाम मंगला शिरोडकर था। दूसरी सहेली मेरी एक डाक्टर थी, जो साइक्रेटिक थी। नलिनी म्हात्रे। वो कनाडा में रहती थीं और मेरा ख्याल है कि वो 1968 में कनाडा गयी थीं। उसने अपना घर किंग्स्टन में बनाया था, जो कनाडा में है। वहाँ मैं काफ़ी दफ़े गयी हूँ और वह भी आई बम्बई में मेरे पास। उससे मेरी बहुत ज़्यादा बनती थी। वो हर बात मुझे बताती थी और मैं उसको अपनी हर बात लिखकर भेजती थी। कभी टेप बनाकर भी अपनी बात मैं उसे भेजती थी। मतलब हम लोगों

का इतना नजदीकी रिश्ता था, कि मैं क्या बताऊँ। अभी कुछ वर्षों पहले वो बहुत ही दुःखद तरीके से कैंसर की बीमारी में नहीं रहीं। नलिनी म्हात्रे की मृत्यु से मुझे धक्का लगा।

इन दो सहेलियों के अलावा, सबसे नजदीक मेरी माँ थीं, जिनके जाने का बहुत दुःख है मुझे। अभी भी जब कभी मुझे याद आती है उनकी, तो बहुत तकलीफ़ होती है। उसकी बातें, हम लोगों को देखना– वो कुछ कमाल का था मेरी माँ में। पिताजी की जब डेथ हुई, तो वो मेरे ख्याल से 45 की रही होंगी। उस समय हम पाँच थे– चार बहनें और एक भाई। उसके ऊपर इतना बड़ा बोझ था, पर कभी उसने शिकायत नहीं की, बल्कि हमको बहुत बढ़िया ढंग से सँभाला। कभी उसने यह नहीं कहा कि मुझे यह ला दो, मेरे लिए यह कम पड़ रहा है या वो चीज़ नहीं हो पा रही है। माई ने कभी इन बातों का ध्यान ही नहीं दिया। उसकी ज़िन्दगी का एक ही मतलब था कि अच्छी तरह से बड़ा किया जाये हम पाँचों भाई-बहनों को, जो उसने बड़े ढंग से किया। 1995 में उनकी डेथ हुई। फिर 1996 में नलिनी चली गयीं। ईश्वर के लिए भी क्या कहूँ, पिताजी की डेथ के बाद जो दो लोग मेरी सबसे नजदीकी थीं, वे दोनों ही चली गयीं। पिताजी जब गये, तब मैं तेरह साल की थी। इतनी समझ नहीं थी और मैं उस समय परिवार को सँभालने में लग गयी, इसलिए बचपन में वह दुःख जिम्मेदारियों के साथ अजीब ढंग से मेरे साथ चलता चला आया। पिताजी जब थे, तब मैं बहुत मस्त लड़की होती थी। थोड़ी पागल, मतलब दिन भर हँसना और बिना वज़ह व्यस्त रहना और खेलना। हमारे यहाँ वो गोटियाँ लेकर खेलते हैं न! वो खेलना बचपन में लगा रहता था। कुछ मतलब नहीं था दीन-दुनिया से। यह भी समझ में नहीं आता था कि लोग कैसे होते हैं? एक अपना घर और अपने भाई-बहन के सिवा मैंने दूसरे जहान को जाना ही नहीं। इसके अलावा ध्यान सिर्फ़ गाने पर होता था। सिर्फ़ गाना... गाना... और गाना...।

बाद में जब मुझे काम करना पड़ गया, तब मैंने काम करने का कोई दुःख नहीं मनाया, बल्कि सिर्फ़ काम करती रही और इस प्रयास में लगी रहती थी कि माई को कोई कष्ट न होने पाए। मुझे एक बात बर्दाश्त नहीं हुई थी उस समय जब मेरी माँ को अस्पताल में रखा गया था, तो वह कभी आँखें खोलकर देखती थीं। उस समय हृदयनाथ क्या करता था कि उसके सामने एक सादा कागज़ रखता था और हाथ में पेन देता था। उस कागज़ में वह पहले से लिखकर रखता था कि तुम कैसी हो? तबीयत कैसी लग रही है? क्या हो रहा है? आप

जानते हैं एक दिन माई ने क्या लिखा। उसने लिखा– 'मुझे मेरे पति के पास अब जाने दो, बहुत रोको नहीं मुझे।' यह बात मुझे मतलब बहुत ही भीतर तक लग गयी। मुझे बहुत ही दुःख हुआ था यह पढ़कर और ऐसे में माई की हालत मुझसे देखी नहीं गयी। (उदासी से)

यतीन्द्र मिश्र

किसी कलाकार के जाने का दुःख?

लता मंगेशकर

कलाकार, तो सबका ही दुःख है। हमारे कार्यक्रम चल रहे थे उसके बीच मुकेश भैया गये। मतलब हमारे कुछ लास्ट शो बाक़ी थे, शायद एक या दो। उनको हार्टअटैक हुआ और वो एकदम से चले गये। मुकेश भैया के जाने के बाद पन्द्रह-बीस दिन मुझे बहुत तकलीफ़ हो गयी थी। उनके जाने का मुझे ऐसा सदमा लगा कि बीसों दिनों तक मेरा बुखार लगातार बना हुआ था, जो कम होने का नाम ही नहीं लेता था। मैं सदमें में थी और किस तरह की तकलीफ़ थी, मैं अभी आपको बयान नहीं कर सकती हूँ। मेरे साथ के जितने भी प्ले-बैक सिंगर गये हैं, उन सबका मुझे बहुत दुःख रहा है। किशोर दा के जाने का तो बहुत-बहुत ज़्यादा ही दुःख हुआ था मुझे। मुझे एक बात अभी याद आ गयी। किशोर दा की डेथ से एक महीना पहले ...मेरे ख्याल से सितम्बर में उनकी डेथ हुई, तो उसके कुछ ही दिन पहले मुझे मिले, तो उन्होंने कहा– 'तुम मुझे मिलने आओ लता! मुझे तुमसे बात करनी है।' ...और मैं जब बात करने गयी, तो वो रोने लगे। मुझे कहा कि 'मैं हँसाता हूँ लोगों को, पर मैंने अपनी ज़िन्दगी में बहुत दुःख झेले हैं। बहुत नहीं, बहुत ज्यादा दुःखी हूँ, जिसे मैं बोल नहीं सकता हूँ, इतना मुझे दुःख है, मैं क्या-क्या कहूँ?' दुःख क्या है वह तो उन्होंने पूरी तरह से बताया नहीं। आज मुझे लगता है कि वो कुछ ऐसा घरेलू दुःख रहा होगा, जिसकी वजह से वो बेहद परेशान थे। मतलब उनको मैंने कभी रोते हुए देखा नहीं था। कभी भी नहीं। फिर वो इतना हँसाते थे कि हँस-हँस के गला बैठ जाता था हम लोगों का। इतने लोगों की नकल करना और हँसाना। ...और उनको इतना दुःख था, इस दुःख से मेरा मन बहुत ख़राब हो गया। ...तो ऐसे ही मुझे इस बात की बड़ी पीड़ा रही। इसी तरह गीता दत्त का क्या हुआ कि मुझे मालूम ही नहीं चल सका कि उसकी मृत्यु हुई है। ताज्जुब की बात तो यह थी कि मुझे सलिल चौधरी जी का फ़ोन आया और उन्होंने कहा– 'लता, तुम तुरन्त चली आओ। गीता

के साथ ऐसे-ऐसे हुआ है।' मुझे एकाएक धक्का लगा और मैं जब गयी, तो वे ही मुझे ले गये थे गीता के अन्तिम दर्शन कराने। गीता से मेरी बहुत पटती थी और वह बहुत नेकदिल लड़की थी। इसलिए उसका अचानक यूँ चले जाना कहीं भीतर गहरे निराश कर गया।

मेरी लाईफ़ में ऐसी औरत एक और भी थीं, जो मदन मोहन जी की पत्नी थीं। शीला नाम था उनका। मुझे बहुत प्यार करती थीं या आप कह सकते हैं कि बेहद प्यार करती थीं। मुझे हमेशा अपने घर बुलाया करती थीं। हम लोग एक ही रोड पर रहते थे– पैडर रोड पर। मतलब इतने नज़दीक कि चल कर जा सकते थे। मैं उनके यहाँ रोज़ ही जाती थी और कभी-कभी मदन मोहन जी खाना बनाते थे, खास तौर पर उनका मटन बनाना, तो वह अन्दर जाकर कहते थे– 'बेटे, आज मैंने मटन बनाया है, बिना खाए नहीं जाना'। वाकई वह बहुत अच्छा खाना बनाते थे। उसी तरह से शीला भाभी भी थीं, मुझे कहीं भी जाना हो, तो वह साथ ले जाती थीं, हर समय मुझे कुछ न कुछ गिफ्ट करती रहती थीं। कभी कोई परफ्यूम ला देना तो कभी कुछ, यह सब चलता रहता था। हम साथ बैठकर इतनी गप्पें मारते थे, वह सब शीला भाभी के जाने से थम सा गया। उनको ब्लड कैंसर हो गया था। मेरे ख्याल से जब नरगिस जी की मृत्यु हुई थी, तो उसी साल या उसके आस-पास उनकी भी डेथ हुई। उनकी मृत्यु भी मुझे बहुत दुःखी करती है। मेरा जन्मदिन 28 सितम्बर को होता है और शीला भाभी की जन्म तारीख़ 26 सितम्बर पड़ती थी, तो हम आगे-पीछे अपना जन्मदिन भी बड़े प्रेम से मनाते थे।

कुछ लोगों के साथ मेरी आत्मीयता इतनी पुरानी रही है, कि उनके बिछुड़ने का ग़म इस तरह कहकर भी पूरी तरह व्यक्त नहीं कर सकती हूँ। यह सारे लोग मेरे बड़े प्रिय रहे हैं और उन सबकी मृत्यु मुझे उतनी ही खलती है, जितना कि उसकी स्मृति भी बुरी लगती है। मैं जल्दी-जल्दी किसी की मृत्यु पर रो नहीं पाती, बस मेरे भीतर वह सदमे की तरह बैठ जाता है। हमेशा के लिए एक अवसाद की तरह। मेरा ब्लड प्रेशर ज़रूर बढ़ जाता है। मुझे किशोर दा, आर.डी. बर्मन और माई के जाने पर ऐसा ही हो गया था। प्रेशर ऊपर वाला 200 तक जा पहुँचा था। ऐसे में मेरे पारिवारिक डाक्टर कपूर ने कहा कि आप किसी की मृत्यु पर जाएँ, तो कोशिश कीजिए कि मृत देह न देखें। पर यह कहाँ सम्भव है? आप ही बताइए? अपनों की मृत्यु पर कहाँ आप इस तरह कुछ कर सकते हैं। फिर अवसाद जो घेर लेगा वह कहाँ छोड़ने वाला है?

यतीन्द्र मिश्र

आपने पारिवारिक मित्रों और कलाकारों की मृत्यु का दुःख अभी यहाँ व्यक्त किया है। मैं यह जानना चाहता हूँ कि वे चन्द कौन लोग रहे हैं, जिनकी मृत्यु ने आपको व्यक्तिगत तौर पर क्षति पहुँचाई। ऐसे लोग जिनकी मैत्री को खोने के साथ-साथ आपने यह भी कहीं महसूस किया कि अब उतने सुन्दर गीत आपके लिए बनाने वाले लोग नहीं रहे, जिनके साथ आपने एक सार्थक पारी साझा की है...

लता मंगेशकर

इस तरह देखें, तो सबसे ज़्यादा दुःखी मैं जयकिशन जी की मृत्यु पर हुई। वे बहुत दुःख में गये इस संसार से। एक तो उनकी उम्र बहुत कम थी, ऊपर से अन्तिम दौर में उनकी शंकर जी से बनती नहीं थी। फिर उस समय उन लोगों को फ़िल्में भी कम मिलती थीं, तो मुझे लगता है कि जितने बड़े वे कलाकार थे, उस लिहाज से उनकी कद्र नहीं हुई, फिर उनकी असमय मृत्यु ने भी उनका पूरा व्यक्तित्व खिलकर उभरने नहीं दिया। इस बात ने मुझे बहुत पीड़ा दी। इसी तरह मदन भैया (संगीतकार मदन मोहन) का जाना मुझे इतना खला है, कि उसे कहकर बयाँ नहीं कर सकती। उनके जाने के बाद तो बहुत दिनों तक मेरा गाने का मन ही नहीं होता था। वे ऐसे पारिवारिक मित्र और बड़े भाई की तरह रहे, जिनकी कमी को कोई दूसरा पूरा नहीं कर सका है।

बाक़ी लोगों में मैं व्यक्तिगत तौर पर रोशन साहब, एस.डी. बर्मन और चित्रगुप्त जी की मृत्यु से दुःखी हुई हूँ। इस बात के लिए भी कि वह सुरीला दौर इन लोगों के जाने से ख़त्म हो गया, जिसको बनाने में हम लोग भी साथ-साथ शामिल थे। हेमन्त दा (गायक-संगीतकार हेमन्त कुमार) तो इतनी उदारता और प्यार से भरे हुए इन्सान थे कि मैं आपसे क्या कहूँ? वे अकसर जब घर आते थे, तो दरवाजे से ही गुहार लगाते थे 'लता! कॉफ़ी!'। मैं जब कॉफ़ी बनाकर लाऊँ, तो उसमें पाँच-छह चम्मच चीनी डलवाकर पीते थे। मेरे इतना मना करने पर कि आपको शुगर हो जायेगी, मानते ही नहीं थे। ऐसे अनगिनत लोग थे, उस दौर में, जिनको एक-एक कर खोना जीवन में बहुत निराश कर गया है। इन लोगों को मैं दिल से भुला नहीं पाई हूँ। ....और जब भी कोई बात होती है, तो अनायास ही यह सब आँखों के सामने आ जाते हैं।

यतीन्द्र मिश्र

कृष्ण के पास वंशी है, सरस्वती के पास वीणा है, नारद के पास इकतारा है, शिव के पास डमरू है, हनुमान के पास मृदंग है। कहने का आशय यह है कि हमारी संस्कृति में देवताओं को संगीत-प्रिय माना गया है। कृष्ण को नटेश्वर और नटनागर, शिव को नटराज और हनुमान को संगीत-कला विशारद आंजनेय कहा गया है। आपको कौन सा देवता संगीत के लिहाज़ से प्रिय है? किस वाद्य को आप सर्वाधिक ईश्वरीय मानती हैं?

लता मंगेशकर

देखिए, जिसके पास भी साज है, वो हर देवता मुझे पसन्द है। चूँकि मेरा पूरा जीवन ही संगीत को समर्पित है। मैंने संगीत के माध्यम से ही यह दुनिया देखी, जानी और समझी है; अतः जहाँ कहीं भी संगीत होगा, वह स्थान और व्यक्ति मेरे प्रिय होंगे। फिर देवताओं की बात आपने की है, तो इससे श्रेष्ठ भला क्या हो सकता है कि भगवान के हाथ में कोई न कोई संगीत का वाद्य शोभा दे रहा है। कहीं डमरू है, कहीं मृदंग। कहीं बाँसुरी है, तो कहीं वीणा। ...तो जैसा आपने कहा, यह सब संगीत संसार में ही उपस्थित है, अतः मुझे हर वह देवता प्यारा है, जो किसी न किसी साज के साथ भक्त को अभय का वरदान देने के लिए प्रस्तुत है। (श्रद्धा से हाथ जोड़ती हैं)

यतीन्द्र मिश्र

आपने कृष्ण के बहुत सारे पद गाये हैं, कौन सा ऐसा कवि है, जिसका कृष्ण साहित्य आपके हृदय-प्रदेश के सर्वाधिक निकट है?

लता मंगेशकर

मुझे लगता है कि सूरदास और मीराबाई दो ऐसे महान रचानाकार हुए हैं, जिनके यहाँ कृष्ण की भक्ति पराकाष्ठा पर मिलती है। यह भी देखने वाली बात है कि एक उनको सखा के रूप में देखता है, तो दूसरा उनको अपने प्रियतम के रूप में पूजती हैं। मुझे इन दोनों की कविता बहुत आत्मीय लगती है। हालाँकि मैं एक स्त्री हूँ, इसलिए मीरा की भावना अपने ज़्यादा क़रीब पाती हूँ। इस कारण भी मैंने खुद के जो मीरा भजन रेकॉर्ड किए हैं, वही गीत बस ऐसे हैं, जिन्हें कभी एकान्त में सुनना पसन्द करती हूँ। मुझे शास्त्रीय संगीतज्ञों द्वारा गायी हुई

मीरा पदावली भी ख़ासी आकर्षित करती है, जिनमें एम.एस. सुब्बुलक्ष्मी जी का गायन बहुत स्तरीय और धार्मिक रूप से ख़ुद को भुलाने वाला लगता है।

एक आपको व्यक्तिगत अनुभव बताना चाहती हूँ, जिसको याद करके हृदय रोमांच से भर जाता है और मैं ख़ुद का जीवन धन्य मानती हूँ, जो मेरे साथ ऐसा हुआ। एक बार बहुत समय पहले, जब उदयपुर के महाराणा भागवत सिंह जी मौजूद थे, तब मेरा उनके राजभवन में कई बार जाना हुआ था। मतलब उनसे ऐसे घरेलू सम्बन्ध थे कि जब भी वे बम्बई आते थे, तो समय निकालकर मुझसे मिलते थे। उनके बाद उनके पुत्र महाराणा अरविन्द सिंह जी ने भी वैसा ही रिश्ता मुझसे कायम रखा। ....तो मैं आपको बता रही थी कि एक बार मैं पण्डित नरेन्द्र शर्मा, हृदयनाथ और उषा, हम तीन-चार लोग उदयपुर किसी काम से गये थे, तो भागवत सिंह जी से मिलने उनके घर भी गये। महाराणा उस दिन बहुत प्रसन्न थे और मुझसे बोले 'लता जी! आप तो स्वयं एक सिद्ध गायिका हैं और कृष्ण की अनन्य भक्त हैं। मुझे आपके मीरा के भजन सुनना बेहद अच्छा लगता है। आपको आज एक दर्शन करवाता हूँ, जो मेरी ही पूर्वज मीरा जी के भगवान की है।' आप जानते ही होंगे कि महाराणा उदयपुर के परिवार में ही कई पीढ़ियों पहले मीराबाई हुई थीं। फिर वे मुझे एक कक्ष में ले गये और एक बहुत ही सलोने कृष्ण की मूर्ति के दर्शन कराए। भागवत सिंह जी ने मुझे उस समय बताया कि 'यही वो कृष्ण हैं, जो मीरा जी की गोद में रहते थे और जिनकी वे नित्य पूजा करती थीं।' मैं आपको बता नहीं सकती कि मुझे उस दिन किस तरह का सम्मोहन हुआ था, जब मैंने उन कृष्ण के दर्शन किए, जिनकी स्तुति में हम लोग ढेरों मीरा पद गाते रहते हैं। मुझे अच्छी तरह याद है कि मेरे आँसू निकल आये थे और मैंने महाराणा भागवत सिंह जी को इस बात के लिए धन्यवाद दिया था। आज तक यह बात मैंने कभी कही नहीं थी, लेकिन आपने कृष्ण की उपासना में जब यह पूछा, तो मुझे वह बात याद आ गयी।

यतीन्द्र मिश्र

संस्कृत में राधा-कृष्ण के प्रेम और उसके स्वीकार, रास और उत्सव का एक अमर ग्रन्थ है 'गीत-गोविन्द', जिसे जयदेव ने लिखा था। इसके प्रसंगों पर भारतीय शास्त्रीय नृत्यों, विशेषकर भरतनाट्यम, ओडिसी और कुचिपुड़ी का नृत्य होने की एक बड़ी परम्परा हमारे यहाँ रही है। मुझे लगता है कि यह ग्रन्थ आपकी निग़ाह से नहीं गुजरा, नहीं तो यह

भी गायन के लिए एक महत्त्वपूर्ण साहित्य रहा है। क्या कभी 'गीत-गोविन्द' आपके विचार में रेकॉर्ड करने के लिए आया?

लता मंगेशकर

जी, हाँ! वो हमने निकाला नहीं था, मगर उसे निकालने की योजना थी। दरअसल, क्या था कि जयदेव का वह बहुत ही प्रसिद्ध ग्रन्थ है और मेरे पास जो संस्कृत साहित्य की संगीत पर आधारित किताबें थीं, उनमें वह मौजूद था। एक समय हृदयनाथ ने सोचा था कि हमें इसे करना चाहिए। .....पर मालूम नहीं क्या वजह हुई कि वह योजना बस आगे बढ़ ही न पाई और इतनी फ़ुर्सत भी हम लोग निकाल नहीं सके, जिसके चलते 'गीत-गोविन्द' की अष्टपदियों को रेकॉर्ड कर सकते। मुझे इस बारे में कोई संशय नहीं है कि वह इतना बड़ा ऐतिहासिक ग्रन्थ है कि अगर हम उसे बना पाते, तो वह मेरे संगीत के लिए भी कुछ बढ़िया बात हुई होती।

यतीन्द्र मिश्र

किस देवता का संगीत में गुणगान आपको सर्वाधिक प्रिय है?

लता मंगेशकर

बचपन से ही मुझे कृष्ण का बड़ा आकर्षण रहा है। मैंने तो आपको बताया ही है कि अपने किसी गीत को गाने से पहले उसे काग़ज पर उतारने के वक़्त सर्वप्रथम 'श्रीकृष्ण' ही लिखती हूँ। फिर कवियों में सूरदास, मीराबाई को इतना पढ़ा और गाया है कि कृष्ण के बचपन और उनकी बाल-सुलभ हरकतों की लीला मुझे अच्छी लगती है। ....मगर एक बात जो आपको बताना चाहती हूँ वह यह है कि एक बार जब मैंने *'राम रतन धन पायो'* वाला रेकॉर्ड तैयार किया था, तब उस समय मुझसे पण्डित नरेन्द्र शर्मा ने यह कहा था कि– 'बेटा, राम अकेले ऐसे भगवान हुए हैं, अगर उनकी तुम मन से सेवा करो, तो तुम्हारा सारा कार्य सिद्ध होता है। राम ही वह ईश्वर हैं, जो सत्य के छोर पर खड़े होकर आपको अन्त में निर्वाण की दशा में ले जाते हैं।' यह बात मुझे गहराई से छू गयी थी और पता नहीं क्या हुआ था कि मैं आपको बता नहीं सकती कि इस रेकॉर्ड के बनते-बनते मुझे राम के प्रति श्रद्धा बढ़ने लगी थी। तभी से मैं राम-भक्त हूँ और मैं मानती हूँ कि उनके जैसा चरित्र-बल किसी दूसरे पौराणिक किरदार में ढूँढने से भी नहीं मिलता। पण्डित नरेन्द्र शर्मा ने ही यह कहा था कि

'बेटा देखना, यह रेकॉर्ड तुम्हारा सबसे ज़्यादा चलेगा।' आपको जानकर आश्चर्य होगा कि जब यह रेकॉर्ड रिलीज हुआ, तब से आज तक इसके मुकाबले मेरा कोई दूसरा रेकॉर्ड इतना नहीं चला है। बधाई और आशीर्वाद के जितने भी पत्र आज तक मुझे मिलते रहे हैं, वह पहले या बाद में कभी इस तरह नहीं मिले। मैं इसको राम जी का आशीर्वाद ही मानती हूँ। (हँसती हैं।)

यतीन्द्र मिश्र

शुद्ध हिन्दी की ज़मीन से आने वाले गीतकारों में आप किसके गीतों को सबसे अलग और गायिकी के लिहाज से अपने लिए महत्त्वपूर्ण समझती हैं?

लता मंगेशकर

मेरे हिसाब से नीरज जी के गीत। इसमें कोई शक़ नहीं कि उन्होंने बिल्कुल अलग ही ढंग की हिन्दी लिखी है। एक तरफ़ केदार शर्मा और पण्डित नरेन्द्र शर्मा जैसे लोग रहे हैं, जिनकी उत्कृष्ट साहित्यिक शब्दावली के बाद भी फ़िल्म इण्डस्ट्री में यह प्रचलित था कि इन लोगों के गीत थोड़े कठिन होते हैं। हालाँकि मुझे ऐसा कभी नहीं लगा। नीरज जी इस मामले में लकी थे कि उनकी सुन्दर और साहित्यिक हिन्दी होने के बाद भी फ़िल्मों में उनके इस नयेपन के लिए काम के रास्ते खुले और बड़ा सम्मान मिला। मैं उनकी बहुत इज्ज़त करती हूँ। रफ़ी साहब की गायी हुई और 'नयी उमर की नयी फसल' फ़िल्म में इस्तेमाल हुई उनकी नज़्म *'कारवाँ गुज़र गया गुबार देखते रहे'* मुझे उनके लिखे गीतों में बेहतरीन लगती है।

यतीन्द्र मिश्र

नीरज जी के लिखे हुए आपके गीतों में कौन से गीत आपको साहित्यिकता की कसौटी पर पसन्द आते हैं, जिन्हें आज भी गुनगुनाने का मन होता है?

लता मंगेशकर

ऐसे कई गाने हैं, जो नीरज जी के लिखे हुए मेरे गाए हुए गानों में अच्छे लगते हैं। जैसे, 'प्रेम पुजारी' का *'रंगीला रे तेरे रंग में यूँ रंगा है मेरा मन'*, 'तेरे मेरे सपने' का *'जैसे राधा ने माला जपी श्याम की'* और 'शर्मीली' का *'मेघा छाये आधी रात बैरन बन गयी निन्दिया'* मुझे बेहद पसन्द हैं। इन फ़िल्मों

के दूसरे गीत भी अत्यन्त सुन्दर हैं। मुझे उनका लिखा हुआ 'गैम्बलर' फ़िल्म का किशोर कुमार के साथ गाया हुआ एक डुएट बहुत प्रिय है, जिसके बोल हैं *'अपने होठों की बंसी बना ले मुझे, मेरी साँसों में तेरी साँस घुल जाये'*। उनके गीतों में कुछ ऐसा होता था, जो अलग से दूसरे फ़िल्मी गीतों के बीच एकदम से चमकता था। यह भी नीरज जी के सन्दर्भ में बड़ी बात है कि उन्होंने फ़िल्मों में बहुत कम लिखा है, लेकिन अपने स्तरीय गीतों के कारण वे आज तक याद किये जाते हैं।

नीरज जी से अलग हिन्दी के कुछ और बड़े गीतकारों को मैंने बहुत गाया है, जिनमें सबसे ज़्यादा गीत मेरे राजेन्द्र कृष्ण जी के गाए हुए हैं। उनके अलावा हिन्दी जगत से लिखने वालों में पण्डित भरत व्यास, प्रेम धवन, इन्दीवर, गुलशन बावरा और योगेश के गीत भी अच्छे होते थे।

यतीन्द्र मिश्र

एक गीतकार और फ़िल्म निर्देशक के तौर पर गुलज़ार साहब के बारे में आपकी क्या राय है?

लता मंगेशकर

गुलज़ार साहब हमेशा से मेरे प्रिय गीतकारों में रहे हैं। उन्होंने जो फ़िल्में बनाई हैं, वे भी अपने ज़माने की बड़ी कामयाब और लीक से हटकर फ़िल्में रही हैं। उनका लिखा पहला गाना, तो मैंने ही बर्मन दादा की कम्पोजीशन में 'बन्दिनी' के लिए गाया था– *'मोरा गोरा अंग लई ले, मोहे श्याम रंग दई दे'*। गुलज़ार साहब के गीतों में सबसे अलग बात यह है कि वे फ़ैशन के लिहाज से प्रचलित शब्दावली में गीत नहीं लिखते, बल्कि उनके यहाँ गीत गाते हुए एक बेहतर कविता को गाने का सुख मिलता है। मेरे लिहाज से वे बड़े आधुनिक गीतकार हैं, जो इण्डस्ट्री में देखने को कम मिलता है।

जब हृदयनाथ के प्रोडक्शन में गुलज़ार साहब ने 'लेकिन' बनाई थी, तब उसमें शास्त्रीय संगीत को आधार बनाकर फ़िल्म का संगीत दिया गया था। इसके लिए गुलज़ार साहब ने बिल्कुल उसी ढंग के गीत लिखे। फ़िल्म के दो गीत बोलों के लिहाज से मुझे बहुत पसन्द हैं। एक तो मेरा गाया हुआ *'मैं एक सदी से बैठी हूँ'* और दूसरा सुरेश वाडकर की आवाज़ में *'सुरमई शाम इस तरह आए'*। उनके ज़्यादातर गीत मुझे अच्छे लगते रहे हैं, जिनमें कुछेक तो तुरन्त याद आते हैं। इनमें, *'तेरे बिना ज़िन्दगी से शिकवा तो नहीं'* (आँधी), *'बीती न बिताई*

रैना' (परिचय), *'आपकी आँखों में कुछ महके हुए से राज़ हैं'* (घर), *'न जिया लागे ना'* (आनन्द) और *'तुझसे नाराज़ नहीं ज़िन्दगी हैरान हूँ'* (मासूम)। इधर उन्होंने एक बहुत बढ़िया गाना लिखा था, जिसके शब्द मुझे बड़े शानदार लगे थे। 'माया मेमसाब' के *'इस दिल में बसकर देखो तो, यह शहर बड़ा पुराना है'* गाने में क्या कमाल किया है गुलज़ार साहब ने। मतलब क्या है कि उनकी स्टाईल बिल्कुल अलग है, जो गीतों में जीवन के बड़े-बड़े फलसफे को नये ढंग से बयाँ कर देती है। उनकी आर.डी. बर्मन के साथ जोड़ी भी कुछ कमाल रही है, जिसके कारण दोनों ने मिलकर बड़े सुन्दर गाने बनाये हैं।

यतीन्द्र मिश्र

एक गीतकार के तौर पर आनन्द बख़्शी का काम आपको कैसा लगता है?

लता मंगेशकर

प्रदीप जी और भरत व्यास में जो गुण था कि यह लोग अकसर अपने गीत लिखते हुए उसकी तर्ज़ भी बाँध देते थे, आनन्द बख्शी भी अपने गीतों के साथ अकसर ऐसा ही किया करते थे। मतलब उनको संगीत की समझ थी और वे गाते भी बढ़िया थे। सेवेण्टीज में एक फ़िल्म आई थी 'मोम की गुड़िया', उसमें एक डुएट मैंने आनन्द बख्शी साहब के साथ गाया है *'बागों में बहार आई, होठों पे पुकार आई।'* आनन्द बख्शी एक समय में इतने पॉपुलर थे कि हर दूसरी फ़िल्म में उनके गाने रहते थे। संगीतकारों में जो मुकाम, काम की अधिकता और लोकप्रियता से लक्ष्मीकान्त प्यारेलाल ने बनाया है, ठीक उसी तरह आनन्द बख्शी भी रहे हैं। बहुत वर्षों तक वे गीत लेखन में टॉप पर रहे और उसी तरह उनके गीत अधिक संख्या में हिट भी हुए।

व्यक्तिगत तौर पर वे एक भले आदमी थे। हर समय जोक सुनाना, मजाक करना और हँसते रहना उनकी आदत थी। मुझे उनका लिखा और किशोर दा का 'अमर प्रेम' का गाया *'कुछ तो लोग कहेंगे, लोगों का काम है कहना'*, उनके गीतों में सर्वश्रेष्ठ लगता है। इसी फ़िल्म के लिए मेरा गाया हुआ *'बड़ा नटखट है रे कृष्ण कन्हैया क्या करे यशोदा मैया'* भी बहुत सुन्दर गीत बन पड़ा है।

मुझे उनके गीतों में एक अलग सी ताजगी दिखाई पड़ती है, जो गाते हुए और भी ख़ूबसूरत ढंग से खुलकर दिखाई पड़ती है। अब जैसे 'बॉबी' के उनके लिखे दोनों गीत *'मुझे कुछ कहना है, मुझे भी कुछ कहना है'* और *'हम तुम एक*

कमरे में बन्द हों और चाभी खो जाए' बड़े ही सुन्दर गीत थे। इन्हें गाकर उस समय बड़ा मज़ा आया था। उनकी लगभग हर दूसरी फ़िल्म में मेरे कुछ ऐसे गीत होते थे, जो सुपरहिट हुए हैं। अभी जो मुझे याद आते हैं, उनमें *'सुनो सजना पपीहे ने कहा'* (आये दिन बहार के), *'कोरा कागज़ था ये मन मेरा'* (आराधना), *'ये रात भी जा रही है'* (सौ साल बाद), *'सावन का महीना पवन करे सोर'* (मिलन), *'तेरे मेरे बीच में कैसा है ये बन्धन अन्जाना'* (एक दूजे के लिए), *'निन्दिया से जागी बहार'* (हीरो), *'तेरे मेरे होठों पे मीठे-मीठे गीत मितवा'* (चाँदनी) और *'ओ राम जी बड़ा दुःख दीना'* (राम लखन)। आनन्द बख़्शी और लक्ष्मीकान्त-प्यारेलाल की जोड़ी सालों तक वैसी ही सफ़ल बनी रही, जैसी एक समय में शंकर-जयकिशन और शैलेन्द्र, नौशाद साहब और शकील बदायूँनी की रही है।

यतीन्द्र मिश्र

कौन ऐसा गीतकार था, जिससे आपका कभी कोई मतभेद अश्लीलता को लेकर नहीं हुआ?

लता मंगेशकर

मजरूह सुलतानपुरी साहब। वे बड़े शालीन व्यक्ति थे और उनकी कलम भी उतनी ही शालीन थी।

यतीन्द्र मिश्र

बाद के शायरों में कौन इस तरह के लोग रहे, जिन्होंने मजरूह साहब जैसी ही लीक रची?

लता मंगेशकर

गुलज़ार साहब और जावेद अख़्तर। इसमें कोई दो-राय नहीं कि इन दोनों ने बड़े कमाल की शायरी की है। वह बहुत स्तरीय और साहित्यिक ढंग की है। गुलज़ार साहब शुरू से लेकर आज तक बेहद रोचक ढंग से अपनी कलम चलाते रहे हैं और उसी तरह जावेद अख़्तर का भी लिखने का ढंग मुझे पसन्द है। हर नया गीत, इन दोनों के यहाँ कुछ अनूठा होता है।

यतीन्द्र मिश्र

 आपने किस नॉन-फ़िल्म रेकॉर्ड को तैयार करने में सबसे अधिक वक़्त दिया है?

लता मंगेशकर

'चला वाही देस', 'भगवत-गीता' और 'ज्ञानेश्वरी'। हम लोग क्या करते थे कि जब भगवत-गीता, सन्त ज्ञानेश्वर के अभंग और गीता वगैरह करते थे, तो स्टूडियो को पूरा मन्दिर का ही रूप दे देते थे। वहाँ घर से गणपति की मूर्ति ले जाकर स्थापित कर देते थे। वहाँ पूजा करके और नारियल तोड़कर फिर गाना शुरू करते थे। मतलब पूरा सात्विक परिवेश बनाकर ही मैंने यह सारे भजन गाए हैं। मुझे यह सब बिल्कुल आराधना करने जैसा ही लगता था, इसलिए खुद मन की भीतरी शुद्धता के लिए भी 'मीरा-भजन' और 'गीता' रेकॉर्ड करते हुए यह सब किया है। जहाँ तक मुझे याद है कि 'मीरा-भजन' करते हुए मैंने बाहर का कोई काम नहीं किया था, तो उस समय सारा ध्यान इसी रेकॉर्डिंग पर रहता था। मतलब एक दिन में दो गाने करते थे या कभी एक ही गाना करके निकल गये। मुझे लगता था कि अपनी मर्जी के मुताबिक ही इसे बहुत जतन से तैयार करना है, इसलिए ठहरकर करना चाहिए। अगर मुझे लगता था कि आवाज़ जरा थक गयी है, तो मैं छुट्टी कर लेती थी और रेकॉर्डिंग फिर दूसरे दिन होती थी।

यतीन्द्र मिश्र

औसतन एक रेकॉर्ड को बनाने में कितना समय लगा होगा?

लता मंगेशकर

मुझे लगता है कि अन्दाजन छह-सात दिन रखिए 'मीरा' वाले रेकॉर्ड के लिए। बाद में जब 'चला वाही देस' किया, तो उसमें काफ़ी दिन लग गये थे, क्योंकि हम लोग कभी-कभी दिन में एक ही गाना रेकॉर्ड करते थे। बाक़ी सारा दिन उन गीतों को तैयार करने और रिहर्सल में लग जाता था, जिससे सब लोग थक जाते थे। 'मीरा-भजन' तो हफ्ते भर में तैयार हो गया था। रेकॉर्डिंग तो लगातार होती थी और हम लोग बीच में किसी दिन कोई ब्रेक नहीं लेते थे।

यतीन्द्र मिश्र

दीदी, यह बताइए कि उस समय जब आप छुट्टी लेती थीं इस तरह के रेकॉर्ड तैयार करने के लिए, तब उस समय फ़िल्म गीतों को गाने के लिए प्रोड्यूसर और म्युजिक डायरेक्टर का बड़ा दबाव रहता होगा?

लता मंगेशकर

नहीं। मैं पहले से ही यह कह देती थी, मुझे यह रेकॉर्ड करना है, इसलिए मैं इस समय आपको टाईम नहीं दे सकती हूँ। कभी कोई गाने के लिए जल्दी भी करता था, तो मैं उस समय मना ही कर देती थी कि मैं करूँगी नहीं। मैं इस तरह के रेकॉर्ड बनाने के बहुत पहले से ही सारे म्युजिक डायरेक्टर को कह देती थी कि आने वाले महीने में मैं उन दस दिनों के लिए फ्री नहीं हूँ, इसलिए मेरी रेकॉर्डिंग उस समय न रखें, क्योंकि मैं गा नहीं सकूँगी। चूँकि मैं पहले से ही सबको बता देती थी, इसलिए मेरे रेकॉर्डिंग को शेड्यूल करने में कभी कोई समस्या आई हो, ऐसा याद नहीं पड़ता।

यतीन्द्र मिश्र

ऋषिकेश मुखर्जी की फ़िल्म 'मुसाफिर' (1957) के लिए संगीतकार सलिल चौधरी ने आपके साथ डुएट गाने के लिए मशहूर अभिनेता दिलीप कुमार साहब को लिया था। इस युगल गीत 'लागी नाहीं छूटे रामा' की रेकॉर्डिंग का कोई दिलचस्प अनुभव बताना चाहेंगी?

लता मंगेशकर

बड़ा मजेदार दिन था वो, जब युसूफ़ भाई (दिलीप कुमार) के साथ वह डुएट रेकॉर्ड किया था। वे थोड़े से डरे और घबराए हुए थे। उनको बार-बार यह लग रहा था कि मुझे यह गाना गाना है, तो मैं इसे कैसे गाऊँगा? और क्या होगा? किस तरह इसे आपके साथ गाकर पूरा करूँगा.... इस तरह न जाने कितने सारे संकोच के साथ वे गाने के लिए बैठे। फिर जब वे गाने के लिए तैयार हुए, तो वे एकदम आँखें बन्द करके गाना शुरू हो जाते थे और यह ध्यान ही न रखते थे कि सामने सलिल चौधरी बैठे हुए हैं। गाते हुए उन्हें कुछ भी मालूम नहीं था और न ही इस तरफ उनका ध्यान ही था कि मुझे कोई इशारा हो रहा है। अभी यहाँ शुरू करना है, अभी यहाँ रुकना है, जिससे उसके आगे लता गायेगी। अब रेकॉर्डिंग हो रही है।

(हँसते हुए बताती हैं) अब ऐसी सिचुएशन में कोई बोल भी नहीं सकता था क्योंकि रेकॉर्डिंग हो रही थी। मुझे याद है कि वे शुरू के आलाप इतनी जोर-जोर से आँखें बन्द करके गा रहे थे कि मैं पास में ही बैठी हुई यह सब देख रही थी। उनसे तालमेल बिठाकर ही मुझे गाना था। सलिल दा ने मेरी तरफ़ इशारा कर दिया था कि अब मुझे ही उनके साथ सन्तुलन बनाते हुए गाने को सँभालना

है। इस तरह हम लोग एक अजीब सी विचित्र स्थिति में पड़े हुए इस डुएट को रेकॉर्ड कर सके। बाद में तो हम लोगों को बहुत मजा आया। जब रेकॉर्डिंग ख़त्म हुई और युसुफ़ भाई ने अपनी आँखें खोली, तब हम सब बहुत हँस रहे थे। मुझे बेसाख्ता हँसी आ रही थी। सलिल दा भी खूब हँस रहे थे और सिर्फ़ अपने युसुफ़ भाई सीरियस थे। यह एक मजेदार और यादगार अनुभव था। आज तक मुझे यह बात समझ में नहीं आई है कि उनको कैसे तैयार किया गया था यह गीत गाने के लिए। मुझे यह सोचकर आज भी आश्चर्य होता है कि युसुफ़ भाई बाक़ायदा गाने के लिए स्टूडियो आ गये। कहीं न कहीं मुझे यह लगता है कि ऋषि दा (निर्देशक ऋषिकेश मुखर्जी) और सलिल दा, दोनों ने मिलकर ही उनको गाने के लिए तैयार किया होगा।

यतीन्द्र मिश्र

संगीतकार एस.एन. त्रिपाठी के लिए भी आपने बहुत सारे मधुर गाने गाए हैं। उनकी कौन सी विशिष्टता एक संगीतकार की हैसियत से आपको आकर्षित करती है?

लता मंगेशकर

त्रिपाठी जी, वसन्त देसाई की तरह ही क्लॉसिकल जानने वाले संगीतकार थे, जो उनके बनाये गीतों में भी झलकती है। उन्होंने ज़्यादातर धार्मिक, पौराणिक, ऐतिहासिक फ़िल्मों के लिए संगीत दिया है। इन फ़िल्मों के कथानक के अनुसार अधिकतर शास्त्रीय संगीत पर राग आधारित गीतों को ही बनाने का चलन रहा है। अब जैसे उनकी कुछ फ़िल्में हैं, 'रानी रूपमती', 'संगीत सम्राट तानसेन', 'लाल-किला' और 'कवि कालिदास'। हर फ़िल्म में आपको उनका सिग्नेचर देखने को मिलेगा। मुझे व्यक्तिगत तौर पर 'रानी रूपमती' के सारे ही गाने बहुत अधिक प्रिय हैं। उसमें भी *'आ जा भँवर सूना डगर'* और *'जीवन की बीना का तार बोले'* सुन्दर कम्पोजीशन के नमूने लगते हैं। इसी तरह उनके बनाए हुए मेरे दो-तीन गीत बेहतरीन धुनों के उदाहरण माने जा सकते हैं। जैसे, 'लाल-किला' का *'प्यारा-प्यारा ये समाँ और सुहानी रात है'* और 'जय चित्तौड़' के दो गीत *'ओ पवन वेग से उड़ने वाले घोड़े'* और *'साँझ हो गयी प्रभु तुम्हीं प्रकाश दो'* अद्‌भुत हैं।

एक समय में उनका बनाया रफ़ी साहब के साथ गाया हुआ मेरा डुएट *'जरा सामने तो आओ छलिए, छुप-छुप छलने में क्या राज़ है'* (जनम-जनम

के फेरे) सुपरहिट होकर गली-गली बजा था। इस गीत को रेडियो पर भी बड़ी लोकप्रियता हासिल हुई थी। 'संगीत सम्राट तानसेन' में वैसे तो सारे गीत ही बढ़िया थे, लेकिन मुकेश भैया का गाया हुआ *'झूमती चली हवा याद आ गया कोई'* मुझे उनके गाए हुए उत्कृष्ट गीतों में एक लगता है। इसमें कोई शक़ नहीं कि वे एक बड़े क़ाबिल म्युजिक डायरेक्टर थे और मैं एस.एन. त्रिपाठी जी को एक अच्छे कम्पोज़र के रूप में याद करती हूँ।

यतीन्द्र मिश्र

आपकी संगीत-यात्रा में यह बड़ा रोचक रहा है कि आर.डी. बर्मन ने भी आपके शिल्प के अनुसार ही धुनें बनाई, जब आपको गाने के लिए बुलाया। आर.डी. बर्मन की जो प्रचलित शैली रही है और जिसमें पूरी तरह आशा भोंसले जी परफेक्ट बैठती हैं, उससे अलग आपके लिए आर.डी. बर्मन के गाने बिल्कुल लता मंगेशकर शैली में ही रचे गये। इस पर आपका क्या कहना है?

लता मंगेशकर

ठीक बात है। आर.डी. मेरे लिए हमेशा अलग से गाने बनाते थे। मेरे लिए तो सभी ने बिल्कुल अलग ही ढंग से गाना बनाया है। मतलब हर दूसरा संगीतकार जो मुझसे गवाता था, यह आकर कहता था 'यह गाना आपकी तरह बनाया है, आप नहीं गायेंगी तो हमारा गाना ख़राब हो जायेगा। यह कुछ अलग सा है, इसलिए आपको ही गाना है।' मैं आपसे सच बता रही हूँ, सिर्फ़ पंचम ही नहीं, बल्कि बर्मन दादा, रोशन साहब, शंकर जयकिशन, मदन मोहन, जयदेव जी और लक्ष्मी-प्यारे सभी लोग मुझसे यही कहते थे। बर्मन दादा ने कहीं से यह सुन रखा था कि हिन्दी में जब कोई काम बहुत ख़ूबसूरत ढंग से करते हैं, तो मुहावरे के तौर पर 'चार चाँद लगाना' वाली बात कही जाती है। वे जब बहुत खुश होते थे, तो धुन को सुनाते हुए प्यार से कहते थे 'लता, तू मेरे गाने का चार चाँद कर दे'। (हँसती हैं)

इस तरह मुझे लगता है कि हर संगीतकार ने ही मुझसे अपना एक निश्चित ढंग का गीत गवाने के लिए कुछ विशिष्ट धुनें बनाईं, जो मेरे हिस्से आई हैं। .....और यह भी वे लोग अकसर कहते थे कि 'हमने इस गाने को लेकर आपसे जैसी उम्मीद की थी, उससे काफ़ी अच्छा करके आपने इसे गाया है।'

यतीन्द्र मिश्र

'अनोखी रात' (1968) का रोशन साहब के संगीत कॅरियर का अन्तिम गाना 'महलों का राजा मिला कि रानी बेटी राज करेगी' के रेकॉर्डिंग के समय की स्मृतियों को जानना चाहता हूँ?

लता मंगेशकर

वह बड़ा ही दुःखद प्रसंग है। वो गाना रेकॉर्ड करने से पहले ही रोशन साहब की डेथ हो गयी थी। मुझे इस बात का बहुत दुःख हुआ था कि वे बराबर कह रहे थे कि इस गाने को रेकॉर्ड कर लेते हैं, मगर मैं किसी न किसी वजह से उनका गाना रेकॉर्ड नहीं कर पा रही थी। इसलिए जब वे गये, तो मुझे बहुत धक्का लगा और इस बात का आज तक अफ़सोस बाक़ी है कि उनके सामने अगर यह हुआ होता, तो ज़्यादा अच्छा होता। फिर उनके परिवार से मेरे इतने अच्छे सम्बन्ध रहे हैं कि उनके न रहने पर इस गाने को रेकॉर्ड करना भी मेरे लिए बड़ा तकलीफ़देह रहा।

मुझे याद है कि जब इस गाने की रेकॉर्डिंग हुई थी, तो उनकी पत्नी इरा जी ने आकर उसे रेकॉर्ड करवाया था। वो आकर बैठी रहीं और लगातार रो रही थीं। इस सबसे हम लोग भी बहुत दुःखी हो गये थे। आप मानेंगे नहीं, लेकिन यह सच बात है कि एक-एक म्युजिशियन का मन ख़राब था उस दिन। ....और अधिकतर लोग उसमें दुःखी मन से बजा रहे थे। गाना भी इतना ज़्यादा मार्मिक है कि मुझे गाते वक्त रोना आ रहा था। भारी मन से मैंने वो गाना रेकॉर्ड कराया है और चूँकि मेरे सामने ही रोशन साहब की तस्वीर रखकर उस पर हार चढ़ाया गया था, तो वह सब देखकर भी मन अच्छा तो नहीं रहा। मैंने उस गाने को गाते वक्त एक तरह से रोशन साहब को अपनी श्रद्धा ही व्यक्त की है। इस तरह गाना तो रेकॉर्ड हुआ, मगर हम लोग उस दिन बहुत ही ज़्यादा दुःखी थे।

यतीन्द्र मिश्र

शायद इसीलिए इस गीत में ज़्यादा संजीदगी आई है?

लता मंगेशकर

हो सकता है। उस वक्त माहौल ही ऐसा था, फिर गाना भी करना ही था। ....और सभी लोग दिल से दुःखी थे, तो वो सबके मन की पीड़ा भी कहीं धुन में उतर आई है शायद। गाना भी विदाई टाईप गीत है, जिसे इन्दीवर

ने मार्मिक ढंग से लिखा है, तो इसलिए भी कुछ-कुछ बोलों की वजह से भी गाना संजीदा लगता होगा।

यतीन्द्र मिश्र

जया बच्चन ने 'अभिमान' (1973) में पार्श्वगायिका का जो किरदार निभाया है, वह आपके ही किरदार को देखकर बुना गया लगता है। विशेषकर गायन के दृश्यों को देखते हुए, जहाँ पहनावा, गाते हुए उनका गाने के कागज़ को पकड़ने का ढंग और माईक के सामने खड़े होने का अन्दाज़ आपकी तरह नज़र आता है। आपको क्या लगता है? यह फ़िल्म भी पार्श्वगायिका के किरदार की अदायगी में आपको अपने कितनी नज़दीक लगती है?

लता मंगेशकर

आपने अच्छा सवाल किया है। यह सच बात है कि जया बच्चन जी ने मुझे देखकर ही 'अभिमान' के किरदार को निभाया था। पहले तो मुझे अजीब लगता था, जब इस फ़िल्म के गीतों की रेकॉर्डिंग चल रही थी, तब वे स्टूडियो आकर सीधे मेरे सामने बैठती थीं और मुझे गाते हुए बड़े गौर से देखती थीं। मुझे यह सब थोड़ा अटपटा लगता था और यह बात तब तक समझ में नहीं आई थी कि भला जया जी क्यों रेकॉर्डिंग सुनने आई हुई हैं? बाद में मुझे पता चला कि उनसे फ़िल्म के निर्देशक ऋषिकेश मुखर्जी ने कहा था कि रेकॉर्डिंग में आकर बैठो। लता क्या-क्या करती है, किस तरह गाती है, कैसे खड़ी होती है– यह सब देखकर तुम वैसा ही फ़िल्म में करो। जब फ़िल्म रिलीज हुई और मैंने इसे देखा, तब जाकर मुझे समझ में आया कि जया जी का किरदार ही पार्श्वगायिका का था, जिसे उन्होंने मुझे ध्यान में रखकर ही अभिनय किया है।

मैं आपकी इस बात से सहमत हूँ कि उन्होंने बहुत अच्छी तरह मुझे देखकर आत्मसात करने का प्रयास किया। मेरे खड़े होने का ढंग और बाक़ी की सारी डिटेल्स उन्होंने बड़े बारीक़ ढंग से पकड़ने की कोशिश की, जिसमें वे कामयाब भी रहीं। फ़िल्म भी बहुत अच्छी थी और उसके दो गीतों, ख़ासकर *'पिया बिना, पिया बिना पिया बिना बंसिया, बाजे न'* और *'अब तो है तुमसे हर खुशी अपनी'* में वाकई वे मेरी तरह ही माईक के सामने खड़ी होकर और वैसे ही पहनावे के साथ गाती हैं। मुझे उनका इन दो गीतों में अभिनय अच्छा लगा था। वैसे

भी जया बच्चन बड़ी संवेदनशील अभिनेत्री हैं, वे जो भी करती हैं, वह बहुत सहज और प्रभावी होता है।

यतीन्द्र मिश्र

फ़िल्म संगीत की दुनिया में यह बात प्रचलन में रही है कि आपने लक्ष्मीकान्त-प्यारेलाल जोड़ी को संगीतकार के रूप में स्थापित करने में बड़ी मदद की। एक तरह से आपने उनके कॅरियर को आगे बढ़ाने में दूसरे संगीतकारों को उस समय कम तरजीह भी दी है?

लता मंगेशकर

(हँसते हुए) ऐसा मैं नहीं मानती हूँ। देखिए, क्या होता है कि हर व्यक्ति का अपना भाग्य होता है, जिसके चलते उसे काम और शोहरत मिलती है। यह अलग बात है कि किसी के काम के शुरुआती दौर में आपने उसके यहाँ कुछ गाने गाए हों, वह फिर सुपरहिट हुए हों और इस तरह लोगों को लगता हो कि फलाँ कलाकार ने उनके लिए कुछ अलग से करने की कोशिश की। इतना मैं ज़रूर कहूँगी कि उनके फ़िल्मों में आने से पहले ही मैं लक्ष्मीकान्त-प्यारेलाल को जानती थी। साठ के दशक के शुरुआती दौर में हृदयनाथ ने 'सुरेल बाल कला केन्द्र' की स्थापना की थी, जिसमें मीना और उषा भी गाने जाती थीं। यह एक तरह से उन दिनों किशोर हो रहे बच्चों का संगीत समूह था, जो महाराष्ट्र में बम्बई तथा आस-पास के क्षेत्रों में गानों के कार्यक्रम करता था। मैंने पहली बार लक्ष्मीकान्त को के.एल. सहगल के भाई महेन्द्र सहगल के यहाँ देखा था और तब वह मुश्किल से दस-बारह वर्ष का था और मैण्डोलिन बजाता था। महेन्द्र जी ने तब मुझसे कहा था कि इन नये कलाकारों को भी कुछ सहायता करनी चाहिए क्योंकि लक्ष्मीकान्त बहुत अच्छा मैण्डोलिन बजाता है। इसी तरह मैंने प्यारेलाल को उनके पिता पण्डित रामप्रसाद शर्मा के साथ देखा था। वे बहुत अच्छी वॉयलिन और ट्रॅम्पेट बजाते थे। वे एक अच्छे संगीतकार रहे हैं। बाद में इन दोनों ने ही हृदयनाथ का ग्रुप 'सुरेल बाल कला केन्द्र' ज्वॉइन किया। उस समय मैंने हृदयनाथ के दो-एक कार्यक्रमों में लक्ष्मी-प्यारे को कुछ-कुछ परफॉर्म करते देखा था। इस तरह मैंने इन लोगों को किशोर उम्र से बड़ा होते हुए देखा है। बाद में जब वे लोग बाकायदा संगीत निर्देशक के तौर पर फ़िल्मों में आए, तब मैंने उसी तरह उनकी सहायता में गाने गाए हैं, जिस तरह मैं दूसरे नवोदित संगीतकारों के लिए भी हमेशा गाने को तैयार रहती थी।

यह दोनों ही हृदयनाथ के साथ काम करते रहे थे, इसलिए इनका मेरे घर आना-जाना भी होता रहता था। बहुत शुरुआत में मैंने इनके लिए यह ज़रूर किया है कि शंकर-जयकिशन और गुलाम मुहम्मद साहब से यह बताया था कि लक्ष्मीकान्त मैण्डोलिन बहुत अच्छा बजाता है और प्यारेलाल वॉयलिन। यह बात मैंने नौशाद साहब और मदन मोहन जी से भी कही थी। बाद में इन दोनों ने कल्याणजी-आनन्दजी के असिस्टेण्ट के तौर पर भी काम किया है। आपको शायद पता न हो, लेकिन हेमन्त कुमार की 'नागिन' के *'जादूगर सैंया छोड़ो मोरी बैंया'* और एस.डी. बर्मन की 'लाजवन्ती' के *'कोई आया धड़कन कहती है'* में लक्ष्मीकान्त ने मैण्डोलिन बजाया था। यह दोनों गाने अपने समय में बहुत चले थे। इसी तरह प्यारेलाल ने भी ढेरों फ़िल्मों में वॉयलिन बजाई है। मुझे एक गाना अभी याद आता है *'मैं यह सोचकर उसके दर से उठा था'*, जिसे मदन भैया ने 'हकीकत' के लिए बनाया था; इसमें प्यारेलाल ने वॉयलिन बजाई थी। ....तो यह देखने वाली बात है कि दोनों ही बड़े टैलेन्टेड थे। अब इस तरह आपने कुछ बड़े संगीतकारों को नाम बता दिया हो, मगर वे ख़ुद अच्छा न कर पाते, तो इतने आगे कहाँ जा सकते थे? रही बात लक्ष्मी-प्यारे के लिए दूसरे संगीतकारों को कम तरज़ीह देने की, तो ऐसा तो मैं किसी के साथ कभी नहीं करती थी। जिस दौर में लक्ष्मीकान्त-प्यारेलाल कामयाब होकर हर दूसरी फ़िल्म का संगीत दे रहे थे, उस समय भी मैंने लगातार एस.डी. बर्मन, चित्रगुप्त जी, कल्याणजी-आनन्दजी, आर.डी. बर्मन और बप्पी लाहिड़ी के लिए ख़ूब गाया है।

यतीन्द्र मिश्र

एक डमी ट्रैक की क्या उपयोगिता है, फ़िल्म संगीत में?

लता मंगेशकर

फ़र्ज कीजिए, किसी दिन मैं रेकॉर्डिंग के लिए मौजूद नहीं हूँ और निर्माता व निर्देशक का दबाव है कि उन्हें पिक्चराईज करने के लिए गीत चाहिए ही, तो ऐसे में संगीतकार किसी दूसरे गायक को लेकर वह पूरा गीत वैसा ही रेकॉर्ड कर लेते हैं। दूसरे गायक से काम चला लेने की इस सुविधा को 'डमी ट्रैक' कहा जाता है। इसी को लेकर फ़िल्म की पिक्चराईजेशन हो जाती है और काम नहीं रुकता। बाद में मैं या उस गाने के लिए ज़रूरी जो गायक है, वह आकर अपना गीत रेकॉर्ड करा देता है। अब इस रेकॉर्ड किए हुए गीत को, उस पुराने डमी गायक द्वारा रेकॉर्ड किए हुए ट्रैक से बदल दिया जाता है। बाद में फ़िल्म

और डिस्क पर फिर हमारा ही गीत जाता है, जो कि पहले से ही संगीतकार द्वारा तय हुआ था कि इसे मेरी ही आवाज़ में फाईनली जाना है।

यतीन्द्र मिश्र

दीदी, क्या एक गीत की रेकॉर्डिंग के वक्त कोई ख़ास साज़, सुर देने के लिए आपके साथ लगातार बना रहता है?

लता मंगेशकर

हाँ, ज़रूर। जब मैं गाती हूँ, तब एक वॉयलिन वादक को मेरे बिल्कुल नज़दीक बिठाया जाता है, जिससे वह मुझे गीतों के लिए सुर दे सके। इससे गाने में सहूलियत रहती है और आप तयशुदा सुरों से भटकते नहीं। अगर ग़ौर से आप कभी मेरे पुराने गीतों की रेकॉर्डिंग्स को सुनें, तो उसमें पीछे से वॉयलिन के हल्के सुर बजते सुनायी देंगे। कई बार इसका काम ऑर्गन या सारंगी से भी लिया जाता है। यह कुछ-कुछ वैसा ही काम है, जैसा शास्त्रीय संगीत गाते समय अपने पीछे आप तानपूरा लेकर किसी को बैठाना पसन्द करते हैं। मतलब यह बहुत वाजिब सी बात है कि गाते समय आपको कहीं न कहीं से सुर तो मिलना ही चाहिए।

यतीन्द्र मिश्र

ढेरों वादक जो आपके साथ रेकॉर्डिंग में रहते हैं, क्या उनमें भी सबके पास गीतों के नोटेशन (स्वरलिपि) लिखे हुए मौजूद रहते हैं?

लता मंगेशकर

ऐसा मुझे तो नहीं लगता कि अधिकतर लोगों के पास नोटेशन की कोई कॉपी रहती है। ज़्यादातर संगीतकार रिहर्सल के वक्त ही वादकों को उन स्वरलिपियों की जानकारी दे देते हैं, जो बजाते वक्त उनके स्मरण में रहती है। कम से कम मैंने तो यही देखा है। हाँ, कई बार यह ज़रूर हुआ है कि कुछ पश्चिमी ढंग के साज़ों को बजाने वाले लोग अपने ढंग से उनकी नोटेशन को लिखकर रखते हैं। जैसे वॉयलिन, चेलो और सेक्सोफ़ोन बजाने वाले वादकों के यहाँ यह कभी-कभी दिख जाता है। जहाँ तक भारतीय वाद्य बजाने वाले हैं, मसलन– सारंगी, सितार, तबला या घटम वाले लोग, वहाँ पर तो मैंने किसी को स्वरलिपि को देखकर बजाते हुए नहीं पाया।

यतीन्द्र मिश्र

आपके गीत में आपके वजूद का कौन सा हिस्सा शामिल रहता है?

लता मंगेशकर

मैं ख़ुद ही अपने गीतों में मौजूद रहती हूँ। वह भी पूरी तरह डूबकर और उस गीत में अपने को भुलाते हुए....। (मुस्कुराते हुए बताती हैं)

यतीन्द्र मिश्र

दीदी, जो गीत गाते हुए आपको पसन्द नहीं रहे हैं, उनसे अपनी नापसन्दगी को संगीत-निर्देशकों से किस तरह व्यक्त करती हैं?

लता मंगेशकर

देखिए, क्या है कि ऐसे बहुत से गाने, जो अभी मुझे ठीक से याद भी नहीं आ रहे हैं, नापसन्द होने पर मैं संगीतकारों के यहाँ चुप लगा जाती थी। कुछ कहती नहीं थी। बस, जिस तरह गाने को कहा गया है, वैसा ही गाकर चली आती थी। ....लेकिन अगर उनमें से कुछ गाने हृदयनाथ के बनाए हैं, तो मैं उसके मुँह पे कहती थी कि हृदयनाथ! यह मुझे अच्छा नहीं लगा है, पर तुमको अच्छा लगता है इसलिए मैं गा रही हूँ। बाक़ी म्युजिक डायरेक्टर को तो नहीं ही कह सकते हैं न? पर मेरे भाई को तो मैं कह सकती थी, इसलिए मैंने उससे हमेशा ही खुलकर कहा है।

यतीन्द्र मिश्र

पाकिस्तान की कुछ आला दर्ज़े की गायिकाओं के बारे में आपकी पसन्द-नापसन्द जानना चाहता हूँ। इसलिए भी कि आप लगातार नूरजहाँ जी से प्रभावित और उनकी गायिकी की मुरीद रही हैं। इसी कारण मैं कुछ और लोगों की गायिकी को भी आपकी नज़र से समझना चाहता हूँ। विशेषकर, मलका पुखराज, इकबाल बानो, फ़रीदा ख़ानम, मुन्नी बेगम और ताहिरा सैय्यद की गायिकी के बारे में....

लता मंगेशकर

यह सारे नामी लोग हैं, लेकिन मैंने कम लोगों को सुना है। मेरी व्यक्तिगत मुलाकात इनमें से सिर्फ़ फ़रीदा ख़ानम के साथ रही है। वे बेहतरीन कलाकार थीं। उनकी आवाज़ थोड़ी भारी है, पर गाने का जो स्टाईल है और तैयारी,

वो कमाल की है उनमें। मेरी उनसे अकसर फ़ोन पर बात भी होती रही है, वे जब दिल्ली आती थीं, तो बम्बई मुझसे मिलने भी आती थीं। एक दफ़ा वे दो-तीन दिन मेरे घर भी रहकर गयीं। उनके साथ बिताया हुआ समय बड़ा अच्छा रहा है। मतलब हमारा काफ़ी जुड़ाव रहता था। उनकी गायिकी को देखकर लगता है कि जैसे वे बड़ी तबीयत से ख़्याल, ठुमरी और दादरा सीखी हुई गायिका हैं। मुझे उनकी दो ग़ज़लें *'मेरे हमनफ़स मेरे हमनवाँ, मुझे दोस्त बनकर दग़ा न दे'* और *'आज जाने की ज़िद न करो'* बेहतरीन लगती हैं। उनके गले की हरकतें और ग़ज़ल गाने की स्टाईल बड़ी परफेक्ट मालूम देती है। मैं उनको एक बहुत ही बड़ा और उम्दा कलाकार मानती हूँ।

मैंने इकबाल बानो को कम सुना है, पर उनका एक गीत *'उल्फ़त की नयी मंजिल को चला'* मुझे पसन्द आता है। मतलब उसमें उनकी आवाज़ बहुत अच्छी लगी मुझे। इससे ज़्यादा मैं उनके बारे में कुछ इसलिए नहीं बोल सकती हूँ कि मैंने उनका गाया हुआ अधिक नहीं सुना है।

मलका पुखराज को भी इसी तरह मैंने कम सुना है। उनका गाया हुआ एक गीत मैंने फ़िल्म में भी गाया है, जिसके बोल हैं *'अभी तो मैं जवान हूँ'*। यह 'अफ़साना' फ़िल्म में लिया गया था, जिसे हुस्नलाल-भगतराम ने बनाया था। उनकी बेटी ताहिरा सैय्यद और मुन्नी बेगम को मैंने नहीं सुना है। यह सब लोग रेडियो पाकिस्तान पर बहुत गाया करते थे। मुझे पाकिस्तान के गायकों में यह बात अलग से पसन्द आती है कि उनके यहाँ जिस तरह शास्त्रीय संगीत के अंग से ग़ज़ल गाते हैं, वो बड़ी नायाब चीज़ है। इसी तरह वे सब टप्पे और दादरा गाने में भी उस्ताद लोग हैं। मुझे व्यक्तिगत तौर पर नूरजहाँ जी के अलावा वहाँ के लोगों में ग़ज़ल गायिकी में मेंहदी हसन साहब, ग़ुलाम अली और फ़रीदा ख़ानम बेहद पसन्द हैं। शास्त्रीय संगीत में नज़ाकत अली, सलामत अली और रोशनआरा बेगम का गायन स्तरीय लगता है। दूसरे, मुझे आबिदा परवीन भी बहुत अच्छी लगती हैं। उनका सूफ़ी गायन और नात-क़व्वाली सभी कुछ अच्छा है। वे जब गाती हैं, तो बहुत डूबकर गाती हैं। मुझे तो लगता है कि उनका फ़कीरों जैसा हाल है। फोक में उनके यहाँ हमारे जयपुर के पास राजस्थान के एक छोटे से गाँव से गयी हुई रेशमा हैं, जो बड़े असरदार ढंग से गाती थीं। यह सब लोग मेरे पसन्द के दायरे में आते हैं। इनके अलावा भी तमाम सारे फ़नकार ऐसे ज़रूर होंगे, जिन्हें सुनने का अवसर नहीं मिला।

यतीन्द्र मिश्र

दीदी, आपको पाकिस्तान जाने का बुलावा बहुत आया होगा?

लता मंगेशकर

बहुत बुलावा आया, पर सच बताऊँ, वहाँ मुझे चाहने वाले इतने लोग हैं कि मैं मारे डर के नहीं गयी और यह बात बस ऐसे ही रह गयी।

यतीन्द्र मिश्र

आपको डर क्यों लगा?

लता मंगेशकर

मेरा गाना पसन्द करने वाले वहाँ इतने लोग हैं, तो मुझे लगा कि अगर मुझे वहीं पकड़कर रख लिया और वापस भारत आने नहीं दिया, तो मैं क्या करूँगी? (जोर से हँसती हैं)

हालाँकि वे लोग आज भी बहुत शिकायत करते हैं कि आप आईं नहीं। अभी तक करते रहे हैं कि एक बार तो आप आइए। .....पर हालात कुछ ऐसे रहे कि कभी कुछ ठीक है, तो कभी नहीं ठीक है। इसीलिए शायद मेरा जाना हुआ ही नहीं।

यतीन्द्र मिश्र

इन्दिरा गाँधी जब प्रधानमंत्री थीं, तब उस दौर में कलाकारों का दल अकसर प्रधानमंत्री की विदेश यात्राओं में सांस्कृतिक प्रतिनिधि के तौर पर जाया करता था। उसमें साहित्य, संगीत और सिनेमा की दुनिया के तमाम सारे बड़े कलाकार शिरकत करते थे। क्या आपका कोई ऐसा अनुभव या यात्रा रही है, जो स्मरण के योग्य हो?

लता मंगेशकर

(हँसते हुए) नहीं मैं कभी नहीं गयी। शायद मुझे उस लायक न समझा जाता रहा होगा, क्योंकि कभी किसी भी प्रधानमंत्री के सांस्कृतिक दल में जाने के लिए मेरा बुलावा तो नहीं आया। उसमें राजकपूर साहब, नरगिस जी, देव साहब, बेगम अख़्तर, यह सब कलाकार जाते थे। मुझे नहीं लगता कि कभी मेरा जाना हुआ है या कि मुझसे इस बात के लिए पूछा गया कि आपको किसी ऐसी सांस्कृतिक यात्रा का हिस्सा बनना है।

हाँ यह ज़रूर है कि मैंने अपने ही देश में अभिनेता सुनील दत्त जी के 'अजन्ता आर्ट्स' ट्रुप के साथ एक-दो मर्तबा सरहदों पर जाकर जवानों के मनोरंजन कार्यक्रमों में शिरकत की है। वह व्यक्तिगत स्तर पर मेरा बड़ा ही अच्छा अनुभव रहा है। .....और यह भी कि मैं देश के जवानों के लिए अपनी कला से कुछ कर पायी।

यतीन्द्र मिश्र

एक बार मैंने न्यूयॉर्क में ब्रॉडवे पर कुछ भारतीय और पाकिस्तानी मूल के लोगों से बातचीत के दौरान यह पूछा था कि किस भारतीय कलाकार को यहाँ सबसे ज़्यादा पसन्द किया जाता है? वे कौन से संगीत के लोग हैं, जिनको सुनने के लिए अधिक संख्या में लोग जुटते हैं? इस पर मुझे बताया गया कि जब भी पण्डित रविशंकर और लता मंगेशकर का कोई कन्सर्ट होता है, तो यहाँ टिकट ब्लैक होते हैं। यह बात लगभग पन्द्रह वर्ष पुरानी है, सन् 2000 के आस-पास की....

लता मंगेशकर

(प्रसन्न होते हुए) ईश्वर की कृपा ही है यह, इससे अधिक मैं क्या कह सकती हूँ। यह सच बात है कि लन्दन और अमेरिका में लोग मुझे बहुत पसन्द करते हैं। एक ख़ास बात मैंने यह भी देखी है कि जब भी मैंने अमेरिका में 'मुगल-ए-आज़म' की नात *'बेकस पे करम कीजिए सरकार-ए-मदीना'* गायी है, तो वहाँ लोग बहुत ही ज़्यादा खुश हो जाते हैं। इसी तरह लन्दन के शोज़ में भी 'मुगल-ए-आज़म', 'अनारकली' और 'पाकीज़ा' के गाने तो सुने ही जाते हैं, मगर वे सब बड़ी बेकरारी से मुझसे कोई पंजाबी हीर सुनने के लिए बेताब रहते हैं। फिर, *'ऐ मेरे वतन के लोगों'* और 'मीरा भजन' से कोई गीत सुनाए बगैर मुझे छुट्टी नहीं मिलती। इन सब गानों के लिए अमेरिका और लन्दन में चाहने वाले भरे पड़े हैं। ....और यह भी कहूँगी कि ऐसा नहीं है कि सीटियाँ बज रही हैं और चिल्ला रहे हैं लोग। मतलब बहुत डिसिप्लिन होता है, ऐसी ऑडियन्स मुझे हमेशा लन्दन में मिलती रही। अगर पब्लिक को कोई गाना बहुत पसन्द आ गया, तो बिना उसके ख़त्म हुए कोई तालियाँ नहीं बजाता। मेरे तो गीतों पर अकसर ही मुझे गद्गद् भाव से लोगों की स्टैण्डिंग ओवेशन तक मिली हैं। पर आजकल क्या हुआ है कि मैंने सुना है कि पब्लिक गाने पर जरा सीटी मारती है। अब इतने सालों से तो मैं बाहर गयी नहीं हूँ और न ही मैंने कोई प्रोग्राम ही बाहर किया है, इसलिए पता नहीं चलता कि आजकल कैसा माहौल है?

यतीन्द्र मिश्र

फ़िल्मी दुनिया में वे कौन से लोग रहे हैं, जिनके यहाँ दावतों में आपने शिरकत की है और जिसका जायका अभी तक आपको याद है?

लता मंगेशकर

फ़िल्म इण्डस्ट्री में लोगों के यहाँ मैं इतना नहीं गयी हूँ, जो उन दावतों को याद रख सकूँ। जिन थोड़े से लोगों की दावतों में सम्मिलित रही हूँ, उसमें विशेष तौर पर राजकपूर साहब की जन्मदिन की पार्टियाँ और उनके होली के उत्सव याद हैं। वे अपने जन्मदिन पर बहुत बढ़िया दावत देते थे, जिसमें देश भर के विभिन्न प्रान्तों के लजीज व्यंजनों के अलावा कॉण्टीनेण्टल खाना भी परोसा जाता था। वहाँ पर जाकर बहुत मजा आता था और उन दावतों के स्वाद मुझे आज तक याद हैं। मजरूह साहब के घर मैं अकसर जाती थी और वहाँ खाना खाया है। उनकी पत्नी इतना बढ़िया खाना खिलाती थीं कि अगर वो सादा दाल-चावल भी परोसती थीं, तो उस जैसा स्वाद मुझे कहीं और नहीं मिला। मतलब मजरूह साहब के यहाँ जिस तरह आत्मीयता के वातावरण में मैंने खाना खाया है, वैसा कम देखने को मिलता है। ठीक इसी तरह नौशाद साहब भी बहुत प्रेम से भोजन कराते थे। उनके यहाँ मैं एक-दो दफ़ा गयी हूँ, जब उन्होंने खाने पर बुलाया। उनके अलावा मदन भैया (मदन मोहन) तो पास में ही पाँच-छह बिल्डिंग छोड़कर रहते थे। उनके यहाँ मैं अकसर चली जाती थी और वे ख़ुद अपने हाथों से खाना बनाकर खिलाते थे।

मुझे याद है कि एक दफ़ा उनके गाने की रेकॉर्डिंग हो रही थी, जिसके बोल थे *'तेरी आँखों के सिवा दुनिया में रखा क्या है'*। यह 'चिराग' फ़िल्म का गीत था, जिसे मजरूह साहब ने लिखा था। मुझे बड़ा मजा आया यह देखकर कि जैसे ही गाने की रेकॉर्डिंग खत्म हुई, बड़े उत्साह और खुशी से भरे मदन भैया दौड़कर मजरूह साहब के पास आए और हल्के-हल्के ढेर सारे मुक्के उन्होंने उनके पेट पर लगाए। (हँसती हैं) मजरूह साहब इस सब से चौंककर पूछे कि 'भई माजरा क्या है?' इस पर मदन भैया बोले 'आपने इतनी सुन्दर शायरी इस गीत में की है कि कम्पोजीशन की सुन्दरता ही आपके लफ़्जों के चलते निखर पायी है। फिर उस पर लता ने क्या कमाल का गाया है आज। आप दोनों मेरे घर चलिए, मैं अपने हाथों से आपको मटन पकाकर खिलाऊँगा।' उनकी इस विचित्र सराहना पर मजरूह साहब हँस पड़े थे।

मदन भैया में यह ख़ास बात थी कि जब कभी उनकी कोई कम्पोजीशन उनके मन मुताबिक बेहतर ढंग से रेकॉर्ड हो जाती थी, तो वे अपना प्रेम खाना खिलाकर ही व्यक्त करते थे। इसी तरह संगीतकार चित्रगुप्त जी भी थे। उनके यहाँ मैंने जितनी बार खाना खाया है, वह गिनती भी अब याद नहीं। हम अकसर रेकॉर्डिंग खत्म करके उनके घर चले जाते थे और देर शाम तक हमारा अड्डा जमता था। चित्रगुप्त जी का पूरा परिवार इतना मिलनसार और सरल था कि उनके साथ हमेशा घर जैसा महसूस हुआ। उनके यहाँ होने वाली बैठकों में अकसर संगीतकार प्रेम धवन भी साथ होते थे। ....मेरा मतलब यह है कि चित्रगुप्त जी जितने बढ़िया संगीतकार थे, उतने ही उत्कृष्ट व्यक्ति और मेजबान भी थे। इन लोगों के यहाँ मेरा आना-जाना था और खाने-खिलाने का दौर भी चलता था।

यतीन्द्र मिश्र

आपने कभी कोई ऐसा सपना देखा हो, जो कुछ अलग हो और जिसका आपके जीवन में कोई अर्थ रहा हो। क्या ऐसी कोई बात कभी आपके जीवन में घटी है?

लता मंगेशकर

बहुत पहले एक सपना देखा था, जो कई बार बाद में भी कई सालों तक वैसे ही दिखाई दिया। यह बात उस समय की है, जब मैंने फ़िल्म इण्डस्ट्री में काम शुरू ही किया था। मुझे सपने में एक शिव मन्दिर दिखा, जो समुद्र या किसी बड़ी नदी के किनारे बना है। उसमें मैं यह देखती हूँ कि वह मन्दिर काले पत्थर का है और उसके दरवाजे और खिड़कियाँ सभी काले पत्थर की हैं। मैं पीछे के दरवाजे के पास दो सीढ़ियों के ऊपर जाकर बैठती हूँ। वहीं सीढ़ियों तक समुद्र का पानी आकर मेरे पैरों से टकराता है। वह बिल्कुल निर्जन सी जगह है, जहाँ मेरे अलावा दूसरा कोई नहीं। शिव मन्दिर भी स्वप्न में आभासित होता है, मगर कोई शिव प्रतिमा दिखाई नहीं देती। सिर्फ़ मन्दिर, उसका प्रांगण, खुले दरवाजे और खिड़कियाँ; साथ ही सामने पसरा हुआ विशाल समुद्र का अथाह पानी। यह सपना मुझे कुछ अलग सा लगा था, तो इसे मैंने अपनी माँ को बताया। इस पर मेरी माँ ने कहा कि इस सपने का अर्थ यह है कि भविष्य में तुम्हारा बहुत नाम होने वाला है। आपको जानकर आश्चर्य होगा कि यह स्वप्न मैंने लगातार कई बार उन वर्षों में जस का तस देखा था।

यतीन्द्र मिश्र

इस देश की सबसे सुन्दर बात क्या लगती है आपको?

लता मंगेशकर

यह देश ही मुझे अच्छा लगता है। मुझे इस बात पर गर्व है कि मैंने इस देश में जन्म लिया। यह देश साधु-सन्तों और फ़कीरों का है। राम और कृष्ण का देश है यह। भगवती की कृपा है इस पर। मैं ऐसा मानती हूँ कि भारत देश के हर नागरिक पर देव की कृपा है। ....और यहाँ का हर व्यक्ति, भले ही वह साधारण नागरिक हो या कि महान कलाकार, सभी में कुछ न कुछ सन्त स्वभाव भी होना आम बात है। सही बात यह है कि मुझे अपने देश भारत से बहुत प्यार है।

यतीन्द्र मिश्र

एक कलाकार की कला-यात्रा में शिखर पर जाने के लिए जुनून, दीवानगी या पागलपन की कितनी भूमिका होनी चाहिए?

लता मंगेशकर

मुझे लगता है कि एक कलाकार में लगन होनी चाहिए। आपने जितने शब्द कहे हैं, मेरे हिसाब से उसमें जुनून सबसे अच्छा शब्द है। ....लेकिन जुनून से ही बात नहीं बनती, उसके लिए मेहनत और ईश्वर की कृपा भी चाहिए। कम से कम मैं ऐसा मानती हूँ कि बिना किसी ऐसी कृपा के वो बात नहीं बनती, जो किसी कलाकार को अमरत्व देती है। आप उसे ईश्वर, भगवान या ख़ुदा कहें या प्रकृति की ओर से मिलने वाली कोई नैसर्गिक कृपा। वह होना ज़रूरी है।

यतीन्द्र मिश्र

आप एक दक्ष फोटोग्राफर रही हैं। आपको कब यह लगा कि संगीत के अलावा फोटोग्रॉफी कला में भी हाथ आज़माना चाहिए?

लता मंगेशकर

नहीं, फोटोग्राफी मेरा शौक है, इससे ज़्यादा कुछ नहीं। मैंने फोटोग्राफी 1946-47 में शुरू की थी, जब मैंने पहला स्टिल कैमरा, रोलीफ्लेक्स का बारह सौ रुपये में खरीदा था। मुझे फोटोग्रॉफी की बुनियादी बातें माधवराव शिन्दे ने सिखाई थीं, जो स्वयं सिनेमा के एक योग्य फ़िल्म एडीटर रहे हैं। ....और बाद में उन्होंने मराठी फ़िल्मों का डायरेक्शन भी किया है। एक समय में उनका मराठी सिनेमा

में काफ़ी नाम था। उन्होंने ही मुझे सिखाया कि फ़िल्म की रोल को कैसे कैमरे के अन्दर डालते हैं। कौन सा कैमरा खरीदना चाहिए। किस तरह के लेंस का इस्तेमाल करते हुए रोशनी के साथ उसका एडजेस्टमेण्ट करते हुए फोटोग्राफी करनी चाहिए, यह सब वे मुझे सिखाते रहे। धूप में किस तरह फोटोग्राफी करनी है और छाँह में किस तरह, वह भी मैंने उन्हीं से सीखा था।

बाद में मुझे फोटोग्राफी में मजा आने लगा था और मैं अकसर बाहर जाकर भी फोटोग्राफी करती थी। ....मगर धीरे-धीरे बाहर जाकर फोटो लेना बन्द करना पड़ा, क्योंकि बाहर जाने पर लोग मुझे पहचानकर जमा हो जाते थे, जिससे फोटोग्राफी नहीं हो सकती थी। फिर मैंने घर में ही बच्चों की फोटो लेना शुरू किया और अपने मन मुताबिक अधिकतर परिवार के सदस्यों की ही फोटोग्राफी की है। कभी-कभी विदेश यात्राओं में भी मैंने फोटोग्राफी का आनन्द लिया है। यह सब शौक के स्तर पर और खुद को थोड़ी देर के लिए रिलैक्स करने के बहाने निकालने के चलते ही मैं करती थी। आजकल जिस तरह डिजिटल फोटोग्राफी का चलन हो गया है, वह मुझे पसन्द नहीं है। उस तकनीकी में फोटोग्राफी करना अब मुझे अच्छा नहीं लगता।

यतीन्द्र मिश्र

आपकी निग़ाह में ऐसा कौन सा संगीतकार हुआ है, जिसकी सर्वाधिक नकल हुई है और जिनको अपने समय में उतनी ही लोकप्रियता हासिल थी?

लता मंगेशकर

ऐसे तो मेरे ख़्याल से, जहाँ तक मैं सोचती हूँ आर.डी. बर्मन थे। वे इतनी छोटी उम्र में चले गये कि उसके बाद आज तक उन्होंने जो बनाकर छोड़ दिया, लोग कोशिश करते हैं कि उसी को दोहराते रहें। ....आज कल मैं आपको बताऊँ कि इश्तिहारों में भी आर.डी. के गाने चलते हैं।

यतीन्द्र मिश्र

कोई ऐसा संगीतकार जो अपने संगीत में समृद्ध होने के बाद भी उस पंक्ति का अधिकारी नहीं बन पाया, जिसमें सारे शिखर संगीतकार मौजूद थे। मसलन सी. रामचन्द्र, नौशाद, शंकर-जयकिशन, एस.डी. बर्मन आदि की पंक्ति में....

लता मंगेशकर

देखिए, मेरे हिसाब से यह भाग्य की बात है कि कुछ लोग लिखवाकर लाते हैं। हम लोग कितना भी अच्छा संगीत क्यों न बना दें, कुछ तो ऊपर वाले की मेहरबानी पर भी निर्भर है। मुझे लगता है कि चित्रगुप्त जी ऐसे संगीतकार थे, जिन्होंने बहुत सुन्दर संगीत बनाया, मौलिक संगीत बनाया, मगर उनका वो नाम नहीं हुआ, जैसा शंकर-जयकिशन या बाद में लक्ष्मीकान्त-प्यारेलाल का हुआ है। आज कल तो म्युजिक डायरेक्टरों का ज़माना ही निकल गया, नहीं तो एक ज़माना मैंने वो भी देखा था, जब संगीतकारों को लोग झुककर सलाम करते थे। आज कल न तो कोई किसी को पूछता है और न ही कोई किसी से मिलता है। स्तरीय संगीत का ज़माना, अब गये दिनों की बात हो गयी है।

यतीन्द्र मिश्र

जिन लोगों के संगीत-निर्देशन में आपने काम किया है, उनमें सबसे शरीफ़ और अपनी कला के प्रति समर्पित संगीतकारों में कौन लोग लगे?

लता मंगेशकर

अपनी-अपनी जगह तो सभी लोग ठीक थे। मेरे साथ तो सभी बहुत अच्छी तरह पेश आते थे, मगर मैंने तीन-चार लोग ऐसे देखे, जिनकी शराफ़त का कोई मुकाबला नहीं। वे लोग अपने काम में भी बहुत ज़हीन और भरोसेमन्द लोग थे। इनमें मैं नौशाद साहब, चित्रगुप्त जी, मदन मोहन और रोशन साहब का नाम लूँगी। चित्रगुप्त जी इतने सीधे आदमी थे कि मैं आपको क्या बताऊँ? नौशाद साहब तो सारा दिन पियानो बजाते रहते थे और गाते रहते थे और धुनें बनाते रहते थे।

यतीन्द्र मिश्र

किस पश्चिमी संगीतकार को आप बेहद पसन्द करती हैं?

लता मंगेशकर

मुझे नैट किंग कोल, बीटल्स, बारबरा स्ट्रीसैंड और हैरी बेलाफोन्टे बहुत पसन्द हैं। मिस्र की उम्म कुलसुम के बारे में तो मैंने पहले चर्चा की है कि एक ज़माने में वे मेरी बेहद प्रिय गायिका रहीं हैं। मैंने हैरी बेलाफोन्टे को सामने से गाते

हुए सुना है और उसे याद करके मुझे आज भी रोमांच हो जाता है। पश्चिमी शास्त्रीय संगीत में भी प्रयोगों और नये-नये ढंग से बढ़त और चलन की गुंजाइश मिलती है। ख़ासकर मोत्जार्ट के संगीत में। मुझे उनके ढेरों सांगीतिक विचार बहुत उम्दा लगते हैं। एल्विस प्रेस्ले को मैंने कम सुना है, पर जितना सुना है वह मुझे अच्छा लगा। इनके अलावा पुराने क्लॉसिक में बीथोवन, शोपेन, ताईकोवस्की और चेकोस्की मुझे काफ़ी पसन्द रहे हैं।

यतीन्द्र मिश्र

आपको अगर किसी विदेशी गायक या बैंड के साथ गाने का अवसर मिलता, तो आप किसके साथ गाना पसन्द करतीं?

लता मंगेशकर

(हँसती हैं) मैं आपको सच बात बताऊँ, एक बार मेरा बड़ा मन नैट किंग कोल के साथ गाने का हुआ था। मुझे उनका गाना इतना पसन्द था कि लगता था एक दफ़ा तो ज़रूर कोई रेकॉर्ड उनके साथ बनाना चाहिए।

यतीन्द्र मिश्र

अगर आपको कभी मर्लिन मुनरो, सोफिया लॉरेन, इनग्रिड बर्गमैन, एलिजाबेथ टेलर, ऑड्रे हेपबर्न, जूलिया रॉबर्ट्स, नताली पोर्टमैन में किसी का प्लेबैक देने का अवसर मिलता, तो किसके लिए आप प्रसन्नतापूर्वक गाना चाहतीं?

लता मंगेशकर

वैसे तो आपने सारे इम्पॉर्टेण्ट नाम लिए हैं। मैं अगर वाकई कभी किसी विदेशी अभिनेत्री के लिए प्लेबैक देती, तो वह निश्चित ही इनग्रिड बर्गमैन के लिए होता। मुझे उनकी अदाकारी इतनी पसन्द है कि शायद उनके सन्दर्भ में किया गया पार्श्वगायन भी मेरे लिए बड़ा महत्त्वपूर्ण होता। फिर वह कोई ऐसा सांग होता, जो कुछ अलग ही होता। जैसा अपनी हिन्दी फ़िल्मों में होता है, वैसा तो नहीं होता। इनग्रिड बर्गमैन की पर्सनैलिटी पर शायद मेरा गाया हुआ कोई ऐसा सैड सांग ठीक लगता, जो बिल्कुल ही वेस्टर्न ढंग के म्युजिक से तैयार किया जाता। (मुस्कुराती हैं)

यतीन्द्र मिश्र

आपकी पूर्ववर्ती और समकालीन गायिकाओं के गाए हुए एकल-गीतों में से आपके पसन्द के एक गीत की बानगी चुनना चाहता हूँ। आपसे निवेदन है कि मैं गायिकाओं का नाम लूँगा, तो आप उनकी अदायगी का अपना एक सर्वप्रिय गीत बतायेंगी।

लता मंगेशकर

जी, बहुत अच्छा। आप पूछिए! मुझे इस तरह के सवालों के अन्दाज़ पसन्द आते हैं। (हँसती हैं)

यतीन्द्र मिश्र

नूरजहाँ?

लता मंगेशकर

'दिया जलाकर आप बुझाया' (फ़िल्म : बड़ी माँ, संगीतकार : के. दत्ता)

यतीन्द्र मिश्र

कानन देवी?

लता मंगेशकर

'ऐ चाँद छुप न जाना' (फ़िल्म : जवाब, संगीतकार : कमलदास गुप्ता)

यतीन्द्र मिश्र

सुरैया?

लता मंगेशकर

'सोचा था क्या, क्या हो गया' (फ़िल्म : अनमोल घड़ी, संगीतकार : नौशाद)

यतीन्द्र मिश्र

अमीरबाई कर्नाटकी?

लता मंगेशकर

'धीरे-धीरे आ रे बादल, धीरे-धीरे आ' (फ़िल्म : किस्मत, संगीतकार : अनिल विश्वास)

यतीन्द्र मिश्र

ज़ोहराबाई अम्बालावाली?

लता मंगेशकर

'अँखियाँ मिला के जिया भरमा के चले नहीं जाना' (फ़िल्म : रतन, संगीतकार : नौशाद)

यतीन्द्र मिश्र

पारुल घोष?

लता मंगेशकर

'मैं उनकी बन जाऊँ रे' (फ़िल्म : हमारी बात, संगीतकार : अनिल विश्वास)

यतीन्द्र मिश्र

राजकुमारी?

लता मंगेशकर

'सुन बैरी बलम सच बोल रे' (फ़िल्म : बावरे नैन, संगीतकार : रोशन)

यतीन्द्र मिश्र

सरस्वती राणे?

लता मंगेशकर

'बीना मधुर-मधुर कछु बोल' (फ़िल्म : रामराज्य, संगीतकार : शंकरराव व्यास)

यतीन्द्र मिश्र

शमशाद बेगम?

लता मंगेशकर

'नैनों के बाण की रीत अनोखी' (फ़िल्म : खजाँची, संगीतकार : गुलाम हैदर)

यतीन्द्र मिश्र

गीता दत्त?

लता मंगेशकर

'वक़्त ने किया क्या हसीं सितम' (फ़िल्म : कागज़ के फूल, संगीतकार : एस.डी. बर्मन)

यतीन्द्र मिश्र

आशा भोंसले?

लता मंगेशकर

'निग़ाहें मिलाने को जी चाहता है' (फ़िल्म : दिल ही तो है, संगीतकार : रोशन)

यतीन्द्र मिश्र

उषा मंगेशकर?

लता मंगेशकर

'मुँगड़ा-मुँगड़ा मैं गुड़ की डली' (फ़िल्म : इनकार, संगीतकार : राजेश रोशन)

यतीन्द्र मिश्र

अपनी कला को लेकर आपके मन में कभी गर्व या आत्माभिमान का भाव आया है?

लता मंगेशकर

मैं भगवान की आभारी हूँ कि मुझे ऐसा भाव कभी नहीं आया और आना भी नहीं है। मुझे ऐसा कभी नहीं लगता है कि मैं कोई बड़ी सिंगर हूँ। यह एक तरह से अच्छा ही है, इससे पाँव ज़मीन पर रहते हैं। हमेशा यही एहसास रहा कि मैं एक सामान्य स्त्री हूँ और आम लोगों की तरह ही अपने काम करती हूँ और गाती हूँ। मैं आपको अपने बचपन की एक बात बताती हूँ। आपको मैंने बताया ही है कि एक बार 'खजाँची' फ़िल्म वालों ने नवोदित गायकों की एक प्रतियोगिता की थी, जिसमें मैं प्रथम आई थी। उस प्रतियोगिता में ईनाम के तौर पर मुझे एक दिलरुबा मिली थी। यह सन् 1941 की बात है और मैं उस समय ग्यारह-बारह वर्ष की रही हूँगी। एक दिन वही दिलरुबा लेकर मेरे पिताजी बजा रहे थे और मैं उनके सामने बैठी थी। मेरे पिताजी दिलरुबा, सारंगी सभी कुछ बहुत ही बढ़िया बजाते थे। तब तक क्या हुआ कि जब वे दिलरुबा बजाने में पूरी तरह डूबे हुए थे, कमरे में एक चूहा बार-बार आ-जा रहा था, जो शायद

उनके संगीत में कोई खलल डाल रहा था। पिताजी ने दिलरुबा का गज उठाकर उस चूहे पर जोर से मारा। चूहा तो वहाँ से भाग गया मगर वह गज टूट गयी। इस पर मैं रोने लगी। मैंने अपने पिताजी से कहा बाबा! यह मेरे जीवन का पहला पुरस्कार था और वह भी इतनी मेहनत से संगीत के लिए मुझे मिला था, जिसे आपने तोड़ दिया। इस पर मेरे पिताजी ने जवाब दिया 'बेटा तू इस दिलरुबा के लिए रोती है, तू ऐसे ही संगीत में अच्छा करती रहना। तुझे नहीं मालूम, मगर मैंने तेरा भविष्य जान रखा है। आगे जीवन में तुम्हें ऐसे सौ-दौ सौ दिलरुबा जैसे पुरस्कार मिलने हैं। तुम्हारी कला तुम्हारे पास रहे, इतना काफ़ी है। दिलरुबा टूट गयी, जो तुम्हारा ईनाम था, उसके लिए क्या रोना?'

यतीन्द्र जी, आप विश्वास नहीं करेंगे, उतनी कम उम्र में भी मैं एकाएक चुप हो गयी और मुझे पुरस्कारों की निरर्थकता कुछ-कुछ समझ में आई। बाबा ठीक कह रहे थे, जब ईश्वर ने कला के रूप में आपको स्वयं पुरस्कृत कर रखा हो, तो बाक़ी किसी चीज़ के लिए रोना तो नहीं चाहिए। आप आश्चर्य करेंगे, उस दिन के बाद मैं फिर किसी काम के लिए शायद जीवन में कभी नहीं रोई। कम से कम किसी भौतिक चीज़ को पाने की लालसा में। बहुत बाद में जब सन् 1969 में मुझे पद्म-भूषण दिया गया, तो मैं उसे लेकर दिल्ली से जब वापस आई, तो सीधे अपनी माँ के पास गयी और बोली– माई! देखो, तुम्हारे आशीर्वाद से मुझे क्या मिला है? पद्म-भूषण! माई ने निरुत्साह भाव से पूछा कि 'यह पद्म-भूषण क्या चीज़ है?' मैंने इस पर माँ को जवाब दिया– 'माँ यह सरकार द्वारा दिया जाने वाला काफ़ी बड़ा पुरस्कार है और इसे बड़ी प्रतिष्ठा हासिल है। देश के बड़े-बड़े कलाकार इसे पाने की हसरत रखते हैं और इस बात के लिए तड़पते रहते हैं कि उन्हें यह कब मिलेगा। .....और यह आज मुझे मिला है। माँ ने तब थोड़ा शान्त स्वर में कहा 'अच्छा है, मुझे खुशी हुई।' बस इतना ही माँ ने कहा और उस दिन तुरन्त ही मुझे पिताजी की भी वह बात याद आई, जब उन्होंने मेरे पहले पुरस्कार पर कही थी। (हँसती हैं) मुझे लगा कि यह तो इनका भी वही रवैया है, जो पिताजी का था। मतलब माई और बाबा कभी किसी पुरस्कार को लेकर बहुत उत्साहवर्धन नहीं करते थे। यह संस्कार था, जो मेरे भीतर मेरी माँ और बाबा ने डाला था कि कभी गर्व नहीं करना है। तभी से मेरे मन में यह बात रही है कि अपनी कला को लेकर श्रद्धा और विश्वास की बात तो होनी चाहिए, मगर उसके प्रति या उसके सम्मान के प्रति किसी तरह के अभिमान का तो कोई प्रश्न ही नहीं उठता। जो मिला है, उसके लिए ईश्वर

का शुक्रगुजार होना चाहिए, न कि यह बात मन में आनी चाहिए कि वाकई कुछ कमाल हो गया है।

यतीन्द्र मिश्र

पुरस्कारों को लेकर आपके मन में उदासीनता का भाव कब से आना शुरू हुआ?

लता मंगेशकर

देखिए, ऐसा नहीं है कि पुरस्कारों को लेकर मेरे मन में कोई उदासीनता का भाव है। मैं आपको सिर्फ़ यह बता रही थी कि मेरे पिताजी और माँ ने जो सीख दी थी कि अपनी कला को सँवारने के काम में लगे रहो न कि किसी पुरस्कार के पीछे भागो, तो वह शायद मैं अपने जीवन में साध सकी। इस बात की मुझे खुशी है। फिर यहाँ यह भी कहना चाहती हूँ कि यह मेरे माँ, पिताजी और गुरुओं का आशीर्वाद ही रहा कि मैं जीवन में संगीत के लिए इतने सारे पुरस्कार और जनता का प्यार पा सकी। हालाँकि मैंने पुरस्कारों को लेकर व्यक्तिगत तौर पर लड़ाई भी की है, जब मुझे इस बात का एहसास हुआ कि वहाँ पर गायकों और गीतकारों का कोई सम्मान नहीं किया जा रहा। मैंने फ़िल्म-फ़ेयर पुरस्कारों को लेकर जो आपत्ति जताई थी, वह इसी बात पर थी कि वे लोग संगीत के लिए तो पुरस्कार दे रहे थे, लेकिन उनकी निगाह में गायकों का कोई सम्मान नहीं था। बाद में मेरी ही जिद पर टाईम्स ऑफ इण्डिया ग्रुप ने पार्श्वगायक-गायिकाओं और गीतकारों की श्रेणी में फ़िल्म-फ़ेयर पुरस्कार 1958 में शुरू किए। बाद में स्वयं मैंने इन पुरस्कारों से विनम्रतापूर्वक क्षमा माँगते हुए यह कहकर अपना नाम उस श्रेणी में देना बन्द करा दिया कि मुझे यह कई बार मिल चुका है, अब नयी गायिकाओं को भी यह मिलना चाहिए।

कहने का मतलब यह है कि मैंने सिर्फ़ अपने लिए नहीं, बल्कि गायन के क्षेत्र में तमाम अन्य कलाकारों की लड़ाई भी, उनके वाजिब हक में लड़ी थी। इसलिए मुझे इस पुरस्कार को लेकर हुए विवाद से कोई दिक्कत महसूस नहीं होती। आप ही बताइए यदि इन दोनों श्रेणियों में यह पुरस्कार शुरू न हुए होते, तो मुकेश भैया, मो. रफ़ी, किशोर कुमार, आशा जी और शैलेन्द्र, हसरत जयपुरी, शकील बदायूँनी, गुलज़ार इन सब को उनके कामों के लिए कहाँ सराहना मिली होती? ....तो यह सिर्फ़ लता मंगेशकर के पुरस्कार पाने का मामला नहीं था, बल्कि दूसरे अन्य बड़े लोगों के सम्मान की बात भी थी। अवॉर्ड के लिए मैं

आपको सही बात बताऊँ कि मुझे कभी यह लगा ही नहीं कि मुझे ये मिलना चाहिए या वो मिलना चाहिए।

रही बात पुरस्कारों को लेकर मेरे प्रेम की, तो वह आसक्ति से ज़्यादा उन पुरस्कारों के प्रति अपने व्यक्तिगत आभार और जिम्मेदारी का मामला है, ऐसा मैं मानती हूँ। बीच में कई वर्षों तक मेरे प्रशसंकों और तमाम लोगों द्वारा यह कहा जाना शुरू हुआ था कि मुझे 'भारत रत्न' मिलना चाहिए। एक दिन जब यह पुरस्कार मुझे मिला, तो एक पल के लिए मेरे मन में यही आया कि आज उन करोड़ों लोगों को कितनी ख़ुशी मिली होगी, जो व्यक्तिगत तौर पर मुझे तथा मेरे संगीत को प्यार करते हैं। 'भारत रत्न' का मिलना मेरे लिए इन्हीं अर्थों में बड़ी बात थी कि उसे पाकर जैसे मैंने करोड़ों प्रशसंकों के अपनत्व का स्वीकार पाया था। मुझे बाबा और ईश्वर की असीम कृपा पर गहरा विश्वास है, जो मैं यहाँ तक पहुँच पाई हूँ।

यतीन्द्र मिश्र

जब आपको भारत रत्न देने की घोषणा की गयी, वह पल कैसा लगा था?

लता मंगेशकर

जब मुझे 'भारत रत्न' देने की घोषणा हुई, उस समय मैं लन्दन में थी। मैं गाड़ी से उतरकर घर के भीतर आ रही थी और मेरे घर का फ़ोन बज रहा था। थोड़ी देर के लिए मैं घबराई कि अभी तो मैं जल्दी ही बम्बई छोड़कर आई हूँ, लगता है घर से फ़ोन आया है। न जाने क्या बात है? मैंने थोड़ा डरते हुए जब फ़ोन उठाया, तब मेरी भाँजी रचना की आवाज़ ख़ुशी से भरी हुई मेरे कानों में पड़ी। उसने बताया कि 'दीदी आपको 'भारत-रत्न' देने की घोषणा हुई है।' मुझे एकबारगी यह सुनकर अच्छा लगा, इसमें कोई शक नहीं। फिर मैं धीरे से जब अपने कमरे में बैठ गयी, तो मुझे न जाने क्यों बहुत अजीब लगने लगा। मुझे लगा कि आज बाबा होते, माई होती और मेरे गुरु लोग, तो इस बात पर उनको थोड़ी तसल्ली मिलती कि उनकी बेटी ने संगीत के लिए कुछ किया है। संगीत के कारण मुझे जब-जब सम्मान मिले हैं, तब-तब मुझे बाबा की बहुत याद आई है। वो कहते थे कि तुझे बहुत सम्मान मिलने वाले हैं, तो लगता था कि जैसे वे अपनी बेटी को ख़ुशी से भर देने के लिए कुछ इस तरह कह रहे हैं। मैं आपको बता रही थी कि उसके बाद तो लन्दन में ही न जाने कितने मित्रों

और परिवार के लोगों के फ़ोन आने शुरू हुए और देर रात यह सब चलता रहा। मुझे तसल्ली हुई कि सरकार ने मेरी संगीत सेवा पर प्रसन्न होकर मेरे लाखों-करोड़ों प्रशसंकों को खुश करने के लिए ऐसा किया है। मैं उस देने वाले का धन्यवाद करती हूँ, जिसने मुझे अपने हजारों हाथों से दिया है। मैं कभी इस बात की शिकायत नहीं करती कि मुझे यह मिला और वह नहीं मिला। मुझे जो कुछ भी मिला है, वह मुझे बहुत लगता है। ख़ासकर संगीत की सेवा के अर्थ में। ....लेकिन मैं आपको सच कहूँ कि यह सब चीज़ें एक हद से ज़्यादा प्रभावित नहीं करतीं, क्योंकि मुझे पता है कि जो मैंने किया है, वही बाद में रह जायेगा।

एक बात यहाँ आपसे और कहना चाहती हूँ कि मुझे 'भारत-रत्न' 2001 में मिला, जिसके लिए मैं अपने देश और प्रशंसकों की आभारी हूँ कि उनके असीम प्यार के चलते ही यह सब सम्भव हुआ। ....परन्तु मुझे सबसे ज़्यादा प्रसन्नता और सुख तब मिला था, जब तिरुपति देवस्थानम ने मुझे 1981 में 'अस्थान संगीत विद्वान सारलू' (पवित्र तिरुपति देवस्थान का विद्वान संगीतज्ञ) की उपाधि से विभूषित किया था। यह पदवी किसी भी मान्य संगीतज्ञ को मन्दिर की ओर से दो वर्षों के लिए दी जाती है। मुझे एकबारगी लगा जैसे कि यह भगवान का भेजा हुआ प्रसाद है। उस दौरान मैं अपनी माँ, मीना, उषा और परिवार के साथ तिरुपति गयी थी और वहाँ बैठकर मैंने भगवान वेंकटेश के सम्मुख भजन और राग सेवा की थी। वहाँ भगवान के चरणों से उठाकर मुझे शाल ओढ़ाई गयी, तो लगा जैसे मुझ पर उनकी कृपा बरस रही है। बाद में मैंने तिरुपति की सेवा में एक अल्बम रेकॉर्ड करके सन् 2006 में उसे मन्दिर ट्रस्ट को अर्पित किया है, तब उस दौरान मुझे एक बार फिर से स्थाई रूप से 'अस्थान संगीत विद्वान' की उपाधि दी गयी, जो जल्दी वे किसी को नहीं देते हैं।

यतीन्द्र मिश्र

आपकी प्रसन्नता से यह अनुभूति होती है कि आपने मिले हुए सम्मानों को संगीत की गरिमा से जोड़कर देखा है। साथ ही ईश्वर और गुरुओं की कृपा को भी आदर्श रूप में स्वीकार करती हैं। क्या वाकई 'भारत-रत्न' मिलने के बाद आपको यह महसूस हुआ कि संगीत के लिए जिस यात्रा पर आप निकली थीं, उसको एक दिशा या मंजिल मिल गयी है? मेरा आशय सम्पूर्णता की ओर है...

लता मंगेशकर

सम्पूर्णता आन्तरिक भाव है, जो किसी भी पुरस्कार या परिस्थिति से जन्म नहीं लेता है। वह अन्दर से आता है। शायद आपकी अपनी भक्ति और विश्वास भी उसमें सहायक होते हैं। मुझसे पहले जिन लोगों को 'भारत-रत्न' मिला, उनमें पण्डित रविशंकर और एम.एस. सुब्बुलक्ष्मी जी के लिए मैं बेहद प्रसन्न हुई थी। मेरा इन दोनों के प्रति इतना आदर और संगीत के प्रति आकर्षण रहा है कि मुझे लगा कि यह सर्वथा अनुकूल है कि पण्डित जी या सुब्बुलक्ष्मी जी इस सम्मान के हकदार हों। मुझे स्वयं उस्ताद बिस्मिल्ला ख़ाँ साहब के साथ यह दिया गया था, जो मेरे लिए दोगुनी खुशी का मामला था। अभी हाल ही में जब पण्डित भीमसेन जोशी को इस पुरस्कार से नवाजा गया, तो मुझे प्रसन्नता के साथ थोड़ा कष्ट भी हुआ कि वे इतने बड़े सम्मानित कलाकार रहे हैं कि उनको तो बहुत पहले, मुझसे भी पहले यह पुरस्कार मिल जाना चाहिए था। मेरा मतलब यह है कि जिन विद्वानों को यह पुरस्कार दिया गया है, वे सब लोग अपनी कला में इतने ऊपर थे कि उनके लिए फिर किसी दूसरे स्तर या ऊँचाई की नयी जगह नहीं थी। वे सब अपने शिखर पर पहुँचे हुए महान लोग थे। ....और अपनी कला में सम्पूर्ण भी।

व्यक्तिगत तौर पर ख़ुद के लिए मैं आपसे यहाँ एक बात शेयर करना चाहती हूँ, जो किसी भी सम्मान से मिली हुई खुशी से बढ़कर रहा है मेरे लिए। वह यह कि जब हमारी आर्थिक स्थिति ख़राब थी और पिताजी का देहान्त हो चुका था, तब मेरी माँ के एक-एक करके सारे गहने बिक चुके थे। माँ की नाक में सिर्फ़ एक कील बची थी, जो बात मुझे गहरी पीड़ा में डाल देती थी। अपने संघर्ष के दिनों में, जब मेरा थोड़ा काम चलने लगा था और पैसे आने शुरू हुए थे, तब हर समय मैं इसी उधेड़बुन में लगी रहती थी कि कैसे मैं सबसे पहले अपनी माँ के वो गहने वापस ले आऊँ, जो समृद्धि उन्होंने पिताजी के रहने पर देख रखी थी। माँ बहुत गहने पहनती थीं, जिसमें गोट और पाटली होता था। एक गोट कम से कम छः से सात तोले का होता था और बाक़ी हाथ में चूड़ियाँ रहती थीं। गोट और पाटली महाराष्ट्र में प्रचलित हाथों के गहने हैं, जो अधिकतर स्त्रियाँ पहनती हैं। माई गले में मोहनमाल भी पहनती थीं। बाद में जब ठीक से पैसे आने लगे, तो यह सब धीरे-धीरे करके मैंने बनवाना शुरू किया, जो मेरी कमाई का सबसे सुन्दर पक्ष रहा है। जिस दिन मैंने माँ को उनके सारे गहने बनवाकर घर लाकर दिये, उस दिन माई ने कुछ बोला तो

नहीं, लेकिन मैं भीतर से जितना ख़ुश हुई उतना ही बाबा को याद करके कमरे में जाकर रोई। मैं आपको बता नहीं सकती कि वैसी ख़ुशी मैंने ज़िन्दगी में दोबारा कभी महसूस की। माँ के चेहरे पर उभर आई वह सादगी मुझे भूलती नहीं है कि शायद उनको यह तसल्ली हो गयी थी कि मैं अब घर चला लूँगी। उसके बाद मेरे लिए फिर किसी पुरस्कार का कोई भी आनन्द वैसा नहीं रहा, जैसा उस दिन महसूस किया था। आज तक यह बात मैंने किसी से नहीं कही, पर पता नहीं क्यों आज यह बात आपको बताने का मन हुआ, सो कह दिया। (कहकर वे उदास हो जाती हैं)

यतीन्द्र मिश्र

आपको मिले पुरस्कारों के लिए एक खास बात की ओर ध्यान दिलाना चाहता हूँ, जो बंगाल फ़िल्म जर्नलिस्ट ऐसोसिएशन अवॉर्ड की है। यह आपको बारह बार सन् 1964 से लेकर 1985 के मध्य दिया गया है। देखने वाली बात यह है कि इस पुरस्कार के लिए आपके पार्श्वगायन की जिन फ़िल्मों को चुना गया, वे सब फ़िल्में अपनी सांगीतिक ऐतिहासिकता में आला दर्ज़े का मुकाम रखती हैं। उदाहरण के तौर पर 'वो कौन थी', 'सरस्वतीचन्द्र', 'तेरे मेरे सपने', 'अभिमान', 'कोरा काग़ज', 'एक दूजे के लिए' और 'राम तेरी गंगा मैली' जैसी फ़िल्में। पार्श्वगायन के लिए दिये जाने वाले राष्ट्रीय फ़िल्म पुरस्कार और फ़िल्मफ़ेयर अवॉर्ड की तुलना में यह पुरस्कार आपको संगीत के लिहाज से कैसा लगता है?

लता मंगेशकर

(हँसती हैं) पुरस्कार पाना किसको अच्छा नहीं लगता, आप ही बताइए? मुझे भी यह सारे पुरस्कार संगीत के लिहाज से सम्मानजनक ही लगते रहे हैं। बस, अपने कद्रदानों और पुरस्कार देने वालों का शुक्रिया ही अदा कर सकती हूँ, जो उन्होंने इतने प्यार से मुझे इस लायक समझा हुआ है। ....पर एक बात आपके प्रश्न के सन्दर्भ में ज़रूर कहूँगी कि मुझे भी यह लगता है कि बंगाल फ़िल्म जर्नलिस्ट एसोसिएशन ने जितने भी पुरस्कार मुझे दिये हैं, वो बहुत सटीक और चुनकर दिये हैं। मैं आभारी हूँ कि उनके निर्णायकों को इन फ़िल्मों के गीत पसन्द आए। इससे ज़्यादा मैं क्या कह सकती हूँ? मैं आपसे अपनी सहमति अवश्य जता सकती हूँ कि वाकई इस पुरस्कार ने बड़ी गहराई से फ़िल्मों का चुनाव किया है। जब 1964 में मुझे 'वो कौन थी' के लिए यह पुरस्कार दिया गया था, तो थोड़ी तसल्ली इस बात की हुई थी कि मदन भैया के संगीत की इतनी सुन्दर पेशकश को कहीं तो सराहना मिली।

आपसे दिल की एक बात शेयर कर रही हूँ, वह यह कि मुझे पूरी उम्मीद थी कि 'वो कौन थी' के लिए मदन मोहन को फ़िल्मफ़ेयर पुरस्कार मिलेगा। उनको वह नहीं मिला, इसके लिए मुझे व्यक्तिगत तौर पर बहुत दुःख हुआ था। मैंने मदन भैया से उनके घर जाकर यह व्यक्त भी किया था कि मुझे पूरी उम्मीद थी कि इस साल यह पुरस्कार आपको मिलेगा, मगर नहीं मिला। इस पर मदन भैया ने मुझसे कहा था 'लता! तुमको अगर यह लगता है कि मुझको यह पुरस्कार मिलना चाहिए था और तुम्हें इस बात से तकलीफ़ है कि मुझे यह नहीं मिला, तो समझ लो कि मुझे यह पुरस्कार आज मिल गया। इससे बड़ा पुरस्कार मेरे लिए क्या होगा कि तुम्हें ऐसा लगता है और न मिलने का दुःख भी है।' इसलिए बंगाल जर्नलिस्ट एसोसिएशन के इस पुरस्कार में कहीं उनकी मेहनत का ही सम्मान किया गया है, ऐसा सोचकर मुझे प्रसन्नता हुई थी और मैंने इसे आदर के साथ लिया था।

यतीन्द्र मिश्र

दीदी, आपका हमारे उत्तर प्रदेश में एक बार राजकीय सम्मान किया गया था। आप उसमें आयी भी थीं। वह आगमन और यहाँ पर हुआ सम्मान आप किस तरह याद करती हैं?

लता मंगेशकर

जी, मुझे अच्छी तरह याद है कि यह काफ़ी पहले की बात है। उस समय उत्तर प्रदेश के मुख्यमंत्री मुलायम सिंह यादव जी थे। मेरा उसमें जाना उन्हीं के समय में हुआ था। मुझे 'अवध गौरव' या शायद 'अवध-रत्न' नाम का पुरस्कार दिया गया था, जिसके लिए मैं लखनऊ गयी थी। उसकी कुछ मजेदार यादें भी हैं। शायद हमें कुछ जल्दी थी या कि हवाई जहाज की टाईमिंग हमें सूट नहीं कर रही थी, इसलिए मुलायम सिंह जी ने एक छोटे जहाज का प्रबन्ध किया था, जो आठ-दस सीटों वाला था। उसमें मैं, नौशाद साहब और मेरे परिवार के एक-दो सदस्य आये थे। नौशाद साहब ने मुझसे यह कहा था कि 'आप लखनऊ सम्मान लेने जा रही हैं, वह मेरा शहर और जन्म स्थान रहा है। इसलिए मैं आपके साथ ज़रूर आऊँगा और कार्यक्रम में साथ चलूँगा।' इस वजह से वे मेरे साथ आये थे और कार्यक्रम में मेरे बारे में कुछ बहुत सुन्दर बातें भी कहीं थीं। ....तो मैं आपको बता रही थी कि जब हम उस जहाज में बैठकर आ रहे थे, तो लखनऊ के पास ही कहीं वह थोड़ा हिला और खड़खड़ाया। इस पर नौशाद साहब बुरी तरह

डर गये और घबड़ाकर बोले 'लता जी, यह उड़नखटोला तो कुछ गड़बड़ कर रहा है, ख़ुदा करे कि हम सही सलामत लखनऊ उतर जायें। मुझे बहुत डर लग रहा है न जाने क्या होगा? कहीं ऐसा न हो कि हम कल की सुबह ही न देख पाएँ।'

(हँसते हुए बताती हैं) आप यकीन मानिए मुझे बिल्कुल भी डर नहीं लग रहा था। मैंने उन्हें थोड़ा समझाते हुए कहा कि नौशाद साहब अब तो कुछ भी नहीं हो सकता। अब तो काफ़ी देर हो चुकी है। हम लोग ऊपर आसमान में हैं। अकेले आपके साथ कुछ नहीं होगा, अगर कुछ बुरा होता है, तो वो मेरे साथ और जहाज में बैठे हर एक के साथ होने वाला है। आप डरें नहीं हम सब साथ ही हैं। यह जहाज जहाँ हमें ले जायेगा, आखिरकार हमें वहीं जाना है। फिर विधाता ने हमारा अन्त अगर इसी के साथ लिखा है, तो उसे मैं और आप रोक न पायेंगे। इस पर वे और डर गये और बुरी तरह परेशान हो गये। ख़ैर, इसी तरह हँसी मजाक करते हुए हम लोग लखनऊ पहुँचे और जब उस छोटे से जहाज से नौशाद साहब बाहर निकले हैं, तो उनकी खुशी का आप अन्दाजा नहीं लगा सकते।

हालाँकि मैं लखनऊ पहुँचकर थोड़ा बीमार हो गयी थी क्योंकि दिन भर हम लोग कड़ी धूप में लखनऊ घूम रहे थे। मुझे लखनऊ बहुत पसन्द आया, मगर थोड़ी देर के लिए ही वहाँ जाना हो सका था। मुझे बड़े खुशनुमा माहौल में यह पुरस्कार दिया गया था। ....और जब मैं वहाँ के बाज़ारों और मुख्य जगहों से गुजरी थी, तब मुझे अच्छी तरह याद है कि जगह-जगह मेरे गीत दुकानों पर और लाउडस्पीकर पर बजाये गये थे। यह सब मुझे बड़ा आत्मीय और प्रेम से भरा लगा था। मुझे ऐसा भी याद पड़ता है कि रात के खाने पर हम सभी लोग मुख्यमंत्री के निवास पर गये थे।

यतीन्द्र मिश्र

गाते समय कभी बोरियत महसूस हुई है?

लता मंगेशकर

(जोर से खिलखिलाती हैं) किसी-किसी गाने में हुई है। जो गाना मुझे पसन्द नहीं होता था, उन गानों में मैं असहज हो जाती थी कि अरे अब यह गाना भी गाना पड़ेगा। ऐसे गाने कभी-कभी आ जाते थे। वैसे तो मुझे अभी गाने उस तरह याद नहीं आ रहे हैं, लेकिन एक गाना *'बिन्दिया चमकेगी चूड़ी खनकेगी'*

(दो रास्ते) में बहुत बोर हो गयी थी। बोरियत होने पर अलग से चुनौती यह रहती थी कि इस गाने को भी दूसरे बेहतर गानों की तरह ही एकदम दुरुस्त ढंग से रेकॉर्ड कराना है। इसलिए मनपसन्द गाने न होने पर मेहनत भी दो गुनी करनी पड़ती थी और मजा भी नहीं आता था।

यतीन्द्र मिश्र

आपकी निगाह में गीत कैसा होना चाहिए?

लता मंगेशकर

गाना मौलिक और शुद्ध हो, यह सबसे बड़ी बात है। फिर उसमें शब्द अगर किसी विचार या परिस्थिति पर आधारित हैं, तो उन्हें वैसा ही दिखना चाहिए। फ़िल्म के लिए गीत लिखे जा रहे हों या फ़िल्म से बाहर गीतों की तर्ज़ें बाँधी जा रही हों, सब जगह ओरिजनल होना ही गीत की सबसे बड़ी शर्त है।

यतीन्द्र मिश्र

दीदी, इस बात के पीछे कौन सा तर्क काम करता है कि आप जब भी कोई गीत रेकॉर्ड करती हैं, तो उसे पहले अपने हाथ से कागज़ पर उतारे बिना गाती नहीं हैं?

लता मंगेशकर

एक्चुअली, मैं जो लिखती हूँ वो उस वक्त पढ़ने में बहुत आसान होता है। दूसरे जो लिखते हैं, उनका कई मर्तबा अलग-अलग लिखने का ढंग होता है, जो ठीक से पढ़ने में नहीं आता। ऐसे में फिर मैं गा नहीं सकती हूँ क्योंकि मुझे बोल एकदम स्पष्ट चाहिए। गाते वक्त यह बहुत ज़रूरी होता है कि आप सही शब्दों को उनके सही अनुपात में देखते हुए पढ़कर गाएँ। नहीं तो कभी-कभी क्या होता है कि कोई शब्द ऐसा अचानक सामने आ जाता है, जिसे गाते हुए हम कुछ गलत भी गा सकते हैं। यह नहीं होना चाहिए, इसलिए अपनी ख़ुद की सुविधा के लिए मैं गीतों को अपने हाथ से उतार लेती हूँ। पर एक बात है, जो शैलेन्द्र जी के बारे में कहना चाहूँगी। वे हमेशा मुझे अपने हाथ से ही गीत लिखकर देते थे और उसे मैं पढ़कर आसानी से गा लेती थी। उनकी राइटिंग साफ और सुन्दर थी, इस कारण मुझे कभी भी उनके गीतों को लिखने की ज़रूरत नहीं पड़ी। इसी तरह कवि प्रदीप जी भी थे, जो एकदम स्पष्ट लिखते

थे। मैंने उनका *'ऐ मेरे वतन के लोगों'* उन्हीं के हस्तलिखित कागज़ को पढ़ते हुए गाया था, जो उन्होंने खुद लिखकर मुझे दिया था।

यतीन्द्र मिश्र

आपको शास्त्रीय संगीत के कौन से कलाकार हैं, जिनसे अभी भी सीखने का मन करता है?

लता मंगेशकर

सच बताऊँ आपको, अगर जीवन मुझे फिर से इतना मौका और ताकत दे कि मैं संगीत को ठीक से सीख सकूँ, तो मैं पण्डित रविशंकर जी और उस्ताद विलायत ख़ाँ से सितार और पण्डित पन्नालाल घोष से बाँसुरी सीखना चाहूँगी।

यतीन्द्र मिश्र

आपके समवयसी गायक-गायिकाओं में किन लोगों की गायिकी में आपको शास्त्रीय ढंग की तैयारी नज़र आती है?

लता मंगेशकर

मैं ऐसे कोई निर्णय कैसे दे सकती हूँ? यह थोड़ा मुश्किल सवाल है। जहाँ तक मुझे पता है कि मेरे अलावा मन्ना डे ने बाकायदा शास्त्रीय संगीत की तालीम ली थी। रफ़ी साहब के बारे में ज़्यादा मुझे मालूम नहीं है, लेकिन वे रागदारी के गीत बहुत अच्छे ढंग से निभाते थे और उसको ख़ूब तैयारी व रिहर्सल के बाद रेकॉर्ड करते थे। मेरे ख्याल से शायद ज़ोहराबाई अम्बालावाली ने भी संगीत सीख रखा था। किशोर दा का मुझे मालूम है कि वे हमेशा यह कहते थे कि मैंने शास्त्रीय संगीत तो नहीं सीखा है, लेकिन जिन्हें मैं अपना गुरु मानता हूँ– के.एल. सहगल को, उनके रेकॉर्ड सुन-सुनकर मैंने शास्त्रीय संगीत को समझा और जाना है। मैं बस इतना ही जानती हूँ, हालाँकि मुझे यह पता है कि इण्डस्ट्री में मेरे बाद की पीढ़ी के कुछ गायक-गायिकाएँ ऐसे हैं, जिन लोगों ने कुछ न कुछ तालीम ज़रूर ले रखी है।

यतीन्द्र मिश्र

दीदी, आपके पास कितने तानपूरे हैं? आपने ख़ुद का हारमोनियम कब खरीदा?

लता मंगेशकर

मेरे पास पाँच-छह तानपूरे होंगे। दो तो मेरे पिताजी के हैं, जिन्हें हम लोगों ने अभी तक बड़े जतन से बचा कर रखा है। वे आजकल के प्रचलित तानपूरों से थोड़े छोटे हैं। इधर कुछ वर्षों पहले हृदयनाथ ने छह तारों वाले दो तानपूरे बनवाकर मिरज से मँगाए हैं। उनकी जवारी अगर ठीक से बँधी हो और बढ़िया से एडजस्ट कर ली जाये, तो वे बड़ी सुरीली आवाज़ में बजते हैं। मैं खुद कभी हारमोनियम पर नहीं गाती हूँ, इसलिए मैंने उसे कभी नहीं मँगाया। अलबत्ता, एक दफ़ा मैं किसी शो के लिए कलकत्ता गयी थी, तो मुझे वहाँ के मशहूर 'दास ब्रदर्स' कम्पनी का एक हारमोनियम भेंट किया गया था, जिसे हृदयनाथ ने मुझसे ले लिया। वो ही उस पर गीत बनाता और बजाकर गाता है। यह लेट फिफ्टीज़ की बात है। बाद में उसने और भी हारमोनियम कलकत्ते से मँगवाए। बाद में हृदयनाथ ने बम्बई से हारमोनियम मँगवाना शुरू किया। माधव बाग की तरफ़ एक विश्वनाथ करके बड़ी प्रसिद्ध दुकान है, वही हमारे हारमोनियम बना कर लाता है। उसने बहुत अच्छे हारमोनियम हमें दिए हैं।

यतीन्द्र मिश्र

आपको गहनों का शौक रहा है?

लता मंगेशकर

नहीं, कुछ विशेष नहीं। ....पर मुझे हीरे बहुत प्रिय हैं। मैंने ज़्यादातर हीरे की अँगूठियाँ, टाप्स और कंगन ही पहने हैं। मुझे याद है कि सबसे पहले हीरे की अँगूठी मैंने 1948 में बनवाई थी, जिसका डिजाईन भी मेरा किया हुआ था। वह हीरे की छोटी-छोटी जड़त वाली अँगूठी थी, जिसके सेण्टर में मेरे नाम की अंग्रेजी इनीशियल 'एल.एम.' माणिक से बनायी गयी थी। वो मैं बहुत सालों बाद तक पहनती रही हूँ। आज भी वह मेरे पास है। उस समय उसकी बनवाई की कीमत लगभग सात सौ रुपये आई थी। मुझे पन्ने की जड़त वाली अँगूठियाँ भी पसन्द हैं। मेरे पिता जी की पन्ने की एक बहुत सुन्दर अँगूठी थी, जो मैं अकसर पहन लेती थी। दुर्भाग्य से बाद में वो चोरी हो गयी।

मैंने जब कभी भी कोई कान का छोटा बुन्दा या हाथों के लिए कंगन बनवाये हैं, तो वह हीरे के ही होते हैं। मुझे सोने के कंगन पसन्द नहीं। हालाँकि मैं पैरों में हमेशा सोने की पायल पहनती रही हूँ। इसका भी एक मजेदार किस्सा है। चाँदी की पायल पहनना मुझे पसन्द नहीं था, फिर भी शुरू-शुरू में पैरों में

चाँदी की पायल ही पहनती थी। मैंने सोने की पायल पहनने की इजाज़त लेने के लिए माई को कई सालों तक मनाया, तब जाकर वे तैयार हुईं कि मैं सोने की पायल पहन सकती हूँ। उनका तर्क़ था कि इसे सिर्फ़ राजा-महाराजाओं के यहाँ ही पहनने का विधान है।

इसी तरह एक दिन फैशन के मुताबिक मुझे चाँदी के कंगन पहने हुए पण्डित नरेन्द्र शर्मा जी ने देख लिया, तो वे नाराज़ हुए और उन्होंने मुझे समझाते हुए कहा 'बेटा, तुम्हें या परिवार के किसी सदस्य को कभी भी चाँदी का कोई गहना नहीं पहनना है। आप इसे तुरन्त बदलिए और सोने के गहने ही पहनिए। सोना हर लिहाज से आपके लिए मंगलकारी होगा। चाँदी का गहना पहनना हमारे यहाँ शुभ नहीं माना जाता।' इस पर उनका आदेश मानकर फिर कभी मैंने चाँदी का कुछ भी नहीं पहना। एक बार जब मैं किसी रेकॉर्डिंग में बैठी गा रही थी, तो राजकपूर साहब ने मेरे पाँवों में सोने की पायल देखी। उस पर थोड़ा वे नाराज होते हुए बोले 'लता! कमर के नीचे सोना पहनना उचित नहीं माना जाता। हमारे यहाँ राजा-महाराजाओं के यहाँ तो पैरों में सोना पहनने का रिवाज़ है, मगर हमें पैरों में सोना नहीं पहनना चाहिए। यह समृद्धि का सूचक है और आप इसे पैरों में पहने हुए हैं? भला क्यों?' इस पर मैंने उनसे कहा कि राज साहब मैं नहीं जानती कि क्या उचित है और क्या अनुचित? मुझसे तो पप्पा (पण्डित नरेन्द्र शर्मा) ने मना किया है कि मुझे कभी भी चाँदी नहीं पहननी है, इसलिए मैं सोना पहनती हूँ और मैं इसे उतारूँगी नहीं। (हँसती हैं) इस तरह फिर मैं हमेशा सोने की पायल ही पाँवों में पहनती रही, जो आज भी पहनती हूँ। इन पायलों को भी कई मर्तबा मैंने अपनी पसन्द की डिजाईन देकर बनवाए हैं।

यतीन्द्र मिश्र

गले में कोई हार या किसी विशेष रत्न की माला पहनने का कभी मन हुआ है?

लता मंगेशकर

हार वगैरह मैं कभी नहीं पहनती। मुझे अच्छा नहीं लगता। मैं जितना कम से कम गहना शरीर पर हो, उतना ही पहनती हूँ। हाथों में एक-दो कंगन या दो-चार चूड़ियाँ, कानों में छोटे टॉप्स और पैरों में पायल। जेवर को लेकर मेरा इतना ही पहनावा रहा है। हाँ कभी-कभी मैंने पिताजी की हाथी दाँत की ड्रामे की कोई माला गले में पहनी होगी या कभी रुद्राक्ष या तुलसी की माला, तो बात अलग है।

एक समय मेरे आध्यात्मिक गुरु पण्डित श्रीकृष्ण शर्मा जी, जिन्हें जम्मू महाराज कहा जाता है ने मुझे एक नीलम की माला दी थी। उन्होंने उसे कुछ दिनों तक पहनने के लिए मुझे आदेश दिया था। मुझे याद है कि जब तक उन्होंने ऐसा कह रखा था, तब तक मैंने वह माला पहनी हुई थी। यह 1974 की बात है, जब पहली बार मैंने वह माला, रॉयल अल्बर्ट हॉल के अपने पहले विदेशी कार्यक्रम में शिरकत के दौरान पहनी थी। बाक़ी मुझे ऐसा कुछ ध्यान नहीं आता कि मैंने कभी अपने पहनावे में किसी दूसरे गहने का इस्तेमाल किया हो।

यतीन्द्र मिश्र

सौन्दर्य-प्रसाधन की वस्तुएँ, जो कमोबेश हर एक स्त्री की कमजोरी होती हैं। आपने ऐसा कौन सा प्रसाधन हमेशा के लिए अपनी पसन्द के तौर पर इस्तेमाल किया है?

लता मंगेशकर

मुझे परफ्यूम बहुत पसन्द है और मैं उसका प्रयोग शुरू से करती रही हूँ। मैं अपने क़रीबी मित्रों और चाहने वालों को भी परफ्यूम गिफ्ट करना पसन्द करती हूँ। मुझे पेरिस ब्राण्ड पसन्द है और जब कभी कोई विदेश जाता है, तो मैं उससे यही परफ्यूम मँगवाती हूँ। एक बार मैं लन्दन में नूरजहाँ जी से मिली, तो उन्होंने व्हाईट लिनेन लगाया हुआ था, जो मुझे बहुत भाया। मैंने उनसे पूछा आपा आप कौन सा परफ्यूम लगाती हैं, जो इतना बढ़िया महक रहा है। इस पर वे बोलीं 'बेटा मैं हमेशा व्हाईट लिनेन लगाती हूँ और मैं तुमको लाकर देती हूँ।' फिर उन्होंने मुझे व्हाईट लिनेन मँगाकर भेंट दिया। मुझे बहुत खुशी हुई और तब से मैं यह परफ्यूम भी लगातार लगाती रही हूँ। मैं आपको सही बताऊँ मैंने इतने तरह के परफ्यूम अब तक इस्तेमाल किए हैं, उनमें से बहुत सारे के नाम भी अब तो मुझे याद नहीं हैं।

मुझे चेहरे पर पाउडर लगाना और आँखों में काजल लगाना पसन्द है। मैं इसे बुरा नहीं मानती। मैं काजल को अपने हाथों की उँगलियों में लेकर वैसे आँखों में फेर देती हूँ, जैसे मेरी माँ आँखों में बचपन में लगाती थीं। (हँसती हैं) आजकल जिस तरह काजल लगाने में ऊपर से नीचे तक आँखों को रँगते हुए एक पूरी नयी आँख बना देते हैं, वैसा मैंने कभी नहीं किया, वह मुझे नकली लगता है। होठों पर लिपस्टिक लगाना मुझे कभी नहीं भाया। मेरे पिताजी इसका बहुत बुरा मानते थे कि घर में कोई लिपस्टिक लगाए। बचपन में फ़िल्मों के लिए

किये गये किरदारों के वास्ते लिपस्टिक लगाना मजबूरी थी। नहीं तो मैंने उसके बाद कभी भी यह काम नहीं किया। पाउडर मैं ज़रूर लगाती रही हूँ, जैसा मैंने आपको बताया, वह इसलिए भी कि उससे चेहरा हमेशा ताजगी-भरा लगता है, नहीं तो लगता है जैसे सोकर उठकर चले आए हों। यही सब थोड़ा बहुत मैंने अपने ऊपर किया है। बाक़ी आजकल तो इतने तरह के कॉस्मेटिक्स प्रचलित हैं कि मुझे सुनकर हैरानी होती है, इतने छोटे से चेहरे के लिए इतनी चीज़ों का भला क्या काम?

(वे खिलखिलाकर हँसती हैं और मुझे भी बेसाख़्ता हँसी आती है)

यतीन्द्र मिश्र

दीदी कभी सिर में दर्द होने पर कौन सा तेल लगाती हैं?

लता मंगेशकर

अरे यतीन्द्र जी, इसका भी जवाब देना पड़ेगा? क्या यह प्रश्न भी किताब में जायेगा?

(हँसती हैं)

यतीन्द्र मिश्र

अगर आप उत्तर देती हैं, तो ज़रूर जायेगा, नहीं तो रहने दीजिए छोड़ देते हैं इसे....

लता मंगेशकर

(प्रसन्न मन से बताती हैं) नहीं, ज़रूर लिखिए। पैराशूट नारियल तेल।

यतीन्द्र मिश्र

आपने अपने कपड़ों के चुनाव में भी बहुत सादगी का परिचय दिया है। मैं पूछना चाहता हूँ कि आप हमेशा सफेद साड़ी ही पहनती हैं, इसके पीछे कोई ख़ास कारण? क्या रंगों से वाकई आपको परहेज है?

लता मंगेशकर

नहीं-नहीं, ऐसी बात नहीं है। रंग मुझे अच्छे लगते हैं और वे सब साड़ियों में भी खूब फबते हैं, मगर दूसरों के ऊपर। खुद मुझे रंगीन पहनना थोड़ा अटपटा

लगता है। इसके पीछे कोई कारण नहीं है, बस न जाने क्यों मुझे ऐसा लगता है कि अगर मैंने कभी लाल साड़ी लपेटी हो या नारंगी रंग पहना हो, तो अन्दर से यह महसूस होता है कि जैसे किसी ने मुझ पर होली का रंग डाल दिया हो। (हँसती हैं)

इसलिए मुझे सफेद या ऑफ व्हाईट या चन्दन का रंग पसन्द है। मैं शुरू से ही बहुत सादे कपड़े पहनना पसन्द करती हूँ। मेरी सफेद या क्रीम साड़ी पर रंगीन बॉर्डर हो, तो चलेगा। उतना मुझे फिर ठीक लगता है। ....और अगर कभी कलर पहनना बहुत ज़रूरी ही हो, तो वह बेबी पिंक, लाईट ब्लू या क्रीम कलर पर कुछ हल्के रंगों की प्रिण्ट हो सकती है। इससे ज़्यादा कलर मैं पहन नहीं सकती। साड़ी जितनी ही सफेद हो उतना ही मेरा मन प्रसन्न हो जाता है। उस समय लगता है कि अरे मजा आ गया यह साड़ी पहनकर। हालाँकि यह उत्तर सुनकर आप मन ही मन हँस रहे होंगे कि भला ऐसा भी क्या रंगों से परहेज है? ....मगर मैं क्या करूँ, मुझे डार्क शेड के कपड़ों में मजा नहीं आता।

यतीन्द्र मिश्र

नहीं दीदी हँसने की तो कोई बात ही नहीं है। ....यह तो आपकी पहचान ही बन गया है कि सफेद या क्रीम साड़ी का किनारा रंगीन होगा और पारम्परिक ढंग से बेहद सुन्दर कांजीवरम् या कांचीपुरम् ढंग का होगा। मुझे तो लगता है कि एक आम भारतवासी आपको उसी रूप में देखना पसन्द करता है....

लता मंगेशकर

बिल्कुल सही कह रहे हैं। पहचान से ज़्यादा वह मेरे व्यक्तित्व पर सही ढंग से खिलता है, शायद इसलिए भी लोगों को मैं सफेद साड़ी में ही ठीक लगती हूँ। आपको एक पुरानी बात बताऊँ। एक दिन बम्बई में बारिश बहुत हो रही थी और मुझे समझ में नहीं आ रहा था कि क्या पहनकर रेकॉर्डिंग के लिए जाऊँ। मेरे पास एक क्रेप शिफॉन की साड़ी थी, जो ऑरेंज या यलो कलर कुछ ऐसी थी। ....और उस पर छोटे-छोटे रंगीन प्रिण्ट बने थे, तो वो मैं पहनकर गयी। अब क्या हुआ कि सबसे पहले रेकॉर्डिस्ट ने मुझसे पूछा कि 'लता बाई! ये आज क्या पहनकर आ गयीं आप?' इस पर मैंने जवाब दिया कि बाहर इतनी बारिश है। मैं भीगती हुई आई हूँ। इस क्रेप साड़ी पर पानी जरा जल्दी सूख जाता है, नहीं तो कॉटन हो तो चिपक जाता है। इसीलिए आज इसे पहना है। इस पर

वो कहने लगे 'नहीं, कुछ अलग लगता है आज। अच्छा नहीं लग रहा है। आप तो वही पहना करो, जैसा आप पहनती हो। हमें आप वैसे ही अच्छी लगती हो, इस कपड़े में नहीं।' उस दिन मुझे लगा कि अब यह मेरी पसन्द का मामला नहीं रह गया है, इस पर तो दूसरे भी निगाह रखते हैं और अपनी नापसन्दगी को कह भी देते हैं। फिर मुझे यह बात थोड़ी ठीक भी लगी कि आम लोगों को भी यह अच्छा नहीं लगता है, तो मैं क्यों कुछ और पहनूँ?

यतीन्द्र मिश्र

आपको किस तरह की साड़ियाँ पसन्द हैं?

लता मंगेशकर

देखिए, मैंने आपको यह बताया ही है कि मुझे सफेद रंग या उससे मिलते-जुलते ढंग की साड़ियाँ पसन्द आती हैं। अधिकतर मैं कॉटन ही पहनती हूँ। कुछ विशेष जगहों की चीज़ें मुझे भाती हैं, जैसे चन्देरी कॉटन और लखनऊ के चिकन की काम की साड़ियाँ। बंगाल और महाराष्ट्र की साड़ियाँ भी मुझे हमेशा से पसन्द रही हैं। हमारे यहाँ महाराष्ट्र की कोल्हापुर की साड़ियाँ बहुत सुन्दर होती हैं। साऊथ की कांजीवरम सिल्क साड़ियाँ मुझे विशेष प्रिय हैं। मुझे बनारसी कम पसन्द आती है, इसलिए भी कि वह बहुत भारी होती है। हालाँकि अगर बनारसी साड़ी में बहुत हल्के काम और बॉर्डर वाली साड़ी चुनी जाये, जो पूरी सादी हो, तो वह मुझे कांजीवरम् की तरह ही अच्छी लगती है। आजकल मैं भारी और बॉर्डर में थोड़े काम वाली साड़ियाँ नहीं पहनती हूँ। वह मुझे गड़ती हैं और मजा भी नहीं आता। जैसे-जैसे उम्र बढ़ती गयी है, वैसे मैंने यह महसूस किया है कि जितनी हल्की और मुलायम साड़ी हो, उतनी ही वह बेहतर है।

यतीन्द्र मिश्र

आपके सिर पर एक समय हमेशा साड़ी का पल्लू रहता रहा है। आपके अधिकतर चित्रों में भी यही छवि दिखाई देती है। इसके पीछे कोई ख़ास वजह?

लता मंगेशकर

हमारे कोल्हापुर में चूँकि छत्रपति शिवाजी का राज रहा है, तो वहाँ पर हमारे यहाँ जो मराठा औरतें होती हैं, वह सिर पर पल्लू लेती हैं। खेतों में काम करने वाली सारी औरतों के सिर से भी पल्लू कभी नहीं गिरता। मैं कोल्हापुर जाती

थी और जिस परिवार में जाकर मैं रुकती थी, वहाँ सारी स्त्रियाँ सिर पर पल्लू लेती थीं। एक बार जिन्हें मैं बाबा कहती थी, मैंने उन्हीं से पूछा, कि सिर पर पल्लू लेने का क्या रिवाज है? इस पर उन्होंने मुझसे यह कहा था कि 'औरत की गरिमा सिर से पल्लू लेने में होती है। देखो बेटा, बड़े-बड़े घरानों की बेटियाँ और बहुएँ भी सिर पर पल्ला लेती हैं। इसे किसी प्रकार से रुढ़ि नहीं मानना चाहिए, बल्कि स्त्री के सम्मान के अर्थ में देखना चाहिए।' ...तो मेरे मन में यह बात इतनी धँस गयी कि मैंने सिर से पल्लू लेना शुरू किया। बाद में जब मैं रेकॉर्डिंग करती थी तो पल्लू लेकर रेकॉर्डिंग करना मुश्किल होता था क्योंकि बचपन से सिर पर कभी पल्लू लिया ही नहीं था। फिर भी मुझे लगता है कि मैंने दस-बीस साल तक तो पल्लू लिया ही है। बाद में जब रेकॉर्डिंग में बहुत दिक्कत होने लगी, तो फिर उसे लेना मुश्किल होने लगा।

यतीन्द्र मिश्र

आपको कारों से विशेष लगाव रहा है। अपनी खरीदी हुई गाड़ियों में कौन-कौन सी सबसे ज़्यादा प्रिय रही हैं?

लता मंगेशकर

गाड़ी की खरीदारी का एक मजेदार वाकया यह है कि पचास के दशक में मैंने एक हिलमैन कार खरीदी थी, जो उस समय मुझे आठ हजार रुपये में मिली थी। उस ज़माने में यह पैसा बहुत ज़्यादा था और हुआ यह था कि मैं माई को कमाकर जो पैसे देती थी, उसी में से माई ने पैसे बचाकर रखे थे। इसी से बिल्कुल शुरुआती सालों में मैंने यह गाड़ी खरीदी। मुझे उस समय यह लगा था कि बाप रे! मेरे कितने गानों के पैसे इस गाड़ी को खरीदने में चले गये। बाद में मैंने उस गाड़ी को बेचकर एक पुरानी नीले रंग की शेवरले खरीदी, जो बाद तक की मेरी सबसे प्रिय कार रही है। बहुत बाद में मैंने चरित्र अभिनेता रहमान साहब से एक पुरानी ब्यूक कार खरीदी और उसके बाद एक पुरानी मर्सिडीज भी।

(हँसते हुए कहती हैं) ....तो इस तरह गाड़ियों के खरीदने का मेरा हिसाब-किताब चलता रहा। आजकल जिस मर्सिडीज से मैं चलती हूँ, वह मुझे 'वीर जारा' के गानों के लिए यश चोपड़ा जी ने उपहार स्वरूप खरीदकर दिया था। मैं यश जी से कोई पारिश्रमिक लेने से इनकार कर देती थी, क्योंकि मैं उन्हें अपना छोटा भाई मानती हूँ। इसीलिए जब यह फ़िल्म रिलीज़ हुई, तब उन्होंने बड़े प्यार से मुझे यह भेंट दिया। आपको एक सच्ची बात बताऊँ, मुझे जब अपने गीतों के

पैसों का हिसाब लगाना पड़ता है, तो सोचकर हँसी आती है कि उस ज़माने में हम लोगों ने जिस तरह मेहनत से गाया और संगीत तैयार किया है, उसके आगे पैसों की राशि का कोई मूल्य नहीं रह जाता है। सिर्फ़ अच्छा संगीत और उससे मिलने वाली अनमोल खुशी ही आज सबसे बड़ी पूँजी की तरह लगते हैं।

यतीन्द्र मिश्र

दीदी, आप यह बतायें कि जब आपके प्रशंसक आपको श्रद्धा, प्रेम और भक्ति के भाव से देखते हैं, तब उस समय कैसा लगता है? आप स्वयं अपने प्रशंसकों को किस निगाह से देखती हैं?

लता मंगेशकर

मैं आपको सच बताती हूँ कि ऐसे जो प्रशंसक हैं, जिनको मैं देवी या सरस्वती लगती हूँ तो अन्दर से मुझे बहुत बुरा लगता है। मैं हमेशा यह सोचती हूँ कि मैं तो ऐसी नहीं हूँ और यह लोग मुझे भला ऐसा क्यों समझ रहे हैं? कितने लोग कहते हैं कि आप सरस्वती हैं, संगीत को बिल्कुल पवित्र रूप में गाकर हमारे लिए ऐसे ही गायन की देवी की कल्पना को साकार करती हैं, तो मेरा उन सब के लिए यही मानना है कि आप भगवती सरस्वती को मानें और उनके आशीर्वाद का पात्र मुझे समझें, न कि स्वयं मुझे सरस्वती के आसन पर बिठायें। यह गलत होगा। फ़िल्मों में गा-गाकर हम लोग बड़े बने हैं, यह भगवान की कृपा है। ईश्वर ने मुझे इतना बड़ा नाम दिया, जिसके लिए हर समय शुक्रगुजार रहती हूँ... पर मुझे कोई भगवान बनाये, तो वह मुझे अच्छा नहीं लगता।

यतीन्द्र मिश्र

यह ठीक बात है, लेकिन दीदी आप जानती ही हैं एक प्रशंसक की निग़ाह अपने पसन्द के कलाकार के सृजन के प्रति श्रद्धा पैदा करती है। वह उसमें खो जाता है। तन्मयता से स्वयं उस संगीत में डूब जाता है। यह जो डूबना है, वह श्रद्धा पैदा करता है...

लता मंगेशकर

सही बात है। आपका कहना बिल्कुल सही है। मैं इसको मानती हूँ कि आप जो सोच रहे हैं या प्रशंसकों की मानसिकता के सन्दर्भ में कह रहे हैं, वह बहुत सही है। मुझे उस वक्त अन्दर से बहुत लज्जा होती है, जब मेरे प्रशंसक मेरे लिए कुछ इस तरह सोचते हैं। मुझे यह सब अटपटा सा लगता है कि ऐसा

क्यों सोच रहे हैं? हालाँकि जो सोचता है, वह पूरे मन से और भाव से सोचता है, मगर मैं ख़ुद के लिए क्या करूँ? मैं बड़े पसोपेश में पड़ जाती हूँ, जब अपने लिए इस तरह के भावातिरेक वाली प्रशंसा से सामना होता है।

यतीन्द्र मिश्र

बहुत सारे ऐसे भी आपके प्रशंसक होंगे, जो कभी जीवन में आपको यह बताने की स्थिति में ही न हों कि वो आपको कितना चाहते, मानते हैं और आपके प्रति श्रद्धा से भरे हुए हैं। लाखों-करोड़ों लोग ऐसे होंगे जो आपको प्यार करते हैं और उस प्यार की एवज में कुछ भी नहीं चाहते। सिर्फ़ उनकी श्रद्धा और प्यार का प्रतिदान आपके पास संगीत के अमृत-घट की तरह है, जिससे कुछ न कुछ बूँदें उनके हिस्से के लिए तो हर समय छलकती रहती हैं...

लता मंगेशकर

जी हाँ, यह सच्चाई है कि अपने लाखों-करोड़ों प्रशंसकों के श्रद्धा और विश्वास का पात्र बनी हुई हूँ। मैं उनको क्या दे सकती हूँ, अपने संगीत से जो मैंने पैदा किया है, अगर वह उसमें से कुछ पाना चाहें, तो अपना जीवन सार्थक समझूँगी। मेरा गीत और संगीत मेरा कहाँ है? वह सब आप लोगों का और मेरे अनजाने प्रशंसकों का ही तो है... आपने पूछा है कि मैं अपने प्रशंसकों को किस निग़ाह से देखती हूँ, तो यहाँ मैं इतना ही कहना चाहूँगी कि मेरे सारे प्रशंसक और मेरी ही तरह दूसरे गायक-गायिकाओं के प्रशंसक मेरे परिवार की तरह हैं। मैं कभी ख़ुद को इसलिए अकेला और अलग नहीं मानती हूँ। संगीत में रमे हुए और संगीत को आदर देने वाले लोग ही मेरा संसार हैं।

यतीन्द्र मिश्र

यदि किसी ऐतिहासिक चरित्र को आज फिर से जीवित किया जा सकता हो, तो वह कौन होगा, जिसे आप नयी शताब्दी में दोबारा से जीवन देना चाहेंगी?

लता मंगेशकर

यह कुछ ऐसे सवाल आप पूछते हैं, जो कभी-कभी मैं भी सोचती हूँ कि अगर ऐसा होता, तो क्या होता? (हँसती हैं) आजकल के हालात को देखते हुए और मेरी अपनी श्रद्धा के लिहाज से कम से कम दो ऐसे इंसानों को फिर

से जीवन देना चाहूँगी, जिनके आने से इस देश का फिर से उद्धार हो सके। यह दो लोग शिवाजी महाराज और महाराणा प्रताप होंगे। व्यक्तिगत तौर पर ये दोनों नायक मुझे सच्चे देशभक्त और वीर नज़र आते हैं। यह सिर्फ़ लड़ैया नहीं थे, बल्कि उनकी एक अलग सी ख़ासियत भी थी, जो देश के लिए मर मिटने और स्वाभिमान जगाने का भाव मन में पैदा करती है। मैं इन दोनों के त्याग और वीरता के प्रति समर्पित हूँ। ऐसे देशभक्त और सधे हुए लोग अब कहाँ दिखाई देते हैं?

यतीन्द्र मिश्र

यदि आपसे यह कहा जाये कि इस दुनिया की एक ख़राब चीज़ को आप बदल दें, तो वह क्या होगी?

लता मंगेशकर

यह एक कठिन सवाल है। मैं खुद को तो बदल सकती हूँ, मगर मैं यह कैसे कर सकती हूँ कि दुनिया को या दुनिया की किसी बुराई को बदल पाऊँ?

यतीन्द्र मिश्र

यह संसार यदि एकाएक समाप्त होने के कगार पर हो, तब ऐसा क्या है, जिसे आप बचाना चाहेंगी?

लता मंगेशकर

(गम्भीर होते हुए) अगर यह संसार समाप्त होने लगेगा, तब चाहकर मैं या कोई भी कुछ भी नहीं बचा सकेगा। प्रकृति के फैसले को कौन बदल पाया है? फिर मैं तो एक साधारण इन्सान ही हूँ, मेरी क्या बिसात? फिर भी यदि कुछ बचाने की हसरत है, तो अपने स्वजनों, परिवार के सदस्यों, मित्रों और शुभचिन्तकों को बचाना चाहूँगी, जिनके न होने पर मुझे संसार की कोई ज़रूरत ही नहीं है।

यतीन्द्र मिश्र

इस तरह देखें तो आप अत्यन्त उदारता के साथ बहुत कुछ बचा लेना चाहती हैं, क्योंकि लता मंगेशकर को सराहने व प्यार करने वाला समाज बहुत विशाल है और आप जब शुभचिन्तकों का नाम ले रही हैं, तो शायद ही कोई ऐसा देशवासी बचता हो, जो आपके प्रति श्रद्धा और अनुराग से भरा न हो। ऐसे में तो पूरा भारत-वर्ष और बाहर के देशों के भी तमाम

सारे लोग आपकी मनोकामना के दायरे में समा जायेंगे।

लता मंगेशकर

क्यों नहीं? यह मेरे लिये बहुत आदर की बात है कि इतने सारे लोगों का प्यार और आशीष मुझे मिला है। यदि मेरे जैसे साधारण इंसान की मनोकामना से देश का हर एक व्यक्ति बच सके, तो इससे सुन्दर वरदान तो दूसरा कुछ भी नहीं हो सकता।

यतीन्द्र मिश्र

आपको गुस्सा कब आता है और किन वजहों से आता है?

लता मंगेशकर

(हँसते हुए) हाँ! गुस्सा आता है कभी-कभी, मगर वह बहुत जल्दी चला भी जाता है। इंसान को जिन छोटी-छोटी बातों को लेकर नाराजगी होती है, उन्हीं सब चीज़ों पर मुझे भी गुस्सा आता है। मतलब जैसे कभी किसी ने कोई गलत बात कही, झूठी बात कही या बेवजह ही मेरी बिना किसी बात के बदनामी करी, तब मुझे बहुत जोर से गुस्सा आता है। बाद में ख़ुद को यह समझाकर अपनी नाराज़गी भी दूर कर लेती हूँ कि यह तो दुनिया है। यहाँ हर तरह के लोग मौजूद हैं। ज़रूरी नहीं कि हर व्यक्ति एकदम सही और सच्चा हो। फिर मुझे उन फ़िजूल की बातों पर ध्यान देने की क्या ज़रूरत है, जिनका कोई अर्थ ही मेरे लिए नहीं है।

यतीन्द्र मिश्र

वह कौन सी बात है, जो आपको दुःखी करती है?

लता मंगेशकर

इसको कहकर शायद मैं व्यक्त न कर पाऊँ। मुझे लगता है कि जीवन में अपनों से बिछड़ने का कष्ट ही दुनिया का सबसे बड़ा दुःख है, जिससे शायद ही कोई बचा हो। मेरे बाबा जब गये, माई गयीं, तब लगा कि यह दिन भी देखने के लिए मुझे यहाँ मौजूद रहना था? मैं गीतकार और लेखक पण्डित नरेन्द्र शर्मा को अपने पिता जैसा मानती रही हूँ। वे मुझे हमेशा ही दुःख और कठिनाईयों से उबरने में मदद करते थे। उनकी कही बातों को मैं बाबा की तरह ही कही बात मानकर जीवन में उतारती थी। उससे मुझे थोड़ा-बहुत सन्तोष मिलता

रहा है। उन्होंने किसी कविता में यह बात कही थी कि 'आज के बिछड़े न जाने कब मिलेंगे?'।

यह बात मुझे अन्दर से परेशान करती है कि मैं आज जिनके साथ हूँ और जिनकी वजह से जीवन में आना-जाना और मिलना-जुलना बना रहा है, वह न जाने कब, किस मोड़ पर रुक जाये? जब पण्डित नरेन्द्र शर्मा भी इस दुनिया से गये, तो मुझे उतनी ही हताशा और तकलीफ़ हुई थी। जीवन में इस तरह के तमाम अनुभव आते रहे हैं, जब मैंने अपने प्रियजनों और साथियों को खोकर कहीं खुद के भीतर एक खालीपन पाया है।

यतीन्द्र मिश्र

फ़िल्म इण्डस्ट्री में वे कौन से कलाकार हैं, जिनसे आपका व्यक्तिगत आत्मीय रिश्ता रहा है?

लता मंगेशकर

मैं इस बात पर गर्व कर सकती हूँ कि मुझे बम्बई की फ़िल्म इण्डस्ट्री ने बहुत सम्मान और आत्मीय रिश्ते दिये हैं। हर एक उस व्यक्ति के साथ, जिसके लिए मैंने कुछ गाया या काम किया है, मेरे साथ बेहतर सम्बन्ध रहा है। फिर भी कुछ ऐसे लोगों को याद करूँगी, जिन्होंने मुझे बहुत प्यार दिया है। इनमें मैं अभिनेत्रियों में नरगिस जी, मीनाकुमारी, मधुबाला, नलिनी जयवन्त, गीता बाली, सायरा बानो, तनूजा और हेलेन के नाम लूँगी। बाद की अभिनेत्रियों में हेमा मालिनी, जया बच्चन, रेखा, माधुरी दीक्षित और जूही चावला मुझे बहुत प्रिय हैं और उतनी ही क़रीब लगती हैं। अभिनेताओं में विशेष तौर पर दिलीप कुमार साहब उसके अलावा देवानन्द, राज कपूर, शम्मी कपूर, सुनील दत्त और महमूद को भी उतने ही प्रेम से याद करूँगी। धर्मेन्द्र, जितेन्द्र, रणधीर कपूर और ऋषि कपूर भी मेरे नजदीकी लोगों में रहे हैं। राजकपूर जी की पत्नी कृष्णा भाभी और शम्मी कपूर जी की पत्नी नीला भाभी से मेरे बेहद आत्मीय सम्बन्ध आज भी हैं। मैं कृष्णा भाभी का बहुत सम्मान करती हूँ, वे वैसी ही प्रेम और गरिमा से भरी हुई आज भी हैं, जैसी पचास साल पहले थीं। दक्षिण की पार्श्वगायिका पी. सुशीला और अभिनेता शिवाजी गणेशन भी अभिन्न मित्रों में रहे हैं।

संगीतकारों में मेरा बहुत ही घरेलू किस्म का रिश्ता नौशाद साहब, सलिल चौधरी, मो. शफ़ी, सज्जाद हुसैन साहब, हेमन्त कुमार, एस.डी. बर्मन,

आर.डी. बर्मन, मदन मोहन, खय्याम, चित्रगुप्त, शंकर-जयकिशन, सुधीर फड़के, लक्ष्मीकान्त-प्यारेलाल, श्रीनिवास खले, जतिन-ललित और अन्नू मलिक के साथ रहा है। इसी तरह गीतकारों में मुझे मजरूह सुलतानपुरी, गुलज़ार साहब और जावेद अख़्तर मित्र और परिवार सरीखे लगते हैं। इनके अलावा सिनेमा की कुछ ऐसी हस्तियों ने मेरा हमेशा साथ दिया, जिनके लिए मैं बहुत आदर से भरी हूँ। इनमें भालजी पेंढारकर और उनके परिवार को सबसे ज़्यादा याद करती हूँ, जो मेरे लिए पितातुल्य थे। पण्डित नरेन्द्र शर्मा को भी मैं पिता की तरह ही मानती थी। इनके अलावा मास्टर विनायक, महबूब ख़ाँ साहब, माधव शिन्दे, दिनकर पाटिल, ऋषिकेश मुखर्जी, यश चोपड़ा और उनके परिवार को बहुत आदर के साथ याद करती हूँ। अलग से जिस व्यक्ति को मैं स्वयं बहुत पसन्द करती हूँ और जिन्होंने हमेशा बहुत प्यार और आदर दिया है, उनमें अमित जी (अमिताभ बच्चन) का नाम लूँगी। मैंने अपने सह-गायकों में सभी पर बात की है, जो मुझे बहुत प्रिय और परिवार सरीखे लगते रहे हैं। उनमें किसी का भी नाम छोड़ना गलत होगा। आजकल के गायक-गायिकाओं में जो लोग मुझसे हमेशा मिलते रहे हैं और मुझे प्रिय हैं, उनमें सुरेश वाडकर, अलका याज्ञनिक, कविता कृष्णमूर्ति, उदित नारायण और सोनू निगम प्रमुख हैं। मदन मोहन जी का बेटा संजीव कोहली भी मेरे लिए परिवार के सदस्य जैसा है।

यतीन्द्र मिश्र

दिलीप कुमार के साथ आपके प्रगाढ़ सम्बन्ध में वह कौन सी यादें हैं, जो हमेशा ही आपके स्मरण में कौंधती हैं और जिन्हें याद करना आपको सुख से भरता है?

लता मंगेशकर

बहुत सारी यादें हैं युसुफ़ भाई के साथ की। किस-किस को याद करूँ? कभी कोई बात याद आती है, तो कभी किसी सामान्य सी बात पर मन भर आता है। इसमें कोई शक़ नहीं कि अभिनेताओं की जमात में युसुफ़ भाई ही मेरे सबसे ज़्यादा करीबी रहे। फिर उनसे मुलाकात भी इतनी पुरानी है कि वह सम्बन्ध एक दिन में नहीं बना है। मैं जब इस इण्डस्ट्री में काम करने के लिए आई थी और बॉम्बे में लोकल ट्रेनों में सफ़र करते हुए संघर्ष कर रही थी, उस दौर में वे एक सफल और स्थापित अदाकार के तौर पर जाने जाते थे। एक घटना ऐसी मुझे याद है, जो मुझे कभी नहीं भूलती और जिसमें उनका मेरे

प्रति सम्मान और छोटी बहन को दिया जाने वाला प्यार झलकता है। मतलब वे इतने भावुक और संवेदनशील इंसान हैं कि मैं बता नहीं सकती। आजकल ऐसा मिल पाना मुश्किल हो गया है। एक बार की बात है, एक शाम हम सब लोग कल्याणजी-आनन्दजी संगीतकार जोड़ी में कल्याणजी भाई के घर पर खाने के लिए मौजूद थे। वहाँ मेज पर पान-सुपाड़ी से सजी हुई एक तश्तरी रखी थी। मैंने सहज ही खाने के बाद वह तश्तरी उठाकर युसुफ़ भाई को पान पेश कर दिया। एकबारगी प्रसन्न भाव से बैठे हुए उनका चेहरा थोड़ा बदल गया और उन्होंने अधिकारपूर्वक मुझसे थोड़ा नाराज़ होते हुए यह कहा 'लता, यह ठीक नहीं है। भले घर की शरीफ़ लड़कियाँ इस तरह किसी को पान पेश नहीं करतीं। आज के बाद आप कभी भी किसी को पान या सुपाड़ी पेश नहीं करेंगी। मुझे यह अच्छा नहीं लगा। आप मेरी छोटी बहन हैं, इस अधिकार से आपको यह कह दिया।'

आप यकीन मानिए! मुझे उनकी इस बात से कतई बुरा नहीं लगा, बल्कि प्रसन्नता ही हुई कि इस इण्डस्ट्री में कोई ऐसा मेरा बड़ा भाई तो है, जो मेरी गरिमा का ख़्याल रखते हुए मुझे भरी महफ़िल में सही बात सिखा रहा है। फिर 1974 में लन्दन के रॉयल एल्बर्ट हॉल में जब मेरा पहला कार्यक्रम होना था, तो वे उसकी शुरुआत करने के लिए वहाँ गये थे। वे अपने काम में इतने सलीके वाले और छोटी-छोटी बात पर ध्यान देते थे कि मुझसे मेरे गीतों की वह पूरी लिस्ट माँग ली, जो मैं गाने जा रही थी। मैंने जब उन्हें अपने गीतों की लिस्ट दी, तो उसे बहुत ध्यान से पढ़ते हुए वे 'पाकीज़ा' के गीत *'इन्हीं लोगों ने ले लीना दुपट्टा मेरा'* को देखकर उस पर ऐतराज करने लगे। इस बात पर भी वे हैरान थे कि क्यों मैं उस गाने से अपना कन्सर्ट शुरू करने जा रही थी। उन्होंने पूछा 'यह गाना आप क्यों गाना चाहती हैं, जबकि इसके बोल उतने शाईस्ता नहीं हैं?' (हँसते हुए)

इस पर मैंने उनसे कहा कि युसुफ़ भाई! यह गीत आजकल बहुत लोकप्रिय है क्योंकि अभी हाल ही में एक-दो साल पहले (1971) से बहुत चल रहा है। ....और मुझे लगता है कि इसे सुनकर यहाँ की ऑडियन्स खुश होगी। मेरे तर्क से वे सहमत नहीं थे, लेकिन कुछ बोले नहीं। ....पर उनका इस गीत को लेकर असमंजस वैसा ही बना रहा। उनका तर्क था कि इस गीत के बोल कुछ हल्के हैं, जो गाते समय मेरी गरिमा के अनुरूप नहीं लगेंगे। वो मुझे दिल से अपनी छोटी बहन मानते थे, जो प्यार और सम्मान उनकी इन छोटी-छोटी बातों से झलकता था।

मैं उनकी बड़ी बहन सकीना आपा के भी बहुत निकट थी और मेरा अकसर उनके घर में आपा से मिलने जाना होता रहता था। एक अपनापन जो युसुफ़ भाई में है, वह आज जल्दी देखने को नसीब नहीं होता। मैं उनको एक ईमानदार, सीधे-सादे और दिल से बड़े नेक इंसान के रूप में देखती हूँ। वे जब भी मुझसे मिलते हैं, तो वही गर्मजोशी दिखाई देती है, जो पिछली बार मिलने पर महसूस हुई थी।

यतीन्द्र मिश्र

आपका हिन्दी सिनेमा में ऑल टाईम फेवरेट एक्टर कौन है?

लता मंगेशकर

मेरे हिसाब से महमूद को मैं बहुत ही अच्छा आर्टिस्ट मानती हूँ। वे जितने अच्छे कॉमेडियन थे, उतना अच्छा कॉमेडियन हमारे यहाँ दूसरा नहीं आया है और न ही मुझे लगता है कि फ्यूचर में भी कोई उनकी जगह ले पायेगा। क्या कमाल का आदमी था साहब। वो जो काम करते थे, सब लाजवाब था। उनकी पर्सनैलिटी और छह फिट की हाईट और शक्ल-सूरत सभी कुछ अच्छी थी और वे जितना बढ़िया कॉमेडी करते थे, उस हिसाब से सीरियस रोल भी कर ले जाते थे। 'पड़ोसन' तो उनकी सबसे शानदार फ़िल्म है ही, उसके अलावा उन्होंने 'जिद्दी', 'लव इन टोक्यो', 'प्यार किये जा' और 'गुमनाम' में भी गजब की कॉमेडी की है। मैं उनकी फ़िल्में बहुत ही अधिक पसन्द करती हूँ। कई बार तो मुझे यह भी लगता है कि वो जिस फ़िल्म में रहते थे, उसके मेन हीरो को भी अकसर डामिनेट कर जाते थे। महमूद के टक्कर की कॉमेडी फिर हमारे किशोर दा (किशोर कुमार) ही करते थे। (हँसती हैं)

यतीन्द्र मिश्र

आपने अपने जीवन में जितनी अभिनेत्रियों को देखा है। उसमें व्यक्तिगत तौर पर सबसे ख़ूबसूरत और परी चेहरा कौन लगा आपको?

लता मंगेशकर

(हँसती हैं) आपने जितने लोगों के बारे में बात की है, वे सभी बेहद ख़ूबसूरत हीरोईनें रहीं हैं। व्यक्तिगत तौर पर आपको बताऊँ, तो शायद मैं सबसे ज़्यादा नरगिस को पसन्द करती हूँ। वह परदे पर न हों, तो भी सामने मिलने पर भी वह उतना ही असर करती थीं। उनका रहन-सहन, बातचीत का सलीका,

सभी कुछ बहुत अच्छा और स्तरीय था। मुझे तो कई बार यह भी लगता है कि परदे पर वे उतनी अच्छी नहीं लगी हैं, जितना कि वे वास्तविक जीवन में थीं। नरगिस को सामने से देखने वाले लोग ही यह जानते होंगे कि वाकई वो कितनी शानदार थीं।

यतीन्द्र मिश्र

अगर किसी अभिनेता के लिये आपको पार्श्व गायन करना होता, तो ऐसे में किस कलाकार के लिये आप गाना पसन्द करतीं?

लता मंगेशकर

(हँसती हैं) दिलीप कुमार।

यतीन्द्र मिश्र

फ़िल्मों से आप क्या चाहती हैं?

लता मंगेशकर

ज़्यादा कुछ नहीं, बस इतना ही कि वे अच्छा और सार्थक सन्देश देने वाली फ़िल्में हों, जिसे आप पूरे घर के साथ बैठकर बेहिचक देख सकें। अच्छी कहानी और अच्छा विचार ही फ़िल्मों से मेरी माँग रही है।

यतीन्द्र मिश्र

अपने पसन्द के क्रिकेटरों का नाम लीजिए, जो आपकी सर्वप्रिय सूची है और जिसमें किसी तरह का फेरबदल आप कभी नहीं करेंगी?

लता मंगेशकर

बहुत सारे ऐसे क्रिकेटर हैं, जिनका खेल बहुत ऊँचे दर्ज़े का है, किस-किस का नाम लूँ? फिर भी मेरे पसन्द की जो बहुत छोटी सी सूची है, उनमें वेस्टइण्डीज के गैरी सोबर्स और रोहन कन्हाई, ऑस्ट्रेलिया के रिचि बेनॉड, रे लिण्डवॉल, ऐलेन डेविडसन और नील हार्वे, श्रीलंका के सनत जयसूर्या और लसिथ मलिंगा, पाकिस्तान के इमरान ख़ान और वसीम अकरम शामिल हैं। भारतीय खिलाड़ियों में मुझे मुश्ताक अली, विनोद मांकड़, विजय मर्चेण्ट, नवाब मंसूर अली ख़ाँ पटौदी, विजय मांजरेकर, सुनील गावस्कर और सचिन तेन्दुलकर का खेल भाता है। आजकल के खिलाड़ियों में जिन्हें मैं पसन्द करती हूँ, उनमें महेन्द्र सिंह धोनी,

विराट कोहली, हरभजन सिंह और शिखर धवन हैं। हालाँकि इन चारों से अभी तक मैं मिली नहीं हूँ। आस्ट्रेलिया के महान खिलाड़ी डॉन ब्रैडमैन को भी बहुत पसन्द करती हूँ।

यतीन्द्र मिश्र

वे कौन से क्रिकेट खिलाड़ी रहे हैं, जिनसे आपके मित्रवत या पारिवारिक सम्बन्ध रहे हैं?

लता मंगेशकर

सचिन तेन्दुलकर को तो मैं अपना बेटा ही मानती हूँ और वह भी मुझे माँ कहता है। सचिन और उसका पूरा परिवार भी मुझे वैसा ही सम्मान देता है। मैंने अपना एक गीत, जो 'मेरा साया' फ़िल्म का है और जिसे मदन भैया ने कम्पोज़ किया था, सचिन को ही समर्पित कर दिया है। उसके बोल में मेरी भावना ही एक तरह से व्यक्त हुई है। आप जानते ही हैं कि वो गीत *'तू जहाँ-जहाँ चलेगा, मेरा साया साथ होगा'* कितना बेहतर गीत है, जो मेरी भावनाओं के तहत सचिन पर उपयुक्त लगता है (प्रसन्नता से बताते हुए)।

विजय हजारे हमारे पारिवारिक मित्र रहे हैं। इनके अलावा मैं विनोद मांकड़, बिशन सिंह बेदी, सुनील गावस्कर और कपिल देव के निकट रही हूँ।

यतीन्द्र मिश्र

राजनीति के क्षेत्र के वे कौन से लोग हैं, जो आपके पारिवारिक मित्र रहे हैं?

लता मंगेशकर

बहुत कम ऐसे राजनीतिक लोग हुए हैं, जिनसे मेरा पारिवारिक दोस्ताना रहा है। इनमें मैं एन.के.पी. साल्वे, अटल बिहारी वाजपेयी, लालकृष्ण आडवाणी, शरद पवार और बाला साहब ठाकरे व उनके परिवार को व्यक्तिगत रूप से अपने नज़दीक पाती हूँ। प्रधानमंत्री नरेन्द्र भाई मोदी जी भी मेरे आत्मीय लोगों में हैं।

यतीन्द्र मिश्र

सिनेमा, राजनीति और क्रिकेट से अलग वे कौन से लोग रहे हैं, जो आपके आत्मीय दायरे में आते हैं?

लता मंगेशकर

ऐसे बहुत से लोग हैं, जो इन क्षेत्रों से अलग हैं, मगर उतने ही पारिवारिक और नज़दीक रहे हैं। इनमें मैं उदयपुर के महाराणा भागवत सिंह, उनके पुत्र महाराणा अरविन्द सिंह मेवाड़ व उनका परिवार, राजसिंह डूंगरपुर व उनका परिवार और सांगली के महाराजा विजय सिंह पटवर्धन और उनका परिवार व उनकी अभिनेत्री बेटी भाग्यश्री के नाम लूँगी। इनके अलावा आर.पी. गोयनका और सुशीला गोयनका, पण्डित जसराज, बी.के. बिड़ला, डॉ. आर.पी. कपूर, प्रो. शान्ता शेलके, अमीन सयानी, अनिल मोहिले, पद्मा सचदेव और सरदार सुरेन्द्र सिंह, हरीश भिमानी, मोहन वाघ, प्रो. राम शेवालकर, वाचस्पति शंकर अभयंकर, शंकर वैद्य, सज्जन देवड़ा, रशेश शाह, सुभाष भोज, डॉ. राजीव शर्मा, बाबा साहब पुरन्दरी और उनके पुत्र प्रसाद, पंकज खीमजी, श्रीमती और श्री राज गोपाल धूत को मैं क़रीबी मित्रों के रूप में देखती हूँ।

यतीन्द्र मिश्र

शास्त्रीय संगीत के पसन्दीदा कलाकारों में कौन लोग हैं, जिनका संगीत आपको बहुत पसन्द रहा है?

लता मंगेशकर

मुझे दक्षिण और उत्तर भारतीय दोनों ही परम्पराओं का संगीत बहुत प्रिय है। मैं एक साथ ढेरों लोगों के नाम तो नहीं ले सकती, मगर जिनका काम हमेशा ही बहुत पसन्द आया है, उनमें प्रमुख रूप से वादकों में उस्ताद बिस्मिल्ला ख़ाँ, पण्डित रविशंकर, उस्ताद अली अकबर ख़ाँ, विलायत ख़ाँ, उस्ताद अल्लारखा, पण्डित पन्नालाल घोष, उस्ताद अब्दुल हलीम ज़ाफ़र ख़ाँ, पण्डित किशन महाराज, पण्डित शिवकुमार शर्मा, पण्डित हरिप्रसाद चौरसिया और उस्ताद ज़ाकिर हुसैन। गायकों में सुरश्री केसरबाई केरकर, उस्ताद बड़े ग़ुलाम अली ख़ाँ, पं. डी.वी. पलुस्कर, उस्ताद बरकत अली ख़ाँ, उस्ताद अमीर ख़ाँ, उस्ताद सलामत अली ख़ाँ, डागर-बन्धु, गंगूबाई हंगल, पण्डित कुमार गन्धर्व, पण्डित भीमसेन जोशी और पण्डित जसराज। उपशास्त्रीय गायन प्रकार में सिद्धेश्वरी देवी, बेगम अख़्तर, शोभा गुर्टू और गिरिजा देवी। दक्षिण भारतीय संगीतज्ञों में एम. बालामुरलीकृष्ण, राजरतनम पिल्लई और एम.एस. सुब्बुलक्ष्मी। लोक संगीत में लंगा और मंगणियारों का समूह, अल्लाह जिलाई बाई और आशा सिंह मस्ताना। इन सबसे अलग पण्डित कुमार गन्धर्व के कबीर भजन और

मालवी लोक-गायन को मैं नये तरह के प्रयोगों के तहत गायन के चलते अलग से शिखर पर देखती हूँ।

यतीन्द्र मिश्र

उत्तर भारतीय शास्त्रीय संगीत में सर्वाधिक प्रिय एक शास्त्रीय गायक या गायिका का नाम चुनना हो, तो वह कौन होगा?

लता मंगेशकर

जयपुर-अतरौली घराने की महान गायिका सुरश्री केसरबाई केरकर।

यतीन्द्र मिश्र

दक्षिण भारतीय शास्त्रीय संगीत में सर्वाधिक प्रिय एक शास्त्रीय गायक या गायिका का नाम चुनना हो, तो वह कौन होगा?

लता मंगेशकर

एम. बालामुरलीकृष्ण।

यतीन्द्र मिश्र

आज के समय में कविता कृष्णमूर्ति, अलका याज्ञनिक और श्रेया घोषाल का गायन आपको कैसा लगता है?

लता मंगेशकर

यह तीनों ही मेरी फेवरेट गायिकाएँ हैं। इन लोगों ने बड़े जतन से संगीत सीखा है और मेहनत से गाती हैं। कम से कम मुझे ऐसा लगता है कि आज जो कुछ भी सुरीला गाना बचा है, वह इन तीनों में देखने को मिलता है। मुझे अलका बेहद पसन्द हैं। उनका 'राजा हिन्दुस्तानी' का *'परदेसी परदेसी जाना नहीं'*, 'जख़्म' का *'तुम आए तो आया मुझे याद गली में आज चाँद निकला'*, 'कुछ-कुछ होता है' का *'तुझे याद न मेरी आई किसी से अब क्या कहना'* और 'कभी खुशी कभी ग़म' के लिए सोनू निगम के साथ गाया हुआ उनका बहुत ही अच्छी धुन पर बना *'सूरज हुआ मद्धम चाँद जलने लगा'* बेहतरीन गाने लगते हैं। *'सूरज हुआ मद्धम'* में नयापन है, जो अलग से ध्यान खींचता है। इसी तरह कविता ने '1942 अ लव स्टोरी' में *'प्यार हुआ चुपके से'* क्या कमाल का गाया है। 'देवदास' में *'मार डाला'* गीत में उनकी गायिकी को सुनिए, तो मन प्रसन्न हो जाता है। मुझे

यह गाना कविता की आवाज़ के लिहाज़ से भी बहुत ही अच्छा लगता है। इसके अलावा कविता का गाया हुआ 'हम दिल दे चुके सनम' का टाईटिल सांग और *'निबुड़ा-निबुड़ा'* भी उत्कृष्ट गीतों के उदाहरण हैं। ....और श्रेया घोषाल भी आज एक अच्छी गायिका के तौर पर उभरी हैं, जिनको सुनना मैं पसन्द करती हूँ। उन्होंने 'देवदास' में *'बैरी पिया बड़ा बेदर्दी'* भी सुन्दर ढंग से गाया है। बहुत दिनों बाद एक अच्छी आवाज़ श्रेया के माध्यम से हमें सुनने को मिल सकी है।

यतीन्द्र मिश्र

पाकिस्तानी गायकों में कौन सर्वाधिक प्रिय रहा है?

लता मंगेशकर

मैं मेंहदी हसन साहब और ग़ुलाम अली की बड़ी प्रशंसिका रही हूँ। मुझे वहाँ नज़ाकत और सलामत अली बहुत बड़े कलाकार के रूप में नज़र आते हैं। फ़रीदा ख़ानम का उपशास्त्रीय गायन भी बहुत पसन्द आता है। सूफ़ी गायन के लिए मैं आबिदा परवीन को सर्वाधिक पसन्द करती हूँ। इनके अलावा कव्वाली के लिए मुबारक और फ़तेह अली व उस्ताद नुसरत फ़तेह अली ख़ाँ का गायन अच्छा लगता है। बाद में भारत से पाकिस्तान जा बसी राजस्थान की गायिका रेशमा को मैं एक बड़े लोक-गायिका के रूप में देखती हूँ। इसी तरह वहाँ पर यहाँ से गयीं किराना घराने की बड़ी मशहूर गायिका रोशनआरा बेगम मुझे आला दर्ज़े की गायिका लगती हैं। मैंने उनका काफ़ी कुछ सुना है। ....और मेरा सर्वप्रिय गायक अगर कोई पाकिस्तान में रहा, तो उसमें मैं एकमात्र नूरजहाँ जी का नाम लूँगी।

यतीन्द्र मिश्र

आज जीवित हस्तियों में वह कौन है, जिसे मिलने और बात करने की आपकी प्रबल इच्छा होती है?

लता मंगेशकर

(प्रसन्न होते हुए) मुझे जीवन में बहुत लोगों से मिलने का सौभाग्य मिला है, जिसके लिए ईश्वर की शुक्रगुज़ार हूँ। आज मैं परम पावन दलाई लामा जी को मिलना चाहती हूँ। उनसे मिलकर बात करना चाहती हूँ। ....और यह देखना चाहती हूँ कि आज के समय में वो शान्ति का सन्देश लेकर कैसे अपना जीवन

व्यतीत कर रहे हैं? वह लोगों से किस तरह मिलते-जुलते और बात करते हैं? दलाई लामा में वह क्या है, जो लोगों को उनके सम्मोहन में डालता है? मेरा उनसे मिलने का हार्दिक मन है। देखते हैं यह इच्छा कब पूरी होती है?

यतीन्द्र मिश्र

आज कौन सी ऐसी जगह है, जिसे न देख पाने का अफ़सोस है मन में? आप जिसे आज भी मौका मिले तो देखना चाहती हैं?

लता मंगेशकर

हिमाचल प्रदेश में अपनी ज्वाला जी हैं न! देवी की आदि शक्तिपीठों में एक। मुझे वहाँ जाने का बड़ा मन होता है। मैं चाहती हूँ कि कम से कम एक बार उनके दर्शन ज़रूर कर लूँ।

यतीन्द्र मिश्र

मुम्बई में रहते हुए अपने देश की वह कौन सी चीज़ है, जो बार-बार याद आती है?

लता मंगेशकर

आप सुनेंगे तो हँस पड़ेंगे। कोई बहुत बड़ी चीज़ तो नहीं है, फिर भी मैं अकसर इन्दौर का गुलाब जामुन और वहाँ के दही बड़े को मिस करती हूँ। (हँसती हैं)

यतीन्द्र मिश्र

आपको क्या कभी अपनी आत्मकथा लिखने का मन हुआ?

लता मंगेशकर

बहुत सालों पहले मैं डायरी लिखती थी। बस एक दिन मुझे लगा कि यह सब लिखने का कोई औचित्य नहीं है और मैंने फिर कभी दोबारा से डायरी को उठाकर लिखना तो दूर, पढ़ा तक नहीं। मुझे हमेशा यह लगता रहा है कि आत्मकथा लिखने के लिए ईमानदारी का होना सबसे ज़रूरी बात है। फिर जब आप ईमानदारी से कुछ लिखेंगे, तो अधिकांश लोगों को वह बुरा लगेगा और आपके जीवन में आए हुए तमाम लोगों की गलत बातें भी दुनिया के सामने जायेंगी, जिससे वे शर्मिन्दा ही होंगे। इसलिए मुझे यह लगता है कि जीवन में जो कड़ुवाहट आपने पी रखी है, उसे आपके भीतर ही रहनी चाहिए। उसका

बाहर की दुनिया के लोगों से क्या काम? फिर जीवन में व्यक्तिगत स्तर पर जाकर दूसरों को किसी भी मुकाम पर कष्ट देना, यह अच्छी बात नहीं है। आत्मकथा का विचार भी दूसरों को कष्ट देने से उपजता है, इसलिए उसे न लिखना ही बेहतर है।

यतीन्द्र मिश्र

एक प्रश्न जो शायद आपसे लगभग हर दूसरे प्रश्नकर्ता ने पूछा होगा, मैं भी जानना चाहता हूँ। आपने आखिर विवाह क्यों नहीं किया?

लता मंगेशकर

(हँसती हैं) उसी तरह से इस बात का जवाब देती हूँ, जिस तरह मैंने आपसे पहले बाक़ी लोगों को भी दिए हैं। दरअसल मैं यह मानती हूँ कि मनुष्य के जीवन में तीन बातों पर उसका वश नहीं होता। एक उसका जन्म, दूसरी उसकी शादी और तीसरी उसकी मृत्यु। यह इंसान को मालूम नहीं होता है। यह जहाँ और जैसे होना होता है, वैसे ही हो जाता है। मुझे यह क्या पता था कि मैं पण्डित दीनानाथ मंगेशकर के परिवार में ही जन्म लूँगी? इसी तरह मैं यह भी नहीं जानती थी कि शादी कब होगी और किससे होगी? हम ऐसे भी किस्से सुनते रहते हैं कि शादी हुई और वह असफल रही। जो विवाह टिकते हैं, मैं मानती हूँ कि उस पर भगवान की दया है। खुद मैं अपने लिए यही मानती हूँ कि यह मेरे नसीब में नहीं लिखा था। ....और मैं यह भी कहती हूँ कि यह इतनी बड़ी बात नहीं है, जो समाज में पूछी जाती है। एक इंसान यदि विवाहित नहीं हुआ, तो उसका यह कतई मतलब नहीं हुआ कि वो एक सार्थक जीवन जी नहीं सकता। एक सार्थक जीवन जीने के लिए यह सब चीज़ें कहीं आड़े नहीं आतीं। कम से कम मैं ऐसा मानती हूँ।

यतीन्द्र मिश्र

ऐसी कौन सी आपकी योजना रही है, जो रेकॉर्डिंग के स्तर पर बाद में पूरी नहीं हो सकी?

लता मंगेशकर

हम लोग चाहते थे कि अगर हो सके तो भगवत गीता के पूरे अट्ठारह अध्याय करें, पर वो नहीं हो सका। उसका एक बड़ा कारण यह था कि चालीस मिनट में ही एक अध्याय पूरा होना चाहिए रेकॉर्ड के हिसाब से। उसमें कोई-कोई

अध्याय ऐसे थे, जिनमें बावन-चौवन श्लोक होते थे, तो नियत समय के हिसाब से करना थोड़ा मुश्किल होता था। आज वह हो सकता है, क्योंकि अब सी.डी. आ गयी हैं। आज उसको रेकॉर्ड करना इतना मुश्किल नहीं है, पर उस वक्त मुश्किल होता था। इस तरह यह योजना चाहकर भी पूरी नहीं हो सकी। जो मैंने गाया है, बस उतना ही गीता का रेकॉर्ड बन सका है।

यतीन्द्र मिश्र

आपको जलेबी बहुत पसन्द है, यह सर्वविदित तथ्य है, मगर उससे अलग कुछ और मिठाईयाँ भी होंगी, जो आपकी पसन्द में शामिल रही हैं?

लता मंगेशकर

मुझे कैरामल कस्टर्ड और क्रिसमस के मौकों पर बनने वाले प्लम केक बहुत पसन्द हैं। मैं पहले बहुत खाया करती थी, मगर आजकल सेहत को देखते हुए यह सब कम कर दिया है। ....लेकिन आपने पूछा, तो बरबस उसका स्वाद आ गया मन में। (मुस्कुराती हैं)

यतीन्द्र मिश्र

अपने देश का सबसे प्रिय शहर आपके लिए कौन सा है?

लता मंगेशकर

बॉम्बे। यहाँ की इतनी अच्छी और मधुर यादें हैं। फिर मैंने अपने जीवन का अधिकांश समय बम्बई में ही गुजारा है, इसलिए यह शहर छोड़कर, मुझे जल्दी दूसरा कोई शहर पसन्द नहीं आता।

यतीन्द्र मिश्र

आपको दिन का कौन सा प्रहर सर्वाधिक प्रिय है?

लता मंगेशकर

मुझे तड़के सुबह वाला माहौल अच्छा लगता है। भोर की बेला में 'सड़ा' जब होती है और उस समय भूपाली गायी जाती है, तो वह समय ही मुझे सर्वाधिक पसन्द है। एक समय तो ऐसा था कि जब शाम होती थी, तो मुझे उदासी घेर लेती थी। शाम का माहौल मुझे कम पसन्द रहा है। हालाँकि अब वैसा महसूस नहीं होता। अब शाम भी अच्छी लगती है।

यतीन्द्र मिश्र

ऐसा क्या बार-बार मन में आता है, जिसे करना चाहकर भी आप कर नहीं पातीं?

लता मंगेशकर

कई बार मन होता है कि भई! चलो छोटे से ढाबे में चलकर खाना खाएँ या कहीं बाहर ऐसे ही सड़क पर घूमने निकलें। मगर बार-बार सोचना पड़ता है कि जायें या न जायें। यह तो होता ही है जीवन में, कि भगवान एक तरफ देता है, तो दूसरी तरफ कुछ ऐसा छीन लेता है, जिसका कोई इलाज नहीं हमारे पास। (हँसती हैं)

यतीन्द्र मिश्र

आपके पसन्द की सर्वप्रिय काव्य-पंक्ति क्या है?

लता मंगेशकर

जयशंकर प्रसाद के 'आँसू' खण्ड-काव्य की वो पंक्तियाँ– 'जो घनीभूत पीड़ा थी मस्तक में स्मृति सी छायी, दुर्दिन में आँसू बनकर वह आज बरसने आयी'।

यतीन्द्र मिश्र

आपने कितनी भाषाओं में गायन किया है?

लता मंगेशकर

(हँसते हुए कहती हैं) लगभग छत्तीस भाषाओं में। मुझे ध्यान पड़ता है कि मैंने लगभग हर दूसरी भारतीय भाषा के गीतों का गायन किया है। इसके साथ ही मैंने डच, रूसी, फिजीयन, स्वाहिली और अंग्रेजी में भी गीत गाए हैं।

यतीन्द्र मिश्र

दीदी आप तो ट्विटर पर भी हैं....

लता मंगेशकर

जी हाँ। कभी-कभी ट्विटर पर लिखना मुझे अच्छा लगता है। अगर किसी का बर्थ-डे हो, तो मुझे पसन्द है ट्विटर से उसे बधाई देना। कोई ऐसा आदमी हो, जो बहुत अच्छा काम कर रहा है या कोई नया म्युजिक डायरेक्टर उभर

रहा है और उसका काम मुझे पसन्द आया, तो वो मैं ज़रूर डालती हूँ और उनके लिए लिखती हूँ। .....पर जो बकवास बाते हैं, वो मैं नहीं लिखती हूँ और मुझे लगता है कि किसी को भी वो नहीं लिखना चाहिए।

यतीन्द्र मिश्र

कोई पद, भजन, अभंग, नाट्य-गीत, ग़ज़ल या फ़िल्मी गीत गाते हुए आपको कभी पिताजी की कोई बन्दिश याद आती है? कोई बात आपके दिमाग़ में बसी हो कि जब आप रागदारी करती हैं या किसी धुन पर कोई गीत रच रही होती हैं, तो आपके पिता स्वर्गीय पण्डित दीनानाथ मंगेशकर जी अचानक से आपके सामने आकर खड़े हो गये हों?

लता मंगेशकर

आपको एक सच्ची बात बताऊँ कि पिताजी की याद मुझे हमेशा आती है। मतलब मैं किसी और का भी गाना गा रही हूँ या फिर फ़िल्मों के लिये कुछ रेकॉर्ड करा रही हूँ और वहाँ मेरे पिताजी की कोई बन्दिश, राग या नाट्य संगीत के उपस्थित होने का कोई मौका न भी हो, तब भी उनकी याद में ही, मैं हमेशा गाती हूँ। स्टूडियो में जाकर सबसे पहले उनको ही प्रणाम करके गाती हूँ कि सब ठीक से हो जाये और रेकॉर्डिंग एकदम दुरुस्त हो। मैं बेसुरा और बेताला होने की सोच भी नहीं सकती क्योंकि हर वक्त मेरे हृदय में पिताजी की किसी बन्दिश की नोटेशन या भूपाली, यमन और पूरिया धनाश्री जैसे रागों के सुर चलते रहते हैं।

यतीन्द्र मिश्र

आप संगीत में रमते हुए मोक्ष की अवधारणा में विश्वास करती हैं?

लता मंगेशकर

मोक्ष एक सुन्दर कल्पना है। मैं ईश्वर से हमेशा यह माँगती रही हूँ कि यदि हो सके तो वह मुझे दोबारा जन्म न दे।

यतीन्द्र मिश्र

यह तो मोक्ष पाने की कामना ही हुई?

लता मंगेशकर

दोबारा यहाँ न आने की कामना को यदि आप मोक्ष मानते हैं, तो फिर मुझे मोक्ष ही चाहिए।

यतीन्द्र मिश्र

यदि ईश्वर आपसे मोक्ष और संगीत में से एक स्थिति चुनने को कहे?

लता मंगेशकर

फिर मुझे संगीत ही चाहिए। मेरा संगीत ही मुझे अन्ततः जन्म-मृत्यु के खेल से मुक्त करेगा।

यतीन्द्र मिश्र

क्या आपको कभी एकान्त में ईश्वर मिला है?

लता मंगेशकर

मुझे गाना मिला है, वही मेरा ईश्वर भी है।

यतीन्द्र मिश्र

दीदी, आप तो घर-घर में व्याप्त हैं। आपकी आवाज़ से लोगों की सुबह होती है। अगर मैं अतिरेक नहीं कर रहा, तो यह कहना वाज़िब है कि आप अमर हैं और दूसरी लता मंगेशकर होना इस दुनिया में सम्भव नहीं है....

लता मंगेशकर

मुझे भगवान ने बहुत कुछ दिया है। मुझे किसी बात की शिकायत नहीं है। मैं बहुत खुश हूँ। आप जैसे लोग अगर यह मानते हैं कि मैं अमर हूँ, तो यह मुझे मिलने वाले उस प्यार जैसा ही है, जो दुनिया ने मुझे दिया है। ....मेरा गाना अमर है, पर शरीर तो अमर नहीं। उसे तो जाना ही है, आज नहीं तो कल। कल नहीं तो परसों या किसी न किसी दिन....। इस बात पर मुझे कोई अफसोस नहीं होता। वह तो होकर रहेगा। हमारे यहाँ यही कहा जाता है– 'गाव गेला वाहुन, नाव गेला राहुन'। मतलब गाँव तो बह जाता है, लेकिन जो नाम है वह रह जाता है। मैं इसको हमेशा से मानती रही हूँ। एक बात की मुझे सबसे ज़्यादा खुशी है कि मैंने अपने पिताजी का नाम, थोड़ा ही सही मगर, आगे बढ़ाया।

आज मुझे लगता है कि हे प्रभु! तुमने जो भी दिया वह बहुत दिया, दूसरों से कहीं ज़्यादा दिया। अपनी कृपा की छाया से जैसे मुझे छाँह दी है, वैसे ही हर एक कलाकार और नेक इंसानों के ऊपर भी रखना... यही प्रार्थना है।

पिता पण्डित दीनानाथ मंगेशकर एवं माँ श्रीमती शुद्धमती

लता मंगेशकर के आदरणीय बाबा और श्रद्धेया माई

उस्ताद अमान अली खाँ
भेण्डी बाज़ार वाले

उस्ताद अमानत खाँ
देवास वाले

लता मंगेशकर के आदरणीय गुरुजन

तेरे सुर और मेरे गीत....

RAM SHYAM GUN GAAN
BHIMSEN JOSHI LATA MANGESHKAR
Lata Mangeshkar MEERA BHAJANS
Lata
Geeta
LATA MANGESHKAR LIVE
Lata Mangeshkar
Ghalib
FROM LATA WITH LOVE
DIAMONDS FOREVER
60 YEARS 60 SONGS
LATA MANGESHKAR
Meera Bhajans by
LATA MANGESHKAR
LATA MANGESHKAR
HAUNTING MELODIES OF
LATA MANGESHKAR
Shraddhanjali
My tribute to the Immortals
Tender feelings
Mohd Rafi & Lata Mangeshkar
A Live Concert
LATA MANGESHKAR–KISHORE KUMAR

प्रमुख संगीतकारों के निर्देशन में गाए हुए प्रतिनिधि एकल-गीतों का चयन

अनिल विश्वास

1. कब आओगे बालमा, बरस-बरस बदली भी बिखर गयी
   (ग़जरे, 1948, गोपाल सिंह नेपाली)
2. तुम्हारे बुलाने को जी चाहता है
   (लाडली, 1949, बहज़ाद लखनवी)
3. मस्त पवन है चंचल धारा, मन की नैया डोल न जाए
   (जीत, 1949, प्रेम धवन)
4. कहाँ तक हम उठायें ग़म, जियें अब या कि मर जाएँ
   (आरज़ू, 1950, मजरूह सुलतानपुरी)
5. बेईमान तोरे नैनवा निन्दिया न आए
   (तराना, 1951, डी. एन. मधोक)
6. मिल-मिल के बिछड़ गये नैन, गया सुख चैन
   (आराम, 1951, राजेन्द्र कृष्ण)
7. आँखों में चितचोर समाए, आँखों को नहीं दरस दिखाए
   (मेहमान, 1953, राजेन्द्र कृष्ण, पी.एन. रंगीन)
8. अल्लाह भी है, मल्लाह भी है, कश्ती है कि डूबी जाती है
   (मान, 1954, कैफ़ भोपाली)
9. सजन सकारे जायेंगे.... ना जा, ना जा बलम, बलम मोरे न...
   (परदेसी, 1957, प्रेम धवन एवं सरदार जाफ़री)
10. जा रे जा बालमा, जा मैं तोसे नाहीं बोलूँ
    (सौतेला भाई, 1962, शैलेन्द्र)

नौशाद

1. उठाये जा उनके सितम और जिये जा
   (अन्दाज़, 1949, मजरूह सुलतानपुरी)
2. मोहे भूल गये साँवरिया, आवन कह गए अजहूँ न
   (बैजू बावरा, 1952, शकील बदायूँनी)
3. जो मैं जानती बिसरत हैं सैंया घुँघटा में आग लगा
   (शबाब, 1954, शकील बदायूँनी)
4. ना मिलता ग़म तो बरबादी के अफसाने कहाँ जाते
   (अमर, 1954, शकील बदायूँनी)
5. मोरे सैंया जी उतरेंगे पार नदिया धीरे बहो
   (उड़नखटोला, 1955, शकील बदायूँनी)
6. नगरी-नगरी द्वारे-द्वारे ढूँढू रे साँवरिया
   (मदर इण्डिया, 1957, शकील बदायूँनी)
7. बेकस पे करम कीजिए सरकार-ए-मदीना
   (मुग़ल-ए-आज़म, 1960, शकील बदायूँनी)
8. तेरे प्यार में दिलदार, जो है मेरा हाल-ए-ज़ार
   (मेरे महबूब, 1963, शकील बदायूँनी)
9. ढूँढो-ढूँढो रे साजना, ढूँढो रे साजना, मोरे कान का बाला
   (गंगा-जमना, 1961, शकील बदायूँनी)
10. फिर तेरी कहानी याद आई, फिर तेरा फ़साना याद आया
    (दिल दिया दर्द लिया, 1966, शकील बदायूँनी)

सी. रामचन्द्र

1. दिल से भुला दो तुम हमें, हम न तुम्हें भुलाएँगें
   (पतंगा, 1949, राजेन्द्र कृष्ण)
2. धीरे से आ जा री अँखियन में, निन्दिया आ जा री
   (अलबेला, 1951, राजेन्द्र कृष्ण)
3. तुम क्या जानो तुम्हारी याद में हम कितना रोए
   (शिन शिनाकी बूबला बू, 1952, पी.एल. सन्तोषी)
4. कटते हैं दुःख में ये दिन, पहलू बदल-बदल के
   (परछाँई, 1952, नूर लखनवी)
5. ये ज़िन्दगी उसी की है, जो किसी का हो गया
   (अनारकली, 1953, राजेन्द्र कृष्ण)
6. छेड़ गये मोहे सपने में श्याम हो, निन्दिया खुली तो अकेली
   (झाँझर, 1953, राजेन्द्र कृष्ण)
7. न मारो नजरिया के बान, अकेली आई पनिया भरन
   (पहली झलक, 1954, राजेन्द्र कृष्ण)

8. आँखों में समा जाओ इस दिल में रहा करना
(यास्मीन, 1955, जाँ निसार अख़्तर)

9. देखो जी बहार आई बागों में खिलीं कलियाँ
(आज़ाद, 1955, राजेन्द्र कृष्ण)

10. बलमा अनाड़ी मन भाए, का करूँ समझ न आए
(बहूरानी, 1963, साहिर लुधियानवी)

सलिल चौधरी

1. रिमझिम झिम-झिम बदरवा बरसे, नैना मोरे तरसे
(ताँगावाली, 1955, प्रेम धवन)

2. जागो, जग उजियारा छाए.... जागो मोहन प्यारे
(जागते रहो, 1956, शैलेन्द्र)

3. जुल्मी संग आँख लड़ी..... सखी मैं कासे कहूँ
(मधुमती, 1958, शैलेन्द्र)

4. मिला है किसी का झुमका, ठण्डे-ठण्डे हरे-हरे नीम
(परख, 1960, शैलेन्द्र)

5. जा रे, जा रे उड़ जा रे पंछी, बहारों के देस जा रे
(माया, 1961, मजरूह सुलतानपुरी)

6. छम-छम नाचत आयी बहार, पाँत-पाँत ने ली अँगड़ाई
(छाया, 1961, राजेन्द्र कृष्ण)

7. साथी रे तुझ बिन जिया उदास रे, ये कैसी अनबुझ प्यास रे
(पूनम की रात, 1965, शैलेन्द्र)

8. झनन-झनन बाजे.... बिछुआ बाजे, ननदी जागे
(चाँद और सूरज, 1965, शैलेन्द्र)

9. ना जिया लागे ना, तेरे बिना मेरा कहीं जिया
(आनन्द, 1970, गुलज़ार)

10. न जाने क्यूँ होता है ये ज़िन्दगी के साथ
(छोटी सी बात, 1975, योगेश)

शंकर जयकिशन

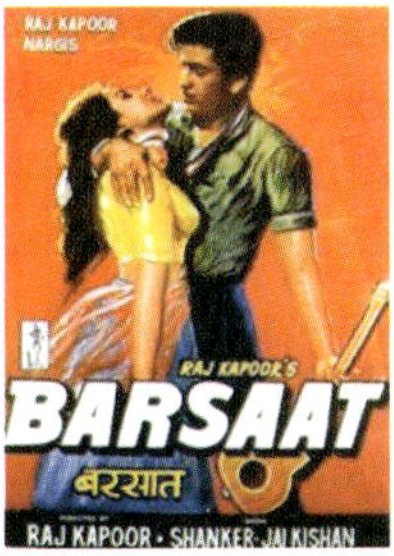

1. ये शाम की तन्हाईयाँ, ऐसे में तेरा ग़म, पत्ते कहीं
(आह, 1953, शैलेन्द्र)

2. सुनो छोटी सी गुड़िया की लम्बी कहानी
(सीमा, 1955, हसरत जयपुरी)

3. रसिक बलमा हाए, दिल क्यूँ लगाया, तोसे दिल
(चोरी-चोरी, 1956, हसरत जयपुरी)

4. मैं पिया तेरी तू माने या ना माने, दुनिया जाने तू
(बसन्त बहार, 1956, हसरत जयपुरी)

5. मेरे सपने में आना रे सजना
(राजहठ, 1956, शैलेन्द्र)

6. अजीब दास्ताँ है ये, कहाँ शुरू कहाँ ख़तम
(दिल अपना और प्रीत परायी, 1960, शैलेन्द्र)

7. एहसान तेरा होगा मुझ पर, दिल चाहता है वो कहने दो
(जंगली, 1961, हसरत जयपुरी)

8. हम तेरे प्यार में सारा आलम खो बैठे हैं
(दिल एक मन्दिर, 1963, हसरत जयपुरी)

9. आजा आई बहार, दिल है बेक़रार, ओ मेरे राजकुमार
(राजकुमार, 1964, शैलेन्द्र)

10. अजी रूठकर अब कहाँ जाइएगा, जहाँ जाइएगा हमें पाइएगा
(आरज़ू, 1965, हसरत जयपुरी)

एस.डी. बर्मन

1. तुम न जाने किस जहाँ में खो गये
(सज़ा, 1951, साहिर लुधियानवी)

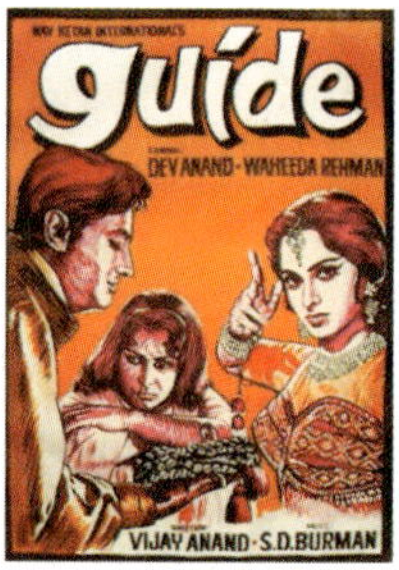

2. ठण्डी हवाएँ लहरा के आएँ, रुत है जवाँ
(नौजवान, 1951, साहिर लुधियानवी)

3. पवन दीवानी न माने उड़ावे मोरा घुँघटा
(डा. विद्या, 1962, मजरूह सुलतानपुरी)

4. रात का समाँ झूमें चन्द्रमा, तन मोरा नाचे रे
(जिद्दी, 1964, हसरत जयपुरी)

5. मोसे छल किये जाये हाए रे हाए, देखो ....सैंया बेईमान
(गाईड, 1965, शैलेन्द्र)

6. रुला के गया सपना मेरा, बैठी हूँ कब हो सवेरा
(ज्वेल थीफ़, 1967, शैलेन्द्र)

7. ओ मेरे बैरागी भँवरा मुझे तड़पाओ ना, कली के छोटे से
(इश्क़ पर ज़ोर नहीं, 1970, आनन्द बख़्शी)

8. जैसे राधा ने माला जपी श्याम की, मैंने ओढ़ी चुनरिया तेरे नाम
(तेरे मेरे सपने, 1971, नीरज)

9. मेघा छाए आधी रात बैरन बन गयी निन्दिया
(शर्मीली, 1971, नीरज)

10. नदिया किनारे हेराय आयी कँगना, ऐसे उलझ गए
(अभिमान, 1973, मजरूह सुलतानपुरी)

हेमन्त कुमार

1. वन्दे मातरम्
(आनन्द मठ, 1952, बंकिम चन्द्र चटर्जी)
2. जादूगर सैंया छोड़ो मोरी बैंयाँ, हो गयी आधी रात
(नागिन, 1954, राजेन्द्र कृष्ण)
3. कहाँ ले चले हो बता दो मुसाफ़िर
(दुर्गेश नन्दिनी, 1956, राजेन्द्र कृष्ण)
4. छुप गया कोई रे दूर से पुकार के
(चम्पाकली, 1957, राजेन्द्र कृष्ण)
5. खोई-खोई अँखियाँ नींद बिना, देख रही हैं इक सपना
(चाँद, 1959, शैलेन्द्र)
6. कहीं दीप जले कहीं दिल, ज़रा देख ले आकर परवाने
(बीस साल बाद, 1962, शकील बदायूँनी)
7. ज़िन्दगी कितनी ख़ूबसूरत है, आइए आपकी ज़रूरत है
(बिन बादल बरसात, 1963, शकील बदायूँनी)
8. ओ बेक़रार दिल, हो चुका है मुझको आँसुओं से प्यार
(कोहरा, 1964, कैफ़ी आज़मी)
9. कुछ दिल ने कहा, कुछ भी नहीं, ऐसी भी बातें होती हैं
(अनुपमा, 1966, कैफ़ी आज़मी)
10. हमने देखी है उन आँखों की महकती खुशबू, हाथ से छू के इसे
(ख़ामोशी, 1969, गुलज़ार)

मदन मोहन

1. हम प्यार में जलने वालों को चैन कहाँ
(जेलर, 1958, राजेन्द्र कृष्ण)
2. उनको ये शिकायत है कि हम कुछ नहीं कहते
(अदालत, 1958, राजेन्द्र कृष्ण)
3. आपकी नज़रों ने समझा प्यार के काबिल मुझे
(अनपढ़, 1962, राजा मेहँदी अली ख़ाँ)
4. लग जा गले कि फिर ये हसीं रात हो न हो
(वो कौन थी, 1964, राजा मेहँदी अली ख़ाँ)
5. वो चुप रहें तो मेरे दिल के दाग़ जलते हैं
(जहाँ आरा, 1964, राजेन्द्र कृष्ण)
6. जरा सी आहट होती है, तो दिल सोचता है
(हक़ीक़त, 1964, कैफ़ी आज़मी)

7. नैनों में बदरा छाये बिजली सी चमके हाए
(मेरा साया, 1966, राजा मेहँदी अली ख़ाँ)

8. न तुम बेवफ़ा हो न हम बेवफ़ा हैं, मगर क्या करें अपनी राहें
(एक कली मुस्काई, 1968, राजेन्द्र कृष्ण)

9. माई री मैं कासे कहूँ पीर अपने जिया की, माई री
(दस्तक, 1970, मजरूह सुलतानपुरी)

10. आज सोचा तो आँसू भर आए
(हँसते जख़्म, 1973, कैफ़ी आजमी)

रोशन

1. गरजत बरसत भीजत अइलो
(मल्हार, 1951, पारम्परिक)

2. ना मैं जानू आरती वन्दन.... ऐ री मैं तो प्रेम दीवानी
(नौबहार, 1952, सत्येन्द्र अत्थैया)

3. सारी-सारी रात तेरी याद सताए, प्रीत जगाए
(अजी बस शुक्रिया, 1958, फ़ारुख़ क़ैसर)

4. कभी तो मिलेगी कहीं तो मिलेगी, बहारों की मंजिल राही
(आरती, 1962, मजरूह सुलतानपुरी)

5. जुर्म-ए-उल्फत पे हमें लोग सज़ा देते हैं
(ताजमहल, 1963, साहिर लुधियानवी)

6. आली री रोको न कोई.... ए री जाने न दूँगी
(चित्रलेखा, 1964, साहिर लुधियानवी)

7. दुनिया में ऐसा कहाँ सबका नसीब है
(देवर, 1966, आनन्द बख़्शी)

8. रहें न रहें हम महका करेंगे, बन के कली, बन के सबा
(ममता, 1966, मजरूह सुलतानपुरी)

9. दुनिया करे सवाल, तो हम क्या जवाब दें
(बहू-बेगम, 1967, साहिर लुधियानवी)

10. महलों का राजा मिला कि रानी बेटी राज करेगी
(अनोखी रात, 1968, इन्दीवर)

चित्रगुप्त

1. टाई लगा के माना बन गये जनाब हीरो, रहे पढ़ाई
(भाभी, 1957, राजेन्द्र कृष्ण)

2. दग़ा-दग़ा वई-वई, हो गयी, तुमसे उल्फ़त हो गयी
(काली टोपी लाल रूमाल, 1959, मजरूह सुलतानपुरी)

3. दिल को लाख सँभाला जी, फिर भी दिल मतवाला जी
(गेस्ट हाउस, 1959, प्रेम धवन)

4. रंग दिल की धड़कन भी लाती तो होगी
(पतंग, 1960, राजेन्द्र कृष्ण)

5. दिल्ली से रेलगाड़ी छुक-छुक आयेगी, छुक-छुक आयेगी
(सुहाग सिन्दूर, 1961, राजेन्द्र कृष्ण)

6. हे गंगा मईया तोहे पियरी चढ़इबो, सैंया से कर दे मिलनवा
(गंगा मईया तोहे पियरी चढ़इबो, 1962, शैलेन्द्र) (साथ में उषा मंगेशकर)

7. जुल्फ़ें उलझी हैं मेरे कंगना से आ के छुड़ा दे सनम
(बर्मा रोड, 1962, मजरूह सुलतानपुरी)

8. दीवाने तुम दीवाने हम, किसे है ग़म क्या कहे ये ज़माना
(बेज़ुबान, 1962, प्रेम धवन)

9. हाए रे तेरे चंचल नैनवा, कुछ बात करें रुक जाएँ
(ऊँचे लोग, 1965, मजरूह सुलतानपुरी)

10. दिल का दिया जला के गया ये कौन मेरी तन्हाई में
(आकाशदीप, 1965, मजरूह सुलतानपुरी)

रवि

1. सब कुछ लुटा के होश में आए तो क्या हुआ
(एक साल, 1957, प्रेम धवन)

2. टिम-टिम करते तारे, ये कहते हैं सारे
(चिराग़ कहाँ रोशनी कहाँ, 1959, प्रेम धवन)

3. बदले-बदले मेरे सरकार नज़र आते हैं
(चौदहवीं का चाँद, 1960, शकील बदायूँनी)

4. लागे न मोरा जिया सजना नहीं आए
(घूँघट, 1960, शकील बदायूँनी)

5. ऐ मेरे दिले नादाँ, तू ग़म से न घबराना
(टावर हाउस, 1962, असद भोपाली)

6. वो दिल कहाँ से लाऊँ तेरी याद जो भुला दे
(भरोसा, 1963, राजेन्द्र कृष्ण)

7. तुम्हीं मेरे मन्दिर, तुम्हीं मेरी पूजा, तुम्हीं देवता हो
(ख़ानदान, 1965, राजेन्द्र कृष्ण)

8. लो आ गयी उनकी याद वो नहीं आए
(दो बदन, 1966, शकील बदायूँनी)

9. सपने हैं सपने कब हुए अपने, आँख खुली और टूट गए
(नयी रोशनी, 1967, राजेन्द्र कृष्ण)

10. ग़ैरों पे करम अपनों पे सितम, ऐ-जान-ए-वफ़ा ये जुल्म न कर
(आँखें, 1968, साहिर लुधियानवी)

ख़य्याम

1. रंग रंगीला साँवरा मोहे मिल गयो जमुना पार
(बारूद, 1960, हसरत जयपुरी)
2. बहारों मेरा जीवन भी सँवारो, कोई आए कहीं से
(आखिरी ख़त, 1966, कैफ़ी आजमी)
3. अपने आप रातों में चिलमनें सरकती हैं
(शंकर हुसैन, 1977, कैफ़ भोपाली)
4. आप यूँ फासलों से गुजरते रहे, दिल से क़दमों की
(शंकर हुसैन, 1977, जाँ निसार अख़्तर)
5. ये मुलाकात एक बहाना है, प्यार का सिलसिला पुराना है
(ख़ानदान, 1979, नक्श लायलपुरी)
6. चोरी-चोरी कोई आए, चुपके-चुपके सबसे छुप के
(नूरी, 1979, जाँ निसार अख़्तर)
7. न जाने क्या हुआ जो तूने छू लिया, खिला गुलाब की तरह
(दर्द, 1981, नक्श लायलपुरी)
8. दिखाई दिये यूँ कि बेख़ुद किया, हमें आप से भी
(बाज़ार, 1982, मीर तकी मीर)
9. ऐ-दिल-ए-नादाँ आरज़ू क्या है, जुस्तजू क्या है
(रज़िया सुल्तान, 1983, जाँ निसार अख़्तर)
10. किरन-किरन में शोखियाँ, लहर-लहर में मस्तियाँ
(एक नया रिश्ता, 1988, नक्श लायलपुरी)

जयदेव

1. किस-किस को दीपक प्यार करे, जब लाख पतंगे
(अंजलि, 1957, न्याय शर्मा)
2. अल्लाह तेरो नाम, ईश्वर तेरो नाम, सबको सन्मति
(हम दोनों, 1961, साहिर लुधियानवी)
3. सुलग उठी दिल की लगी जलते हैं परवाने
(किनारे-किनारे, 1963, न्याय शर्मा)
4. रात भी है कुछ भीगी-भीगी, चाँद भी है कुछ
(मुझे जीने दो, 1963, साहिर लुधियानवी)
5. तू चन्दा मैं चाँदनी, तू तरुवर मैं शाख रे, तू बादल मैं बिजुरी
(रेश्मा और शेरा, 1971, बालकवि बैरागी)
6. ओ मितवा, मितवा, बदरा छाए रे, कारे-कारे कजरारे
(मान जाइए, 1972, नक्श लायलपुरी)
7. ये दिल और उनकी निगाहों के साए, मुझे घेर लेते हैं
(प्रेम पर्बत, 1973, जाँ निसार अख़्तर)

8. काहे मनवा नाचे हमरा, सखी री कोई इसे अब
(आलाप, 1977, डॉ. राही मासूम रज़ा)

9. तुम्हें देखती हूँ तो लगता है ऐसे कि जैसे युगों से तुम्हें
(तुम्हारे लिए, 1978, नक्श लायलपुरी)

10. जग को सुलाना, सारे जग को.... निन्दिया तू मत सोना
(जुम्बिश, 1986, सलाउद्दीन परवेज़)

कल्याणजी-आनन्दजी

1. तेरी राहों में खड़े हैं दिल थाम के, हाए, हम हैं दीवाने
(छलिया, 1960, क़मर जलालाबादी)

2. सम्भल तो ले दिल दीवाना जरा ठहर जाना
(फूल बने अंगारे, 1963, आनन्द बख़्शी)

3. बदली है ज़माने की नज़र देखिए क्या हो
(मजबूर, 1964, आनन्द बख़्शी)

4. जिस दिल में बसा था प्यार तेरा, उस दिल को
(सहेली, 1965, इन्दीवर)

5. एक तू जो मिला सारी दुनिया मिली, खिला जो मेरा दिल
(हिमालय की गोद में, 1965, इन्दीवर)

6. ये समाँ, समाँ है ये प्यार का, किसी के इन्तज़ार का
(जब-जब फूल खिले, 1965, आनन्द बख़्शी)

7. हर ख़ुशी हो वहाँ तू जहाँ भी रहे, ज़िन्दगी हो वहाँ
(उपकार, 1967, गुलशन बावरा)

8. हइया, ओ गंगा मइया.... हो गंगा मइया में जब तक कि पानी रहे
(सुहागरात, 1968, इन्दीवर)

9. कहाँ चला ऐ मेरे जोगी..... छोड़ दे सारी दुनिया किसी के लिए
(सरस्वतीचन्द्र, 1968, इन्दीवर)

10. हम थे जिनके सहारे, वो हुए न हमारे, डूबी जब दिल की नैया
(सफ़र, 1970, इन्दीवर)

आर.डी. बर्मन

1. घर आ जा घिर आए बदरा साँवरिया
(छोटे नवाब, 1961, शैलेन्द्र)

2. क्या जानूँ सजन होती है क्या ग़म की शाम, जल उठे
(बहारों के सपने, 1967, मजरूह सुलतानपुरी)

3. ओ गंगा मईया पार लगा दे
(चन्दन का पलना, 1967, आनन्द बख़्शी)

4. रैना बीती जाए श्याम न आए, निन्दिया ना आए
   (अमर प्रेम, 1971, आनन्द बख़्शी)

5. दिलबर दिल से प्यारे, दिलबर, दिल की सुनता जा रे
   (कारवाँ, 1971, मजरूह सुलतानपुरी)

6. बाहों में चले आओ, हो, हम से सनम क्या परदा
   (अनामिका, 1973, मजरूह सुलतानपुरी)

7. आजकल पाँव ज़मीं पर नहीं पड़ते मेरे, बोलो देखा है
   (घर, 1978, गुलज़ार)

8. रिमझिम गिरे सावन सुलग-सुलग जाये मन, भीगे आज
   (मंजिल, 1979, योगेश)

9. तेरे लिए पलकों की झालर बुनूँ, कलियों से गजरे में
   (हरजाई, 1981, निदा फ़ाजली)

10. जाने क्या बात है, ...नींद नहीं आती बड़ी लम्बी रात है
    (सनी, 1984, आनन्द बख़्शी)

लक्ष्मीकान्त-प्यारेलाल

1. जीवन डोर तुम्ही संग बाँधी, क्या तोड़ेंगे इस बन्धन
   (सती सावित्री, 1964, भरत व्यास)

2. सुनो सजना पपीहे ने कहा सबसे पुकार के
   (आए दिन बहार के, 1966, आनन्द बख़्शी)

3. नींद कभी रहती थी आँखों में, अब रहते हैं साँवरिया
   (आसरा, 1966, आनन्द बख़्शी)

4. कान्हा, कान्हा, आन पड़ी मैं तेरे द्वार, मोहे चाकर
   (शागिर्द, 1967, मजरूह सुलतानपुरी)

5. चलो सजना जहाँ तक घटा चले, लगाकर मुझे गले
   (मेरे हमदम मेरे दोस्त, 1968, मजरूह सुलतानपुरी)

6. साँझ सवेरे अधरों पे मेरे बस तुम्हरा है नाम सँवरिया
   (माधवी, 1969, आनन्द बख़्शी)

7. कजरा लगा के, बिन्दिया सजा के, हो आई मैं तो आई रे
   (जल बिन मछली नृत्य बिन बिजली, 1971, मजरूह सुलतानपुरी)

8. ईश्वर सत्य है... सत्यम शिवम सुन्दरम.....
   (सत्यम शिवम सुन्दरम, 1978, पं. नरेन्द्र शर्मा)

9. सोलह बरस की बाली उमर को सलाम
   (एक दूजे के लिए, 1981, आनन्द बख़्शी) (साथ में अनूप जलोटा)

10. ओ राम जी बड़ा दुःख दीना, तेरे लखन ने
    (राम लखन, 1989, आनन्द बख़्शी)

वसन्त देसाई

1. जो तुम तोड़ो पिया मैं नाहीं तोड़ूँ रे
   (झनक-झनक पायल बाजे, 1955, मीराबाई)
2. पिया ते कहाँ गयो नेहरा लगाय, छाँड़ गयो अब
   (तूफ़ान और दीया, 1956, मीराबाई)
3. ऐ मालिक तेरे बन्दे हम, ऐसे हों हमारे करम
   (दो आखें बारह हाथ, 1957, भरत व्यास)
4. टूट गया.... दिल का खिलौना हाए टूट गया
   (गूँज उठी शहनाई, 1959, भरत व्यास)
5. डर लागे गरजे बदरिया, सावन की रितु कजरारी कारी
   (रामराज्य, 1967, भरत व्यास)

एस.एन. त्रिपाठी

1. आजा, आजा भँवर सूना डगर
   (रानी रूपमती, 1959, भरत व्यास)
2. शाम भई घनश्याम न आए
   (कवि कालिदास, 1959, भरत व्यास)
3. साँझ हो गयी प्रभु तुम्हीं प्रकाश दो
   (जय चित्तौड़, 1961, भरत व्यास)
4. सखी कैसे धरूँ मैं धीर, हाय रे मेरे
   (संगीत सम्राट तानसेन, 1962, शैलेन्द्र)
5. जल भरी गगरी सा छलके जियरवा
   (कुँआरी, 1966, शैलेन्द्र)

सुधीर फड़के

1. बाँध प्रीति फूल डोर, मन ले के चितचोर
   (मालती माधव, 1951, पं. नरेन्द्र शर्मा)
2. ऐसे हैं सुख-सपन हमारे, बन-बन कर मिट जाने
   (रत्नघर, 1955, पं. नरेन्द्र शर्मा)
3. जा रे चन्द्र, जा रे चन्द्र, और कहीं जा रे
   (सजनी, 1956, पं. नरेन्द्र शर्मा)
4. ज्योति कलश छलके, हुए गुलाबी लाल सुनहरे
   (भाभी की चूड़ियाँ, 1961, पं. नरेन्द्र शर्मा)
5. धीरे-धीरे किसने छेड़े मन वीणा के तार
   (गोकुल का चोर, 1959, क़मर ज़लालाबादी)

हृदयनाथ मंगेशकर

1. रिमिम झिमिमिवा सुनो बलमवा, नरम-गरम हुई
   (हरिश्चन्द्र तारामती, 1970, वीरेन्द्र मिश्र)
2. नाम ना जाने, धाम ना..... तुम आशा विश्वास हमारे
   (सुबह, 1982, पं. नरेन्द्र शर्मा)
3. ओम नमः शिवाय.... साँसों की सरगम पे धड़कन
   (मशाल, 1984, जावेद अख़्तर)
4. सुनियो जी अरज म्हारी, ओ बाबुला हमार
   (लेकिन, 1990, गुलज़ार)
5. दिल में लेकर तुम्हारी याद चले
   (वाजिद अली शाह, *अप्रदर्शित*)

उषा खन्ना

1. माँझी मेरी किस्मत के जी चाहे जहाँ ले चल
   (हम हिन्दुस्तानी, 1960, राजेन्द्र कृष्ण)
2. एक सुनहरी शाम थी, बहकी-बहकी
   (आओ प्यार करें, 1964, राजेन्द्र कृष्ण)
3. सैंया तोरे पनघट पे हो गयी चोरी, गगरिया
   (मैं वही हूँ, 1966, असद भोपाली)
4. ऐ शाम की हवाओं उनसे सलाम कहना
   (एक रात, 1967, ज़लाल मलीहाबादी)
5. अजनबी कौन हो तुम, जब से तुम्हें देखा है
   (स्वीकार किया मैंने, 1983, निदा फ़ाजली)

राजेश रोशन

1. ये रातें नयी पुरानी, आते आते-जाते कहती हैं
   (जूली, 1975, आनन्द बख़्शी)
2. आप कहें और हम न आएँ, ऐसे तो हालात
   (देस-परदेस, 1978, अमित खन्ना)
3. उठे सब के कदम देखो रम-पम-पम
   (बातों-बातों में, 1979, अमित खन्ना)
   (साथ में अमित कुमार और पर्ल पद्मसी)
4. तुम जब भी याद आओगे, ये दिल भर आयेगा, ये आँख छलक
   (इन्तेहा, 1984, इन्दीवर)
5. शाम हुई चढ़ आई रे बदरिया, अबहूँ न आए मोरे
   (आख़िर क्यों, 1985, इन्दीवर)

बप्पी लाहिड़ी

1. तुम्हें कैसे कहूँ, मैं दिल की बात, कहते हुए
(आँगन की कली, 1979, शैली शैलेन्द्र)
2. ज़िद न करो, अब तो रुको, ये रात नहीं आएगी
(लहू के दो रंग, 1979, फ़ारुख़ क़ैसर)
3. बैठे-बैठे आज आई मेरे मन में, बन जाऊँ मैं घटा
(पतिता, 1980, आनन्द बख़्शी)
4. थोड़ा रेशम लगता है, थोड़ा शीशा लगता है
(ज्योति, 1981, आनन्द बख़्शी)
5. दर्द की रागिनी मुस्कुरा के छेड़ दे, फिर नयी दास्ताँ
(प्यास, 1982, नक़्श लायलपुरी)

ए.आर. रहमान

1. जिया जले जाँ जले, नैनों तले धुआँ चले
(दिल से, 1998, गुलज़ार)
2. एक तू ही भरोसा, एक तू ही सहारा
(पुकार, 2000, मजरूह सुलतानपुरी)
3. ओ पालनहारे निर्गुण और न्यारे
(लगान, 2001, जावेद अख़्तर)
4. सो गये हैं, खो गये हैं दिल के अफ़साने
(ज़ुबैदा, 2001, जावेद अख़्तर)
5. लुका-छुपी बहुत हुई, सामने आ जा ना
(रंग दे बसन्ती, 2006, प्रसून जोशी) (साथ में ए.आर. रहमान)

एक गीत, एक संगीतकार

1. पा लागूँ कर जोरी रे, श्याम मोसे न खेलो होरी रे
(आपकी सेवा में, 1947, महिपाल)– दत्ता डावजेकर
2. चन्दा रे, जा रे जा रे, पिया से सन्देसा मोरा कहियो जाये
(जिद्दी, 1948, प्रेम धवन)– खेमचन्द प्रकाश
3. बेदर्द तेरे दर्द को सीने से लगा के
(पद्मिनी, 1948, वली साहब)–मास्टर ग़ुलाम हैदर
4. बहारें फ़िर भी आयेंगी, मगर हम तुम जुदा होंगे
(लाहौर, 1949, राजेन्द्र कृष्ण)– श्याम सुन्दर
5. चले जाना नहीं नैन मिला के सैंया बेदर्दी
(बड़ी बहन, 1949, राजेन्द्र कृष्ण)– हुस्नलाल-भगतराम

6 सोई कलियाँ हँस पड़ी..... सपना बन साजन आए
(शोखियाँ, 1951, केदार शर्मा)– जमाल सेन

7. कैसे तुम बिन कटेगी उमरिया, मोहे इतना बता दो साँवरिया
(गुमाश्ता, 1951, वाहिद कुरैशी)– के. दत्ता

8. राधा के मन की मुरलिया पुकारी, मुरारी मुरारी
(नन्दकिशोर, 1951, पं. नरेन्द्र शर्मा)– स्नेहल भाटकर

9. चकोरी का चन्दा से प्यार, प्यारी-प्यारी आँखों पे
(दामन, 1951, राजा मेहँदी अली ख़ाँ)– के. दत्ता

10. दिल मतवाला लाख सँभाला फिर भी किसी पर
(बेवफ़ा, 1952, सरशार सैलानी)– अल्लारखा कुरैशी

11. वो तो चले गये ऐ दिल, याद से उनकी प्यार कर
(संगदिल, 1952, राजेन्द्र कृष्ण)– सज्जाद हुसैन

12. है कहीं पर शादमानी और कहीं नाशादियाँ
(आँधियाँ, 1952, पं. नरेन्द्र शर्मा)– अली अकबर ख़ाँ

13. कारी-कारी अँधियारी रात में, कारे-कारे बादरवा छाए
(जलपरी, 1952, भरत व्यास)– पं. गोविन्द राम

14. ना चमको, न चमको, चन्दा आज की रात
(धुआँ, 1953, राजेन्द्र कृष्ण)– धनीराम

15. कजरारे नैना छुप-छुप घात करें, ना कछु बोलें
(श्री चैतन्य महाप्रभु, 1953, भरत व्यास)– आर.सी. बोराल

16. किस सौतन की लागी नजरिया..... बाजूबन्द खुल-खुल जाए
(बाजूबन्द, 1954, प्रेम धवन)– मुहम्मद शफ़ी

17. ख़्वाब में हमको बुलाते हो, ये क्या करते हो
(तूफ़ान, 1954, कैफ़ इरफ़ानी)– एस.डी. बातिश

18. हुई ये हमसे नादानी तेरी महफ़िल में आ बैठे
(चोर बाज़ार, 1954, शकील बदायूँनी)– सरदार मलिक

19. दिल जलेगा तो ज़माने में उजाला होगा
(ये बस्ती ये लोग, 1954, प्रेम बारबर्टनी)– भोला श्रेष्ठ

20. अबके बरस बड़ा जुल्म हुआ
(बारादरी, 1955 ख़ुमार बाराबंकवी)– नाशाद

21. मेरी उल्फ़त सोई है यहाँ, सोने दो जगाना ना
(ऊटपटांग, 1955, डी.एन. मधोक)– विनोद

22. प्रीत किए दुःख होए, जोगिया से प्रीत किये दुःख होए
(गरम कोट, 1955, मीराबाई)– अमरनाथ

23. गुज़रा हुआ ज़माना आता नहीं दुबारा, हाफ़िज़ ख़ुदा तुम्हारा
(शीरी फ़रहाद, 1956, तनवीर नक़वी)– एस. मोहिन्दर

24. तबीयत ठीक थी और दिल भी बेक़रार न था
(मिर्ज़ा साहिबाँ, 1957, वर्मा मलिक)– शार्दूल क्वात्रा

25. चाँद हँसा तारे खिले, नीलगगन में दीप जले
(नया ज़माना, 1957, भरत व्यास)– कानू घोष

26. नदिया के पानी ओ रे नदिया के पानी
(सवेरा, 1958, शैलेन्द्र)– शैलेष

27. मुझे ना बुला, मुझे ना बुला, छुप-छुप छलिया रे
(सुवर्ण सुन्दरी, 1958, भरत व्यास)– आदि नारायण राव

28. हाए जिया रोए, रोए, पिया नाहीं आए, एक मैं ही जागूँ
(मिलन, 1958, प्रेम धवन)– हंसराज बहल

29. कहो जी तुम क्या-क्या, सुनो जी तुम क्या-क्या खरीदोगे
(साधना, 1958, साहिर लुधियानवी)– एन. दत्ता

30. तेरे तीर को हमने प्यार से दिल में रख लिया
(कैदी नम्बर 911, 1959, हसरत जयपुरी)– दत्ताराम

31. आज मिलन की रात है, रात है अधर न बोले
(कीचक वध, 1959, भरत व्यास)– मास्टर कृष्ण राव

32. कैसे दिन बीते, कैसे बीतीं रतियाँ, पिया जाने ना
(अनुराधा, 1960, शैलेन्द्र)– पण्डित रविशंकर

33. इतना ना सता कि कोई जाने ओ दीवाने, आ भी जा
(बिन्दिया, 1960, राजेन्द्र कृष्ण)– इक़बाल कुरैशी

34. तुम कहाँ छुपे हो साँवरे, दो नैना भए मोरे बावरे
(श्रवण कुमार, 1960, भरत व्यास)–शिवराम

35. मेरे मतवारे नैनों में पी की झलक आ ही गयी
(कैलाशपति, 1962, मदन)– अविनाश व्यास

36. तकदीर का फ़साना जाकर किसे सुनाएँ
(सेहरा, 1963, हसरत जयपुरी)– रामलाल

37. तुम न आये सनम शम्मा जलती रही
(भूतनाथ, 1963, यूसुफ़)– वेदपाल वर्मा

38. ऐ दिल मचल-मचल के यूँ रोता है ज़ार-ज़ार क्या
(मैं सुहागन हूँ, 1964, बूटाराम शर्मा)– लच्छीराम तमर

39. मोरे नैना सावन-भादों, तोरी रह-रह याद सताए
(विद्यापति, 1964, प्रहलाद शर्मा)–वी. बल्सारा

40. जोगी हम तो लुट गये तेरे प्यार में, जाने तुझको ख़बर
(शहीद, 1965, प्रेम धवन)– प्रेम धवन

41. मेरे दो नैना मतवारे किसके लिए, बेचैन हैं चाँद-सितारे
(नमस्तेजी, 1965, अन्जान)– जी.एस. कोहली

42. कान्हा रे कान्हा तूने लाखों रास रचाए
(ट्रक ड्राइवर, 1970, इन्दीवर)– सोनिक-ओमी

43. ठाढ़े रहियो ओ बाँके यार रे
(पाकीजा, 1971, मजरूह सुलतानपुरी)– गुलाम मुहम्मद

44. तू प्यार माँगे प्यार दे दूँ, ओ साँवरिया
(सा रे गा मा पा, 1972, मजरूह सुलतानपुरी)– गणेश

45. रात अँधियारी भड़के चिन्गारी... चमका रे चन्दा मोरा
(पिंजरा, 1973, युसूफ़)– रामकदम

46. उल्फ़त में ज़माने की हर रस्म को ठुकराओ, फिर साथ
(कॉल गर्ल, 1974, नक्श लायलपुरी)– सपन जगमोहन

47. तू आज अपने हाथ से कुछ बिगड़ी सँवार दे
(डाकू, 1975, अमृता प्रीतम)– श्यामजी-घनश्यामजी

48. यहाँ कौन है असली, कौन है नकली, अपने हैं या बेगाने
(कैद, 1975, माया गोविन्द)– नितिन मंगेश

49. साँवरे मत जा, मत जा, राधिका अरज करे कर जोरे
(मीरा श्याम, 1976, पं. नरेन्द्र शर्मा)– गोविन्द-नरेश

50. ये कहाँ आ गये हम, यूँ ही साथ-साथ चलते
(सिलसिला, 1981, जावेद अख़्तर)– शिव-हरि *(साथ में अमिताभ बच्चन)*

51. बरसे घन.... पिया आओ संग सो जाओ
(तरंग, 1984, रघुवीर सहाय)– वनराज भाटिया

52. साजन मेरा उस पार है, मिलने को दिल बेक़रार है
(गंगा जमुना सरस्वती, 1988, इन्दीवर)– अन्नू मलिक

53. चिट्ठिए दर्द फ़िराक़ वालिए
(हिना, 1991, नक्श लायलपुरी)– रवीन्द्र जैन

54. दिल हूम-हूम करे घबराए
(रुदाली, 1993, गुलज़ार)– भूपेन हजारिका

55. ये रात खुशनसीब है, जो अपने चाँद को
(आईना, 1993, समीर)–दिलीप सेन-समीर सेन

56. माई नी माई मुँडेर पे तेरी बोल रहा है कागा
(हम आपके हैं कौन, 1994, देव कोहली)–राम-लक्ष्मण

57. मेरे ख्वाबों में जो आए
(दिलवाले दुल्हनिया ले जायेंगे, 1996, आनन्द बख्शी)– जतिन ललित

58. भेज कहाँर पिया जी बुला लो
(माचिस, 1996, गुलज़ार)– विशाल भारद्वाज

59. चिट्ठी न कोई सन्देस, जाने वो कौन सा देस
(दुश्मन, 1998, आनन्द बख्शी)– उत्तम सिंह

60. ऊपर ख़ुदा...... बालमा, जालमा कच्चे धागे सच्चे प्यार के
(कच्चे धागे, 1999, आनन्द बख़्शी)– नुसरत फ़तेह अली ख़ाँ

61. कितने अजीब रिश्ते हैं यहाँ पे, दो पल मिलते हैं
(पेज़-3, 2005, सन्दीप नाथ)– समीर टण्डन

प्रमुख गायकों के साथ गाए हुए युगल-गीतों से प्रतिनिधि गीतों का चयन

लता मंगेशकर-मुकेश

1. अब डरने की बात नहीं अँगरेजी छोरा चला गया
(मजबूर, 1948, गुलाम हैदर, नाज़िम पानीपती)

2. बड़े अरमानों से रखा है बलम, तेरी क़सम
(मल्हार, 1951, रोशन, इन्दीवर)

3. जाने न नज़र पहचाने जिगर, ये कौन जो दिल पर
(आह, 1953, शंकर-जयकिशन, हसरत जयपुरी)

4. दिल की नज़र से, नज़रों की दिल से
(अनाड़ी, 1959, शंकर-जयकिशन, शैलेन्द्र)

5. थाने काजलियो बना लूँ, म्हारे नैना में रमा लूँ
(वीर दुर्गादास, 1960, एस. एन. त्रिपाठी, भरत व्यास)

6. देखो मौसम क्या बहार है
(ओपेरा हाउस, 1961, चित्रगुप्त, मजरूह सुलतानपुरी)

7. सोचता हूँ ये क्या, ये क्या किया मैंने
(हमारी याद आयेगी, 1961, स्नेहल भाटकर, केदार शर्मा)

8. बिखरा के ज़ुल्फें चमन में न जाना
(नजराना, 1961, रवि, राजेन्द्र कृष्ण)

9. तुम रूठी रहो मैं मनाता रहूँ
(आस का पंछी, 1961, शंकर-जयकिशन, हसरत जयपुरी)

10. ओ शमा मुझे फूँक दे, मैं न मैं रहूँ
(आशिक, 1962, शंकर-जयकिशन, शैलेन्द्र)

11. इब्तदा-ए-इश्क़ में.... अल्लाह जाने क्या होगा आगे
(हरियाली और रास्ता, 1962, शंकर-जयकिशन, हसरत जयपुरी)

12. मुझे कहते हैं कल्लू-क़व्वाल, तेरा मेरा साथ रहेगा
(दुल्हा-दुल्हन, 1964, कल्याणजी-आनन्दजी, गुलशन बावरा)

13. सावन का महीना पवन करे सोर
(मिलन, 1967, लक्ष्मीकान्त-प्यारेलाल, आनन्द बख़्शी)

14. फूल तुम्हें भेजा है ख़त में
(सरस्वतीचन्द्र, 1968, कल्याणजी-आनन्दजी, इन्दीवर)

15. जे हम तुम चोरी से बँधे इक डोरी से
(धरती कहे पुकार के, 1969, लक्ष्मीकान्त-प्यारेलाल, मजरूह सुलतानपुरी)

16. किसी राह में किसी मोड़ पर
(मेरे हमसफ़र, 1970, कल्याणजी-आनन्दजी, आनन्द बख्शी)

17. बात है एक बूँद सी दिल के प्याले में
(जल बिन मछली नृत्य बिन बिजली, 1971, लक्ष्मीकान्त-प्यारेलाल, मजरूह सुलतानपुरी)

18. इक प्यार का नग़मा है
(शोर, 1972, लक्ष्मीकान्त-प्यारेलाल, सन्तोष आनन्द)

19. मैं न भूलूँगा, मैं न भूलूँगी
(रोटी कपड़ा और मकान, 1974, लक्ष्मीकान्त-प्यारेलाल, सन्तोष आनन्द)

20. कभी-कभी मेरे दिल में ख्याल आता है
(कभी-कभी, 1976, ख़य्याम, साहिर लुधियानवी)

लता मंगेशकर-तलत महमूद

1. याद आने वाले फ़िर याद आ रहे हैं
(अनमोल रतन, 1950, विनोद, डी.एन. मधोक)

2. सीने में सुलगते हैं अरमाँ, आँखों में उदासी छाई है
(तराना, 1951, अनिल विश्वास, प्रेम धवन)

3. नैन मिले नैन हुए बाँवरे, चैन कहाँ मोहे सजन साँवरे
(तराना, 1951, अनिल विश्वास, प्रेम धवन)

4. मुहब्बत में ऐसे ज़माने भी आए, कभी रो दिए
(सगाई, 1951, सी. रामचन्द्र, राजेन्द्र कृष्ण)

5. दिल में समा गये सजन, फूल खिले चमन-चमन
(संगदिल, 1952, सज्ज़ाद हुसैन, राजेन्द्र कृष्ण)

6. अपनी कहो कुछ मेरी सुनो, क्या दिल का लगाना
(परछाईं, 1952, सी. रामचन्द्र, नूर लखनवी)

7. आसमाँ वाले तेरी दुनिया से जी घबरा गया
(लैला-मजनूँ, 1953, गुलाम मुहम्मद, शकील बदायूँनी)

8. गया अन्धेरा हुआ उजारा, चमका-चमका सुबह का तारा
(सुबह का तारा, 1954, सी. रामचन्द्र, नूर लखनवी)

9. जरा मुड़ के तो देखो साजना, वो पीछे रह गया बचपना
(मीनार, 1954, सी. रामचन्द्र, राजेन्द्र कृष्ण)

10. तू अपनी याद भी दिल से भुला जाते तो अच्छा था
(यास्मीन, 1955, सी. रामचन्द्र, ज़ाँ निसार अख़्तर)

11. जीवन की गाड़ी चलती है, कुछ रुकती फिर चलती
(दो दूल्हे, 1955, बी.एस. कल्ला, पण्डित इन्द्र)

12. तेरी चमकती आँखों के आगे ये सितारे कुछ भी नहीं हैं
(छोटे बाबू, 1957, मदन मोहन, इन्दीवर)

13. ओ हाए कोई देख लेगा तेरे संग पिया, घबराए मोरा जिया रे
(एक गाँव की कहानी, 1957, सलिल चौधरी, शैलेन्द्र)

14. अहा रिमझिम के ये प्यारे-प्यारे गीत लिए
(उसने कहा था, 1960, सलिल चौधरी, शैलेन्द्र)

15. इतना न मुझसे तू प्यार बढ़ा कि मैं इक बादल आवारा
(छाया, 1961, सलिल चौधरी, राजेन्द्र कृष्ण)

16. चली हवाएँ मतवारी, छेड़ दे कोई धुन प्यारी
(सौगन्ध, 1961, दिलीप ढोलकिया, प्रेम धवन)

17. मौसम ये पुकारे मस्ती में ले चल, मतवाले दिल का कारवाँ
(बर्मा रोड, 1962, चित्रगुप्त, मजरूह सुलतानपुरी)

18. ये मेरे अन्धेरे उजाले न होते, अगर तुम न आते मेरी ज़िन्दगी में
(प्रेम-पत्र, 1962, सलिल चौधरी, राजेन्द्र कृष्ण)

19. तुम्हीं तो मेरी पूजा हो, तुम्हें दिल में बसाया है
(सुहागन, 1964, मदन मोहन, हसरत जयपुरी)

20. ऐ सनम आज ये क़सम खाएँ, मुड़ के अब देखने का नाम न लें
(ज़हाँआरा, 1964, मदन मोहन, राजेन्द्र कृष्ण)

लता मंगेशकर-मो. रफ़ी

1. ओ माही ओ, माही ओ, दुपट्टा मेरा दे दे
(मीना बाज़ार, 1950, हुस्नलाल-भगतराम, क़मर जलालाबादी)

2. झूले में पवन के आई बहार, नैनों में नया रंग लाई
(बैजू बावरा, 1952, नौशाद, शकील बदायूँनी)

3. मन की बीन मतवारी बाजे
(शबाब, 1954, नौशाद, शकील बदायूँनी)

4. वृन्दावन का कृष्ण कन्हैया, सबकी आँखों का तारा
(मिस मैरी, 1957, हेमन्त कुमार, राजेन्द्र कृष्ण)

5. कुहू-कुहू बोले कोयलिया, कुंज-कुंज में भँवरे डोले
(सुवर्ण- सुन्दरी, 1958, आदि नारायण राव, भरत व्यास)

6. भीगी पलकें उठा मेरी जाँ ग़म न कर
(दो गुण्डे, 1959, गुलाम मुहम्मद, मजरूह सुलतानपुरी)

7. दो सितारों का जमीं पर है मिलन आज की रात
(कोहिनूर, 1960, नौशाद, शकील बदायूँनी)

8. दिन सारा गुजारा तोरे अँगना अब जाने दो मुझे
(जंगली, 1961, शंकर-जयकिशन, हसरत जयपुरी)

9. आवाज़ दे के हमें तुम बुलाओ
(प्रोफेसर, 1962, शंकर-जयकिशन, हसरत जयपुरी)

10. तुझे जीवन की डोर से बाँध लिया है
(असली नकली, 1962, शंकर-जयकिशन, हसरत जयपुरी)

11. देखो रूठा ना करो बात नज़रों की सुनो
(तेरे घर के सामने, 1963, एस.डी बर्मन, हसरत जयपुरी)

12. जो वादा किया वो निभाना पड़ेगा
(ताजमहल, 1963, रोशन, साहिर लुधियानवी)

13. तुम तो प्यार हो सजना
(सेहरा, 1963, रामलाल, हसरत जयपुरी)

14. वो जब याद आये बहुत याद आए
(पारसमणि, 1963, लक्ष्मीकान्त-प्यारेलाल, असद भोपाली)

15. वो हैं ज़रा खफ़ा-खफ़ा, तो नैन यूँ चुराए हैं
(शागिर्द, 1967, लक्ष्मीकान्त-प्यारेलाल, मजरूह सुलतानपुरी)

16. दिल पुकारे आ रे, आ रे-आ रे, अभी न जा मेरे साथी
(ज्वेल थीफ, 1967, एस.डी. बर्मन, मजरूह सुलतानपुरी)

17. तस्वीर तेरी दिल में जिस दिन से उतारी है
(1961, माया, सलिल चौधरी, मजरूह सुलतानपुरी)

18. पलकों के पीछे से क्या तुमने कह डाला
(तलाश, 1969, एस.डी. बर्मन, मजरूह सुलतानपुरी)

19. ये दिल दीवाना है, दिल तो दीवाना है, दीवाना दिल
(इश्क़ पर जोर नहीं, 1970, एस.डी. बर्मन, आनन्द बख़्शी)

20. मेरी दुनिया में तुम आई, क्या-क्या अपने साथ लिए
(हीर-राँझा, 1970, मदन मोहन, कैफ़ी आज़मी)

लता मंगेशकर-हेमन्त कुमार

1. ये रात ये चाँदनी फिर कहाँ
(जाल, 1952, एस.डी. बर्मन, साहिर लुधियानवी)

2. जाग दर्द-ए-इश्क़ जाग
(अनारकली, 1953, सी. रामचन्द्र, राजेन्द्र कृष्ण)

3. याद किया दिल ने कहाँ हो तुम
(पतिता, 1953, शंकर-जयकिशन, हसरत जयपुरी)

4. चन्दन का पलना रेशम की डोरी
(शबाब, 1954, नौशाद, शकील बदायूँनी)

5. अरी छोड़ दे सजनिया, छोड़ दे पतंग मेरी छोड़ दे
(नागिन, 1954, हेमन्त कुमार, राजेन्द्र कृष्ण)

6. देखो वो चाँद छुप के करता है क्या इशारे
(शर्त, 1954, हेमन्त कुमार, एस. एच. बिहारी)

7. हल्के-हल्के चलो साँवरे, प्यार की मस्त हवाओं में
(तांगावाली, 1955, सलिल चौधरी, प्रेम धवन)

8. नैन सो नैन नाहीं मिलाओ, देखत सूरत आवत लाज
(झनक-झनक पायल बाजे, 1955, वसन्त देसाई, हसरत जयपुरी)

9. प्यार के रंग में सैंया मोरी रंग दे चुनरिया
(दुर्गेश नन्दिनी, 1956, हेमन्त कुमार, राजेन्द्र कृष्ण)

10. बाँसुरिया फिर से बजा ओ कान्हा
(ताज, 1956, हेमन्त कुमार, राजेन्द्र कृष्ण)

11. साँवले सलोने आये दिन बहार के
(एक ही रास्ता, 1956, हेमन्त कुमार, मजरूह सुलतानपुरी)

12. बदली में छुपे चाँद ने कुछ मुझसे कहा
(शतरंज, 1956, सी. रामचन्द्र, राजेन्द्र कृष्ण)

13. बहारों से पूछो, नज़ारों से पूछो, दिल क्यूँ दीवाना
(फ़ैशन, 1957, हेमन्त कुमार, भरत व्यास)

14. नींद न मुझको आए, दिल मेरा घबराए
(पोस्ट बॉक्स 999, 1958, कल्याणजी-वीरजी शाह, पी.एल. सन्तोषी)

15. तुम्हें याद होगा कभी हम मिले थे
(सट्टा बाज़ार, 1959, कल्याणजी-आनन्दजी, गुलशन बावरा)

16. कल के चाँद आज के सपने
(नयी राहें, 1959, रवि, शैलेन्द्र)

17. एक बार जरा फिर कह दो, मुझे शरमा के तुम दीवाना
(बिन बादल बरसात, 1963, हेमन्त कुमार, शकील बदायूँनी)

18. उम्र हुई तुमसे मिले फिर भी जाने क्यूँ
(बहूरानी, 1963, सी. रामचन्द्र, साहिर लुधियानवी)

19. इतना तो कह दो हमसे, तुमसे ही प्यार है
(सहेली, 1965 कल्याणजी-आनन्दजी, इन्दीवर)

20. छुपा लो यूँ दिल में प्यार मेरा कि जैसे मन्दिर में
(ममता, 1966, रोशन, मजरूह सुलतानपुरी)

लता मंगेशकर-मन्ना डे

1. धरती कहे पुकार के, बीज बिछा ले प्यार के
(दो बीघा ज़मीन, 1953, शैलेन्द्र, सलिल चौधरी)

2. ॠतु आए-ॠतु जाए सखी री, मन के मीत न आए
(हमदर्द, 1953, अनिल विश्वास, प्रेम धवन)

3. प्यार हुआ इकरार हुआ है, प्यार से फिर क्यों डरता है
(श्री 420, 1955, शंकर-जयकिशन, शैलेन्द्र)

4. आजा सनम मधुर चाँदनी में हम-तुम मिलें तो
(चोरी-चोरी, 1956, शंकर-जयकिशन, हसरत जयपुरी)

5. नैन मिले चैन कहाँ, दिल है वहीं तू है जहाँ
(बसन्त बहार, 1956, शंकर-जयकिशन, शैलेन्द्र)

6. जा तोसे नहीं बोलूँ कन्हैया, राह चलत पकरी मोरी बईयाँ
(परिवार, 1956, सलिल चौधरी, शैलेन्द्र)

7. हो उमड़-घुमड़ कर आई रे घटा
(दो आँखें बारह हाथ, 1957, वसन्त देसाई, भरत व्यास)

8. ओ बिछुआ...., दईया रे दईया चढ़ गयो पापी बिछुआ
(मधुमती, 1958, सलिल चौधरी, शैलेन्द्र)

9. मस्ती भरा है समाँ, हम-तुम हैं दोनों यहाँ
(परवरिश, 1958, दत्ताराम, हसरत जयपुरी)

10. तार-तार बज रहा, दिल के सुर बहार का
(स्कूल मास्टर, 1959, वसन्त देसाई, पं. प्रदीप)

11. प्रीतम दरस दिखाओ, तुम बिन रो-रो रैन बिताई
(चाचा जिन्दाबाद, 1959, मदन मोहन, राजेन्द्र कृष्ण)

12. झूमे मोरी बेलिया प्रीत रे, आए-आए मोरे मन मीत रे
(अमर शहीद, 1960, जमाल सेन, अर्जुन)

13. तुम गगन के चन्द्रमा हो, मैं धरा की धूल हूँ
(सती सावित्री, 1964, लक्ष्मीकान्त-प्यारेलाल, भरत व्यास)

14. भीगी चाँदनी छाई बेखुदी, आ जा डाल दें बाहों में
(सुहागन, 1964 मदन मोहन, हसरत जयपुरी)

15. दिल की गिरह खोल दो, चुप न बैठो कोई गीत गाओ
(रात और दिन, 1967, शंकर-जयकिशन, शैलेन्द्र)

16. चुनरी सँभाल गोरी उड़ी चली जाय रे
(बहारों के सपने, 1967, आर.डी. बर्मन, मजरूह सुलतानपुरी)

17. शाम ढले जमुना किनारे, आजा राधे आजा तोहे श्याम पुकारे
(पुष्पांजलि, 1970, लक्ष्मीकान्त-प्यारेलाल, आनन्द बख़्शी)

18. बलमा मोरा आँचरा महके रे
(संगत, 1975, सलिल चौधरी, ज़ाँ निसार अख़्तर)

19. धरती अम्बर नींद से जागे, देखो अपने आँगन
(चैताली, 1975, लक्ष्मीकान्त-प्यारेलाल, आनन्द बख़्शी)

20. हे सखी राधिके बावरी हो गई, श्याम को ढूँढ़ते आप ही खो गई
(जुर्माना, 1979, आर.डी. बर्मन, आनन्द बख़्शी)

लता मंगेशकर-किशोर कुमार

1. आ मुहब्बत की बस्ती बसाएँगे हम
(फ़रेब, 1953, अनिल विश्वास, मजरूह सुलतानपुरी)
2. वो इक निग़ाह क्या मिलीं, तबीयतें मचल गयीं
(हाफ टिकट, 1962, सलिल चौधरी, शैलेन्द्र)
3. ख़ूबसूरत हसीना जान-ए-जाँ जान-ए-मन
(मिस्टर एक्स इन बॉम्बे, 1964, लक्ष्मीकान्त-प्यारेलाल, आनन्द बख़्शी)
4. लिखा है तेरी आँखों में किसका अफ़साना
(तीन देवियाँ, 1965, एस.डी. बर्मन, मजरूह सुलतानपुरी)
5. गाता रहे मेरा दिल, तू ही मेरी मंजिल
(गाईड, 1965, एस.डी. बर्मन, शैलेन्द्र)
6. आसमाँ के नीचे हम आज अपने पीछे, प्यार का जहाँ
(ज्वेल थीफ, 1967, एस.डी. बर्मन, मजरूह सुलतानपुरी)
7. कोरा काग़ज था ये मन मेरा, लिख लिया नाम इस पे तेरा
(आराधना, 1969, एस.डी. बर्मन, आनन्द बख़्शी)
8. शोखियों में घोला जाए फूलों का शबाब
(प्रेम पुजारी, 1970, एस.डी. बर्मन, नीरज)
9. अच्छा तो हम चलते हैं, फिर कब मिलोगे
(आन मिलो सजना, 1970, लक्ष्मीकान्त-प्यारेलाल, आनन्द बख़्शी)
10. जीवन की बगिया महकेगी, लहकेगी, चहकेगी
(तेरे मेरे सपने, 1971, एस.डी. बर्मन, नीरज)
11. गोरी-गोरी, गाँव की गोरी रे, किसलिए बुन रही डोरी रे
(ये गुलिस्ताँ हमारा, 1972, एस.डी. बर्मन, आनन्द बख़्शी)
12. काली पलक तेरी गोरी, खुलने लगी है थोड़ी-थोड़ी
(दो चोर, 1972, आर.डी. बर्मन, मज़रूह सुलतानपुरी)
13. पन्ना की तमन्ना है के हीरा मुझे मिल जाए
(हीरा पन्ना, 1973, आर.डी बर्मन, आनन्द बख़्शी)
14. तेरे मेरे मिलन की ये रैना, नया कोई गुल खिलाएगी
(अभिमान, 1973, एस.डी. बर्मन, मजरूह सुलतानपुरी)
15. भीगी-भीगी रातों में, मीठी-मीठी बातों में, ऐसी बरसातों में
(अजनबी, 1974, आर.डी. बर्मन, आनन्द बख़्शी)
16. इस मोड़ से जाते हैं कुछ सुस्त कदम रस्ते
(आँधी, 1975, आर.डी. बर्मन, गुलज़ार)

17. आपकी आँखों में कुछ महके हुए से राज हैं
(घर, 1978, आर.डी. बर्मन, गुलज़ार)

18. हज़ार राहें मुड़ के देखीं, कहीं से कोई सदा न आई
(थोड़ी सी बेवफ़ाई, 1980, ख़य्याम, गुलज़ार)

19. देखा एक ख़्वाब तो ये सिलसिले हुए
(सिलसिला, 1981, शिव-हरि, जावेद अख़्तर)

20. नैनों में सपना, सपनों में सजना, सजना पे दिल आ गया
(हिम्मतवाला, 1983, बप्पी लाहिड़ी, इन्दीवर)

लता मंगेशकर-महेन्द्र कपूर

1. तेरे प्यार का आसरा चाहता हूँ
(धूल का फूल, 1959, एन. दत्ता, साहिर लुधियानवी)

2. आज मधुवातास डोले, मधुरिमा से प्राण भर लो
(स्त्री, 1961, सी. रामचन्द्र, भरत व्यास)

3. बदली-बदली दुनिया है मेरी
(संगीत सम्राट तानसेन, 1962, एस.एन. त्रिपाठी, शैलेन्द्र)

4. तुमने हँसीं ही हँसी में क्यूँ दिल चुराया
(घर बसा के देखो, 1963, चित्रगुप्त, राजेन्द्र कृष्ण)

5. आज की मुलाकात बस इतनी, कर लेना बातें कल
(भरोसा, 1963, रवि, राजेन्द्र कृष्ण)

6. चोरी हो गयी रात नैन की निन्दिया
(इशारा, 1964, कल्याणजी-आनन्दजी, मजरूह सुलतानपुरी)

7. छोड़ कर तेरे प्यार का दामन, ये बता दे
(वो कौन थी, 1964, मदन मोहन, राजा मेंहदी अली ख़ाँ)

8. कोई आने वाला है चाँद की डोलिया पे हो के सवार
(मेरा कुसूर क्या है, 1964, चित्रगुप्त, राजेन्द्र कृष्ण)

9. नैन हमारे सपने तुम्हारे, कैसे भुलाऊँ बता
(बिरजू उस्ताद, 1964, कल्याणजी-आनन्दजी, क़मर जलालाबादी)

10. आजा रे मेरे प्यार के राही, राह निहारूँ बड़ी देर से
(ऊँचे लोग, 1965, चित्रगुप्त, मजरूह सुलतानपुरी)

11. चन्द्रमा जा उनसे कह दे, ना बनो इतने कठोर
(भरत मिलाप, 1965, वसन्त देसाई, भरत व्यास)

12. ये कली जब तलक फूल बनकर खिले
(आये दिन बहार के, 1966, लक्ष्मीकान्त-प्यारेलाल, आनन्द बख्शी)

13. फूल बन जाऊँगा शर्त ये है मग़र, अपनी जुल्फ़ों में मुझको
(प्यार किए जा, 1966, लक्ष्मीकान्त-प्यारेलाल, राजेन्द्र कृष्ण)

14. आपने अपना बनाया मेहरबानी आपकी
(दुल्हन एक रात की, 1966, मदन मोहन, राजा मेंहदी अली ख़ाँ)

15. क्यूँ मेरे दिल को क़रार आता नहीं
(जब याद किसी की आती है, 1967 मदन मोहन, राजा मेंहदी अली ख़ाँ)

16. हमने जो देखे सपने, सच हो गये वो अपने
(परिवार, 1967, कल्याणजी-आनन्दजी, गुलशन बावरा)

17. सुन ऐ बहार-ए-हुस्न मुझे तुमसे प्यार है
(नाईट इन लन्दन, 1967, लक्ष्मीकान्त-प्यारेलाल, आनन्द बख़्शी)

18. जिसके सपने हमें रोज आते रहे, दिल लुभाते रहे
(गीत, 1970, कल्याणजी-आनन्दजी, हसरत जयपुरी)

19. होली आयी रे.... अंग-अंग में मदन जगाती
(होली आई रे, 1970, कल्याणजी-आनन्द जी, इन्दीवर) (साथ में उषा खन्ना)

20. ढोली ढोल बजाना... पुरवा सुहानी आई रे
(पूरब और पश्चिम, 1970, कल्याणजी-आनन्दजी, सन्तोष आनन्द)

लता मंगेशकर-सुरेश वाडकर

1. ये आँखें देखकर हम सारी दुनिया भूल जाते हैं
(धनवान, 1981, हृदयनाथ मंगेशकर, साहिर लुधियानवी)

2. मेघा रे मेघा रे, मत परदेस जा रे
(प्यासा सावन, 1981, लक्ष्मीकान्त-प्यारेलाल, सन्तोष आनन्द)

3. ये दिन क्यूँ..... मुहब्बत है क्या चीज़ हमें भी सुनाओ
(प्रेम-रोग, 1982, लक्ष्मीकान्त-प्यारेलाल, सन्तोष आनन्द)

4. हुस्न पहाड़ों का ओ सायबा, क्या कहना के बारहों महीने
(राम तेरी गंगा मैली, 1985, रवीन्द्र जैन, रवीन्द्र जैन)

5. मै का पिया बुलावे अपने मन्दिरवा
(सुर-संगम, 1985, लक्ष्मीकान्त-प्यारेलाल, वसन्त देव)

6. बादल पे चल के आ, सावन में ढल के आ
(विजय, 1988, शिव-हरि, निदा फ़ाजली)

7. मैं देर करता नहीं देर हो जाती है
(हिना, 1991, रवीन्द्र जैन, रवीन्द्र जैन)

8. पंछी बादल, प्रेमी के पागल, हम कौन हैं साथिया
(लम्हे, 1991, शिवहरि, आनन्द बख़्शी)

9. तेरी याद आती है
(सौदागर, 1991, लक्ष्मीकान्त-प्यारेलाल, आनन्द बख़्शी)

10. ख़ामोश सा अफ़साना पानी से लिखा होता
(लिबास, 1994, आर.डी. बर्मन, गुलज़ार)

एक गायक, एक युगल-गीत

लता मंगेशकर के साथ विभिन्न पार्श्वगायकों के गाए हुए दोगानों से एक का चयन

करन दीवान

दुनिया हमारे प्यार की यूँ ही जवाँ रहे
(लाहौर, 1949, विनोद, राजेन्द्र कृष्ण)

एस.डी. बातिश

रोयेगी वो ही आँख किसी से
(सावन-भादों, 1949, हुस्नलाल-भगतराम, मुल्कराज भाखड़ी)

चितलकर

शाम ढ़ले खिड़की तले तुम सीटी
(अलबेला, 1951, सी. रामचन्द्र, राजेन्द्र कृष्ण)

जी. एम. दुर्रानी

गाये चला जा, गाये चला जा, इक दिन तेरा भी ज़माना आयेगा
(हम-लोग, 1951, रोशन, अनिल उद्धव)

सुधीर फड़के

राधा हमारी गोरी, है जैसे चकोरी
(मुरलीवाला, 1951, सुधीर फड़के, पण्डित भरत व्यास)

त्रिलोक कपूर

ओ मणियापुर के छैला, मैं रूप गाँव की छोरी
(राग-रंग, 1952, रोशन, प्रकाश बख्शी)

श्यामल मित्रा

तेरा घर आबाद रहे, जा री दुल्हनिया जा
(बिराज बहू, 1954, सलिल चौधरी, प्रेम धवन)

सुबीर सेन

मैं रंगीला प्यार का राही दूर मेरी मंजिल
(छोटी बहन, 1959, शंकर-जयकिशन, हसरत जयपुरी)

द्विजेन मुखर्जी

फ़िर एक बार कहो, उसी अदा से कहो
(माया, 1961, सलिल चौधरी, मजरूह सुलतानपुरी)

मनहर उधास

लूटे कोई मन का नगर बन के मेरा साथी
(अभिमान, 1973, एस.डी. बर्मन, मजरूह सुलतानपुरी)

शैलेन्द्र सिंह

बाहर से कोई अन्दर..... हम तुम एक कमरे में
(बॉबी, 1973, लक्ष्मीकान्त-प्यारेलाल, आनन्द बख़्शी)

भूपेन्द्र

नाम गुम जायेगा, चेहरा ये बदल जायेगा
(किनारा, 1977, आर.डी. बर्मन, गुलज़ार)

एस.पी. बालासुब्रमण्यम

हम तुम दोनों जब मिल जायेंगे
(एक दूजे के लिए, 1981, लक्ष्मीकान्त-प्यारेलाल, आनन्द बख़्शी)

अमित कुमार

देखो मैंने देखा है ये इक सपना, फूलों के शहर
(लव स्टोरी, 1981, आर.डी. बर्मन, आनन्द बख़्शी)

नितिन मुकेश

जिन्दगी की ना टूटे लड़ी, प्यार कर ले घड़ी
(क्रान्ति, 1981, लक्ष्मीकान्त-प्यारेलाल, सन्तोष आनन्द)

येसुदास

अब चिरागों का कोई काम नहीं, तेरे नैनों से रोशनी
(बावरी, 1982, ख़य्याम, माया गोविन्द)

तलत अज़ीज़

फिर छिड़ी रात बात फूलों की, रात है या
(बाज़ार, 1982, ख़य्याम, मख़्दूम)

शब्बीर कुमार

जब हम जवाँ होंगे, जाने कहाँ होंगे, लेकिन जहाँ होंगें
(बेताब, 1983, आर.डी. बर्मन, आनन्द बख़्शी)

पण्डित राजन मिश्र

जाऊँ तोरे चरण कमल पर वारी
(सुर संगम, 1985, लक्ष्मीकान्त-प्यारेलाल, वसन्त देव)

भूपेन हजारिका

मैं तो संग जाऊँ बनवास, स्वामी ना करना निराश
(एक पल, 1985, भूपेन हजारिका, गुलज़ार)

मुहम्मद अज़ीज़

पतझर सावन बसन्त बहार, एक बरस के मौसम चार
(सिन्दूर, 1987, लक्ष्मीकान्त-प्यारेलाल, आनन्द बख़्शी)

पंकज उधास

कल तक जो था एक सपना
(गुनाहों का फैसला, 1988, बप्पी लाहिड़ी, अन्जान)

बाबला मेहता

तेरे मेरे होठों पे मीठे-मीठे गीत मितवा
(चाँदनी, 1989, शिव-हरि, आनन्द बख़्शी)

हरिहरन

कभी मैं कहूँ, कभी तुम कहो कि मैंने तुम्हें
(लम्हे, 1991, शिव-हरि, आनन्द बख़्शी)

विपिन सचदेवा

मुझे अल्ला की कसम तुमसे प्यार हो गया
(सनम बेवफ़ा, 1991, महेश किशोर, सावन कुमार)

अभिजीत

छोटा सा घर, है ये मगर
(डर, 1993, शिव-हरि, आनन्द बख़्शी)

जॉली मुखर्जी

गोरिया रे, गोरिया रे मेरी नींद चुरा के ले जा
(आईना, 1993, दिलीप सेन-समीर सेन, समीर)

उदित नारायण

ना जाने मेरे दिल..... हो गया है तुझको तो प्यार सजना
(दिल वाले दुल्हनिया ले जायेंगे, 1996, जतिन-ललित, आनन्द बख़्शी)

कुमार शानू

तुझे देखा तो ये जाना सनम, प्यार होता है दीवाना
(दिलवाले दुल्हनिया ले जायेंगे, 1996, जतिन-ललित, आनन्द बख़्शी)

सोनू निगम

ख़ामोशियाँ गुनगुनाने लगीं
(वन टू का फोर, 2001, ए.आर. रहमान, महबूब)

रूप कुमार राठौर

तेरे लिये हम हैं जिए, होठों को सिये
(वीरजारा, 2004, मदन मोहन, जावेद अख़्तर)

अदनान सामी

एक अजनबी सा एहसास दिल को
(लकी, 2005, अदनान सामी, समीर)

ए.आर. रहमान

लुका-छिपी बहुत हुई, सामने आ जा ना
(रंग दे बसन्ती, 2006, ए.आर. रहमान, प्रसून जोशी)

प्रमुख गायिकाओं के साथ गाए हुए युगल-गीतों से प्रतिनिधि गीतों का चयन

लता मंगेशकर-शमशाद बेगम

1. डर ना मुहब्बत कर ले, उल्फ़त से झोली भर ले
(अन्दाज़, 1949, नौशाद, मजरूह सुलतानपुरी)

4. प्यार के जहान की निराली सरकार है, मुहब्बत के
(पतंगा, 1949, सी. रामचन्द्र, राजेन्द्र कृष्ण)

3. हमसे दिल की लगी न छिपाना, देखो जी कहीं
(प्यार की मंजिल, 1950, हुस्नलाल-भगतराम, शेवन रिजवी)

2. हो बचपन के दिन भुला ना देना, आज हँसे कल रुला
(दीदार, 1951, नौशाद, शकील बदायूँनी)

5. खेलो रंग हमारे संग आज दिन रंग-रंगीला आया
(आन, 1952, नौशाद, शकील बदायूँनी)

6. दूर कोई गाये धुन ये सुनाये, तेरे बिन छलिया रे बाजे न मुरलिया
(बैजू बावरा, 1952, नौशाद, शकील बदायूँनी) *(साथ में मो. रफ़ी)*

7. आँखों में काजल भरा.... ये तिरछी नज़र और तीखी अदा
(लहरें, 1953, सी. रामचन्द्र, राजेन्द्र कृष्ण)

8. काहे को परदेसिया से आँख तू लड़ाए, उड़ता हुआ
(जयश्री, 1956, चित्रगुप्त, गोपाल सिंह नेपाली)

9. छुप-छुप के ना देखो बालमा लाज मोहे लागे
(ज़िन्दगी के मेले, 1956, चित्रगुप्त, तन्वीर नकवी)

10. तेरी महफ़िल में किस्मत आजमाकर हम भी देखेंगे
(मुग़ल-ए-आज़म, 1960, नौशाद, शकील बदायूँनी)

लता मंगेशकर-गीता दत्त

1. जवानी की रेल चली जाये रे
(शहनाई, 1947, सी. रामचन्द्र, पी.एल. सन्तोषी) *(साथ में चितलकर)*

2. मन मोर मचावे शोर, घटा घनघोर छाई घिर-घिर
(लड़की, 1953, सुदर्शनम-धनीराम, राजेन्द्र कृष्ण)

3. मेरी छोटी सी बहन, देखो गहने पहन
(तूफ़ान और दीया, 1956, वसन्त देसाई, पं. भरत व्यास)

4. मदभरी है प्यार की पलकें
(फ़ैशन, 1957, हेमन्त कुमार, पं. भरत व्यास)

5. बेचैन दिल खोई सी नज़र, तन्हाईयों में शाम-सहर
(यहूदी, 1958, शंकर-जयकिशन, शैलेन्द्र)

6. ता थैया करते आना, ओ रे जादूगर मोरे सैंया
(पंचायत, 1958, इक़बाल कुरैशी, शकील नूमानी)

7. ऊँची नीची राहें ये प्यार के रस्ते टेढ़े ढोला
(बाप बेटे, 1959, मदन मोहन, राजेन्द्र कृष्ण)

8. नज़र ने ऐसा मारा, जिगर है पारा-पारा
(बाजीगर, 1959, चित्रगुप्त, प्रेम धवन)

9. अँखियाँ भूल गयी हैं सोना, दिल पे हुआ है जादू-टोना
(गूँज उठी शहनाई, 1959, वसन्त देसाई, पं. भरत व्यास)

10. ओए तेरी चुलबुली चाल पे कुरबान ये दिल
(नई राहें, 1959, रवि, मज़रूह सुलतानपुरी)

लता मंगेशकर-आशा भोंसले

1. ये बरखा बहार, सौतनिया के द्वार, न जा मोरे साँवरे पिया
(मयूर पंख, 1954, शंकर जयकिशन, शैलेन्द्र)

2. कर गया रे, कर गया मुझ पे जादू साँवरिया
(बसन्त बहार, 1956, शंकर जयकिशन, शैलेन्द्र)

3. ओ चाँद जहाँ वो जाएँ, तू भी साथ चले जाना
(शारदा, 1957, सी. रामचन्द्र, राजेन्द्र कृष्ण)

4. सखी री सुन बोले पपीहा उस पार
(मिस मैरी, 1957, हेमन्त कुमार, राजेन्द्र कृष्ण)

5. ओ कोई आएगा, आएगा, आएगा हमरे गाँव कोई आएगा
(प्रोफेसर, 1962 शंकर-जयकिशन, हसरत जयपुरी)

6. मेरे महबूब में क्या नहीं, वो तो लाखों में है
(मेरे महबूब, 1963, नौशाद, शकील बदायूँनी)

7. सजन सलोना माँग लो जी कोई निकला है दूज का चाँद
(दूज का चाँद, 1964, रोशन, साहिर लुधियानवी)

8. जब-जब तुम्हें भुलाया तुम और याद आए
(ज़हाँआरा, 1964, मदन मोहन, राजेन्द्र कृष्ण)

9. अपनी छब बनाए के.... छाप तिलक सब छीनी रे
(मैं तुलसी तेरे आँगन की, 1978, लक्ष्मीकान्त प्यारेलाल, अमीर खुसरो)

10. मन क्यूँ बहका री बहका आधी रात को, बेला महका
(उत्सव, 1984, लक्ष्मीकान्त-प्यारेलाल, वसन्त देव)

लता मंगेशकर-उषा मंगेशकर

1. बन्नो के हाथ भरी मेंहदी घुँघट कोई
(चाँदनी चौक, 1954, रोशन, मजरूह सुलतानपुरी) *(साथ में मीना मंगेशकर)*

2. अपलम चपलम चपलाई रे, दुनिया को छोड़ तेरी
(आज़ाद, 1955, सी. रामचन्द्र, राजेन्द्र कृष्ण)

3. जाओ रसिया हटो जाओ रसिया, क़सम झूठी खा के
(कल हमारा है, 1959, चित्रगुप्त, मजरूह सुलतानपुरी)

4. दगाबाज हो बाँके पिया, कहो हाँ दगाबाज हो
(बर्मा रोड, 1962, चित्रगुप्त, मजरूह सुलतानपुरी)

5. डगर चलत छनके बिछुआ, कहूँ चुप चुप चुप माने ना
(एक राज, 1963, चित्रगुप्त, मजरूह सुलतानपुरी)

6. तुमको पिया दिल दिया कितने नाज़ से, ओ नैना
(शिकारी, 1963, जी.एस. कोहली, फारुख कैसर)

7. तोहार नाम लई के छोड़ा है ज़माना, सजन आ जाना
(आया तूफान, 1964, लक्ष्मीकान्त-प्यारेलाल, असद भोपाली)

8. सजना किधर सारी रतियाँ गँवाईं, सोया ज़माना
(आसरा, 1966, लक्ष्मीकान्त-प्यारेलाल, आनन्द बख़्शी)

9. है नजर का इशारा सँभल जाइए, जाइए दिल की
(अनीता, 1967, लक्ष्मीकान्त-प्यारेलाल, आनन्द बख़्शी)

10. दुल्हन मैके चली, गोरी की डोली सजी है
(मनोरंजन, 1974, आर.डी. बर्मन, आनन्द बख़्शी) *(साथ में आशा भोंसले)*

एक गायिका, एक युगल-गीत

ईरा नागरथ

चली दुल्हन बरातियों के पीछे-पीछे
(गजरे, 1948, अनिल विश्वास, गोपाल सिंह नेपाली)

प्रेमलता

चुप-चुप खड़े हो ज़रूर कोई बात है
(बड़ी बहन, 1949, हुस्नलाल-भगतराम, राजेन्द्र कृष्ण)

सुरैया

ओ परदेसी मुसाफ़िर, किसे करता है इशारे
(बालम, 1949, हुस्नलाल-भगतराम, क़मर जलालाबादी)

ज़ोहराबाई अम्बालावाली

कलेजा थाम लो अब... छुप-छुप रोना सीखा
(सावन-भादों, 1949, हुस्नलाल-भगतराम, मुल्कराज भाखड़ी)

निर्मला देवी

सजन आये आधी रात, करें हीले बहाने की बात
(अनमोल रतन, 1950, विनोद, डी.एन. मधोक)

अमीरबाई कर्नाटकी

गोरे-गोरे ओ बाँके छोरे, कभी मेरी गली आया करो
(समाधि, 1950, सी. रामचन्द्र, राजेन्द्र कृष्ण)

बीनापानी मुखर्जी

दिल न हाथों से निकल जाये
(लाजवाब, 1950, अनिल विश्वास, चन्द्रशेखर पाण्डेय)

सरस्वती राणे

जब दिल को सतावे ग़म, तू छेड़ सखी सरगम
(सरगम, 1950, सी. रामचन्द्र, पी.एल. सन्तोषी)

प्रमोदिनी देसाई

ओ रूप नगर के सौदागर, ओ रंग रंगीले जादूगर
(सज़ा, 1951, एस.डी. बर्मन, राजेन्द्र कृष्ण)

संन्ध्या मुखर्जी

बोल पपीहे बोल, है कौन मेरा चितचोर
(तराना, 1951, अनिल विश्वास, प्रेम धवन)

राजकुमारी

ज़िन्दगी बदली मुहब्बत का मजा आने लगा
(अनहोनी, 1952, रोशन, नक्शब)

मधुबाला झावेरी

जा री जा निन्दिया जा
(झांझर, 1953, सी. रामचन्द्र, राजेन्द्र कृष्ण)

सुधा मल्होत्रा

कहीं दूर कोयलिया गाए रे, मेरा छोटा सा दिल घबराए रे
(बराती, 1954, रोशन, राजा मेंहदी अली ख़ाँ)

मुबारक बेगम

दिल हमसे वो लगाए, जो हँस के तीर खाए
(बारादरी, 1955, नाशाद, खुमार बाराबंकवी)

उमा देवी

जैसी करनी, वैसी भरनी, बुरा करो या भला करो
(नया ज़माना, 1957, कानू घोष, प्रेम धवन)

सुमन कल्याणपुर

कभी आज कभी कल कभी परसों, ऐसे ही बीते जरा

(चाँद, 1959, हेमन्त कुमार, शैलेन्द्र)

मीना कपूर

अब लागी नाही छूटे रामा

(सौतेला भाई, 1962, अनिल विश्वास, शैलेन्द्र)

कमल बारोट

हँसता हुआ नूरानी चेहरा, काली जुल्फ़ें रंग सुनहरा

(पारसमणि, 1963, लक्ष्मीकान्त प्यारेलाल, असद भोपाली)

उषा खन्ना

सात समुन्दर पार से, गुड़ियों के बाज़ार से

(तक़दीर, 1967, लक्ष्मीकान्त-प्यारेलाल, आनन्द बख्शी)

(साथ में सुलक्षणा पण्डित तथा अन्य स्वर)

मीनू पुरुषोत्तम

नी मैं यार मणाना नीं, चाहे लोग बोलियाँ बोलें

(दाग़, 1973, लक्ष्मीकान्त प्यारेलाल, साहिर लुधियानवी)

हेमलता

जा रे जा ओ दीवाने, तू क्या जाने, अनजाने

(कच्चे धागे, 1973, लक्ष्मीकान्त-प्यारेलाल, आनन्द बख्शी)

दिलराज कौर

गाता सरस्वती शारदा, विद्यादानी, दयानी, दुःखहरिनी

(आलाप, 1977, जयदेव, पारम्परिक)

इला अरुण

ये इश्क़ डंक बिछुआ का, इससे राम बचाये

(बँटवारा, 1989, लक्ष्मीकान्त-प्यारेलाल, हसन कमाल)

कविता कृष्णमूर्ति

दिल न किसी का जाए, जान जाये तो जाए

(क्षत्रिय, 1992, लक्ष्मीकान्त-प्यारेलाल, आनन्द बख्शी)

सम्पूर्णता आन्तरिक भाव है, जो किसी भी पुरस्कार या परिस्थिति से जन्म नहीं लेता है। वह अन्दर से आता है। शायद आपकी अपनी भक्ति और विश्वास भी उसमें सहायक होते हैं। मुझसे पहले जिन लोगों को 'भारत-रत्न' मिला, उनमें पण्डित रविशंकर और एम.एस. सुब्बुलक्ष्मी जी के लिए मैं बेहद प्रसन्न हुई थी। मेरा इन दोनों के प्रति इतना आदर और संगीत के प्रति आकर्षण रहा है कि मुझे लगा कि यह सर्वथा अनुकूल है कि पण्डित जी या सुब्बुलक्ष्मी जी इस सम्मान के हकदार हों। मुझे स्वयं उस्ताद बिस्मिल्ला ख़ाँ साहब के साथ यह दिया गया था, जो मेरे लिए दोगुनी खुशी का मामला था।

सम्मान

भारत सरकार द्वारा प्रदत्त पुरस्कार

1969	पद्‌म-भूषण
1989	दादा साहब फाल्के पुरस्कार
1999	पद्‌म-विभूषण
2001	भारत-रत्न, 'सर्वोच्च नागरिक अलंकरण'
2008	भारत के स्वाधीनता की साठवीं वर्षगाँठ पर लाइफ़ टाईम अचीवमेण्ट पुरस्कार
1999-2005	भारत सरकार द्वारा राज्य सभा के मानद सदस्य के रूप में नामित

महाराष्ट्र राज्य पुरस्कार

1966	सर्वश्रेष्ठ पार्श्वगायिका का पुरस्कार, *साधी माणसं* फ़िल्म के लिए
	सर्वश्रेष्ठ संगीत निर्देशन का पुरस्कार, *साधी माणसं* फ़िल्म के लिए
1967	सर्वश्रेष्ठ पार्श्वगायिका का पुरस्कार, *जैत रे जैत* फ़िल्म के लिए
2001	महाराष्ट्र-रत्न (अलंकृत होने वाली पहली व्यक्ति)

राष्ट्रीय फ़िल्म पुरस्कार

1972	सर्वश्रेष्ठ पार्श्वगायिका, *परिचय* फ़िल्म के लिए
1975	सर्वश्रेष्ठ पार्श्वगायिका, *कोरा कागज़* फ़िल्म के लिए
1990	सर्वश्रेष्ठ पार्श्वगायिका, *लेकिन* फ़िल्म के लिए

फ़िल्म-फ़ेयर पुरस्कार

सर्वश्रेष्ठ पार्श्वगायिका

1958 *मधुमती* फ़िल्म के *आजा रे परदेसी* के लिए

1962 *बीस साल बाद* फ़िल्म के *कहीं दीप जले कहीं दिल* के लिए

1965 *ख़ानदान* फ़िल्म के *तुम्हीं मेरे मन्दिर, तुम्हीं मेरी पूजा* के लिए

1969 *जीने की राह* फ़िल्म के *आप मुझे अच्छे लगने लगे* के लिए

1993 फ़िल्म-फ़ेयर लाईफ टाईम अचीवमेण्ट एवॉर्ड

1994 *हम आपके हैं कौन* फ़िल्म के *दीदी तेरा देवर दीवाना* के लिए फ़िल्म-फ़ेयर स्पेशल एवॉर्ड

बंगाल फ़िल्म जर्नलिस्ट एसोसिएशन पुरस्कार

सर्वश्रेष्ठ पार्श्वगायिका

1964 *वो कौन थी*

1967 *मिलन*

1968 *राजा और रंक*
सरस्वतीचन्द्र

1970 *दो रास्ते*

1971 *तेरे मेरे सपने*

1973 *अभिमान*
मरजीना अब्दुल्ला (बंगाली)

1975 *कोरा कागज़*

1981 *एक दूजे के लिए*

1983 *अ पोर्ट्रेट ऑफ़ लता जी*

1985 *राम तेरी गंगा मैली*

डॉक्टरेट की मानद उपाधियाँ

शिवाजी विश्वविद्यालय, भारत

कोल्हापुर विश्वविद्यालय, भारत

पुणे विश्वविद्यालय, भारत (दो बार)

हैदराबाद विश्वविद्यालय, भारत

बड़ौदा विश्वविद्यालय, भारत

नागपुर विश्वविद्यालय, भारत

गोवा विश्वविद्यालय, भारत

खैरागढ़ संगीत विश्वविद्यालय, भारत

यॉर्क विश्वविद्यालय, कनाडा

अन्य पुरस्कार और उपाधियाँ

1974

गिनीज बुक ऑफ वर्ल्ड रेकॉर्ड्स में सर्वाधिक संख्या में गीत गाने के लिए दर्ज़

1974

मियाँ तानसेन पुरस्कार, फ़िल्म *अभिमान* के गीत *'नदिया किनारे'* के लिए, सुर-सिंगार संसद, बम्बई

1980

ग्याना गणराज्य के जॉर्ज-टाउन नगर के महापौर की ओर से 'शहर की चाबी' सम्मान में भेंट, दक्षिण अमेरिका

1980

सूरीनाम गणराज्य की मानद नागरिकता, दक्षिण अमेरिका

1985

9 जून को उनके टोरेण्टो आगमन को 'एशिया दिवस' के रूप में मनाया गया, कनाडा

1987

ह्यूस्टन में अमेरिकी मानद नागरिकता से अलंकरण, टेक्सस

1990

राज्य लक्ष्मी पुरस्कार, श्री राज्यलक्ष्मी फाउण्डेशन, चेन्नई

1996

वीडियोकॉन स्क्रीन लाईफटाईम अचीवमेण्ट एवॉर्ड

1997

राजीव गाँधी सद्भावना पुरस्कार

1997

'देसीकोत्तम' की मानद उपाधि, विश्वभारती, शान्ति निकेतन, बंगाल

1998

सर्वश्रेष्ठ पार्श्वगायिका, *दिल तो पागल है* फ़िल्म के गायन के लिए, लक्स जी सिने एवॉर्ड

1998

लक्स जी सिने लाईफटाईम अचीवमेण्ट एवॉर्ड

1999
एन.टी.आर. नेशनल एवॉर्ड

2000
आई.आई.एफ.ए., लन्दन का लाइफ टाईम अचीवमेण्ट एवॉर्ड

2000
जीवन-गौरव पुरस्कार, चतुरंग प्रतिष्ठान

2001
सहस्राब्दी (मिलेनियम) की सर्वश्रेष्ठ पार्श्वगायिका का पुरस्कार, हीरो-होण्डा और स्टारडस्ट फ़िल्म पत्रिका द्वारा

2001
नूरजहाँ पुरस्कार (अलंकृत होने वाली पहली व्यक्ति)

2002
राष्ट्रीय सद्भावना के लिए हाक़िम ख़ाँ सूर पुरस्कार, महाराणा मेवाड़ फाउण्डेशन

2002
आशा भोंसले पुरस्कार (अलंकृत होने वाली पहली व्यक्ति)

2006
फ्रांस का सर्वोच्च नागरिक अलंकरण, *'नाईट ऑफ़ द लेजन ऑफ़ ऑनर'*

2006
स्वर-भारती पुरस्कार, संकेश्वर के शंकराचार्य द्वारा स्थापित

2006
ई.एम.आई., लन्दन द्वारा प्लेटिनम डिस्क पाने वाली पहली एशियाई व्यक्ति

2006
'अस्थान संगीत विद्वान सारलू' (पवित्र देवस्थान की सभा-गायिका) की उपाधि, तिरुपति देवस्थानम, तिरुपति

लता मंगेशकर पुरस्कार

1984
इस वर्ष से मध्य प्रदेश सरकार ने एक राष्ट्रीय स्तर का संगीत पुरस्कार आरम्भ किया, जिसमें पुरस्कृत व्यक्ति को मान-पत्र और एक लाख रुपये दिये जाते हैं

1992
इस वर्ष से महाराष्ट्र सरकार ने एक राष्ट्रीय स्तर का संगीत के लिए पुरस्कार आरम्भ किया, जिसमें पुरस्कृत व्यक्ति को मान-पत्र और एक लाख रुपये दिये जाते हैं

प्रकाशित प्रमुख किताबें
हिन्दी और अंग्रेजी भाषाओं में

1990 लता मंगेशकर : गन्धार स्वर-यात्रा 1945-1989
सम्पादन : विश्वास नेरूरकर

1995 लता मंगेशकर : अ बॉयोग्रॉफी - राजू भारतन

1995 इन सर्च ऑफ़ लता मंगेशकर - हरीश भिमानी

2008 बाबा तेरी सोनचिरैया - मीमांसा : अजातशत्रु

2009 लता दीदी, अजीब दास्ताँ है ये..... - हरीश भिमानी (हिन्दी अनुवाद)

2009 लता मंगेशकर : इन हर ओन वॉयस - नसरीन मुन्नी कबीर

2010 लता : वॉयस आफ़ द गोल्डन एरा - डॉ. मन्दार वी. बिच्चू

2014 लता समग्र : 1942-2014 - संचयन : सुमन चौरसिया
सम्पादन : गुलाम कुरैशी

2012 लता मंगेशकर : ऐसा कहाँ से लाऊँ - पद्मा सचदेव

डाक्यूमेण्ट्री फ़िल्म

लता इन हर ओन वॉयस : नसरीन मुन्नी कबीर

संग्रहालय

2007 लता दीनानाथ मंगेशकर ग्रामोफ़ोन रेकॉर्ड संग्रहालय, इन्दौर
स्थापना : 02 अप्रैल, 2007,
संस्थापक व संचालक : सुमन चौरसिया

आज मुझे लगता है कि हे प्रभु! तुमने जो भी दिया वह बहुत दिया, दूसरों से कहीं ज़्यादा दिया। अपनी कृपा की छाया से जैसे मुझे छाँह दी है, वैसे ही हर एक कलाकार और नेक इंसानों के ऊपर भी रखना... यही प्रार्थना है।

ग्रन्थ-सन्दर्भ

सुश्री लता मंगेशकर जी से सन्दर्भित हिंदी फ़िल्म-संगीत, संगीतकारों, गीतकारों, फ़िल्मों और उनके तमाम पहलुओं को समझने और अपनी धारणा बनाने में लेखक को जिन पुस्तकों, लेखों और अन्य सामग्रियों से मदद मिली, उनकी सन्दर्भ-सूची यहाँ प्रस्तुत है। लेखक इन सभी के प्रति आभारी है।

अंग्रेज़ी

इनसाइक्लोपीडिया ऑफ़ इंडियन सिनेमा, आशीष राजाध्यक्ष एंड पॉल विलेमेन, ऑक्सफोर्ड यूनिवर्सिटी प्रेस, नई दिल्ली, 1999

इनसाइक्लोपीडिया ऑफ़ हिंदी सिनेमा, गुलज़ार, गोविंद निहलानी, सैबाल चटर्जी (एडीटर्स), इनसाइक्लोपीडिया ब्रिटेनिका इंडिया प्रा. लि., नई दिल्ली, 2003

हिंदी फ़िल्म सांग : म्यूज़िक बियॉण्ड बाउंडरीज़, अशोक डी. रानाडे., प्रोमिल्ला एंड कंपनी पब्लिशर्स, नई दिल्ली एवं शिकागो, 2006

रोमान्सिंग द सांग : हिंदी सिनेमाज़ लिरिकल जर्नी, मानेक प्रेमचंद, झरना बुक्स, मुंबई, 2012

ए जर्नी डाउन मेलोडी लेन, राजू भारतन, हे हाऊस इंडिया प्रा. लि., नई दिल्ली, 2010

नौशादनामा : द लाईफ एण्ड म्यूज़िक ऑफ़ नौशाद, राजू भारतन, हे हाऊस इंडिया प्रा. लि., नई दिल्ली, 2013

बाजानामा : अ स्टडी ऑफ़ अर्ली इंडियन ग्रामोफ़ोन रेकॉर्ड्स, ए. एन. शर्मा, कथाचित्र प्रकाशन, लखनऊ-मुंबई, 2012

द वण्डर दैट वाज़ द सिलिण्डर : ए.एन. शर्मा एण्ड अनुकृति ए. शर्मा, इस्पेण्टा मल्टीमीडिया, मुम्बई, 2014

प्रिंट एंड प्लेज़र : पॉपुलर लिटरेचर एंड इंटरटेनिंग फ़िक्शंस इन कॉलोनियल नार्थ इंडिया, फ्रेंचेस्का ऑरसीनी, परमानेंट ब्लैक, रानीखेत, 2009

सो मेनी सिनेमाज़ : द मोशन पिक्चर इन इंडिया, बी.डी. गर्ग, एमिनेंस डिज़ाइंस प्रा. लि, मुंबई, 1996

म्यूज़िक, मारकस वीक्स, सिल्वरडेल बुक्स, 1999

ओपेरा, स्टीफ़ेन पेटिट, सिल्वरडेल बुक्स, 2003

लता मंगेशकर : ए बायोग्राफ़ी, राजू भारतन, यू.बी.एस. पब्लिशर्स डिस्ट्रीब्यूटर्स लि., नई दिल्ली, 1995

लता मंगेशकर : इन हर ओन वॉयस, कनवर्सेशन विद नसरीन मुन्नी कबीर, नियोगी बुक्स, नई दिल्ली, 2009

लता : वॉयस ऑफ़ द गोल्डेन एरा, डॉ. मंदार वी. बिच्चू, पॉपुलर प्रकाशन प्रा. लि. मुंबई, 2010

एस.डी. बर्मन : द वर्ल्ड ऑफ़ हिज़ म्यूज़िक, खगेश देव बर्मन, रूपा पब्लिकेशन इंडिया प्रा. लि., नई दिल्ली, 2013

आर.डी. बर्मन : द मैन, द म्यूज़िक, अनिरुद्ध भट्टाचार्जी एंड बालाजी विट्टल, हार्पर कॉलिंस पब्लिशर्स इंडिया, नोएडा, 2011

वसंत देसाई : कंपोज़र पर एक्सेलेंस, विश्वास नेरूरकर एंड बिश्वनाथ चटर्जी (एडीटर्स), स्वरयोग एवं गायत्री पब्लिकेशंस, मुंबई, 2008

मदन मोहन : अल्टीमेट मेलोडीज़, विश्वास नेरूरकर एंड बिश्वनाथ चटर्जी (एडीटर्स), जीवनगाणी एवं गायत्री पब्लिकेशंस, मुम्बई, 2007

के.एल. सहगल : द डिफ़िनिटिव बॉयोग्राफ़ी, प्रान नेविल, पेंगुइन बुक्स इंडिया प्रा. लि., नई दिल्ली, 2011

द लिगेसी ऑफ़ द लीजेंड : के. एल. सहगल, विनोद सोंथालिया एंड कमल बेरीवाला (एडीटर्स), डिजिटल ग्राफ़िक्स, कोलकाता, 2005

द लाईफ एण्ड टाईम्स ऑफ नरगिस, टी.जे.एस. जॉर्ज, इण्डस - एन इमप्रिण्ट ऑफ हॉर्पर कॉलिन्स, इण्डिया प्रा. लि., नयी दिल्ली, 1994

मेमोरीज़ कम एलाइव : एन ऑटोबायोग्राफ़ी, मन्ना डे, पेंगुइन बुक्स इंडिया प्रा. लि., नई दिल्ली, 2007

मोहम्मद रफ़ी : गोल्डन वॉयस ऑफ़ द सिल्वर स्क्रीन, सुजाता डे, ओम बुक्स इण्टरनेशनल, नयी दिल्ली, 2015

रोमान्सिंग विद लाइफ़ : एन ऑटोबायोग्राफ़ी, देवानंद, पेंगुइन बुक्स इंडिया प्रा. लि., नई दिल्ली, 2007

मीनाकुमारी : द क्लासिक बायोग्राफ़ी, विनोद मेहता, हार्पर कॉलिन्स इंडिया प्रा. लि., री-प्रिन्ट-2013

बॉन्डिंग अ मेमॉयर : वैजयंतीमाला विद ज्योति सभरवाल, स्टेलर पब्लिशर्स प्रा. लि., नई दिल्ली, 2007

हेलेन : द लाइफ़ एंड टाईम्स ऑफ़ एन एच.बॉम, जेरी पिंटो, पेंगुइन बुक्स इंडिया प्रा. लि. नई दिल्ली, 2006

इन द कंपनी ऑफ़ अ पोएट : गुलज़ार इन कनवर्सेशन विद नसरीन मुन्नी कबीर, रूपा एंड कंपनी, नई दिल्ली, 2012

दिलीप कुमार : द सब्सटेंस एण्ड द शैडो : एन ऑटोबॉयोग्रॉफी, हे हाऊस इंडिया प्रा. लि., नई दिल्ली, 2014

कनवरसेशन्स विद वहीदा रहमान : नसरीन मुन्नी कबीर, पेंगुइन बुक्स इंडिया प्रा. लि., नयी दिल्ली, 2014

नॉच गर्ल्स ऑफ़ द राज, प्रान नेविल, पेंगुइन बुक्स इंडिया प्रा. लि., नई दिल्ली, 2009

शाम-ए-अवध, वीना तलवार ओल्डेनबर्ग (एडीटर), पेंगुइन बुक्स इंडिया प्रा. लि., नई दिल्ली, 2007

लखनऊ : ए सिटी बिटवीन कल्चर्स, मालविका सिंह (एडीटर), एकेडमिक फॉउण्डेशन, नई दिल्ली, 2011

इस्लामीकेट कल्चर्स ऑफ़ बॉम्बे सिनेमा, इरा भास्कर और रिचर्ड ऐलेन, तूलिका बुक्स, नई दिल्ली, 2009

इंडियन सिनेमा इन रेट्रोस्पेक्ट, आर. एम. रे (एडीटर), संगीत नाटक अकादेमी, नई दिल्ली, 1956

द ग्रेट मास्टर्स : प्रोफ़ाइल्स इन हिंदुस्तानी क्लासिकल वोकल म्यूज़िक, मोहन नाडकर्णी, हार्पर कॉलिंस पब्लिशर्स इंडिया, प्रा. लि., नई दिल्ली, 1999

म्यूज़िक मेकर्स : लिविंग लीजेंड्स ऑफ़ इंडियन क्लासिकल म्यूज़िक, अशोक रॉय, रूपा एंड कंपनी, नई दिल्ली, 2004

रागमाला : रविशंकर - एन ऑटोबॉयोग्रॉफी, वेलकम रेन पब्लिशर्स, न्यूयॉर्क, 1999

स्टेजेज़ ऑफ़ लाइफ़ : इंडियन थिएटर ऑटोबायोग्राफ़ीज़, कैथरीन हैनसेन, परमानेंट ब्लैक, रानीखेत, 2011

टू मेन एंड म्यूज़िक : नेशनलिज़्म इन द मेकिंग ऑफ़ एन इंडियन क्लासिकल ट्रेडिशन, जानकी बाखले, परमानेंट ब्लैक, रानीखेत, 2005

हिन्दुस्तानी म्युजिक इन कोलोनियल बॉम्बे : अनीश प्रधान, थ्री एसेज़ कलेक्टिव, नयी दिल्ली, 2014

अ कॅन्साईज डिक्शनरी ऑफ़ हिन्दुस्तानी म्यूज़िक, अशोक डी. रानाडे, प्रोमिल्ला एण्ड कम्पनी पब्लिशर्स, नयी दिल्ली, 2006

नैरेटिव्स ऑफ़ इंडियन सिनेमा, मंजू जैन (एडीटर), प्राइमस बुक्स, दिल्ली, 2013

द अनसंग हीरोज़, दिनेश घाटे (एडीटर), स्वर-आलाप क्रिएशन, मुंबई, 2010

द पटेल्स ऑफ़ फ़िल्म इण्डिया, सिद्धार्थ भाटिया, इण्डर सोर्स बुक्स, मुम्बई, 2015

स्टारडस्ट : द हंड्रेड ग्रेटेस्ट फ़िल्म्स ऑफ ऑल टाइम्स, अश्विन वर्दे (एडीटर), मैगना पब्लिकेशंस, मुंबई

फ़िल्मफ़ेयर, ख़ालिद मोहम्मद (एडीटर), बेनेट कोल्मैन एंड कंपनी लि., बंबई, मार्च, 1994

फ़िल्मफ़ेयर, बेस्ट आफ़ फ़िल्मफ़ेयर, जितेश पिल्लै (एडीटर), वर्ल्डवाईड मीडिया प्रा. लि., मुंबई, दिसंबर, 2011

हिन्दी

हिन्दी फ़िल्म गीत कोश, हरमंदिर सिंह 'हमराज़' (संपादक), खंड-1 (1931 से 1940), खंड-2 (1941 से 1950), खंड-3 (1951 से 1960), खंड-4 (1961 से 1970), श्रीमती सतिंदर कौर, कानपुर

हिन्दी फ़िल्म गीत कोश, बिश्वनाथ चटर्जी (संपादक), खंड-5 (1971 से 1980), श्रीमती सतिंदर कौर, कानपुर

हिन्दी चित्रपट गीत संगीत कोश 1981-1990, सम्पादन एवं संचयन - जगदीश पुरोहित एवं गुलाम कुरैशी, लता दीनानाथ मंगेशकर ग्रामोफ़ोन रेकॉर्ड संग्रहालय, इन्दौर, 2013

लता मंगेशकर : ऐसा कहाँ से लाऊँ : पद्मा सचदेव, भारतीय ज्ञानपीठ, नयी दिल्ली, 2012

धुनों की यात्रा : हिंदी फ़िल्मों के संगीतकार (1931-2005), पंकज राग, राजकमल प्रकाशन प्रा. लि. नई दिल्ली, 2006

ऋतु आए ऋतु जाए : अनिल विश्वास की जीवन-यात्रा, शरद दत्त, सारांश प्रकाशन, दिल्ली-हैदराबाद, 2003

लता दीदी, अजीब दास्ताँ है ये..., हरीश भिमानी, वाणी प्रकाशन, नई दिल्ली, 2009

नौशाद : ज़र्रा जो आफ़ताब बना, चौधरी ज़िया इमाम, पेंगुइन बुक्स इंडिया एवं यात्रा बुक्स, नई दिल्ली, 2008

कुंदन : सहगल का जीवन और संगीत, शरद दत्त, सारांश प्रकाशन प्रा. लि., दिल्ली, 2005

राजकपूर, ऋतु नंदा, आर.के. फ़िल्म्स एवं स्टूडियोज़, मुंबई, 2007

कैमरा : मेरी तीसरी आंख, राधू करमाकर, राजकमल प्रकाशन प्रा. लि., नई दिल्ली, 2010

जाग उठे ख़्वाब कई, साहिर लुधियानवी, मुरली मनोहर प्रसाद सिंह, कांतिमोहन 'सोज़' एवं रेखा अवस्थी (संपादक), पेंगुइन बुक्स इंडिया प्रा. लि., नई दिल्ली, 2010

मेरी आवाज़ सुनो, कैफ़ी आज़मी, राजकमल प्रकाशन प्रा. लि., नई दिल्ली, 2002

सिनेमा के बारे में : जावेद अख़्तर से बातचीत, नसरीन मुन्नी कबीर, राजकमल प्रकाशन, नयी दिल्ली, 2001

ये कोठेवालियाँ, अमृतलाल नागर, लोकभारती प्रकाशन, इलाहाबाद, 2008

बाबा तेरी सोनचिरैया : लता मंगेशकर-मीमांसा-अजातशत्रु, लता दीनानाथ मंगेशकर ग्रामोफ़ोन रेकॉर्ड संग्रहालय, इंदौर, 2008

सदियों में एक आशा : आशा भोंसले-मीमांसा-अजातशत्रु, लता दीनानाथ मंगेशकर ग्रामोफ़ोन रेकॉर्ड संग्रहालय, इन्दौर, 2009

लता मंगेशकर : गंधार स्वर-यात्रा (1945-1989), विश्वास नेरूरकर (संपादक) और प्रसाद सिनकर (सहसंपादक), नीलम प्रकाशन, बंबई, 1989

लता समग्र : 1942-2014, संचयन : सुमन चौरसिया, सम्पादन : गुलाम कुरैशी, लता दीनानाथ मंगेशकर ग्रामोफ़ोन रेकॉर्ड संग्रहालय, इन्दौर, 2015

हमसफ़र : हिन्दी सिनेमा और संगीत, यतीन्द्र मिश्र, पेंगुइन बुक्स इण्डिया, नयी दिल्ली, 2013

संगीत पत्रिका : फ़िल्म संगीत इतिहास अंक, डॉ. मुकेश गर्ग (संपादक), संगीत कार्यालय, हाथरस, जनवरी-फरवरी, 1998

आउटलुक : हिंदी सिनेमा सौ साल का इश्क़, संपादक-नीलाभ मिश्र, आउटलुक पब्लिशिंग इंडिया प्रा. लि., नई दिल्ली, नवंबर- दिसंबर, 2012

अहा ज़िंदगी : सिनेमा विशेषांकः दुनिया भर में सबसे अलग है हिंदी सिनेमा, संपादक-आलोक श्रीवास्तव, दैनिक भास्कर कॉरपोरेशन लि., जयपुर, जून, 2013

अहा ज़िंदगी : संगीत विशेषांकः शास्त्रीय, लोक एवं फ़िल्म-संगीत पर विशिष्ट सामग्री, संपादक-आलोक श्रीवास्तव, दैनिक भास्कर कॉरपोरेशन लि., जयपुर, अंक-100, दिसंबर, 2012

तहलका : लता मंगेशकर पर विशेषांक, सुर अविनाशी, संपादक-संजय दुबे, अनंत मीडिया प्रा. लि., नोएडा, सितंबर, 2011

नया ज्ञानोदय : लता मंगेशकर पर एकाग्र, सम्पादक : लीलाधर मण्डलोई, भारतीय ज्ञानपीठ, नयी दिल्ली, अंक-139, सितम्बर 2014

भारतीय गायिकाओं में बेजोड़ लता मंगेशकर : पं. कुमार गन्धर्व, वितान-1, कक्षा 11 के लिए हिन्दी की पाठ्य पुस्तक, एन.सी.ई.आर.टी., 2014

भैरवी फिल्म का निर्माण लता मंगेशकर ने आरम्भ किया था, जो बनी ही नहीं। फिल्म का मुहूर्त लता जी के पारिवारिक मित्र तथा उनके आदरणीय श्री वीर सावरकर ने किया था।

रहें ना रहें हम
महका करेंगे
बन के कली
बन के सबा
बाग़े वफ़ा में

नाम-सन्दर्भ

अ

आ

ख

ग

द

ध

न

भ

म

य

र

ल

व

श

स

ह

ज्ञ

नोट : (1) पण्डित दीनानाथ मंगेशकर जी के वे सारे पृष्ठ सन्दर्भित हैं, जिनमें उनका नाम आया है। पूरी पुस्तक में जहाँ कहीं भी उन्हें 'बाबा' या 'पिताजी' कहकर सम्बोधन है, उन सन्दर्भों को यहाँ नाम के अन्तर्गत नहीं लिया गया है।

(2) अन्तिम खण्ड 'तेरे सुर और मेरे गीत' का नाम-सन्दर्भ नहीं दिया गया है, जो लता जी के चुनिन्दा गीतों की सूची पर आधारित है।